HEYNE BIOGRAPHIEN

In der Reihe »Heyne Biographien«
sind bereits erschienen:

1 Friedrich Sieburg, Napoleon
2 Wilfried Blunt, Ludwig II. König von Bayern
3 Robert Gutman, Richard Wagner
4 Antonia Fraser, Maria – Königin der Schotten
5 Egon Caesar Conte Corti, Die Rothschilds
6 Robert Leckachman, John Maynard Keynes
7 Gavin de Beer, Hannibal
8 H. F. Peters, Lou Andreas-Salomé
9 Erich Eyck, Bismarck und das Deutsche Reich
10 Edward Crankshaw, Maria Theresia
11 Friedrich Sieburg, Robespierre
12 G. P. Gooch, Friedrich der Große
13 Zoé Oldenbourg, Katharina die Große
14 Theodor Heuss, Robert Bosch
15 Werner Maser, Adolf Hitler
16 André Castelot, Maria Antoinette
17 Kurt Pahlen, Johann Strauß
18 Peter Brown, Der heilige Augustinus
19 Salvador de Madariaga, Kolumbus
20 Marcel Brion, Die Medici
21 Alfred Noyes, Voltaire

Jeden Monat erscheint ein neuer Band dieser systematischen Sammlung großer Biographien in preiswerten Taschenbuch-Ausgaben.

Heinrich Eduard Jacob

MOZART

Geist – Musik – Schicksal

Wilhelm Heyne Verlag
München

Genehmigte, ungekürzte und erweiterte Taschenbuchausgabe

Mit freundlicher Genehmigung der Büchergilde Gutenberg, Frankfurt
Zeittafel, Stammtafel, Bibliographie und Werkverzeichnis wurden
erarbeitet von Günter Pössiger
Printed in Germany 1976
Umschlagfoto: Archiv für Kunst und Geschichte, Berlin
Bildnachweis: Archiv für Kunst und Geschichte, Berlin (23)
Umschlaggestaltung: Atelier Heinrichs, München
Gesamtherstellung: Presse-Druck Augsburg

ISBN 3-453-55021-8

ERSTES BUCH

DAS KINDWUNDER

*Das Kind, jedes Kind, ist nicht nur unsere Zukunft –
es ist auch unser aller tiefste Vergangenheit*

ROUSSEAU

TONLANDSCHAFT SALZBURG

Rasch, rasch rennt die Salzach. Sie saust und sie zischt. In einer eleganten Schleife durcheilt sie die Stadt. Kaum betrat sie der Fluß, da ist er schon wieder hinausgeschlüpft: kein Wehr hat versucht ihn aufzuhalten, und keines hätte ihn halten können. Mit deutlich vernehmbarem S-Laut geschieht es. Manchmal an den Brückenbögen bündelt er sich zu einem »Sch« auf; verschieden stark nach dem Wasserstand; nach Regengüssen wird er zum »Tsch«. »Dieser Ton ist der Stimmgabellaut, den Mozart in seiner Kindheit hörte«, schrieb James Gibbons Huneker 1899. Er bestimmt auch für uns noch die Tonlandschaft Salzburg. Und war man ihr zwanzig Jahre fern: kein Dom, kein Berg, kein Mirabellschloß war dem Erinnern so tief verhaftet wie dieser S-Laut, wie das Tonband der rasch vorübergerissenen Salzach.

In Mozarts Werken kommt dieser Laut nicht vor. Doch dürfen wir daraus schließen, daß er ihn nicht gehört hätte? Er drückte nicht alles aus, was er hörte. Auch nicht den pelzigen Brummlaut der Hummel oder das hohe Singen der Mücken und den Sägeton, der entsteht, wenn die geigende Heuschrecke Bein und Flügel zusammenreibt: den Liebes- und Arbeitslaut der Natur ... Um das Sausen des Flusses auszudrücken, hätte Mozart das Orchester von Richard Strauß' *Alpensinfonie* haben müssen; der Sparsame hätte es abgelehnt.

Was aber bei Mozart stets wiederkehrt, sind die Schnelle und die Kälte des Flusses. Das Wasser der Salzach ist Gletscherwasser. Vor Tagen – war es nicht noch vor Stunden? – hat es noch im Eise gewohnt. Unwillig schmelzend gab der Gletscher es frei. Von Schlucht zu Schlucht geworfen, sprang es mit Brüdern und Schwestern ins Tal hinunter und ward Fluß. Kein breiter, doch ein reißender Fluß. Und blieb sehr kalt. So wie Mozarts Musik – die man doch warm und liebend glaubt –, wenn man sich zu ihr hinunterbückt, nie ihre Bergkälte verliert. Mozarts Vater, der seinen Sohn so kannte wie kein anderer Mensch, warnte ihn einmal vor dem Heißen. »Du liebst das Kalte – und das ist gut«, war der Sinn jener Briefworte von 1777, in denen es sich zunächst einmal um Diätetisches handelte: daß Wein erhitzend und schädlich sei. Aber es ist, wie immer bei Mozarts, wenn sie einander Briefe schreiben, noch bei den alltäglichen Dingen von einem Geheimnis der Kunst die Rede. Und zu Mozarts Geheimnissen gehörte, daß er Kraft aus der Kälte gewann. Sie erhitzt sich nicht, seine Kunst; und darum verdunstet sie auch nicht.

Und wie ist es mit der Schnelligkeit? Rasch, rasch rennt die Salzach. Wenn etwas so schnell ist, sollte sich's eigentlich erhitzen. Doch Mozarts Kunst wird nie atemlos. Seine schäumendsten Allegrosätze kommen so elegant daher wie die Schleife dieses Flusses: kaum sind sie vor uns aufgetaucht, da sind sie schon wieder hinweggeschlüpft, und wir staunen ihrem Vorüber nach . . . Da! Was ist's, was wir von der Brücke, in einer Strähne aus weißem Wasser, auf uns zufahrend gewahren? Ist es nicht ein najadisches Thema aus Mozarts *Kleiner Nachtmusik?*

War das nun Wasser oder Musik? – Und da! Nachdem eine Weile gestaltlos das Wasser zischend, schlürfend, schäumend die Brücke unterlaufen hat, sehen wir ein Neues nahen, ein Fabeltier, dessen Lebensraum nur im Wasser oder in Mozart sein kann. Es ist länger und glatt, ein Schlangenleib, ein Flossenwesen, von dem man glaubt, daß es Haupt und Hals einer Flußgöttin habe. Aber da ist es schon vorüber, jenes lange, schuppige Thema aus der *Jupiter-Sinfonie:*

die Cousine der *Kleinen Nachtmusik* . . . Und nun nur noch wüstes, gestaltloses Wasser. Aber halt, es war ja noch nicht zu Ende: aus dem Flußschaum erhebt sich die Schwanzflosse dieses lebendigen Fabeltiers – es ist die Coda, die »Cauda« des Themas –, und teilt zitternde elektrische Schläge nach rechts und links aus, eh' es verschwindet.

Man hat darüber nachgedacht, woher bei Mozart – einem Manne, der samtene Adagios schrieb, in denen die Nacht kaum zu atmen wagt -- doch diese Vorliebe für Allegros herrscht. Man hat stilistische Einflüsse der großen Italiener gefunden. Aber drücken nicht diese Allegros das Lebenstempo und den Stolz der Adelskaste aus, für die Mozart eigentlich komponierte? Es ist das Tempo jener Karossen, in denen ihm zwar nicht als Besitzer, aber doch als Dienendem mancher kleine Lebensplatz zufiel. Dreißig Jahre nach

Mozarts Tod konnten sich der große Schubert, der ein typischer Wanderer war, und die bürgerlich gewordene Welt solcher Mozartscher Karossen-Tempi weder erinnern noch bedienen... Aber man fühlt die Gegenwart dieser Allegros immer noch, wenn man von der Brücke blickt. Sie sind die Salzach. Sie sind die Landschaft.

DIE STADT AUS STEIN

Zum Wasser aber gehört das Gestein. Und Salzburg ist eine Stadt aus Stein, mehr vielleicht als andere Städte. Hat man lange in den Fluß geblickt und holt die Augen wieder herauf, so spürt man ganz deutlich den Gegenzug des »von Steinen austapezierten Tals«; man spürt die Härte dieses Bodens bis in die eigenen Zähne hinein. Die Römer haben Salzburg gebaut und es Juvavien genannt. Dann kamen die Rätier und die Germanen und bauten weiter, bauten darüber. Schicht um Schicht überlagerte sich; auf den frühromanischen Stil folgte die Gotik; ihr wieder stieg die Renaissance in den Nacken. Alles Bestehende wurde darauf von einem gewaltigen Barockstil abgelöst oder zugeritten. Ein Kunsthistoriker hat gesagt, nächst der Stadt Rom habe kein Ort solche Bauschicksale erfahren wie Salzburg.
Etwas Geheim-Gewaltsames, wenn nicht Böses, so doch Unheimliches wird im Stadtbild von Salzburg fühlbar. Mittelalterlicher Trotz – mit Sippefehden, in denen manch Haus sich festunghaft gegen das nächste verschloß – wurde womöglich noch übertrotzt durch Tyrannen der Neuzeit, die dekretierten, »es habe kein Gestern mehr zu geben«. Wie jener Wolfdietrich von Raitenau (1587 bis 1612), der große geistliche Landesfürst. Er reißt das alte Salzburg ein; mit der Spitzhacke verwandelt er die alte gotische Stadt in Schutt; mit Pulver sprengt er die Überreste und zwingt die widerstrebenden Bürger aus seinen in Rom geschulten Händen eine »italienische Stadt« als Geschenk anzunehmen. Daß das seelisch nicht glückt, ist klar. Den wegen Ketzerei Verklagten (er hatte übrigens eine Geliebte, die wunderschöne Salome Alt, die ihm ein Kind nach dem andern gebar), muß der Papst sich entschließen abzusetzen. Vom Fenster der Feste Hohensalzburg, wo er fünf Jahre in Kerkerhaft sitzt, sieht Wolfdietrich bis zu seinem Tode auf seine »schöne Stadt Salzburg« herab, die längst nicht mehr sein Salzburg ist, sondern das seines Nachfolgers Markus Sittich von Hohenems, der ein besserer Diplomat ist als er.
In einer Stadt, in der sich so viel Ungerechtigkeit und Gewalt,

Ansicht der Stadt Salzburg mit der Festung und dem Unterberg. (Kupferstich aus dem 18. Jahrhundert.)

ALTZBURG

religiöse und politische Verfolgung zugetragen hat, muß sich viel Angst aufgestapelt haben. Furcht, von Geschlecht zu Geschlecht vererbt. Im leichtesten Jahrhundert der Stadt – im leichtesten Jahrhundert Europas: also im achtzehnten Säkulum, in dem sich Barock und Rokoko treffen – hätte sie wohl erlöschen dürfen. Doch da wälzt die Gegenreformation neuen Schrecken auf Häuser und Seelen: Erzbischof Leopold Firmian treibt die Protestanten aus, jeden siebenten Einwohner, die fleißigsten Handwerker der Stadt ... Danach zieht etwas wie Ruhe ein. Die uralte Furcht ist zwar nicht verschwunden; aber sie wird spielerisch, wird Ornament und Architektur. Seit Jahrtausenden zog der Mensch sich gern in eine Höhle zurück, wenn äußere Gefahr nahte. Jetzt (wo es kaum noch nötig scheint) werden das bürgerliche Leben, die Zimmer und die Fassaden der Häuser mit Muschelornamenten versehn, dem »Schutzsymbol des Sichversteckens«.

Probieren wir für Rokoko »Zeitalter des Muschelkalks« zu sagen: Zu welchen Ergebnissen werden wir kommen? »Rokoko« ist ein Wort, das es im Französischen eigentlich nicht gibt; obwohl es natürlich sprachgeschichtlich mit »roc« und »rocaille« zusammenhängt, mit »Felsen« und mit »Grottenwerk«. Rokoko ist ein erfundenes Spielwort, das mit sich die »Verlächerlichung« des pompösen schweren Barockstils plant. Das Rokoko ist nichts anderes als die »ungehorsame, vom Bürgertum entführte Tochter des Barock«. Doch es bleibt seine Tochter. Der dunkelsonore Klang »Barock« traf durchaus die Eigenschaften eines Stils, der stark ausladende, überernährte Formen liebte ... Und Rokoko? »Es reizte wohl, dem Wort Barock eine leichtere und hellere Fortbildung zu geben, in der die alte Bezeichnung zwar nachklang, aber einen Schnörkel ansetzte« (Osborn). Rokoko – die Gleichheit der zwei letzten Silben, vor allem der Gleichklang der drei Vokale: ein Necken, ein Echo, ein Glöckchenklang, ein dreimaliger Tropfenfall ertönen in diesem anmutigen Wort.

Die viele Grottenmusik bei Mozart, seine Echowirkungen, die er (wie viele Zeitgenossen) aufsucht und liebevoll kultiviert, all das ist bei ihm nicht Spiel, sondern Ernst. Es entspricht der starken Bevorzugung des Muschel- und Schneckenornaments, das ja durchaus nicht nur »Schmuckzwecken« diente, sondern Folge einer Weltansicht war. Man versteckt sich nicht nur aus Koketterie, sondern aus viel realeren Gründen. Und gar in Salzburg, dem »Höhlenstaat«, der in den frevelhaften Kriegen zwischen Österreich und Bayern – diesen dynastischen Bruderkriegen – gern in sein Schneckenhäuschen kroch, um nur von niemand gesehen zu werden, konnte man die Strophe nachfühlen, die Mozart dem Papageno mitgab:

In Grotten nun geht es seltsam zu. »Künstlich« – (dieses Wort war kein Tadel, sondern ein Lobwort der Rokokozeit). Mit dichterischer Hellsicht hat Richard Beer-Hofmann aufgezeichnet, wie der Knabe Mozart im Park des Schlosses Hellbrunn die vom Erzbischof Markus Sittich errichteten mechanischen Grottenwunder erlebte. Da sah er, wie der Gott Apoll im Wettkampf den Stümper Marsyas tötet. Da sah er, wie in steinerner Nische Orpheus seine Hand erhob, um sich den Weg zu den Toten zu bahnen ... Da sprang eine Tür auf; auf bunter Bühne klopften und hämmerten Handwerker an einem Hausbau, aus den Fenstern grüßten und neigten sich vornehme Herren ... Und mittendrin erscholl ein Choral: das Wasser, das sie alle antrieb, trieb auch die Orgel, die jetzt tönte ... Man sah kleiner Menschen tägliche Hast, die sich in bunten Figuren regte – »und zugleich lauschte man dem Lobgesang, der aus der Unruhe feierlich aufstieg: und wußte, daß *ein* Quell beides bewegte«.
Nichts von einem solchen Besuch des kleinen Mozart ist überliefert. Doch Dichter pflegen ja von Gewesenem auf geheimnisvollerem Weg unterrichtet zu sein als Historiker. Die Hallenwirkungen bei Mozart – eine Halle ist etwas, darin es »hallt«; in einer unterirdischen Halle hallt es demnach unterirdisch –, seine Logenmusik, seine Vorliebe für die Freimaurerei, für geheime Sekten, die sich in Grotten versammeln; Sarastros Baß, der in Stockwerken absinkt, die die Bühne vor Mozart nicht kannte (und immer ist's feucht hier unten und kalt): manches entsprach in seiner Kunst dem, was im Sozial-Bürgerlichen ihm der Vater, oft vergeblich, anzuerziehen versucht hatte: Vorsicht und Zurückhaltung. Bei Leopold Mozart ging das so weit, daß er eine Chiffreschrift erfand, die einem diplomatischen Geheimkodex Ehre gemacht hätte. Er, der ewig Mißtrauische, zwang den unbedenklichen, immer raschen und eiligen Sohn, diese Geheimschrift anzunehmen.

Selbst, wo es sich durchaus nicht lohnte (wir besitzen ja schließlich die Übersetzung), korrespondierten sie noch in Chiffren.
Doch die Geheimnistuerei liegt wohl den Salzburgern im Blut. Die ersten Christen, die sich hier, durch einen heute noch gezeigten Geheimgang (313 gebaut), in den Kalkfelsen über dem Peterskirchhof zu kultischer Andacht versammelten, taten es auch unter Lebensgefahr. Nun war Mozart, wie Huizinga sagt, zwar »ein unhistorischer Mensch, dessen Bildung kaum weiter zurückreichte als bis zum Geburtsjahr seines Vaters«, aber genau wie das Rokoko-Salzburg auf älteren Gesteinsschichten stand, auf Romanischem und Gotischem, so brauchte Mozart ohne Mühe nur in sein Inneres hinabzulauschen, um ganz andere Stimmen zu hören als etwa die der Zeitgenossen. Vor allem hat ja jeder Mensch ein Skelett und damit schon den Tod im Leib ... Die Antwort, die im *Don Giovanni* der erstochene Komtur seiner Einladung zum Nachtmahl gibt, ist denn auch keine Rokoko-Musik, sondern das »zeitlose Entsetzen«.
Dem Spaziergänger durch Salzburg stockt manchmal der Fuß. Ihm ist unheimlich, er glaubt in Verborgenes zu tappen. Zuweilen wirken sogar die Kirchen, mit ihren rinnenden Orgelquellen und leise murmelnden Tonbächen (immer spielt ja ein Kleriker, wenn man an einer vorübergeht), wie ans Licht gekommene und bald wieder versinkende Grotten. Und die vielen Durchhäuser, die sich, mitten im Hochsommer, mit eiskaltem Hauch dem Spaziergänger auftun (violette Finsternis quillt dahinter): sie wiederholen die gotischen Schauer. Man hat das Gefühl, man könne verschwinden, mitten aus dem Sonnenlicht, ohne wieder zurückzufinden. Vielleicht war es nur ein Weinkeller, aber vielleicht war es das Grab.
Wasser und Steine: das ist Salzburg. Die Stadt, die ihre Häuserherde kalkweiß und grau aus der Salzach tränkt. Der Stadtstaat, der sich seit tausend Jahren von Gestein und Wasser ernährt. Denn wie andere Gemeinschaften von Getreidefeldern und Herden, von Wolle, Tuch oder Wein gelebt haben, so Salzburg und seine Erzbischöfe von ihren Salz- und Goldbergwerken. In unheimlicher Tiefe wurden dort die Schätze erschürft, die von Zwergen in die Erde gelagert waren — Schätze, die Essen und Kleidung kauften und politische Macht schufen.
Beängstigend stehen die Berge um Salzburg. Es sind »Hausberge«, sie gehören zur Stadt wie Tiere, die in einem Stall stehn. Aber sind das wirklich, der Rasse nach, »Berge«? Der Mönchsberg hat nichts mit dem Kapuzinerberg gemein, und dieser nichts mit dem Untersberg, in dem nach altem Volksglauben Karl der Große schlafen soll.

Nicht die Häßlichkeit – denn in nächster Nähe sind diese Gebilde alle schön – aber die starke Asymmetrie dieser ganzen Landschaft fällt auf. Kann das wirklich Mozarts Heimat sein, die Landschaft des großen Symmetrikers? Doch das Staunen verbreitert sich noch, wenn man sich dem Orte nähert, wo seine Mutter geboren ist und sein Großvater gelebt hat: St. Gilgen und dem Wolfgangsee. Nach dem heiligen Wolfgang ist Mozart genannt. Sein Kloster, mit dem schönen Altar von Michael Pacher, liegt am Gestade. So wenig Mozart, das fleißige Kind, auch ins Freie gelassen wurde: es müßte dennoch erlaubt sein, den See, der den Vornamen Mozarts trägt, und das umliegende Salzkammergut mit ihm irgendwie verknüpft zu denken.
Aber gerade das kann man nicht. Was hat Mozart mit diesen grotesken Wesen zu tun, die den Wolfgangsee umstehn? Oft wirken diese Berge wie »Torsi« von einer Hand, die den Meißel verlor. Jetzt müßte ein neuer Meister kommen und sie recht eigentlich »vollenden« ... Pyramiden, Nasen, Kamelbuckel sind es; vergessenes Gigantenspielzeug aus der Kinderstube der Götter; als ob sie einander beworfen hätten, und dann weggegangen wären ... Ihr Lachen ist zu Stein geworden.
Was aber diese Berge zuletzt doch wieder menschlich und mozartisch macht, ist ihre starke Unruhe. Sie wirken nicht satt, sondern seltsam nervös. Der große westschweizerische Dichter Ramuz hat der alpinen Unruhe seine schönste Prosa gewidmet:
... ça tourne au jaune, ça tourne au vert, ça tourne au gris; toutes les choses ont été éteints comme quand on souffle une lanterne. (... erst gelb, dann grün, dann grau verlöschen alle Dinge plötzlich, wie wenn man eine Laterne ausbläst.)
So ergeht es dem Mozartpilger auch bei der Fahrt ins Salzkammergut. Die Berge wollen ihm nicht mehr schweigen. Was sind schroffe Berge, wenn man sie ins Akustische übersetzt? Es sind natürlich »schrille Berge«. (Der Musikästhetiker Kurth hält daran fest, daß ein Rest optischer Vorstellungen auch in die Komposition hineinspielt.) Niemand verwehrt es uns, bei den monströsen Berggeschöpfen, die erhoben oder katzbuckelnd dastehn, an Don Giovanni, Leporello, Tamino und Papageno zu denken. Irgendwo in dem Riesenorchester, das sich zu ihren Füßen auftut, steht ein erstarrtes Paukengetöse. Lawinen in abwärtsfahrenden Läufen. Herunter und schon wieder hinauf im veränderlichen Licht. In fünf Minuten hat irgend etwas die Silhouette der Berge verändert. Ein Mitspieler zog den Mantel aus, ein anderer umgab sich mit Nebeln oder preßt einen Wolkenhut in die Stirn ... Ist es da

wirklich so abwegig, daß der Spanier Garcilaso diese Landschaft mit Mozarts Orchester verglich? Dem dramatischen Wechsel von Licht und Dunkel, seinen jähen Übergängen, den in Stein gebändigten Leidenschaften?

EIN »HOMO EGREGIUS«: LEOPOLD MOZART

Aber wir haben weit vorgegriffen. Vorläufig einmal klimmt ein junger Mensch, ein etwa Achtzehnjähriger, zu Salzburg aus einer Postkutsche und sieht sich mit großen Augen um. Man schreibt 1737. Da ist die Feste, der Dom, der Fluß, da ist die Bürgerstadt, von der er schon manches Bild gesehen hat. Der Jüngling hat einen Koffer bei sich , er will bleiben. Er ist ja Student und will sich bei der geistlichen Hochschule inskribieren.
Doch es gefällt ihm zunächst hier nicht recht. (Es hat ihm auch später oft nicht gefallen.) Vielleicht ist's die Sprache, die ihn stört. Er kommt aus dem weit entfernten Augsburg – Postkutschentage sind lange Tage – aus der freien Reichsstadt Augsburg, wo man völlig anders spricht. Dort leben Schwaben, die den Hang haben – wie man's in Stuttgart und Tübingen tut – den Worten ein kleines »le« anzuhängen. In Salzburg sprechen die Menschen anders. Was in Schwaben ein »Bändle« heißt, ist in Österreich eher ein »Banderl«. Das wäre kein großer Unterschied? Als Freund der Musik, als Kollegiensänger, hat der Fremde ein höchst empfindliches Ohr. Die austro-bajuwarische Mundart sagt ihm nicht zu. Manches dünkt ihn barbarisch. Wenn er, was die Hühner legen, mit »Oa« bezeichnen hört, statt mit »Ei«, dann erhebt sich seine linke Braue, befremdet-hochmütig und distanziert. Wie wir's auf jenem Bilde gewahren, das im Salzburger Museum hängt.
Denn dieser Mann ist Leopold Mozart. 1719 geboren, eines Buchbindermeisters Sohn. Also kein Augsburger Patrizier, noch weniger ein reicher Kaufherr aus der Stadt der Fugger und Welser. Seine Vorfahren sind lange Maurer gewesen und von Mutters Seite her Weber. Das sind sehr tüchtige Berufe: durch die Handarbeit dieser Mozarts haben Menschen in Häusern gewohnt und sind in Kleidern umhergegangen ... Mozart: ein sonderbarer Name. Und den Salzburgern ungewohnt. Wenn der Fremde noch wenigstens Motzert hieße, Mutzhart oder Mutzenhard! Aber so *hat* er einmal geheißen – nur weiß er selber nichts davon. Seine schwäbischen Vorfahren führten fünfhundert Jahre früher den altdeutschen Namen *muotishard*. Das ist: hart von Mut. Das Le-

ben der Mozarts war das harte Leben mutiger Menschen – und keine Rokokoperücke darf uns diese Tatsache verdecken.

Die Buchbinder sind oft seltsame Leute. Ähnlich wie die Apotheker eine Mittelstellung einnehmen zwischen den Ärzten und den Patienten, so daß sie auf beide hören müssen, so stehen die Buchbinder ganz natürlich zwischen den Autoren und Lesern. Das macht sie zu manchen Zeiten empfindlich. Und ein gesteigert empfindlicher Mensch ist dieser Buchbindersohn geblieben, in dem sich alter Handwerkergeist mit großer Neigung zu Buchwissen mischte: ständig wehrte sich Leopold Mozart gegen Zurücksetzung – wirkliche oder eingebildete.

Seine Brüder waren Handwerker geblieben. Ihn aber hatte Kanonikus Grabherr, sein verdienstvoller Pate, zu den Jesuiten getan, um vielleicht einen Priester aus ihm zu machen. Philosophie und Theologie wurden nun Leopolds Leidenschaft; daneben, noch schüchtern, die Musik. Eine besonders schöne Stimme befähigte ihn, bei Aufführungen geistlicher Schuldramen mitzuwirken. Auch das Orgel- und Geigenspiel verstand er.

Wie aber kam dieser Augsburger nach Salzburg? Daß er in eine Studentenschlacht mit Handwerksgesellen verwickelt war, ist überliefert, jedoch nicht wahrscheinlich. Es war kein unfreiwilliger Auszug aus seiner Vaterstadt: das Augsburger Jesuitenkollegium unterhielt seit langem Beziehungen zur Salzburger geistlichen Fakultät. Man schickte nicht selten angehende Kleriker zur Vollendung ihrer Studien nach Salzburg. Die Jesuiten trugen die Kosten. Ähnlich erging es wohl Leopold Mozart.

Nun aber zeigt sich zum erstenmal das Dialektische im Charakter dieses ungewöhnlichen Mannes. Solange er sich in Augsburg befand, unter den Augen seines Paten, ließ er kaum einen Zweifel daran, daß er Geistlicher werden wolle. Kaum in Salzburg angekommen, oder zumindest ein Jahr später, treibt er Allerweltsstudien. Er entgleitet den Lehrern, treibt viel Musik, bleibt wochenlang aus den Vorlesungen fort – aber nicht, um zu faulenzen, sondern um Dinge zu studieren, die über den Fakultätsbetrieb hinausgehn. Er wird vor den Rektor zitiert, zunächst noch verwarnt und muß Abbitte leisten.

Was ist über diesen Mozart gekommen? Einerseits ist er ein frommer Christ, der viel über Gott und Welt nachdenkt und nach sehr strengen Grundsätzen lebt (klösterliche Frugalität, Disziplin und Nüchternheit sind ihm ein Leben lang zu eigen), andererseits liebt er den Priesterstand nicht. Er habe sich damals »mit den Priestern herumgefoppt«, berichtet ein Jugendfreund von ihm.

Diesen jungen Leuten kommt das Wort »Pfaffe« leicht auf die Lippen. Von da bis zum »Heuchler« ist es nicht weit. Leopold hat einen scharfen Mund. Schon im heimischen Augsburg waren ihm die Domherren manchmal »Schrollen« – das heißt nicht bloß »schrullige Menschen«, sondern Rechthaber und Dickköpfe. Das letztere war er übrigens auch. Setzte er sich etwas in den Kopf, so war mit ihm nicht gut anzubinden. Ein schwäbischer Charakterzug, der nichts mit irgendeinem Beruf, geistlich oder weltlich, zu tun hatte.

Sein hervorstechendster Charakterzug war ein wütender Bildungstrieb. Von der Astronomie bis zur Rhetorik gab es nichts, was ihn nicht interessierte. Es ist unfaßbar, was Leopold Mozart in seinen Salzburger Nächten gelernt hat. Ein guter Lateiner war er ja schon im Jesuitenkollegium gewesen: seine besondere Liebe gehörte Cicero und der Beredsamkeit. Die Grundsätze der Stoa waren ihm so geläufig wie die Mythologie der Griechen, und das Neue Testament vermochte er im Urtext zu lesen. Seine Zitate im Gesprach lieferten ihm Horaz und die Römer. Er war ein scharfer Beobachter der Historie und der Politik. Italienisch und Französisch sprach er wie ein Diplomat; und wenn er Englisch auch nicht sprechen konnte, so konnte er es doch wenigstens lesen. Seine Bildung hätte manchen Staatsmann beschämt – an einen deutschen Durchschnitts-Schriftsteller darf man überhaupt nicht denken! Vor allem sprach Leopold nie Dialekt, sondern ein glasklares Hochdeutsch, wie es weder seine alte noch seine neue Umgebung sprechen konnte. (Sogar die Kaiserin in Wien machte da keine Ausnahme. Vor einem Besuch aus Norddeutschland verlangte sie ein »blabes Buech« und hatte, als man sie nicht verstand, statt dessen *un livre bleu* zu verlangen.) Die Folge dieser erworbenen Bildung war Leopolds abgründiger Haß gegen ungebildete Menschen. Die Salzburger schienen ihm ungebildet. Doch jede andere Menschengemeinschaft wäre ihm um nichts besser erschienen. In Leopolds Gegenwart werden wir leicht an den Famulus Wagner erinnert und sein Bekenntnis beim Osterspaziergang: »... nur lieb' ich nicht dies Schreien, Kegelschieben, weil ich ein Feind von allem Rohen bin.« Doch verhält es sich etwas anders: Der Famulus, trotz seiner Liebe zu Fausten, bleibt recht eigentlich ein Philister. Leopold Mozart war es nie. Seine Liebe zum Geist ist fruchtbar geworden in der Erziehung seiner Kinder.. Sie haben nie eine Schule besucht; er allein ist ihr Mentor gewesen.

Der Umgang, den er sehnlichst suchte, waren die Aristokraten. (Fühlte er sich doch, nicht mit Unrecht, selbst als Geistes-Aristokrat.) Als sein schwankendes Verhältnis zur Salzburger Universität unerträglich geworden war und er schließlich relegiert wurde – E. L. Theiß hat den Text veröffentlicht: »... *Se ipsum nominis studiosi indignum reddidit*« (er machte sich selbst unwürdig, den Namen eines Studenten zu tragen) –, suchte er nach einem Beschützer. Er fand, wie der Volksmund damals sagte, Unterkommen »beim Turm und beim Dachs«: das waren die beiden Wappen-Embleme der Familie Thurn und Taxis, einer ausgebreiteten Adelsfamilie, deren Ahnherr einmal den »zu spedierenden Brief« erfunden hatte – alles wurde ja einmal erfunden – und daran sehr reich geworden war. Seither besaß die Familie Thurn-Taxis in deutschen Landen das Postregal. Kein Brief, der ihr nicht zinspflichtig war, wurde im Heiligen Römischen Reich befördert.

Bei einem Verwandten dieser Familie, beim Grafen Thurn-Taxis-Valsassina also fand Leopold Unterschlupf. Und zwar – wir erstaunen! – als Kammerdiener. Wir erstaunen aber mit Unrecht: denn diese Bezeichnung meinte nicht einen »besseren Hausknecht«, der die Schuhe zu putzen hatte oder Koffer auf Reisewagen lud, sondern der »Ordnerdienste in der *Camera* zu verrichten hatte«, also wohl selbst eine Zwischenstellung zwischen Herrschaft und Gesinde einnahm. Am Hofe zu Wien führte Kilian Strack zwar auch den Titel »Kammerdiener«. Aber er war so mächtig geworden, daß Komponisten wie Joseph Haydn und Wolfgang Amadeus Mozart vor seinen Launen zu zittern hatten und daß es gar nicht geraten war, ihn anders als »Herr von Strack« zu nennen.

Der »Kammerdiener« Leopold Mozart blieb nicht lange »beim Turm und beim Dachs«. Seine Bildung und seine Geschicklichkeit, sein feines, diplomatisches Wesen, vor allem sein Komponistentalent, eröffneten ihm gar bald andere Häuser. Empfehlungen des wohlmeinenden Grafen taten das übrige hinzu, und so sehen wir Leopold bald im Orchester des gutmütigen Erzbischofs Schrattenbach als festbesoldeten Musiker. Vor allem aber komponiert er und verdient sich damit sein Leben.

Nun naht die bedeutsame Frage: Würde man Leopold Mozart noch kennen, wenn er nicht zufällig der Vater Wolfgang Mozarts gewesen wäre? Die Antwort: ein unumwundenes *Ja*. Zusammen mit dem jüngeren Haydn – es war bekanntlich Michael Haydn, des großen Joseph kleiner Bruder –, mit dem Komponisten Ernst Eberlin und Cajetan Adlgasser, dem Organisten des Erzbischofs, machte der Komponist Leopold Mozart den Ruhm der Musikstadt Salzburg aus. Alle, nicht nur sein unmündiger Sohn, mochten von diesem Meister lernen.

Wolfgang (das soll man nie vergessen), war also zweite Generation, nicht unähnlich jenem anderen Wolfgang, Goethe, für den ebenfalls sein Vater, der Herr Rat, geistig vorgesorgt hatte. Nur war in der Familie Mozart das Verhältnis viel erstaunlicher. Denn der Frankfurter Rat war ein reicher Mann, der nichts hatte sauer erwerben müssen. Vater Leopold Mozart aber hatte sich seine Bildung und seine Künstlerschaft erkämpft. Und ein reicher Mann ist er nie geworden.

Für den geistlichen Hof schrieb Leopold eine Menge Kirchenmusik, die den Beifall der Kenner fand. Gegen dreißig Sinfonien und Divertimenti, Klaviersonaten, in denen Scarlattis Frische zuweilen mit Philipp Emanuel Bachs Gemüt gemischt scheint, also die italienische mit der norddeutschen Schule versetzt. Ob diese Mischung wohl originell war? Nicht wenige Meister schrieben ähnlich – doch die Musik im allgemeinen stand damals auf einem sehr hohen Niveau. Selbst Originalität war erlernbar. Es ist müßig, zu fragen, ob in späteren Lebensjahren Vater Mozart mehr bei seinem ihn überragenden Sohn gelernt hat oder Wolfgang als Kind beim Vater.

Eine sonderbare Eigenschaft zeigte Leopold Mozart schon früh – und wiederum offenbart sich hier das Dialektische seines Charakters. Er, der sich nicht genugtun konnte in Verwerfung des »soisburgischen« Wesens, komponierte doch eine Menge Musik für »kleine Leute«. Programmusik von »raffinierter Harmlosigkeit«, die ihn populär machte. Eine Art von Volks-Sinfonien. Da gab es eine »Schlittenfahrt« mit Glockengeklirr und Peitschenknall. Da gab es eine »Bauernhochzeit« mit einer unmißverständlichen »Bedauernis des Jungfernkranzes«, wo man an eine Deflorierung des Bauernmädchens in Tönen denkt. Hackbrett und Dudelsack spielen mit. Nach dem Bauernmarsch (schreibt Leopold vor) ist ein »Pistolenschuß obligatorisch«! Das war aber noch gar nichts gegen die Juchzer und die »rauhen Hörner«, die bei der »Jagdsinfonie« erschollen. Hier verlangte Leopold Hunde, die ins Orchester geführt werden sollten, um über mehrere Takte zu bellen. Das waren Ungeheuerlichkeiten. Doppelt, wenn man daran denkt, daß Leopold Leuten von solchem Geschmack eigentlich auf der Straße auswich. Wenn er, der ihre Mundart nicht sprach, ihnen dennoch »solches zum Ohre hineinschrieb«, beweist das, daß er darauf erpicht war, in jeder Volksklasse Freunde zu haben. Am erzbischöflichen Hof, beim Adel und auch bei den kleinen Bürgersleuten. Er war aus Augsburg fortgezogen – wenn er auch mit Familie und Freunden eifrig weiterkorrespondierte – nun hieß es für ihn, so aufzutreten, als gehöre er innerlichst nach Salzburg.

Unter diesen Gesichtspunkten läßt sich auch seine Heirat betrachten. Als er sich verehelichte, 1748, tat er es nicht unter seinem Stand, aber doch unter seinem Ehrgeiz. Seine Erwählte war die Tochter eines kleinen Beamten, Wolf Nikolaus Pertl, Gemeindepfleger in St. Gilgen. Pertl stammte von Bauern ab. Er starb früh und konnte der bildhübschen Anna Maria wenig mitgeben. Sie war 1720 geboren, also 28 Jahre alt, als Leopold Mozart sie heimführte. Daß sie arm war, hat ihn nicht gestört. Er war ja ziemlich selbstbewußt, was seine eigenen Einkünfte betraf. Wohl aber brachte sie einen »Volkston« in den nun gegründeten Haushalt hinein, der zu seinem Bildungsideal eigentlich nicht recht passen wollte.

Er hat sich niemals darüber beschwert, sondern seine Frau sehr verehrt. Aber ihre Ausdrucksweise war noch um einiges vulgärer als die künstlich gepflegten Vulgarstellen in Leopold Mozarts »Volksmusik«. Eine gebildete Österreicherin umschifft gewöhnlich mit Grazie die Dinge, die getan werden müssen, doch nicht gut riechen. Die Wienerin führt ihren Hund »äußerln«. Die Salzburgerin Anna Maria Mozart schreibt (und gar noch in einem Brief!), man solle den Hund »fleißig brunzen führen«. Gleichnisse aus der Verdauungssphäre haben auch sonst ihre Rede gefärbt. Sie besaß die Unbekümmertheit ihrer bäuerlichen Vorfahren, die wir – nach dem neueren Stand der Kultur- und Seelenforschung – nicht mehr so ganz für »gesund« halten. Die ewige Fixierung des Landvolks an die Düngerproduktion, sein dauerndes Erstaunen darüber, daß sich Stoffe im Darm chemisch verwandeln, ist eher infantil als gesund. Das Volk setzt sich selbst dem Kinde gleich, wenn es die verdeckten Körperöffnungen fortgesetzt in seiner Rede mitschleppt. Die Kultur muß darüber hinwegkommen, daß der Körper Stoffe ausscheidet. Schiller hat sehr Wesentliches über diese Dinge gesagt. In der Familie Mozart dagegen wurde mit dem größten Behagen gerade derlei beim Namen genannt – besonders auch vom jungen Wolfgang, nachdem er die Flegeljahre erreichte. Es war ein Erbteil seiner Mutter. Der gebildete »Erwachsene«, Leopold Mozart, mochte wahrscheinlich die Braue hochrücken, wenn in seiner Gegenwart Dinge geäußert wurden, die er selbst niemals über seine vornehmen Lippen gebracht hätte.

Im übrigen war die Ehe glücklich, und Anna Maria Pertl – eine tüchtige Arbeitsfrau, die mit wenigem haushalten konnte –

schenkte ihrem Mann sieben Kinder. Nur zwei davon blieben am Leben, die am 30. Juli 1751 geborene Tochter Maria Anna Walburga; seltsamerweise nicht »Mariandl« genannt, sondern halbfranzösisch das »Nannerl«. Nach ihr starben wieder ein paar Kinder. Dann aber kam der Letzte zur Welt, der Letzte und ewig Größte der Mozarts. Am 27. Januar 1756. Um 8 Uhr abends. Es war eine sehr schwere Geburt, und er riß die Mutter fast unter die Erde. – Am nächsten Tage erhielt das Kind in der heiligen Taufe die Namen Johannes Chrysostomus Wolfgangus Theophilus, schöne und hochtrabende Namen, in denen sich Leopolds Geschmack auf lateinisch, griechisch und deutsch bewährte. Nur der Name Wolfgang kam von der Mutter. Auf deutsch bedeuteten diese Namen Johann Goldmund Wolfgang Gottlieb. Der Name Gottlieb (Theophilus) wurde dann später latinisiert in den schönen Namen Amadeus. Und aus Amadeus wurde noch später der französierte Amadé.

Der erwachsene Mozart schrieb sich gerne Wolfgang Amad. Mozart. Dabei ist ihm ein seltsamer Lapsus passiert. Aber war es wirklich ein Lapsus? Keiner der großen Biografen, sondern ein kleiner Außenseiter, Alexander Haidecki, hat gefunden, daß auf wichtigsten Urkunden, zum Beispiel auf Mozarts Eheeintragung in der Wiener Stephanskirche, nicht Wolfgang Amad. Mozart steht, sondern Wolfgang Adam Mozart. Und dies war nicht das einzige Mal, daß der Vorname so geschrieben wurde. Da es schwerlich ein Schreibfehler war, mußte es irgend etwas bedeuten. Aber was? Da kommen wir wieder ins Geheimnisvolle hinein. War das nur ein Rokoko-Spaß? War es ein musikalischer Zwang, der dem Schreiber die Konsonanten verdrehte, als ob es Töne seien, die eine Art »Krebskanon« aufführten? Das Spiel greift ins Bürgerliche hinüber und gewinnt zuletzt eine Art von Tiefsinn: So war Konstanze neun Jahre lang gar nicht mit einem Amadeus, sondern mit »Adam« verheiratet: mit dem ersten Menschen, dem »Menschen an sich«. – Kinderei, Musik und Tiefsinn waren hier, wie so oft in Mozart, scheinbar miteinander vereint.

DIE VIOLINSCHULE

Aber lassen wir doch das graugrüne Etwas, das da in der Wiege schläft – in der Salzburger Getreidegasse, im Haus des Herrn Lorenz Hagenauer, der den Mozarts die Wohnung vermietet hat. Es wird leben bleiben oder nicht.

In jenen unhygienischen Zeiten, da man die Kinder mit Wasser aufzieht, weil »Kuhmilch vielleicht zu fett sein könnte«, sterben die Kinder häufig und bald. Doch der Schoß der Weiber ist ja geduldig. Im nächsten Jahr liegt ein neues Köpfchen als Lebensaspirant auf dem Kissen.
Was Leopold Mozart aber bewegt, in diesem Jahr 1756, ist kein irdisches, sondern ein geistiges Kind: seine *Violinschule*. Er hat Jahre darauf verwandt, sie zu schreiben. Nun ist sie – ein Meisterwerk auch im Druck – bei J. Jakob Lotter in Augsburg erschienen. Drei Jahre zuvor hatte Philipp Emanuel Bach, der große Sohn eines großen Vaters, seinen *»Versuch über die wahre Art das Klavier zu spielen«* veröffentlicht. Das Praktische und das Geistige kam da gleichermaßen zu seinen Rechten.
Mozarts Buch sollte noch berühmter werden. In ihm war drastische Darstellungsgabe mit einem oft kaustischen Stil vereinigt. Bernhard Paumgartner hat vor wenigen Jahren einen Faksimiledruck herausgegeben. Das wichtige Buch ist also keine bibliophile Seltenheit mehr. Jeder Mozartfreund hat es zu kennen – erst dann wird er richtig bewerten können, wessen Mannes Sohn Wolfgang war. Gewidmet war es dem *»Hochwürdigsten und Hochgeborenen Reichsfürsten Siegmund Christoph von Schrattenbach, Erzbischof zu Salzburg und Deutschen Primas«*, der mehr durch die Widmung dieses Buches als durch andere fürstliche Akte auf die Nachwelt gekommen ist.
In scheinbar trockenem Handwerkston wendet das Buch sich zunächst an Fremde, die gleichsam noch nie eine Geige gesehen oder von ihr gehört haben: *»Die Violin ist ein aus Holz verfertigtes Instrument und aus folgenden Teilen zusammengesetzt ...«* Ein gewölbtes Dach ... dergleichen Boden ... Seitenwände, welche das Dach und den Boden zusammenfügen ... Und nun, was man die Zarge nennt; und daß der Hals auf dem Corpus sitzt; und die Bedeutung des Stegs, der Schrauben, des Stimmstocks. Eine Belehrung also »zu ebener Erde«. So erklärt ein wackerer Meister Werkstattbesuchern sein Gerät. Plötzlich aber hebt Leopold die linke Braue und moduliert in eine ganz andere Tonart hinüber:

»Warum bemühn sich die Geigenbauer schneckenförmige Krümmungen oder wohlgeformte Löwenköpfe an ihrer Geige anzubringen? Warum wird solche Auszierung ihnen manchmal wichtiger als das Hauptwerk? Auch die Violine, wer sollte es meinen, ist dem allgemeinen Betrug des äußerlichen Scheins unterworfen. Wer den Vogel nach den Federn, und das Pferd nach der

Decke schätzet, der wird auch unfehlbar die Violin nach dem Glanze und der Farbe des Firnisses beurteilen, ohne das Verhältnis der Hauptteile wirklich zu untersuchen. So machen es die, welche ihre Augen und nicht ihr Gehirn zum Richter wählen. Der schön gekrauste Löwenkopf kann ebensowenig den Klang der Geige, als eine aufgetürmte Perücke die Vernunft ihres Trägers bessern. Und dennoch wird manche Violin nur des guten Ansehens wegen geschätzet; und wie oft sind nicht das Kleid, das Geld, der Staat, die Perücke jene Verdienste, die manchen ... zum Gelehrten, zum Rat, zum Doctor machen. Doch! wo bin ich hingeraten? Der Eifer gegen das so gewöhnliche Urteil nach dem äußerlichen Scheine hat mich fast aus dem Geleise getrieben.«

Moral und Unterscheidungsgabe der Leserschaft sind damit aufgerufen; in einer barock-anmutigen Weise. Sollte diese Violinschule vielleicht noch etwas anderes sein als eine Violinschule? Noch ist allerdings nirgends gesagt, daß der Violinschlüssel ein Schlüssel zum Himmelreich der Musik ist – ja, daß es so etwas gibt wie Musik, etwas Wundersam-Heiliges, das eine große Geschichte hat und niemals aufhören wird unter Menschen. Aber, gemach, hier kommt es schon:

»Man hat zu dieser Stunde noch keine vollständige musikalische Historie. Wie viele raufen sich nicht fast nur um den Namen, Musik? Einige glauben das Wort Musik komme von den Musen, welche als Göttinnen des Gesanges verehret worden. Andere nehmen es von einem anderen griechischen Wort, welches fleißig heißt. Viele halten dafür, es habe seinen Ursprung von Moys, welches in ägyptischer Sprache ein Wasser, und Icos, das Wissenschaft heißt. Daß es also eine bei dem Wasser erfundene Wissenschaft anzeige. Einige wollen, das Geräusch des Nilflusses habe zur Erfindung der Musik Anlaß gegeben; andere widersprechen ihnen, die es dem Gesäuse und Gepfeife des Windes oder dem Gesange der Vögel zuschreiben. Endlich wird es auch mit Fug von einem hebräischen Wort hergeleitet, das da meint: ›Ein vollkommenes Werk, welches zur Ehre Gottes ausgedacht und erfunden wurde‹. Der Leser wähle sich, was ihm beliebt. Ich will nichts entscheiden.«

Worte in hebräischen und griechischen Lettern erläutern den Text. Es ist also eine Ausführung, die man heute »wissenschaftlich« nennt. Aber da ist noch etwas anderes, was uns erregt: das Gei-

stige. Noch ist es stilistisch nicht gelöst. Noch beherrscht dieser Buchschreiber nicht die Kunst seines angebeteten Wieland, eine Sache ebenso gründlich, wie flüssig-elegant darzustellen. Zehn Jahre später beherrscht er sie. Leopold Mozart ist ein Mann, der genau auf der Wasserscheide zwischen Barock und Aufklärung steht. Mit der Barockzeit verbindet ihn seine katholische Frömmigkeit, mit der Zeit der Aufklärung das enzyklopädische Bestreben, die praktische und die geistige Seite eines Gegenstandes zu vereinen. Heute im zwanzigsten Jahrhundert, wo sich jedes mystische Grautier an dem Namen der »Aufklärung" reibt und sie sofort mit »platt« verbindet, kann man von Leopold Mozart lernen, wie das achtzehnte Jahrhundert noch spielend etwas zuwege brachte, was uns im zwanzigsten oft fehlt. Spezialisierte Techniker schreiben, streng und schlecht, über Technisches. Und Geistige, snobistisch-verschwommen »voll falschen Tiefsinns« über Abstraktes. Und beide Male ist es danach.
»Nie ermüdenden hellen Verstand ... unbestechlichen künstlerischen Ernst ... tiefe Einsicht in die Forderungen seines Berufs, gewissenhafteste Pflichttreue und unübertreffliche Pädagogik« rühmt 1868 Wasielewski *(Die Violine und ihre Meister)* dem Werke Leopold Mozarts nach, das »lange Zeit hindurch überhaupt das einzige deutsche Lehrbuch war«. Warum aber Mozart eine Einleitung über den »Ursprung der Musik« schrieb, kann Wasielewski schon nicht mehr verstehn. Es gehört ihm »nicht zur Sache«, scheint zu sehr achtzehntes Jahrhundert. Für Goethe, Herder und Humboldt indes wurde wahrhaft erst das zur »Sache«, was man in einen größeren Raum geistig und zeitlich eingliedern konnte ...
Die *Violinschule* Vater Mozarts wurde tatsächlich hochberühmt. Über ein Jahrhundert lang haben aus ihrem praktischen Teil Virtuosen und Dilettanten gelernt. Lange bevor man Wolfgang Mozart irgendeinen Kredit zusprach, machte das in seinem Geburtsjahr erschienene Buch seinen Vater in Europa bekannt. »Er ist ein *homo egregius* – ein aus der Herde ragender Mann, und er wird seinen Weg machen«, hatte ein Kommilitone geweissagt, als der Salzburger Student wegen Nichtbesuchs von Kollegien von der Hochschule gewiesen wurde. Wenige Jahre nach ihrem Erscheinen erlebte die *Violinschule* Übersetzungen in fremde Sprachen, ins Französische zum Beispiel. So wurde Leopold etwas zuteil, was mancher deutsche Klassiker – um nur Schillers Namen zu nennen – zu seinen Lebzeiten nicht errang.
Und stolz darf der Vater nach Hause melden, als er 1764 mit

seinen Kindern in Holland gastiert, daß die berühmte Druckerei des Johann Enschede in Haarlem soeben sein Werk: »*Grondig Onderwys in het behandelen der Violin*« *met Konst-Plaaten en een Tafel* herausgebracht hat.

KOSMOS DES OHRS

Wenn ein Mann wie Leopold Mozart sich über das Bett seines Söhnchens neigte, mußte es Wolfgang vorkommen, als fiele der Schatten eines Berges oder eines Riesen daher. Und der den Raum erfüllende Schatten des Mannes war zugleich Musik. Das Ohr des Kindes öffnete sich, sobald der Vater das Zimmer betrat. Ein anderes Wesen begleitete ihn, die Schwester – und sie musizierten.
Sicherlich wußte Mozart schon früh, daß sein Vater ein »Musiker« war und daß, wie Bellefonte gesagt hat, dies »*quelque chose extraordinaire*« war. Denn nebenan in der Wohnung des Kanzlisten und drüben bei Gevatter Leimsieder wurde *keine* Musik *gemacht*.
Dies große Weben, Fluten, Steigen und die wollüstige Süße der sich wieder senkenden Töne: all das Verschlungene und Gewirkte, Auseinanderweichende und sich wieder Vereinigende, für das das Kind keinen Namen hatte, und das die Erwachsenen Musik nannten, fand nur in der Wohnung der Mozarts statt. Man konnte sich noch kaum aufrichten, geschweige denn laufen, da konnte man schon über Töne stolpern und fallen. Wie man ein paar Jahre später auf zu glatten Herbstblättern im Wald ausrutschen konnte; oder beim Anhören der Töne ihren durchdringenden Duft verspüren wie von Julirosen oder Jasmin ... Doch das sind nicht die rechten Vergleiche! Denn die Natur, so bunt sie sein mag, hat ja nichts Gleichwertiges zu bieten wie die Kunst, die der kleine Mozart in der Kinderstube eintrank. Kein Spaziergang ist aus seiner Kindheit überliefert, nicht einmal ein Spiel mit anderen Kindern, das sich nicht auf Musik bezogen hätte. Und noch viel später ist Mozart zerstreut – Mörike hat das sehr schön erzählt – wenn er durch eine Waldlandschaft hinfährt. Optisch schöne Verhältnisse werden von ihm nur aufgenommen, wenn er sie ins Akustische übersetzen kann. Eine Sache, die uns noch viel beschäftigen wird.
All diese herrliche Musik, dies ungeheuer Fremdartige und schon Unentbehrliche: der Vater brachte es hervor, dieser »Gott«, dieser

Darstellung aus dem Werk Leopold Mozarts »Versuch einer gründlichen Violinschule«. Hier wird »die richtige Haltung der Violine« gezeigt.

Notenschrift des 14jährigen Wolfgang Amadeus Mozart.

Schöpfer, dem ähnlich, ja, gleich zu werden der glühendste Wunsch des Kindes war. Nicht die Mutter, trotz aller Liebe, war der Mittelpunkt seines Daseins. »Nach dem Lieben Gott kommt gleich der Papa!« Diese Knabenüberzeugung begann bereits in der Kinderstube.

Geheimnisvoll ist der Kosmos des Ohrs; nicht weniger als der des Auges. Nach dem klassischen Buch William Sterns »Psychologie der frühen Kindheit« ist das Kleinkind vorwiegend beschäftigt, sich im Raume zu orientieren, besser gesagt: den Raum zu erobern. Als Organe der »Raumeroberung« treten Mund, Hand, Auge, Geruch, Gehör auf. Der Mund? Es ist klar daß die Brustwarze der Mutter den Vergleich abgibt für alles, was schmeckbar und saugbar sein könnte. Nach dem Mund erst kommt die greifende Hand. Drittens das Auge, das nun wieder die Hand als fremdartig empfindet. Die stundenlangen Betrachtungen, die das Kind seinen Fingernägeln widmet, haben die Aufgabe, festzustellen, ob die Hand ihm selbst gehört. Erst wenn diese Dinge erledigt sind, tritt der Geruch in seine Rechte. Am spätesten meldet sich das Gehör als Raum-Eroberer und -Erforscher.

Beim Kinde Mozart jedenfalls kann das so nicht gewesen sein. Die wunderbare Vollkommenheit seines Gehörsinns, die uns schon aus seiner frühesten Daseinsstufe überliefert ist, läßt darauf schließen daß dieser Sinn bei ihm früher tätig war als das Auge. Das ist seltsam. Denn gerade Mozart besaß eine Anomalie des äußeren Ohrs. »Er hatte bekanntlich große Ohren, was immer mit großen Gehörgängen zusammenhängt«, schrieb der Anatom Hyrtl 1868. »Der Zugang zur äußeren Gehöröffnung war eine steile, enge Spalte, wodurch die Muschel *(concha)* als eingeengt, ja, als fast fehlend erschien«, schrieb später der Anatom Holl. Als ganz ungewöhnlich bezeichnete er das Auftreten eines starken Wulstes, der, mit dem *Antitragus* verschmolzen, sich bis zur hinteren Leiste, dem *Crus helicis*, erstreckte. Im Gegensatz zu den meisten Menschen besaß Mozart ein sogenanntes »Breitohr«. »Da das Breitohr anthropologisch tiefer steht als das Langohr, steht Mozart also auf einer tieferen Stufe. Dafür spricht auch das Fehlen des Ohrläppchens, welches bei niederen Menschenrassen geringer entwickelt ist als bei den höheren.«

Der Königsberger Anatom schloß 1898 das Ergebnis mit den Worten: »Eine eigentümliche Ironie des Schicksals hat dem Manne, dessen inneres Ohr sozusagen die höchste menschliche Entwicklung erreicht hat, ein zurückgebliebenes und mißbildetes Außen-Ohr gegeben.«

Wir lesen das voller Betretenheit. Denn wir glauben doch mit Goethe:

Es ist nichts in der Haut,
was nicht im Knochen ist.
Vor schlechtem Gebilde jedem graut,
das ein Augenschmerz ihm ist.

Und Mozart besaß mißgebildete Ohren? Woher wollen die Anatomen so genaue Messungen an Mozarts Ohr veranstaltet haben? Sein Schädel ist doch verlorengegangen! Dennoch: man kennt Mozarts Ohr genau. Konstanze Mozarts zweiter Mann, der dänische Etatsrat Nissen, hat es sorgfältig aufgezeichnet in seiner wirklich abnormen Gestalt. Daß er vielleicht das Ohr von Mozarts jüngerem Sohn benützt haben könnte, ist denkbar, aber wie hätte Konstanze die Veröffentlichung zulassen können, wenn nicht das Ohr des kleinen Wolfgang dem des Vaters vollauf geglichen hätte?
Nun wissen wir seit ein paar Jahrzehnten, daß der primitive Mensch besser, feiner und vielfältiger hört als der Kulturmensch, bei dem nicht nur das Auge unscharf geworden ist, sondern auch der Gehörsinn stumpfer.
»Uns ist nicht bekannt, was Mozart hörte, und vor allem nicht, *wie* er hörte«, hat Erich von Hornbostel (Cambridge) gesagt, der Erforscher der Naturvölker. Doch vielleicht sind Mozarts Leistungen als Kind, seine große Unterscheidungsgabe der Tonwerte, wirklich dadurch zu erklären, daß sein Ohr schon bei der Geburt gewisse Anomalien aufwies.
Hierher gehört auch möglicherweise die nervöse Abneigung des Kindes gegen den Ton der Trompete, »wenn sie allein, ohne andere Musik, geblasen wurde: wenn man ihm eine Trompete nur vorhielt, war es ebensoviel, als wenn man ihm eine geladene Pistole aufs Herz setzte«. Ein Hausfreund, der Trompeter Schachtner, hat diese Geschichte aufgezeichnet, und auch, wie der Vater beschloß, dem Vierjährigen diese Angst vor der Trompete »durch Erziehung abzugewöhnen«. Törichterweise veranlaßte er Schachtner, dem kleinen Wolfgang entgegenzublasen, als dieser nichtsahnend ins Zimmer kam. Der Erfolg? Das Kind wechselte die Farbe und wäre ohnmächtig zu Boden gestürzt, hätte man es nicht aufgefangen. Diese Idiosynkrasie mag nach den Forschungen C. G. Jungs mit noch anderen Dingen zusammenhängen als mit bloßer »Nervosität«. Posaunenähnliche Baßinstrumente spielen in der archaischen Zeit und noch heute bei den Naturvölkern

eine strenge, kultische Rolle. Seltsamerweise war die Tuba das letzte Instrument, das Mozart auf seinem Sterbebett hören sollte, als er sein *Requiem* komponierte:

Tuba mirum spargens sonum
coget omnes ante thronum

»Die Posaune, die beim Jüngsten Gericht die Seelen der Auferstandenen vor den Thron des Herrn zwingen wird . . .« Ob die Seele des Kindes bereits dieses religiöse Entsetzen im Klange der Trompete empfand? Wir werden es niemals erfahren. Aber wer im vorhinein solche Dinge für ausgeschlossen hält, weiß nichts von der Musik und vom Menschen.

ORAGNA FIGATAFA

Im allgemeinen kommt ein Kind sehr gut mit fünf Tönen aus. C, D, E, F, G genügt ihm; was darüber ist, ist von Übel. Das A erregt ihm schon Unbehagen, und beim H ist ihm zumute, wie später beim Turnunterricht, wenn es das Füßchen heben soll, um auf eine Leitersprosse zu steigen, die der Erde schon sehr entfernt ist. Vollends das eingestrichene C ist undenkbar. Mozart aber, lesen wir, »erklomm ohne Zagen die Oktave«.

Händel fing an zu musizieren, als er kaum der Gliedmaßen mächtig war. »Tutehorn und Flöte, Pommer und Trompete, Trommel, Maultrommel, und was der Weihnachtsmann alles zu bescheren pflegte, bildete anfänglich sein Orchester«, schreibt sein Biograf Chrysander. Er war ein kleiner Tierbändiger. Mozart, das stille, fügsame Kind, hielt sich von allem Lärmmachen fern. Kaum konnte er einen Stuhl ersteigen, begann ihn das Klavier zu lokken. Er prüfte mit den Fingerchen Intervalle und Kombinationen. Da sein Vater vorwiegend Geige spielte und die Schwester hauptsächlich sang, folgte er unbewußt dem Drang, »sich an ihre Seite zu stellen«, aber mit etwas anderem. Vielleicht wollte er sie »ergänzen« (der Trieb zur »Ergänzung« wurde ja später einer seiner Haupttriebe). Als künftiger Triospieler also lernte Wolfgang das Klavier. Der Vater gab ihm Unterricht und fand seine Fortschritte bald erstaunlich.

Wenn wir genau wissen wollen, wie Mozarts Kindheit *nicht* verlief, brauchen wir nur an die Kindheit eines anderen Genies zu denken und sie plutarchisch zu vergleichen. An Romain Rollands

Johann Christof, dessen *Recht auf Freiheit und Traum* verletzt wird, als er Klavier spielen lernen soll:

»... Kam es denn wirklich darauf an, indem man den Daumen verschwinden ließ, mit möglichster Schnelligkeit über die Tasten zu laufen, oder den vierten Finger, der ungeschickt an seinen beiden Nachbarn kleben blieb, geschmeidig zu machen? Er wurde ganz nervös davon; und es war gar nichts Schönes dabei. Ach, zu Ende war's mit der Welt der Träume ... Trockne, einförmige, alberne Tonleitern und Übungen folgten einander ... Und dann wurde allem die Krone aufgesetzt, als der Knabe eines Tages im Nebenzimmer Vater Melchior seine Pläne entwickeln hörte. Um ihn also als Wunderkind und wie ein dressiertes Tier auszustellen, langweilte man ihn so schrecklich und zwang ihn, den ganzen Tag lang, Elfenbeinplättchen auf und nieder zu bewegen? Er fand nicht einmal mehr die Zeit, seinen lieben Fluß zu besuchen. – Er war empört in seinem Stolz und in seinem Freiheitsgefühl verletzt. Er beschloß, überhaupt nichts mehr zu lernen, gar keine Musik mehr zu machen oder so schlecht, daß er seinen Vater, diesen Quälgeist, entmutigte ...
Von der nächsten Stunde an versuchte er, seinen Plan auszuführen. Er gab sich gewissenhaft Mühe, daneben zu greifen und alle seine Läufe zu verderben. Vater Melchior schrie; dann brüllte er; und Schläge fielen hagelweise. Er hatte ein starkes Lineal; bei jeder falschen Note schlug er damit dem Kind auf die Finger, während er ihm gleichzeitig, als solle es taub werden, in die Ohren donnerte. Christof verzog vor Schmerz das Gesicht; er biß sich, um nicht zu weinen, auf die Lippen, fuhr mit stoischer Ruhe fort, seine Noten falsch aneinanderzureihen und zog vor jeder Ohrfeige, die er kommen sah, seinen Kopf zwischen die Schultern ...«

Welch grauenerregende Schilderung – und dabei ist doch Rollands Johann Christof ein »Berufener« gleich Beethoven und wird später ein großer Komponist. Wo also liegt der Unterschied? Im Geheimnis des Pädagogischen – und dieser Leopold Mozart ist eben ein ganz großer Pädagoge. Kein »Traum und Zauber der Außenwelt« kommt dem Zauber der Studierstube gleich, in welcher *dieser* Vater gebietet. Er »gebietet« gar nicht; er *ist*, und dieses Sein ist so überredend, daß es gar nicht Musik sein muß, was der kleine Wolfgang lernt. Es ist bezeugt, daß er als Kind ebenso gern rechnete (!). Wo der Vater ihn hinsetzte, da beschäftigte er sich – und tagelang waren dann Diele und Wände mit kreidegeschriebenen Ziffern bedeckt!

So ist er denn niemals geschlagen worden. Da schon für den Vierjährigen das Klavier der wirkliche »Spielkamerad« war, mußte ihn niemand zum Spielen zwingen. Im Gegenteil hielt es eher schwer, ihn zum Zubettgehen zu bewegen. Die Liebe zum Vater mischte sich damals mit einem nicht unbewußten Humor: »Mozart«, berichtet Nissen, nach einer Erzählung von Konstanze, »hatte eine so zärtliche Liebe zu . . . seinem Vater, daß er eine Melodie komponierte, die er täglich vor dem Schlafengehen sang, wozu ihn sein Vater auf einen Sessel stellen und immer die Sekunde dazu singen mußte.« Das ist ein mißverständlicher Ausdruck. Gemeint ist: sekundieren mußte. Denn hätte er die Sekunde gesungen, hätte es abscheulich geklungen. »Wenn diese Feierlichkeit vorbei war, welche keinen Tag unterlassen werden durfte, küßte er den Vater noch einmal mit innigster Zärtlichkeit auf die Nasenspitze und sagte oft: wenn der Vater alt wäre, würde er ihn in einer Kapsel, vorn mit einem Glase, vor aller Luft bewahren, um ihn immer bei sich und in Ehren zu halten. Auch während des Singens küßte er bisweilen die Nasenspitze des Vaters und legte sich dann mit voller Zufriedenheit und Ruhe zu Bett. Dieses trieb er bis in sein zehntes Jahr. Die Worte waren ohngefähr: ›*Oragna figata fa marina gamina fa.*‹«

Leopold Mozart hat diese früheste Komposition seines Sprößlings aufgezeichnet:

Hermann Abert, der Biograf, entdeckt in dieser Tonfolge eine Abwandlung der niederländischen Volkshymne, des »Wilhelmus von Nassauen«. Nun hatte Leopold für seine Kinder tatsächlich ein Büchlein angelegt, in dem er 135 Liedanfänge notiert hatte. Ein hochinteressantes Buch, das sehr viel Norddeutsches enthielt, Lieder von Hamburger und Leipziger Meistern. Doch die Niederländische Nationalhymne trat damals noch nicht in Wolfgangs

Leben. Sie ist auch beträchtlich anders gebaut als seine kindliche Komposition:

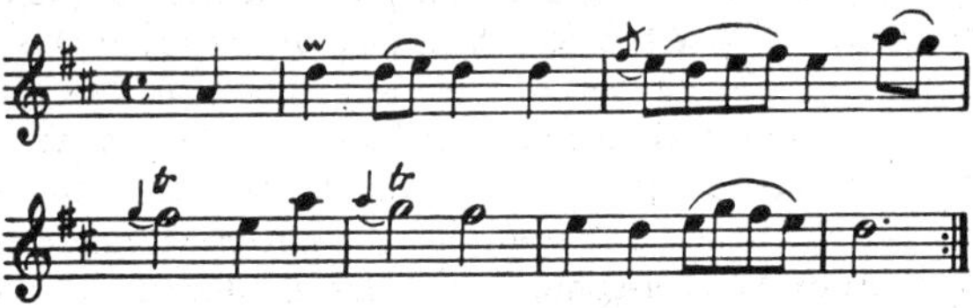

Sie wurde erst später für ihn von Bedeutung, als er 1766 vor der holländischen Hofgesellschaft im Haag diese Hymne fast aus dem Stegreif variieren mußte:

Wilhelmus von Nassauen bin ich
aus deutschem Blut.
Mein Vaterland fühlt sicher sich
in meiner Hut.

Diese Trutzhymne des Protestantismus zeichnet sich durch die wehrhafte Bauart der zweiten und vierten Zeile aus. Während die erste und dritte Zeile etwas Erklärend-Darstellendes haben, besteht die zweite und vierte Zeile nur aus je zwei Hebungen (»aus deutschem Blut«, »in meiner Hut«), was diesen Schlüssen etwas Wachsames gibt. Es ist, als ob sich Burgtore schlössen. Das ist eine jener Hymnen, für die Menschen gestorben sind.
Die Komposition des Kindes Mozart zeigt eher eine andere Bauart, weil die Zeilenzäsur in der Mitte liegt. Es handelt sich bei ihr also nicht um vier Hebungen und zwei Hebungen, sondern sehr deutlich um zweimal drei Hebungen. Dieses Liedchen ist ein Ableger eines alten französischen Jagdlieds:

Pour aller à la chasse
faut être matineux,

das später in den Freiheitskriegen von den Deutschen übernommen wurde. Bis heute genießt es in Fouqués und noch mehr in Schenkendorfs Text eine außerordentliche Verbreitung:

Erhebt euch von der Erde,
ihr Schläfer, aus der Ruh!
Schon wiehern uns die Pferde
den guten Morgen zu.

Dieses Lied also variierte Mozart. Seine erste Komposition war mithin keine freie Erfindung – und das interessiert uns besonders. Was kann ein Kind auch besseres tun als nachahmen, was ihm »ältere« – dieses Wort hat denselben Stamm wie »Eltern« – vorgemacht haben? Der Protest und die Revolution stellen sich erst mit der zweiten Geburt ein: mit der Pubertät. Die gesunde Haltung eines Kindes zeigt sich darin, daß es sich an schon »Dagewesenes« anschließt. Kein wirklicher Meister »erfand« schon als Kind. Auch Mendelssohn, Spohr, Liszt, Meyerbeer, Tschaikowsky, Smetana und Dvořák erfanden als Kinder nichts »Eigenes«. Und auf dem Gebiet der Malerei hebt Kerschensteiner hervor, wie wichtig gerade die Nachwirkung *fertiger* Dinge auf das heranwachsende Talent sei. »Aus der Geschichte der großen Meister aller Zeiten kann festgestellt werden, daß sie in der Kinderzeit die eifrigsten Abzeichner gewesen sind.«
Und der Text von Mozarts Liedchen? »*Oragna figata fa marina gamina fa.*« Das war eine Sprache, die es nicht gab – und zugleich: variiertes Italienisch. Alle diese unsinnigen Worte haben nämlich romanische Stämme: *Oragna* kommt von *oraggio*, Sturm, *figata* hängt mit »Feige« zusammen, *fa* ist das lateinische *facit*, *marina* ist stammgleich mit »Meer« und *gamina* ist ein romanischer Stamm für »Kind«. Unsinnige Worte? Nach Eugen Probst gibt es nichts völlig Sinnloses, weil unbewußt »jede Äußerung das erinnerte Relikt eines Bildes mit sich führt«. Übersetzt man Mozarts »sinnlose Worte«, so ergibt sich das überraschende Bild:

Der Sturm schüttelte den Feigenbaum
am Meeresgestade, ein Kind sah zu.

Dieses Bild ist eine »Vorform Italiens«. Es ist die gleichsam vorausgeträumte Landschaft jenes »Meerballetts«, das der Dichter Mörike in seiner tiefsinnig-genialen Novelle *Mozart auf der Reise nach Prag* Wolfgang, den Dreizehnjährigen, in der Bucht von Neapel erleben läßt...
Solche »Vorformen Italiens« spukten wohl schon in der Seele des Kindes. Wolfgang hörte viel italienisch singen. Es schien ihm nur natürlich, daß er sein eigenes deutsches Kindsein mit dieser Sprache ergänzen mußte. Wäre er nicht in Salzburg geboren, sondern in Mailand oder Venedig, hätte er in seinen Singsang vielleicht deutschklingende Brocken gestreut.

Dabei blieb Mozart noch manches Jahr ein ganzes Kind, bei dem die Musik als »Angenehmes« figurierte und als das »Sinnliche« schlechthin. Zu Sahne, Himbeereis und Braten fügte sich noch die »*Buttergeige*«, ein fettiger und goldgelber Tonwert: der unschätzbare Herr Schachtner besaß sie. Sein Bericht, dem wir das meiste verdanken, was wir über die Psychologie des heranwachsenden Kindes wissen, erzählt:

»Der Kleine geigte darauf und konnte die Geige nicht genug loben; nach ein oder zween Tagen kam ich wieder, und traf ihn, als er sich eben mit seiner eigenen Geige unterhielt; sogleich sprach er: Was macht Ihre Buttergeige? Geigte dann wieder in seiner Fantasie fort, endlich dacht' er ein bißchen nach und sagte zu mir: Herr Schachtner, Ihre Geige ist um einen halben Viertelton tiefer gestimmt als meine da. Wenn Sie sie doch so gestimmt ließen, wie sie war, als ich das letzte Mal darauf spielte. Ich lachte darüber, aber Papa, der das außerordentliche Tönegefühl und Gedächtnis dieses Kindes kannte, bat mich, meine Geige zu holen und zu sehen, ob er recht hatte. Ich tat's, und richtig war's.«

Neben der unnatürlichen Feinheit im Gehör des Fünf- oder Sechsjährigen – sie »ging nicht mit rechten Dingen zu« – interessiert uns hier besonders, daß er eine Geige besaß. Dabei sollte er doch Klavierspieler werden – und war, noch ein Menschenalter später, am glücklichsten, wenn er am Klavier saß. Doch der Zwang, den Vater nachzuahmen, es ihm womöglich gleichzutun, war so groß, daß sein Geigenehrgeiz eine Weile lang alles zudeckte. Leopold, der das wahrscheinlich nicht ermutigen wollte, hatte seinem Sohne keinen Violinunterricht gegeben. Eines Tages kam ein gewisser Wentzl und brachte sechs Streichertrios mit. Schachtner hält die Szene fest:

»Papa spielte mit der Viola den Baß, Wentzl das erste Violin, und ich sollte das zweite spielen. Wolfgangerl bat, daß er das zweite Violin spielen dürfte, der Papa aber verwies seine närrische Bitte, weil er noch nicht die geringste Anweisung in der Violin hatte. Wolfgang sagte: Um ein zweites Violin zu spielen, braucht man's ja wohl nicht erst gelernt zu haben, und als Papa darauf bestand, daß er gleich fortgehen und uns nicht weiter beunruhigen sollte, fing Wolfgang an bitterlich zu weinen und

trollte sich mit seinem Geigerl weg. Ich bat, daß man ihn mit mir möchte spielen lassen; endlich sagte Papa: Geig mit Herrn Schachtner, aber so stille, daß man dich nicht hört, sonst mußt du fort. Das geschah, Wolfgang geigte mit mir. Bald bemerkte ich mit Erstaunen, daß ich da ganz überflüssig sei; ich legte still meine Geige weg und sah den Papa an, dem bei dieser Szene die Thränen der Bewunderung und des Trostes über die Wangen rollten; und so spielte er alle sechs Trio.«

Tränen der Bewunderung? Des Trostes? Das achtzehnte Jahrhundert gebrauchte das Wort »Trost«, hierin klüger als das unsere, noch im Sinne von lateinisch *solamen.* Auch wem kein Kummer widerfuhr, hatte »trotzdem« getröstet zu werden. Denn seit seiner Abkehr vom Paradiese, war das Leben des Menschen ein »Kummerzustand«.
Und so erzählt uns Andreas Schachtner von jenem klassischen Augenblick, der Wolfgangs weiteres Leben entschied. Es ist ein Augenblick des Vaters; nicht des Sohns, der dabei in fast humoristischer Weise mitspielt.

»Einmal ... trafen wir den vierjährigen Wolfgangerl in der Beschäftigung mit der Feder an.
Papa: Laß sehen.
Wolfgang: Ist noch nicht fertig.
Papa: Laß sehen, das muß was Sauberes sein.
Der Papa nahm ihm's weg und zeigte mir ein Geschmiere von Noten, die meistenteils über ausgewischte Dintendolken geschrieben waren (NB der kleine Wolfgangerl tauchte die Feder aus Unverstand allemal bis auf den Grund des Dintenfasses ein, daher mußte ihm, sobald er damit aufs Papier kam, ein Dintendolken entfallen, aber er war gleich entschlossen, fuhr mit der flachen Hand darüber hin und wischte es auseinander und schrieb wieder darauf fort), wir lachten anfänglich über dieses scheinbare Galimathias, aber der Papa fing hernach seine Betrachtungen über die Hauptsache, über die Noten, über die Komposition an, er hing lange Zeit steif mit seiner Betrachtung an dem Blatte, endlich fielen zwei Thränen, Thränen der Bewunderung und Freude aus seinen Augen. Sehen Sie, Herr Schachtner, sagte er, wie alles richtig und regelmäßig gesetzt ist, nur ist's nicht zu brauchen, weil es so außerordentlich schwer ist, daß es kein Mensch zu spielen imstande wäre. Der Wolfgangerl fiel ein: Drum ist's ein Konzert, man muß so lange exerzieren, bis man es treffen kann,

sehen Sie, so muß es gehen. Er spielte, konnte aber auch just so viel herausbringen, daß wir kennen konnten, was er wollte. Er hatte damals den Begriff, daß Konzert spielen und Mirakel wirken *einerlei sein müsse.«*

An dieser Schilderung stimmt etwas nicht. Wenn wir auch nicht zweifeln wollen, daß *dieses* fünfjährige Kind ein Klavierkonzert komponieren konnte, glauben wir doch nicht, daß er imstande war, es aufzuschreiben. Mehr: sein Interesse war gar nicht vorhanden. Die Menschheit hat sehr lange gebraucht, ehe sie die Schrift erfand. Schrift ist das Gegenteil von Spiel; sie dient Mitteilungs- und Verewigungszwecken. Nach dem biogenetischen Grundgesetz – daß das heranwachsende Kind die Stadien der Menschheit wiederholt – hat ein Kind überhaupt nicht den Drang, etwas »für andere festzulegen« oder gar zu »verewigen«. Klein-Mozarts Klavierkonzert also war »ein gebundenes Fantasieren«; selbst wenn er Orchesterstimmen mithörte. Wenn er dazu mit der Feder hantierte, so hatte das ebensowenig »Realwert« wie das Häuschen, das ein Gleichaltriger baut. Niemals wird es ein »Haus« werden, in dem ein anderer wohnen kann. Das Klavierkonzert selbst war »real«, doch die »Niederschrift« (der Gewährsmann Schachtner ist vorsichtig) konnte niemand lesen. Nur einer las sie: Leopold.

Und hier begann *seine* Aristeia. Er legte in seinen Sohn nichts hinein; aber er *sah* etwas in ihn hinein, was noch kein anderer sehen konnte. Wenn Schachtner dieses »Mirakelwirken« auch irrtümlich Wolfgang zuwälzen wollte, zu dessen Begriffsschatz es nie gehört hat: Mirakel – das war Leopolds Wort!

Dieser Mann, der den idealen Ausgleich des achtzehnten Jahrhunderts in seiner Person wenigstens erstrebte – den zwischen Christentum und Vernunft –, glaubte als religiöser Mensch, seinem Haus sei ein »Wunder« widerfahren. Als »Vernünftiger« wieder glaubte er, daß er es sowohl dem Wunder wie der Mitwelt schuldig sei, dieses Licht nicht »unter den Scheffel zu stellen«. Ein Heiliges hat man der Welt zu zeigen. Wie ernst ihm dabei war, beweist, daß er sehr erregt werden konnte, wenn man das „Mirakel Wolfgang Mozart«, wie das später in Wien und Paris geschah, in einer rein mechanistischen Weise erklären wollte. (Man hoffte, daß es vorübergehn werde, wie so manch andere »Entwicklungserscheinung«: ein Erwachsener, der sein Handwerk verstand, war dann schließlich ja auch kein Wunder mehr.)

Dann konnte er sehr böse werden, wie jener Brief vom 30. Juli 1768 beweist: »*Wenn ich jemals schuldig bin, die Welt dieses Wunders halber zu überzeugen, so ist es eben jetzt, da man alles, was nur ein Wunder heißt, lächerlich macht und allen Wundern widerspricht ... Man will Gott die Ehre nicht lassen! Man denkt, es kommt nur noch auf einige Jahre an, alsdann verfällt es ins Natürliche und hört auf, ein Wunder Gottes zu sein.*« Er jedoch hat es sichtbar zu machen! »*Und wie würde es sichtbarer als in einer großen volkreichen Stadt durch ein öffentliches Spektakel? ...*«

AM WIENER HOF

Jenes »öffentliche Spektakel in einer großen, volkreichen Stadt«! Hätte Leopold sein Kindwunder zum erstenmal in der Residenz der Fürsterzbischöfe auftreten lassen – und bei seinen Beziehungen zu Erzbischof Schrattenbach lag das nahe –, so wären die ersten »Pressenotizen« aus der Salzachstadt gekommen. Das Wort »Presse« mag man hier wörtlich nehmen oder auch nicht – die gute Gesellschaft unterrichtete sich damals von Hof zu Hof vor allem durch Briefe. Aber an einer »Premiere in Salzburg« lag Vater Leopold durchaus nichts. Wie man in Umkehrung sagen mag: »Das Vaterland galt nichts beim Propheten.« Da mußte es schon München sein!
Eigentlich sollten wir über den dreiwöchigen Ausflug, den der damals sechsjährige Wolfgang und die elfjährige Nannerl unternahmen, durch ihren »Impresario« genaue Nachrichten besitzen. Sie spielten bei Maximilian dem Dritten, der, wie alle Wittelsbacher, ein besonderer Liebhaber der Musik war. Doch vielleicht fügte sich's nicht gut, daß man gerade im Karneval war. Nichts war über den Erfolg zu lesen, auch kein Brief Vater Leopold Mozarts nach Haus hat sich darüber erhalten. Er hatte ohnehin Größeres im Kopf. Der Platz, an dem das Gestirn seines Sohns aufgehn sollte, war für ihn das Habsburgische Kaiserhaus.
Im Oktober 1762 war der Hubertusburger Friede zwischen Österreich und Preußen noch nicht geschlossen. Dennoch erklang Wien, die herrliche Kaiserstadt, von Musik, Theater und allen Künsten. Man muß begreifen, was das heißt. Der Krieg, *Bellona,* war eine Göttin, die ein großes Herrscherhaus genauso in Dienst genommen hatte wie den Frieden oder die Industrie, die Landwirtschaft und die Schönen Künste. Der Schall der Kartaunen kam von weit her; während des Siebenjährigen Krieges hat man in Wien nie

Schießen gehört; desto mehr erklang die Geige und das gesungene Madrigal in dieser halbitalienischen Stadt. Sie war der richtige Schallraum um die beiden Kinder Leopold Mozarts.
Auf der Anreise hatte alles ohne Zwischenfall geklappt. Sie hatten am 18. September Salzburg im Reisewagen verlassen, ein leichtes Klavier hinten aufgepackt. Ein paar Tage blieben sie in Passau, wo Wolfgang vor dem Bischof spielt. Dabei hört ihn ein Domherr, Graf Herberstein. Er verliebt sich so sehr in das Kind, daß er mit der Familie nach Linz fährt – nicht mit dem Wagen, sondern zu Schiff: der Wagen wird auf das Schiff gebracht. In Linz konzertieren sie beim Adel. Da Wolfgang etwas unpäßlich wird, fährt Herberstein nach Wien voraus, *einen großen Lärm dahin zu bringen.* Denn jetzt meldet sich zum erstenmal Leopolds größter Verbündeter, der *rumor,* das »Gerücht«. Es eilt jahrelang allem voraus, was er tun wird. Auch die Franziskanermönche in Ybbs, allwo *sich Wolferl auf der Orgel herumtummelte,* werden nicht geschwiegen haben. In Wien erzählt ein Freiherr dem andern, daß ein »Weltwunder angekommen sei«. Eine Gräfin Zinzendorf lädt Leopold und die Kinder ein. »*Hauptsächlich erstaunt alles ob dem Buben, und ich habe noch niemand gehört, der nicht sagt, daß es unbegreiflich sei.*« Als Leopold am nächsten Tag, während die Kinder im Gasthof schlafen, allein in der Oper sitzt, hört er den Erzherzog Leopold aus seiner Loge in eine andere hinüber angeregt erzählen, ein Knabe sei in Wien angekommen, der noch nicht sieben Jahre alt, so trefflich das Klavier spiele, daß man . . . Leopold wundert sich nicht, daß er noch am gleichen Abend den Befehl erhält, [illegible] 3. Oktober in Schönbrunn zu erscheinen. – Bei der Kaiserlichen Familie!
Hier aber begann ein Feenreich. Schönbrunn – von Fischer von Erlach entworfen, dem berühmten Barockmeister (1656–1723), der auch die Kollegienkirche im heimischen Salzburg geschaffen hatte – war eines der vielen »Lustschlösser«, die über Europa gesät waren. Und es war eines der allerschönsten. Es war »gewachsen«. Kaum wußte man, wo der Stein in den Garten überging, und wo der Park wieder zum Schloß wurde. Lustschloß hieß nicht bloß Erholungsschloß. Auch die tätige »Lust an Geschäften« wanderte mit, wenn ein Souverän wie Maria Theresia nach Schönbrunn übersiedelte. »Alljährlich, beim ersten Amselschlag im April, zog es sie hinaus, und manchmal noch bis in den November hinein zögerte sie mit dem Heimgehn. Sah unbekümmert darüber hinweg, daß alle Hofämter und Hofdamen mit Schnupfen und Halsweh herumliefen und auf Nadeln standen,

weil sie endlich zu ihren Freundschaften und Amouren in die Stadt zurückwollten. Die Minister und Gesandten aber schimpften in allen Sprachen, weil sie immer noch hinaus zu Vortrag und Audienz fahren mußten.« (Ann Tizia Leitich.)
In diesem Feenreich begaben sich märchenhafte Ereignisse, die in Vater, Sohn und Tochter jahrelang nicht verblassen sollten. Anstatt sich verschüchtert zu zeigen, durchbrach Wolfgang jede Etikette. Er sprang der Kaiserin auf den Schoß, kaum daß er sie erblickt hatte, und bedeckte (unvorstellbar!) das Gesicht Maria Theresias mit Küssen. Es ist wahrscheinlich, daß er in ihr die Mutter aller Mütter ahnte, und sie in ihm das Kind aller Kinder. Sechzehn hatte sie damals schon selbst geboren.
Ein Kind ist kein Noch-nicht-Erwachsener, sondern eine Form an sich. Eine Form, die später abhanden kommt – sobald das Leben sie nicht mehr braucht. Die Zauber, die ein Kind entfaltet, sind manchmal unbewußte Notwehr, sind unbewußte Mittel zum Zweck. Seine Lieblichkeit wird ihm zum Schutz.
Musik? Ja, natürlich war es Musik, was um den kleinen Kerl webte. Um Musik zu produzieren, waren die Salzburger ja geladen. Auf der Herreise hatte er einen Zöllner durch sein Geigenspiel so bezaubert, daß der Mann vergessen hatte, die Koffer der Mozarts zu visitieren. Jetzt riß die furchtlose Heiterkeit dieses Menschleins den ganzen Hof hin.
Die Reihenfolge, in der sich damals das Auftreten der Kinder Wolfgang und Nannerl abspielte, ist nicht ganz genau zu erkennen – so unzeremoniell war sie. Es scheint, daß der Kaiserliche Gemahl, gleich nachdem Wolfgang gespielt hatte, in scherzhafter Weise zu ihm sagte: es wäre keine Kunst, mit allen Fingern zu spielen, wenn man die Tasten sehen könne. Größere Kunst bestünde darin, auf einem verdeckten Klavier zu spielen. Eine, wenn sie ernst gemeint war, ziemlich barbarische Bemerkung. Wolfgang nahm die Bemerkung ernst, spielte auf einer Klaviatur, auf die man ein Tuch gebreitet hatte, und machte keinen einzigen Fehler, (was allgemeines Erstaunen erregte). Wichtiger scheint, daß er keine große Meinung vom Kunstverstand der Schönbrunner Hofgesellschaft hatte. Denn plötzlich erklärte er apodiktisch: *»Jetzt muß aber der Herr Wagenseil her!«* Georg Christoph Wagenseil war der Lehrer Maria Theresias und ein berühmter Komponist, Autor tänzerischer Sonaten, von Sinfonien, die einen Haydn beeindrucken konnten und von galanten Klavierkonzerten. Als Herr Wagenseil kam (»der versteht was«), spielte Wolfgang ein Stück von ihm, wobei er den Komponisten

bat, ihm die Noten umzuwenden. Es fiel auf, wie sehr er den Komponisten als seinesgleichen behandelte, und auch, daß es nicht Überheblichkeit war: Wagenseil war ja seinesgleichen. Man blieb von drei Uhr nachmittags bis sechs Uhr abends in Schönbrunn; ein Beweis für die familiäre Aufnahme der Salzburger Gäste im Kaiserhaus. Eine Woche später erhielt Leopold aus der Kaiserlichen Kasse 100 Dukaten ausgezahlt mit dem Bedeuten: daß die Majestäten die Familie bald wieder rufen würden. Bald darauf kommen »Hofkleider« an, als Geschenke der Kaiserin. Es sind Kleider ihrer eigenen Kinder. Wolferl seins war wahrscheinlich von Erzherzog Maximilian getragen. Es war *»vom feinsten Tuch, lilafarb. Die Weste von Mode nämlicher Farbe, Rock und Kamisol mit Goldborten breit und doppelt bordiert«*. Nannerls Hofkostüm bestand aus nicht weniger feinen Stücken. Auch beim zweiten Besuch der Salzburger, am 21. Oktober, wurde natürlich musiziert. Und hier scheint es gewesen zu sein, daß Wolfgang mit den Kaiserkindern spielte. Als er auf dem glatten Parkett dabei auszugleiten drohte, ergriff die gleichaltrige Prinzessin Marie Antoinette seinen Arm. *»Sie ist brav, ich will sie heiraten!«*, ließ sich der Unerschrockene vernehmen. Warum aus diesem Heiratsantrag dann weiter nichts geworden ist, warum es das Schicksal mit Marie Antoinette noch schlechter gemeint hat als mit Mozart, geht weniger die Musikgeschichte als die Weltgeschichte an.

Doch kurz nach dem 21., wie Leopold nach Hause berichtet, *»schickte Gott ein kleines Kreuz ... ich dachte es fast, daß wir vierzehn Tage hintereinander gar zu glücklich waren; wir danken seiner unendlichen Güte, daß es noch so abgelaufen ist.«* Wolfgang wurde nämlich krank. Leopold schreibt es an Hagenauer, seinen Salzburger Hauswirt und Freund, der diese kostbaren Berichte der Nachwelt treulich aufbewahrt hat. Aus der genauen Beschreibung von Wolfgangs Krankheit – es war Scharlach! – kann man übrigens sehn, wie sehr Leopold auf all seinen Reisen zugleich auch die Mutter der Kinder abgab:

»Es war der Hintern und die Hüfte. Als er im Bette war, untersuchte ich die Orte, wo er die Schmerzen zu fühlen vorgab; und ich fand etliche Flecken in Größe eines Kreutzers, die sehr rot und etwas erhoben waren, auch beim Berühren weh taten. Sie waren aber nur an beiden Schienbeinen, den Ellenbogen und am Podex. Er hatte Hitzen, und wir gaben ihm Schwarz-Pulver und Markgrafen-Pulver. Er schlief etwas unruhig. Den folgenden Freitag wiederholten wir die Pulver in der Frühe und abends, und wir

fanden, daß sich die Flecken mehr ausgebreitet hatten; sie waren obwohl größer, doch nicht mehrer. Wir mußten zu allen Herrschaften schicken, wohin wir schon auf acht Tage hinausbestellet waren, und Tag für Tag absagen lassen. Wir fuhren fort, das Markgrafen-Pulver zu geben, und am Sonntag kam er in einen Schweiß, den wir uns gewunschen, dann bishero waren die Hitzen mehr trocken.

... Gott Lob, nun ist er so gut, daß wir hoffen, er werde übermorgen, wo nicht morgen an seinem Namenstag, das erstemal aus dem Bette aufstehen. Er bekam zugleich einen Stockzahn, das ihm eine Geschwulst an der linken Backe verursachte. Die Herrschaften hatten nicht nur die Gnade, täglich um die Umstände des Buben sich erkundigen zu lassen, sondern sie empfahlen ihn dem Medico auf das eifrigste: so, daß der Herr Doktor Bernhard (so heißt er) unmöglich mehr besorgt sein könnte, als er wirklich ist ... Doch danke ich Gott unendlich, daß es so abgelaufen, denn diese Scharlachflecken sind hier den Kindern als eine Modekrankheit gefährlich, und ich hoffe, daß sich der Wolferl nun naturalisiert hat; denn nur die Luftveränderung war daran die Hauptursache.«

Hier könnte der Brief zu Ende sein. Er ist es aber keineswegs. Man lebt ja nicht nur im Irdischen, wo körperliche Besorgnisse nebst Medizin ihren Platz haben. Und so schreibt Leopold noch ein Postskript für Frau Hagenauer hinzu, das sich — denn es muß Ordnung sein! — auf die Dankbarkeit gegen Gott bezieht und sie in geistliche Taten umsetzt:

»Der Frau Gemahlin bitte nebst meiner gehorsamen Empfehlung zu melden, daß ich sie neuerdings plagen muß, und zwar möchte sie die Gnad haben und veranstalten, daß drei Heilige Messen zu Loretto beim Heiligen Kinde und drei Heilige Messen in Berg beim Heiligen Francisco de Paula gelesen werden ...«

Da haben wir den ganzen Mann.

LES ENFANTS PRODIGIEUX

Als sie nach Salzburg zurückkehrten, schwamm Leopold in allen Himmeln. Er hatte seine Idee durchgesetzt, die »Zukunft seiner Kinder gesichert« — zumindest ihre Gegenwart im Bewußtsein der Mitwelt installiert – und dabei noch ein schönes Stück Geld verdient. Der Wiener Ruhm scholl nach Salzburg herüber; und wenn Leopold auf die Straße trat, die Getreidegasse entlanggging, um sich als Vizekapellmeister ins Orchester zu begeben, blickten die Mit- und Kleinbürger anerkennend sich nach ihm um. Aber hatte er denn wirklich einen so durchschlagenden Erfolg erzielt? Sein großer Irrtum fing damit an, daß Wunderkinder nicht selten waren; zumindest nicht so rar, wie er meinte. Im Frankreich Ludwig des Vierzehnten waren sie so häufig gewesen, daß in der Umgebung des Sonnenkönigs bereits ein Buch nicht etwa über, sondern fast schon *gegen* das Phänomen veröffentlicht werden konnte.

Die Welt des französischen Barock ist heute ein wenig bekanntes Land. Man stellt sie sich einerseits »servil«, andererseits als »ruhmredig« vor – und vergißt, daß die großen Aufklärer, die Männer des achtzehnten Jahrhunderts, schon in der Barockzeit geboren waren. Selbst im siebzehnten Jahrhundert, obwohl seine Grundhaltung gegenüber den Lebensproblemen anders war als diejenige der Aufklärungszeit, trifft man oft jene nüchterne, realistische Beobachtungsgabe, die man erst den Philosophen des achtzehnten Jahrhunderts zuschreibt.

Der Hof der Maria Theresia sprach Französisch als Umgangssprache. Italienisch sprach man beim Musizieren, Deutsch fast nur mit den unteren Ständen. So war man in allen Etikettenfragen dem Geiste der Franzosen ausgeliefert. Es kann schwerlich ein Zweifel bestehen, daß, wo nicht die Kaiserin selbst, so doch ihre nächste Umgebung ein so stark verbreitetes Buch wie *Les enfants prodigieux* kannte. Übrigens erinnern wir uns an den englischen Politiker, der gesagt hat, man müsse »Bücher nicht lesen, um ihren Einfluß an sich zu verspüren«: Sie sind da und erfüllen die Atmosphäre.

Das Buch war von einem Anonymus und einem Aristokraten gewidmet. Es war 1688 erschienen, also damals kaum achtzig Jahre jung. In jener Zeit, mit ihrer an Quantität so viel schwächeren Buchproduktion, veralteten Bücher nicht so rasch wie heute.

Das Buch beginnt zunächst ungeschickt. Der Autor – ein schlechter Schriftsteller eben – »weist nach«, daß alle großen Männer der Antike Wunderkinder gewesen seien: Timoleon, Themistokles, Epaminondas, die Scipionen, Julius Cäsar, Kaiser Augustus und unzählige andere. Dabei bemerkt er nicht einmal, daß alles das, was er erzählt, von Kindern über zwölf Jahren erzählt wird. Er spricht über *adolescentuli* (Jünglinglein), ohne es zu merken:

keines seiner Kinder ist wirklich ein Kind. Nachdem er dann ins Mittelalter und in die neueste Zeit vorgerückt ist, die religiösen Begabungen, astronomischen, bücherschreibenden, mathematischen, schachspielenden Wunderkinder aufgezählt hat, kommt der Autor zu dem Schluß, daß »all das ganz natürlich sei«. In einem gutgelenkten Haushalt einer guten Adelsfamilie sind Frühbegabungen gar nicht erstaunlich. Man kann und man darf sie sogar züchten. Schließlich sei ja unsere Welt eine Welt der Erwachsenen, die ein Adels- oder Beamtensprößling gut täte schon früh kennenzulernen. Selbst bevor der Verstand erwache, könne man dabei »die Sinne zu Hilfe zu nehmen«. Man lese und staune:

»Alles in allem kann man sagen, daß ein Kind mit Gedächtnis und Vorstellungsgabe, auch bevor noch sein ›jugement‹ *einsetzt, sich selbst zu einem* ›savant‹ *machen kann. Es wird nur wenig Zeit brauchen, all die Dinge kennen zu lernen und sich in ihnen heimisch zu fühlen, die nur von seinen Sinnen abhängen — sogar bevor es noch fähig wird, die Grammatik zu benutzen. Natürlich kann man immer etwas gegen die* ›fidélité des sens‹ *sagen, die uns häufig genug in den Irrtum werfen; andererseits muß man doch zugeben, daß gerade im frühen Kindesalter es die Sinne sind* ›que forment des idées plus nettes et plus distinctes‹. *Durch den Augensinn können die Kinder* (ohne den Verstand zu Hilfe zu nehmen?) *Geographie auf Landkarten lernen, Stadtpläne und solche von Festungen (!), Bilder von Waffen und Kriegsmaschinen (!) bei den Alten und bei uns. Auch den Aufbau von Häusern und Schiffen können sie unterscheiden lernen, die Bilder von berühmten Menschen, Männern und Frauen; die verschiedenen Formen der Sitte in allen Zeiten und allen Orten. Die Anatomie des menschlichen Körpers, den Innenbau der Tiere und Pflanzen.* (Und nicht den pythagoreischen Lehrsatz?) *Das lernen sie durch den Augensinn. Durch den Ohrensinn nehmen sie die Musik auf, die ›symmetrische Anordnung der Töne‹ . . .*
Ein Kind, das sich durch diese reizende Anwendung seiner natürlichen Fähigkeiten (!) eine allgemeine Kenntnis der alten und modernen Geschichte, der Mythologie und der gegenwärtigen Regierungsform (es steht wirklich da: de l'estat présent au Gouvernement sous lequel on vit), *der Hof- und Staatsämter und des Stammbaums der wichtigsten Familien erwarb: ein solches Kind, das obendrein einige Kenntnis toter oder lebender Sprachen besitzt, die bei uns nicht zu missen sind — solch ein*

Kind, wiederholen wir, wäre etwas Erstrebenswertes ... Allerdings könnte es (aha!) *eine Versuchung für die Eltern werden ...«*

Und jetzt meldet sich – fast zu spät! – der französische Geschmack: das Wissen um Maß und Maßhalten, das schon in den Epen des Mittelalters das Übertriebene dämmte und dämpfte. Das »gelehrte Kind« ist erstrebenswert – doch gehört es in den Familienkreis und keineswegs in die Öffentlichkeit!
Und so mündet das Ganze schließlich in die bijouxartigen Verslein einer »Anstandslehre« aus:

Jusqu'à ce que l'Enfant soit grand,
Faites-le taire en Compagnie:
Car rien ne donne tant d'ennuy
Que d'écouter l'Enfant d'autruy.

Le Père aveuglé croit toujours
Que son Fils dit choses exquises:
Les autres vouleroient estre sourds,
Qui n'entendent que des sottises.
Mais il faut de nécessité
Applaudir à l'Enfant gasté.

Si l'on vous dit qu'il est bien-né,
Qu'il est joli, qu'il est bien sage;
Qu'on le caresse à vostre nez
N'en exigez pas davantage.
Faites-luy faire serviteur,
Et renvoyez-le au Précepteur.

Pères charmez de vos Enfants,
Recevez cet avis sincère.
Estant seuls prenez vostre temps
Pour jouir des plaisirs de Père;
Mais en Public, en vérité,
Suspendez la Paternité.

Was wir uns in gröberer Form etwa so verdeutschen wollen:

Wo Scham und gute Sitte walten,
lehrt euer Kind den Mund zu halten.
Nichts mag so in Gesellschaft stören
als andrer Leut' Kinder plappern hören.

Der verblendete Vater: glaubt er nicht,
daß *sein* Sohn Weltwunderweisheiten spricht?
Die andern wünschten taub zu sein,
doch müssen sie laut Beifall schrei'n.

Auch wenn man vor eurer Nase ihn lobt
als wohlgeboren, klug, wissenserprobt –
sorgt lieber für sein und unser Glück
und schickt ihn zum Hofmeister zurück!

Zwischen euren vier Wänden, da mögt mit Behagen
ihr Stolz und Freuden der Vaterschaft tragen.
Doch dürfte ich raten, so kämet ihr weit:
Verschont uns damit in der Öffentlichkeit!

Nun waren Nannerl und Klein-Wolfgang gar nicht jene »Wundertiere«, die die Pariser Gesellschaftsästhetik bereits als lästig abgelehnt hatte. Sie waren vielmehr »wirkliche Kinder«; waren Blumen, bei deren Anblick man an die Natur denken mußte ... Hinzu kam, daß sie nicht »vorlaut« waren, oder »ihre Talente zur Schau stellten«. Doch – ihr Vater hatte es getan! Und hatte wahrscheinlich, sehr unvorsichtig, der Wiener Hofgesellschaft erzählt, daß er dies Treiben fortsetzen werde. Das raubte ihm die Sympathie der Kaiserin. Die Kinder ließ man gelten. Als artig-künstliche Spielwerke für die Kinder der kaiserlichen Familie – und man hatte dafür bezahlt. Leopold aber erschien sofort als unrechtmäßiger »Ausbeuter« der Talente seiner Kinder. Daß er Geld genommen hatte – seine unzähligen Arbeitsstunden also in Münze umgesetzt hatte – machte ihn lästig und verdächtig. Hier zeigt sich so recht die Beschränktheit der »guten Gesellschaft« vor der Französischen Revolution. Kunst sollte ein vornehmes *otium* sein, eine Muße und kein Geschäft. Wovon sollten Künstler dann aber leben? Fürsten, Adel und Geistlichkeit lebten bekanntlich von ihrem Zehnten, von den unbezahlten Diensten einer leibeigenen Bauernschaft. Künstler waren aber nun einmal so gut wie niemals Landbesitzer. Advokaten lebten von ihrer Kanzlei, die Ärzteschaft von ihren Patienten. Kaufleute vom Handel, Handwerker in aller Welt von ihrem Handwerk. Und Künstler nicht von ihrer Kunst?
Leopold hat es nie erfahren – aber noch neun Jahre später (im Dezember 1771) widerriet Maria Theresia ihrem Sohn, dem Erzherzog Ferdinand, die Anstellung Wolfgang Amadeus' am Hofe

von Mailand. Es würde den Hofdienst herabsetzen, schreibt sie in französischer Sprache, wenn man Leute engagierte, die *»courent le monde comme des gueux«* (die wie Bettler die Welt durchlaufen); *»il a en outre une grande famille«* (und außerdem hängt an dem jungen Menschen auch noch eine große Familie, die man vielleicht unterhalten müßte).
Mozarts Lebenspech hat es gewollt, daß die Kaiserin diesen Brief einem Sohn schrieb, mit dem sie selber ein wenig *»brouilliert«* war. Er benähme sich, heißt es in einem anderen, sogar merkwürdig groben Brief, »nicht wie es einem Herrscher ziemt, weil er sich viel zu viel mit dem Theater und Schauspielern eingelassen habe«, die ja doch alle Zigeuner wären. Doch wie locker der junge Ferdinand auch seine Regentenpflichten auffaßte: es bleibt leider wahr, daß die große Kaiserin in jenem Brief vom 12. Dezember 1771 den fast sechzehnjährigen Komponisten den *gens inutiles* zugezählt hat, den eigentlich unnützen Leuten, von denen man sich besser fernhält. Das aber hätte sie schwerlich getan, wenn Wolfgang Amadeus der Sohn nicht des »Bettlers« Leopold Mozart, sondern ein Kind aus einer guten Adelsfamilie gewesen wäre.

BEGINN EINER WELTREISE

Sie hat selbst kein Geld, und ihre ganze Equipage und Hofstaat sind der Suite eines Arztes so ähnlich, als ein Tropfen Wasser dem andern. Wenn die Küsse, so sie meinen Kindern, sonderheitlich dem Meister Wolfgang, gegeben, lauter neue Louisdors wären, so wären wir glücklich genug; alleine weder der Wirt noch die Postmeister lassen sich mit Küssen abfertigen.«

Diese Worte schreibt Leopold über die Schwester Friedrichs des Großen, die – ein Jahr nach dem Auftreten in Wien – die Familie zur Reise nach Berlin überreden will. Jawohl, er beurteilt die Standespersonen nach dem finanziellen Schatten, den sie werfen. Wer kann's ihm verargen? Ein Vizekapellmeister, Geigenlehrer und Buchautor besitzt kein Vermögen. Also müssen die Reisen und Konzerte seiner Kinder sich selbst finanzieren. Einstweilen ist die Künstlerfamilie noch in Salzburg, wo nun ein halbes Jahr – von Januar bis Juni 1763 – fieberhafte Vorbereitungen für etwas getroffen werden, was man Weltreise nennen muß. Oder Eroberung Europas! Daß für Leopold zunächst damit Paris und Frankreich gemeint war (er hatte alles zusam-

mengelesen, was ihm darüber erreichbar war), ist selbstverständlich. Wir werden sehn, wie er mit größter Instinktsicherheit immer die richtigen Leute trifft, um seine Sache vorwärtszutreiben. (Hätte sein Sohn ein Zehntel von dieser Instinktsicherheit besessen, sein Leben wäre wohl anders verlaufen.)
Doch was Leopold einstweilen den Salzburger Kreisen vorsichtig verschweigt, ist, daß er über Frankreich hinaus zu den Seemächten will: nach England und vielleicht gar nach Holland, wo (auch das scheint er zu wissen) die Menschen reicher sind als in Frankreich. Wir können nicht zweifeln, daß er sofort — im Gefolge der *Violinschule,* die ja ein international bekanntes Werk geworden ist oder doch im Begriff steht, es zu werden — Briefe nach London und (wer weiß?) vielleicht sogar schon nach dem Haag schreibt, um dort an gewisse Türen zu klopfen. Doch das darf der Erzbischof nicht wissen: es hieße ja, den tüchtigen Mann auf lange aus Salzburg zu verlieren.
Inzwischen lernt Wolfgang fieberhaft. Noch besser geigen als bisher? So ist es überliefert. Und selbstverständlich auch Französisch; und mit dem Italienischen beginnt es ebenfalls Ernst zu werden. Auch der Schneider bekommt zu tun, um aus Nannerl eine Dame zu machen. Auch Mutter Mozartin kommt mit. Ein Beweis mehr, daß Leopold wußte, daß diese Reise sehr lang werden würde! Hat auch sie von ihrem Gemahl Anstandsunterricht erhalten? Gleichviel, sie hat sich manierlich betragen und sogar weit mehr als das.
Am 9. Juni geht es los. In Wasserburg am Inn brach die Deichsel (was ja wohl als glückbringend galt). Wolfgang sah eine Pedalorgel; sie sehn und auf die Pedale steigen, war eines. Eine Lehrstunde schloß sich daran.
Kurfürst Maximilian III. von Bayern empfängt sie im Nymphenburger Schloß. Nachdem man Schönbrunn und Wien erlebt hat, verliert dieser Besuch an Farbe. Immerhin macht Wolfgang Furore, als er vor dem Kurfürsten sowohl Klavier wie Geige spielt, die Kadenzen improvisiert und damit eines seiner größten und geheimnisvollsten Talente zeigt, die Fähigkeit zum »Improvisieren«.
Dann geht es nach Augsburg, der Jugendstadt, wo Leopolds wackerer Bruder lebt, der Buchbinder. Und natürlich vor allem der Verleger Johann Jakob Lotter. Da sitzt man im Familienkreise, beschwätzt die alten Zeiten und trinkt: Leopold, der stets Nüchterne, wahrscheinlich weniger als die andern. Die Reichsstädter haben ihren Stolz, doch die Salzburger nicht weniger. Wenn man mit weltberühmten Kindern einherkommt wie Vater

Leopold, dann mag das alte Augsburg den Mund aufreißen. Dreimal treten die Kinder auf und natürlich mit brausendem Erfolg. Währenddessen wohnt man im Gasthof; erstens hat man es dazu, und dann möchte man den Verwandten ja auch nicht zur Last fallen. Zwei volle Wochen bleibt man in Augsburg. Leopold ist nicht sentimental. Aber es macht ihm Freude, den dreien die Plätze seiner Jugend zu zeigen. Den herrlichen »Michaelskampf« von Hans Reichle, der an der Front des Zeughauses steht, wo der Erzengel den Satan zu Boden schmettert. (Wie freut das den Frommen! . . .) Dann das Rathaus des genialen Elias Holl, dieses Symbol stolzen, städtischen Machtwillens. Daß Holl Protestant war (leider doch!), daß er im Dreißigjährigen Krieg durch die katholischen Stadtväter seines Postens entsetzt wurde und elend in der Verbannung starb, darüber spricht man besser nicht . . . Nun fächern sich die liebenswürdigen süddeutschen Residenzen auf. In Ludwigsburg wartet man darauf, vom Herzog Karl Eugen von Württemberg (Oh, Schiller! Oh, übelstes Angedenken!) zur Vorführung eingeladen zu werden. Daß es nicht zustande kommt, schreibt Leopold dem Italiener Niccolò Jommelli zu. Hier zeigt sich ein gallig-mißtrauischer Zug, wie nicht selten bei diesem sonst scharfblickenden Mann. Überall wittert er Konkurrenzneid und schon handfeste Intrige.

Der Neapolitaner Jommelli (1714–74) war 1749 zunächst nach Wien engagiert worden. Nach einem Intermezzo in Rom war er Hofkapellmeister beim Herzog von Württemberg geworden. Seine Opern, hochgeschätzt diesseits und jenseits der Alpen, taten einen gewaltigen Schritt nach vorn, zur musikdramatischen Reform hin. Was hatte dieser bedeutende Meister von einem siebenjährigen Knaben zu fürchten? Damals, 1761, hatte seine *Olympia* einen großen internationalen Erfolg gehabt; *Demophon* (1764) und vor allem *Phaëton* standen bevor – der letztere ein glänzendes Werk, in dem Jommelli als Schüler der Deutschen die sinfonischen Effekte des Mannheimer Stamitz-Orchesters, das Diminuendo und Crescendo, auf das Musikdrama übertrug. Der Absturz Phaëtons aus den Lüften im letzten Akt war mit »irisierenden Farben, in denen sich Feuer und Wasser mischten« und mit programm-musikalischer Kraft dargestellt (»Man roch das Wachs der verbrannten Flügel«, schrieb damals ein Zeitgenosse.) »Triumph der Dichtkunst, Malerei, Tonkunst und Mimik«, ließ sich Daniel Schubart vernehmen. Also ein »Gesamtwerk?« Man würde hundert Jahre später über Wagners Opern nicht anders schreiben . . .

Nochmals: Was hatte ein Jommelli – im Leben ein patschhändig dicker Mann – von dem Knaben Mozart zu fürchten? Doch mag es den Vater entschuldigen, daß ein Gerücht von Italien her dem Jommelli nachsagte, daß an seinen Patschhänden Blut klebte: 1751 hatte man am Tiber-Ufer – nach dem Erfolge einer Oper *Sesostris* – den jungen portugiesischen Meister Terradellas ermordet aufgefunden. Durch einen *Bravo* hingestreckt. Und Terradellas war Jommellis Rivale in der Gunst der Römer gewesen ... Sicherlich war Jommelli schuldlos. Nur zeigt die Geschichte wieder einmal, daß Musik etwas Lebensgefährliches sein kann. Wenigstens, daß man sie dafür *hält*. Und Opernmusik im besonderen. – Genug, Vater Leopold sah eine Feindschaft, die selbstverständlich gar nicht bestand. Ein Wahn, der nicht ohne Folgen blieb, und der den sonst vernünftigen Mann oft stachelig gegen das »Welsche« machte. Aber was wäre aus der Musik seines Sohnes ohne »Welschland« geworden?
Bei Karl Eugen von Württemberg hatte man eigentlich nichts verloren. Dem Tyrannen *nicht* zu begegnen, der seine Landsleute als Soldaten an die Engländer verkaufte, der einen Schubart einkerkerte, war weit eher ein Gewinn. Aber Karl Theodor von der Pfalz nimmt sie in seinem Schwetzinger Schloß auf. Im sommerwinddurchspülten Park spielt da das Mannheimer Orchester. Dieses Orchester ist keine Versammlung von Musikern, die an Pulten sitzen: es ist ein großes Naturwunder. Der Klang, der aus ihm quillt und steigt, kann eine Blume sein, die sich aufrollt; ein Gewitter; ein Strom, der in den Abend fließt. Leopold Mozart hat viel gehört: aber nie etwas Ähnliches. Und das Staunen über dieses Orchester teilt sich seinem Sohne mit ... Der Begründer, ein Deutschböhme Johann Stamitz – den die Tschechen *Jan Vaclav Stamic* nennen –, ist, nur vierzig Jahre alt, 1757 im besten Mannesfrühling gestorben. Aber seine Reformen werden ein Jahrhundert lang alle Orchester beherrschen. Er schuf die »Übergangsdynamik«, ohne die die klassische Sinfonie der Haydn, Mozart, Beethoven nicht denkbar ist. Bis dahin hatte es nur die »Registerdynamik« gegeben, in der ohne Zwischennuancen Piano und Forte einander folgten ...
Für die Mannheimer zu schreiben – mag der Kleine sehnsüchtig denken –, das wird doch noch etwas anderes sein als für die Salzburger oder die Wiener! Jetzt muß man weiter nach Heidelberg. Der Ruf, den der kleine Wolfgang genießt, ist ihm dorthin vorausgeeilt; und als er mit den zarten Fingern in der Kirche die Orgel spielt, wird diese Tatsache durch eine Inschrift auf dem

Instrument verewigt. Überall verdient man Geld; in Mainz sogar 200 Gulden. In Frankfurt gibt es gleich vier Konzerte: das eine endet recht barbarisch – wir würden heute sagen: zirkusmäßig –, da sich Wolfgang wieder einmal auf verdeckter Klaviatur produziert. Doch liefert er bei dieser Gelegenheit auch einen wunderbaren Beweis seines absoluten Gehörs: er nennt mit abgewendetem Kopf die Note, die man auf dem Klavier anschlägt, und darüber hinaus die Töne von zum Tönen gebrachten Gläsern. Bei einem dieser Konzerte sieht Goethe, der Vierzehnjährige, den Kleinen. Er erinnert sich noch im Alter zu Eckermann des putzigen Anblicks, *»des kleinen Mannes mit Perücke und Degen«*. Seltsam, es ist das einzige Mal, daß Goethe Mozart gesehn und gehört hat. Aber nur als putziges Menschlein – nicht als den gewaltigen Dramatiker des *Don Giovanni* oder als den vergebens erträumten Komponisten des eigenen *Faust*. Beethoven war noch nicht geboren, als die Familie Mozart in Bonn war. Sie streifte die Stadt nur: nichts sprach sie hier an. Dann kam Aachen, wo man ein Konzert gab und die Schwester Friedrichs des Großen traf.

Nun aber verließ man den deutschen Boden – um ihn mehr als drei Jahre nicht zu betreten. Drei Jahre fern dem deutschen Sprachschoß, nur mit seinen nächsten Bekannten in der Muttersprache redend! Drei Jahre – eine unvorstellbare Zeit. Für ein Kind noch viel unmeßbarer als für einen Erwachsenen ... Durch den Willen seines Vaters war Wolfgang der Heimat entführt worden. Aber dieser ehrgeizige Wille war ja längst ein Teil seines Schicksals. Der Sprung nach Europa war getan. Würde er die fremde Erde denn nun auch erobern können? Erobern, wohlverstanden: nicht durch Wunderleistung und Kinderzauber, die eines Tages ja aufhören müßten? Schon war er kein »kleiner Salzburger« mehr, sondern drauf und dran ein kleiner Pariser, Londoner und noch später ein kleiner Italiener zu werden. Wie würde sich das alles ordnen? Vorläufig klang ihm Europa entgegen, übermächtig, ein Tönechaos, ein Gewirr von Sprachen und fremden Interessen. Wohl ihm, daß noch immer der Vater mit mächtiger Hand das Schädliche fernhielt! Und doch: wie würde das alles werden? Würde seine weiche Seele den »Sturm der Nationalmusiken« ertragen, ohne Schaden zu leiden? Würde er, ein anderer und zugleich ein größerer Gluck, eines Tages mit starker Hand Deutsches, Italienisches, Französisches zusammenballen und in den Äther emportragen? Würde dieses Kind einmal »Mozart, der Europäer« werden?

ZWEITES BUCH

SPRUNG NACH EUROPA

Nationalliteratur will jetzt nicht viel sagen, die Epoche der Weltliteratur ist an der Zeit, und Jeder muß jetzt dazu wirken, diese Epoche zu beschleunigen.

GOETHE ZU ECKERMANN, 1827

Ein österreichischer Musikus, der mit einer dreiköpfigen Familie dazumal in Paris ankam, war gewiß keine Sensation mehr. Die jahrhundertelange politische Feindschaft zwischen den Häusern Bourbon und Habsburg war durch Maria Theresias Politik längst überwunden worden. Im vergangenen Jahrzehnt hatte sich die »Drei-Frauen-Liga« – eine Verbindung zwischen Frauen, die verschiedener kaum zu denken waren: Maria Theresia, Madame Pompadour und Elisabeth von Rußland – gegen Friedrich von Preußen gekehrt, den »Mann«. Nun war auch dieser Krieg vorbei. Wie man feierlich sagte, war »der Tempel des Mars geschlossen worden«, am 15. Februar dieses Jahres 1763.
Es gab deutsche Künstler in Paris, wenn auch nicht so viele wie in London, wo ein deutsches Königshaus regierte. Und unter den Pariser Deutschen gab es mehr Maler als Musiker. Doch keine deutsche Kolonie, weder Honauer noch Hochbrucker, noch den Komponisten Eckard wollte Leopold Mozart besuchen, sondern das eigentliche Paris: Die Hauptstadt des Geschmacks und der Welt. Er hatte die Empfehlungen des österreichischen Gesandten in Brüssel, des Grafen Cobenzl, in der Tasche, und so würde es ihm wohl glücken.
Der Doppelnatur in Leopolds Seele entsprach die Doppelnatur von Paris. Vieles zog ihn und vieles stieß ihn ab. Wirr tönte die Riesenstadt ihm entgegen, des »Geistes königliche Wabe«, darin man »auf die Schriftsteller hörte«. Hier waren die Schriftsteller ein Stand, was sie in Österreich-Deutschland nicht waren. War nicht auch er selbst ein Bücherschreiber, ein Geisthandwerker? Paris war die Stadt, da die Aristokraten sich vor Philosophen fürchteten – oder wo es zum guten Ton gehörte, daß man so tat, als ob man es täte.
Bürgerstolz und Geisthandwerk hatten sich zusammengetan zu einem noch nebelhaften Wesen, das einmal sehr mächtig werden sollte, dem *tiers-état*, dem Dritten Stand. Das Wort von der Vereinigung der »Geist- und Handwerker« stammte von Denis Diderot, dem berühmten Herausgeber der *Encyclopédie*. Nie hatte man die Beschäftigungen des Handwerkerstandes als druckreif empfunden. Jetzt war das alles neben die Daten der Götter, Kaiser und Könige ins große Lexikon eingetreten, und jeder konnte sich unterrichten, was eigentlich die Menschen taten, die weder Feldherrn noch Bischöfe waren.
Kennt man die Anekdote Voltaires, die erzählt, was das be-

deutete? Als einmal Ludwig XV. in Trianon in kleinem Kreise soupierte, sprach man von der Jagd und vom Schießpulver: und es stellte sich heraus, daß niemand von der ganzen Gesellschaft die Zusammensetzung des Pulvers kannte. Madame de Pompadour wußte auch nicht, was das Schminkrot auf ihren Wangen enthielt, noch wie man die Seidenstrümpfe herstellte, die sie trug. Aber es gab ein Mittel gegen eine solche Unwissenheit: man winkte, und die Diener brachten die Bände der *Encyclopédie.* Man unterrichtete sich über das Pulver, die Schminke und das Strumpfwirkerhandwerk. Wären Rechtsanwälte anwesend gewesen, hätten sie in diesen Bänden das historische Material für Prozeßentscheidungen finden können. Der König selbst las mit Erstaunen über die Rechte seiner Krone. Während man weiterblätterte, sagte der Graf von C. ganz laut: »Sire, Sie haben großes Glück, daß sich unter Ihrer Regierung Männer gefunden haben, die fähig sind, alle Kunstfertigkeiten zu lernen und sie der Nachwelt zu übermitteln. Alles ist hier, von der Herstellung einer Stecknadel bis zum Gießen und Richten Ihrer Kanonen, vom Kleinsten bis zum Allergrößten.«

Jawohl, der *Dictionnaire Raisonné des sciences, des arts et métiers, par une société de gens de lettres,* das war die Morgendämmerung und der Tag (Paul Hazard). Leopold Mozart wußte das gut. Und er wußte auch, daß der Hausknecht im Hotel nicht darum vor ihm Respekt hatte, weil er ein Kapellenknecht des Erzbischofs von Salzburg war, sondern ein Künstler und Bücherschreiber.

Auf der anderen Seite hatte dieser selbe Kapellmeister Mozart ein scharfes, unbetrügliches Auge für den ungeheuren, sozialen Schmutz, der sich in Paris angehäuft hatte: *»Ich kann versichern, daß man die schlechten Früchte des Krieges ohne Augenglas aller Orten sieht. Die Herren sind voller Schulden, der größte Reichtum steckt etwa unter hundert Personen. Die sind einige große Bankiers und die Fermiers généraux.«* (Also die Generalpächter. Und das schreibt er fünfundzwanzig Jahre vor der Französischen Revolution!) *»Das meiste Geld wird auf die ›Lukretien, die sich nicht selbst erstechen‹, verwendet«* (worin wir eine echt Leopoldsche Umschreibung der Maîtressenwirtschaft erkennen). *»Sie werden nicht bald einen Ort finden, der mit so vielen elenden und gestümmelten Personen angefüllt ist wie Paris«*, berichtet er weiter an Hagenauer. *»Sie sind kaum eine Minute in der Kirche, gehen kaum durch ein paar Straßen, so kommt ein Blinder, ein Lahmer, ein Hinkender, ein halb verfaulter Bettler,*

oder es liegt einer auf der Straße, dem die Schweine als Kind eine Hand weggefressen, und eine Menge solcher Leute, die ich aus Ekel im Vorbeigehen nicht anschaue.« Ob die Frauenzimmer in Paris wirklich so schön sind, wie man sagt? Wenn man das nur erkennen könnte! *»Sie sind aber wider die Natur, wie die Berchtesgadener Docken, gemalt ... Man hat Mühe genug, hier zu unterscheiden, wer die Frau vom Hause ist (und wer die Zofe) Jeder lebt, wie er will. Und so gehet es dem Staat von Frankreich wie dem ehemaligen Persischen Reiche.«*
Das ist sehr deutlich. Und dennoch weiß der Diplomat, daß es nicht seine Sache ist. Die Gesellschaft mag sein, wie sie will. Er wird hier nur ein paar Monate bleiben. Inzwischen aber wird er alles zum Ruhm seiner wunderbaren Kinder unternehmen. Und es wird ihm gelingen.

LE BARON DE GRIMM

Mit einem Strauß von Empfehlungsbriefen waren sie in Paris eingetroffen, und an Ort und Stelle hatte der Strauß noch Blüten dazubekommen. Keine Empfehlung war aber so wichtig wie jene an den Baron *de Grimm;* eine »Frankfurter Kaufmannsgattin« – wahrscheinlich die Gattin eines der beiden Bankiers Johann Philipp oder Simon Moritz v. Bethmann – hatte diese Empfehlung geschrieben. Ein Beweis, bei welchen Kreisen die Mozarts in Frankfurt Einlaß gefunden hatten.
Friedrich Melchior Grimm – geadelt wurde er erst 1777 durch den deutschen Kaiser Josef II. – war 1723 in Regensburg geboren worden. Also ein Nachbar Leopold Mozarts. Sein frühester Ehrgeiz galt dem Drama. Als er kaum zwanzig Jahre alt war, veröffentlichte Gottsched bereits ein Stück von ihm. Seine Studien (Philosophie und Rechtswissenschaft) vollendete Melchior Grimm in Leipzig, wurde Sekretär beim Grafen von Schönberg und ging 1749 mit dessen Sohn nach Paris, um hinfort dauernd dort zu leben. Voltaires *Mémoire sur la Satire* hatte es ihm so angetan, daß er es deutsch herausgeben wollte. Der Versuch mißlang. Doch von diesem Augenblick an wurde Grimm unermüdlicher Vermittler zwischen deutschem und französischem Schrifttum, mehr als ein halbes Jahrhundert lang.
Es ist abwegig, Grimm, der schließlich zum Kabinettssekretär des mächtigen Herzogs von Orléans aufstieg, so zu sehen, als habe er alles Deutsche zugunsten des Französischen hintan-

gesetzt. Das Gegenteil war der Fall. Im Jahr 1740 hatte Mauvillon noch geschrieben: »Nennen Sie mir einen Schöpfergeist auf dem deutschen Parnaß, irgendeinen Dichter, der aus sich heraus ein Werk von einigem Ruf geschaffen hat! Ich wette: Sie werden es nicht können!« Zehn Jahre später antwortete Grimm: »Seit etwa dreißig Jahren ist Deutschland eine Vogelhecke, in der die kleinen Vögel nur noch auf den Frühling warten, der kommen soll, damit sie singen. Diese für mein Vaterland ruhmvolle Zeit ist vielleicht schon sehr nahe ...« Für mein Vaterland, siehe da! Der zum Franzosen Gewordene bezeichnet, sobald es darauf ankommt, noch immer Deutschland als Vaterland. 1753 notiert er in seiner *Correspondence Littéraire:* »Der Geschmack an Übersetzungen aus dem Deutschen scheint täglich zu wachsen ...«, und 1762: »Die deutsche Dichtung und Literatur sind in Paris zur Mode geworden ... Hätte man vor zwölf Jahren von einem deutschen Dichter gesprochen, hätte man ein Lächeln geerntet. Wie sehr hat sich die Zeit gewandelt! ...« Welch großes Verdienst ihm selbst dabei zufiel, hätte Grimm nicht zu verschweigen brauchen.
Wie wirkte denn Grimm selbst auf die Franzosen? Sie ließen ihn sich gerne gefallen, als eine Spielart der Aufklärung. »Er sah nicht so schrecklich aus wie Voltaire«, schrieb einer. Immerhin »vernachlässigte er seine Kleidung, sprach laut im Salon, hatte trübe Augen und die eine Schulter und Hüfte gesenkt«, wie sein Freundfeind Rousseau von ihm sagte. Daß die Franzosen sich solch einen Mann zum »Lehrmeister des Vernünftigen und des Eleganten« nahmen, ehrt sie: es zeigt, daß sie im Grunde nicht solche Nationalisten waren, wie man es ihnen nachsagte.
Hinter der Protektion, die Grimm den Mozarts angedeihen ließ, stand also auch landsmannschaftlicher Stolz. Diese Protektion ging sehr weit: Er vermittelt nicht nur das erste Konzert, bezahlt aus seiner eigenen Tasche 80 Louisdor (was nach Leopolds Berechnung dem Ankauf von 320 Billetts gleichkam) und trägt Sorge für die gesamte Beleuchtung. Auch am zweiten Konzert beteiligt er sich. Man stellt die Sache meistens so dar, als habe sich Grimm von dem »Wunderkind« einen Sensationserfolg für seine eigene *Correspondence Littéraire* versprochen, die er vierzig Jahre lang schrieb; in der er alles niederlegte, was, um mit Hermann Kretzschmar zu reden, »in der zweiten Hälfte des achtzehnten Jahrhunderts die Menschheit zu fördern geeignet war: von der Schutzpockenimpfung, der Luftschiffahrt bis zur Philosophie und Finanzreform ...« Gewiß; Mozarts waren *quelque chose nouvelle* und darum wichtig für ein *Journal.* Doch darf

man die Liebe nicht überhören, mit der sich Grimm schon am 1. Dezember in der *Correspondence Littéraire* vernehmen ließ:

»Die wahren Wunder sind allzu selten, als daß man davon nicht reden sollte, wenn man einmal einem begegnet. Ein Salzburger Kapellmeister namens Mozart ist hier soeben mit zwei ganz allerliebsten Kindern angekommen. Das Mädchen, das elf Jahre alt ist, spielt glänzend Klavier. Sie trägt die größten und schwierigsten Stücke mit erstaunlicher Präzision vor. Ihr Bruder, der demnächst sieben Jahre alt wird, ist ein derartig seltenes Phänomen, daß man kaum zu glauben wagt, was man mit eigenen Augen sieht und mit eigenen Ohren hört. Mit Händchen, die so klein sind, daß sie kaum die Sexte greifen können, spielt er die schwierigsten Passagen. Noch unglaublicher aber ist es, daß er eine Stunde lang frei phantasieren kann, mit Geschmack und Verständnis gibt er sich seinen Visionen hin. Der routinierteste Pianist kann in Harmonien und Modulationen kaum gewandter sein als dieses Kind. Die Klaviatur ist seine Heimat ... Noten liest er spielend, schreibt und komponiert ohne hinzusehen, ohne am Instrument zu sitzen und sich die Akkorde zu suchen ... Setzt man ihm ein Menuett auf und bittet ihn, die Baßbegleitung darunterzuschreiben, ergreift er die Feder, ohne sich ans Klavier zu bemühen. Arien, die man ihm vorlegt, transponiert er augenblicklich und spielt sie in jeder verlangten Tonart. Für eine Dame hat er, während sie sang, ganz aus dem Stegreif eine Begleitung komponiert. Das Wunderkind«, schließt der Begeisterte einstweilen, *»verdreht einem richtig den Kopf ...«*

Da aber war noch etwas anderes: Grimm war ein Kinderenthusiast. Er sah in den Kindern die Zukunft der Welt und fand allerdings, daß man sie bisher vollkommen falsch erzogen habe. Man müsse sie erst zu Menschen erziehn, und dann erst zu Christen, meinte er bei einer andern Gelegenheit: »Der Mensch unterscheidet sich von den Tieren durch seine Vervollkommnungsfähigkeit. Pferde und Bären taugen soviel wie ihre Ahnen vor fünftausend Jahren. Mit dem Menschen müßte das nicht so sein – und dennoch kommt er nicht recht vorwärts, weil er sich durch Aberglauben von Vernunft und Natur fortlocken läßt; sobald er zu diesen beiden zurückkehrt, hat er üble Erfahrungen hinter sich und oft die besten Kräfte verloren.« Die Katechismen der Menschlichkeit und der Gesellschaft müßten dem der Religion durchaus vorangehn; denn schließlich müsse man doch zuerst Mensch und

Bürger sein, bevor man Christ würde. Ein erster derartiger Katechismus sollte der Jugend die Menschlichkeit lehren, ein zweiter sie mit dem Gesellschaftsgesetz und dem ihres Landes bekannt machen. Leider sei Sokrates ermordet, und so könne er den ersten Katechismus nicht mehr verfassen. Auch der große Montesquieu, der potentielle Autor des zweiten, sei tot. So machte sich Grimm denn selbst an das Wagnis: Fünfzehn kurze Absätze schienen ihm für seinen *Essay d'un catéchisme pour les enfants* (1755) zu genügen.

Vater Leopold wußte nichts von diesem acht Jahre früher erschienenen Buch. Und das war gut so. Er hätte vielleicht die Verbindung zu Friedrich Melchior Grimm gelöst. Bei aller Bewunderung der Aufklärung hätte er wohl kaum geduldet, seine Kinder antichristlichen Einflüssen ausgesetzt zu sehn. Die Hofgesellschaft, in welche Grimm die Mozarts einführte, stand ja auch, ihre eigene Frivolität abgerechnet, auf allerbestem Fuß mit der Kirche. Adel und Bischöfe herrschten in Frankreich. Und wenn man, wie die Familie Mozart, am schneeglänzenden Weihnachtsabend nach Versailles kam, konnte man gleich im Beisein der allerhöchsten Herrschaften die Christmesse hören.

Grimm zog an ein paar Zauberfäden: und die gläserne Spiegelwelt von Versailles nahm die Salzburger Familie auf. Alles ging nun leicht wie in Träumen. Träume wiederholen sich manchmal; aber was sich hier begab, war doch nicht schlichte Wiederholung der Vorgänge bei Maria Theresia. Weil Versailles mehr war als Schönbrunn, und Paris so viel mächtiger als Wien, war alles eine Steigerung.

Auch daß zur Zeit Ludwigs XIV. ein Pamphlet gegen Wunderkinder erschienen war, verschlug nichts. Grimm, der *arbiter elegantiarum*, der gewandte Pressemann, hatte die Neugierde entfacht und hatte von einem *miracle* gesprochen. Wer hätte ihm widersprechen können? So spielten die Kinder denn bei Hofe, bei den Marquisen, beim Prinzen Conti. Carmontelles Aquarell und Olliviers bekanntes Ölbild haben die Szenen festgehalten. Es kommt zugleich zu sehr intimen gesellschaftlichen Berührungen: die Töchter des Königs, berichtet Leopold nach Salzburg, haben ». . . *bei Erblickung meiner Kinder stillegehalten, sich ihnen genähert, sich nicht nur die Hände küssen lassen, sondern die Hände der Kinder geküßt . . . In der Neujahrsnacht stand Wolfgang neben der Königin und aß die Speisen, die sie ihm gab*«. Da man ziemlich spät kam, bahnten die Schweizer mit Hellebarden der Familie Mozart einen Weg, daß sie in die Nähe der Kö-

nigstafel vordringen konnte. Gott sei Dank sprach die Königin, die Polin Maria Leszczynska, deutsch –, und so konnte die tapfere Frau Mozart sich mit der Monarchin unterhalten ...
Aber die Kinder spielen auch vor der Marquise de Pompadour, der eigentlichen Beherrscherin Frankreichs. Über sie hat fünf Jahre zuvor, im Oktober 1759, ein Pasquill am Tor von Versailles gehangen:

O France! Une femelle
Fit toujours ton destin:
Ton bonheur vient d'une pucelle
Et ton malheur d'une catin.

Böse Verse, die aussagen, daß immer ein Weibchen Frankreichs Geschick formt: Sein Glück war die Jungfrau von Orléans und sein Unglück diese »Bauerntrine« ... Leopold kennt die Verse nicht. Wenn er der Marquise ins Antlitz blickt, gewahrt er freilich das liebe Lächeln, das keineswegs nur den König entzückt. Hätte sie nicht das gewölbte Mündchen und das etwas zu üppige Kinn, so würden die majestätische Braue und die Stirn der Maria Theresia gleichen. Leopold notiert das und fügt hinzu: »*Sie ist von einem großen Hochmut und regiert zur Stunde noch alles, gibt sich viel Ehre und hat einen ungemeinen Geist. Ihre Zimmer in Versailles sind wie ein Paradies.*« Was uns hier fasziniert, ist das »noch«. Merkt der scharfe Beobachter, daß der Thron der *Maîtresse en titre* schon wankte und daß der König begonnen hatte, nach weit jüngeren Frauen Ausschau zu halten? ... Gleichviel: Wieder darf, wie am Wiener Hof, Wolfgang einen Schoß erklimmen und sich an eine Brust schmiegen, von der die Mitwelt zwar Böses sagt. Und von der doch Montesquieu urteilte: »*Aux yeux de la postérité, les représentants du XVIII siècle seront Voltaire et Madame de Pompadour.*« (Er hätte »Mozart« hinzufügen können!)
Der achtjährige Mozart, von Boudoir zu Boudoir gereicht – welch ein Traum! Wie sehr zerrann er, als dann später der junge Meister – 1778 – Paris aufs neue erobern wollte. Und doch ist es wahr: die Jugendeindrücke des leichten und seligen Erfolgs haben Wolfgang niemals verlassen. Jene Wände waren aus Spiegelglas. Wer mit dem eigenen Gesicht, mit Zopf und bordiertem Rock hineinsah, dem sah das Zeitalter über die Schulter. Auch in Salzburg und Wien gab es Rokoko. Aber wer hatte dort Geld für so viele Spiegel? Wo sehr viele Spiegel sind, herrscht ein Drang, sich zu vervielfältigen. Es ist die Angst vor dem Alleinsein, die das

dixhuitième siècle beherrscht. Man muß sie ständig reproduzieren, um nicht in sich selbst zu versinken, wo man Trauer und Betrübnis fände ... Wo viele Spiegel sind, herrscht die Eitelkeit – aber ist es nicht schon beinahe eine »Metaphysik der Eitelkeit?« Denn jeder Spiegel spiegelt sich weiter in eine Unendlichkeit ohne Tiefe, eine Unendlichkeit der Fläche. Wo Spiegel eine Gesellschaft umrahmen, da distanziert der Betrachter »sich von sich selbst und fängt sein Bild in einem zweiten, dritten, vierten Reflektor ein«. (Wilhelm Hausenstein.) So ist die französische Spiegelwelt zugleich ein Triumph des Indirekten.

Aber vor allem ist sie ein Triumph der Frau. Ohne Frau gäbe es keine Spiegel. Muß doch die Frau jeden Augenblick erkennen, ob sie noch sie selbst ist: das Lippenrot, die gemalte Braue, das schwarze Schönheitspflästerchen, der Email, der Puderhauch der Wange. Der Spiegel zwingt sie zum Glücklichsein oder doch zum Glücklichscheinen, wenn sie es durchaus nicht ist. Vor einem ihrer vielen Spiegel hat die Marquise de Pompadour ihrer Kammerfrau gestanden: *»Ma vie est comme celle du chrétien, un combat perpétuel!«* Daß es ein Kampf für die Schönheit war, um die Gunst des Königs und gegen das Altern, machte diesen Kampf um nichts leichter.

Diese Welt der Frau wird das Kind nie vergessen. Das Parfüm, die Toilettentische, die Seidenkleider –: Cherubins Sehnsucht. Denn dieses Kind wird der Komponist von *Figaros Hochzeit* sein, der Oper, die, in Spanien spielend, von einer verblühenden Gräfin handelt und einer alerten Kammerzofe und einigen eifersüchtigen Männern; einer sehr französischen Oper, in italienischer Sprache gesungen, und in Wien, einer deutschen Stadt, zum ersten Male aufgeführt. Europa und sein Rokoko: in die Ewigkeit geleitet durch Mozart.

VON GROSSER FRANZÖSISCHER MUSIK

Als sie, überhäuft mit Geschenken, dann im Frühjahr nach London reisten, nahmen sie auch zwei Geschenke von Grimm mit: eine goldene Uhr für Nannerl und für Wolfgang ein Obstmesser, in Perlmutt und Gold gefaßt, mit einer goldenen und silbernen Klinge. Und was sonst noch? Etwas, was sie besser nicht in Empfang genommen hätten: Grimms grenzenloses Unverständnis, ja, höhnisch zur Schau getragene Verachtung für die französische Musik. Daß sie sich tatsächlich in Paris auf historischem Musikboden befanden — einem Boden, der noch lange die schönsten Früchte tragen sollte —, das blieb ihnen durch Grimms Schuld verborgen.

Der Schöpfer der französischen Musik war ein italienischer Küchenjunge, Giambattista Lulli (1632–1687). Dieser geistig höchst aufgeweckte und sehr musikalische Florentiner merkte anscheinend in der Küche, wie merkwürdig es um die Franzosen stand. Rostand hat später in der Figur seines Ragueneau köstlich geschildert, wie vortrefflich sich Tortenmachen mit dem Versedrehen verträgt. Lulli, dem eines Tages auffiel, daß die Franzosen »trotzdem sie sehr viel aßen, doch nicht so dick wurden wie die Deutschen«, zog als Musiker bald seine Folgerungen. »Während bei uns in Italien die geläufige und trillernde Kehle bald den ganzen Menschen unterjochte, und während die Musik der Deutschen singend, ein wenig vom Bier beschwert, auf ihrem Stuhle sitzen blieb, entsannen sich damals die Franzosen, daß sie ein Volk von Tänzern, Fechtern und forensischen Rednern seien« (Alberto Mercoledi). Kaum hatte also der junge Lulli sein musikalisches Rüstzeug empfangen, als er bereits Ballette schrieb. Dreißig an Zahl, und er selbst tanzte mit: das *Ballet de la Nuit*, das *Ballet des Proverbes, Ballet de Thétis, Ballet du Temps, Ballet des Plaisirs*, das *Ballet des Bienvenus*. Das Ballett wäre eine mindere Kunstform? Richard Wagner ist nicht müde geworden, das den Menschen zu erzählen — und er hatte es auch sehr leicht, das französische Ballett zu enthaupten, im Augenblick, als eine Bande von ganz unkünstlerischen Menschen die Pariser Große Oper durch das Ballett als »Einlage« ruinierte. Für das Musikdrama — also für die wahre Oper — ist das Einlage-Ballett etwas genauso Verderbliches wie die Herrschaft der Koloratur-Arie. Aber die neue Ballettform Lullis brachte keine Operneinlagen, sondern etwas Uraltes zu neuer Herrschaft: die *Pantomime*. Das Genie des französischen Volkes rettete aus der Antike und aus dem höfischen Mittelalter das praktische Wissen, daß unser Leben ein Schreiten ist — ein »Schreiten zu Wehr- und Schmuckzwecken«. Staatliches, Mythisch-Religiöses und das Bürgerlich-Private, alle Dimensionen des Lebens finden ihre Expression im *Pas*, im Schritt und (nicht weniger wichtig!) im *Portement des bras*, im Spiel der Arme. Aus dieser Erkenntnis, zu der hundert Jahre später der geniale Tänzer Noverre (1727–1810) eine Tanzphilosophie schreiben sollte, schuf Lulli seine Pantomimen. Als dann die Italiener den Maestro Cavalli herüberschickten, um die »abgefallenen Franzosen« zum Geist der italienischen Oper zurückzuführen, tat Lulli den entscheidenden Schritt: dieses *génie assimilateur* wurde Franzose (Curt Zimmermann) und nannte sich Jean-Baptiste Lully. Seine bis dahin nur losen Beziehungen zum Hof wurden fest. Der »Sonnenkönig«, der vierzehnte Ludwig, verband sich offiziell mit ihm. Das absolute Königtum sah in Lullys Kunst seinen Ausdruck. Zu einer großartigen Musik – Lully war unter anderem der Erfinder der Ouvertüre –, einer Müsik, die vom Feierlichen bis zum Orgiastischen reichen konnte, tanzte man also »Politik«: Und zwar tanzten die Hofgesellschaft und der König selbst mit. Diplomatische Verhandlungen, Belagerungen fester Plätze, Eroberungen in Spanien, Oberitalien und Westdeutschland – erkennbar an der Landschaftskulisse – wurden in Schritten nachgezogen und geometrisch ausgetanzt. Auch Tierschritte wurden nachgeahmt. »Mit vollem Fuße wie der Löwe« mochte der Tänzer auftreten (Stefan George), oder mit graziöser Steifheit wippend wie ein Pfau daherziehn, der »stolze Vogel, dessen gekrönter Schrei die gemeine Welt hinter sich läßt« (Greiner). Schuhe und Waffen, Staatsröcke und majestätische Federbüsche sprachen zum Lebensgefühl der Nation.

So erstrebte – gleichlinig mit dem witzigeren Molière – das Lullysche Gesamtkunstwerk die Einheit von Schauspiel, Ballett und Musik. Der Kern all dieser Bühnenwerke war zunächst die *représentation muette*. Eine Fabel, ein geschichtlicher Vorgang, ein antikes Göttermärchen, ein aktuelles Staatsbegebnis wurde in pantomimischer Form an den Hörer herangebracht. Die dazu gesungenen Arien klangen merkwürdig rational: da die italienischen Virtuosen dabei ausgeschaltet waren, gab es auch keine Koloraturen. Da ferner der höfische »Sechs-Silber«, der Alexandriner des Corneille, die Bewegung der Füße störte, führte Lully freie Rhythmen ein, Anapaeste und Daktylen, die dem Wesen des Tanzes näher kamen. In einem ganz unbekannten Maße brachte er den Chor zu Ehren: seine kriegerischen Aufzüge sangen, die Volksmengen schollen einander entgegen. Fast war es, als ob man schon Händel hörte ... So lebte in allem, was Lully schrieb, »das stolze Pathos des Herrschers, dessen Gunst er besaß und dessen Zeitalter er genau so scharf ausdrückte wie die klassischen Dichter in der Tragödie« (Theodor W. Werner).

Ohne das Erbe von Lullys Musik, dieser ultra-männlichen Kunst fern von Meditation und Traum, dieser Kunst des »wehrhaften Schreitens«, wäre Mozarts spätere *Don-Giovanni*-Musik nicht denkbar. Von der Duellszene bis zum Champagnerlied ist das Auftreten Don Giovannis *»orgueil ...«*. Man kann sich ihn kaum

sitzend denken. Und sitzt er, so springt er gleich wieder auf. So federte Lully, in dessen Kunstwerk die Füße mehr zu tun hatten als bei anderen Komponisten die Kehle.
Seltsam, daß dieser französische Meister gerade an einer Fußwunde starb. Der vom Rhythmus Besessene stieß sich nämlich mit dem Stock, den er zum Taktstampfen verwandte, eine Wunde in den Fuß. Ein gefährlicher Abszeß entstand. Vielleicht hätte eine Amputation unterhalb des Knies ihn retten können. Doch es wurde über dem Warten zu spät. Als er starb, tat er's mit einem Witz auf den Lippen, der uns zeigt, daß es schon lange vor Voltaire in Frankreich Voltairianer gab. Sein Beichtiger empfahl ihm, etwas zu opfern, um die Absolution zu erlangen. »Nun, ich werfe mein letztes Werk in die Flammen!« Es geschah, er erhielt die Absolution. Ein Prinz, der Lully besuchen wollte, traf den Geistlichen auf der Treppe und erfuhr den Sachverhalt. Atemlos drang der Bewunderer ein: »Meister, was haben Sie getan?« »Ruhe!« flüsterte der Sterbende, »*J'en avais une seconde copie . . .*« (Ich hatte davon ein zweites Exemplar.)
Von diesem Meister also erzählte Grimm den Salzburger Freunden nichts. Auch nichts davon, daß die Geschichte mit dem Taktierstock ihn bewogen hatte, in einer nicht ganz gerechtfertigten Weise dem Typ des französischen Dirigenten zu Leibe zu gehen. Er nennt den französischen Dirigenten nur noch *bûcheron*, den Holzfäller, der anscheinend »mit dem Stock die schlechten Geister züchtigen wolle«. Grimm tat das in einem bezaubernden Büchlein, einem kleinen Quiproquo, das fast schon die Musikernovellen des späteren E. T. A. Hoffmann vorwegnimmt: *Le petit Prophète de Boehmisch-Broda* (1753), in dem er ein krauses urdeutsches Bild von einem Musiker entwarf, der Züge des Johann Stamitz hatte.
Grimm hatte der ersten Ankündigung vom »Knaben Mozart in Paris« leider die Worte hinzugefügt: »Es ist schade, daß die Leute hier *so wenig von Musik verstehn . . .*« – und Leopold hatte sie gelesen. Es war Grimms feste Überzeugung, daß nur die Italiener und Deutschen, allenfalls auch noch die Tschechen, etwas von Musik verstünden. Und dabei hatte es zu bleiben. Um so weniger hat er wohl den Mozarts von Meister Couperin erzählt (1668 bis 1733), dem Chopin des achtzehnten Jahrhunderts, der die französische Klaviersuite mit einem Geistreichtum erfüllte, der bis dahin unbekannt war. François Couperin schrieb »Charakterstücke von höchster Genialität der Schilderung, Natur- und Menschenzeichnungen, Genrebilder im Miniaturenformat, die aus der gleichen

französischen Wurzel entsprangen wie zuvor die Chansons eines Jannequin und später die Impressionen Debussys« (Fred Hamel). Auch von französischen Zeitgenossen wie Jean Philippe Rameau (1683–1764) und dem damals jugendlichen Grétry (1742–1813), dem später so großen Opernmeister, erfuhren Vater und Sohn wohl nichts. Wenn es nach Grimm gegangen wäre, hätte Wolfgang möglicherweise diesen Teil seiner Sendung verfehlt, hätte zum Deutsch-Italienischen nicht die nervösen Bewegungsrhythmen der französischen Musik gefunden. Und nicht zum »Lied« und zur »Arie« als europäische Ergänzung für seine Kunst das »Chanson« entdeckt.

Doch das Genie gehorcht anderen Gesetzen als das streitsüchtige Talent, das sich in Zank und Parteinahme für oder gegen etwas erhitzt. Wenngleich Mozart über die Franzosen später so hart geurteilt hat, daß wir manchmal Wagner zu hören glauben, ist ein Drittel seines Wesens von ihnen so befruchtet worden, daß Bizet erklären konnte: *»Mozart* (sprich: *Mosahr) était un des meilleurs Français de son temps.«* Um von hundert anderen Beispielen zu schweigen: Hat er nicht durch seine Klaviervariationen den französischen Chansons *Je suis Lindor* (K. 354), der *Belle Françoise* (K. 353) und *Lison dormait* (K. 264) die endgültige Gestalt gegeben? Das Kinderlied: *»Ah, vous dirai-je, Maman«* (K. 265), dessen allbekanntes Thema beginnt:

hat ihn im Variationenrausch zu einer seiner berühmtesten »Übersetzungen« geführt (die rechte Hand wird zur linken Hand):

Als er nach Wien übergesiedelt ist, 1781, variiert er für Geige und Klavier zwei entzückende Themen, die ohne ihn heute vergessen wären (K. 359 und 360):

Hat er nicht in seine deutschesten Opern, die *Entführung* und den *Schauspieldirektor*, französische *Vaudevilles* eingestreut? Wird man jemals einen Pariser davon überzeugen können, daß Mozarts *Mariage de Figaro* keine französische Oper ist?
Daß er im Ausland geboren war, sagt nichts. Wer bedenkt heute noch, daß Watteau ein Niederländer war, der mit derben Volksszenen, realistischen Soldaten und Marketenderweibern debütierte? Wenige Jahre später hatte Paris aus diesem Teniers-Schüler etwas ganz anderes gemacht: Den seidenen Maler der *Fêtes Galantes*. Die Leichtigkeit und Grazie dieser »Frühstücke im Freien«, dieser *Embarquements pour Cythère* war Watteau nicht angeboren; und aus dem Portrait des Clowns Gilles mit den machtlos niederhängenden Schultern blicken Müdigkeit und Trauer. Für einen Wolkenschatten lang denkt man dabei an Mozarts »französische« Werke, deren Heiterkeit durch ein Aufquellen von Traurigkeit verdunkelt wird. Das aber, (so hat Gounod gesagt) macht sie den Franzosen noch teurer. Freilich: den heutigen Franzosen. Daß seine Pariser Zeitgenossen den *lebenden* Mozart nicht verstanden – das ist, nach dem Wort des Jean Giraudoux (1938), »ein dauernder Gewissensbiß und fast so schwer zu tragen wie die Erbsünde ...«

LONDON 1764

Als die Familie in England ankommt, hat Leopold etwas im Reisesack, was kein Vater der Welt sonst aufweisen kann: Die ersten Pariser Klaviersonaten eines achtjährigen Knaben, sauber gestochen, mit Widmungen an die allerhöchsten Personen versehen und von diesen huldvoll angenommen. Opus 1 ist Madame

Victoire de France zugeeignet, der zweiten Tochter Ludwig XV., Opus 2 der Gräfin de Tessé, der ersten Hofdame der Kronprinzessin. Die von Grimm stilisierte Vorrede nennt Opus 1 *»essais du très petit serviteur«*, den die Natur zum *musicien* geschaffen habe, wie sie Nachtigallen erschafft. Der Widmungstext für Opus 2, der die Gräfin und den kleinen Verfasser »mit lebhaften Worten abschilderte«, mußte auf den Wunsch der Tessé, die nicht gelobt sein wollte, fortbleiben – was den in sein Kind verliebten Vater natürlich besonders schade dünkte.

Was hätte Leopold nun gesagt, wenn ihm einer bewiesen hätte, daß die Sonaten seines *petit maître* nicht ganz so original waren, wie er meinte? Er hätte das für eine Verleumdung zeitgenössischen Neides gehalten. Gewissenhafte Stilvergleiche haben indessen nachgewiesen, daß Wolfgang in seiner Pariser Zeit sehr unter dem Einfluß Schoberts stand, eines seelisch kaum nach Paris und ins Galante gehörenden Deutschen. Johann Schobert war eine Frühausgabe des »Sturm und Drang«, der innerlich gegen die Aufgaben rebellierte, die die Pariser Gesellschaft ihm stellte, die ihn als Klaviermeister schätzte. Leidenschaft, Düsternis und Trotz waren in der Sonate verboten. Emerson hat einmal gesagt, daß in der Grundhaltung jedes Künstlers auch schon das Ende seines Lebens mit- und vorgebildet sei. Bei Schobert war das sicher der Fall: als Rousseauist und Spaziergänger schwärmte er auch praktisch für die Natur: Ein Pilzgericht, das er gesammelt hatte, beförderte ihn nebst Frau und Kind, einem Dienstmädchen und drei Freunden in das Land, aus dem man nicht wiederkehrt. Das geschah am 28. August 1767. Drei Jahre vorher hatte Leopold den armen Schobert »des Neides und der Niedertracht« verdächtigt.

Zu diesem Schobert also fühlte der kleine Wolfgang sich hingezogen, und noch zwanzig Jahre später hat sein inneres Ohr, das niemals ein Gehörtes vergaß, Schobertsche Wendungen reproduziert. Aber – so hat Einstein dies erklärt – wie Mozart als gereifter Meister an Spannung, Energie, Kraft hundertmal Schobert übertrifft, so blieb er als Kind hundertmal unter ihm. Schoberts Kunst hatte tiefere Überraschungen, die ein Knabe von acht Jahren weder verstehen noch nachahmen konnte.

In London nun verblaßte bald Schoberts Bild vor zwei anderen deutschen Meistern, vor Karl Friedrich Abel und Bachs jüngstem Sohn, Johann Christian, dem »Londoner Bach«. Doch zuvor: Wie kam die Familie nach London? *»Wer zuviel Geld hat«*, schreibt Leopold in einem Brief an die Hagenauers, *»darf nur eine Reise von Paris nach London unternehmen, man wird ihm gewiß den*

Beutel leichter machen.« Er war allerdings leichtsinnig gewesen: Als sie in Calais ankamen und fanden, daß auf dem gewöhnlichen Paketboot, das nicht mehr als zwölf Betten hatte, sich bereits vierzehn Personen für die Überfahrt eingeschrieben hatten, mietete Leopold kurzerhand sich ein eigenes Schiff. Er erlegte dafür fünf Louisdor, versuchte auf kaufmännische Weise die Ausgabe wieder hereinzubringen, indem er noch vier Passagiere ins Schiff nahm. Das brachte ihm acht Louisdor ein. Mit Erstaunen lesen wir aber, daß er zwei Bediente gemietet hatte. Für eine vierköpfige Familie? Wollte er der Londoner Gesellschaft, von deren Exklusivität und Snobismus er viel gehört hatte, imponieren?
Zunächst gefielen die Leute ihm gar nicht, die er auf der Straße sah. Nach der Pariser Eleganz und dem Witzfeuerwerk des Gesprächs kamen sie ihm steif und »maskiert« vor. Er meinte damit nicht die Gesichter, die nach englischer Art ihre Gemütsbewegung verbargen, sondern die Tracht, die in England ja immer, wenn es auch schon Frühling war, auf Regen und Winter Rücksicht nahm. Sofort kaufte er neue Garderobe. *»Was meinen Sie«*, schrieb er an Hagenauer, *»wie meine Frau und mein Mädel in den englischen Hüten und ich und der große Wolfgang in englischen Kleidern aussehen . . .«*
»Das Englische« heißt es bei Beaumarchais in *Figaros Hochzeit* – doch nicht in der Oper – »das Englische ist eine bequeme Sprache. Mit *Goddam* kommt man drüben überall durch. Man tritt in eine Schenke, um ein Hühnchen zu begehren. *Goddam!* Flugs wird ein Stück halbrohes Rindfleisch serviert, aber keineswegs mit Brot. Man möchte ein Glas guten Burgunder oder Bordeaux. *Goddam!* Der Wirt bringt einen zinnernen Krug voll schäumenden Biers. Man begegnet auf der Straße einer schönen Engländerin und schaut ihr unter den Hut. *Goddam!* Und sie gibt einem zum Zeichen, daß sie wohl verstanden hat, eine Ohrfeige, daß der Kopf wackelt. Alles mit *Goddam!* Das ist die Grundlage alles Englischen. Die Eingeborenen fügen in die Konversation dann und wann allerdings noch ein paar Worte hinzu, die aber vollkommen überflüssig sind. *Goddam!* ist die Grundlage der Sprache.«
Ganz so war das ja wohl nicht – obwohl Leopold, dem Sittenfesten, dem Paris zuviel nach Frau gerochen hatte, die Geschichte von der Ohrfeige gewaltig imponiert hätte. – Wie war es aber nun mit der Musik und mit den Chancen für Wolfgang und Nannerl? Wunderkinder waren in der großen Musikstadt London nichts so Unbekanntes, wie Leopold erhoffte. Im *Cecil Court*, in dem sie wohnten – Cäcilienhof: ein schöner Name für eine Mu-

sikerfamilie –, hatte gerade ein Jahr zuvor der neunjährige Gottfried Palschau gewohnt, dessen Konzertanzeige versicherte, »daß er jedes Musikstück vom Blatt mit vollendetem Ausdruck spielte«. Und ein noch nicht sechsjähriges Kind, die kleine Cassandra Frederick, eine Schülerin des Klaviermeisters Paradies, hatte zum Entzücken Londons im Haymarket-Theater Stücke von Scarlatti und ein Konzert von Händel gespielt. Ein neunjähriger John Crosdill hatte sich gar auf dem Cello hören lassen! Da fehlte nun also wohl der »Herr Grimm«, um Leopolds Kindern den Weg zu bahnen? Seltsamerweise fehlte er nicht. Wenn wir den Quellen glauben dürfen, spielten die beiden Mozartkinder bereits in der ersten Woche bei Hofe und wurden von König Georg III. und der Königin Charlotte – beide waren deutscher Abstammung – mit Gunstbeweisen ausgezeichnet.

Damit war die Möglichkeit für öffentliche Konzerte gegeben, hinter deren Veranstaltung man sich mit gewohnter Zähigkeit machte. Am 5. Juli brachte ein Konzert die ungewöhnliche Einnahme von hundert Guineen ein. Bald darauf wirkte Wolfgang bei einem Wohltätigkeitskonzert im Ranelagh-Saal erfolgreich mit. Schon vorher hatte er, Mitte Mai, ein zweites Mal bei Hofe gespielt. Es war bekannt, daß der König im Grunde nur Händelsche Musik liebte: Als er ein Kind war, hatte Händel, der Altmeister, sich zu ihm niedergebeugt und die unvergessenen Worte, gesprochen: »Du wirst meine Musik beschützten, wenn ich tot bin . . .« Ins tiefste Herz blieb diese Mahnung dem König eingegraben. So tat man klug, daß auch Klein-Wolfgang auf der Orgel jetzt Händel spielte. Ermutigt durch des Königs Lächeln, ergriff er »die Violonstimme der Händelschen Arien, die von ungefähr dalagen, und spielete über den glatten Baß die schönste Melodie, so daß Alles in das äußerste Erstaunen geriet«.

Der Händelbiograf Chrysander hat Leopold später Vorwürfe gemacht: er habe die Engländer nicht verstanden. Sonst würde er nicht verabsäumt haben, seinen Sohn in Händel zu *unterrichten.* Gewiß hat Leopold das verabsäumt – doch vielleicht war es gut, daß es so geschah. Händel war eine Riesengestalt und seine Kunst ein »Stampfhammer«, der die Talente des kleinen Mozart gnadenlos zermalmt hätte, wenn man sich – außer um bei der Königsfamilie Eindruck zu machen – damit wirklich eingelassen hätte. Mozart war kein Haydn. Und auch der mußte sechzig Jahre alt werden, ehe er den »Zweikampf mit Händels Schatten« wagen durfte, um Oratorien wie *Die Schöpfung* oder *Die Jahreszeiten* zu schreiben.

Der Meister, der dem Kind Wolfgang Mozart in London hauptsächlich nahetrat, war J. C. Bach (1735–1782), der jüngste Sohn Johann Sebastians und das elfte von dessen dreizehn Kindern mit Anna Magdalena Wülcken. Als Knabe schon verlor er den Vater und wurde nun eigentlich zur Erziehung zu Philipp Emanuel Bach gegeben, der nicht sonderlich viel von ihm hielt. Der jüngere Bruder schien leichtsinnig: das Verlassen des »vertikalen Stils« und die »Hinneigung zum Horizontalen«, das den Klavierstil Philipp Emanuels kennzeichnet, ging bei Johann Christian zu rasch vor sich. »Seine Klavierwerke, die ihn zum Liebling der Damen wie überhaupt aller Dilettanten jener Zeit machten, besitzen neben einer gewissen, fast nonchalanten Leichtigkeit und Naivität sehr viel äußeren Glanz«, schrieb später der Biograf seines Vaters, C. L. Hegenfeldt, von ihm. Müde der ewigen Reibereien mit seiner Familie äußerte Christian manchmal Dinge, die ihm gewiß nicht ernst waren, wie »Man müsse wohl stammeln, damit einen die Kinder verstünden«, oder »Mein Bruder lebt, um zu komponieren, und ich komponiere, um zu leben«. Im übrigen tat es ihm leid, nicht in Neapel geboren zu sein. Denn dort gehörte er eigentlich hin, der Mann mit den schönen lebhaften Augen und den angenehmen Manieren. Auf dem Bild von Thomas Gainsborough gleicht er fast einem Diplomaten oder schöngeistigen Offizier. Sah er wirklich so aus? Bei den Portraits des 18. Jahrhunderts ist man der Ähnlichkeit nie ganz sicher. Jedenfalls versteht man die Faszination, die dieser Mann auf Wolfgang ausübte. Denn er war ein »sehr schöner Mann«. Und daß Kinder einem Mitmenschen gestatten, häßlich zu sein, ist äußerst selten. Er müßte denn Pestalozzi heißen.

Als Wolfgang Christian Bach kennenlernte, hatte dieser sich für immer mit den Seinen überworfen: Er war in Mailand katholisch geworden. Um eine Stellung zu erlangen! Es war ein beruflicher Glaubenswechsel, der ihm in England schon nichts mehr nützte. In Nord- und Mitteldeutschland vollends wurde ihm der Übertritt nie verziehen. »Der Sohn des Leipziger Thomaskantors ist abtrünnig geworden«, hieß es, und zugleich mit Johann Christians Charakter wurde seine Kunst beargwöhnt.

Mit Unrecht. Johann Christian Bach gilt als Urheber des »galanten Stils« – eine nicht sehr glückliche Bezeichnung. Galant bedeutete einmal »tapfer«: der *Galantuomo* der Renaissance war vollends der ritterliche Mann. Inzwischen ging diese Bedeutung verloren: Galanterie heißt uns »Frauendienst«. Der Begriff der Galanterie verbindet den Künstler nicht bloß mit der Frau, er macht ihn selber *feminin:* alles, was er unternimmt, scheint nur Werbung um ihretwillen. Die Sonaten Christian Bachs, denen Mozarts Sonaten jahrelang folgen, sind aber weniger galant als »elegant«. Das ist etwas anderes.

Eleganz ist ein lateinisches Wort und kommt von *eligere*, auswählen. Eleganz ist ritterliche Freude am gewählten eigenen Selbst. An Bildung, Kleid, Schmuck, Geist, Rede, Witz. Gefällt es den Frauen, um so besser. Aber nicht um ihretwillen wurde es in die Welt gesetzt. – Der Stil eines Christian Bach ist »gewählt«. Der Fehler seines Sonatensatzes ist nur die Kehrseite seiner Tugend: Eine gewisse Akzentlosigkeit. Der geschmackvolle Mann will nicht auffallen. Zwar ist er keineswegs bescheiden; aber er möchte doch so scheinen. Würde er starke Akzente setzen wie Scarlatti oder andere Barockmeister, so würde er seinem Ideal des Nicht-auffallen-Wollens untreu. Ehe man die Musik Christian Bachs aber eine »Salonmusik« schilt, muß man erst wissen, was ein Salon war. Der Salon des achtzehnten Jahrhunderts war keineswegs ein Gemach sehnsüchtigen Schmachtens, sondern ein Parloir kühler Noblesse. Wie sehr mußte J. C. Bachs Klavierstil dem Knaben Mozart imponieren, dessen Sehnsucht nach Anmut und Kühle bezeugt ist. Im Gegensatz zu seinem Bruder Philipp Emanuel, der das empfindsame Adagio pflegte, war der Klavierkomponist Christian Bach von Natur aus auf das Allegro gestellt. Ein *Allegro con spirito* wie dasjenige aus Bachs Klavierkonzert Op. 13:

oder ein singendes Allegro wie das aus der Klaviersonate Op. 5:

hat Mozart noch später als Mann sehr beeindruckt. Nun hatte Bach eine Eigenschaft, die die gute Seele des Kindes rührte: eine leichte Fingerlähmung – seltsam für einen Klavierspieler – hinderte Johann Christian daran, allzu rasche Passagen zu spielen. Folglich schrieb er sie auch nicht, was Leopold besonders schätzte, da auch ihm *zu* brillante Virtuosen auf dem Klavier verdächtig schienen. So hatte das Schicksal ein Weises getan: den eleganten Sprößling der Bachs daran erinnert, daß »Fließen« allein noch keinen Ausdruck gewährleistet. Eine sekundenkurze Stockung im Gewand einer Achtelpause, der man manchmal bei Bach begegnet, zeigt an, daß sein Finger rasten mußte. Es ist, als habe der liebende Mozart noch selbst diese Eigenheit übernommen, wenn er 1768 (und nicht einmal auf dem Klavier, sondern für Violine und Baß!) einen Allegrosatz beginnt:

Als der kleine Mozart nach London kam, war Bach selbst noch nicht lange dort. Er war Musikmeister der Königin und hatte in dieser Eigenschaft ihr sechs Klavierkonzerte gewidmet. Werke, die Mozarts Auffassung vom Klavier als Orchesterführer auf lange Zeit bestimmen sollten.

Nächst dem Wiener Wagenseil, dem eigenen Vater und Johann Schobert, war Christian Bach der vierte Meister, dem der Kleine begegnete, und ohne Zweifel von allen der größte. Eine tiefe Zuneigung entwickelte sich, und Bach erwiderte sie von Herzen. Man möchte glauben, der Achtjährige habe den Dreißigjährigen als einen »Spiegel seines künftigen Selbst« vorausgeahnt. Es war das Nord-Südliche in Bach. Wolfgang fühlte »den Zauber der Mischung, bevor er selbst nach Italien kam« (Alfred Einstein), und Leopold Mozart hat einmal klug Christian Bach den *filo* nachgerühmt, den »Faden«, der nicht angestückt wird, der »fließt«. Es war ja nur zu richtig: wenn deutsche Meister leicht werden wollten, räusperten sie und krausten die Stirn: »Jetzt wollen wir aber einmal leicht sein!« Bach, der Nord-Südliche, war anders.

Die sechs Londoner Sonaten von 1764 (K. 10–15), die Wolfgang der Königin widmete, kommen mit ihrer eleganten und kurzen Thematik aus Bachs Schule. Vor allem aber stand Christian Bach bei einer »Erfindung« Wolfgangs Pate. Es war die vierhändige Sonate, die nun freilich keine Erfindung war. Vater Leopolds Behauptung, etwa ein Jahr später geschrieben: *»Es war bis dahin noch nirgends eine vierhändige Sonate gemacht worden«*, hätte Bach leicht widerlegen können. Er selbst hatte nämlich welche gemacht. Für Wolfgang war der Reiz sehr groß, Vierhändiges zu komponieren – kannte er doch Nannerls Eigenheiten als Klavierspielerin sehr genau. Die Londoner C-Dur-Sonate *à quatre mains* galt lange verloren, bis Saint-Foix sie in einem Exemplar der Pariser Nationalbibliothek wieder entdeckte. Ihr frisches Allegro mit dem Kopfmotiv:

nimmt einen wesentlichen Gedanken der *Entführungs*-Ouvertüre vorweg.

Wo Christian Bach war, war Italien. Seine Oper *Adriano in Siria,* deren Uraufführung am 26. Januar 1765 in London stattfand, wurde für Mozart so unvergeßlich, daß er noch kurz vor seinem Tod gewissen Arien in seinem *Titus* eine Bachische Färbung gab. Der Triumph, daß ein Nichtitaliener ein so anerkannter Meister des neapolitanischen Stils werden konnte, wurde von Wolfgang tief mitgefühlt. Bachs ganzer Verkehr war italienisch: Sängerinnen, vor allem Kastraten. Ein Zukunftsrausch ging von allem aus.

Über das Phänomen der Kastraten können wir Nachgeborenen nur staunen. Franz Haböck hat ihnen ein Buch gewidmet. Ihr physiologisches Defizit, ihr Nicht-Mann-Sein, hat die ältere Oper, die *Opera seria,* mitgeschaffen. Diese geschlechtslosen Wesen haben den Gesang auf eine Stufe geführt, die wir heute nur noch ahnen können – und dennoch haben ihr Machtwahnsinn, ihre Intrigen und finanziellen Forderungen zugleich den Kunstbau der Oper erschüttert, der ihre soziale Voraussetzung war. »Der Kastrat«, schreibt Max Arend in seinem Gluck-Buch, »war ein künstlerisch

stilisierter Mann.« Die Kastratenstimme nämlich war durchaus keine weibliche. Sie war schon wegen des Brustumfangs größer. Von höchster, fast instrumentaler Gewalt. Klang sie seelenlos? Wie heute etwa eine elektrische Orgel klingt, die durch jede menschengespielte Orgel leicht beschämt werden kann? Kaum. Es war nicht »Un-Natur«, was damals Männer und Frauen hinriß, sondern eine »Über-Natur«, die das Zeitalter faszinierte.
Der Kastrat Manzuoli war schwerlich der erste, dem der kleine Wolfgang begegnete. Doch imponierte er ihm gewaltig. Und wenn nach der Oper *Ezio*, in der der Kastrat zum ersten Mal auftrat (im November 1764) die Londoner Gesellschaft sagte: »*Manzuoli is ravishing; people with and without ears are dying for him*«, so mochte er das ganz gut verstehen. Bachs Freund Manzuoli war es auch, dem Wolfgangs eigene Gesangsversuche damals nachstrebten. Ja, der Kastrat scheint ihn unterrichtet zu haben. Wir wissen das aus dem Bericht des Gelehrten Daines Barrington, der für die Royal Society dies kleine Musikwunder untersuchte:

»Ich brachte ihm ein geschriebenes Duett, komponiert von einem Engländer auf einige Lieblingsworte in Metastasios Singspiel ›Demofonte‹ ... Seine Stimme hatte einen schwachen, kinderartigen Ton, aber nichts konnte die meisterhafte Art, womit er sang, übertreffen. Sein Vater, der die tiefere Stimme in diesem Duett übernommen hatte, kam ein- oder zweimal aus dem Text, obgleich die Passagen nicht schwerer waren als die in der höheren Stimme. Als dieses vorfiel, sah sich der Sohn mit einigem Unwillen nach ihm um, zeigte ihm seinen Fehler mit dem Finger und wies ihn wieder zurecht. Er ließ indessen nicht nur dem Duett völlige Gerechtigkeit widerfahren, indem er seine eigene Partie in dem richtigsten Geschmack und mit größter Präzision sang, sondern auch vor den Tasten sitzend, die Begleitung der beiden Violinen mit hineinbrachte, wo sie am nötigsten waren und die beste Wirkung erzielten ...
Da ich wußte, daß der kleine Mozart sehr von Manzuoli geschätzt wurde, sagte ich zu dem Knaben: ›Wie wär's, wenn du jetzt einen extemporierten Liebesgesang versuchen würdest, wie ihn dein Freund Manzuoli in einer Oper zu singen pflegt?‹
Der Knabe, noch immer am Klavier, sah sich ein wenig listig um und fing sogleich ein Halbdutzend Zeilen in rezitierendem Jargon an: es war eine Art von Rezitativ, das einem Liebesgesang vorausging. Darauf spielte er eine Art Arie, die über das einzige Wort Affetto (Neigung, Liebe) komponiert war. Sie hatte einen

ersten und zweiten Teil und entsprach genau der Länge, die gewöhnliche Operngesänge haben ... Da ich fand, daß er bei Laune war und sozusagen Eingebungen hatte, bat ich ihn, einen Gesang der Wut zu komponieren. Wieder sah er sich listig um und begann, wie vorhin, fünf oder sechs Zeilen als ein rezitativisches Vorspiel, das für einen Zorngesang paßte. Die Arie dauerte so lang, wie der Liebesgesang gedauert hatte; und in der Mitte der Darbietung hatte sich der Knabe in solche Begeisterung hineingearbeitet, daß er das Klavier wie ein Besessener schlug und sich ein paar Male im Stuhl emporhob. Das Wort, daß er zu dieser zweiten extemporierten Komposition erwählt hatte, war ›Perfido‹ (›Ha, Ungetreuer!‹).
Seine staunenswürdige Fertigkeit entsprang nicht bloß einer großen Übung; er hatte eine vollkommene Kenntnis der Grundsätze der Tonsetzkunst: wenn man ihm einen Diskant vorlegte, schrieb er sogleich einen Baß darunter ... Er war auch ein Meister im Fingersatz (obwohl seine Händchen so klein waren, daß er kaum eine Quinte greifen konnte), und die Übergänge von einer Taste zur anderen waren wohlüberlegt und völlig natürlich ...«
Nun kommen die merkwürdigsten Zeilen dieses merkwürdigen Berichts. »*Ich muß gestehn*«, fährt Barrington fort, »*daß mich manchmal der Verdacht überkam, der Vater könne aus etwelchen Gründen das wahre Alter des Knaben verbergen. Aber abgesehn davon, daß sein Aussehen sehr kinderhaft war, trugen auch all seine Handlungen das Gepräge dieses Lebensalters. Zum Beispiel: Während er vorspielte, kam eine Lieblingskatze herein — darauf verließ er sein Klavier und war lange Zeit nicht mehr zurückzubringen. Während ich mit dem Vater sprach, ritt er auf einem Stocke zwischen den Beinen im Zimmer herum ...*«

Ein fast beängstigender Bericht: einerseits ist der kleine Mozart, der Achtjährige, ein *maestrino*, andererseits scheint er weit jünger: denn das Reiten auf einem Stock ist Beschäftigung eines Fünfjährigen. Hat er seine frühe Kindheit versäumt? Wir werden die Frage oft stellen müssen.
Wie leicht er weint und wie er nichts »weiß«, als das, was mit der Musik zu tun hat! In den nächsten Tagen kommt ein Brief aus Salzburg von den Hagenauers, daß Cajetan, der Sohn des Hauses, ins Kloster eingetreten ist ... Wolfgang bricht in Tränen aus, er werde ihn nun nicht mehr sehen, es ist ihm, als ob er gestorben sei. Belehrt, daß man einen Mönch natürlich auch besuchen könne, fragt er, ob Cajetan Zeit haben werde, wie bisher »mit ihm Flie-

gen zu fangen und Bolzen zu schießen«. Wie bisher! Denn nichts darf sich verändern. Die ungeheure Kinderangst, daß sich etwas verändern könne – daß, und sei's im geringsten Punkt, die Zukunft anders aussehen könne als die Vergangenheit! – schafft ihm Herzweh. Das »*Gebrüll der Löwen im Tower, das unsern Herrn Wolfgang in Ängsten gesetzt hat*«, wie Leopold nach Salzburg berichtet, ist nichts gegen jene Seelenangst.

Hat er denn Heimweh? Eigentlich nicht. Denn wo Vater und Mutter sind, und die Schwester, da ist ja auch Salzburg. Das »Heimweh« ist eine seltsame Krankheit, zum ersten Male um das Jahr 1700 in der deutschen Literatur vom Züricher Stadtarzt Scheuchzer notiert. Diderots *Encyclopédie* – von der soeben der achte Band erschien, 1765 – schrieb das Heimweh prompt *Hemvé*. Da man es wahrscheinlich für eine deutsche Krankheit hielt, wollte man es nicht übersetzen.

Was hatte nun eigentlich Leopold? Weder Heimweh noch Hemvé noch die englische Nostalgia. Es war zunächst nichts anderes als eine ordinäre Halsentzündung, die allerdings immer bedrohlicher wurde. Fluchtartig mußte man London verlassen und sich für acht Wochen nach Chelsea zurückziehen, wo die Erkrankung langsam abklang. Den Winter in England zu verbringen, schien bedenklich – und doch geschah es.

Am 25. Oktober fand abermals ein Hofkonzert statt. Doch der Erfolg des vergangenen Frühjahrs wollte sich nicht mehr einstellen. Eine öffentliche Sorge hatte die Nation ergriffen und drückte auf das Musikleben. Den Handwerkeraufstand im Januar hatte man noch abdrosseln können; doch im Mai brach dann wirklich die Insurrektion der Weber aus. Volksmassen umstellten das Haus der Lords, verwundeten den Herzog von Bedford und fluchten dem König und seiner Gemahlin, von denen man sagte, sie »sprächen nicht englisch«. (Georg entstammte dem Haus Hannover, und Charlotte war Mecklenburgerin.) Auch verbreitete sich das Gerücht, der König sei wahnsinnig geworden. Man habe ihn mit fliegenden Haaren, tränenüberströmt und betend, durch seine Gemächer irren sehen ... Etwas Wahres mußte daran sein. Georg III. hatte damals einen mehrtägigen Anfall erlitten, sich aber schon Anfang Mai erholt. Die Depression bei Hofe ging tief. Wie konnte Leopold daran denken, seine Kinder neu herauszustellen? Seltsamerweise tat er es doch. Kurz nach dem verunglückten Hofkonzert kam er auf den absurden Gedanken, da er keinen Saal mieten wollte, die Leute zu sich nach Hause zu laden: »Damen und Herren, welche diese jungen Wunder privatim spielen zu hören wünschen, finden die Familie jeden Tag der Woche zwischen 1 und 3 Uhr zu Hause. Zutritt 5 Shilling pro Person; auch kann man für 10 Shilling 6 Pence die Sonaten des Knaben erwerben, welche Ihrer Majestät gewidmet sind und die der Knabe die Ehre hatte, vor den Allerhöchsten Herrschaften zu spielen.« Es nützte nichts. Bald spielten die Kinder in einem der Säle niederen Ranges und zu nochmals herabgesetztem Preise. Eine dritte Anzeige teilte mit, daß der Vater einen Saal im Gasthof »Zum Schwan und Reifen« gemietet hat, in Cornhill (einer ganz ungeeigneten Gegend!), wo die Kinder nun nicht mehr zwei Stunden, sondern vier Stunden spielen werden. Welch ein Ausverkauf: der Preis ist auf 2 Shilling 6 Pence gesunken. Als Leopold vollends den peinlichen Kunstkniff »das Spiel auf verdeckten Tasten« anzeigt, hat er sich eigentlich unmöglich gemacht. Kein Wunder, daß er aufatmend die ausdrückliche Einladung des holländischen Gesandten entgegennimmt, am 1. August nach Den Haag zu reisen, wo die Schwester des Prinzen von Oranien ihr Verlangen ausgedrückt hat, die Wunderkinder kennenzulernen.

HOLLAND

Waren die Holländer musikalisch? Auf der Überfahrt nach Calais mochte ihn die Frage bewegen – eine nach achtzehn Monaten England ganz gewiß begreifliche Frage.

Carl Kosmaly (1812–1893), der sehr viel später für Robert Schumanns Musikzeitschrift aus dem Haag korrespondierte, warf den Bewohnern der Niederlande »geldaristokratische Überhebung, beleidigend-dünkelhafte, blöde, ignorierende Indifferenz« vor. Die Musik besonders gelte als störend, als »fremdes, befeindetes Element«. Ein Urteil, wahrscheinlich genauso falsch wie das des heutigen Europäers über die Musik in New York.

In Wirklichkeit besaß der Musikbetrieb im Holland des achtzehnten Jahrhunderts eine vielleicht noch größere Dichte als der von London und Paris. Musikbetrieb ist aber nicht möglich ohne wirkliche Empfängnisbereitschaft. Staunend erfuhren es die Mozarts, als sie in ein Land kamen, von dem sie bisher geglaubt hatten, daß es hauptsächlich von Großkaufleuten, von Gewürz- und Tuchhändlern, allenfalls von Malern bewohnt sei. Als sie durch Belgien gezogen waren, hatte Leopold noch rasch in Antwerpen alle Kirchen abgelaufen, um die Seinen mit Rubens bekanntzumachen. In Holland – trotz herrlichster Himmelsfarben, die in spiegelnd dunklen Kanälen ein zweites Mal geboren wurden – schwieg einstweilen die Malerei. Wie in Venedig erklangen hier Lauten. Vor undenklichen Zeiten (damals hatten Willaerts und Ockeghem gelebt) hatte es eine »Weltherrschaft der niederländischen Musik« gegeben. Holländische Meister waren gewandert: beinahe dreihundert Jahre lang hatte die abendländische Menschheit bei diesen strengen Präzeptoren Orgelkunst und Polyphonie gelernt. Selbst jetzt noch war das Rokoko in Holland weniger spielerisch als das der Franzosen und Italiener. Ein ernster, fast pedantischer Meister beherrschte in der Musik das Feld: Christian Ernst Graaf. Er war nicht nur Komponist, sondern auch Ästhetiker. Er lehrte, *»dat de muziek met de spraakkunst een vollmaektige overeenkomst hebbe«*, (daß also die Musik mit der Sprachkunst darin übereingekommen sei), *»dat alle regelen der redekunst ook aan de muziek kunnen toegeeigend worden«* (daß alle Regeln der Redekunst sich genauso auf die Musik beziehen). Was natürlich vollkommen falsch, weil es viel zu rationalistisch war. Zwischen Wort- und Tonbewegungen walten bedeutende Unterschiede.

Ein erfreulicher Zufall hat uns Kunde von allem hinterlassen, was den Mozarts in Holland widerfuhr. Ein Bankier, F. D. Scheurleer, hat mit hohem Liebhaberfleiß aus Zeitungsnotizen, Memoiren, großväterlichen Erinnerungen gesammelt, was sich auf Mozart bezog *(»Mozarts Verblijf in Nederland«, 's Gravenhage 1883)*. Die Menschen und Begegnungen, die Musiker, die seltsamen Käuze und noch selteneren Instrumente: es ist ein bunter und dichter Teppich – in der Mozartliteratur nur darum nicht so recht gewürdigt, weil dieses holländische Buch bis heute noch nicht übersetzt wurde.

Als Führer der nationalen Tonkunst war Christian Ernst Graaf dazu ausersehn, im schwarzen Puritanertalar und in weißer Halskrause, unter dem frommen Glockengeläut aller reformierten Kirchen, die Musik zur Großjährigkeitserklärung des Prinz-Statthalters beizustellen. Wolfgang führte sich bei Graaf ein – lang vor der offiziellen Feier –, indem er den Hauptteil, eine Arie, meisterhaft am Klavier variierte: es waren die G-Dur-Variationen (K. 24) – eigentlich Improvisationen, der Beginn einer Kunst, in der Wolfgang später es zu größter Meisterschaft bringen sollte. Die Kinder spielten sodann bei Hofe, aufs gnädigste von der Prinzessin und dem Prinzen von Oranien bewillkommnet. Kurz darauf geschah ein Donnerschlag, wie er unvermutet-pathetischer nicht gedacht werden konnte. War für Leopold die Strafe gekommen?

Und verdiente er denn eine Strafe? Seine Kinder erkrankten hoffnungslos. Schon war es das Rauschen des Todesengels, das die Eltern zu hören vermeinten.
Mit Nannerl begann es. Schon am 12. September, am zweiten Tage nach der Ankunft, hatte ein Katarrh sie befallen. *»Es schien anfänglich nichts zu bedeuten«*, berichtet Leopold nach Salzburg, *»allein den 26. abends kam ihr erst Kälte, dann Hitze. Es war also, daß sie das Fieber am Halse hatte. Den Tag darauf ließ ich einen Medicus kommen. Der Arzt hatte selbst keine Hoffnung mehr.«*
Er scheint nun in einer Umwelt, die er als »glaubenslose Fremde« empfand (denn hier wohnten ja keine Katholiken), nach einem Priester gesucht zu haben. Bei dieser Gelegenheit fand er denn auch einen Pater Vincenzo Castiglione, der, ohne den Priesterstand zu verlassen, in Holland Arzt geworden war. Ob nun er es war oder ein anderer, der das Viatikum spendete, wissen wir nicht. Der erschütternde Bericht des Vaters an Hagenauer fährt fort:

»Ich bereitete meine arme Marianne zur Resignation in den göttlichen Willen, und sie empfing am 21. Oktober nicht nur das heilige Abendmahl, sondern auch das heilige Sakrament der letzten Ölung. Sie war oft so schwach, daß sie das, was sie sagen wollte, kaum herausbringen konnte. Hätte jemand die Unterredungen hören können, die wir drei, meine Frau, ich und meine Tochter, manchen Abend zusammen hatten, wobei wir sie von der Eitelkeit dieser Welt und vom glückseligen Tode der Kinder überzeugten: er wäre nicht ohne nasse Augen geblieben. Währenddem unterhielt sich Wolfgang in einem andern Zimmer mit seiner Musik . . .«

Der glückselige Stand, in dem Kinder sterben. Denn ihrer ist die Sündlosigkeit. Wie furchtbar! Wie bitter mußte den Eltern das Sakrament auf der Zunge schmecken, das der Priester nicht ihnen gab, sondern ihrer sterbenden Tochter. Und das uralte, dunkle Latein in der Gasthofstube »Zur Stadt Paris«, darin sie hausten. Auf den Flügeln dieses Lateins sollte Nannerls Seele den Himmel erreichen . . . Das arme Kind! Der noch ärmere Wolfgang spielte im Nebenzimmer Klavier; denn er hatte keine Ahnung, wie krank das geliebte Schwesterchen war. Und wahrscheinlich hatten die Eltern ihn entfernt, damit er den Priester nicht sehe.
Die Prinzessin von Weilburg-Oranien hatte ihren Leibarzt geschickt, den Professor Thomas Schwencke. Aber was konnte dieser noch helfen? Vor der Fieberglühenden las Leopold laut aus dem

Evangelium: »Vater, steige herab, denn meine Tochter stirbt!« Da begann Professor Schwencke eine neue Kur, die so günstig verlief, daß Leopold am nächsten Sonntag aus der Bibel vorlesen konnte: »Die Tochter schlief, dein Glaube hat ihr geholfen!« Und wirklich, wenige Tage später konnten die Eltern das zitternde Wesen langsam über den Fußboden führen.
Sie war noch nicht eine Woche gesund, da begab sich Furchtbareres. Wie vom Blitz getroffen erkrankte Wolfgang. Wahrscheinlich die gleiche Lungenentzündung – jedenfalls eine schwere Grippe, die vier Wochen lang wütete, daß der Knabe *»in so elende Umstände kam, daß er nichts als seine zarte Haut und kleinen Gebeine mehr an sich hatte.«* Kein Pulver half. Er sprach kein Wort mehr. Als großes Schrecknis erschien es den Eltern, daß die Zunge wie ein Stück Holz wurde, *»trocken und unrein«*. Man konnte auch nicht hinzugelangen, sie zu säubern, so verklemmt war der Mund. *»Die Lippen verloren dreimal ihre Haut, die hart und schwarz wurde. Unsre Nachtwachen gingen fort wie bei der Krankheit meiner Tochter.«*
Als Leopold dieses Kind sterben sah, ergriff ihn die äußerste Raserei. Er lief auf die Straße, hielt Menschen an, auf Französisch, Englisch, Deutsch, *»ob sie ihm nicht helfen könnten«*. Wie Scheurleer erzählt, lief er auch zu Quacksalbern. Einer davon war »Ali, der Hundsfott«, ein sicherlich ganz harmloser Türke, der im Haag und in Amsterdam lebte. Die Holländer hatten nichts gegen die Türken; denn sie waren ja niemals kriegerisch mit ihnen zusammengeraten. Im Gegenteil, schon aus Handelsgründen schätzte man hier die Orientvölker. Anders Mozart, der Österreicher, dem vor 75 Jahren die Türken die Reichshauptstadt Wien beinahe überrannt hätten. Längst bevor Wolfgang seinen Osmin – diese verkörperte Türkenangst und ihre groteske Übertreibung – in der *Entführung* gestalten sollte, fluchte Vater Leopold auf »Ali, den Hundsfott«, dessen Tränklein und Mixturen nicht helfen wollten. (Sie kosteten ein gutes Stück Geld.) Wenn er dann nach Hause stürzte, vergrößerte sich der Jammer noch. Das sterbende Kind komponierte nämlich. Man hatte ein Brett auf sein Bett gelegt: Obwohl seine Finger zitterten und die Feder oft fallen ließen, schrieb und schrieb er auf Notenpapier. Die schon begonnene Sopranarie (K. 23) für die Prinzessin von Oranien vollendete er. Wich nicht das Fieber? Der Wille zur Musik war stärker als die Anziehung des Todes. Sechs Duo-Sonaten für Klavier und Violine folgten der Sopranarie (K. 26–31). Zwischendurch schlief er acht Tage. Als er erwachte, war er »gesund«.

Was nun geschah, das wird die Nachwelt Vater Leopold schwerlich verzeihen. Er läßt den kaum genesenen Wolfgang bereits am 22. Januar an einem öffentlichen Konzert teilnehmen. Es geschieht in Amsterdam, wohin sie jetzt übergesiedelt sind. Es ist beinahe ein Verbrechen: gleich gibt es noch ein zweites Konzert, darin eine Sinfonie in B (K. 22) von Wolfgang gespielt wird. Daß die Mutter sich nicht ins Mittel legt, ist schwer zu verstehen. Doch nur des Vaters Wille gilt in dieser Familie. Nun ruft gar die Feier der Installation des großjährig gewordenen Prinzen sie in die oranische Residenz, in das Schloß von Den Haag zurück. Schon der Auftrittsbeifall gibt Wolfgang Leben. Er spielt Variationen über das herrliche Heldenlied der niederländischen Nation, den »Wilhelmus von Nassauen«, eine Melodie, die er, wie wir wissen, aus seiner frühesten Kindheit kennt. Fast unglaublich, daß er für diese Festlichkeiten noch eine Art Satyrspiel komponiert hat, den *Galimathias musicum* (K.32), für Klavier, Streichquartett, zwei Oboen, zwei Fagotte, zwei Hörner – eine Verspottung sämtlicher Stile.
Nach Hermann Aberts Charakteristik begann er mit einem Heldenzitat, das so großartig durchgeführt war, als sollte aus diesem Festportal eine französische Ouvertüre rauschen. Doch statt des erwarteten Allegros trat ein einfacher Cembalist vor und begann einen »Husarentanz«. Dann kam ein Rokoko-Menuett, das man erst recht nicht erwartete. Ein Adagio in d-Moll hatte sich's in den Kopf gesetzt, die Hörer vollends zu verwirren, bis ein deutsches Volkslied erschien; kaum wollte man sich dabei ausruhen, da kam ein »Abenteuer beim Fensterln«, eine österreichische Bauernhochzeit mit einem dörflichen Allegretto, schließlich ein stampfender Wirtshaustanz mit Dudelsackbässen, ein Schuhplattler, worauf die Bauernmusik wieder abzog, und schließlich das Unglaublichste: das Wilhelmuslied als Fugenthema! Diese Verballhornung aller Stile – konnte sie wirklich von Wolfgang stammen? Daß sie tatsächlich in seiner Handschrift vorhanden ist, würde kaum etwas besagen. Leopold hat zwölf Jahre später vortrefflich an seinen Sohn geschrieben: »*Als Kind und Knabe warst Du mehr ernsthaft als kindisch, und wenn Du beim Klavier saßest oder sonst mit Musik zu tun hattest, so durfte sich niemand unterstehen, Dir den mindesten Spaß zu machen. Ja, Du warst selbst in Deiner Gesichtsbildung so ernsthaft, daß viele einsichtsvolle Personen in verschiedenen Ländern wegen dem zu früh aufkeimenden Talente und Deinem nachdenkenden Gesicht für Dein langes Leben besorgt waren . . .*« Viel später übertraf Wolfgang in Clownsmanieren jeden anderen Musiker. Als zehnjähriges

Kind jedoch war er wahrscheinlich viel zu ernsthaft für den *Galimathias musicum* — und so ist die Sache wohl *so* zu verstehen, daß das Stück gar nicht von ihm ist, sondern von Vater Leopold, den, nach vorbeigegangener Prüfung, ein Handwerkerübermut ohnegleichen ergriffen hatte. Er mußte, auf gut süddeutsche Manier, die Holländer einmal anspaßen!
Wenn es nur dabei geblieben wäre und er jetzt auf schleunigstem Wege nach Salzburg zurückgefahren wäre und den Kindern Ruhe gegönnt hätte! Aber langsam in weitem Bogen grast er auf der Heimreise noch die verschiedensten Städte ab: Utrecht, Mecheln und Paris — wo Grimm aufs neue für den Kleinen seine kritische Harfe schlägt —, dann Lyon, Genf und Lausanne. In Zürich verehrt ihnen Salomon Gessner seine Werke, worin er auch von den »verehrungswürdigen Eltern« spricht, die solche Kinder hervorgebracht haben! Es ist eigentlich das erste Mal, daß die bescheidene Frau Mozart neben ihrem gewaltigen Gatten auch ein kleines Lob abbekommt; und wir gönnen es ihr von Herzen. Dann Winterthur, Schaffhausen, Donaueschingen — wo es (wann gäbe es ihn nicht?) einen Fürsten von Fürstenberg gibt, der ein Gönner der Musik ist —, Ulm, Augsburg, München. Manchmal geben sie in zwölf Tagen neun Konzerte. Es ist unfaßbar, was die Kinder aushalten, und warum sie auf der Rückreise nicht erst recht gestorben sind. Ende November 1766 — nach dreieinhalb Jahren Westeuropa! — trifft die Familie in Salzburg ein, wo für Wolfgang augenblicklich ein neues Arbeitsprogramm beginnt.
Er fängt jetzt an, Kontrapunkt zu lernen.

ABSCHIED VON DER KINDHEIT

Er hätte als Kind sterben sollen!« rief in sonderbarer Erregung Ferruccio Busoni aus. Man schrieb damals 1918 — und es war ein sehr seltsames Wort. Am wenigsten von dem zu erwarten, der ein so großer Pianist war und so herrliche Transskriptionen des Mannes Mozart geschrieben hatte; des »deutschen Italieners« Mozart. — Mozart hätte als Kind sterben sollen? Was konnte Busoni damit meinen?
Wirklich vollkommen ist nur ein Kind. Das Kind als Typus. Der Noch-nicht-Mann und die Noch-nicht-Frau. Das geschlechtslose Wesen in seiner Reinheit. Es war etwas Christliches in diesem Wort, dessen Busoni sich schwerlich bewußt war.
Das große Glück, das wir beim Anblick von Mozarts Kinderbil-

dern empfinden, ist tatsächlich den Gefühlen verwandt, die die italienischen Maler jahrhundertelang in uns geschürt haben. Durch die beiden »heiligen Kinder«, den Bambino und den kleinen Johannes, war das Staunen über die liebliche Vollkommenheit des Kindertypus immer wachgehalten worden. In der religiösen, der mythologischen und der dekorativen Kunst hörte der »Putto«, das nackte Kind, nie auf, seinen Zauber auszuüben. Eigentlich war jedes Kind ein Engel, der von einer jenseitigen Welt nur Urlaub hatte, uns zu besuchen. Die Kinderfiguren Andrea del Sartos, Tizians Putten der »Assunta«, die Rubensschen mit dem »Früchtekranz«: ja, selbst »Romulus und Remus«, die von der Wölfin gesäugt werden, und die »Kindergirlanden« des Louvre, wo vierzig flügellose Engel die Mutter Gottes und Jesus umdrängen – später Murillos himmlische Kinder: sie alle wirken wie Vorahnungen des Rokoko-Portraits »Kind Mozart«.

Und dann ist das über Nacht vorbei. Der Knabe, der von der Schwelle des Todes wieder ins Leben zurückgeholt wird, ist auf einmal nicht mehr »das Kind«. Er ist zwar (wie Grimm alarmiert notiert) »nicht gewachsen«. Doch der Strahl der Vollkommenheit hat ihn verlassen, das schöne, unschuldige Glück des Seelisch-Leiblichen, das alle hinriß. Er wird immer wieder »kindisch« sein – weil er die tollenden Kinderjahre, die er durch sein Klavierspiel versäumt hat, ja doch irgendwie nachholen muß –, aber nie wieder ein wirkliches »Kind«. Noch ehe Wedekinds Wort eintrifft: »Die Pubertät macht dich den übrigen Flegeln ähnlich!«, wird der zehnjährige Wolfgang häßlich. Er bekommt einen seltsamen, in die Länge gezogenen Kopf, der von dem runden Engelskopf der Kinderbilder verschieden ist. Die Nase strebt tierisch und schnuppernd nach vorn ... Selbst den Salzburgern, die in solchen Dingen keine großen Beobachter sind, kommt der mit Ruhm Zurückgekehrte eigentlich wie ein »Vertauschter« vor.

Etwas hat sich da begeben, was wir nicht recht beurteilen können. Sicher zeigt die Musik keines Meisters solchen Drang zur Schönheit und Symmetrie wie die des heranwachsenden Mozart – doch er selbst, der eben noch als Kind die vollkommenste Symmetrie im Seelisch-Leiblichen darstellte, nimmt über Nacht fahrige Gesten an und bekommt ein altes Gesicht. Nie wieder verläßt ihn die ungesunde, bleiche Farbe; er ist ein Stubengewächs, das sich nie mehr erholen wird: das nur im Geist und nur in der Kunst lebt.

Aber seltsam: Was einmal gewesen ist, scheint auch nicht mehr ganz schwinden zu können. Es gibt einen »Kind-Mozart-Mythos«, der Hunderttausenden teuer ist. Er beginnt schon im Biedermeier, das man wegen seiner Sanftmut das »zweite Rokoko« genannt hat. (Das eigentliche Rokoko war schwerlich sanft, in seinem Schoß wuchs die Revolution heran.) Damals dichtete Robert Schumann ein ziemlich schlechtes Distichon, das aber sehr charakteristisch war:

Solch ein Genius, solch ein Kind? Oh, wahrlich, ich sag' Euch,
Werdet Ihr so nicht, Ihr kommt nie in den Himmel der Kunst!

Da war nun, wie im Evangelium, Kind und Himmelreich zusammengerückt – im Namen von Mozart. In der gleichen Nummer der »Neuen Zeitschrift für Musik« befand sich auch jene Novelle des Florentin von Zuccalmaglio (1803–1869), die wahrscheinlich allen späteren Mozartnovellen, bewußt oder unbewußt, als Vorbild gedient hat. Wir finden ihre Spuren sogar in Mörikes Meisternovelle wieder. Sie handelt – höchst charakteristisch! – von der Stellung der Kinder zu Mozart.
Die Erzählung heißt *Mozart unter den Kleinen*. Zuccalmaglio schildert, wie er selbst und ein grauhaariger Musiker – der Mozart noch persönlich gekannt hat! – ein Freiluftorchester umstehen, wo man gerade mit der Ouvertüre zu Mozarts *Cosi fan Tutte* beginnt: *»Einschmeichelnd tauchen die ersten Weisen der Flöten und Schalmeien auf, und bald flatterten die Noten des raschen Satzes daher.– ›Brav, bei Gott!‹ sagte der alte Künstler, die greisen Locken im Takte wiegend, ›so setzte es der seelige Meister selbst ein ...‹«* Aber Zuccalmaglio und der greise Musiker sind nicht die einzigen Zuhörer. Beide schauen *»... mit Vergnügen einem Schwarme schöner geputzter Kinder zu, die soeben noch bunt bebänderte Reifen auf den Spitzen ihrer Stäbe wiegten und sich einander nun diese Reifen in anmutigem Gliederneigen zuschnellen ...«* Diese Kinder tun also dasselbe, was in Mörikes Novelle (die siebzehn Jahre später geschrieben wurde) die »Orangenwerfer« tun, die im Golf von Neapel mit den rotgoldenen Früchten Fangball treiben. Es ist die »Freude an der Parabel«, dort wie hier; das geheimnisvolle Ebenmaß dieser Kurve, das der Symmetrie Mozartscher Melodien entspricht, die sanft und lange ansteigen, um überraschend niederzugehen: es bewegte nicht nur Mörike, sondern schon vorher Zuccalmaglio, der erzählt, wie schließlich die Kinder ihre Stäbe und Reifen hinwerfen (weil ja doch die Mozartschen Töne ihnen den Sinn ihres Spiels abnehmen): *»Ich machte meinen alten Freund aufmerksam auf die Wirkung des Mozartschen Kunstwerks unter den Kleinen ... und fragte ihn, ob er nicht mit einstimme in das Lob der Unmündigen.«*

Mozart, erwidert der alte Mann, habe ein sehr merkwürdiges Verhältnis zu Kindern besessen, und diese zu ihm. Aus der Prager Zeit (eine Mozartnovelle muß natürlich in Prag spielen, der Stadt der größten Mozartverehrung!) erinnere er sich noch sehr genau an Kunstgespräche mit dem Meister. Sie seien durch die Altstadt spaziert, an einem schönen blauen Tag – da sei ihm, mitten im Gespräch, Mozart plötzlich entrückt worden. Unbegreiflich, fast unheimlich. Er habe nach rechts und nach links geblickt, aber keine Spur von ihm mehr entdeckt:

»Da ich mich aus meiner ersten Bestürzung erholt hatte und den Weg mit dem Auge zurückmaß, den wir Beide gewandelt waren, bemerkte ich einen Erwachsenen, welcher ungefähr das Aussehn meines Abhandengekommenen hatte, in einem Schwarme von Kinder stehn und im eifrigsten Spiele begriffen. Ich traute meinen Augen kaum und schritt den Weg zurück, aber bei jedem Fußbreit sah ich deutlicher und erkannte den Meister unter den Kleinen. Wie er ihnen den Reifen vorhielt, ihnen die Haltung beim Schnellen wies, ihnen die verschiedenen Arten des Auffangens mit dem Stocke vormachte; wie er sich zu ihnen bückte, sich nieder auf die Kniee ließ, ihnen lange in die Augen sah und die klaren Stirnen küßte ... Ich war nun so nahe herangekommen, daß ich seine Gespräche hörte, die mir kindlich und auch wieder sinnig vorkamen. Wie er ihnen aus dem Stegreif die schönsten Liederchen vorsang, die sich oft auf das Spiel, oft aber auch auf die Außenwelt, auf Schmetterlinge und Bienen bezogen. Lange, lange stand ich so und schaute dem großen Meister zu, ja, war versucht, mich wie er selber in den kindlichen Reigen zu mengen; nur die Furcht, durch meine ernstere Gebärde das junge Völkchen einzuschüchtern oder den Freund aus seinem Himmel zu reißen, bewog mich, den Zuschauer abzugeben, bis endlich das Spiel von selber aufhörte. Bis der Meister sich von seinen jungen Freunden beurlaubte, mich lächelnd unter den Arm nahm und mit mir seinen abendlichen Lustgang fortsetzte ... Die Kleinen – fuhr mein alter Prager Freund fort – haben ein Vorgefühl; sie folgen einer untrüglichen Ahnung, die sie den einen Menschen meiden läßt, während sie's zu einem andern stürmisch hinzieht ... So war es mit Mozart ...«

Parallel zur legendären Auffassung Mozarts als eines Kindes ging im Biedermeier der Wunsch, ihn mit dem großen Harmoniker der Malerei zu verknüpfen, mit Raffael. Das fing schon bei Goethe an, der darüber kurz vor seinem Tode zu Johann Peter Eckermann sprach, und endete noch keineswegs bei Friedrich Ritter von Hentl, der 1868 »Raffael und Mozart« verglich oder mit C. E. R. Alberti, der 1856 ein ganzes Buch darüber schrieb. Als *vir gracilis, omnibus amabilis* hatten seine Zeitgenossen den Maler Raffael gesehen, als den »Symmetriker an sich«. Bei dem die Form den Inhalt verzehrte. Wenn selbst noch ein Heutiger verehrend und neidvoll von ihm sagt: »Seine Kunst lebt nicht von Beziehungen, die außerhalb der Form liegen« (Theodor Hetzer), durfte und darf man nicht dasselbe mit fast noch mehr Recht von Mozart sagen?

Nein! Wer Mozart als reinen Symmetriker sieht, in der *limpidezza* seiner Formen, der überhört sein Dämonisches! Es ist uns seltsam, daß die Menschen des neunzehnten Jahrhunderts über seine Dramatik hinwegsahen und ihn tatsächlich raffaelisch erlebten. Als ob Mozart niemals einen Cherubin, einen Don Giovanni oder Bartolo gestaltet hätte, konnte Zuccalmaglio 1839 getrost in seiner Novelle schreiben: »*Mozarts Kunst ist weder ein sehnsuchtssiecher Jüngling, noch ein zerrissener Mann, noch ein geschwätziger Greis — sie ist eine jener Kleinen, wie Raffael von Urbino sie malte, ein Kind, das bei lächelnder Lippe und rosiger Wange das heitere, tiefblaue Auge so geheimnisvoll-seltsam eröffnet, daß Einem das Herz erbrausen und erbangen kann vor solch einem Blicke* . . .« Es ist falsch, gewiß, doch es ist *erlebt*.

Polemik eines Historikers gegen ein erlebtes Bild wird stets nur beschränkten Erfolg haben. Legenden sind in sich souverän, und sie sind auch nie völlig grundlos. Jeder Gesangs- und Klavierpädagoge, jeder Forscher und Hochschulprofessor weiß, daß es einen »Seelenraum« gibt, in den keine andere Komposition Mozarts hinabreicht, kein *Ave Verum*, kein *Don Giovanni* und erst recht keins der Klavierkonzerte. Es ist der Raum, in dem jenes *Wiegenlied* wohnt, das im Verzeichnis Ludwig von Köchels mit Nr. 350 bezeichnet ist:

Wenn die einlullende Stimme fortfährt:

und wenn gar aus der Zofe Gemach säuselt das zärtliche »Ach! – Was für ein Ach mag das sein?« – dann ist mit dieser Rokokosüße das »Mozartische an sich« erreicht.
Nur – leider! – ist das Lied nicht von Mozart. Sondern, wie Max Friedländer erhoben hat, von Bernhard Flies, einem Manne, der sonst gar nichts für seine Unsterblichkeit getan hat. Aber die Menschen dulden nicht, daß man sie darüber aufklärt. Sie lassen sich das Mozartlied, das nicht von Mozart ist, nicht nehmen. Das ist nicht so komisch, wie es scheint. Wenn die Legende vom Kind-Mozart wirklich in diesem Lied gipfelt, so wollen wir doch nicht vergessen, daß es eine menschliche Ur-Situation ist, die darin gestaltet ist. Das erste Lied nämlich, das erste Gesumm, das ein Mensch auf dieser Erde hört, ist das Schlafliedchen, das seine Mutter ihm lallt. Das aber geht nie wieder fort. Und so hat denn auch ein großer Dichter, Friedrich Rückert, auf diese Sache ein paar Strophen hingeschrieben, die schöner und tiefer sind als jene andern, die Mozart gar nicht komponiert hat:

Ich war ein böses Kind und schlief nie ungesungen;
doch schlief ich ein geschwind, sobald ein Lied erklungen,
das meine Mutter sang gelind.

Und also bin ich noch: ein Schlaflied muß mir klingen.
Nur dieses lernt' ich doch: es selber mir zu singen,
seit ich der Mutter wuchs zu hoch.

Und was mir tief und hoch nun mancherlei erklungen,
ist nur ein Nachhall doch von Dem, was *sie* gesungen:
Die Mutter singt in Schlaf mich noch ...

DRITTES BUCH

LEHRLING, GESELLE, MEISTER

Nicht nacheinander, sondern gleichzeitig erklomm er die drei Stufen des Lernens, der Gesellenprobe und der Meisterschaft: das war das Einzigartige an Mozart.

NIELS W. GADE

DER FALL AFFLIGIO

Der Engländer Edward Dent, dem wir ein Buch über Mozarts Opern verdanken, erwägt, ob ein zwölfjähriger Knabe fähig ist, eine Komische Oper zu komponieren. Eine *Opera buffa* also, und kommt zu einem entschiedenen Nein. Und ob es nicht ein Ärgernis sei, daß ein Knabe als Orchesterleiter Liebessachen dirigiere? Das Wesen der Komödie ist der Eros, ist der Sexus. Ein Knabe kann davon nichts wissen, und mag er über Instrumente und Stimmen noch so viel gelernt haben.

So wurde die Musik nicht gut, die Wolfgang zu seiner ersten Oper *Die verstellte Einfalt* schrieb. *La finta semplice* (K. 51) war eine Verkleidungs- und Verwechslungskomödie. Ein Gereifter, in Liebesdingen Erfahrener hätte sie komponieren müssen. Vielleicht der Mozart von *Figaros Hochzeit* – nicht aber ein Zwölfjähriger. Viele Leute merkten das auch. Vielleicht als einziger Leopold nicht. Wieder einmal hat die Familie eine schwere Zeit hinter sich. Ein zweites Mal hat der Tod gedroht – fast ist es wie in der Musik, wo ein Thema wiederholt werden muß, damit es ins Ohr der Seele eingeht. Als sie, nach einem Jahr Aufenthalt in Salzburg, nach Wien gekommen sind, um an den musikalischen Festlichkeiten zur Vermählung der Erzherzogin Josepha mit dem König von Neapel teilzunehmen, stirbt die fürstliche Braut an den Schwarzen Pocken. Was früher die Pest gewesen ist, das sind für das achtzehnte Jahrhundert die Blattern. Aber ihr Schrecken ist lautloser. Um die Pest war öffentliches Geschrei; und die Menschen fielen in Hekatomben. Die Blattern – woher kommen sie, kann man sie denn nicht abwehren? Ja, es gibt bereits eine Impfung, aber sie hat sich nicht durchgesetzt. Die Blattern also sind gnädiger und töten nicht alle Heimgesuchten. Doch meist werden die Befallenen für ihr Leben gekennzeichnet. Die Haut wird wie Leder. Schöne Frauen werden in einem Tag alte Weiber. Jugendliche Männer, die mit dem Degen in der Schlacht siegreich den Tod bestanden haben, schrumpfen ein. In den ersten Tagen sieht man nur die roten Flecken, dann werden die Gesichter schwarz.

In allen regierenden Häusern haben damals die Schwarzen Pokken gewütet. Wenn man sechzehn Kinder hat wie die Kaiserin Maria Theresia, muß man schweren Zoll zahlen. Es heißt, daß Erzherzogin Josepha am Tage vor der Abreise zu ihrem Erwählten nach Neapel noch von der kaiserlichen Mutter in die Kapuzinergruft geführt worden sei, um vom Sarge des Vaters Abschied zu nehmen. Auf solche familiären Bräuche gab Maria Theresia viel.

Franz von Lothringen, der verstorbene Kaiser, hatte seine Kinder geliebt: bevor sie in die Welt zogen, um Würden und Throne einzunehmen, sollten sie an seinem Sarg ein Gebet sprechen und ein Gelöbnis ablegen. Es heißt nun, daß die Erzherzogin die Mutter mit Tränen gebeten habe, von diesem Brauch diesmal abzustehn. Doch die Kaiserin blieb unerbittlich. Sie führte die Tochter mit eigener Hand ins Gruftgewölbe. Als sie heraufkam, zeigte Josepha sich unpäßlich, und am nächsten Tage hatte sie Fieber. Wieder einen Tag später war ihr Körper von Blattern bedeckt, und »bei Hofe erklärte man flüsternd, daß die Luft im Gruftgewölbe, wo der bloß mit einem Tuche isolierte Sarg ihrer vor ein paar Monaten verstorbenen Schwägerin Isabella von Parma stand, ansteckend gewesen sei.« (Ann Tizia Leitich)

Man schrieb den 15. Oktober 1767 ... Der Leichnam der Sechzehnjährigen war noch nicht kalt, als ein Kurier nach Neapel abging mit dem Bericht vom Tode der Braut und dem Angebot, statt ihrer die nächstjüngere Erzherzogin zu nehmen, die fünfzehnjährige Karoline ... Denn wichtiger als alle Tränen waren die politischen Ziele der habsburgischen Hauspolitik. Töchter hatten verheiratet und Kriege durch Verschwägerung mit anderen regierenden Häusern vereitelt zu werden.

Davon wußten die Wiener nichts. Doch ein Schrecken hatte sie ergriffen, und wer immer konnte, verließ die Stadt. Zu den Flüchtenden gehörten auch Leopold Mozart und die Seinen. Er floh mit den Kindern nach Osten, nach Olmütz, aber die Blattern waren noch schneller. Wolfgang und Nannerl erkrankten beide. Der Domdechant Graf Anton Podstatzky, der – dies war ein seltener Fall! – sich vor der Krankheit nicht fürchtete, nahm die Familie in sein Haus auf. Neun Tage lang lag Wolfgang fast blind. Als er wieder zu sehen begann, kam der spätere Bischof von Königgrätz, der Kaplan Hay, ein munterer und witziger Mann, an sein Bett und unterhielt ihn mit Kartenkunststücken, die der Knabe ihm eifrig ablernte. Als er wieder aufstehen konnte, berief der Hausherr einen Fechtmeister, der ihn in der Degenkunst unterwies – was in noch viel späterer Zeit seine Früchte tragen sollte: bei der Anfangsszene des *Don Giovanni.*

Als die Familie nach Wien zurückkommt, ist der Fürst Kaunitz ein wenig ängstlich, denn noch sieht man in Wolfgangs Gesicht die vielgefürchteten roten Flecken. So furchtsam war der Staatskanzler nicht, als es galt, die Preußen zu bekämpfen – aber gegenüber den Blattern reagiert er hypochrondrischer ... Nun, sie sind wieder im Abklingen. Die Epidemie gilt als vorbei. Bei den Wienern, »die nie untergehen«, läuft das seit Monaten versäumte gesellschaftliche Leben neu an. Oper und Schauspiel füllen sich wieder. Die Kaiserin empfängt die Mozarts, läßt sich ausführlich von der Krankheit der Kinder und ihren Reisen erzählen, und – eigenen Verlustes gedenk – streichelt sie Mutter Mozart die Wange. Aber musiziert wird nicht – seit dem Tode ihres Gemahls und der Tochter glaubt die Kaiserin sich diese Enthaltsamkeit auferlegen zu müssen. Nur beim Fürsten Gallitzin, dem russischen Botschafter, findet ein Konzert statt, in dem Wolfgang und Nannerl spielen. Das geschieht im März 1768. Bei diesem Fest ist auch Sonnenfels zugegen, eine sehr einflußreiche Person; berühmt als Volkswirt und Staatsrechtler und obendrein ein strenger Kämpfer für Gluck und für dessen Opernreform. Er ist ein Schwager des Kaplans Hay und läßt sich lächelnd von Wolfgangs Kartenkunststücken in Olmütz erzählen ...

Aber vorher ist etwas geschehn, was wie ein Auftakt, »ein Voranschlag« für Wolfgangs späteres Leben wird. Er ist bei Hofe dem Mann begegnet, der sich jetzt offiziell Kaiser nennt – was er allerdings weniger ist als der »Mitregent seiner Mutter«. Josef der Zweite ist einstweilen nur »Kronprinz mit einem Kaisertitel«. Der aufgeweckte Knabe gefällt ihm. Er selber ist rasch von Ideen – das hat er mit dem Genie Mozart gemein – und so denkt er sich: »Wie würde es wirken, wenn man einem zwölfjährigen Knaben eine Oper zu komponieren gäbe und wenn er sie selbst gar dirigierte?« Vielleicht würde das ein Erfolg werden, der sogar die Finanzen des Hoftheaters heben würde. Das wäre nicht unwichtig: der Direktor des Kaiserlichen Theaters, Affligio, scheint in Schwierigkeiten. Für Affligio gilt scheinbar zunächst der Wunsch des Kaisers als Befehl. So macht er denn mit Leopold Mozart, als Wolfgangs juristischem Vertreter, die Zahlung von 100 Dukaten aus. Alle Sänger scheinen gewonnen, man schließt einen bindenden Vertrag, und schon setzt Wolfgang sich an die Arbeit. Den Text liefert Marco Coltellini, ein geborener Florentiner, nach dem Lustspiel von Carlo Goldoni. Es ist *La finta semplice* (K. 51).

So füllt sich denn seine Seele mit dem fröhlichen Unfug der *Opera buffa*. Da gibt es ein paar Hagestolze (was ist das aber: ein Hagestolz?) und einen Kapitän Fracasso (nachdem »fracas« im Französischen Lärm heißt, gibt man ihm tumultuöse Noten), und eine gewisse Rosina tritt als »verstellte Einfalt« auf (doch wie kann sich eine Einfalt verstellen?). Der ernsthafte und edle Knabe wird innerlich mit der Sache nicht fertig. Nur wo er pathetisch werden kann – wo er die Ironie mißversteht, die in Coltellinis Textbuch liegt – kündigt sich der spätere große Charakteristiker an, der vor allem mit dem Orchester arbeitet:

Dieses c-Moll mit seinem sich bäumenden Anfang ist ein Mittel, dessen sich Mozart später zum Ausdruck des Unheimlichen und Wildleidenschaftlichen bedient.
Nun, eine italienische Oper! Ein wenig mochte die Angst prikkeln ... doch dann erinnert man sich mit Mut des großen Londoner Freunds Manzuoli. Wolfgang erinnert sich auch an Christian Bach; vor allem steht ihm sein Vater zur Seite, der hochgebildete Leopold, welcher eine genaue Kenntnis des italienischen Opernstils hat – was konnte da eigentlich mißglücken? In einer Orgie von Fleiß schreibt Wolfgang eine Partitur von 558 Seiten nieder. In wenigen Wochen. Es ist schwer faßbar.
Jedoch nun melden sich die Sänger. Es ist bekannt, daß Vater und Sohn niemals in Italien waren. Trotzdem mag die Musik ganz gut sein. Aber da ist eine andere Sache: ist es nicht etwas entwürdigend für erwachsene Menschen, daß ein zwölfjähriges Kind ihre Leistung begutachten, proben und dirigieren soll? Über Nacht brechen Intrigen auf. Dieser und jener ist plötzlich nicht mit seiner Arie zufrieden. Besonders der Darsteller des Fracasso. Der geduldige Wolfgang schreibt alles um. Kaum ist der eine Intrigant zum Schweigen gebracht, da erscheint der zweite. Schon beginnt der dritte und vierte mit dem Achzelzucken und Zweifeln. Der tiefbeunruhigte Leopold hat die ganze Welt im Verdacht – selbst Gluck wird von ihm hereingezogen.
Gluck »beneide« den Zwölfjährigen! Da Leopold das ernsthaft glaubt, schirrt er die eigne Diplomatie an und holt sich Hilfe bei zwei potentiellen Gegnern Glucks, bei zwei »großen Italienern«, Metastasio und I. A. Hasse, die er veranlaßt, zu erklären, die *Opera buffa* dieses Knaben sei besser als dreißig andere, die in Wien aufgeführt worden seien!
I. A. Hasse war zweifellos einer der größten Opernmeister der Zeit (1699–1783). Während des Siebenjährigen Krieges war Adolf Hasse aus Dresden geflohn, als die Preußen ihre Kanonen auf die Stadt gerichtet hatten. Während der Beschießung verbrannten viele

seiner Meisterwerke — doch seine Feder war unerschöpflich. In Wien komponierte er alles neu, und von Wien verbreitete sich sein Einfluß nach Italien. Bald herrschte er schrankenlos jenseits der Alpen. Kein geborener Italiener schuf italienischer als er. *Il Sassone* nannte man diesen Sachsen im Süden. Doch der Sassone war zweifellos ein Meister der *Opera seria*, also der ernsten, heroischen Oper. Wie war er befugt über Wolfgangs Komödie ein derartiges Urteil abzugeben?
Hasses Zuneigung also vermehrte auf der Gegenseite nur die Bedenken. Wenn Leopold — wahrscheinlich zu früh! — Verleumdungen gewittert hatte: jetzt waren sie nun wirklich am Werk. Es war wie später bei Rossini und im *Barbiere di Seviglia*, wenn Basilio seine Arie singt: »*La calomnia e un venticello!*«
»Die Verleumdung, sie ist ein Lüftchen!« Die Verleumdung bestand aber darin: daß Wolfgang nicht komponieren könne, daß das meiste von seinem Vater sei! Unter solchen Umständen sollte man diese Oper aufführen, deren Reiz darin bestanden hätte, *daß* sie von einem Knaben war? Und nun kam, mit Rossini zu sprechen, der *colpo di canone*, der eigentliche Kanonenschuß: Affligio brach den Kontrakt. Offenkundig und ohne Scham. Er verschob die Oper von Ostern bis Pfingsten, dann bis zur Rückkehr des Kaisers aus Ungarn, und immer weiter. Währenddessen wurden von ihm andere Opern einstudiert, und jede öffentliche Ordre, *La finta semplice* vorzubereiten, wurde heimlich widerrufen.
Wolfgang, dem unzweifelhaft damals noch am Komponieren mehr lag als am Aufgeführtwerden, verhielt sich ruhig wie ein Lamm. Leopold aber gedachte nicht, lammgleich zu dulden, daß die Musik seines Kindes »keinen blauen Teufel wert sei«. Kein Wunder! Sie lebten seit dreiviertel Jahren in Wien und zehrten die Ersparnisse auf, die sie in Westeuropa gemacht hatten. Schon mußten die Tabatièren und Uhren verkauft werden. Dazu kam, daß gar noch in Salzburg Erzbischof Schrattenbach dem Vater das Gehalt als Instruktor und Geiger kündigte: er hatte gehört, daß Wolfgang in Wien 2000 Gulden erhalte! Dabei waren es doch nur 100 Dukaten. Es schien nun selbstverständlich, daß sich der Kaiser einmischen mußte — fragte er doch zu verschiedenen Malen bei Wolfgang nach dem Fortschritt der Oper. Da aber zeigte sich, daß (was Leopold nicht gewußt hatte) Giuseppe Affligio leider dem Kaiser gegenüber eine völlig unabhängige Stellung hatte. Er hatte das Theater gepachtet und mußte ja auch alle Kosten tragen. Mußte er nicht sogar dem Kaiser und der kaiserlichen Familie ihre Freiloge zur Verfügung halten? An einem Lieblingswunsch des Staats-

kanzlers Kaunitz, französisches Theater zu spielen, hatte er ohnehin Geld verloren. Im Augenblick, wo er überzeugt war, daß die Intrigen, die er selbst gegen die *Finta* geschürt hatte, den Erfolg der Oper unmöglich machten, war das Los von Wolfgangs Erstling besiegelt.

Wer war dieser Giuseppe Affligio? Ein Abenteurer, der sich ein österreichisches Offizierspatent erschwindelt hatte und der auf diesem papierenen Weg es sogar zum Oberstleutnant brachte. Er verübte auch sonst Betrügereien, wurde als Fälscher überführt – Carpani in seinem Haydn-Buch und die »Erinnerungen« des Engländers O'Kelly erzählen davon – und so kam er schließlich auf die Galeeren. Zur Zeit der *Finta semplice* war Affligio auf dem Gipfel der Macht. Er entblödete sich nicht, zu sagen, daß, wenn Leopold darauf bestünde, die Oper zwar aufgeführt werden würde – aber nur ein einziges Mal. Denn es würde dafür gesorgt sein, daß sie ausgepfiffen würde!

»Um die Ehre meines Kindes zu retten«, verfaßte nun Leopold eine Schutzschrift über den »Fall Affligio«. Teils war diese Klageschrift an den jungen Kaiser gerichtet, teils an den Erzbischof von Salzburg. Eigentlich aber an die Nachwelt – und wirklich wären weder sein Sohn, noch Haydn oder Beethoven jemals fähig gewesen, in einem so meisterhaften Deutsch (seit seiner Violinschule hatte Leopold viel hinzugelernt) und in so geordneter Weise diese Sache so wirkungsvoll darzustellen. War Leopold doch von Haus aus Jurist. Man muß schon zu Goethe und Lessing gehn, um einem ähnlichen Promemoria zu begegnen ... *La finta semplice* war verloren. Nun war der Kaiser es ihnen schuldig, Vater und Sohn, daß er ihnen beiden jede Protektion angedeihen ließ. Daß er *»zur Schande der neidischen, ehrenräuberischen Verläumder«* sie in die österreichischen Besitzungen nach Italien empfahl, nach Mailand, nach Florenz, auch nach Neapel. (Zumindest durfte man derlei hoffen.) So wurde der »Fall Affligio« eigentlich etwas wie ein Hebel für die erste italienische Reise, die Vater und Sohn am 12. Dezember 1769 unternahmen und die anderthalb Jahre dauern sollte.

Trotzdem hat der »Fall Affligio« heillosen Schaden in der Seele Leopolds gestiftet. Er bestätigte ihn in seinem heimlichen Haß gegen alles »Welsche«. Warum gab es eigentlich in Wien eine »italienische Partei«? Eine in diesem Fall sinnlose Frage: denn erstens war Affligio ganz und gar kein »welscher Parteimann«, sondern ein durchaus einschichtiger Schurke. Zweitens: wenn es in Wien überhaupt eine politisierende italienische Partei gab, so

Mozarts Geburtshaus in Salzburg. (Stich aus dem 19. Jahrhundert.)

Der junge Mozart am Spinett.
Gemälde von Thaddeus Helbling (1768/70).

hatten sich eigentlich deren Häupter, Hasse und Metastasio, eindeutig für Wolfgang entschieden. Aber daß man in Wien überhaupt auf der Hofbühne nicht deutsch singen durfte – daß die Musik seines Kindes gegen den Rhythmus und gegen den Sinn der italienischen Sprache verstieße (das nämlich hatten die Sänger behauptet), das war doch ungeheuerlich. Wo man sich in Europa umsah, in Dresden, München, Stockholm, Petersburg, Paris und Madrid, dominierten die Italiener. Und natürlich waren sie eine »kämpfende Minorität«, die ihre Vorrechte bewahren wollte. Diese Vorrechte schrieben sich davon her, daß sie »der Welt die Oper gebracht hätten«. Ohne Italien und Monteverdi hätte es keine Oper gegeben. Darum fungierten die Italiener jetzt, zu Zeiten Leopold Mozarts, seit anderthalb Jahrhunderten, im Ausland als »Opernpriester«. Man muß sich dieses Faktum nur aus dem Ästhetischen rückübersetzt in die kulturelle Sphäre denken. Dann wird man den »Machtwahnsinn« besser verstehn, den der italienische Kapellmeister, der *primo uomo*, die *prima donna* in Deutschland, Frankreich, England, Schweden, ja, auch schon in Rußland entfalteten. In den Augen dieser Maestri und Sänger waren das alles »barbarische Länder«, in die sie hineingeschickt worden waren, um dunklen Geistern das Licht der Wahrheit, die reine Opernkunst, zu bringen. Und selbstverständlich hielten sie sich für *über*national, diese Italiener; sie sahen nicht, daß die neuitalienische Sprache nicht mehr jenes alte Latein war, mit dessen Mitteln einst die Cäsaren und später noch die Römische Kirche den ganzen Erdkreis beherrscht hatten. Sobald das »Nationale« sich in Wien, Paris und in Nordeuropa regen wollte, empfanden diese Maestri Angst. Denn sie lebten ja in der Diaspora; und sie wußten im tiefsten Herzen, daß ihre Beherrschung der Opernhäuser Europas nicht ewig dauern würde. Und ob Jahrzehnte vergehen sollten, bis Carl Maria von Weber an jenem Abend der *Freischütz*-Premiere, am 18. Juni 1821, dem Cavaliere Gasparo Spontini das Berliner Opernhaus fortnahm, um es für alle Zeiten in den Dienst der deutschen Oper zu stellen ... Wie hätte Leopold Mozart gejubelt, hätte er jenen Tag erlebt: diese Dinge zündelten und schmauchten ja lange vor Webers Geburt.
Doch das Dialektische seines Charakters wird gerade durch den »Fall Affligio« aufgerührt. Er hat eine Art von Intelligenz, die wägt und sich keiner Einsicht verschließt. Gern fühlt er sich als »ehrlicher Teutscher« – andererseits aber weiß er genau: es gibt nirgends die nationale Oper. Wird es jemals eine geben? In Paris hat ihm der gelehrte Grimm das genaue Gegenteil demonstriert.

Die Deutschen, gewiß, sind Sinfoniker, Orchester- und Klaviermeister. Aber auf der Bühne gilt nur »italienische Musik«.
Was soll man also tun? Als Deutscher kann man – unbewußt rührt sich der Drang in ihm – nur die deutsche Geschichte wiederholen: man muß über die Alpen ziehn! Wie die Habsburger muß man also »italienische Eroberungen« machen. Schon sieht er Wolfgang als »heimlichen Kaiser« in Italien. Siegreich wird er mit den Mitteln der Italiener Welschland beherrschen. Ein zweiter Hasse! Ein italienischer Musikpapst konnte in Sachsen geboren werden – warum nicht auch einmal in Salzburg? So wird in dem *homo egregius*, als den wir Leopold Mozart erkennen, der Wunsch nach einem Kreuzzug in das gelobte Land der Musik wach. Er wird ihn dreimal unternehmen!
Zuvor aber wird dem beleidigten Mann noch eine Genugtuung zuteil, deren er sich in Wien nicht versah: Maria Theresias Leibarzt van Swieten macht ihn mit einem Manne bekannt, der eine reizende Episode in Wolfgangs Leben spielen wird: mit dem Heilkünstler und Mäzen Anton Mesmer.

BASTIEN UND BASTIENNE

Im Jahre 1745 war zu Halle ein merkwürdiges Buch erschienen: »Die Verbindung der Musik mit der Artzneygelahrtheit« von Dr. Ernst Anton Nicolai. Der menschliche Körper, heißt es dort, sei (obwohl er einen Pulsschlag habe) weder eine mechanische Uhr, noch, trotz seiner Abfallproduktion, eine Mühle. Noch weniger sei er ein Bratenwender oder sonst eine Maschine, sondern ein *musikalisches* Instrument. Am ähnlichsten sei er einer Orgel, und die Seele vertrete den Organisten. »Es verstehet sich aber von selbst, daß das Instrument in gutem Stande sein müsse, wenn die Seele darauf spielen soll.«
Die Schriften der Alten, heißt es weiter, reden sehr oft vom Ton des menschlichen Körpers *(tonus)*. Der Ton von diesem und jenem Teile, sagt man, sei schwach, man müsse ihn stärken. »Unser Körper ist aus lauter Fäserchen zusammengewebt, aus drei Arten: den Arterien, den Muskel- und Nervenfäserchen. Sie sind genau in den Umständen, in denen wir eine gespannte Saite auf einem musikalischen Instrument antreffen. Sie sind elastisch und gespannt... Nun ist bekannt, daß eine gespannte Saite mit einer gewissen Geschwindigkeit zittern kann, und folglich einen Ton habe. Derowegen werden auch alle diese Fäserchen im menschli-

chen Körper dazu geschickt sein, mit einer gewissen Geschwindigkeit zu zittern und einen Ton anzugeben . . .«
Dieses interessante Buch hatte zwanzig Jahre später ein Mann in seiner Bibliothek, der selber gespannt war wie eine Saite. Es war der damals noch unberühmte Dr. Anton Mesmer, der bald die Welt mit seinem »tierischen Magnetismus« überraschen würde. Ein Bodensee-Schwabe voll Energie, mit breiten Schultern und breiter Stirn. Seine Leidenschaften waren Musik und Heilkunst. Eigentlich hatte er Jura studiert; dann wandte er sich der Medizin zu und promovierte bei van Swieten in Wien zum Doktor der Heilkunde. Aber einstweilen machte er keine Praxis auf. Durch eine Heirat reich geworden, vermehrte er seine Bibliothek und verfolgte die neuen Entdeckungen in der Geologie, Physik, Chemie und die philosophischen Systeme. Er spielte Cello und Klavier und interessierte sich für die Glasharmonika, ein von Benjamin Franklin erfundenes, glockentöniges Instrument, für das später Mozart ein Quintett schrieb (K. 617). Im übrigen schien es Dr. Mesmer, »daß zwischen Makro- und Mikrokosmos, zwischen Weltseele und Einzelseele, zwischen Stern und Menschheit eine stofflich verwandte, transzendente Beziehung walte, ja, daß möglicherweise ein Mensch auf den andern zauberkräftig einwirken könne durch die Magie seines Willens und durch wissende Prozedur« (Stefan Zweig).
Schon um 400 v. Chr. hatte Hippokrates von der Kraft gesprochen, die mancher menschlichen Hand entströme. Im Evangelium des Markus heißt es: »Auf die Kranken werden sie die Hände legen, so wird's besser mit ihnen werden.« Cheiron, der heilkundige Zentaur, trug die Hand *(cheir)* in seinem Namen. Diese »cheirodynamische« Kraft nannte Mesmer zunächst »magnetisch«. Im Anfang mußte der Kranke noch durch Anfassen von Metallstäben, die zu einem Kübel *(baquet)* führten, mit der magnetischen Kraft verbunden sein. Später übertrug dann Mesmer den »tierischen Magnetismus« durch Handauflegen, schließlich nur durch seine Gegenwart und sein Wort (Hans W. Gruhle).
Dieser Mann also war ein Verehrer der Menschenhand und ihrer Heilkraft. Fünf Finger: aus jedem einzelnen konnte ein mystisches Fließen strömen. Und diesem empfindungsreichen Menschen begegnete der junge Mozart. Mesmer lauschte seinem Klavierspiel. Aus den Händen des Knaben strömten Mächte, die weit stärker waren als ihr Erreger. Sonaten, Konzerte. Welch Phänomen! Mesmer hörte auch von der Unbill, die dem Knaben widerfahren war, und sah die beleidigten Mienen des Vaters. Gleich

war sein Entschluß gefaßt. Er besaß ein Haus in Wien, Landstraße 261. Einen hübschen Rokokogarten davor mit sandsteinernen Statuen, französisch und wienerisch zugleich. Er wollte also den kleinen Mann eine Oper schreiben lassen und sie vor Gästen aufführen. So wurde der Schwabe Dr. Mesmer – kein geringes Ruhmesblatt – Wiens erster bürgerlicher Mäzen.
Das Finanzielle wurde geregelt, und Wolfgang machte sich an die Arbeit. Es wurde ein Werkchen in deutscher Sprache und zugleich – dies war das Reizende! – ein Stück nach französischen Vorbildern. Wolfgang hatte in Paris die Musik des großen Rameau gehört, ferner die Oper *Rose et Colas* von Pierre Alexandre Monsigny (1729–1817): den Pariser Meister François-André Philidor (1726–1795) und sein Lustspiel *Der Zauberer* hatte er drüben selbst kennengelernt. Vor allem war er natürlich mit Rousseaus *Le devin du village* vertraut. Denn das Singspiel *Bastien und Bastienne* (K. 50) war ja mehr oder weniger eine leicht parodistische Komposition auf das bereits parodiegeladene Lustspiel von Rousseau.
Mit der italienischen »Buffa« hatte es also nicht geklappt. So kam denn der künftige Europäer jetzt als »kleiner Franzose« daher. Den deutschen Singspieltext lieferte F. W. Weiskern. Anders als bei *La finta semplice* war der Text diesmal dem Verständnis eines Zwölfjährigen angemessen: Eine Dorfschöne, Bastienne, fürchtet (und hat auch Grund zur Furcht), daß Bastien ihr ungetreu ist. Da gibt es nun einen alten Schäfer, der, wie so viele alte Schäfer, im Geruch der Zauberei steht. Im Grunde ist er ein grober Kerl – und der kleine Mozart führt ihn vortrefflich mit den etwas plumpen Klängen einer Bauernhochzeit ein, wie er sie bei seinem Vater gelernt hat. Aber der Schäfer Colas ist auch schlau: er empfiehlt seiner Klientin, den Bräutigam eifersüchtig zu machen. Als Bastien unruhig kommt, um ebenfalls Colas zu befragen, arrangiert der Schäfer »durch Zauberkraft«, daß Bastienne ebenfalls da ist. Ein paar Lieder, ein paar Duette, die Mißverständnisse werden beseitigt, und das Paar sinkt einander in die Arme.
Sehr harmlos, aber auch sehr echt. Schmollen und Eifersucht sind Dinge, die ein Kind nicht weniger erlebt als sie Erwachsenen zu schaffen machen. Darum konnte Wolfgang auch eine so gute Musik schreiben, die sich bis heute erhalten hat. (Nur soll man das Operchen keineswegs, wie das leider oft geschieht, von verkleideten Kindern spielen lassen. Man soll es herber, nicht süßer, machen.)

Der Zufall, daß das kleine Vorspiel das Thema der *Eroica* anklingen läßt, ist wirklich ein Zufall:

Bei Beethoven zieht der Zug der Celli auf ein enharmonisches Cis zu – jenes Cis, in dem sich der »Orkus des Heroischen« öffnete:

Wahrscheinlich hat Beethoven *Bastien und Bastienne* gar nicht gekannt. Und was, wenn er sie gekannt hätte –? Die *Eroica* ist Zyklopenwerk, Mozarts Operchen ein Schäferspiel.

... Und dann kam damals die Premiere. In der Nähe des Vogelhauses, aus dem wohl manchmal eine erstaunte und schlaftrunkene Stimme einfiel, und zum Schnaufen von Mesmers Hund erklangen im Naturtheater jene reizenden Akkorde und die heiteren Couplets. Kein Wunder, daß das plauderfrohe und genießerische Wien dabei war – zählte doch Dr. Anton Mesmer zu den ansehnlichsten Bürgern, seit er die mehr als dreißigtausend Gulden schwere Witwe des Hofkammerrates van Bosch geheiratet hatte. Bediente gingen durch den Garten und kredenzten Limonaden, Sorbet und Wein. Einen fürstlicheren Empfang als bei diesem »bürgerlichen Mäzen« konnte sich Leopold nicht wünschen.

Und noch ein anderes Pflaster erhielt er als Trost für den »Fall Affligio«. Als treuer Sohn der katholischen Kirche hatte er, wir wissen es, es stets mit den Jesuiten gehalten. Der Jesuit Ignaz Parhammer tat Leopold gerne den Gefallen sich bei Hofe für seinen Sohn zu verwenden: so erhielt Wolfgang denn den Auftrag, zur Einweihung der Waisenhauskirche am Rennweg eine Festmesse zu komponieren, ein dazugehöriges Offertorium *Veni Sancte Spiritus* (K. 47) und noch ein Trompetenkonzert. Im Dezember 1768 wurde in Gegenwart des Kaiserhofes diese Messe aufgeführt, und Wolfgang selber dirigierte.

Wie hat er denn nun seinem »Bürgermäzen« Franz Anton Mesmer den Dank abgestattet? Auf eine, scheint's, sonderbare Weise. In der Oper *Cosi fan Tutte*, die er zu Da Pontes Text 1789 schrieb, kommt eine als Arzt verkleidete Zofe, die Schelmin Despina, auf die Szene. In der Hand hält sie einen Riesenmagneten, mit dem sie den beiden Liebhabern, die ohnmächtig zu Boden gesunken sind, die »Vergiftung« aus dem Leib zieht:

> Es war Arsenikum, das sie getrunken
> und kraftlos sind sie hier tot hingesunken.

Der Magnet aber zieht das Eisen an. Gegen eine Arsenvergiftung hilft also mesmerische Behandlung. Wie Despina mit rollendem Triller und würdiger Fermate es dartut:

Ja, dieser Mesmer, »der seinen Ursprung nahm aus Deutschlands Gauen und so berühmt ward dann in Paris«! Wo der reife Mozart liebt – und mancher Brief spricht liebevoll von Mesmer – da pflegt er zu parodieren. Vielleicht ist es Mozarts Parodie, die Mesmer unsterblicher gemacht hat als die »Lehre vom tierischen Magnetismus«.

RÖMERZUG

Vater und Sohn: waren sie sich nun der großen Veränderung bewußt, der landschaftlich-atmosphärischen, als sie die Alpen überquerten? Es geschah auf der Linie Salzburg–Innsbruck–Bozen–Verona. Am 12. Dezember 1769 waren sie aus dem heimischen Salzburg weggefahren und kamen einen Monat später in Mantua an. Wie der Vater der Mutter schrieb, sah Wolfgang von der Gebirgsluft so dunkel aus, daß er ihm *»wie nach einem Feldzug und wie Seine Majestät der Kaiser«* vorkam. Über den Aufstieg der beiden zum Brenner und den Abstieg in die Ebene erfahren wir jedoch kein Wort.

Es ist wichtig zu bedenken, warum. Für die Menschen des achtzehnten Jahrhunderts war die Schönheit der Alpen noch nicht

»entdeckt«. Wohl hatte 1729 der Berner Patrizier Albrecht von Haller ein erzählendes Verswerk »Die Alpen« geschrieben. Was aber konnte die Eigenart seiner antikisierenden Bildung besser charakterisieren, als daß er dieses Epos ein »Lehrgedicht« nannte? Im allgemeinen galten die Alpen damals als Knochenauswüchse der Erde, als etwas durchaus »Häßliches«. So findet Leopold Bozen »traurig« – womit er aber keineswegs einen elegischen Stimmungswert meint –, und Wolfgang nennt es gar ein »Sauloch«. Die Schönheit der Landschaft beginnt erst dort, wo sie aufhört Natur zu sein; wo sie *cultura* wird, Nutzlandschaft. Bebautes: auch Gärten sind selbstverständlich schön. Wo heitere, höfliche Menschen leben, vor allem Weingärtner – da erst wird ein Reiseland schön.

Ein Wort wie »Alpdruck« gibt es gar nicht. Gemeint ist »Albdruck« – das Drücken der Alben, die sich auf die Brust setzen und nachts den Atem des Schläfers beengen. Aber immer wieder schreibt man »Alpdruck« und meint damit die Bergangst, die den Atem zwischen den Wänden beschwert. In einem vollkommenen Zehnzeiler hat Hofmannsthal, der ja selbst in manchem Betracht ein Mann des achtzehnten Jahrhunderts war, jene »Freigabe des Menschen an die Ebene« geschildert, die jeder Italienfahrer erlebt:

Wasser stürzt, uns zu verschlingen.
Rollt der Fels, uns zu erschlagen.
Kommen schon auf schweren Schwingen
Vögel her, uns fortzutragen?
Aber drunten liegt ein Land,
früchtespiegelnd ohne Ende
in den alterslosen Seen.
Marmorstirn und Brunnenrand
taucht aus blumigem Gelände,
und die sanften Winde wehn.

Nun, auch die Mozarts brauchten ein Land, das nicht Einöde, sondern bevölkert war. Von Rede, anmutig-tätigen Worten, von Marmorstirn und Brunnenrand und vor allem Musik. Das Italien, in das sie reisten, war das Heimatland der Musik, wo sie »an Bäumen und Hecken wuchs« und wie auf einem südlichen Obstmarkt »auf den Straßen feilgeboten wurde« – nur daß man sie umsonst bekam: in unsagbarer Pracht und Fülle. Wie Wein, wie Wasser tränkte die Musik die Durstigen. Wer nicht durstig war, trank auch. Mit jedem Atemzug drang Musik nicht ins Ohr, nein, in die Lunge. – Später, als Wolfgang das zweite Mal in Italien ist, im August 1771, schreibt er aus seiner Mailänder Wohnung, während er selber komponiert: »*Über uns ist ein Violinist, unter uns auch einer, neben uns ist ein Singemeister, der Lektionen gibt, im letzten Zimmer uns gegenüber ein Oboist. Das ist lustig zum Komponieren! Es gibt Einem viel Gedanken . . .*« Das klingt wie ein Scherz, ist aber Ernst. In ganz Italien gab es solch eine Überproduktion von Musik, daß sie hinaus auf die Weltmärkte trat und ins Ausland abfließen mußte. Sonst wären die Menschen in ihr ertrunken.

Nie schien Wolfgang heiterer, gesünder. (Daß die Überinanspruchnahme ihn später müde machte, ist wahr; er ging in den italienischen Städten oft wie in einem Halbschlaf herum.) Einstweilen aber ist er sehr munter – und wie um 1910 ein Schüler Wölfflins in Italien nichts anderes gewahrte als Architektur und Malerei, so trank Mozart in Mailand, Rom, Neapel, Venedig nur Musik ein. Nichts als Musik.

Die Straßen, berichtete zwanzig Jahre später Goethe in seiner »Italienischen Reise«, waren nicht bloß für den Verkehr, sondern für Serenaden geschaffen: »Man hört manchmal Duette, so schön und schöner als in einer Oper oder Konzert.« Für die Anspruchsvolleren gab's die Musik der »Konservatorien«. Der Name bedeutet seltsamerweise (uns ist die Bedeutung verlorengegangen) Bewahranstalt: nämlich Waisenhaus. Arme Waisenkinder wurden hier in der Kunst der Musik ausgebildet. Auf diesen aus echt sozialem Sinn hervorgegangenen Anstalten ruhte die italienische Weltherrschaft des Gesanges. Hier wurden in jahrelangem Studium die Hausinsassen zu fertigen Sängern, Instrumentisten und Komponisten ausgebildet. Neben der demokratischen Einrichtung dieser *Conservatorii* gab es aber die aristokratischen Pflegestätten der Musik: die Akademien, wo seit den Tagen der Renaissance der Adel, die Gelehrten und Künstler sich wetteifernd zusammenscharten. Die *Accademia degli Arcadi* in Rom, die florentinische *della Crusca* und in Bologna die *Accademia dei Filomusi* und *dei Filarmonici* standen in höchstem Ansehen. Eine strenge Aufnahmeprüfung hielt den Zuzug Unberufener fern. Einer dieser Akademien anzugehören war fast die höchste, einem Musiker erreichbare Ehre (Hermann Abert).

Alle Musikbestrebungen liefen in der Oper zusammen. In ihr begegnete sich das Gelehrte mit dem Volkstümlichen; mit ihr fühlten sich die Italiener als die einzigen Erben der Antike. Einen Opernauftrag zu erhalten – eine *scrittura* – war das höchste

Ziel eines Komponisten. Daß es Mozart mühelos in den Schoß fiel, war ein bedeutender Erfolg: Durch den Grafen Firmian, den österreichischen Generalgouverneur der Lombardei, wurde ausgemacht, daß Wolfgang für den kommenden Winter die *scrittura* für die nächste Mailänder »Stagione« erhielt. Es war die Oper *Mitridate*. Gewiß hatte Leopold vorgearbeitet. Schon von Wien aus hatte der große Hasse, der *padre della musica*, einen Empfehlungsbrief nach Bologna geschrieben, der Mozart jede Tür öffnete. Dann hatte der italienische Adel in Verona sich um Wolfgang gedrängt. In Mantua war ein Konzert gegeben worden, bei dem sich der Beifall nicht legen wollte. »Das Händeklatschen der Mantovaner klang durch ganz Italien.« Das Beste an der Mailänder *scrittura* war aber, daß bis zum Aufführungstage den beiden Mozarts noch sehr viel Zeit blieb, durch Italien zu reisen. Noch stand ihnen Florenz bevor – wo Josefs ausgezeichneter Bruder Leopold von Toskana regierte – und das Rom der Päpste, die Ewige Stadt.
In Florenz empfing sie der Großherzog gnädig und fragte: »Wo ist denn die Nannerl?« Er war gewohnt, die Familie zu dritt, wenn nicht gar zu viert, zu sehn. Der Marchese de Ligneville, der Direktor der Musik, war ein sehr gelehrter Mann, der Wolfgang die schwersten Themen vorlegte, Fugen und Kanons waren dabei. Alles erledigte der Vierzehnjährige spielend, *»wie man ein Stück Brot ißt«*. Das Schönste in Florenz aber war, daß man, unter Umarmungen, den Kastraten Manzuoli wiedertraf: den Sänger, der in London so viel zu Wolfgangs Verständnis des italienischen Opernstils beigetragen hatte. Freudestrahlend berichtete er, daß er wahrscheinlich im Winter in Mailand an der Oper »Mitridate« mitwirken werde. Ob sie denn schon geschrieben sei? Lachend mußte man es verneinen.
Wie »mozartisch« war die toskanische Landschaft! Charakteristischerweise aber hat nicht Mozart selbst sie beschrieben (der zu solchem »Landschafterieren« weder Zeit noch Talent besaß), sondern Felix Mendelssohn in einem seiner Reisebriefe von 1830:

» ... Da ging ich erst nach einem Lustschloß, Bellosguardo, wo man ganz Florenz mit dem weiten Tal vor sich sieht, und wo ich mich über die reiche Stadt und die dicken Türme und Paläste sehr freute; aber am meisten über die unzähligen weißen Landhäuser, die alle Berge und alle Hügel, so weit das Auge reicht, bedecken, als ob sich die Stadt bis über die Gebirge in die Ferne hinausbreitete; und wenn ich das Fernglas nahm, und in den blauen Duft längs des Tales hinsah, so war alles immer noch

mit weißen Landhäusern und hellen Punkten dicht besäet; und ich fühlte mich in solchem unabsehbar großen Kreise von Wohnungen sehr heimisch und wohl. Dann ging ich weit über die Hügel nach dem höchsten Platz, den ich sah, auf dem ein Turm stand, und als ich hinkam, fand ich die Leute im ganzen Gebäude beschäftigt, Wein zu machen, Trauben zu trocknen und Fässer zu flicken. Es war Galileis Turm, wo er seine Beobachtungen und Entdeckungen zu machen pflegte. Von oben herunter gab es wieder die weiteste Aussicht, und das Mädchen, das mich auf das Turmdach führte, erzählte mir in ihrem Dialekt eine Menge Geschichten, die ich wenig verstand, schenkte mir nachher von ihren süßen trockenen Weintrauben; und so ging ich weiter nach einem anderen Turm . . .«

Das ist nun wirklich das Klavierland einer Mozartschen Frühsonate, aus der mit lächelnder Eleganz der Lehrer Christian Bach uns anblickt. Wie anmutig-schlendernd ist alles gesetzt; ohne tiefere Verpflichtung gegenüber der Welt und dem Leben. Aber es atmet sich herrlich hier. Auch daß die »weißen Landhäuser« und die »Türme« so uncharakteristisch sind, daß man sie verwechseln kann (nur der eine, der Galileische, durchbricht für ein paar Takte diese Rokoko-Akzentlosigkeit) – auch das ist Mozart. Und es ist »artig«: Überhaupt könnte es von Goethe sein, dessen »Italienische Reise« zwischen Mozart und Mendelssohn steht und beide miteinander verbindet.

Am Ostermittwoch fuhren dann die Mozarts in Rom ein. Ein starkes Gewitter bewillkommnete sie, schrieb Leopold, *»wie man die großen Herrn mit Abfeuerung des schweren Geschützes empfängt«*. Es war mittags und gerade noch Zeit, um, ohne die Reisekleider zu wechseln, in die Sixtinische Kapelle zu eilen und das berühmte *Miserere* zu hören, das mehr als hundert Jahre zuvor Gregorio Allegri geschrieben hatte.
Die Sixtinische Kapelle! Wolfgang verstand nichts von Malerei, Vater Leopold desto mehr. In Antwerpen hatte er seinen Kindern die »Kreuzabnahme« von Rubens erklärt. Was mußte er empfinden, wenn er jetzt zu den Deckengemälden aufblickte! Der Prophet Ezechiel. Die Erythräische Sibylle. Und vor allem jenes Bild der Bilder, das »Die Erschaffung Adams« hieß! Ein wahrhaft elektrisches Geschehnis: Gott nähert seinen Zeigefinger dem Zeigefinger Adams – und Ströme unfaßlicher Lebenserweckung dringen in den Menschen ein . . . Drei Jahre lang hatte Michelangelo,

auf dem Gerüst der Sixtinischen Kapelle liegend, diese Deckenfresken gemalt »in wahrhaft beethovenesker Qual, so wie ein Tauber komponiert« (Pemburton). – Konnte Leopold das verstehn? Oder zog er Raffael vor, den ordentlich-symmetrischen, aber auch blasseren, kühleren Künstler? Noch wußte er nicht, daß hundert Federn seinen Sohn dem Raffael gleichstellen würden – und keineswegs zu Wolfgangs Nutzen.
Während Wolfgangs Auge verschlossen blieb, tat sich sein Ohr um so tiefer auf. Er vollbrachte jene Gedächtnisleistung, die uns heut unbegreiflich dünkt. Kaum nämlich kamen sie aus der Kapelle, als er Allegris schweres Stück, in dem ein fünf- und vierstimmiger Chor abwechselte (der Schlußteil hatte gar neun Stimmen!) aus dem Gedächtnis niederschrieb. Der Papst hatte jedes Abschreiben dieses »Miserere« verboten. Doch wohl aber nicht ein Aufschreiben nach dem Gedächtnis. Das war etwas anderes – wie Vater Leopold mit feiner Unterscheidungsgabe den Frauen nach Salzburg schreiben konnte. Die Guten hatten schon gefürchtet, daß Wolfgang sich »versündigt« habe.
Ostern in Rom! Der Vatikan! Lorenzo Ganganelli (1705–1774) – der sich als Pontifex Clemens XIV. nannte – war erst kürzlich Papst geworden. Ein Mann aus dem Volke. Sein Bruder war Schreiner. Von seinem Neffen sagte man, daß er in Wirtshäusern fiedelte. Während andere Päpste ihren Verwandten reiche Schenkungen zukommen ließen, hielt Clemens seine Hände rein.
Es war in der zweiten Aprilwoche, daß »der Papst die Armen speiste«. Ohne vorgestellt zu sein, standen die Mozarts ihm so nahe, daß sie ihm ins Gesicht blicken konnten. *»Meine gewöhnliche Freiheit, mit welcher ich meinen Bedienten in deutscher Sprache den Schweizern zurufen ließ, daß sie Platz machen sollten, half uns allerorten durch«*, berichtet Leopold nach Salzburg. *»Sie hielten den Wolfgang für einen deutschen Kavalier, andere gar für einen Prinzen. Der Bediente ließ sie bei diesem guten Glauben, und ich selbst ward als sein Hofmeister angesehn.«* Aber es geschah noch mehr. Sie gingen zur Tafel der Kardinäle. Als der Kardinal Fürst Pallavicini den Knaben erblickte, fragte er ihn: »Würden Sie nicht die Güte haben, mir zu eröffnen, wer Sie sind?« Wolfgang sagte seinen Namen, und der Kardinal verwunderte sich: »So sind Sie der berühmte Knabe, von dem man mir so viel geschrieben!« Beim Fortgehen küßte ihm Wolfgang die Hand. Der Kardinal nahm das Barett ab und verbeugte sich voller Freundlichkeit. Dieser Kardinal-Staatssekretär und der toskanische Gesandte in Rom, der Baron de Saint-Odile, bahnten ihnen den Weg

nach Neapel durch herzliche Emfehlungsschreiben an den dortigen Minister Tanucci.
In Neapel wird fast augenblicklich der andere Leopold Mozart wach, der »Aufklärer«, der »Gebildete«. Es meldet sich zunächst der Ekel vor dem Schmutz in Süditalien. Doch nicht nur die Unreinlichkeit der Straßen – die gibt es ja in Frankreich auch – es ist die Unreinlichkeit der Seelen, welche Leopold empört. Sie umfängt sogar die besseren Stände. Bei einem Konzert muß der Knabe Wolfgang seinen Ring vom Finger ziehn, weil die Gesellschaft glaubt, der Ring begabe den Träger mit Zauberkräften! So viel Finsternis, so viel Aberglauben ... und dabei lebt man im achtzehnten Jahrhundert.
König Ferdinand IV. kommt in den Mozartschen Berichten schlecht weg. Dabei war dies derselbe König, der unter allen Umständen Haydn engagieren wollte. Sein Lieblingsinstrument war die *Lira organizzata,* die preziöse Radleier, für die ihm Haydn aus der Ferne jene *Notturni* übersandte, die Ferdinands Entzücken erregten. Mit der groben Unbildung dieses Königs war es dann also wohl nicht so schlimm. Er war klein von Gestalt (das war Wolfgang auch) und mußte deshalb in der Oper neben der Königin Karoline auf einem Stuhl stehn. Das sah putzig aus. Die Oper war aber wichtiger als das ganze Königshaus.
Die Opernpflege in Neapel! Der neu-neapolitanische Stil! Längst stritten in Italien die Musikschulen gegeneinander. Es gab einen venezianischen, einen Genueser, einen Mailänder Stil, wie man Opern schreiben und singen solle. Aber das ging Wolfgang nichts an. Da er von allem lernen wollte, der später so große »Zusammenfasser«, ergab er sich zunächst in Neapel jetzt der reinen »Wonne des Hörens«, obwohl er auch da nicht unkritisch blieb. Er besuchte die Stätten der *Opera buffa,* hörte Werke von Piccini (1728–1800) und Giovanni Paisiello (1740–1816), dem jetzt knapp dreißigjährigen Meister, der hundert Opern schreiben sollte. Das italienische Rokoko – so verschieden von dem französischen – hat keine liebenswürdigere Gestalt hervorgebracht als Paisiello. Vor allem aber hörte Wolfgang eine *Opera seria,* die nicht ohne Eindruck auf ihn blieb: *Die verlassene Armida* des alten Niccolò Jommelli, der eben erst aus Stuttgart kam, wo er zehn Jahre gewirkt hatte. Daß Wolfgang die *Armida* zu deutsch fand (er sagte freilich »zu gescheut, zu altväterisch für Theater«) könnte man als treulos ankreiden. In Wirklichkeit war es aber so, daß er der größte »Einfühler in jedwede Umgebung« war. Wenigstens was die Musik betraf, war er in Neapel Neapolitaner.

Und nun wieder nach Rom zurück. Mit Eilpost, in 27 Stunden. Wolfgang wacht nicht einmal auf, als der Vater ihn im Gasthaus auszieht. Es ist Juni, in ungeheurer Hitze scheint auf dem Platz von Sankt Peter die Kuppel des Donato Bramante mit dem fliederfarbenen Himmel darüber zu verschmelzen. Pilger! Pilger aus aller Welt strebten der Riesenkirche zu, die überhaupt keine Kirche war, sondern eine »Arena der Völker«. –

»Weder aus Ehrgeiz noch Prachtliebe«, hatte Papst Julius II. (1503 bis 1513) auf seinem Sterbebett erklärt, »noch aus leerer Ruhmsucht haben wir dieses große Ganze begonnen, sondern zur Erhöhung des päpstlichen Ansehns bei der ganzen Christenheit, und damit die künftigen Päpste nicht mehr vertrieben, gefangengesetzt, belagert oder bedrängt werden möchten.« Bramante hatte den Bau begonnen, dann hatte Michelangelo, uralt, bis zu dem Augenblick seines Todes (er starb mit 91 Jahren!) das Fortschreiten des Baus überwacht, »damit nicht ewa durch seinen Rücktritt ein paar Schurken ein Gefallen geschähe«. Er hatte die Kuppel zu Ende gebaut und sie mit der Drohung umgeben: »Alle, die von Bramante abweichen, weichen von der Wahrheit ab.«

Jeder Stein auf dem flimmernden Vorplatz war von den Gewalten des Vergangenen, von Geschichte und Religion geladen. Der Obelisk, der wie ein Geysir zu kochen schien, wenn man ihn berührte: auch er hatte seine Geschichte. Als die schwankende Last des Steins an Seilen emporgezogen wurde, hatte der Papst bei Todesstrafe jeden störenden Menschenlaut verboten. Als aber die Seile zu reißen drohten, da trotzte ein Steinmetz dem Verbot und gellte: »Wasser auf die Seile!« ...

Während jetzt die Mozarts, Vater und Sohn, auf den Petersdom zuschritten, brannte die Hitze vom Himmel herab wie in jenem mythischen Augenblick. Sie schien ein weißliches Medium, ein atmosphärisches Spinnengewebe, aufgehängt zwischen Himmel und Erde. Aus der Kirche eilten, wie taumelnd, die Säulen des Bernini hervor, ein doppeltes Halbrund von Kolonnaden. Sie dehnten sich liebreich wie offene Arme, »mit welchen der Apostel Petrus die ganze Welt an seine Brust zog« (Franz Werfel). Vom Wesen dieser Architektur verstand Vater Mozart allerlei. Er hatte sich noch vor wenigen Jahren mit Abscheu, mit achselzuckendem Ekel über den Kölner Dom ausgelassen. Es war nicht »Unbildung« gewesen. Die Gotik erschien ihm kraus und schmutzig wie den meisten Barockmenschen. Gerade wenn die Religion mit dem täglichen Leben mitgehn wollte, hatte sie zeitgenössische Kleider zu tragen. Das Jenseitige? Es sollte vom Diesseits ausgehn, vom

Heute und Hier, von der pulsierenden Gegenwart der Renaissancebauten, den Barockgemälden, den Menschlichkeiten des Rokoko. Nicht aber sollte der Umweg über den Schmutz der Vorzeit genommen werden –!

Sie erblickten abermals den Papst auf der *Sedia gestatoria,* auf der Sänfte, von der er die Welt segnete. Mit weißem Gesicht, im weißen Kleid. Er hatte nicht nur ein gutes Gesicht, sondern auch ein freundliches Herz. Und gerade diesem milden Mann waren – in den sechs kommenden Jahren seines kurzen Pontifikats – die schwersten Aufgaben anvertraut. Verlangte doch der französische Hof, dieser Hort des Katholizismus, immer unnachgiebiger, und zwar aus rein innerpolitischen Gründen, das Verbot des Jesuitenordens. Clemens wand sich – wie konnte er eine Organisation verbieten, die die größten Verdienste um die Ausbreitung des Glaubens hatte? Schließlich mußte es doch geschehn. Drei Jahre später, am 21. Juli 1773, unterzeichnete Clemens das Breve *Dominus ac redemptor noster,* worin er *ex plenitudine potestatis Apostolicae,* aus der Fülle seiner Apostelmacht, den Jesuitenorden gänzlich verbot. Aus der Fülle seiner Macht? Seit diesem Tage kränkelte er. Seine Gesundheit war erschüttert, was man der Erregung, Bedrängnis und Gewissensunruhe zuschrieb. Als er kurze Zeit später starb, wohl an der Schwindsucht, schrie man aus, Papst Clemens sei vergiftet worden: von der Rache der Jesuiten! – Die Leiche sei so schnell verwest, daß man nicht habe wagen können, sie in Prunkgewändern auszustellen. Sein treuer Leibarzt Salicetti mußte mit protokolliertem Eid das Gerücht aus der Welt schaffen ...

Diese Dinge sollten natürlich Leopold Mozart sehr erregen, der doch seine Erziehung und Bildung den Augsburger Jesuiten dankte. Vorläufig ahnte er davon nichts, als er, seinen Sohn an der Seite, vor dem Heiligen Vater kniete. Dieser hatte durch den Kardinal-Staatssekretär Pallavicini und durch die Musiker seiner Kapelle längst von Wolfgangs Genie erfahren. So hatte er denn – unfaßliche Ehrung! – beschlossen, ihn »zum Ritter zu schlagen«, ihm den Orden des *Sperone d'oro* zu verleihn. Den »Orden vom Goldenen Sporn«. Die Mitglieder dieses Ordens führten den Titel: *Comites palatii romani,* Ritter des Römischen Palastes. Am 8. Juli erhielt Wolfgang Mozart das auf Pergament geschriebene und gesiegelte Diplom. Damit war er nicht nur in den Adel erhoben, sondern führte auch den Titel eines päpstlichen Kammerherrn. Nach Dittersdorf war das Ordenszeichen ein »gelb emailliertes in Gold gefaßtes Kreuz, ähnlich dem der Malteserritter.

Es wird entweder um den Hals an einem ponceaufarbenen Bande getragen, oder in kleinerer Ausgabe ganz von Gold in einem Knopfloch an der Brust.« Ob der vom Papst verliehene Adel auch in Deutschland und Frankreich gelte, war nicht ganz sicher. Gluck jedenfalls, der ihn erhielt, nannte sich sein ganzes Leben hindurch »Chevalier de Gluck«.
Leopold schwamm in eitel Glück. Doch hier zeigte sich der Gegensatz zwischen ihm und seinem Sohn, der, ohne sich dessen bewußt zu sein, in einer fast Beethovenschen Weise die bürgerliche Freiheit vorwegnahm. Wolfgang trug den Orden nicht, außer auf ein paar Gemälden. Noch weniger nannte er sich »von Mozart«. Ein wenig aus Leichtsinn, vornehmlich aber aus einem tieferen Grund – aus Stolz! – schlug er alle Vorteile aus, die mit dem Adel verknüpft waren.

VIVA IL MAESTRO!

Nun aber nahte sich die Zeit, da *Mitridate* (welcher ja doch im Winter aufgeführt werden sollte) auch geschrieben werden mußte. Welchen Ort wählten Vater und Sohn zur Wochenstube für diese Oper? Den ungeeignetsten – sollte man meinen. Es war nämlich das gelehrte Bologna.
In Bologna ging kein Mensch in die Oper, weil es dort keine Oper gab. Dafür gab es den Padre Martini, den gelehrtesten Kontrapunktisten Italiens (1706–1784). Er war nicht nur der bedeutendste Musiktheoretiker seines Jahrhunderts, sondern ein hervorragender Kirchenkomponist und Historiker in seinem Fach. Kaum atmete Wolfgang in seiner Nähe, als er sich »von dem silbernen Greis«, seinen Lehren und Erfahrungen, vollkommen überwältigt fühlte. Übrigens teilte sein Vater durchaus Wolfgangs Verehrung für Martini und dessen kontrapunktische Weisheit. Nach der Rückkehr aus Holland und der Schweiz hatte er Wolfgang die »Bibel der Kontrapunktisten«, I. I. Fux' *Gradus ad Parnassum*, gründlich durcharbeiten lassen. Einundvierzig Blätter mit eigenhändigen Übungen sind erhalten, die Sergei Tanéjew 1913 herausgegeben und kommentiert hat. Sie zeigen, wie sehr die konservative Art des väterlichen Unterrichts ihn reif für die hohe Schule des Bolognesers Giambattista Martini machte. Die Beschäftigung mit der alten Satzkunst war bei Mozart keine vorübergehende Zufälligkeit, sie berührte den Wesenskern seiner Kunst. Das waghalsige Aufschreiben von Allegris *Miserere* war ja auch kein »Sport«

gewesen. Die Beschäftigung mit der alten Kunst leitete den Kraftstrom der großen Tradition in die nach vorwärts gerichteten Triebe seines Schaffens. Die spätere Begegnung mit den Altmeistern Johann Sebastian Bach und Händel im Wiener van-Swieten-Kreis war die notwendige Fortsetzung dieses Weges. »Verschmelzen« war Mozarts Lieblingswort. »Diese Entwicklung führte ebenso zum feingliedrigen Stil der Streichquartette wie der Linienschönheit der letzten Sonaten und der vielstimmigen Gewalt des *Jupiter-Sinfonie*-Finales« (Dennerlein).
Immer wenn Mozart den Padre besuchte, erbat er sich ein Fugenthema zur Ausarbeitung. Die spätere Salzburger Kirchenmusik, das *Exsultate Jubilate!* (K. 165), die *Trinitatis-Messe in C* (K. 167), die *Lauretanische Litanei* (K. 195), die Messen in F und D (K. 192 und 194), die beiden *Litaneien vom Verehrungswürdigen Altarsakrament* (K. 125 und K. 243) und die Orgelsolo-Messe (K. 259) hätte er schwerlich schreiben können ohne Martinis Unterricht.
Und die Oper? Sie wuchs vorwärts. Mozart gehörte sein Leben hindurch zu jenen »adversativen Genies, die sich selbst kontradizieren müssen« (Albertson-Frey), weil ihnen sonst alles zu leicht würde. Sie errichten Mauern in sich, daß die Leistung desto heftiger aufschäumt. Er komponiert für die Mailänder Oper einen heroisch-antiken Stoff, der einem Manne wie Hasse gefällt, für den doch aber ein Martini (obwohl er, wie überliefert ist, ihn bei den Rezitativen berät) nur ein Achselzucken übrig hat. Seine Seele weilt im Römischen Weltreich. Denn Mithridates ist ja König von Pontus, von Schilden klirrt die Ebene Kleinasiens. Aus den wirrüberfüllten Geschehnissen, die ihm der Textdichter Cignasanti zugewälzt hat, erhebt sich ein Staub, den Vater Leopolds Erklärung (wir werden sie noch zu rühmen haben!) ihm erst fortreden muß, damit Wolfgang seine Rezitative und Arien entwerfen kann ... Und zu gleicher Zeit wird Wolfgang in die berühmte, von Martini geleitete »Accademia filarmonica« aufgenommen, obwohl nach deren Satzungen ein Mitglied zwanzig Jahre alt sein muß. Am 9. Oktober hatte er im Akademischen Saal zu erscheinen. Dort gab man ihm in Gegenwart des Vorstands und aller Mitglieder eine »Antiphona«, die er in einem Nebenzimmer bei verschlossener Tür – also unter Klausur, während die anderen warteten – vierstimmig zu setzen hatte. Diese Probearbeit, die er in einer sehr kurzen Zeit vollbrachte, war eine frei nachahmende, kontrapunktische Führung der Begleitstimmen über einem *Cantus firmus*, der nur in seinen melodischen Fortschreitungen bewahrt werden mußte, in der rhythmischen Einteilung aber frei

war. Während Wolfgang arbeitete, so berichtet Leopold, *»war ich unterdessen auf einer anderen Seite des Saals in der akademischen Bibliothek eingesperrt«*. Mit der befürchteten Hilfeleistung für den Filius war's also diesmal nichts! Der Pedell ging schließlich in Wolfgangs Gemach, holte die Komposition heraus, sie wurde von den Richtern geprüft, und dann wurde ballotiert. Schwarze Kugeln und weiße Kugeln – aber es wurden nur weiße geworfen, und die Annahme war einstimmig.

Vielleicht wäre alles nicht so gelungen, hätten sie den gewöhnlichen Ärger in einem Reisegasthof gehabt. Doch in Bologna wohnten sie in dem vor der Stadt gelegenen Landgut des Feldmarschalls Graf Pallavicini, eines Verwandten des römischen Staatssekretärs. Märchenhafter Luxus umgab sie, für den sie nicht unempfänglich waren. Damasttapeten und Bronzespiegel, Betten wie in französischen Schlössern. Pfauen, Papageien und Hunde. Man speiste von goldenem Geschirr und – wie man schauernd berichtete – noch die Nachttöpfe auf diesem Schloß waren von getriebenem Silber. Und was das Schönste von allem war: Die beiden durften kein Geld ausgeben (nicht einmal die Dienerschaft nahm ein Douceur von ihnen an). Wolfgang faßte Zuneigung zu dem gleichaltrigen Sohn des Grafen. *»Er spielt Klavier, spricht deutsch, welsch und französisch und hat alle Tage fünf und sechs Lehrmeister in den verschiedenen Wissenschaften.«* Das war einer der seltenen Fälle, in denen er Knabenfreundschaften hatte. Im allgemeinen verlief sein Leben leer an dieser Art Kameradschaft. Nur noch der englische Knabe Thomas Linley, den Wolfgang zu Neapel im Hause Lord Hamiltons kennenlernte, macht hier eine Ausnahme. Doch er ertrank schon drei Jahre später.

Mit einem großen Teil der Oper, doch noch nicht mit den Arien, treffen sie in Mailand ein. Für die Arien bedarf er des »Plazets« der Sänger; der Prima und Seconda Donna und vor allem der Kastraten. Was sie singen, muß ihrer »Natur« entsprechen und zugleich dem Schema der Handlung genügen.

Der Handlung? Cignasanti hatte sie aus dem Stück des Racine genommen. Die Schwäche (um es gerechter zu sagen: die Eigenart) vieler Barockdramen war auch im *Mitridate* zu spüren: der Mangel an psychologischer Wahrheit, das schattenlose Nebeneinander von Hell und Dunkel, von Gut und Böse, von Sanftmut und wilder Leidenschaft. Mithridates ist ein Halbbarbar, einer der kleinasiatischen Griechen, der seinen Verzweiflungskampf gegen Rom ficht. Er ist mit Aspasia verlobt und hat das Unglück, daß beide Söhne (er ist irrtümlich totgesagt) in Liebe zu dieser Aspa-

sia entbrennen. Unerwartet kehrt der König aus dem Feldzuge zurück und hält nun ein fürchterliches Gericht (wie später der rückkehrende Herodes in Hebbels »Herodes und Marianne«). Aspasia scheint den älteren Sohn, den edlen Sifare, wiederzulieben; das liefert auch sie dem Tode aus. Der jüngere Sohn, der böse Pharnazes, hat sich mit dem Landesfeind in geheime Verhandlungen eingelassen. Als sich nun aber die siegenden Römer zu Land und zu Wasser der Hauptstadt nähern, siegt auch über ihn die Vaterlandsliebe. Nicht nur Mithridates und Sifare eilen erneut dem Feind entgegen – auch Pharnazes: er wirft Feuer in die Flotte der Angreifer. So überwindet das Große, das Allgemeine, das Kleine und Persönliche. Der Feind wird geschlagen. Schwer verwundet wird Mithridates aus der Schlacht gebracht. Vor seinem Ende verzeiht er allen und vermählt Aspasia dem älteren Sohn.
Solche jähen Übergänge (die es aber nicht nur bei Racine, sondern durchaus noch bei Schiller gibt!) würde ein heutiger Lebenskenner und Dramatiker nicht mehr zu setzen wagen. Der fünfzehnjährige Mozart, der das Leben und die Menschen nicht kannte, schrieb in jedem Fall eine Musik, wie das Mailänder Publikum sie verlangte. Und das Merkwürdige an ihr war, daß er in ganz wenigen Wochen, ja in Tagen, sich mit dem Wesen der Sänger so vertraut machen konnte, daß ihm etwas so Tiefes gelang wie jene »Klage der Aspasia«. Diese eigentliche Heldin des Stückes findet sich in den Mittelpunkt von Wirren gestellt, die sie nicht gesucht hat. Nun erklingt es in g-Moll:

Der Oktavensprung, hinauf und hinab, zum *piangere* (klagen), und noch mehr die Chromatik des *dolore* weist bereits auf die späteren Mozartschen Meisteropern hin.
Der erwartete Manzuoli, der Londoner Freund, war nicht gekommen, statt dessen sprang Santorini ein, den sie von Bologna her kannten. Nach gewissen Einstudierungskabalen (die, nach altem

Aberglauben jedem Erfolg vorangehen müssen) fand dann endlich die Uraufführung am zweiten Weihnachtsfeiertag unter Wolfgangs Leitung statt. Mit den eingelegten Balletten – die aber nicht von Mozart waren – soll die erste Aufführung ganze sechs Stunden gedauert haben. Der Beifall brauste und überschlug sich. *Evviva il Maestro!* klang es und daneben, noch zärtlicher *Evviva il Maestrino!* Mehr als zwanzig Male wurde die Oper bei vollen Häusern gegeben. Die ruhmreichste Folge aber war, daß der Mailänder Hof ein neues Werk bei dem Maestrino bestellte: die *serenata: Ascanio in Alba,* eine Festoper zur Vermählung des regierenden Erzherzogs Ferdinand mit einer italienischen Prinzessin. Sie erfuhren es auf der Heimreise nach Salzburg. Das bedeutete nichts Geringeres als eine zweite Italienfahrt, die im Frühjahr stattzufinden hatte.

DAS ERBE DER ANTIKE

Wer antike Stoffe behandelt, muß deren Zeit und Umwelt verstehn und die Beweggründe der Charaktere. Sonst macht er sich lächerlich wie die Handwerker in Shakespeares »Sommernachtstraum«, die zum Ergötzen ihrer Hörer das Schuldrama »Pyramus und Thisbe« spielen. Woher verstand Wolfgang antike Sujets?
Die Frage würde müßig sein, wenn es mit dem *Mitridate* sein Bewenden gehabt hätte. Aber auf diese klassische Oper folgte bei der zweiten Italienreise im Mai 1771, also nur fünf Monate später, die neue Oper *Ascanio in Alba.* Ein heutiger Gymnasiast weiß natürlich: Askanius war der Sohn des Äneas. Und beide entstammen dem Vergil. Was aber wußte Mozart davon? Und wie kam er zu Cicero, dessen Buch *Scipios Traum* er vertonte?
Die Biografen gehen gern achselzuckend darüber hinweg. Er habe derlei eben »schreiben müssen«, um sich in Italien zu behaupten. Aber drei Italienreisen – sie werden eigentlich nur unterbrochen, um des erzbischöflichen Gehalts in Salzburg nicht verlustig zu gehn; also aus einem rein technischen Grund – drei Reisen, auf denen der junge Mann, nun schon fünfzehn- und sechzehnjährig, immer wieder Opern schreibt, aus antikem Stoffkreis geschöpft? In Wirklichkeit hatte Wolfgang schon, wenn man Biblisches hinzurechnete *(Die Schuldigkeit des Ersten Gebots* [K. 35]) sehr viel früher angefangen, antike Stoffe zu behandeln. Daß unter diesen Bemühungen sich auch Oratorien befanden, Halbopern, »festliche Aktionen« – oder wie man sie immer nennt – ist unwe-

sentlich. Alle diese Bühnenarbeiten waren für den gebildeten Hörer des Barock und der Rokokowelt gedacht. Weder im Lebensgefühl noch in der Musik unterschieden die Formen sich voneinander. Nur in der Stellung des Rezitativs und der Arie mochten sie von der Nachbargattung abweichen – was dem heutigen Betrachter und Hörer aber völlig gleichgültig ist. Niemand kann uns hindern, *La Betulia liberata*, das Drama von Judith und Holofernes, nach dem Text von Metastasio (K. 118) heute als Halboper aufzuführen. Im ganzen also schrieb Wolfgang Mozart mindestens zehn Opern, Kantaten, Oratorien und *azioni teatrali* aus dem klassischen oder biblischen Kreis: *Die Schuldigkeit des Ersten Gebots* (K. 35), *Apollo et Hyacinthus* (K. 38), *Mitridate* (K. 87), *Ascanio in Alba* (K. 111), *Il Sogno di Scipione* (K. 126), *Lucio Silla* (K. 135), *Il Re Pastore* (K. 208), *Zaïde* (K. 344), *Thamos* (K. 345), *Idomeneo* (K. 366), das Oratorium *Der büßende David* (K. 469), und am Schlusse seines Lebens die Krönungsoper *La Clemenza di Tito* (K. 621). Die Dutzende von Einzelarien, welche diese Werke umschwärmen, wollen wir gar nicht hinzurechnen. Aber es sind zehn Großwerke. Viele Tausende Seiten Partitur. Daß Mozart dann später zu einer Zeit, als er seine Hauptwerke, die »josefinischen Opern« begann, die *Entführung*, den *Figaro*, den *Don Giovanni*, *Cosi fan Tutte*, die *Zauberflöte* – daß er dann von den »lateinischen Arbeiten« seiner italienischen Periode gering dachte, muß uns nicht verpflichten. Das Erstaunliche bleibt: Wie fing er es an, solche Werke hervorzubringen? Wie fand er sich mit der Antike ab, er, der doch niemals geregelten Schulunterricht genossen hatte? Wenn es uns bei Hebbel rührt, dem armen Sohn der Dithmarscher Mutter, wie sehr rührt es uns erst bei Mozart! Jener Hebbel allerdings, der »Herodes und Mariamne« schrieb und zuvor noch seine »Judith«, hatte keinen Leopold Mozart zum Vater. Die stete geistige Mentorschaft, die dieser hochgebildete Mann seinem Sohne angedeihen ließ, ist niemals genugsam gewürdigt worden.

Wenn in Mozarts Oratorium *Judith* (der *Betulia liberata*) Josias den Achior davon überzeugt, daß es nur *einen* Gott gäbe, wie hätte Mozart etwas so durchaus Spirituelles, etwas so völlig Unsinnliches überzeugend komponieren können ohne gründliche Belehrung über die Sendung des Judentums und die Bedeutung des Monotheismus? Zu der außerordentlichen Charakteristik, die der Heldin hier zuteil wird – ihre körperlichen Eigenheiten spiegeln sich dramatischerweise in der Musik, fast wie Gluck es verlangt –, kommen nämlich noch andere Werte, die den Text geistig erweitern. Da ist zum Beispiel der »Chor der Befreiten«, der zum Preise von Jehova einen psalmodierenden alten Kirchenton benützt:

Wer hieß den Knaben eigentlich hier einen *Cantus firmus* verwenden?
Nun, wird man sagen, Leopold Mozart verstand als Jesuitenschüler genug vom Alten Testament und auch von Oratorienmusik, um so etwas zu ermöglichen. Religionsgespräche führte er gern – solche mit seinem jüdischen Freund, dem bedeutenden Cellisten Sipurtini in London, sind überliefert – und ein Libretto wie das der *Judith* war für ihn weit mehr als ein »Libretto«. Obendrein war er in seiner Knabenzeit im Konvikt ein begabter Schauspieler gewesen. In seinem »Schwäbischen Mozartbuch« hat der Forscher Ernst Fritz Schmid mancherlei davon ausgegraben und uns vor allem mit Leopolds damaligen Lehrern bekanntgemacht. In Literatur und Theater führte ihn Pater Ferdinand Huber ein. Auf den Theaterzetteln der Augsburger Jesuitenbühne glänzte Leopold in Kinderrollen. (Vielleicht waren diese Erinnerungen auch nicht unwichtig für ihn, als er später als Vater begann, seine Ansichten über »Kindwunder und Kunst« zu kristallisieren.)
Doch die große Bildungszufuhr aus dem jesuitischen Lager war ja seit langem abgestoppt. In Salzburg hatte er sich im Orchester des Erzbischofs weidlich abquälen müssen. Daß er darüber hinaus noch Zeit fand, seine Bildung dauernd zu ergänzen, macht ihn besonders verehrungswürdig. Als er nach Neapel kommt – wo er doch genugsam zu tun hat mit Opernhören und der Einführung seines Sohnes in die exklusivste Gesellschaft – wird aufs neue der Humanist, der ewig Lernende, in ihm wach. Er führt sein Kind

nach Pompeji, zu den Ausgrabungen, ins Antikenmuseum von Neapel, er besteigt mit ihm den Vesuv ... Das mag heute selbstverständlich scheinen, wo jeder Baedeker derlei verlangt. Aber damals war es *nicht* selbstverständlich. Erst seit 1748 wurde Pompeji ausgegraben. »Diese Salböl-Fläschchen und diese Kämme, dieser Gürtel und dieser Dolch – sie sind nicht Theaterrequisit: sie haben gelebt mit den Lebenden.« Die Kunde von dem »Alltagsdasein« der Römer und Griechen war eben ganz neu. Das Wort »Es ist des Lernens kein Ende«, das wir von Robert Schumann kennen, steht auch über Leopolds Leben. Er wünschte, daß sein großer Sohn nicht bloß »Opernbücher vertonen«, sondern in seinen Arbeiten den »Geist der Antike« erfassen möge.

Die Antike ist eine Unendlichkeit. Sie ist ein Meer: wie man es befahre und wohin man gelangen würde, darüber waren Goethe und Schiller ungefähr derselben Ansicht. Doch schon Kleist und Hölderlin wichen beträchtlich weit davon ab. Das ganze neunzehnte Jahrhundert modifiziert oder variiert die Ansicht der Klassiker von der Antike. Um 1900 beherrschen Nietzsche, Burckhardt, Johann Jakob Bachofen und Wilamowitz-Moellendorff das Feld der Erklärung. Sie beschreiten vier voneinander gesonderte Wege, die erst durch das Genie Hofmannsthals im Jahre 1905 – durch sein Drama »Ödipus und die Sphinx« – miteinander vereinigt werden. Welche Antike war nun die Mozarts? Gleich nach seinem vierzehnten Geburtstag hatte Wolfgang Amadeus die Werke Pietro Metastasios vom Grafen Leopold Firmian in einer neunbändigen Ausgabe erhalten, und der Vater hielt diese Gabe für ein »sehr angenehmes Präsent«. Sie war in Wirklichkeit weit mehr!

Pietro Metastasio (1698–1782), der eigentlich Pietro Trapassi hieß – der Name Metastasio bedeutet »Herr der Verwandlungen« – war seit 1730 der Hofdichter der Maria Theresia. Das Wort *poeta caesareo* bedeutete nicht etwa bloß einen Titel, sondern umschrieb ein wirkliches Amt. Der große Metastasio war dramatischer Dichter von Amts wegen. Was er liebte, hatte geliebt zu werden; die Tugenden, die er feierte, hatten von der Gesellschaft als Tugenden mitgefeiert zu werden. Er oder seine Schüler schrieben Textbücher für alle Opern des ausgehenden Barockzeitalter. Glucks *Semiramis* stammte von ihm, Hasses großartiger *Regulus,* Haydn komponierte seine *Isola disabitata* (Die unbewohnte Insel) und der jugendliche Mozart den *Re Pastore* (Der Hirtenkönig).

Jedem modernen Betrachter fällt auf, daß in Metastasios Texten die Liebe, nein, die Galanterie, eine Rolle spielt, die ihr nicht zukommt. Cäsar, das Schicksal der Welt in Händen, verliert sein Herz an eine Frau, und Alexander hört auf zu erobern, um irgendeinem Barbarenkönig den Besitz eines Herzens streitig zu machen. – Nun, inzwischen hat uns Karl Vossler belehrt, daß die Liebe im antiken Drama auch nicht jene »Nebensache« war, die man im Aufeinanderprall der Charaktere und Königreiche übersehen durfte. Metastasio folgte in seinen Stoffen Racine, und der wieder dem Euripides, dem menschlichsten der Tragiker, für den das Herzensleben der Sterblichen wichtiger war als das Wohlsein der Götter. Aber war es nicht ganz un-antik, daß »Caesar nicht etwa in römischer Toga, sondern in einem französischen Staatskleid mit Allongeperücke auftrat und sogar Attila statt seiner Hunnentracht ein Hofkostüm anlegen mußte, wie es dem Zeitgeschmack erhaben und schön deuchte«? Vossler fragt es und verneint es. Es war durchaus nicht lächerlich, sondern ein direkter Anruf: »Was hier gezeigt wird, ist aktuell. Es kann in jedem Augenblick dir und mir geschehn. Die ›Majestas‹ und ›Gravitas‹ aller dieser Vorgänge liegt nicht in der Vergangenheit.«

Jedes Zeitalter legt in die Antike seinen eigenen sozialen Maßstab und sein weltanschauliches Fordern, von dem es natürlich glaubt, es habe »beide erst der Antike entlehnt«. Dieser Irrtum wird dadurch möglich, daß man übersieht, wie stark dialektisch die Antike selbst war. Jeder Schriftsteller des Altertums widersprach bereits seinem Nachbarn: Xenophons Götter sind nicht die des Platon. Metastasio sah in der Antike – in den klassischen Schriftstellern, die er natürlich sehr genau kannte – ein *Glossarium virtudinis*, ein großes »Lexikon der Tugend«, das man nur zu öffnen brauchte, um durch gewählte Beispiele das Zeitalter der Nachgeborenen zu erfreuen und zu belehren.

Wenn man heute gelegentlich liest, Metastasio habe die Rolle der »Großmut« in seinen Stücken übertrieben, so soll man nicht vergessen, daß auch im Register unserer klassischen Dichtung der »großmütige Fürst« und »bekehrte Tyrann« eine gewaltige Rolle spielen. Thoas in Goethes »Iphigenie«, der Tyrann Dionys in Schillers »Bürgschaft« und zahlreiche andere Gestalten geben Metastasio recht. Dieser *poeta caesareo*, der sein Amt aus der gnädigen Hand Maria Theresias empfangen hatte, belehrte schließlich auch Maria Theresia. Er belehrte Kaiser- und Königreiche. Nachdem die *Opera seria* viel wichtiger – nämlich viel »weitreichender« war als etwa ein Jambenstück ohne Musik, als zum Beispiel Schillers »Don Carlos« – tönte aus der *Opera seria* eine Reihe humanitärer Befehle in das Herz der Selbstherrscher, die nicht

ganz zu überhören waren. Das waren sie um so weniger, als das gesamte Publikum, das Logen und Parkett lauschend füllte, mit seinen Barockdichtern einig war. Es nahm all diese Handlungen, die ihm gezeigt wurden, völlig ernst: genauso, wie gestern ein Publikum eine schlesische Armeleut-Tragödie von Gerhart Hauptmann völlig ernst nahm und sittlich erhoben nach Hause ging ... Wie weit die ethische Forderung der *Opera seria* Folgen hatte, und ob sich der Absolutismus eines Ludwig XV., eines Karl Eugen von Württemberg, eines Friedrich Wilhelm von Preußen durch das »Anhören einer Oper« in seiner Willkür hemmen ließ, das steht hier nicht zur Diskussion. Schon daß solche moralischen Forderungen in der Welt waren, färbte auf das Zeitalter ab.
Der junge Mozart wird in Italien also zum »Opernschreiber der Tugend« — und jeder, der glaubt, daß er das nicht gern tat, versteht nichts von Sechzehnjährigen. Selbst wenn (was aber nicht der Fall war) seine Texte ihm nicht gefallen hätten, hätten ihm die Verse gefallen, das wunderbar sangbare Italienisch. Carlo Goldoni, der Lustspieldichter des Rokoko, der doch von der Bühne eine ganz andere Ansicht hatte als der seriöse Metastasio, rühmt den eleganten Stil seiner fließenden und harmonischen Verse:

»Die leuchtende Klarheit der Empfindung, und die scheinbare Leichtigkeit, welche die keineswegs mühelose Präzisionsarbeit verbirgt, mit der die Gedanken hingesetzt werden. Dazu die erschütternde Eindringlichkeit, sobald Leidenschaften zu sprechen beginnen; die reich ausgeführten Portraits der Menschen; die Beschreibungen der Natur; die milde Moral eines großen Meisters; seine überzeugende Philosophie, seine Analyse des Menschenherzens, die maßvoll aus vielen Wissenschaften angewandten Kenntnisse. Nicht zuletzt seine Arien, diese unvergleichlichen Madrigale, die bald im heldischen Geiste Pindars, bald nach der lieblich-leichten Art Anakreons geschrieben sind ...«

Und das hätte Mozart nicht packen sollen?
Es packte ihn. Er war bestrebt, sich in seinen Kompositionen solcher Texte würdig zu erweisen. Die »großmütigen Staats- und Sittenlehren«, von denen der Hamburger Mattheson 1749 sprach, wurden ihm von seinem Vater gedeutet. Für Leopold Mozart war selbstverständlich Metastasio ein großer Dichter. Die geheime Dialektik, die in seiner eigenen Seele zwischen Barock und Aufklärung statthatte, fand er auch hier wieder. Und als Musiker bewunderte er, welche Möglichkeiten Metastasios Sprache den Kom-

ponisten gab. Eigentlich ließ Metastasios Diktion beide Stile zu Wort kommen: den barocken in der bilderreichen Pathetik seiner Arien, den aufklärerischen in den gedrängten und sehr bewegten Dialogen, die er – wie Johann Adam Hiller 1786 aufzeigte – teils in abgerissenen Satzklumpen (der sogenannten *voce tronca)*, teils in *versi sdruccioli* (gleitenden Versen) zu größter Lebendigkeit steigerte.

Wie man solch literarische Schreibart musikalisch zu untermalen hatte, darüber war Wolfgang sich klar. Er »revolutionierte« nichts. Das hätte er weder gekonnt noch gewollt. Einstweilen war er froh genug, wenn er in seinem *Re Pastore* für die menschliche Seelenlage Alexanders des Großen ein Naturgleichnis zu vertonen fand:

Si spande al sole in faccia
nube talor cosi,
e folgora e minaccia
su l'arido terren.

(So breitet sich vor dem Gesicht der Sonne eine drohende Wolke aus und wirft prasselnde Blitze zur trockenen Erde herab.)

Nach der »Lehre von der Affekt-Technik« hatte der Komponist nichts zu tun als dem unmißverständlichen Hinweis des Wortes *folgora* zu folgen und einen »blitzeprasselnden« Zweiunddreißigstel-Lauf zu schreiben, den die Streicher unisono in Oktavengängen ausführten.

VON DER OPERA SERIA UND IHREN REZEPTEN

Diese »Lehre von den Affekten« mußte man begriffen haben, um überhaupt komponieren zu können. Wie alles in diesem gelehrten Zeitalter kam sie aus dem Altertum. Hippokrates und Aristoteles hatten sie ursprünglich aufgestellt, und im siebzehnten Jahrhundert hatte Descartes sie spezialisiert: Die Affekte entstehen aus feinsten Blutteilchen, die sich »flammenschnell« zum Gehirn bewegen und von ihm aus als »Lebensgeister« in die Nerven und Muskeln dringen. Im Zustand solcher Affektation zeigen nun die »Lebensgeister« gegensätzliche Tendenz: bei einer freudigen Erregung *breiten sie die Muskeln aus* (was in der musikalischen Praxis weiten Intervallen entspricht); bei ernsten und traurigen Affekten aber ziehn sie die Muskeln zusammen (musikalisch bedeutet das: es kommt zu verengten Intervallen).

»Du mußt also«, mochte Leopold Mozart, der selbstverständlich das Opernschreiben seines Sohnes überwachte, sagen, »wenn du im Text auf ›Freude‹ stößt, Intervalle ohne Halbton verwenden, die große Terz, die große Sexte und die große Terzdezime. Verlangt aber das Libretto nach ›Trauer‹, ›Angst‹, ›Beklommenheit‹, ›Melancholie‹, nimmst du am besten die kleine Terz, die kleine Sexte und die kleine Terzdezime. Die Intervalle mit Halbton also: sie klingen nach ›gepreßtem Gemüt‹ ...«

Noch heute wird jeder moderne Herzarzt bei solcher Belehrung aufhorchen. Die Zusammenziehung der Herzkranzgefäße spielte bei der Darstellung negativer Erregungen also in der Musik eine Rolle? Physiologischer ließ sich doch wohl die Wirkung der Musik nicht begründen. – Der Fehler dabei war nur, daß die barocke Opernästhetik diese an sich richtige Entdeckung zu einer Regel übertrieb. Man durfte nicht mehr anders setzen als die »Affektlehre« es vorschrieb. Und auch Mozart durfte es nicht.

Dieser Technik, die ihm die Flügel band, hätte sich der gereifte Mozart später nicht mehr unterworfen. Einstweilen aber wurden die Opern *Mitridate, Ascanio in Alba, Scipios Traum, Lucio Silla* und alle andern antiken Stoffe nach der Affektlehre komponiert. Für den Zweifel gab es andere Vorschriften als für die Todesfurcht und den Triumph. Frei war der jugendliche Meister eigentlich nur in der Instrumentation. Und auch da nicht ganz. Für das Heroische, bei dem der Stolz der Trompeten und Hörner Pate stand, für die Leidenschaft, die eine Sache des Streichkörpers war, gab es Gebrauchsanweisungen, die bis in die naturalistische oder neuromantische Oper unserer Tage fortwirken ... Er beherrschte das alles spielend und nahm den italienischen Stil so ernst, wie der Stil sich selber nahm.

Da war der *Sogno di Scipione* (K. 126), ein antikes Meisterbuch aus der Feder des großen Cicero, aus dem Metastasio eine Bühnenarbeit gemacht hatte. Cicero war Leopolds Lieblingsautor im Augsburger Gymnasium gewesen. Vor allem die Schrift *De officiis*, die »Pflichtenlehre«, die um den Satz kreist: »Wie dürfte jemand es wagen, sich einen Philosophen zu nennen, er trüge denn Lehren über die Pflicht vor?« (Ernst Robert Curtius). Vater Mozart kannte auch »Scipios Traum«, das für ihn ein Zusammenfluß heidnisch-christlicher Tugenden war: Scipio der Jüngere ist eingeschlafen. Da erscheinen ihm im Traum die Göttinnen der Standhaftigkeit und des Glücks, Constantia und Fortuna. Beide werben um seine Neigung. Welcher Göttin will er im Leben folgen? Die Göttin des Glücks hat nichts zu bieten als irdische Glückseligkeit. Constantia belehrt den Träumenden über das Jenseits. Wo ist das Jenseits? Wo die Musik der Sphären tönt, und wo Scipios Vorfahren wohnen. Schon mischen sich die Seligen in einem Chor ein, ihn zu locken ... Ist doch die Erde ein Nichts im Weltraum. »Wenn es so ist«, ruft der Schlafende aus, »warum soll ich auf sie zurückkehren? Warum gewährt mir der Himmel nicht gleich die Gemeinschaft mit meinen Ahnen?« Da erfährt er, daß er als Mensch und als Römer noch auf Erden Pflichten habe. Nun wählt er die Göttin Constantia als Führerin zur Pflicht – und erwacht.

Dieser Stoff war als noble »Gelegenheitsarbeit« für einen Kirchenfürsten gedacht, den man in einer Lizenz-Arie zum Guten mahnte und freimütig ansprach:

Daß wir heute solch einen Stoff als nicht mehr bühnengerecht empfinden, darauf kommt es nicht wesentlich an. Nur daß Mozart an ihn glaubte, ist wichtig. Musikalisch stand er vor der Aufgabe, »einen schleierig-leidenschaftslosen Ton über dieses ›Traumspiel‹ zu breiten« (Jan Medendonk). Da aber Scipio zweimal auftrat, als Schlafender und als Handelnder, mußte Wolfgang zu gleicher Zeit etwas Passives *und* etwas Aktives schaffen. Wo die Ouvertüre abbricht, um in das Rezitativ des träumenden Scipio überzugehen, das verrät dramatischen Verstand, der hier einem epischen Stoff zugewandt ist.

»In einer Opera seria muß vor Allem viel Gelehrtes und Vernünftiges sein«, hat Mozart selbst einmal geschrieben, und das war für jene Periode seiner Lehrzeit vollkommen entscheidend. Viel Gelehrtes und Vernünftiges war schon in dem *Mitridate* der ersten Italienreise gewesen. Mochte der junge Salzburger auch keine der wilden Leidenschaften, die um den Thron des Tyrannen züngeln,

am eigenen Leibe erfahren haben: Mußten sie darum »übertrieben« sein oder ein bloßes »Bildungserlebnis«? Diese »lateinischen Charaktere«, die da auf ihn zuschritten – sie besaßen ihre Berechtigung! Befand er sich doch in Italien und das bedeutete allerlei. Denn daß in so viel Leidenschaft etwa »Unnatur« liegen *müsse* – weil nun einmal im Norden der Alpen die Menschen nicht leidenschaftlich waren! – das mochte ein gotisches Vorurteil sein. Wolfgang, der ein Hautgefühl für die Orte besaß, an denen er lebte, bemerkte an diesen Opernstoffen geradezu »realistische« Züge. Jawohl, es gab solche Wüteriche und solche zerreißenden Leidenschaften immer noch; oder bis gestern abend. Er hatte mit dem *Mitridate* ein, wie Schiedermair sagt, »italienisches Renaissance-Drama vor sich«.

Um es zu behandeln, mußte er den *chiaroscuro* beherrschen, das »Helldunkel«, von dem Vater Leopold stolz schreibt, daß die Leute darüber erstaunten, daß ein so junger Knabe, *»noch dazu ein Teutscher«*, es tätig begriffen habe. Nun, das Wort »Helldunkel« verführt uns natürlich dazu, an Rembrandt zu denken. Aber die italienische Oper hat es wohl nicht ganz so gebraucht wie der Niederländer, in dessen Gemälden es doch noch Zwischenfarben gibt. Die Italiener wieder verlangten gerade nach übergangslosem Kontrast, wie er in Klima und Landschaft liegt: Weiße und schwarze Charaktere; dramatische und lyrische Szenen. Rezitativ und Arie hart nebeneinander abgesetzt und niemals *ineinander* verlaufend. Daß die menschliche Gesellschaft in Wahrheit nur Mischcharaktere kennt, daß alles ineinander verläuft, war später die Botschaft Meister Mozarts, als er seinen *Figaro* schrieb.

Das Komponieren war wie das Malen? Töne und Farben: das klingt fast nach dem modernen Kunstjargon und wenig verpflichtend. Weit gefehlt! Den Barock- und Rokokomenschen war es sehr ernst mit diesen Dingen. Wer sich in Italien befand, durfte keinen Augenblick vergessen, daß Italien das Land der Maler war. Es konnte keine Kunst geben – keine Baukunst, Bühnenkunst, keine Musik – die nicht vor allem zur Malerei in intimster Beziehung stand. »Im Barock«, sagt Wilhelm Hausenstein, »triumphiert das Malerische allenthalben.« Besonders – dies wurde auch Mozart gelehrt – gab es zwischen Tönen und Farben sehr wichtige Entsprechungen. Ein italienischer Traktat, damals deutsch in Frankfurt erschienen, hieß *»Über die Entsprechungen zwischen der Mahlerey und der Tonkunst«*. Es war ja auch zu merkwürdig, daß es sieben Töne gab (vom C zum H sind es sieben Töne) und sieben Farben im Regenbogen. Das mußte doch wohl einiges hei-

ßen. Derselbe Sekundenschritt etwa mit dem man vom C zum D gelangt, läßt uns in den Spektralfarben auch vom Rot zum Orange gelangen? Wenn das richtig war – und es schien richtig – herrschten also beim Komponieren dieselben Regeln wie beim Malen, wo ja Nachbarfarben und Gegenfarben eine große Rolle spielten. Mehr: ein modernes Phänomen wie die *audition colorée*, das sogenannte »Farbhören« – daß nämlich Blinde oder schlechtsehende Leute Musik als Farbwechsel empfinden – war schon für alle Zeiten verbindlich. Und auch für Mozarts Zeitgenossen.
Aus Hellmuth Plessners »Einheit der Sinne« wissen wir, wie nahe das Auge und das Ohr beieinanderliegen. Und in jedem Höreindruck liegt auf dem Umweg über das Räumliche auch ein Gesichtseindruck mitbeschlossen (Ernst Kurth). Der Fehler war nur wieder einmal, daß das achtzehnte Jahrhundert eine eiserne Regel daraus machte, die man den Komponisten aufzwang. Sobald man diese Dinge nämlich zu einer äußersten Konsequenz trieb, das heißt, das Wechseln einer Farbe mit dem Wandel eines Tons gleichsetzte – hätte man eigentlich merken müssen, daß die Gleichung Ton-und-Farbe ein Loch hatte. Jeder Student der Ästhetik weiß heute, daß es einen Hauptunterschied im Verhalten von Tönen und Farben gibt: Wenn man im Porzellannäpfchen Gelb und Blau zusammenrührt, kommt zwar tatsächlich Grün heraus, also eine ganz neue Farbe. Schlägt man aber auf dem Klavier ein E und ein G an, so bleiben sie ewig eine Terz. Sie rinnen niemals zum F zusammen (Géza Révesz).
Waren nun die »Affekt-Lehre« und die Lehre von der »Farb-Ton-Entsprechung« eine Hemmung oder eine Hilfe beim Komponieren? Sicherlich beides. Der *chiaroscuro*, das »Helldunkel« spielt jedenfalls eine Rolle bei Wolfgangs dritter Mailänder Oper, der 1772 die dritte Italienreise galt: beim *Lucio Silla* (K. 135).
Wieder ist es müßig zu fragen, ob er die Oper »gerne« schrieb. Selbstverständlich schrieb er sie gerne. Mozart war kein heutiger Knabe, der sehnsüchtig aus dem Fenster blickt, wenn die andern draußen Fußball spielen. Die Geschichte des *Lucio Silla* ging ihn an. Ein lombardischer Offizier, Gamerra, hatte sie gedichtet, Metastasio den Text nachgeprüft, und Vater Leopold, der den Plutarch und die alten Geschichtsschreiber kannte, hatte ihn in den Gegensatz Marius und Sulla eingeführt, in den ewigen Gegensatz zwischen Plebejer und Aristokraten. Hinter dem geistigen Lern-Erlebnis kam das Tonsetzer-Erlebnis; und wieder, wie beim *Mitridate* störten gelegentlich die Sänger, wenn sie mit ihren Arienwünschen die dramatische Linie des Textes übersprangen oder

nicht achteten. (Wenn etwa eine Bühnengans fand, sie habe zu lange »innig gesungen« und sie müsse jetzt etwas »Erregtes« oder »Drohendes« von sich geben, so hatte der junge Maestro zu kämpfen – und leider keineswegs immer mit Glück.) Andererseits war es Schicksalsgunst, daß ihm für eine der Hauptrollen Rauzzini zur Verfügung stand, ein Kastrat mit einem gewaltigen Stimmumfang, der auch selber komponierte – Haydns späterer Freund in England.

Die Handlung war wieder ungemein farbig. Der römische Diktator Sulla begehrt die Tochter des Marius, Junia – also die Tochter des großen unterlegenen Gegners. Junia aber hält dem Senator Caecilius, dem Verbannten, die Treue. Hieraus ergibt sich der Geysir einer Barock-Oper: mit Leidenschaft, Rache, Morddrohung, aber auch großmütigster Versöhnung. Wo die psychologischen Übergänge fehlten, tat Wolfgang alles mit dem Orchester, sie zu schaffen. Das Orchestrale interessierte ihn überhaupt weit mehr, als seine Auftraggeber verlangten. Da gibt es eine Gräber-Szene mit Streichern, Oboen, Fagotten und Hörnern, in welcher der Wind durch Zypressen rauscht und klagender Geisterruf sich einmengt. Sie hat etwas Ossianisches, kaum glauben wir noch in Italien zu sein. Die Seufzer, die der tote Vater durch den Mund der Bläser heraufschickt, das Totenlied des Chores, das sich mit dem Sologesang der Junia mengt: läßt es nicht schon an den *Don Giovanni* denken? Die Liebenden treffen sich auf dem Kirchhof. Das »Schatten, Schatten!« des Caecilius:

oder seine verminderten Septakkorde

gehn sicherlich über das hinaus, was die Gesellschaftsoper damals verlangte. Vor allem Junias Rezitativ und die Trauer-Arie, das Andante ma Adagio mit dem innigen Ausdrucksreichtum: »Komm, Geliebter, komm, Bräutigam«:

In den großen dramatischen Arien der Junia, meint Robert Haas, sei dem jugendlichen Mozart überhaupt eine Vorstudie zur späteren Donna Anna gelungen.

Lucio Silla war die letzte Oper, die Mozart für Italien schrieb. Und mit wenigen Ausnahmen – dem *Titus* zum Beispiel, den er ein Jahr vor seinem Tode zur Kaiserkrönung in Frankfurt am Main schrieb – hat er sich später nicht mehr viel um die *Opera seria* gekümmert. Er hatte gelernt, was zu lernen war – und dabei immer deutlicher gefühlt, warum die *seria* ein Typus war, der ihn nie ganz befriedigen konnte. Es gab zwei entscheidende Ursachen. Da war zunächst das Sprachkleid, das seinem dramatischen Instinkt im Wege stand. Nicht die Sprache selbst, das herrliche Italienisch mit seinen sangbaren Vokalen, es war die Wortwahl, die ihn störte: sie war aus »Vergleichen« zusammengewebt und behinderte damit den Schritt.

Über allem, was diese Textdichter schrieben, stand das lateinische Wort *sicut*, das »wie wenn«, die »Vergleichs-Arie«; um die Liebe auszudrücken, mußte man von der Morgenröte sprechen, beim Zorn von der Mittagshitze; der Tod war eine »kalte Nacht«.

Nun kann natürlich keine Sprache der Vergleiche ganz entraten; aber die Barockdichter erdrückten jede Aussage durch den Vergleich. Metastasio wußte um die Gefahr – nicht aber seine Nachahmer. Am wenigsten das Publikum, das diese Metaphern besonders liebte ... Zwar waren im Anfang des Jahrhunderts dieser Technik auch schon Gegner entstanden. Benedetto Marcello (1686–1739) hatte die Opernpoeten verspottet, weil sie ihre Arien »wacker vollstopften mit niedlichen Dingen«. Wie reizend wären doch kleine Falter, Blumensträußlein, Nachtigallen, zärtliche Hütten, Ruderboote, Wachteln, Veilchen und Jasmin, Schöpflöffel, Truthähne, kleine Krebse. Aber auch mit monströsen Wesen, Tigern, Löwen und Walfischen müsse die Arie aufwarten können: »denn auf diese Weise zeigt sich der Textdichter als Naturphilosoph und bekundet seine Kenntnisse in der Zoologie und Botanik«. Solcher Spott aber blieb vereinzelt – und konnte gar nicht durchdringen. Wußten doch die Gebildeten, daß die

Barockdichter sich hier wirklich an die Antike anschlossen. Vergil, Ovid, Catull und Horaz – und sofern man Homer kannte, auch Homer! – hatten durchaus nicht anders gedichtet als die Zeitgenossen des Metastasio: der Vergleich war das gewaltigste Vehikel der antiken Dichtung gewesen. Wir können das heute nur so erklären, daß die Antike ein »pan-realistisches Gefühl für die Ähnlichkeiten im Kosmos« gehabt hat. Jedes Ding entsprach einem andern. Das Eisen der Wut, das Silber der Reinheit – und gerade dadurch stand es fest. Ja ... aber für uns schon *zu* fest. Was Horaz noch leicht schultern konnte, war für Mozart bereits unmöglich. Es machte ein »Charakterisieren« unmöglich, das über den Vergleich hinausging, und hielt vor allem die Handlung auf.
Das zweite Hindernis war viel tiefer. Wie hätte Wolfgang nicht fühlen müssen, daß die *Opera seria* einer seiner Hauptdimensionen nicht gerecht wurde: dem *Humor!* – In diesen hochernsten antiken Opern gab es keine komischen Szenen. Dem Clown und dem Faun, die in Wolfgang staken, gaben sie nichts. Gerade damals, in den Flegeljahren, die mit der ersten Geschlechtsreife sich einstellten, brodelte es in ihm von zitterndem Unfug, von Teufeleien, von lichterloh aufzuckenden Späßen. In den Ernst seiner italienischen Opern konnte er all das nicht entladen. So grub das Clownisch-Faunische sich einen anderen Weg nach außen. In Italien begann er Briefe zu schreiben – Briefe, wie sie bis dahin noch kein Musiker geschrieben hatte.

BRIEFSCHREIBER WOLFGANG AMADEUS

> Wenn auch der Löwe ringsherum in Mauern schwebt,
> wenn schon des Zweifels harter Sieg nicht wohl bedacht gewesen,
> die Tyrannei der Wüterer in Abweg ist geschlichen,
> so frißt doch Codrus, der Philosophus
> oft Rotz für Habermus – und, ja, die Römer,
> die Stützen meines Arschs, sind immer, stets gewesen
> und werden immer bleiben ... (und so fort)
>
> *Mozart an seine Cousine, 1777*

Von der ersten italienischen Reise hat Wolfgang als Dreizehnjähriger den ersten Brief nach Hause geschrieben – und bis zu seinem frühen Tod hat er nie aufgehört, Briefe zu schreiben. Daß das nicht »Reisebriefe« sein konnten, die sich gemächlich mit der Fremde, mit Landschaften und Kunst auseinandersetzten (wie der

wohlwollend-kultivierte Felix Mendelssohn das später tat) liegt auf der Hand. Was waren sie also?
Etwa Äußerungen eines »Naturkindes«, das schreibt, wie ihm »der Schnabel gewachsen«? Sie so einzuschätzen, wäre noch falscher. Mögen sie sich harmlos gebärden, sie verfolgen den Zweck der »Ich-Äußerung« und sind nicht weniger Kunstbriefe als die der Rahel Varnhagen oder der Bettina Brentano — nur wirken sie viel unmittelbarer, weil sie seelisch nicht überfrachtet sind. Mozarts Briefe sind einzig in der deutschen Literatur. Nicht nur, daß kein Musiker je so schrieb — auch kein Schriftsteller hat so geschrieben. Gelegentlich zuckt einmal ein Ton auf, als sähe ihnen der junge Herder oder ein anderes Genie der Sturm- und Drangzeit über die Schulter. Aber das ist eine Täuschung. Die Briefe des Knaben und Mannes Mozart in ihrer ungeheuren Direktheit, ihren Clowns-Späßen, ihren Schmeicheleien, ihrer Abwesenheit jeglicher Scham, ihren tollen Invektiven, vor allem aber in ihrer Bewußtheit (die sich so gerne unschuldig gibt), fassen uns noch heut an der Brust, als wären wir ihre Zeitgenossen. *Homo ipse!* Das ist der Mensch selbst. Aber durchaus kein harmloser Mensch. Sondern ein »Gefährlicher«, von dem Herr Trompeter Andreas Schachtner, der Freund seiner Eltern, sagen konnte: er hätte bei seinen Geistesanlagen »auch ein ruchloser Bösewicht werden können«. Man hat 150 Jahre lang diese Äußerung des braven Schachtner für ein humanitäres Bonbon des achtzehnten Jahrhunderts gehalten, das in der tugendsamen Wortküche der Aufklärung zubereitet war. Mitnichten. Wer Mozarts Briefe liest — die des Knaben oder des Mannes — der schrickt oft zurück vor der Stichflamme, die hier unvermutet auffährt: die die Reputation eines Sängers, einer Kunstrichtung, eines Opernhauses, einer Frau, eines Fürsten, eines Gelehrten im Augenblick vernichten kann. Wenn Mozart nicht jenseits dieser Briefe das Allerruhigst-Positivste, nämlich seine Kunst gehabt hätte, dann hätte er (das hat Schachtner gemeint) vielleicht jenen Instinkten nachgeben, die »Nein!« zu den Nebenmenschen sagten. Dabei zeigen die meisten Briefe ihn durchaus nicht als »Menschenkenner«, was er auch ganz und gar nicht war — ein Menschenkenner war sein Vater! — wohl aber als scharfen Beobachter, der mit dem Sauerstoffgebläse eine komische Situation, eine Szene, einen Charakter aus der eigenen Umgebung loslöst und ihn »in den Brief hineinnimmt« — als würde die betreffende Sache von Monostatos, dem Mohren, oder dem Haremswächter Osmin oder dem Feigling Leporello oder dem grollenden Figaro, dem Machtmenschen Don Giovanni gesungen.

Das allererstaunlichste an diesen Briefen ist aber, daß sie nicht die geringste stilistische oder geistige Ähnlichkeit mit dem Vater aufweisen. Sobald Wolfgang »leopoldinisch« schreibt, hat er seine triftigen Gründe: dann wünscht er eben dem Vater zu schmeicheln, dessen Eigenarten er kennt, und dessen Charakterstärke er fürchtet.

Briefe bestehen aus Worten. Man kann Briefe also nicht untersuchen ohne ein philologisches Rüstzeug. Das heißt: ohne zu beobachten, welche Art von Worten der Schreiber benutzt, und wie er mit den Worten umgeht. Doch an dieser Art von Beobachtung gingen die Betrachter vorbei. Erst eine Schweizerin unserer Tage, Irma Hoesli, hat in einer ausgezeichneten Studie *(Wolfgang Amadeus Mozart: Briefstil eines Musikgenies)* das Verhältnis des Briefschreibers zum Wort geklärt – während alle Forscher bisher das Rätsel dieser Mozartbriefe »vom Inhalt her« hatten lösen wollen. Mozarts erster Brief beginnt – der des Dreizehnjährigen von 1769:

»*Allerliebste Mama! Mein Herz ist völlig entzückt, aus lauter Vergnügen, weil mir auf dieser Reise so lustig ist, weil es so warm ist in dem Wagen, und weil unser Gutscher ein galanter Kerl ist, welcher, wenn es der Weg ein bißchen zuläßt, so geschwind fährt . . .*«

Das ist eine musikalische Art, mit den Worten umzugehen. »Entzückt«, »Vergnügen«, und »lustig« sind eins, die Expression des Angenehmen wird aber nach der Logik der Töne dreimal vorgebracht. Dreimal vermittelt das Wort »weil« einen scheinbaren Grund, der ganz unwichtig ist. (Die Gesamtstimmung des Knaben ist nämlich früher da als ihre Gründe.) Viel wichtiger sind seine *Stabreime:* daß der »Gutscher ein galanter Kerl ist und geschwind fährt«. Da sind gleich drei G's und in der Umgebung gar noch sechs W's. (weil, warm, Wagen, weil, welcher, Weg). Und damit man nur ja nicht zweifelt, daß es sich um Musik handelt, schreibt er noch ein Postskript für die Schwester: »*Canto sempre: Tralaliera, Tralaliera . . .*«

Er »beschreibt« also keine Stimmung. Ein »Impromptu von Worten« ist da, das durch sich selbst musikalisch wirkt. Solche Art der Äußerung wächst mit den Jahren gewaltig an. Hunderte von Mitteilungen Wolfgangs – auch zweiseitige und vierseitige – sind musikalischem Spieltrieb entflossen; scheinen oft ohne tiefere Absicht; gestatten aber durch ihr Tempo, ihre Fröhlichkeit, ihren Mißmut, vor allem aber durch ihre Syntax einen psycho-physiologischen Einblick in das, woran er gerade schafft. 1772 schreibt er an seine Schwester aus Mailand: ». . . *und zweitens weiß ich nicht, was ich schreibe, indem ich nun immer die Gedanken bei meiner opera habe, und Gefahr laufe, Dir, anstatt Worte, eine ganze aria herzuschreiben.«*

Da haben wir's schwarz auf weiß: er geht mit den Worten um wie mit Tönen, weil diese ihm schließlich näherliegen! Würde man ihm das nicht gestatten, so würde er keine Briefe mehr schreiben. Er hätte keine Zeit dazu.

Springt nun jemand mit Wortbedeutung, Wortstellung, Absicht und Grund der Worte anders um als die übrigen Menschen, so muß er schließlich »Unsinn schreiben«. Das ist oft von Mozart behauptet worden. Nur stimmt es nicht. Es gibt eine *außerlogische Art*, die Worte aneinanderzureihen – eben die musikalische. Der nächste Brief an die Schwester Nannerl (zwölf Tage nach dem ersten geschrieben; noch immer handelt er vom *Lucio Silla* und der Mailänder Premiere): *»Ich hoffe, Du wirst Dich gut befinden, meine liebe Schwester, wenn Du diesen Brief erhältst, meine liebe Schwester, so geht denselbigen Abend, meine liebe Schwester, meine Opera in scena. Denke auf mich, meine liebe Schwester, und bilde Dir nur, meine liebe Schwester, kräftig ein, Du siehest und hörst, meine liebe Schwester, sie auch . . .«*

Wer diese Anordnung dem Sinne nach wertet, muß glauben, Mozart habe durch sie die in der Ferne weilende Schwester von seiner Liebe überzeugen wollen. Das hatte er aber gar nicht nötig! Die stereotype Wiederholung, das sechsmalige »meine liebe Schwester«, hat rein musikalische Ursachen. Sie entspricht dem *mia cara sorore*, das der Gesangs-Expression zuliebe durch die Opernarie verstreut ist. In diesem Sinne meint er's ganz ernst. Und zweitens ist es Ironie. Denn da er, als denkender Künstler, sich sehr wohl darauf verstand, sich sein Unbewußtes bewußt zu machen, empfand er diese Schreibart *auch komisch*.

Die Komik also wird sehr bald eine Hauptdimension seiner Briefe. Er wird zwar niemals aufhören, den Wortwert seiner Äußerungen hinter den Tonwert zurückzustellen. Doch da er weiß, daß man das nicht darf, benimmt er sich dabei immer grotesker. Er hat bekanntlich Aufträge, in vier Sprachen zu komponieren: lateinisch, französisch, deutsch, italienisch. Warum nicht einmal in *einem* Satz alle diese Sprachen mischen? Und so schreibt er (aus Sprachverachtung) an die Mutter und die Schwester den folgenden Galimathias nach Hause (1773): *»Hodie nous avons begegnet per strade Dominum Edlbach, welcher uns die voi compliments ausgerichtet hat, et qui sich tibi et ta mère empfehlen läßt . . .«*

Die souveräne Sprachverachtung, mit der zum Beispiel Thomas Mann in seinem köstlichen Werk »Der Erwählte« Französisch, Englisch, Mittelhochdeutsch und noch den Emigranten-Slang des modernen Amerika-Deutsch kontrapunktisch übereinanderschreibt, findet sich also schon bei Mozart. Thomas Mann gebraucht all diese Sprachen, weil er glaubt, daß jede einzelne als Gefäß des »Geistes« nicht stichhält; Mozart, weil neben dem Urlaut des »Tons« die Sprache ihn zufällig zweitklassig dünkt. (Beide Meister wissen natürlich, daß sie nicht völlig recht haben.)
Immer toller wird die Ironie des Briefschreibers Mozart. Ton und Wort beginnen sich im Kreise zu jagen wie das Eichhörnchen und die Katze. In einer unvernünftigen Spiellust, unbekümmert um den Zusammenhang (Irma Hoesli) schreibt Wolfgang seiner Augsburger Cousine Maria Anna Thekla Mozart ungefähr das Folgende:

»Allerliebstes Bäsle-Häsle!
Ich habe dero mir so wertes Schreiben richtig erhalten-falten ...
Mir ist sehr leid, daß der Herr Prälat-Salat
schon wieder vom Schlag getroffen worden ist-fist,
doch hoffe ich, mit der Hilfe Gottes-Spottes
wird es von keinen Folgen sein-Schwein.
Sie schreiben mir, stier,
daß Sie Ihr Verbrechen, Versprechen,
welches Sie mir vor meiner Abreise von Augsburg
voranhaben, halten werden, und das bald-kalt;
und das wird mich gewiß reuen-freuen.«

Was hier geschehen ist, sollte klar sein: die linke Hand des Klavierspielers, die Baßhand, hat mit kurzer Figur, einsilbig oder zweisilbig, jeden Halt, den die Melodie bot – die rechte Hand des Klavierspielers also – nachgeahmt oder travestiert: Bäsle-Häsle, Gottes-Spottes, Prälat-Salat, und noch lange so weiter. So entsteht zunächst ein »Unsinn«. Jedes Reimwort gewinnt innerhalb der Satzgefüge eigenmächtigste Gewalt. Wir stutzen einen Augenblick vor dem Unerwarteten; dann bringt es uns völlig aus dem Konzept. Wir achten nicht mehr auf die Satzverknüpfung, sondern schnuppern nur noch dem Reimwort entgegen. Gerade das hat der Schreiber gewollt – auf ein wenig Lästerung des geistlichen Standes oder gar einer unanständigen Assoziation (denn »fist« ist beileibe kein Salonwort) kommt es ihm durchaus nicht an.
Schließlich hat er uns ganz überzeugt, daß es eine Lautmalerei

gibt, die *neben* dem Mitteilungszweck der Sprache als etwas *Selbständiges* einherläuft. Wenn er, als verheirateter Mann, einen zärtlichen Brief an seine Konstanze etwa mit den Worten schließt: »... – *liebe mich ewig, wie ich Dich liebe, und sey ewig meine Stanzi Marini, wie ich ewig sein werde Dein Stu! – Knaller Paller Schnip-schnap-schnur Schnepeperl – Snai! –* ...«, so verstehen wir ihn vollkommen. Diese zischenden Vokalraketen sind die Erinnerung an ein Feuerwerk, das er kürzlich gesehen hat, und in das er seinen Namenszug eben aufzulösen gedenkt.
Nun, das alles wäre noch ganz harmlos. Treiben eines spielenden Kindes, dem man die Jugend genommen hat, und das darum weiter kindisch bleibt. Weit weniger harmlos wird es, wenn Wolfgang die starke Sinnlichkeit seines Wesens, sein Hören, Sehen, Riechen, Schmecken dazu benutzt, irgendwelche Portraits seiner Mitmenschen zu entwerfen. Dann wird der Musizierende zum Musikdramatiker, der mit unheimlicher Schärfe und gnadenlos eine Gestalt einfängt. Anderthalb Jahrhunderte vor Erfindung der Momentfotografie, gelingen ihm solche Schnappschüsse, solche tötenden Augenblicksbilder wie seine Mannheimer Begegnung mit Wieland:

»Nun bin ich auch mit Herrn Wieland bekannt. Er kennt mich aber noch nicht so, wie ich ihn; denn er hat noch nichts von mir gehört. Ich hätte ihn mir nicht so vorgestellt, wie ich ihn gefunden; er kommt mir im Reden ein wenig gezwungen vor; eine ziemlich kindische Stimme; ein beständiges Gläselgucken, eine gewisse gelehrte Grobheit, und doch zuweilen eine dumme Herablassung. Mich wundert aber nicht, daß er – wenn auch zu Weimar oder sonst nicht – sich hier so zu betragen geruhet, denn die Leute in Mannheim sehn ihn an, als wenn er vom Himmel herabgefallen wäre. Man geniert sich ordentlich wegen ihm, man redet nichts, man ist still; man gibt auf jedes Wort acht, was er spricht: – nur schade, daß die Leute oft so lange in der Erwartung sein müssen, denn er hat einen Defekt in der Zunge, vermöge er ganz sachte redet, und nicht sechs Worte sagen kann, ohne einzuhalten. Sonst ist er, wie wir ihn alle kennen, ein vortrefflicher Kopf. Das Gesicht ist von Herzen häßlich, mit Blattern angefüllt, und eine ziemlich lange Nase ...«

Eine ziemlich lange Nase hatte Mozart leider selbst. Aber das ist es nicht, was uns hier ärgert. Dem Einundzwanzigjährigen (der Brief stammt aus dem Jahre 1777) kam es durchaus nicht zu, einen großen Mann wie Wieland, den Lieblingsautor seines Vaters, den Verfasser der »Abderiten«, von seinen körperlichen Fehlern, der Kurzsichtigkeit (dem »Gläselgucken«) und dem Zungenanstoßen her zu schildern. Hätte Goethe diesen Brief gekannt, hätte er ihn wahrscheinlich getadelt. Als Wolfgang ihn schrieb, hat er nicht geahnt, daß der wunderbare Wieland ihm selbst und Carl Maria von Weber den Stoff für ihre Zauber-Opern *Die Zauberflöte* und *Oberon* schenken würde. Wenn Mozart jedoch einen Namenlosen zur Zielscheibe seiner Schilderung nimmt, so trifft seine karikaturistische Kraft ins Schwarze. Da ist dieser Heuchler von Dominikaner, den er in Bologna trifft:

»... welcher für heilig gehalten wird: ich zwar glaube es nicht recht, denn er nimmt zum Frühstück oft eine Tasse Schokolade, gleich darauf ein gutes Glas starken spanischen Wein. Ich habe selbsten die Ehre gehabt mit diesem Heiligen zu Mittag zu speisen, welcher brav Wein ... bei der Tafel getrunken hat, zwei gute Melonenschnitzel ... Bier, fünf Schalen Kaffee, einen ganzen Teller voller Vögel, zwei volle Teller von Milch mit Zitronen ...«

Hier ist die Beobachtungsgabe Mozarts, des Vierzehnjährigen, voll am Platz: der Heiligenschimmer jenes Mönchs verblaßt schnell vor solcher Freßgier.

Menschenhaß kennt Wolfgang nicht. Die Hauptwaffe seiner Karikaturen bleibt das unanständige Wort. Es reizt ihn mächtig, Würdenträger, die sich zum Tragen von Würden nicht eignen, mit unanständigen Vorstellungen und kotigen Worten zu behängen. Für die Augsburger Gesellschaft erfindet er im Brief an den Vater vom Oktober 1777 wahrhaft schauerliche Namen:

»Die Duchesse Arschbömerl, die Gräfin Brunz-Gern, und dann die Fürstin Riech-zum-Dreck, mit ihren zwei Töchtern, die aber schon an die zwei Prinzen Muß-Bauch vom Sauschwanz verheiratet sind.«

Das wären Gymnasiastenwitze, wenn sie sich nicht ständig häuften, und die Unanständigkeit nicht schließlich in ernste Bezirke eindränge. Mozarts Briefe sind in der Tat von solchen Unflätereien erfüllt, daß ein angelsächsischer Puritaner, Crofton Banks, geschrieben hat, man könne nur jeden fünften drucken. (Daß Emily Anderson dann gewagt hat, auch das Undruckbare drucken zu lassen, muß man ihr hoch anrechnen.) Diese Briefe sind tatsächlich so, daß der Lesende manchmal glaubt, er habe sich im Jahrhundert geirrt. Seit Luther und seinen Widersachern, seit der

deutschen Reformation, hat eigentlich niemand solch einen Reigen von Obszönitäten losgelassen.
Warum hat Mozart es aber getan? Wie das meiste, was Menschen tun, hat es polylogische Ursachen. Zunächst einmal *protestierte* Mozart durch den Gebrauch unanständiger Worte gegen das Zeitalter der »Finesse«, gegen jenes Rokoko, das ihm die Kindheit gestohlen hatte: in einer Seidenweste und mit gepuderter Perücke war er durch halb Europa geschleppt worden. Die körperlichen Ausscheidungen waren aus dem Gespräch verbannt, die Salonkleider waren kaum aufzuknöpfen.
Doch neben diesem bewußten Protest gewahren wir eine andere Wurzel. Mozart behielt sein ganzes Leben, was seinen eigenen Körper betraf, die Infantilität eines Kindes. Er war wie ein Fünfjähriger, der staunt, daß sich aufgenommene Nahrungsstoffe in seinem Körper verwandeln können: der zu seinen Ausdünstungen die intimste Beziehung hat. Die Unflätigkeiten in Mozarts Briefen sind nämlich kaum jemals sexuelle: sie beziehen sich auf die Stoffwechsel-Sphäre. Damit streifen sie ein Gebiet, in dem auch die Mutter heimisch war, die bäuerlichen Vorfahren, für die der Dünger so wichtig sein mußte. Darum läßt er in seinen Briefen auch seine Verwandten teilnehmen, zu welcher Stunde, mit welcher Wirkung er sich einer Entleerung befliß (oder, wie er sagt, *»aufs Häusel ging«).*
Drittens – und dies ist das Wichtigste! – weiß Wolfgang Mozart ganz genau, daß man derlei nicht schreiben *»darf«*. So nennt er Körperteile, von denen man in Gesellschaft nicht spricht, meist mit blitzartiger Direktheit – so wenn er aus Italien der Schwester nicht etwa vom »Fleck weg« schreibt, sondern vom »Arsch weg«: da kann dann niemand protestieren (der Paukenschlag ist ja schon vorüber). Oder er kleidet umgekehrt das Verbotene in lange, überaus höfliche Einleitungen, aus denen es dann unversehens herausspringt und doppelt komisch wirkt wie in jenem Reimbrief an die Mutter:

»Nun will ich mich nicht mehr erhitzen
mit meiner Poesie; nur will ich Ihnen sagen,
daß ich Montag die Ehre hab, ohne viel zu fragen,
Sie zu embrassieren und dero Händ zu küssen,
doch werd ich schon vorhero haben gesch . . .
Adieu, Mama!«

Dreimal Italien: Als Leopold 1773 sich zur Heimkehr zu rüsten begann, überkam ihn eine seltsame Wehmut. Er wußte, er würde nicht wiederkehren; und bei der Identifikation, die ihn mit seinem Sohn verband, wußte er wahrscheinlich auch, daß Wolfgang Italien für immer verließ. So zögerte er mit der Abreise.

Neben ihm trottete sein Sohn, »mit hangenden Ohren«, wie es heißt. Was hatte Wolfgang eigentlich auf drei Italienreisen erreicht? Eine Anstellung war ihm nicht geworden. So hatte er, im äußeren Sinne, denn eigentlich auch nichts erreicht. Zum mindesten nichts Bleibendes. Kaum verließ er die Halbinsel, als sein Name hinter ihm ein einstürzte. Mailand, Padua, Bologna, Florenz, Neapel, das Ewige Rom: gewiß, er hatte den Menschen gefallen. Hie und da tröpfelte auch ein Erinnern, wenn Mailand eine Oper aufführte. Aber schon zwölf Monate später wollte sich der Theaterbetrieb des reisenden Jünglings nicht mehr entsinnen. Gab es doch so viele Talente, die eine *Opera seria* oder *Opera buffa* schreiben konnten.

Was Wolfgang innerlich mitführte – die vollkommene Beherrschung der Arie, des kantablen Stils, der Seria-Chöre und der Buffa-Finali – das freilich war eine andere Sache. Er hatte jetzt nichts anderes zu tun als das ganze einstweilen zu vergessen. Es in Tiefen absinken zu lassen, wo es ihn nicht mehr ehrgeizig störte. Am Salzburger Hof würde er ja doch keine Oper zu schreiben bekommen. Und schließlich hieß er doch auch nicht Gluck, der sein Leben nur für die Oper lebte.

Kaum hatte Mozart Salzburg betreten, da wurde er fast über Nacht wieder reiner Instrumentalkomponist. Doch nicht nur aus äußerer Nötigung – es war da ein inneres Gesetz, das ihn zu »ergänzendem Ausgleich« zwang. Dreimal Italien: war das nicht überhaupt zuviel gewesen? Dieses Gewimmel von Bühnenhäusern, Sängerinnnen, Orchestern, Prälaten, Fürsten, Kastraten und Intriganten hatte jetzt zurückzutreten vor einer sehr süddeutschen Kunstübung, der sich der Siebzehnjährige hingab.

Auch das lange vernachlässigte Klavier begann nun wieder zu ihm zu sprechen; aber in einer neuen Art. Da waren die sechs Klaviersonaten, für einen Liebhaber in München geschrieben, den Baron Thaddaeus von Dürnitz-Hinsart (K. 279–284). Es sind männliche Meisterwerke, auf denen zwar auch noch der Schatten der Anmut, aber nicht mehr das Beispiel Johann Christian Bachs allein ruht. Wolfgang nannte sie seine »Schweren Sonaten«, womit er wohl kaum ihren inneren Bau, sondern ihre Spielweise meinte. Im zweiten Thema der C-Dur-Sonate (K. 279) feierte er seinen eigenen Vater, indem er es an eine F-Dur-Sonate Leopold Mozarts anlehnte:

Mozarts Liebling unter den Dürnitz-Stücken war jedenfalls die D-Dur-Sonate (K. 284). Hier gibt's kein Erinnern mehr an Italien, wohl aber ein Sichvortasten an ein anderes Schicksalsland: Frankreich. Vielleicht ist in dieser Dürnitz-Sonate die vollkommenste Verschmelzung zwischen Salzburgisch-Süddeutschem und Französischem erreicht. Das Neue, fast Revolutionäre liegt darin, daß der Komponist sich dabei *orchestral* gebärdet: man denkt, man habe den Klavierauszug einer Sinfonie vor sich. Das Hauptthema hat einen Bläserklang, bald Oboen-, bald Hörnerglanz. Da ist ein Reichtum an Klanggruppen, ein Wechselspiel der Unisonos und Solofiguren, der Diskante und sprechenden Bässe, der Themen, die sich mit Geigengeflimmer bald rhythmisch verkleinern, bald wieder ausdehnen. In den Jugendsonaten Mozarts mit ihrem ängstlichen Hinschielen auf die Gesetze der Symmetrie wäre derlei nicht möglich gewesen ... Obendrein tut er den kühnen Griff, den Mittelsatz dieser Dürnitz-Sonate als *Polonaise* aufzuzäumen. – Wie kam er dazu? Die Leute, die zweifeln, daß das kleinste politische Lüftchen in der Musik Bewegungen und Erregungen zaubern kann, müssen daran erinnert werden, daß Ludwig XV. einmal Maria Leszczynska geheiratet hatte. Eine Polin also war damals französische Königin geworden. Grund genug, zunächst für Paris Polonaisen zu schreiben – in Salzburg aber setzte sich ein Jüngling, dem diese selbe Maria Leszczynska einmal die Stirne gestreichelt hatte, ans Klavier und schrieb sein *Rondeau en Polonaise,* dessen kühner Gesellschaftsglanz weit ins neunzehnte Jahrhundert und zu Chopin hinüberstrahlte ...
Es ist recht eigentlich die Spannung zwischen Gesellschaft und Einsamkeit, die Mozarts Musik damals kennzeichnete. Dieser innig rauschende und dabei fröhlich männliche und sonore Serenadenklang: manchmal meint man das Brunnenplätschern vor der Residenz zu hören ... Wagen rollen von fern herbei; in den engen Straßenschluchten hat ein Echo das Rollen verdoppelt. Dann biegt die ankommende Gesellschaft in das Offene des Platzes ein.

Der Platz ist groß, die Gesellschaft klein. Diener stehen mit Fackeln bereit und helfen den Damen aus der Karosse ... Hat nicht Wolfgang dieses Bild schon einmal in Paris erlebt? Nein – eine süddeutsche Einsamkeit schwebt jetzt um dieses Helldunkel, der Brunnen spricht wie einst und je – doch er selbst ist zehn Jahre älter geworden.
Die Gesellschaft hat Platz genommen auf einem Altan. Manche schwatzen leise, andere sind ernst. Doch auch diese lächeln und haben merkwürdig glänzende Augen. Denn jetzt beginnt die »Serenade«. Weder vor noch nach diesen Werken haben Mozarts Sätze jemals so viel »bewegte Luft« enthalten. Man spürt Hitze wie von Kerzenwachs, dann ein kühles Herbeiströmen von Nachtwind ... Was diese Werke so zauberisch macht, ist auch, daß kein Zahlenzwang ihrem Aufriß gebieten will. Nicht wie eine Sinfonie müssen sie drei- oder viersätzig sein. Sie können auch fünf, sieben, acht Sätze haben. Sie wirken wie lauter »Impromptus« – obwohl doch erst viel später bei Schubert sich dies ungebundene Wort findet.
Im achtzehnten Jahrhundert steht – wie uns Günter Hausswald erinnert – neben Sonate und Sinfonie die Serenade als etwas *Selbständiges*. Besonders Mozarts Serenaden gehören, in jenen vier Salzburger Jahren, zu seinen vollendeten Schöpfungen. Keineswegs also hat er in sie etwa Fetzen von Themen gestopft, die er »anderswo nicht verwenden konnte«. Serenade *(serenata)* hing für Spanier und Italiener mit dem Begriff des »Heiteren« zusammen. Daß aber Mozarts Serenaden auch nur vorwiegend heiter wären, kann man bei gründlichem Hören nicht sagen.
Mozart schreitet in dieser Form einen weitgespannten Gefühlskreis ab. Es handelt sich um Abendmusiken, um Unterhaltungsmusiken, nicht für eine wahllose Öffentlichkeit, sondern für eine bestimmte Gemeinschaft. Die Skala des Ausdrucks verläuft vom flüchtigen Unterhaltungston bis zur gefühlsmäßig gesteigerten Situation der Zuneigung und Verehrung, der Liebe, und vor allem der Wehmut. Das letztere scheint recht merkwürdig: was hat, bei gesellschaftlichem Anlaß, eigentlich die Wehmut zu suchen? – Zunächst begann jede Serenade mit einem »Marsch«. Es war der Anmarsch der Musikanten zur Huldigung. Von Bläsern und Geigern, die also nicht saßen. Marschierende Bläser sind uns nichts Neues: wir kennen ja blasende Marschmusik aus der »Banda« des Militärs. Aber auch marschierende Geiger sind sehr alt – wir haben nur, weil wir das Streichquartett als »Sitzmusik« erlebt haben, vergessen, daß es so etwas gab. Doch schon im Nibelungen-

lied heißt es von Volker, dem Fiedelmann (mit einem etwas grausamen Witz, denn gemeint ist, daß er mit seinem Schwert die Feinde niederzustrecken beginnt): *»Er begonde videlende durch den palas gan«* (er begann, die Fiedel streichend, durch den Palast zu gehn).
Mozarts Märsche in diesen Serenaden sind hart, von Füßen und Fersen taktiert, und zugleich weich, weil sie gegeigt werden. Diese Doppelnatur von Kraft und von Zartheit regiert meist die ganze Serenade. Sie läuft in die Menuette hinein. Ein oder mehrere Menuette waren in jeder Serenade. Denn das entsprach dem gesellschaftlichen Rang der zu feiernden Person. Da war jene Elisabeth Haffner, die am 22. Juli 1776 einen Herrn von Spaeth heiratete. Zu diesem Fest schrieb Wolfgang Mozart seine *Haffner-Serenade* (K. 250), das Juwel der Gattung. Und vielleicht hat er, wie Paumgartner meint, damals selbst zur Geige gegriffen, um die langsame Kantilene des zweiten Satzes – eine seltsame Antithese zu dem dunklen g-Moll-Menuett – und das *Perpetuum mobile* des schäumenden C-Dur-Rondos den Brautleuten recht ins Herz zu spielen.
Mozarts bekannteste Serenade, jene *Kleine Nachtmusik* (K. 525), wurde erst sechs Jahre nach der *Haffner-Serenade* geschrieben. Ihr fehlt es sogar, wie Hans Mersmann meint, ein wenig an der »Luft der Straße«. Sie ist aus dem Wiener Erinnern geschrieben. Die Salzburger Serenaden sind frischer, härter; vielleicht weil sie sich gegen »Störungen aus dem Raume« behaupten müssen. Freilich, auch in diesen Sätzen herrscht feinste Innenarchitektur und die zarteste Klangschichtung. Wir bewundern die *D-Dur-Serenade* (K. 100) und die Sicherheit, mit der der Meister einer perlmutternen Flötenfarbe gedämpfte Violinfiguren und getupfte Bässe unterlegt. Dabei spürt man stets die Hand, die das Eigenleben der Instrumente zu begrenzen weiß. Denn daß ihm Geigen oder Flöten »fortlaufen«, um auf eigene Faust »konzertant zu werden«, kann Mozart nicht gebrauchen. Hier zeigt sich die innere Verwandtschaft der Serenade zur Sinfonie.
Aber nun: was hatte die Wehmut beim heiteren Zusammensein mit der anmusizierten Dame zu suchen oder beim offenen Hochzeitsmahl, dem fröhlichen Familienfest, bei dem Toaste ausgebracht wurden? Anscheinend war leichte Traurigkeit aber doch am Platz. Mehr als in jeder anderen Kunstart empfinden wir in der Serenade die Vergänglichkeit der Zeit, das »Abschiednehmen«, das »Aus-und-vorbei-Sein«. Man kennt die berühmte Anekdote von Haydns *Abschieds-Sinfonie* – wie nach und nach das

Orchester zerfällt, wie dieser und jener Musiker aufsteht, sein Licht auslöscht und heimlich fortgeht, seinen Melodienpart dem Nachbarn überlassend. Diese berühmte Sinfonie ist gewiß keine Serenade; doch schon das Motiv des »Abschiednehmens« durchdringt sie mit Serenaden-Stimmung. Zur Wehmut des »Abschieds von der Zeit«, zum wehen Gefühl der Vergänglichkeit des Augenblicks, kommt nun bei Mozart, sobald er Serenaden schreibt, noch die »Wehmut des Räumlichen«. Die *Serenata notturna* nämlich bezeichnet nicht etwa nur die Stunde, in der diese Stücke aufgeführt wurden. In diesen »Notturni« wird vielmehr die Nacht zu einer Mitspielerin, die sehr stille oder leicht windige Nacht. Die hoch über Kerzen und Fackeln thront, mit Sternen oder mit fühllosen Wolken. Der Mensch hat auf die Nacht keinen Einfluß. Wohl aber Nacht und Wind auf den Menschen: diese großen Naturkräfte drängen die Lebenden zusammen, so daß sie in warmer Sommernacht sogar zu frieren beginnen können . . . in einer unausgesprochenen Angst. Solche Mischgefühle sind es, die in den oft homophonen Sätzen dieser Serenadenmusik zur seelischen Polyphonie ohnegleichen werden.

Die Wehmut dieser Serenaden führt Mozart dicht an Schubert heran – mit dem er sonst überhaupt nichts zu tun hat. (Denn Mozart ist kein Romantiker.) Aber beide begegnen sich im Raum des österreichischen Volkslieds. Ein langsamer Ländler zum Beispiel wie dieser mit den kurzen Melodiebögen (über die Quint geht es kaum hinaus) hat als alpenländische Urform mit Schubert sowohl wie mit Mozart zu tun:

Schuberts Sextenbrechungen – die halb Schluchzer, halb Juchzer sind und die bei Johann Strauß, Vater und Sohn, ihre Auferstehung feiern – kann es natürlich bei Mozart nicht geben, der dem allzu Sentimentalen ausweicht. Benötigt er ein Volksliedzitat, so läßt er es rasch vorüberstürzen, daß man es kaum wiedererkennt (»Die Katze läßt das Mausen nicht«):

Wie ungeheuer sparsam Mozart mit dem sogenannten »Gefühl« umgeht, dessen doch die Romantiker sich schrankenlos zu bedienen pflegen, zeigt der rührende zweite Satz in der *Kleinen Nachtmusik* (K. 525). Dieses herzbewegende Andante, das sich nach französischem Brauch nicht mit Unrecht eine »Romanze« nennt:

scheint für etwas um Verzeihung zu bitten; aber wir wissen nicht, was das ist. So unpathetisch, so still gibt es sich ...
Die Franzosen, bei denen nicht geweint wird: sie haben viel mit dieser Musik zu schaffen, die, wir sagten es bereits, nicht Musik eines »Einsamen« ist, sondern in welcher stets die Spannung des Gesellschaftlichen ein Wort mitspricht. Die gesellschaftliche Voraussetzung aller Serenadenmusik (zu der noch die etwas vagere Form des »Divertimentos« treten kann) ist ja doch der wirkliche oder der fingierte »Auftrag«. Einen Auftrag, die Menschen weinen zu machen, gibt's schließlich nicht ... Desto mehr den andern, das Ritterlich-Freudige in ihnen zu wecken. Deshalb zeigt solche Gesellschaftsmusik Mozart von der männlichen Seite. Solch ein *Marcia alla francese* (und noch mehr der schreitende Satz im sogenannten *Nannerl-Septett* [K. 251]),

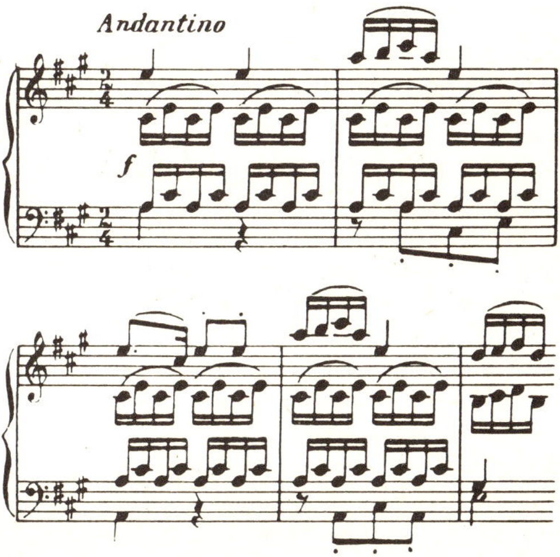

könnte es nicht bei den französischen Meistern Rameau oder Gossec stehn?
Geburtstage, Hochzeiten, Namenstage: ganz verweht sind die »Anlässe« – die unsterbliche Musik ist geblieben. Der Erzbischof sollte gefeiert werden? Es geschah in der *D-Dur-Serenade,* in der das Thema girlandenartig über der satten Klangfläche des kaum bewegten Orchesters schwingt (K. 203). Eine andere Serenade in D wurde zu einer Hochzeitsfeier beim Hofkriegsrat Andretter komponiert (K. 185), zwei bedeutende *Divertimenti* (K. 247 und 287) für die Gräfin Antonie Lodron. Zum Geburtstag der Schwester Nannerl gab es jenes *Divertimento-Septett* (K. 251). Durch die starke Verwendung der Oboen gewinnt es einen galanten Ton, mit dem Wolfgang vielleicht geschwisterlich an die gemeinsam verlebten Tage in Paris erinnern wollte. Es sind ja in diese Serenaden überhaupt geheime Orchesterscherze persönlicher Art hineingeheimnißt – ähnlich wie in Haydns Quartette die berühmten »Tagebuchspäße« – Späße, deren Privatbedeutung wir heute nicht mehr erkennen können. Aber man mag Einstein glauben, wenn er behauptet, ein »Posthornklang« mit seinem ganz ungewohnten Reiz hätte den geistlichen Oberherrn Salzburgs daran erinnern sollen, daß Mozart »sehr gern wieder fortgereist wäre«.
Dennoch, es waren die einzigen Jahre, die von 1773 bis 1777, in denen Wolfgang die Vaterstadt wirklich schön erschien. Er war reisemüde. Es ist uns heut, als sei seine Musik eine glückliche Ehe eingegangen mit den Salzburger Hausbergen, mit dem Brunnen der Residenz, mit den Häusern am raschen Fluß und mit den Bürgerfamilien, an denen seine Mutter so hing: mit den Robinigs, für die er später noch das *Divertimento* in D-Dur (K. 334) schreibt, und der Patrizierfamilie Haffner, die Mozart bei feierlichem Anlaß – der Sohn des Hauses ward nobilitiert – erneut mit einem Werke beschenkt, das aber durch seine viersätzige Form den Serenadentyp hinter sich ließ: es war die *Haffner-Sinfonie* (K. 385).
Er schrieb leicht damals, ohne Anstrengung. Ließ er gestern etwas liegen, so würde er's morgen fruchtbar verwenden. Er war unendlich fleißig. Anders als es in Italien gewesen, hetzte keine Nervosität ihn, daß er »etwas vollenden müsse«, und gar noch zu einem bestimmten Zeitpunkt. Es ist eine Täuschung, wie wir wissen; denn die innere Unrast schwieg nicht. Er selbst wußte allerdings nichts davon, wie sehr sein träumendes Wohlgefühl in jenen fruchtbaren Salzburger Jahren nur ein »Einstweilen« bedeutete.
Bei einem Romancier jener Zeit, dem ausgezeichneten Karl Phi-

lipp Moritz (1757–1793), dem berühmten Verfasser des »Anton Reiser«, der als der früheste psychologische Roman der klassischen Epoche gilt, lesen wir das Folgende: »Nichts Besseres kann der Mensch erwarten, als in einem Schwebezustand zwischen einem nicht guten Gestern und einem Morgen zu verharren, dessen Wesen er noch nicht kennt.« Diese Worte passen auf Mozarts vier Jahre zwischen Rückkehr aus Italien und der späteren Unheilsfahrt nach Paris.

WAS SOLL DIE ENGE MIR?

Bei dieser Gelegenheit dürfen wir fragen: Was las Wolfgang eigentlich damals? Gerade im Zentrum jener Jahre, 1774, waren »Werthers Leiden« erschienen. Ihr dunkler Seelensturm überbrauste die deutsche Welt. Acht Jahre früher hatte Wieland, der Lieblingsautor Leopolds, den »Agathon« veröffentlicht, den kristallklaren Bildungsroman der Aufklärung. So wäre es natürlich gewesen, daß mit dem Generationsunterschied ein »Widerstreit zwischen Vater und Sohn« sich in der Lektüre aufgetan hätte. Daß sich zum Beispiel Wolfgang Mozart an Goethe angeschlossen hätte und an Rousseaus »Neue Héloise«, während Leopold bei den Aufklärern blieb, bei der »kühlen und ruhigen Abspiegelung einer geistigen Entwicklung« (H. H. Borcherdt). Das war nun keineswegs der Fall. Der Umstand aber, daß von den beiden überhaupt nur der Vater in systematischer Weise las, während Wolfgang nur sporadisch seine Nase in ein Buch steckte, war nicht der eigentliche Grund, daß es nicht zu einem Zerwürfnis des Geschmacks zwischen ihnen kam.
Der schrankenlose Subjektivismus des Gefühls, der die Deutschen ergriffen hatte, war nämlich gar nicht nach Wolfgangs Sinn. Gleichviel ob damals das Barometer stärker auf »Empfindsamkeit« wies oder auf den »Sturm und Drang«, im Grunde war es ja beides dasselbe: das eine war mehr für die Weiber, das andere für die Männer gefühlt. Wenn auch der Komponistenjüngling sich zeitgenössisch gebärden mußte, gefühlsgenössisch: da war etwas, was ihn von der Generation der meisten übrigen »Söhne« trennte. Was es war, ist nicht leicht zu sagen. Innerhalb einer literarischen Mode, die nur aus »Schwüren« und »Tränen« bestand, war Wolfgang ein schlechter »Schwörer und Weiner«. Gewiß war er Bruder seiner Schwester und ließ den Freundinnen der Nannerl manches Billett im Zeitgeschmack zukommen – doch seine Pariser Knabenzeit und mehr noch die drei Italienreisen, auf denen er, als Opern-

lehrling, das »Deklamatorische der Liebe« nicht nur kennen, sondern auch leise verachten gelernt hatte, bewahrte ihn vor »Gefühls-Exzessen«. Und da war noch etwas anderes, das wir nicht vergessen dürfen: daß Salzburg eine *Landstadt* war. Im Gegensatz zu Wien, Frankfurt, Hamburg, Leipzig, Berlin, Dresden, ja, München war der Bischofssitz Salzburg keine Großstadt. Nur ein wirkliches Großbürgertum ist aber der Sentimentalität fähig. Wo die Mehrzahl der Einwohner aus Kleinbürgern oder Halbbauern besteht, da herrscht Trockenheit und ein schlechter Boden für den Überschwang der Gefühle. So haben die sentimentale Musik, die Wolfgang damals gelegentlich schrieb, oder die gefühlvollen Grüße, die er durch die Schwester Nannerl einem Salzburger Mädchen bestellen läßt, immer ironische Anführungszeichen. Da er die eigene Gefühlstiefe kennt – wenn er sie auch noch nicht erlebt hat! –, verkapselt er sich jedes Erlebnis mit einer unbewußten Vorsicht in Ironie. Auch hatte Vater Leopolds Haltung gegenüber dem weiblichen Geschlecht, zum mindesten in jener Zeit, noch ungebrochene Macht über Wolfgang. Leopold nämlich, obwohl er selbst überaus glücklich verheiratet war, war durchaus kein »Frauenfreund«. Er glaubte, daß »die Schürzenbänder die Männer ärger gefesselt hätten, als die Ketten siegreicher Tyrannen« (Diderot). »Dummheiten machen und dann heiraten müssen« – das erschien ihm ungefähr als das Ärgste.

Aus den verschiedensten Gründen also war Wolfgang damals kein »Rousseauist« und noch weniger ein »Wertherianer«. Wenn er auch von dem voltairischen Spott, der ihm eines Tages das Textbuch von *Cosi fan Tutte* zuspielen würde, noch nichts ahnte: sein Mißtrauen gegen ein »Leben in der Empfindsamkeit« war das des Engländers Lawrence Sterne. Sicherlich hatte er damals seine ersten Erlebnisse mit Mädchen. Jene merkwürdige Mischung von »schüchternen und frechen Tagen«, die sein späteres Liebesleben kennzeichnet, dürfte auch diesen Erlebnissen die Signatur gegeben haben. Wir wissen nichts Näheres davon – außer daß eine Bäckerstochter, sie hieß Odilie Feyerle, sich derartig in ihn verliebte, daß sie in's Lorettokloster ging – von wo sie dann später zurückkehrte. (Es ist eine reichlich unklare Geschichte, die die Mozarts auch Geld kostete.) Jedenfalls war Leopold stolz auf seinen Sohn als »Herzensbrecher«: besser brechen als gebrochenwerden.

Wichtiger als solch Geliebel mit langhaarigen Menschinnen, die man vielleicht lüstern begehrte und im Grunde verachtete, war die männliche Kunst der Musik. Die herrliche Meisterschaft jener

Jahre kulminiert in Violinkonzerten, fünf an der Zahl. Ein absoluter »Neuerer« ist Mozart nie – so mögen die Werke (K. 207, 211, 216, 218, 219) von Vivaldi, Viotti, Nardini und Tartini beeinflußt sein: in diesem Violin-Frühling bricht doch Mozarts strahlendstes Wollen hervor – der Wille zum Europäischen! Jene glückhafte Verschmelzung italienischen, deutschen, französischen Gutes. Fast noch höher möchte man die vier Klavierkonzerte stellen (K. 238, 246, 271, 242). Das C-Dur-Konzert war für Frau von Lützow geschrieben, das Es-Dur-Konzert war dem Besuch einer Künstlerin in Salzburg gewidmet, der großen Pariserin Jeunehomme; von allen Konzerten war es das schwerste: ein Beweis, wie richtig Wolfgang bei all seinen Unternehmungen die Fähigkeit der Ausführenden im voraus einzuschätzen wußte.
Die viele weltliche Musik, die er in jenen vier ruhigen Jahren schuf – es kamen Arien hinzu, die Mozart für auswärtige Künstler, die zu Besuch kamen, komponierte: wie *Ah, lo previdi* (K. 272) für die Pragerin Josefa Duschek – tat seiner Kirchenmusik keinen Abbruch. Man war eben doch im geistlichen Salzburg. Der Umsturz, den Erzbischof Colloredo in geistlichen Dingen vornehmen würde – er verlangte »Kurzmessen«! – kündigte sich in der Kirchenmusik vorläufig noch nicht zu heftig an. Daß man »Serenaden-Anklänge« in der *Credo-Messe* (K. 257) gefunden hat, mag hingehn. Die machtvoll herrliche Ausgestaltung des *Pange lingua glorioso* in der *Litanei vom Verehrungswürdigen Altarsakrament* (K. 243) zeigt, wie ernst es dem Jüngling war. Dann wieder rührt es uns, wie er sich fast liedmäßig der Maria nähert: das Graduale *Sancta Maria* (K. 273) war zum Feste Mariä Geburt komponiert. Gerade damals, im September 1777, bereiteten Wolfgang und seine Mutter die Reise nach Westdeutschland und Paris vor – von der nur einer zurückkehren sollte! So mochte das Herz ihm ahnungsschwer sein, obwohl eine »Oberstimme des Glücks« damals seine Handlungen regierte.
Eine Oberstimme des Glücks! Hören wir sie auch in den Sinfonien, der in C-Dur (K. 200), der in A-Dur (K. 201)? Sie sind so ferne vom Galanten wie sie es vom Empfindsamen sind. Sie versuchen »charakteristisch« zu sein. In geheimnisvoller Vollkommenheit – unfaßbar bei einem Jüngling der von seinem Nachfolger Beethoven und dem neunzehnten Jahrhundert nichts weiß – öffnen sich damals die tragischen Klüfte seiner ersten g-Moll-Sinfonie (K. 183). Eine zweite g-Moll-Sinfonie hat Mozart bekanntlich fünfzehn Jahre später (K. 550) aus einer gleichen Stimmung geschrieben.

In der ersten g-Moll-Sinfonie taucht eine Schwermut aus der Tiefe, die sich lange gesammelt haben muß. Durch einen Engpaß von Geigensynkopen drängt eine Oboenmelodie:

Gleich im vierten Takt erschreckt uns ein jäher »Sturz« wie von Roß und Reiter vom Es zum Fis. Dann wieder ein schwindelndes Empor aus der Verminderten Septime. Das Ganze nennt sich Allegro con brio. Doch das »hastige Klagelied in c-Moll« (Schiedermair) straft die mutvolle Bezeichnung Lügen:

Das Es-Dur-Andante, das nun kommt, hellt den Wolkenhimmel nicht auf. Erst im Menuett entsinnt sich Wolfgang, daß es auch Lieblichkeit gibt: ein Bläser-Trio versucht mit Glück die Welt in lichteren Farben zu malen. Aber dann führt der vierte Satz uns wieder zur Schärfe des Anfangs zurück: dieselbe Chromatik und die Synkopik, die Verminderten Septimen, jedes Dur kehrt sich in Moll. Die leidenschaftliche Klage der Streicher steigert sich über den Anfang hinaus. Keine versöhnliche *Coda* kommt, um dem Hörer Frieden zu geben.

Und diese jagende Melancholie schrieb Wolfgang nicht etwa im letzten Teil seines Salzburger Aufenthalts, sondern schon im ersten Jahr seit der Heimkunft aus Italien. Ein Beweis, daß unter den »vier ruhigen Jahren« sich von allem Anfang an ein Abgrund der Unruhe aufgetan hatte. Salzburg ist eine ruhige Stadt – aber an dem Heimgekehrten zerrten, aus einer nahen Ferne, doch München und Wien, die Opernstädte. Die Sänger und die Virtuosen, die Namen, brachten Kunde davon, Leopolds Ehrzeiz schien verwundet, wenn er hörte, wie anderswo Aufträge und Geld vergeben wurden. Und sein Sohn – war ihm vielleicht Salzburg genug? Wollte er hier ein Patriarch, ein zweiter Michael Haydn werden?

Allzu enges Zusammenleben fälscht und verzerrt die Urteile.

(Schon darum ist für einen Künstler das Leben in der Kleinstadt schädlich.) Der vortreffliche Michael Haydn, der »kleine Bruder« des großen Joseph, wurde von der Familie Mozart nicht immer richtig eingeschätzt. Als er aus ungarischen Diensten fünfundzwanzigjährig nach Salzburg kam, war es ihm beschieden, dort fast ein halbes Jahrhundert zu leben. Ein bedeutender Kirchenkomponist. Dem neu-neapolitanischen Stil hatte er zwar Floskeln entnommen, aber sein Herz gehörte der alten gregorianischen Musik – und Wolfgang konnte viel von ihm lernen: Das *Tedeum*, das der dreizehnjährige Mozart 1769 schrieb (K. 66 b), war, wie Hans Jancik erwiesen hat, Takt für Takt dem Großwardeiner *Tedeum* Michael Haydns nachgebildet. Neben hervorragenden Messen schrieb Michael Haydn noch Männerchöre. Er – und nicht der Berliner Zelter oder der Schweizer Nägeli – war der Erfinder des unbegleiteten vierstimmigen Satzes, der später auf die Romantiker, vor allem auf Felix Mendelssohn (»Wer hat dich du schöner Wald?«) so viel Einfluß haben sollte. Man sagte Michael Haydn nach, daß er, der gerne eins über den Durst trank, durch die Akustik des Peterskellers zu seinen Weisen angeregt worden sei ... Nun, Opernkomponist war er nicht – und seine Gelegenheitskompositionen für die theatralischen Aufführungen in der Salzburger Universität wie »Die Hochzeit auf der Alm« oder Dinge wie »Philemon und Baucis« wurden von Mozart schwerlich geschätzt. Wenn Haydn und sein Textdichter Pater Florian Reichsiegel, Antikes mit Salzburgischem mischend, etwa Alexander den Großen seinem Untertanen Philotas die beleidigte »Majestät« also exemplifizieren ließen:

Was?? Waist du, wer i bi?
I bi dai Möiästat,
i bi dai Kopf, du Hund!
Und du mißbrauchst mäi Gnad?

so konnte Leopold nichts weiter tun, als die linke Braue emporziehn und dieser Art von Bauernbarock den »Hier-kommen-die-Gebildeten«-Blick entgegenschleudern.

Nein, ein Salzburger Patriarch wollte Wolfgang keineswegs werden. Schon der vortreffliche Adlgasser hatte merkwürdig viel getrunken. Im Juni 1778 schwankte beim Orgelspiel im Dom, in Gegenwart des Erzbischofs, der Geistlichkeit und des Rektorats, Michael wie ein Volltrunkener, so daß er die Pedale verfehlte und sein Spiel unterbrechen mußte. Leopold weissagte damals: »*Haydn*

wird sich in wenigen Jahren die Wassersucht an den Hals saufen« – womit er freilich unrecht behielt.
Trinkt jemand, der glücklich ist, so viel? Doch selbst wenn Michael glücklich war: Wolfgang konnte es nicht sein, weil er Opernkomponist war und – mochte er es einstweilen nicht wissen – sein eigenes Theater so brauchte, wie später Wagner sein Bayreuth oder Giuseppe Verdi sein Mailand. In die vier »ruhigen« Salzburger Jahre kommt der jubelnd begrüßte Münchener Auftrag, für den Hof des Bayerischen Kurfürsten eine Oper zu schreiben. Es ist ein italienisches Textbuch von Calzabigi *La finta Giardiniera* (K. 196). Vorher hatte bereits Anfossi diesen Operntext komponiert und damit großen Erfolg errungen.
Nach Otto Jahn, dem klassischen Biografen des neunzehnten Jahrhunderts, hätte Mozart diesen Stoff niemals komponieren dürfen, weil er grenzenlos albern sei, »unverständig und verworren und die handelnden Personen fast sämtlich Karikaturen wären«. Demgegenüber fragt Ernst Lert, in seinem ausgezeichneten »Mozart auf der Bühne«, was daran so albern sei. Ein Graf, der seine Geliebte in Eifersucht verwundet hat, glaubt, er habe sie gemordet und flieht. Sie, eine Marchesa, geht als Gärtnerin verkleidet auf die Suche nach ihm, den sie niemals aufgehört hat zu lieben. Sie findet ihn mit einer schönen, stolzen Mailänderin verlobt; und er entdeckt in der Gärtnerin Sandrina betroffen das scheinbare Ebenbild der von ihm vermeintlich Ermordeten. Das gäbe die ganz ernsthafte Handlung einer *Opera seria,* wenn nicht eine üppige Flora von allerlei Buffo-Charakteren das Sichwiederfinden der beiden erdrückte. Mozarts Musik steht vollkommen auf der Seite der komischen Figuren. Später – als er im *Figaro* das Komische nicht mehr so komisch und das Tragische nicht mehr ganz tragisch nahm, weil er dem Leben abgelernt hatte, daß beides nur in Mischformen auftritt – hätte er so nicht mehr geschrieben. Wenn da irgend etwas ist, das auf den späteren großen Meister der *Opera semiseria* schließen läßt, so sind es die drei starken Finales. Das eine, in das sich Sandrina hineinstürzt, macht fast an der Schwelle des *Figaro* halt:

Sonst aber hat – und zwar ungewollt! – die Musik dieser *Gärtnerin aus Liebe* etwas Marionettenhaftes: Der Podestà, der hinter den Frauen her ist, die Kammerzofe Serpetta, die »Schlange«, oder Nardo, der Pulcinell, wir wünschten sie etwas menschlicher. Auch daß, zwecks reiner Bühnenwirkung, Menschen in diesem Stück wahnsinnig werden – um nämlich »Wahnsinns-Arien« zu singen! – hätte Mozart abstoßen müssen. Er war immerhin kein Donizetti, der seine Lucia di Lammermoor, als sie als Wahnsinnige daherkam, ungerührt mit Trillerketten und mit Koloraturen umwand. Man muß ein sehr großer Künstler sein, wie es Shakespeare im »Hamlet« war, um eine wahnsinnige Frau wie Ophelia zu zeigen. Mozart war es keineswegs, als er die *Giardiniera* schrieb. Etwas anderes, was uns beschäftigen darf – weit über den Wert der Musik hinaus –, ist die Berufswahl der Sandrina. Da es Mozart nicht gleichgültig war, welche »Figuren« er singen ließ, fesselte ihn höchstwahrscheinlich das Amt des im Garten tätigen Menschen. Der sinfonische Duft des Gartens, der im letzten Akt des *Figaro* eine so wichtige Rolle spielt, entsteigt in der *Finta Giardiniera* zum ersten Mal der Phiole Mozarts. Der Gärtner ist der Unterstützer der Natur und zugleich ihr Ordner. »Unter allen Künsten«, schreibt Heinse (1746–1803), »ist die Gartenkunst die nächste Verwandte der Tonkunst. Denn in ihr begegnen sich Schönheit und Ordnung.« Also das klassische Ideal, dem Mozart sowohl wie Goethe anhingen. (Mit bedenklicher Ausführlichkeit begibt sich ja in den ersten Kapiteln der »Wahlverwandtschaften« Goethe in Gartenbauprobleme hinein – ehe dann später die innere Lava seiner dämonischen Natur die »geometrische Klarheit« verschüttet.) Die Romantiker, wenige Jahre später, wußten nicht mehr, warum ein Garten, der geordnet ist, schön sein soll. Bei Eichendorff fängt die Schönheit an »... *Mit Gärten, die überm Gestein in dämmernden Lauben verwildern.*« »Verwildern« ist eines der Hauptworte bei Eichendorff. Bei Mozart aber verkleidet sich die Liebe noch als heilend-ordnende Gärtnerin.

Die Uraufführung am 13. Januar 1775 war ein Münchener Erfolg, den Salzburger Gäste miterlebten, die in die benachbarte bayerische Hauptstadt zum Faschingsfest gekommen waren. Auch der neue Erzbischof Colloredo kam herüber – weniger der Musik wegen, als sich vom Münchener Kurfürsten Artigkeiten sagen zu lassen über den jungen Salzburger, der in seinen Diensten stand. Denn immerhin war ja damals Wolfgang »Konzertmeister« beim Erzbischof. Daniel Schubart, der Württemberger, notierte über die

Musik: »Genieflammen zuckten da und dort«, aber das ruhige Altarfeuer, das in Weihrauchwolken gen Himmel steige, das sei noch nicht zu spüren gewesen. Immerhin: »Wenn Mozart nicht eine im Gewächshaus getriebene Pflanze ist, so muß er einer der größten musikalischen Komponisten werden, die jemals gelebt haben«.

Eher schon war solches Lob verdient, als Mozart, mehr als zwei Jahre später, *Il Re Pastore* (K. 208) aufführen ließ, den *Schäferkönig*, eine Oper mit jenen höfischen Charakteren, wie Pietro Metastasio sie in seinen Libretti lieferte. Alexander der Große tritt auf, der von dem Schäferkönig Amintas entweder die Preisgabe der Krone oder die der Geliebten verlangt. Aber schließlich – und wir sehn wie in Schillers »Bürgschaft« eine Träne in seinem Auge erglänzen (»Es ist Euch gelungen, Ihr habt das Herz mir bezwungen!«) – vereint Alexander die Liebenden. Das alles geschieht zu einer Musik, die nicht überwältigend, aber gut und würdig ist. Sie kommt aus jenem Italien, das Mozart auf den drei Reisen umwarb. Eine lyrische und heroische Kunst. Daß der Salzburger Hof – dessen sparsamer Fürst die Opernbühne abgeschafft hatte! – solch ein Werk bestellte, war fast ein Wunder: es kam daher, daß ein Sohn der Maria Theresia, der spätere Erzbischof von Köln, eines Tages durch Salzburg fuhr und gefeiert werden mußte. Das Hauptstück der Oper – sonderbar! – war die Ouvertüre, ein gedrungen dramatisches, einsätziges Stück. Sie zeigt die Sehnsucht, aus den Gelegenheitsarbeiten heraus in Verhältnisse zu gelangen, wo man »weiß, was eine Oper ist«.

Hat *Il Re Pastore* einen Stein an der Salzburger Kunstauffassung verrückt? Als der Erzherzog abgereist ist, braucht man keine Oper mehr. Wo braucht man Opern? In München, in Mannheim, in Wien, in Stuttgart, in Paris? Die vier Jahre sind vorbei – und nun scheinen es unerträgliche Jahre. Mit dem Euphorion des »Faust« mag Mozart sagen:

> Was soll die Enge mir?
> Bin ich doch jung und frisch!
> Winde, sie sausen ja,
> Wellen, sie brausen da.
> Hör ich doch beides fern –
> nah wär ich gern!

Er muß heraus! Auch der Vater will es. Und vor allem will es der Dämon in der eigenen unzufriedenen Brust.

Darstellung der »Mehlgrube« am Neuen Markt in Wien.
Hier wurde ein Teil von Mozarts Klavierkonzerten und Konzertarien zum ersten Mal aufgeführt.

Zeitgenössischer Scherenschnitt.

VIERTES BUCH

DAS UNGLÜCK MIT DEN MENSCHEN

Wie an dem Tag, der dich der Welt verliehen,
die Sonne stand zum Gruße der Planeten,
bist alsobald und fort und fort gediehen
nach dem Gesetz, wonach du angetreten.

GOETHE

Zunächst einmal sah es so aus, als ob beide, Vater und Sohn, wieder die Zugvögel spielen wollten. Da hieß es denn wohl ein Gesuch schreiben, ein Urlaubsgesuch – wie schon so oft.
Das war aber jetzt nicht mehr so einfach. Der gütige, alte Schrattenbach war schon vor fünf Jahren gestorben, und Hieronymus Colloredo hatte seinen Platz eingenommen. Er war nicht nur ein scharfer Herr, sondern ein sehr bedeutender Mann, den zu verkennen beiden Mozarts viele Schicksalsschläge eintragen sollte.
Graf Hieronymus Colloredo von Waldsee und Mels, der wie sein Vorgänger Schrattenbach den Titel »Primas von Deutschland« führte, stammte aus der böhmischen Linie des ursprünglich italienischen Hauses. Er war am Collegium Germanicum in Rom erzogen worden und hatte nicht nur Theologie sondern auch weltliche Gegenstände in reicher Fülle studiert. Finanz-, Berg-, Forst- und Landwirtschaft gehörten zu seinen Hauptinteressen. Bald sprachen seine Feinde davon, daß ihm die »geistlichen Obliegenheiten« seines hohen Standes nicht viel mehr als »Verlegenheiten« bedeuteten. Was vollkommener Unsinn war: er hatte nur eine andere Ansicht von der »Würde des Laientums« als andere geistliche Standesgenossen. Er glich in vielem dem jungen Kaiser, der sich, ebenso geliebt wie bemißtraut von seiner Mutter, in Wien darauf vorbereitete, eines Tages Alleinherrscher zu werden. Im kleinen Salzburg kündigte sich, noch ehe es eigentlich begann, das »Josefinische Zeitalter« an. Das Zeitalter der Aufklärung.
»Unter Aufklärung verstehn wir die bei jedem Kulturvolk auf der Höhe geistiger Reife mit Notwendigkeit einsetzende allmähliche Verdrängung der mythischen Vorstellungsweise durch rationales Denken und Forschen«, lesen wir im *Reallexikon für Antike und Christentum.* »Es ist der Versuch, das Weltgeschehen natürlich, ohne die Eingriffe von Göttern oder Dämonen, zu erklären. Dieses Sichklarwerden über die wirkliche Beschaffenheit der Dinge und ihren Kausalzusammenhang vollzieht sich auf drei Ebenen: der religiös-philosophischen, der naturwissenschaftlichen und der kulturgeschichtlichen – drei Gebieten, die aber vielfach ineinander übergreifen. Eigentümlich ist der Aufklärung die Polemik gegen das Hergebrachte und der Trieb zur Verbreitung der neuen Erkenntnisse« (Wilhelm Nestle).
Wie konnte nun ein Erzbischof ein Anhänger neuer Ideen sein? Widersprach das nicht seinem Amt? Wenn es sich als richtig erwies, daß Hieronymus Colloredo in seinem Arbeitszimmer eine

Büste des Philosophen Rousseau und sogar eine Voltaires stehen hatte, wie ließ sich das mit der Nachbarschaft der Heiligen vereinigen? Er hätte darauf erwidern können, daß er »das Christentum in Gefahr sah«, von der »Ratio« hinweggeschwemmt zu werden, wenn man nicht die Vernunftgrundlagen des Christenglaubens stärker betone. Gerade das Urchristentum hatte Wert darauf gelegt, daß der Gottessohn selbst der »Logos« sei. Der Märtyrer Justinus habe geäußert: »Alle, die bereits vor Christus mit dem Logos gelebt haben, waren Christen, wenn sie auch lange als Gottesleugner galten, wie unter den Griechen Sokrates. Unter allen Philosophen ist Sokrates der beste gewesen – denn er hat Homer und die Götter der Dichter verschmäht, dagegen die Menschen angewiesen, den unbekannten Gott mittels des Logos zu suchen und zu erkennen; er selbst hat Christus *zum Teil* erkannt, denn Christus ist die persönliche Erscheinung des Logos in jedem Menschen.« Auch die rheinischen Universitäten lehrten damals die zeitgemäße Identität von Christus und Logos. Stark beeinflußt vom Protestantismus, war auch das katholische Schrifttum in rationales Fahrwasser geraten. Theologische Fachblätter wie die »Würzburger Gelehrten Anzeigen«, die »Auserlesene Literatur für das Katholische Deutschland«, die »Oberdeutsche Literaturzeitung«, die »Mainzer Monatsschrift von Geistlichen Dingen«, sogar die »Wiener Kirchenzeitung« waren Organe der Aufklärung. So stand der Salzburger Erzbischof mit seinen Ideen nicht allein. Unheimlich war er lediglich seinen eigenen Klerikern.

Unheimlicher allerdings noch dem Volk. Wie die jahrelangen Reibungen zwischen dem geistlichen Landesfürsten und seinen Bistumkindern begannen, weiß man heut nicht mehr genau. Felix Adauctus Haselberger hat die Chronik der »Unmöglichkeiten« geschrieben, die der regierende Erzbischof seinen Bürgern zumutete. Da er selbst ein sehr fleißiger Mann war, ärgerte Hieronymus das Übermaß der Feiertage, die ja nun wirklich nicht nur so hießen – sondern an denen die Arbeit ruhte und die Wirtshäuser voll waren. Die nicht abreißenden Prozessionen, der teure Kerzen- und Blumenverbrauch in den Gotteshäusern störte ihn. Wie steckten die Leute die Köpfe zusammen, als Pater Florian Reichsiegel, ein sehr beliebter Kleriker, wegen »öffentlichen Wütens für eine vermehrte Marienverehrung« vom Erzbischof gemaßregelt und ins Kloster verwiesen wurde! Hatte man jemals davon gehört, daß durch Küssen von Heiligenbildern Gesundheitsschäden entstanden seien? Nun, der Erzbischof schien es zu glauben.

Fast immer drehte es sich um Dinge, die als alte Landessitte den

Leuten seit Urzeiten teuer waren, und die nun plötzlich durch einen Ukas abgeschafft wurden. Da war das Verbot des »Palmesels«. Zur dramatischen Darstellung des Einzugs in Jerusalem war im Mittelalter der Priester am Palmsonntag in die Kirche geritten, getragen von einer Eselin, vom Volke mit Hosianna begrüßt. Früh schon wurde das geändert, indem ein geschnitzter Palmesel aus Linden- oder Birnbaumholz mit einer Heilandsfigur darauf als »Pferd des Herrn Christus« in die Kirche gezogen wurde. Auch Leopold Mozart war dieser Brauch aus Augsburg vertraut, wo der heilige Ulrich im zehnten Jahrhundert ihn eingeführt hatte. Der religiöse Ernst des Palmsonntags ging im ganzen katholischen Deutschland im ausgelassenen Volkstrubel unter. Eselsfeste und Eselsreisen regierten den Sonntagnachmittag. Der Christusmann wurde abgenommen, Kinder erkletterten das Tier. In Bayern und Schwaben warf man Heubündel schon am Vorabend vor die Türen, an denen der Esel vorbeikommen mußte, um Seuchen und Viehsterben abzuwehren.
Der Erzbischof *schämte* sich dieses Brauchs. Es schien ihm ein Greuel, daß ein Tier, und sei es sogar ein nachgeahmtes, bei der Heiligen Messe anwesend sein solle. Daß bei der Pfingstandacht eine Taube ins Gotteshaus geworfen wurde, weil der Heilige Geist eine Taube sei, schien ihm vollends ärgerlich. Er wußte nicht, mußte es nicht wissen, daß vor 1500 Jahren die Kirche diese heidnischen Bräuche absichtlich beibehalten hatte. Doch etwas anderes wußte er: daß das Christentum einmal selbst eine »Religion der Aufklärung« gewesen war, die sich der mystischen Vielgötterei und der wahllosen Naturanbetung der Antike entgegengestellt hatte. Wieder einmal – glaubte Colloredo – tat »Reinigung der Geister« not.

Dem neuen Erzbischof war zunächst der den Salzburgern gar nicht willkommene Ruf eines sparsamen Mannes vorausgegangen. Mehr als hundert Jahre lang hatten die Salzburger Fürstbischöfe das Volk mit Augenweiden traktiert. Schaulust gehörte zum Barock. 1668 war der Erzbischof Max Gandolph von Kuenberg mit einem Reiterregiment und dreißig Prachtwagen eingezogen. Hieronymus Colloredo kam mit nicht mehr als neun Wagen an, und »es schien ein übles Omen« (Hans Jancik). Daß man aber sparen müsse, um die zerrütteten Finanzen des kleinen Staates in Ordnung zu bringen, das leuchtete den Bürgern nicht ein. Sparsamkeit ist eine Eigenschaft, die den ganzen Menschen durchdringt; die sich nicht nur in Gelddingen äußert. Erzbischof Hieronymus begann die Salzburger Kirchenmusik nach »Gesetzen der

Sparsamkeit« zu reformieren. Sie hatte ihm tatsächlich »zu viel Noten«; sie war ihm zu prunkvoll; vor allem zu lang. Wozu gab es so üppige Messen, dieses Aufgebot von Geigen und die teuren Solosänger? Wenn man in der Kirche die Schaulust bekämpfte, also zum Beispiel jeden Prunk bei der Fronleichnamsprozession verbot und die Zahl der Kerzen beschränkte, so mochte man auch die Hörlust dämpfen.

In seinem eigenen Haushalt war Leopold Mozart durchaus sparsam – aber Sparsamkeitsprinzipien in den Gottesdienst einführen? Das erregte in ihm den Widerwillen des typischen Barockmenschen: Gott war nicht geizig, als er die Welt schuf – so sollte man auch mit dem Dank nicht knausern! – War dieser Erzbischof, dem man diente, vielleicht ein »Krypto-Protestant«? Mit der gefährlichen Überzeugung, daß Gott des Prunkes nicht bedürfe, hatte ja einst der Bildersturm in den Niederlanden begonnen, jene grauenhaften Gewalttaten gegen Gemälde, Statuen und juwelenbesetzte Reliquienschreine. Unvorsichtig, wie Leopold war, teilte er sicher seinem Sohne seine Zukunftsbefürchtungen mit. Was er schwatzte, wurde dann wohl durch Feinde dem Erzbischof zugetragen – und Leopold durfte sich nicht wundern, wenn ihm bei der Stellenbesetzung andere, vielleicht geringere Künstler weiterhin vorgezogen wurden.

Daß Leopold nicht avancierte, hatte freilich noch andere Gründe. Nicht etwa, daß Domenico Fischietti und Lolli Italiener waren, machte sie geeigneter –, sondern daß sie, unehrgeizig, dem Erzbischof die Gewißheit gaben, sie würden ihre Stellung nicht nur als Ferien-Sinekure mißbrauchen und fortgesetzten Urlaub verlangen! Daß, wie man manchmal lesen kann, Erzbischof Hieronymus Wolfgang von Anfang an mißwollte, ist unrichtig. Sonst hätte er nicht seinem jungen »Konzertmeister« ein kleines Jahresgehalt ausbezahlt, wo doch Erzbischof Schrattenbach sich dereinst mit der unbezahlten Titelverleihung begnügt hatte.

Die Reformen der Kirchenmusik, die der Erzbischof anstrebte, ließen sich zunächst seltsam an. In der russisch-orthodoxen Kirche sind bekanntlich die Geigen verboten, weil das höchste Wesen rein geistig ist und nicht durch eine Materie wie den Schafdarm angesprochen werden darf. Aus diesem Grund werden auch Holz und Metall in der östlichen Kirche nicht zugelassen. Die menschliche Stimme ist es allein, mit welcher der Russe Gott loben darf. Wenn Hieronymus hauptsächlich Messen gefielen, in denen Bläser- und Orgelklang »der menschlichen Stimme am nächsten kamen«, so wußte man freilich niemals ganz, wo die vorhandenen

geistigen Gründe sich mit solchen der Sparsamkeit überdeckten. Jedenfalls bestimmte der Erzbischof, daß die langen Fugen am Schluß von Gloria und Credo wegfallen sollten und auch ein feierliches Hochamt viel kürzer sein müsse als bisher. Mehr tat er im Grunde der Messe nicht an, dieser »Erzbischof der Aufklärung« – es war töricht, sich darüber aufzuhalten. Solche Reinigungen des Gottesdienstes hatten sich seit Palestrina immer wieder ereignet und sollten im neunzehnten Jahrhundert durch den deutschen »Cäcilienverein« später noch große Bedeutung erlangen.
Ein Mann wie Michaël Haydn kam mit den kirchlichen Kompositionswünschen des neuen Erzbischofs trefflich aus. Obwohl gerade er dem Volksempfinden viel verhafteter war als Leopold Mozart. Wahrscheinlich reizte es Haydn sogar, dem Geschmack des neuen Herrn zu folgen und längs der »gewünschten Sparsamkeitsregeln« zu experimentieren. Das Experiment war bekanntlich eine Lust seines großen Bruders Joseph Haydn – und wer weiß, ob der andere, Michael, nicht auch davon abbekommen hatte! Leopold Mozart aber war durch Colloredos »Ordonnanzen« nur in unkluger Weise verletzt. Jedenfalls fühlte auch sein Sohn sich als Messekomponist behindert: ihn bedrückte der Salzburger Kirchenstil, der, wie er in einem vorsichtigen Brief an Padre Martini nach Bologna schrieb, »sehr verschieden sei von dem in Italien, und das um so mehr, als eine volle Messe mit Kyrie, Gloria, Credo, der Epistel-Sonate, dem Offertorium, dem Sanctus und dem Agnus Dei, wenn der Fürstbischof sie zelebriert, nicht länger dauern dürfe als dreiviertel Stunden«. Wenn Alfred Einstein hier glaubt, daß es dem Erzbischof zu mühselig gewesen sei, so lange am Altar zu stehen, so sieht er die Sache wahrscheinlich zu einfach. Bei allem, was Colloredo tat, wirkten Kulturüberzeugungen mit. Ein Psychologe war er wohl auch: vielleicht glaubte er, daß bei der bekannten Schwäche des menschlichen Konzentrationsvermögens die »Länge« jeglicher Andacht schadet. Es gibt eine »Zerstreuung durchs Ohr«, wie es eine durch das Auge gibt ... Wolfgang aber war als Künstler getroffen. Die Zahl seiner Einfälle war unendlich; und er selbst ermüdete nie. Warum also hätte er glauben sollen, daß er die andern ermüden werde? Hier kündigte sich ein zunächst noch feiner, aber entscheidender Gegensatz zwischen Wolfgang und dem Erzbischof an. Wenn er schließlich tut, »was der Herr verlangt«, so geschieht es oft mit geheimem Hohn. Er stutzt die Länge der Messen zu, daß sie wirklich »Kurzmessen« werden. Nicht verboten aber kann ihm ein »Bauen noch oben und unten« werden. Was die Messen an »konzertantem Stil« verlieren,

das gewinnen sie an kühner, kontrapunktischer Schreibart. Und so wurde Wolfgang schließlich von der barocken Klanglust fort zu einem »gotischen Stil« gedrängt, der ihm nicht geschadet hat. Sechs Jahre später, als er längst mit dem Erzbischof gebrochen hatte, und für immer in Wien lebte, wurde neben dem Salzburger Dom öffentlich ein Pasquill angeschlagen, in dem »Ordonnanzen« Colloredos für den Palmsonntag nachgeäfft wurden: es würde ein tragisches Schauspiel aufgeführt werden: »Die ... beim Scheine von 12 Kerzen ... sparsame und wenigstens dem äußerlichen Scheine nach ganz erkaltete Liebe gegen das allerheiligste Altargeheimnis«. Den Beschluß aber würde ein großes Ballett nach dem neuesten Geschmack machen, unter dem Titel: »Aufklärung und Menschenliebe auf dem Papier«, vorgestellt von den Hohepriestern, Pharisäern und Schriftgelehrten der alten und der neuen Zeit, wobei der Sekretär und Souffleur der Theatergesellschaft als Judas Ischarioth mit der Göttin Proserpina einen Pas de Deux tanzen wird. Das Ballett werde in einem »mit allen aus den Gotteshäusern verbannten Blumenbüschen und als überflüssig befundenen Kirchenprunke ausgezierten Saale gespielt werden«. Unzweifelhaft hat auch Leopold Mozart, der korrekte Musikbeamte, das Pamphlet gelesen, um das damals, im März 1783, die Salzburger Bürger herumstanden. Er hat aber – vorsichtiger geworden! – seinem Sohn darüber nichts mehr geschrieben. Seinem Sohn, dem Autor der »Entführung«, der den Salzburger Glaubensstreitigkeiten damals bereits entwachsen war.

BANGE ABSCHIEDSSTUNDE

Aber soweit sind wir noch lange nicht.
Vorläufig schreiben wir den Juni 1777, als Leopold für sich und den Sohn um Urlaub einkommt. Dieser Urlaub wird ihm ungnädig abgeschlagen. Schließlich willigt der Erzbischof ein, den Sohn allein abreisen zu lassen. Im Gegensatz zum Vater, der ein Vizekapellmeistergehalt bezieht, steht Wolfgang doch nur »halb im Dienst«. Dann tut die Erlaubnis ihm wieder leid. So schreibt denn Mozart anstatt des Urlaubs- ein definitives Abschiedsgesuch, in dem man die Hand des Vaters erkennt. Er selber hätte diese Gründe schwerlich so fein summieren können:

»Gnädigster Landesfürst und Herr! Die Eltern bemühen sich, ihre Kinder in den Stand zu setzen, ihr Brot für sich selbst gewinnen

zu können. Und das sind sie ihrem eigenen und dem Nutzen des Staates schuldig. Je mehr Kinder von Gott Talente erhalten haben, je mehr sind sie verbunden, Gebrauch davon zu machen, um ihre eigenen Umstände zu bessern, ihren Eltern beizustehn, und für ihr eigenes Fortkommen und für die Zukunft zu sorgen. Diesen Talentenwucher lehrt uns das Evangelium. Ich bin demnach vor Gott in meinem Gewissen schuldig, meinem Vater, der alle seine Stunden ohnermüdet auf meine Erziehung verwendet, nach meinen Kräften dankbar zu sein, ihm die Bürde zu erleichtern und nun für mich und dann auch für meine Schwester zu sorgen, für die es mir leid wäre, daß sie so viele Stunden am Flügel sollte zugebracht haben, ohne nützlichen Gebrauch davon zu machen.
Euer Hochfürstliche Gnaden erlauben mir demnach gnädigst, daß ich Hochdieselben untertänigst um meine Dienstentlassung bitte. In tiefster Untertänigkeit danke ich für alle empfangenen Höchsten Gnaden, und mit der schmeichelhaften Hoffnung, Euer Hochfürstlichen Gnaden in meinen mannbareren Jahren mit mehr Beifall dienen zu können, empfehle ich mich zu Höchsten Hulden ...« und so weiter ... und so fort ...

Es war ein sehr submisses Gesuch – doch trotzdem kaum die richtige Art, diesen neuen Landesfürsten, einen Mann höchst schwieriger Art, so mit der Bibel in der Hand zu belehren.
So schrieb er denn zwar sein »Bewilligt!« darunter. Doch mit kaustischem Hohn fügte er hinzu: »Vater und Sohn haben die Erlaubnis, nach dem Evangelio ihr Glück anderswo zu suchen.«
Der Schreck für Leopold war nicht gering. Er sorgte dafür, daß seine Entlassung wieder zurückgenommen wurde. Aber Wolfgang war frei – und das war schrecklich. Ein »Kind« – er meinte mit diesem Kind seinen einundzwanzigjährigen Sohn – sollte allein umherreisen?
Ein Kind ohne jede Menschenkenntnis (hier hatte er leider freilich recht), das wahrscheinlich seine Musik verschenken würde, das überall weidlich ausgenützt werden würde? Er sah Wolfgang schon im Schuldturm oder in Gott weiß welchem Elend, in die fürchterlichsten Affären verstrickt. Und nun geschah wohl das Seltsamste: diesem unselbständigen Jüngling wurde die Mutter mitgegeben, eine gute, nachgiebige, wenn auch in der Liebe scharfblickende Frau. Sie kannte Wolfgangs Schwächen sehr gut, und war doch unfähig, ihnen zu steuern.
Auf dieser Reise, allerdings, sollte Wolfgang »sehend« werden. Er sollte die Menschen kennenlernen. Und so war sein Unglück

zu etwas gut. Wie hätte er ein Dramatiker, und der größte seit Shakespeare, werden können, ohne etwas von den wahren Beweggründen der Menschen zu wissen?
Vorläufig packte er Berge von Noten, sah sich, wie einst in der Wunderkindzeit, von Chimären des Glückes und Glanzes umgeben. Dem Vater war allerdings anders zumute. Als er mit tränenverschleiertem Blick von beiden Abschied genommen hatte, begann er gleich einen Brief zu schreiben – nein, er schrieb ihn zwei Tage später – der etwas Erschütterndes hat:

»Nachdem Ihr abgereist, ging ich sehr matt über die Stiege und warf mich in einen Sessel nieder. Ich habe mir alle Mühe gegeben, mich bei unserer Beurlaubung zurückzuhalten, um unsern Abschied nicht schmerzlicher zu machen. Und in diesem Taumel vergaß ich, meinem Sohn den väterlichen Segen zu geben. Ich lief zum Fenster und gab ihn solchen Euch beiden nach, sahe Euch aber nicht beim Tor hinausfahren, und wir mußten glauben, Ihr wäret schon vorbei, weil ich vorher lange dasaß, ohne auf etwas zu denken. Die Nannerl weinte ganz erstaunlich, und ich mußte mir alle Mühe geben, sie zu trösten. Sie klagte über Kopfweh und Grausen im Magen, endlich kam ihr ein Erbrechen und sie spie tapfer, band sich den Kopf ein, legte sich ins Bett und ließ die Fensterläden zumachen. Der betrübte Pimps lag zu ihr. Ich ging in mein Zimmer, legte mich aufs Bett, las in einem Buch, beruhigte mich und schlummerte ein. Der Hund kam, ich wurde wach. Ich stand auf, nahm meinen Pelz, fand die Nannerl in tiefem Schlaf und sah auf der Uhr, daß es halb ein Uhr war. – Den Abend war die Nannerl gesund und hungrig, wir spielten Piquet, dann gingen wir in Gottes Namen schlafen. So verging dieser traurige Tag, den ich in meinem Leben nicht zu erleben glaubte.«

Mit diesem Brief eines bangen Herzens – er ist nach München adressiert – kreuzt sich ein fröhlicher des Sohns, der aus Wasserburg am Inn kommt:

»Viviamo come i Principi. Wir leben wie die Fürsten hier. Uns gehet nichts ab als der Papa, je nu, Gott wills so haben. Es wird noch alles gut gehen. Ich hoffe, der Papa wird wohlauf sein ... Ich bin der anderte Papa. Ich gieb auf alles acht. Ich habe mir auch gleich ausgebeten, die Postillionen auszuzahlen, denn ich kann doch mit die Kerls besser sprechen als die Mama ... Wir bitten alle zwei, der Papa möchte Achtung geben auf seine Ge-

sundheit. Brav lachen und lustig sein und allzeit mit Freuden, wie wir, gedenken, daß der Mufti Hieronymus Colloredo ein Schwanz, Gott aber mitleidig, barmherzig und liebreich seie. Ich küsse dem Papa tausendmal die Hände, und umarme meine Canaglie von Schwester so oft, als ich heut —« Nun, man muß ja nicht alles drucken; jedenfalls schließt er den Satz so: — »*... als ich heut schon Toback genommen habe.«*

»MONACO DI BAVIERA«

München scheint ihm zu jubilieren. Die Septembersonne tuscht Glanz auf alle jene Bauwerke, die er seit seiner Knabenzeit kennt: die barocken Kirchen und Schlösser, die wehend-gedrehten Steinfiguren, die sich in den Gärten erheben, die bärtigen Giganten, die Prunkfenster und Gesimse stützen. Vor allem aber träuft die Sonne auf Francois Cuvilliés' Hoftheater. Leben die Münchener wirklich in München? Es scheint eher *Monaco di Baviera.* Denn hier herrscht der Intendant der »Musik und Spektakeln«, Joseph Anton Graf Seeau. Ein deutscher Name, aber er trägt sich wie ein »vollkommener Italiener«. Seit Kurfürstin Adelheid von Savoyen, die Gemahlin des Kurfürsten Ferdinand, die italienische Oper einführte und den staunenden Münchnern das erste *dramma per musica* zeigte, sind 125 Jahre verflossen — aber eigentlich hat sich nichts geändert. Wenn eine junge Münchnerin, die viel konnte, die Bretter betrat und sie zufällig Rosa Schwarzmann hieß, nannte der Theaterzettel sie besser Signora Bavarese ... Aber unter dieser spröden italienischen Glasur revoltierte oft genug der bayerische Nationalcharakter, der dem salzburgischen nicht ganz unähnlich war. Je nach Laune wurde er von Wolfgang deshalb bald geliebt, bald gehaßt. Der fein parlierende Graf Seeau hatte am Biertisch einmal gewettet — doch bestimmt nicht in italienischer Sprache —, daß ein Münchener Lohnkutscher in zwölf Stunden von München nach Augsburg und zurück fahren könne, und er gewann. Prompt ließ der Graf nach dem zweiten Akt den Bühnenvorhang hochgehen und präsentierte in eigener Person dem Kurfürsten und dem Publikum die todmüden Rosse, den schwitzenden Knecht. »Der Kurfürst wälzte sich vor Lachen, das Publikum klatschte und warf dem Knecht bayerische Taler auf die Bühne«, erzählte später der Schauspieler Beck in seinen Memoiren.

Er ist noch kaum einen Tag in München, da geht Wolfgang schon zum Intendanten. In seinem momentfotografischen Stil berichtet er es dem Vater:

»Es war so. Ich ging ins Haus hinein und Madame Niessner, die Komödiantin, ging just heraus und fragte mich: ›Sie wollen gewiß zum Grafen?‹ ›Ja.‹ ›Er ist noch in seinem Garten. Gott weiß, wenn er kömmt.‹ Ich fragte sie, wo sein Garten sei. ›Ja‹, sagte sie, ›ich habe auch mit ihm zu sprechen, wir wollen mitsammen gehn.‹ Kaum waren wir vors Tor hinaus, so kam uns der Graf entgegen und war etwa zwölf Schritt von mir, so erkannte er mich und nannte mich beim Namen. Er war sehr höflich. Er wußte schon, was mit mir vorgegangen ist. Wir gingen ganz allein und langsam die Treppe hinauf. Ich entdeckte mich ihm ganz kurz. Er sagte, ich sollte nur schnurgerade bei Seiner Kurfürstlichen Durchlaucht Audienz begehren. Sollte ich aber im Fall nicht zukommen können, so sollte ich meine Sache nur schriftlich vorbringen. Ich bat ihn sehr, dies alles still zu halten, er versprach es mir. Als ich ihm sagte, es ginge hier wirklich ein rechter Kompositeur ab, so sagte er: ›Das weiß ich wohl!‹«

Vorher hat er noch geschrieben:

»Ich bin immer im schönsten Humor. Mir ist so federleicht ums Herz, seit ich von der Salzburger Chikane weg bin! Ich bin auch schon fetter ...«

Binnen drei Tagen will er zugenommen haben. So wirkt denn – wenigstens drei Tage – Vater Leopolds Diplomatie nach. Alles soll vorsichtig und geheim sein. Denn sonst ruft man ja die Gegner und Konkurrenten auf den Plan. Doch vielleicht war diese Diplomatie falsch? Wer sich nicht in Szene setzt, wird wiederum auch nicht beachtet. Graf Seeau ist lau. Die Tage vergehen, und jeder Tag nagt am Reisegeld. Wenn man in München bleiben könnte, vielleicht ein Jährchen oder zwei, würde man sich durchsetzen und sicherlich engagiert werden. Doch wie soll das finanziert werden? Der Gastwirt Albert, bei dem er wohnt und dem er gefällt, hat ein Projekt: Er will zehn Freunde zusammenbringen, die monatlich zehn Dukaten spendieren: das wären jährlich sechshundert Gulden. Wenn nun – vor der festen Anstellung! – der Graf Seeau, was er doch könnte, noch zweihundert Gulden dazugeben wollte, wären es achthundert Gulden, und davon würde man leben können... Hirngespinste! Der Bischof von Chiem-

see, ein Fürst Zeill, ist ihm gut, läßt sich vorspielen und tröstet ihn: es werde schon gehn! Es geht aber nicht, und vor allem kommt es zu keiner wirklichen Audienz beim Kurfürsten Max Emanuel. Dem Vorübergehenden tritt Mozart gleichsam in den Weg. Er hat das sehr genau geschildert:
»Euer Kurfürstliche Durchlaucht erlauben, daß ich mich untertänigst zu Füßen legen und meine Dienste antragen darf.«
»Ja, völlig weg von Salzburg? Völlig weg?«
»Ja, Euer Kurfürstliche Durchlaucht.«
»Ja, warum denn, häbts enk z'kriegt?«
Ob er sich mit dem Erzbischof von Salzburg vielleicht zerschlagen habe? Große Herren können's nicht leiden, wenn derlei im Nachbarhause passiert. So beeilt Mozart sich, zu erwidern:
»Ei beileibe, Euer Durchlaucht! Ich hab' nur um eine Reise gebeten, er hat sie mir abgeschlagen. So war ich gezwungen, den Schritt zu machen; obwohl ich schon lange im Sinn hatte, wegzugehn. Denn Salzburg ist kein Ort für mich.«
Der Fürst, den das alles nicht sehr interessiert, sieht Wolfgang an, erinnert sich, daß er einen Vater hat, der in hoher Achtung steht, und wird für ein paar Sekunden wärmer: »Mein Gott, ein junger Mensch! Aber der Vater ist ja noch in Salzburg?«
»Ja, Euer Kurfürstliche Durchlaucht, er legt sich untertänigst zu Füßen.« Und, im zerstreuten Blick des andern lesend, daß der Kurfürst jetzt fort will – denn er muß auf die Jagd, die Schnepfen warten auf den Abschuß, morgen ist der 1. Oktober und vorher muß er noch die Messe hören, – schnurrt Wolfgang, der dies alles merkt und weiß, daß der Kurfürst obendrein ein großer »Italianissimo« ist, rasch herunter: »Ich bin schon dreimal in Italien gewesen, habe drei Opern geschrieben, bin Mitglied der Akademie in Bologna, habe müssen eine Probe ausstehn, wo viele Maestri vier bis fünf Stunden gearbeitet und geschwitzt haben, ich hab' es in einer Stunde verfertigt: das mag zum Zeugnis dienen, daß ich imstande bin, einem jeden Hofe zu dienen. Mein einziger Wunsch ist aber, Euer Kurfürstlichen Durchlaucht zu dienen, der selbst ein großer ...«
Doch zur großen Schmeichelei kommt es gar nicht. Denn der Kurfürst unterbricht: »Ja, mein liebes Kind, es ist keine Vakatur da. Mir ist leid. Wenn nur eine Vakatur da wäre!«
»Ich versichere Euer Durchlaucht, ich würde München gewiß Ehre machen.«
»Ja, das nützt alles nichts. Es ist keine Vakatur da.«
»Dies sagte er gehend« – schreibt Wolfgang nach Hause – *»so*

empfahle ich mich zu Höchsten Gnaden . . .« Keine Vakanz, keine Vakatur, es wird, wie wir zu fürchten beginnen, das Leitmotiv der Reise sein. Aber ein romantischer *spell,* eine Verhexung ist es nicht. Leopold, dem es heimlich das Herz bricht, als er diese Geschichte hört, weiß, daß »der Kurfürst *gebunden* ist, ohne Vakatur niemand aufzunehmen«. Wolfgang selbst überwindet die Enttäuschung schnell. Seiner Natur entsprechend fährt die Geschichte ihm etwas in die Gedärme, so daß er nach Salzburg von dieser Historie bereits als einer »Schistorie« berichtet . . .

— — Nein, es ist wirklich keine Verhexung, und kein »romantischer Feind« verfolgt ihn. Am wenigsten ein »Italiener« . . . Aber er hat eben noch vom *»Welschland-Paroxysmus«* geschrieben — und so muß der Vater ihn trösten. Die Italomanie, schreibt er, gäbe es fast nur noch in München:

»In Mannheim ist schon alles deutsch, nur ein paar Kastraten ausgenommen. In Trier beim Kurfürsten Prinz Clemens von Sachsen ist nur noch der Maestro Sales: das übrige ist deutsch. In Mainz ist alles deutsch. In Würzburg ist nur der Signor Fracassini, ein Violinist und jetzt wohl gar der Kapellmeister, und das wegen seiner deutschen Frau, einer Sängerin und Würzburgerin. Bei allen kleineren . . . Fürsten sind gar keine Welschen mehr.«

Ganz überzeugend klingt das nicht. Sein Leben lang war Leopold Mozart weit mehr gejagt von »Gruppenverdächten« als sein harmlos-vertrauender Sohn. Wenn's nicht die »Italiener« waren, die sich zusammengerottet hatten, waren es die »Protestanten« oder die »Weiber« oder sonst wer . . .

KLASSISCHES UND ROMANTISCHES UNGLÜCK

Wohl die größte Konzentration des romantischen Schicksalsbegriffs gelang im neunzehnten Jahrhundert einem Meister, der selbst kein Romantiker war. In Offenbachs Oper *Hoffmanns Erzählungen* — einem kaum zu überschätzenden Kunstwerk — wird »romantisches Unglück« dargestellt. Der Held, der Dichter E. T. A. Hoffmann, erlebt als Erzähler dreimal sich selbst auf der Bühne. Im ersten Akt verliebt sich Hoffmann in die Puppe Olympia, ohne zu wissen, was sie ist: sie zerbricht in seinen Armen. Im zweiten Akt hat sich die Puppe in die Courtisane Giulietta verwandelt. Venedig girrt von Liebe und Lauten. Hoffmann aber kommt nicht ans Ziel: ein Nebenbuhler entführt die Geliebte. Im dritten Akt verliert er Antonia, die schwindsüchtige Sängerin. Sie stirbt, als ein Wunderdoktor eindringt und ihr das vom Vater verbotene todbringende Singen anbefiehlt . . .

Das nun ist »romantisches Unglück«. Hoffmann selbst ist vollkommen schuldlos an dem unglücklichen Ende seiner Liebesbeziehungen. Dreimal ist es ein Zauberwille, an dem Sehnsucht und Erfüllung zerbrechen. Der böse Blick eines »Gegenspielers« ist schuld, der »Schadenslustige«, dessen Gründe wir nicht erfahren. Eben der »romantische Feind«, an den der Dichter Hoffmann selbst glaubt. Viele seiner Novellen zeigen diesen irrationalen Feind: Offenbach und sein Textdichter Barbier haben nicht mehr an ihn geglaubt — doch haben sie eine vollkommene und beklemmende Oper geschaffen.

Mozarts Unglück ist nicht romantisch. Es ist ein klassisch-tragisches. Es liegt zunächst in seinem Charakter; ferner in seiner Erziehung, womit ein Teil der »tragischen Schuld« sich auch auf seinen Vater ausdehnt, drittens in den Umständen, die aber *wirkliche* Umstände sind. Wenn im dritten Akt von Offenbachs Oper plötzlich Doktor Mirakel eindringt, um Antonia zu verderben, so ist das durchaus kein »wirklicher Umstand«. Denn Mirakel und seine Vorgänger Dapertutto und Coppelius sind ja nichts als Ausgeburten eines neurotischen Dichterhirns und haben niemals existiert. Im Leben Mozarts aber gab es höchst »unromantische Umstände«, die seinen Interessen entgegenstanden, und die er durch Zähigkeit und Geduld hätte aus der Welt schaffen müssen. Daß sein Charakter ihn hinderte, diese wirklichen Umstände auch nur zu *erkennen*, geschweige sie unwirksam zu machen, das war sein »klassisch-tragisches Unglück«.

Er gehörte zu den »kurzwilligen« Menschen. Deren Unternehmungen sind *con brio* angesetzt, voller Phantasie und Mut — doch beim geringsten Widerstand verlieren sie bereits an Kraft. Wohl vibriert der Wille noch etwas; dann lischt er aus. Mit »Mutlosigkeit« hat das alles nichts zu tun. Wolfgang ist nie mutlos gewesen. Nur »kurzwillig«. Nie saß er lange vor einer Tür, um geduldig auf Einlaß zu warten. Öffnete die Tür sich nicht gleich, so wurde er nervös und ging fort. Da er an sein Talent glaubte — wie hätte er daran nicht glauben sollen —, glaubte er, daß eine andere Tür sich jeden Augenblick auftun würde, um ihn ins Haus des Erfolges zu lassen. Was er nicht bedachte, war, daß man zäher anklopfen müsse und daß Wartenkönnen zur Kunst gehört. — Wenn ihm in jenen Münchener Wochen etwa ein Geist erschienen wäre

und ihm gesagt hätte: »Warte noch! Der Kurfürst, der da auf die Jagd geht, hat nicht mehr ein volles Jahr zu leben! Er stirbt kinderlos. Der bayerische Staat und die bayerische Kunst werden einem anderen gehören. Bleib hier, und in der Zwischenzeit breite alle deine Fühler aus ...« Doch solche Geister gibt es ja nicht.
Im Gegensatz zu Wolfgang ist Leopold stets ein »Langwilliger« gewesen. Wie unnervös sind seine Planungen! Ob es die *Violinschule* galt oder die Reisen seiner Kinder, als die beiden noch Kinder waren! Jetzt muß er – obwohl er im Innersten weiß, daß Wolfgangs Lebenstempi falsch sind – die Reiseeile gar noch unterstützen. Ist es doch auch eine Geldfrage. Da Wolfgang ihn, den Impresario, nicht an seiner Seite hat, und er selbst nicht die richtige Hand besitzt, um Konzerte zu organisieren, wird der Ertrag mager ausfallen ... Das weiß der Vater im voraus und sorgt sich. Überhaupt hat sich mit dieser Reise auch für Vater Leopold eine tragische Zukunft aufgetan. Sein Sohn hat nur der Vervollkommnung seiner eigenen Kunst gelebt. Alle selbständigen Entschlüsse hat ihm der Vater abgenommen. Jetzt muß er ihn aus der Ferne »steuern«. Freiheit? Er kann sie ihm nicht lassen, denn Wolfgang ist – dank Leopolds Schuld – unfähig, von ihr Gebrauch zu machen. Aber kann man denn aus der Ferne jeden Schritt überwachen und beraten? Wir würden Leopolds Intelligenz und Lebenskenntnis falsch einschätzen, wenn wir ihm nicht zubilligten, daß er die Sisyphusarbeit kennt, die er da auf sich genommen hat. Bewunderungswürdig bleiben die Briefe, die er in die Ferne schreibt – aber er mutet sich etwas zu, was kein Sterblicher ausführen kann. Bange Briefe, energische Briefe. Die sich mit Kraft in die Waagschale werfen, oder solche unendlicher Geduld. Aber sie können ihn selbst nicht ersetzen – können Ort und Zeit nicht überbrücken, um die Berufsentscheidungen, die Wolfgang, der »Improvisator seines Lebens«, trifft, rechtzeitig zu beeinflussen.

AUGSBURG

Als ob das Leben zeigen wolle, womit es künftig knausern wird, nimmt jetzt Augsburg die beiden Reisenden auf. Ein Stückchen »fahrenden Rittertums«, mit den Freuden der Donquichotterie, wird freilich zunächst auch noch dabei sein.
Wie der Augsburger Fremdenzettel vom 11. Oktober zu melden weiß: »Madam Mozart nebst Herrn Sohn, kommen mit der Post von Salzburg, logieren hier zum Weißen Lamm ...« Als sie noch

in München waren, hat Vater Leopold bereits mit strategischer Gründlichkeit durch seinen Augsburger Geschäftsfreund Johann Christof Glatz zwei Zimmer im »Weißen Lamm« belegen lassen. Das ist ein ausgezeichneter Gasthof, darin später einmal auch Goethe gewohnt hat – und zu Leopolds Bruder Franz Alois (wo des Vaters Briefe und Weisungen lagern) ist's ebenfalls nur ein Katzensprung in die Jesuitengasse.

Aber wenn's in der Münchener Residenz Wolfgang nicht gut ergangen ist, der Patrizialstolz der Augsburger zuckt erst recht über ihn die Achseln. Sind Künstler nicht eigentlich Tagediebe? Die bürgerlichen Kaufherren – manche auch haben ein »von« im Namen – können sich nicht recht vorstellen, daß ein Künstler wirklich »arbeitet«. Sie selber haben sich in ihrer Jugend ziemlich hart mit den Geldern gequält und ihre Risiken getragen. Aber Klavierspielen, Blasen, Geigen – solche Tisch- und Abendunterhaltung – ist das eine respektable Arbeit? Und hoch über dieser Kaufmannschaft, von der die Künstler verachtet werden, schwebt gar noch die Stadtregierung mit dem ihr eigenen Standesstolz. Das sind Akademiker, Juristen, wie der Stadtpfleger Wilhelm Benedikt von Langenmantel, die ihre Nase wolkenhoch tragen.

Zum Herrn Bürgermeister also bringt der Buchbindermeister Franz Alois Mozart am nächsten Morgen seinen Neffen. Nun geschieht etwas Erstaunliches. Wolfgang wird dienernd hereingeführt, während Franz Alois draußen stehnbleibt. Warum aber? Auf Leopolds Wunsch – dem Wolfgang einstweilen noch blind gehorcht – hat er sein Ritterkreuz angelegt, den päpstlichen Orden vom Goldenen Sporn. Während der arme Buchbindermeister draußen wartet wie ein Lakai, beginnt Wolfgang drinnen langsam zu sieden. Sein Herz regt sich. Er haßt den Adel, seinen eigenen und jeden Adel. Denn »die Verdienste machen den Mann«. Seine schlechte Laune steigert sich noch, als der Stadtpfleger von Langenmantel den vornehmen Fremden (von dem er sich nun also doch eine kleine musikalische Unterhaltung verspricht?) in den zweiten Stock des Hauses führt, wo Wolfgang jetzt *»die Ehre hat, in Gegenwart des gestarzten Herrn Sohns und der langhachsigten gnädigen jungen Frau und der einfältigen alten Frau Stadtpfleger eine Dreiviertelstunde auf einem guten Klavichord zu spielen ...«* Und noch immer wartet der arme Onkel? Aber mit dem jungen Esel Alois Karl von Langenmantel muß man sich anscheinend verhalten: ist er doch der »Intendant« des privaten Musikkränzchens der Augsburger Patriziergilde. Da kann man wohl ein Konzert arrangieren? Der junge Mann verspricht es ihm,

doch versprechen und halten ist zweierlei, wie Wolfgang wieder einmal erfährt.
Da gibt es freilich ganz andere Leute, um die sich die Reise nach Augsburg gelohnt hat. Der Klavierbauer Johann Andreas Stein, ein alter, verehrter Freund seines Vaters. Stein, der sich aber – so sind die Menschen! – lieber Orgelbauer nennt, ist der historisch gewordene Erfinder des modernen Hammerklaviers. In der Salzburger Heimat pflegt man noch immer das barock rauschende Cembalo, den alten Kielflügel mit seiner orgelhaften Farbgebung, daneben zum häuslichen Gebrauch das zarttönige Klavichord, das auch bis zu Mozarts Tod sein eigenes Leibinstrument für die Zwecke innerer Sammlung bleibt (E. F. Schmid). Aber das heutige Fortepiano, das Hammerklavier, mit der Kraft, Bestimmtheit und klassischen Modulationsfähigkeit (ohne die die Hauptwerke aller späteren Meister nicht möglich sind), diese Steinsche Erfindung hat erst um 1770 ihren Siegeszug begonnen.
Am Sonntag also, dem 12. Oktober, tritt Mozart unangemeldet bei Stein ein, um den Brief seines Vaters abzugeben. Stein, ehe er noch den Brief gelesen, sieht dem Fremden ins Gesicht, denkt an die Augsburger Konzerte, die bald fünfzehn Jahre zurückliegen, und meint eine Ähnlichkeit zu spüren: »Heißen Sie nicht vielleicht Mozart, mein Herr?« »O nein, ich nenne mich *Trazom*«, murmelt der Schalk – er ist wieder beglückt, sein Lieblingsanagramm loszulassen! – und läuft in den Klaviersalon. Inzwischen hat Stein den Brief gelesen, eilt ihm nach und küßt ihn ab. Und jetzt geht's an ein Musizieren, das tagelang nicht aufhören will. Die Freunde der Familie Stein haben noch nie so Klavier spielen hören, auch der dichtende Journalist und Kaufmann Johann Christoph von Zabuesnig ist dabei. Ein für die Augsburger seltsamer Name, der seine Seltsamkeit aber verliert, wenn man den slowenischen Stamm heraushört. Zabuesnig, Tschabuschnigg, Schaposchnik – das alles heißt »Schuster«. Der wackere Mann entstammt einer aus Kärnten gekommenen Familie, ist in Salzburg wohlbekannt und auch mit Leopold Mozart befreundet. Bereits 1763 hat er Wolfgang in Augsburg gehört.
Mit besonders großen Augen steht auch die kleine Nanette Stein neben dem spielenden jungen Meister. Nanette ist erst acht Jahre alt, sie spielt selbst Klavier – doch merkwürdigerweise will das einstige Wunderkind Mozart von anderen Wunderkindern nichts wissen: *»Wer sie spielen sieht und hört, und dabei nicht lachen muß, der muß von Stein sein wie ihr Name.«* Nun, diese kleine Nanette Stein hat später den Kompagnon ihres Vaters Andreas Streicher

geheiratet, Schillers bekannten Jugendfreund, und ist in die Musikgeschichte als würdige Freundin Beethovens eingegangen, den sie mit praktischer Vernunft beriet und den Händeln der Welt entrückte. Aber was ist's mit dem Konzert? Man muß ja wohl Dukaten verdienen! Doch die Langenmantels halten ihn hin. Man gibt ein Essen, er ist geladen — aber der Sohn des Stadtpflegers, vielleicht ist er ein wenig betrunken, beginnt, den fremden Gast zu hänseln. Es geht um den Orden vom Goldenen Sporn. Ist er wirklich von Gold? Und wäre es nicht billiger gewesen, ihn aus Kupfer herzustellen? Und ob man ihn nicht kaufen könnte? Wolfgang erblaßt. Was soll das heißen? *»Sie brauchen keinen!«*, beginnt er grollend, *»denn Sie haben schon einen Sporn im Kopf. Ich habe zwar auch einen im Kopf«*, mildert er die zu große Schärfe, *»aber es ist halt ein Unterschied. Mit dem Ihrigen möchte ich nicht tauschen!«* Spricht's und bietet dem jungen Fant, den er in Briefen an den Vater höhnisch den »Longotabaro« nennt, eine Prise Schnupftabak an. Der aber hört nicht auf zu sticheln. Schließlich reißt Mozart die Geduld. Er springt wütend vom Tisch auf: *»Ich kann noch eher alle Orden, die Sie bekommen können, bekommen, als Sie das werden, was ich bin, und wenn Sie zweimal sterben und wiedergeboren werden.«* Er ist an der Tür, will die Treppe hinunter. Alles umringt ihn. Das Mahl ist gesprengt. Er schwört, auf der Stelle abzureisen. »Aber Sie werden doch das nicht tun!« *»Bei euch ist's eine Bettlerei . . .«*, gibt er zur Antwort und verläßt stürmisch das Haus des Stadtpflegers.
Am nächsten Tag, durch Vermittlung Steins, kommt eine laue Versöhnung zustande. Langenmantel-Longotabaro scheint sich sogar entschuldigt zu haben. Und nun gibt es zwar nicht das Konzert, doch eine Art Wiedergutmachung in der »Geschlechterstube« der Reichsstadt. In festlicher Versammlung nehmen jetzt die alten Geschlechter Augsburgs den Cavaliere Mozart auf: da sind die Fugger und die Welser, die Precht von Hohenwart, die Rehm und viele andere mit ihren Damen. Ob Mozart ihnen wirklich gesagt hat, *»Sie verdanken es nur Herrn Stein, daß ich heute gekommen bin«*, wie er an seinen Vater schreibt, wollen wir von Herzen bezweifeln. Aber jedenfalls kann er das Patriziat zu seinem eigenen Konzert einladen, das nun doch zustande kommt — aber nicht durch die Langenmantels, sondern durch Musiker wie Stein und die Kaufleute Zabuesnig und Gasser. Am 21. Oktober fliegt denn also den Bürgern der Reichsstadt die »Augburgische Staats- und Gelehrtenzeitung« mit der von Zabuesnig verfaßten Einladung auf den Frühstückstisch:

»Etwas für Kunst- und Musikliebende!

Ehre für uns, lieber Patriot! Einen Tonkünstler, einen Landsmann hier zu haben, um den uns ganz England, Frankreich und Italien beneidet. – Wer ein wenig mit politischen Blättern bekannt, wird wissen, daß es niemand als Herr Chevalier Wolfgang Amadé Mozart sein kann, der in seiner zarten Jugend bei obigen Nationen so große Wunder getan. Laßt sehen, ob er's auch bei uns tut?«

Und natürlich tut er es! Im großen Fuggerschen Konzertsaal, der gegen 200 Menschen faßt, harrt die Menge Kopf an Kopf. Wo die Geistlichkeit sitzt und wo der Adel, und wo der wackere Handwerkerstand, geführt vom Onkel Franz Alois Mozart: das hat mit archivarischer Treue ein heutiger Forscher festgehalten, Ernst Fritz Schmid. Auch das Programm: das in Salzburg geschriebene Lodron-Konzert (K. 242) in F-Dur für drei Klaviere mit Orchester; dann die Münchener Dürnitz-Sonate (K. 279); schließlich die C-Dur-Sonate (K. 309), die noch gar nicht geschriebene – die Mozart aus dem Kopf entwirft, in freier, genialer Improvisation. Freudig stolz, in der ersten Reihe, nimmt Wolfgangs Mutter an seinem Erfolg teil.
Doch ein vorläufig noch unsichtbarer Schatten liegt gleichwohl über dem Konzert. Mitten unter den Klatschenden steht ein vornehmer Reisender, der Baron Melchior Grimm aus Paris. Er stellt sich Wolfgang »ins Gesicht«, so daß der ihn erkennen müßte – doch der junge Mozart ist kurzsichtig. Auch Mutter Mozart, sie kann sich jetzt des Händeschüttelns kaum erwehren, nimmt ihn nicht wahr. So geht – böses Omen! – der Gönner von einst aus dem Konzert fort, ohne Mozart gesprochen zu haben ...

DAS BÄSLE

Am wohlsten ist's ihm im Haus des Oheims, dessen Tochter so unterhaltlich ist: das liebe, neunzehnjährige Ding. Bei ihrem Gekicher erholt man sich vom Dummstolz und Dünkel der vornehmen Welt. Sie ist Wolfgang weit entgegengekommen. Wie weit, können wir nicht ermessen. Das uneheliche Mägdlein, das sie zwei Jahre später zur Welt bringen wird, ist jedenfalls nicht von Wolfgang gewesen.
Sie heißt Anna Maria Thekla Mozart. Sie ist das berühmte Bäsle, von dem Wolfgang schreibt, daß es *»schön, vernünftig, lieb, ge-*

schickt und lustig« ist; daß es schon *»brav unter die Leute kam«.* Und schließlich fährt er im Briefe fort: *»Das ist wahr, wir zwei taugen recht zusammen: denn sie ist auch ein bißchen schlimm. Wir foppen die Leute miteinander ...«* Haben sie nicht auch die Nachwelt gefoppt? In der Tat ist keine Beziehung Wolfgangs, trotz ihrer nach außen so groblichen Klarheit, so undurchsichtig geblieben wie diese.

Im allgemeinen ist die »Cousine« das erste weibliche Wesen, das die Schwärmerei im Manne weckt. Sie ist fast Schwester; dann wiederum trägt sie das Fremde, Geheimnisvolle, Begehrte und nie zu Erreichende der weiblichen Welt an den Jüngling heran. Heinrich Heine gelangte niemals über die Erinnerung an seine unglückliche Liebe zu seiner Hamburger Cousine hinaus. Sie war reich – er der »arme Vetter«. Mit Wolfgang ist es vollkommen anders. Er und sein italienischer Ruhm haben selbstverständlich in Salzburg schon manchem Mädel den Kopf verdreht. Nicht nur der »großäugigen Bäckerstochter«, die so oft mit ihm beim »Stern« getanzt hat, und die schließlich ins Kloster ging ... Auch das »Bäsle« blickt zu ihm empor. Ach, wenn er sie nur heiraten würde. Aber wer denkt an so etwas? Er umtanzt sie als Faun und als Clown. Sie leben in einem Dickicht des Lachens. Kein ernster Gedanke dringt da hinein. Wenn sie einander nur erblicken, müssen sie schon anfangen zu lachen. Sie tollen herum wie Ziege und Bock. Wenn beide, begleitet von Herrn Stein und Mutter Mozart, das Ulrichmünster besuchen, wo Wolfgang die Orgel probieren will, können sie gar nicht an sich halten. Wenn Pater Aemilian Angermayr einen Kanon anzustimmen beginnt, singt Mozart, wie sich's gehört, wacker mit; dem Bäsle aber brummt er ins Ohr einen anderen Kanon-Text: »*Lex mihi ars.*« Ist das nicht gar die Aufforderung Götzens von Berlichingen? Nein doch – wenn man's übersetzt, heißt es: »Die Kunst ist mir Gesetz«.

Daß die Beziehungen zum »Bäsle« nichts von wertherhafter Schwärmerei an sich haben: keineswegs dies ist das Merkwürdige. Denn das pralle und derbe Mädel scheint ihm nichts versagt zu haben, was diesseits der Grenzen der Vorsicht lag. Erstaunlicher war schon die Abwesenheit jeder seelisch-menschlichen Beziehung. Nie ist er »Jüngling«, nie ist sie »Mädchen«. An Goethe und Friederike Brion darf man überhaupt nicht denken ... Ganz gelegentlich schwimmt einmal der französische Zeitton mit seiner anmutigen Schlüpfrigkeit in Mozarts Beziehung zum Bäsle herein, wenn er Briefe an die Entfernte schreibt. Im allgemeinen aber sind der Eros und der Sexus in die Verdauungssphäre gerutscht.

inter faeces et urinam, wie das lateinische Sprichwort sagt. Vielleicht ist es wirklich »Verbal-Erotik«, was Mozart seiner Cousine schreibt, und nicht mehr; vielleicht hat Paumgartner recht. Aber warum erniedrigt er die Liebe selbst? Warum die Wollust so ins Gewand der Zote kleiden? Woher rührt diese »Verachtung der Frau«? Als Dramatiker hat er später jene ungeheure Szene geschaffen, da der Wüstling Don Giovanni seinem Bedienten das geschändete Gefühl der großen Dame Elvira zuwirft. Gellend-tosendes Gelächter des Orchesters in der Register-Arie:

Nun, als Mozart Augsburg verläßt, da ist das Bäsle fast schon »gerächt« – wenn da überhaupt etwas zu rächen war. Denn wenige Wochen später taucht die wirkliche Aphrodite auf – sie, die der ahnungslose Knabe während seiner Italienzeit in humanistischen Texten besang, ohne etwas dabei zu empfinden. Er ist jetzt einundzwanzig Jahre – sie erscheint ihm zum ersten Male. In Mannheim taucht sie aus ihrer Muschel. In Mannheim, der schnurgeraden Stadt steht sie auf einmal über den Dächern, die furchtbar lächelnde Aphrodite, die Göttin, welcher die Mythologie keine Waffe gegeben hat. Aber sie bedarf keiner Waffe. Sie, die weder Helm noch Speer besitzt wie Athene, keinen Bogen führt gleich Artemis, sie greift im Unsichtbaren an. Denn sie schickt Eros vor sich her,

Eros, den Unbesiegten der Schlacht,
Eros, der die Herzen befällt,
Eros, der auf der Jungfrau Wangen
nächtigt, um morgens zu erwachen.

Sie, die ihrer nicht spotten läßt, schickt den Eros vor sich her – und Wolfgang empfängt seine Lebenswunde.

Und die Pferde scheuen nicht, als sie in Mannheim ankommen? Und der Wagen stellt sich nicht quer? – Doch so dramatisch geht es nicht zu. Ist es ja doch das alte Mannheim, in dem Karl Theodor regiert, der die beste Musik in Deutschland hat. Ja, dieser Pfälzer Karl Theodor, dessen Hof, wie Leopold preist »*... nicht nur Teutschland sondern Europa mit seinen Strahlen erfüllt und erwärmt ...*« Mannheim ist Mutter und Sohn vertraut aus der Zeit, wo man noch im Schutz des Vaters kindliche Konzerte gab. Jetzt ist Wolfgang ein großer Komponist, der seine Musik im Koffer hat. In einen Kreis von Musikern glaubt er nun also hineinzufahren zu alten Bekannten und neuen Bekannten – aber keineswegs in ein Schicksal.

Da ist die Familie Wendling. Der Vater ein sehr guter Flötist; den Hauptreiz bilden die drei Damen, Dorothea, Elisabeth und Auguste. Die kleine Auguste, man weiß: sie war die Geliebte des Kurfürsten. Für die Mutter – eine geachtete, von dem Musikenthusiasten Heinse hochgepriesene Sängerin – schreibt Mozart eine Arie. Es ist ein wunderbares Stück, auf einen Text von Metastasio (K. 486 a). Er behandelt eine Ur-Situation der Mythologie, die ewig fortwirkt: die von Äneas verlassene Dido. Ästhetiker, die noch immer glauben, daß Musik als etwas »Autonomes« mit dem Seelenleben von Schöpfern und Darstellern nichts zu tun habe, können aus dieser Stoffwahl lernen. Von einem Fürsten verlassen zu werden, war im Haus des Flötisten Wendling ein nicht unbekanntes Schicksal. Dorothea selbst hatte Mozart diesen leidenschaftlichen Text suggeriert: »*Basta, vincesti!* (Du hast gesiegt!)« Sie zuckt die Schultern, sie kann es tragen, noch ist sie die große Dido, die Karthago und Afrika gebietet. Doch gleich darauf bricht sie weiblich zusammen: »*Oh, non lasciarmi, no!* (Nein, nein – verlaß mich nicht, nein, nein ...)«

Auch die Schwägerin Elisabeth Wendling interessiert ihn als Musiker. Doch vor allem ist es Auguste selbst, die junge Gustl, der er huldigt. Doch diesmal nicht auf Italienisch. Wenn Mozart will, wir haben's gesehn, kann er guter Franzose sein, ein »Watteau der Musik«. Die kleine Auguste hat die Texte in einer französischen Anthologie gefunden (einer ist von Houdart de la Motte), und der immer gefällige Wolfgang hat Meisterwerke daraus gemacht: »*Oiseaux, si tous les ans*« (K. 307) und »*Dans un bois solitaire* (K. 308). Diese Arien sind nicht so sehr lyrisch, wie sie sich schon der »Szene« annähern. Bei ruhigem Stoff enthalten sie doch jenes Element der Bewegung – (sie hätten Grétry Ehre gemacht, urteilt Einstein) – das aus der französischen Sprache stammt. Wären die Texte italienisch, so hätte Wolfgang, der ja doch für die drei europäischen Hauptsprachen und ihre großen Verschiedenheiten die gleiche feine Empfindung besaß, eine andere Musik zu ihnen geschrieben.

Immer mehr erkennen wir, daß – anders als für Josef Haydn – sich die Welt für Mozart in »Stimmen« zerlegt. Einzig das Klavier macht noch dem Spiel des Atems Konkurrenz. Da ist Rose Cannabich, die vierzehnjährige Tochter jenes Vaters, der seit dem Tode des großen Stamitz das Mannheimer Orchester leitet. Aus diesem kindhaften Fräulein Rose steigt schwärmerische Empfindsamkeit auf. Etwas sehr Deutsches kündigt sich da neben französchem Zierat an. Wolfgang hört sie Klavier spielen und schreibt die Sonate, von der er sagt, daß sie Rose Cannabichs »*Portrait*« ist. Nach der derben Drôlerie des Augsburger Bäsle hat der Schmelz des zarten Mädchens ihn eingenommen. Mit schwungvollem Unisono setzt zunächst das Allegro con spirito ein. Aber es hat nur den Sinn eines »Weckens«, schon nach wenigen Takten wird alles nachdenklich und zart:

Das zweite Thema, von Baches Murmeln süß eingeführt, ist »à la bergère«: ein g-Moll, später ein fahles a-Moll, bedroht den Frieden der Idylle – aber bald ist der Weg zum Ritornell zurück gefunden . . . Nun erst beginnt das eigentliche Adagio-Portrait des Mädchens. Es ist in jenen Tagen geschrieben, wo gerade die gewagtesten Briefe an das Augsburger Bäsle abgehn: ein Beweis für die starke Polarität der Mozartschen Seele (Dennerlein). Musikalische Portraits waren in der Klaviermusik seit Couperin nicht ungewöhnlich. Die Substanz des Adagios ist eine schlichte, achttaktige Melodie:

Ein Zwischensatz kreuzt diese Melodie, der bald braungolden aufleuchtet nach Art einer Geigenkantilene. Sechsmal wiederholt es sich, das rührende F-Dur-Motiv in immer reicher verästelter Form: kaum weiß man, was Lied und was Variation ist – und wie kühn und orchestral ist das alles! – Nach einer kleinen Atempause kommt ein Allegretto grazioso. Wie es Mozart bei Haydn gelernt hat (»Nichts aufgeben! Nichts loslassen!«), gehen Grundbestandteile des Andante in das Allegretto mit. Im Finale aber plötzlich eine unerwartete Klimax, deren gebrochene Septimen Wagners Venusberg-Motiv vorausnehmen. Dann kehrt die Rondo-Form zurück. Ein hauchdünnes Pianissimo beschließt.

Er ist so verliebt in diese Sonate, wie das schwärmerische Kind, das sie spielt. »*Sie spielte*«, schreibt er dem Vater nach Hause, »*ganz serieuse meine Sonate. Hören Sie, ich konnte mich des Weinens nicht enthalten; endlich kamen auch der Mutter, Tochter und dem Herrn Schatzmeister, die Tränen in die Augen, denn sie spielte just die Sonata und das ist das Favorit vom ganzen Hause.*« Sind diese Tränen nicht von Jean Paul? Leben wir hier nicht in einem Roman wie in dem sanften »Hesperus«? Der junge Satyr, der noch vor kurzem seine wenig züchtigen Scherze mit dem »Bäsle« getrieben hat; der reichlich bäuerische Cherubino, der im vergangenen Jahr der Salzburger Bäckerstochter den Kopf verdrehte; der junge Anakreontiker, der Auguste Wendling zuliebe sich so fein französisch gebärdete: für Rose Cannabich schreibt er das deutsche, ganz expressive Adagio.

Was aber ist's mit der Anstellung? Er ist doch nicht nach Mannheim gefahren, um »Mädchen in Musik zu verwandeln«, obwohl er ja wirklich, gleich Ovid, ein »Künstler der Verwandlungen« ist. Doch abermals wiederholt sich München. Die Rolle des Intendanten Graf Seeau übernimmt in Mannheim der Graf Savioli. Künstler des Hinhaltens alle beide – ohne daß sie es bös mit ihm meinen. Im Gegenteil: Jeder hört ihn gern spielen und schätzt ihn auch als Komponisten. Als er vor Karl Theodor kommt und dem Kurfürsten die Hand küßt, hört er:

»Jetzt ist es fünfzehn Jahre, daß Er nicht hier gewesen ist.«

Mozart: »Es wäre mein größter Wunsch, eine Oper für Mannheim zu komponieren.«

Karl Theodor: »Das könnte leicht geschehn.«

Doch es wird nichts daraus – denn der eigentliche Mann, der ihm hätte helfen können, der *»in vielem Kredit beim Kurfürsten steht«*, wird von Mozart nicht geschätzt und deshalb von ihm nicht umworben.

Es ist der berühmte Abbé Georg Vogler (1749–1814), eine genialische Erscheinung, demgegenüber sich die Nachwelt höchst zwiespältig betragen hat. Beethoven und Schubert erachteten ihn beinahe als einen Scharlatan. Aber Weber und Meyerbeer, die er noch in höherem Alter nicht nur unterrichtete, sondern weitgehend beeinflußte, sahen in ihm etwas Wunderbares. 1777 steht er – noch nicht dreißigjährig – erst am Beginn einer großen Karriere, die ihn neun Jahre später nach Stockholm führen wird, an den Hof Gustafs III., wo viel Geld und Sinn für Musik ist.

Wer ist dieser Vogler eigentlich? Pianist, Dirigent und Orgelbauer. Der Streit um ihn schwelt heute noch. Die Bach-Orthodoxie schiebt ihm den Ruin des polyphonen Orgelstils zu: »Nach Bachs Tod (1750) geht das Orgelwesen unabwendbar den überwucherten Ebenen zu, man denke nur an Abbé Vogler mit seiner Multiplex-Orchestrionorgel und an seine drastische, programmatische Orgelmusik« (Karl Matthaei). In Wirklichkeit ist Vogler wohl – wie so viele Vor-Romantiker – ein »Maler« und kein Architekt gewesen. Er war auch der erste Musiker, der weite Forschungsreisen machte, um »musikalisches Volksgut« zu bergen. Er kam bis Island und Armenien. Ein Robert Schumann sah in ihm einen »Herder der Musik«. Noch später macht ihn Robert Browning (1812–1889) zum Helden einer Verserzählung, wo Vogler als mystischer Adept, als »Zauberkünstler der Musik«, im Kristall der englischen Sprache ein bedeutendes Nachleben führt. Vielleicht ein *Zauberflöten*-Mensch. Vielleicht auch ein Stück Cagliostro ...

Dieser Mann also beherrscht den Kurfürsten Karl Theodor, soweit man den flatterhaften Mann überhaupt beherrschen kann. »Schwarz, klein, breit, mit hypnotischen Augen« (Lucy P. Stebbins), hat Vogler lange Bewegungen, die erst im letzten Moment zustoßen: mit einem rasch gesenkten Kinn nagelt er sein Argument fest, gegen das es keine Berufung gibt (Walter T. Buckley). Da Mannheim »nicht sehr katholisch ist«, können die Mitglieder der Kapelle es nicht leiden, wie Monsignore Vogler mit violetten Strümpfen daherkommt; obwohl ihm als päpstlichem Protonotar der Gebrauch dieser Farbe zweifellos zusteht. Ob er wirklich »Besucher warten ließ, bis er seine Gebete verrichtet hatte« (Schafhäutl) oder gar Musikalien nur dann herlieh, wenn man ihm er-

laubte, ein Gebetbuch mitzuschicken, wissen wir nicht – jedenfalls hatte Wolfgang nicht nötig, als Sohn des frommen Leopold, dies irgendwie absurd zu finden.
Ein Mann, der die Nachwelt so beschäftigt, hat schon im Leben viele Feinde. 1777 gehören Cannabich dazu und der Komponist Ignaz Holzbauer. Mit bemerkenswerter Instinktlosigkeit schlägt sich Wolfgang sofort auf die Seite der beiden, obwohl es sich bei dem Gegensatz zwischen Cannabich und Vogler nur um lokale Eifersucht handelt – und im Falle Holzbauer (was Mozart ebenfalls nichts angeht) sich Vogler nur gegen das schwache deutsche Textbuch der Oper *Günther von Schwarzburg* aussprach. Mozart selbst gefällt diese Oper besonders. Wie immer freut es den leicht Entflammten, daß es sich bei diesem Werk um eine »teutsche Oper« handelt. Acht oder vierzehn Tage später hätte er es wahrscheinlich bewundert, wenn er etwas ebenso Gutes auf Italienisch oder Französisch von denselben Sängern gehört hätte.
Wolfgang sieht jedenfalls in Vogler einen *»öden musikalischen Spaßmacher, der sich viel einbildet und nicht viel kann«*. Er schreibt das nicht nur seinem Vater, sondern lärmt mit dieser Ansicht reichlich im Orchester herum. Es kommt Vogler selbstverständlich zu Ohren – und so schwindet jede Aussicht, in Mannheim etwas zu tun zu bekommen. Denn die Kinder des Kurfürsten im Klavierspiel zu unterrichten – seine unehelichen Kinder! – ist nicht die große Beschäftigung, für die Leopold seinen Sohn in die Welt hinausgesandt hat.
Die Wintermonate schleichen hin. Immer länger wird es Mutter Mozart. Wie gerne wäre sie umgekehrt, zurück in das gemütliche Salzburg, zum Mann (auch die Tochter vermißt sie sehr); doch den leicht entzündbaren Wolfgang kann man ja nicht ohne Aufsicht lassen.
»Laß die Mutter nicht allein!« mahnen Leopolds ernsthafte Briefe. Weiß er auch, wie allein sie ist? Nachdem es doch mit dem Geld nicht klappt – man nimmt Präsente ein statt Geld –, hat sie angefangen zu sparen und ihr Zimmer im Gasthof schlecht zu heizen. Wolfgang aber flattert herum. In warmen Zimmern, bei Komtessen, bei den Bastardkindern des Kurfürsten, der kleinen Rose Cannabich und bei der Familie Wendling. Der Wendling imponiert ihm. Wahrhaftig! Der hat Beziehungen in Paris und hält die große Welt wie am Fädchen. Gerade ist er zurückgekommen.

»Paris«, sagt er zu Wolfgang Mozart und dieser schreibt es dem Vater weiter, *»ist noch der einzige Ort, wo man Geld und sich selbst*

Ehre machen kann. Sie sind ja ein Mann, der Alles imstande ist. Ich will Ihnen schon den rechten Weg zeigen! Sie müssen Opera seria, Comique, Oratorien und Alles machen. Wer ein paar Opern in Paris gemacht hat, der hat sein Einkommen! Dann gibt's noch das Concert Spirituel, die Accademie des Amateurs, wo man für eine Sinfonie fünf Louisdors bekommen kann. Gibt man Lektionen, so ist der Brauch: für zwölf Lektionen drei Louisdors.«

Dann läßt man Sonaten, Trios, Quartette stechen, die Subscribenten zahlen's; herrlich und leicht wird das Leben sein. Ob der Vater nicht auch meine, daß man nach Paris reisen solle, und in Gesellschaft des Herrn Wendling, dieses unvergleichlichen Reisemarschalls?
Aber alles begibt sich ganz anders. Denn jetzt kommt das Schicksal auf ihn zu . . . jenes Schicksal, das Frauenkleider trägt. Das macht, daß er die ganze Welt nebst Vater, Mutter und Schwester vergißt.
Die Briefe der Familie Mozart umfassen Tausende von Seiten. Oft ist's, als ob Vater Leopold das Violoncell und den Kontrabaß spielt. Oben rast Wolfgang auf Geigen, Flöten, zwischen Becken und Triangeln. Der Vater schreibt viel; Wolfgang noch mehr. Jede kleinste Begebenheit ist in seinen Briefen festgehalten. Begebenheiten? Weit weniger. Jeder gleitende Schatten einer solchen: Ein Stäubchen Haarpuder auf einem Rock, die silberne Borte eines Bedienten, die Nase eines Postillions, der Kuchenkrümel im Mundwinkel einer vorübergehenden Frau. Das Häßliche weit mehr als das Schöne; wenn es nur charakteristisch ist. Oft ist es nicht einmal charakteristisch, sondern nur das Aufblitzen und Zerfließen eines Zeitbruchteils. Der Kaufmann, der »mit gekrümmtem Leib ein Schreiben liest«. Oder daß man »ans Fenster tritt«, während man eine Sache bespricht . . . Unendlich sind die Einzelheiten über Musik und die Musikanten. Was ein Sänger gesagt hat; gesagt haben könnte; was er möglicherweise gedacht hat, während er etwas ganz anderes sagte . . . Aber wir besitzen nichts über das erste Zusammentreffen Mozarts mit Aloysia Weber, mit der Frau, die sein Schicksal wurde.
Wie aber geschah es, wie ging es zu? Wie taumelte er der Spinne ins Netz? Auch die Spinnen, versteht sich, müssen leben. Die Natur selbst gebietet ihnen, den Fangleim aus ihrem Leib zu spinnen. Eine Sängerin hat den Gesang. Warum soll sie mit ihm nicht Männer fangen?

Für Freund und Familie hieß sie Luise. Den pompösen Namen Aloysia führte sie nur auf Konzertprogrammen, für Intendanten und auf der Bühne.

Sie war die Tochter des Musikers und Notenkopisten Fridolin Weber. Der war ursprünglich Jurist gewesen und hatte dann zur Kunst gewechselt, hierin nicht unähnlich Leopold Mozart. Aber was ihn von diesem unterschied, war das Abenteuerliche in seinem Wesen. Leopold war sehr bürgerlich, alle Webers aber Boheme. In einer merkwürdigen Weise hatte sich ein Teil der Familie das Adelsprädikat beigelegt. Fridolins Bruder Franz Anton Weber, war nicht frei von hochstaplerischen und vielleicht sogar kriminellen Zügen. Sein Adelsdiplom (er wollte es als österreichischer Offizier für Heldentaten erhalten haben) war – wir können kaum zweifeln – gefälscht. Sein unsterblicher Sohn, Carl Maria, trug gleichwohl den Adel zu Recht: Er war der Freiherr der deutschen Musik. Wer die ersten dreißig Takte der *Oberon*-Ouvertüre schreiben konnte und vorher die unvergleichlichen Szenen des Ritterschauspiels *Euryanthe,* der hatte sich selbst zum Ritter geschlagen und bedurfte dazu keines Aktes aus der Wiener Hofkanzlei.

Aber mit Ausnahme Carl Marias, der damals noch gar nicht geboren war, war kein Mitglied der Familie Weber genial. Es waren gefährlich-haltlose Menschen, ohne rechten Plan in den Tag hinein lebend und von merkwürdigem Unglück verfolgt, daß sie niemals Geld hatten. Ewig braute Zank unter ihnen. Der Vater stritt sich mit der Mutter, einer dämonisch-lügnerischen Natur, die zum Trunk neigte. Solange Fridolin Weber lebte, war sie noch einigermaßen gebändigt. Doch auch die Töchter vertrugen sich nicht. Die fünfzehnjährige Aloysia – sie wirkte damals schon viel älter! – wird von Mozart das erste Mal im Januar 1778 erwähnt. »*Ihr Vater ist ein grundehrlicher deutscher Mann, der seine Kinder gut erzieht, und dies eben ist die Ursache, warum das Mädel hier verfolgt wird.*« Drei Behauptungen, drei Unwahrheiten! Weder war Vater Fridolin ein grundehrlicher deutscher Mann, noch erzog er seine Töchter gut, noch wurde Aloysia verfolgt. Aber Mozart sah es so, weil er die Luise liebte – und weil er sich gern als »Retter« fühlte. Je weniger Macht er selbst besaß, um das eigene Leben zu meistern, desto mehr wollte er aufbieten, um andern zu »helfen«. Und selbstverständlich konnte man der Luise helfen, indem man herrliche Arien schrieb, die sie in der Gesellschaft vortrug: *Non so*

d'onde viene quel tenero affetto (K. 294). »Nicht weiß ich, woher dieses zarte Erglühen ...«
Zur Prinzessin von Oranien, Mozarts alter Gönnerin, wird Luise mitgenommen. Sie hält in der Nähe von Mannheim Hof. Nicht weniger als dreizehnmal singt Luise vor der Prinzessin. Alle sind von ihr hingerissen – was Wolfgang einzig bedauert, ist, daß er mit ihr nicht genügend allein sein kann. Selbst das herrliche Mittagessen bei Hofe hätte er dafür hergegeben ... Verdient? Nein, verdient hat er nicht viel, doch dafür das *»unaussprechliche Vergnügen, mit grundehrlichen, gut katholischen und christlichen Leuten in Bekanntschaft gekommen zu sein«*. Mit der Familie Weber? Versteht sich! *»Mir ist leid genug«*, fährt er fort, *»daß ich sie nicht schon lange kenne.«*
Ach die Stimme, Aloysias Stimme! Silberklang? Damit ist nichts gesagt. Sammethauch? Noch weniger. Es ist eine wirklich dramatische, eine große Bühnenstimme, die genauso viel Lyrik enthält, wie es Leidenschaft und Pathos erlauben. Schubart, der etwas vom Singen verstand, hat ihr Portamento gerühmt, ihr Mezzotinto, »das geflügelte, leichte Fortrollen der Töne, ihre Fermen und Kadenzen und den äußeren majestätischen Anstand« ... Diese Stimme müßte doch die ganze Familie Weber retten, die so wenig Geld besitzt, daß es den armen Wolfgang erbarmt! Aber freilich sollte man das Mädel zunächst nach Italien schaffen. In Italien weiß ja doch unser Wolfgang grenzenlos Bescheid. *»Ich habe diese bedrückte Familie so lieb, daß ich nichts mehr wünsche, als daß ich sie glücklich machen könnte. Und vielleicht kann ich es auch.«*
Er wird sofort eine Oper schreiben, eine italienische natürlich, für Venedig oder Verona. Vater Weber wird Impresario sein, Aloysia die Primadonna, und die älteste Schwester wird mitreisen als Haushälterin, weil sie »gut kocht«. Das wird die Ausgaben vermindern. Ja, das Reisegeld? Wird man besorgen, wenn man schon vorher in Deutschland herumfährt und Luise Mozartsche Arien singt!
Als Vater Leopold diesen Brief liest, steht ihm zunächst völlig der Verstand still. Ist denn sein Wolfgang wahnsinnig geworden? Was ist's mit der Reise nach Paris? Aber daran denkt man in Mannheim nicht mehr. Oder wenn Wolfgang doch noch dran denkt – daß er nämlich *nicht* abreisen will! – so schiebt man's dem armen Wendling zu, den man eben noch in den Himmel gehoben. Er ist kein guter Reisementor! Man kann sich mit ihm nicht blicken lassen! Und mit vollkommenster Tartüfferie setzt Wolfgang die Worte aufs Papier:

»Der Wendling ist ein grundehrlicher und sehr guter Mann, aber leider ohne alle Religion, und so das ganze Haus. Es ist ja genug gesagt, daß die Tochter Mätresse war ... Schon der Gedanke, nur allein auf der Reise, mit Leuten in Gesellschaft zu sein, deren Denkungsart so sehr von der meinigen (und aller ehrlichen Leute ihrer) unterschieden ist, schreckt mich. Übrigens können sie tun, was sie wollen. Ich habe das Herz nicht, mit ihnen zu reisen; ich wüßte nicht, was ich reden soll, denn, mit einem Wort, ich habe kein rechtes Vertrauen auf sie. Freunde, die keine Religion haben, sind von keiner Dauer ...«

Was! Wolfgang Amadeus Mozart hätte nie mit Freigeistern verkehrt? Er glaubt nicht an bürgerliche Tugend und moralische Reinlichkeit, wenn einer nicht beichtet und kommuniziert? Doch all das ist ja nur ein Pfeil, der auf Leopolds Herz abgedrückt wird; des frommen Vaters, der sich noch eben bei seiner Gattin erkundigt hat: ob Wolfgang auch pünktlich den religiösen Pflichten nachkommt. Aber diese Welt und jene – wie gleichgültig ist jetzt alles geworden. Wenn man nur nicht von Luise fortmuß ...
Da aber rafft sich Leopold auf. Er hat verstanden, was geschehn ist. Das Geschriebene und Ungeschriebene hat er begriffen. Nun greift er zur Feder.

FORT MIT DIR NACH PARIS!

Mein lieber Sohn! Deinen Brief vom 4. Februar habe ich mit Verwunderung und Schrecken durchlesen ... Ich war bis jetzt gottlob immer wohlauf. Allein dieser Brief, an dem ich meinen Sohn an nichts Anderem mehr erkenne, als an dem Fehler, daß er allen Leuten auf das erste Wort glaubt und sein zu gutes Herz, durch Schmeicheleien und ... schöne Worte betört, jedermann bloßstellt ... daß er sich nach Belieben hin und her lenken und dahin bringen läßt, dem Nutzen fremder Leute seinen eigenen Ruhm ... und sogar die seinen alten ... Eltern schuldige Hilfe aufzuopfern: dieser Brief hat mich um so mehr niedergeschlagen, als ich mir vernünftige Hoffnung machte, daß Dich einige Dir schon begegnete Umstände und meine Erinnerungen hätten überzeugen sollen, daß man, um sein Glück in der Welt zu suchen, nichts ohne die größte Überlegung unternehmen und sich von enthusiastischer Einbildung ... niemals hinreißen lassen soll. Ich bitte Dich, mein lieber Sohn, lese meinen Brief mit Bedacht!«

Denn mit Bedacht ist er auch geschrieben. Er enthält nicht mehr von des Vaters Person, als er darf: sonst würde er nicht rühren. Aber auch nicht weniger. Denn würde sich der Brief allein auf eine Kritik an Wolfgang beschränken, so würde er dessen Widerspruch wecken. Der aber hier kritisiert, ist der Vater; der Mann, der den Sohn am besten kennt.

Zunächst Bemerkungen zur Lage: »*Unsre Salzburger Bedrückungen sind Dir vollkommen bekannt. Du weißt mein schlechtes Auskommen und endlich, warum ich Dir mein Versprechen gehalten, Dich weiter gehen zu lassen.* (Gemeint ist: Dich in die Welt zu schicken.) *Die Absicht Deiner Reise waren zwei Ursachen: Einen beständigen guten Dienst zu suchen oder, wenn dieses mißlingt, Dich an einen großen Platz zu begeben, wo große Verdienste sind. Beides ging auf die Absicht, Deinen Eltern beizustehen und Deiner lieben Schwester fortzuhelfen, vor Allem aber Dir Ruhm und Ehre in der Welt zu machen. Das bist Du Deinem von dem gütigsten Gott erhaltenen außerordentlichen Talent schuldig.*«

Hat Wolfgang nicht, vom Vater belehrt, einmal »*Scipios Traum*« komponiert? Den ciceronianischen Konflikt zwischen der edlen und unedlen Göttin? Darauf könnte er jetzt zurückkommen. Doch nein, dazu ist der Briefschreiber zu klug. Er kennt selbstverständlich sehr genau den Einwand, den sein verliebter Sohn ihm auf diese Erinnerung machen würde. Ihn machen die »Schulknaben aller Zeiten«: daß im täglichen Leben der Menschen die Mythologie nichts zu suchen hat, daß »das Leben« keine »Oper« ist. Nein, wenn schon die Mythologie her soll, dann: Herakles am Scheidewege!

»*Es kommt nur auf Deine Vernunft und Lebensart an, ob Du als gemeiner Tonkünstler, auf den die ganze Welt vergißt, oder als ein berühmter Meister, von dem die Nachwelt auch noch in Büchern lieset; ob Du von einem Weibsbild etwa eingeschäfert* (nicht: eingeschläfert. Welch ein Bild! Es verwirft die Schäferstunden der Liebe!) *mit einer Stube voll notleidender Kinder auf einem Strohsack, oder nach einem christlich hingebrachten Leben mit Vergnügen, Ehre und Nachruhm, mit Allem für Deine Familie wohl versehen, bei aller Welt in Ansehen sterben willst?*«

Christliches Leben, Vergnügen und Nachruhm! Es sind die Worte eines Mannes, bei dem sich Religiösität und weltliche Vernunft stets paaren. Es sind Keulenhiebe der Wahrheit. Wenn sie nicht

helfen – was hülfe dann? Und weil Leopold sich der Wirkung gewiß ist, vermag er jetzt mit leiserem Stift die Fehler Wolfgangs hinzuzeichnen, die dieser bereits auf der Reise begangen – um dann allerdings, sich langsam steigernd zum großen Endschlag auszuholen.
Nicht ganz richtig führt er die Münchner Enttäuschung auf eine kleine Sängerin zurück, für die Wolfgang eine »teutsche Opera« habe schreiben wollen. Aber kaum habe er München verlassen, da sei von dieser Sängerin und dem Opernplan nicht mehr die Rede gewesen.

»In Augsburg hast Du auch Deine kleinen Szenen gehabt. Dich mit meines Bruders Tochter lustig unterhalten ... In Mannheim hast Du sehr wohl getan, Dich bei dem Herrn Cannabich einzuschmeicheln. Da wurde nun die Mademoiselle Tochter des Herrn Cannabich mit Lobeserhebungen überhäuft, das Portrait ihres Temperaments im Adagio der Sonate ausgedrückt, kurz, diese war nun die Favoritperson. Dann kamst Du in die Bekanntschaft des Herrn Wendling. Jetzt war dieser der ehrlichste Freund. Im nächsten Augenblick kommt die neue Bekanntschaft mit Herrn Weber: Nun ist alles Vorige vorbei. Jetzt ist diese Familie die redlichste, christlichste Familie, und die Tochter ist die Hauptperson des zwischen Deiner eigenen und dieser Familie vorzustellenden Trauerspiels – !«

Trauerspiels. Der plumpe Anschlag auf Leopolds Katholizismus ist also anscheinend mißlungen. Die Webers mögen als fromme Leute, sooft sie wollen, zur Beichte gehn: sein Sohn soll damit nichts zu tun haben! Dieser Sohn, der mit 21 Jahren noch so völlig unreif ist. Gerade hat ihm der Bart zu wachsen begonnen. Vor acht Wochen haben sich Vater und Mutter noch brieflich darüber unterhalten, wie dieser Bart, der Mode entsprechend, zum Verschwinden gebracht werden soll: *»...ob er weg-geschnitten, weggebrennt oder weg-barbiert werden soll«*. Und jetzt will so etwas als »pater familias«, wohlgemerkt: als Ernährer der fremden Familie in der Welt herumziehn? Pfui Teufel!

»Du gedenkst sie als Primadonna nach Italien zu bringen. Sage mir, ob Du eine Primadonna kennst, die als Primadonna, ohne vormals in Teutschland schon öfters rezitiert zu haben, das Theater betreten hat?« Mag sie die stärkste Stimme haben, herrlich gewachsen sein – und so weiter. Jeder Impresario wird lachen,

rekommandiert man ihm ein Mädel, das noch auf keiner Bühne gestanden!

»Dein Vorschlag, ich kann kaum schreiben, wenn ich daran denke, der Vorschlag mit Herrn Weber und, notabene, zwei Töchtern in der Welt herumzureisen, hatte mich beinahe um meine Vernunft gebracht. – Liebster Sohn! Du könntest Dich wirklich entschließen, Deinen Ruhm, Deine alten Eltern, Deine liebe Schwester auf die Seite zu setzen? Mich beim Fürsten und der Stadt, die Dich liebt, dem Spott und Gelächter preiszugeben?«

Langsam, aber doch in Rucken, eine Rede auf den Gipfel zu führen, hat Quintilian die Alten gelehrt. Leopold ist ein Schüler der Alten. Jetzt ist die Klimax des Briefes erreicht. Ein sprachlicher Lichtwechsel bricht herein. Die deutsche Klassik hätte schwerlich andere Worte finden können als die, die er jetzt seinem Sohn zudonnert. Was er plane, daß er mit fremden Personen aufs Geratewohl zigeunern gehn wolle:

» . . . das ist nur eine Sache für kleine Lichter, für Halbkomponisten, für Schmierer! Nenne mir einen großen Komponisten, der sich entwürdigen würde, einen so niederträchtigen Schritt zu tun! FORT MIT DIR NACH PARIS! *Und das bald, setze Dich großen Leuten an die Seite!* AUT CAESAR AUT NIHIL! *Der einzige Gedanke, Paris zu sehen, hätte Dich vor allen fliegenden Einfällen bewahren sollen. Von Paris aus geht der Ruhm und Name eines Mannes von großem Talente durch die ganze Welt, da behandelt der Adel Leute von Genie mit der größten Herablassung, Hochschätzung und Höflichkeit, da siehet man eine schöne Lebensart, die ganz erstaunlich absticht gegen die Grobheit unserer deutschen Cavaliers und Damen . . .«*

Leopold ist ein sehr guter Deutscher. Darum darf er die Deutschen auch kritisieren. Er tut es weit minder als Friedrich der Große, der eben daran ist, seine Schrift *»De la Littérature Allemande«* (1780) der deutschen Nation ins Gesicht zu werfen. Und überhaupt geht es hier nicht um Urteile über andere europäische Völker – und wieweit sie richtig sein könnten. Es geht nur um eins: daß Wolfgang fortmuß aus Mannheim und von den verfluchten Webers!

»Mein Sohn, Du hast mich mehr als Deinen aufrichtigen Freund denn als einen scharfen Vater anzusehn! Mache Dir Ruhm und

Geld in Paris, dann kannst Du nach Italien gehen und allda Opern zu schreiben bekommen. Die Nannerl hat zwei Tage geweint . . .«

Mit diesem Geschwister- und Glöckchenklang schließt der Brief. Er tut seine Wirkung. Noch ist die Gewalt des Vaterworts groß. Wolfgang legt sich zwei Tage zu Bett und weint. Auch alle Webers weinen! »*Wie ich wegging, so weinten sie alle*«, schreibt der gehorsame Sohn dem Vater, »*ich bitte um Verzeihung, aber mir kommen die Tränen in die Augen, wenn ich daran denke.*« Er und die Luise, wie sollten sie nicht, schwören einander ewige Treue. Dann aber rollt, am 14. März, die Mozartsche Reisekutsche Paris zu.

GLUCKISTEN UND PICCINISTEN

Der »Plan zur strategischen Eroberung von Paris«, den Leopold seinen Sohn gesandt hat, enthält eine Unmenge von Namen, die er aufsuchen oder nicht aufsuchen soll. Die allermeisten sind alte Bekannte aus dem Jahr 1763 (wie hat er sich doch alles gemerkt); und daß die Träger dieser Namen inzwischen den älter gewordenen Wolfgang auch vergessen haben könnten, zieht der Menschenkenner ebenfalls in Betracht. Schließlich aber enthält der Brief ein besonderes Tabu-Verbot: »Sollten Gluck und Piccini da sein, so wirst du ihren Umgang meiden . . .«

Nun, Gluck war nicht da – er war in Wien, wurde aber eigentlich jeden Augenblick in Paris erwartet. Und Piccini? Der war anwesend. Wovor warnte denn nun der Vater? Es war in Paris ein Skandal geschehn, um den die ganze Stadt kreiste. Man wußte bereits davon in Salzburg. Mit vollem Recht fürchtete Leopold, daß sein Sohn verwickelt werden könnte.

Ein Kunstskandal *du premier ordre*. Seit hundert Jahren kämpften nun schon die Franzosen und Italiener um den Besitz der Pariser Oper. Und vor fünfundzwanzig Jahren hatte der Streit sich ärgstens verschärft, als unter führender Mitwirkung von Melchior Grimm und Jean-Jacques Rousseau die italienische *Opera buffa* (es war Pergolesis *Serva Padrona)* gegen die ernste französische Oper zum Wettkampf angetreten war. Aller menschlichen Vernunft nach hätte Paris sich freuen müssen, daß es im »Europa der Oper« zwei solche Vortrefflichkeiten gab, die nebeneinander bestehen konnten. Musikalische Menschen dachten auch so – doch eine Bande von »Literaten« – man überlegt es sich gewiß, ehe

man dieses Wort schmähend gebraucht — regten das Theaterparterre durch Tendenzschriften bis zur Tollheit auf.
1776 war nun vollends etwas geschehn, was nie hätte geschehn dürfen. Die Königin Marie Antoinette, die bekannte Beschützerin Glucks und Gönnerin der französischen Oper, hatte, anscheinend über Nacht, den hochbegabten Neapolitaner Nicola Piccini (1728—1800) berufen. Auf ihre Veranlassung wurde er sogleich auf drei Jahre und mit bedeutendem Gehalt zum Direktor eines Konservatoriums gemacht. Daran wäre nichts auszusetzen gewesen — warum sollte sich Paris nicht gleichzeitig beider Meister erfreuen? Aber man hatte Gluck und Piccini hinterlistigerweise dasselbe Libretto in die Hand gedrückt, das Ritterstück »Roland«, den Stoff des Ariost, den sie beide komponieren sollten: der eine auf französische, der andere auf italienische Art. Neben den »Roland« würde nun also ein »Orlando« treten. Diese künstlerische Perversität würde für die Habitués der Oper sehr genußreich werden.
Und wie dachten die Meister selber darüber? — Nach Jan Huizinga *(Homo ludens)* steckt ein Stück Wettkampf in jeder musikalischen Kunstübung. Im Mythos traten Apollo und Marsyas zum Wettkampf gegeneinander an; Wartburg und Meistersinger folgten; 1709 ließ der Kardinal Ottoboni Händel mit Domenico Scarlatti auf der Orgel um die Palme kämpfen. 1726 war die Londoner *society* in hellem Aufruhr, weil die Sängerinnen Faustina Bordoni und Francesca Cuzzoni auf dem Podium miteinander kämpften: man ohrfeigte sich, und es wurde gepfiffen . . . Das war aber etwas ganz anderes! Denn bei all diesen Gelegenheiten wurde Kunst »improvisiert«. Laune, Glück, Gelegenheit standen den »Wettkämpfern« zur Seite oder ließen sie im Stich. Das Schreiben einer Oper jedoch war keine »Improvisation«, sondern ein Stück sehr harter Arbeit. Zwei Künstlern denselben Stoff zu geben und dann wie in einem Boxring zu entscheiden, wer von beiden gesiegt habe, war unentschuldbare Barbarei.
Zu dieser Barbarei kam es nicht, da Gluck im Augenblick, als er hörte, daß Piccini den »Roland« vertonte, das Textbuch wegwarf und statt seiner die »Armida« komponierte. Grandseigneur, der er war, versäumte er nicht, seinen jüngeren Rivalen, wenn er ihn in Gesellschaft traf, ausgezeichnet zu behandeln. Über die »Affäre«, die zwischen ihm und Piccini schwebte, ging er achselzuckend hinweg. Aber gerade weil die beiden — auch Piccini war ein wirklicher Meister, der zu seiner Erziehung stand! — sich nicht provozieren ließen, kam um sie herum der Zank der Unproduk-

tiven nicht zur Ruhe: Hie Italien und die Melodie – hie Frankreich und das klassische Drama!
1778: Mit größter Erbitterung wird gekämpft. Soeben ist ein Pamphlet erschienen, »*Le Brigandage de la Musique Italienne*« – von einem Anonymus natürlich, der sich »Jean-Jacques Sonnette« nennt. »Wie die Italiener uns ausplündern«. Kein schlechter Titel: er enthüllt, daß es keineswegs nur um Kunst, sondern längst auch um Geld und Geldneid geht:

»Der verstorbene König von Polen zahlte 100 000 Dukaten für jede an seinem Hof gespielte neue italienische Oper. Für die Gagen, die in Spanien den Italienern gezahlt werden, gibt es kein Beispiel in der Historie. Die Nachwelt wird darüber staunen, daß der König von Portugal eine Million Dukaten an fünf oder sechs Kastraten wegwarf, damit sie ihm ein paar Arien sängen. Und kein zweites Erdbeben von Lissabon hat diesem Wahnsinn geantwortet. In Rußland konnte vor siebzig Jahren noch kein Mensch eine Note singen. Jetzt zahlt man dort einem italienischen Opernsänger soviel wie einem Armeegeneral. Da sind doch die Engländer bescheidener: sie geben nur 30 000 Pfund für fünfzig Arien pro Jahr aus – während an der Pariser Oper die italienischen Sängergagen den Staat 700 000 Pfund kosten – eine Summe, von der bei uns 2000 Bürger leben könnten, die einstweilen vor Hunger sterben ...«

Diese Ziffern stimmen natürlich nicht – und vor allem stimmt es auch nicht, daß der anerkannte Führer der französischen Musik *»le Baron de Glouck«*, etwa weniger verdiente als ein italienischer Komponist. Aber das Pamphlet zeigt doch, mit welchen Waffen gekämpft wurde. Die italienische Partei konnte, wie immer, nichts erwidern, als daß die Franzosen nicht singen könnten: *»Signori, non sapete cantare, perché altro è cantare, è altra è sgridare* denn ein andres ist' s zu singen oder zu kreischen ...).«
Und Wolfgang Mozart? Wird ihm nicht schwindlig, wenn er solche Geschichten hört? Vielleicht gab es wirklich kein schlechteres Jahr, in Paris sein Glück zu versuchen als 1778. Melchior Grimm ist selbstverständlich ein glühender Anhänger Piccinis. Wolfgang Mozart tut jedenfalls gut, sich an das Gebot des Vaters zu halten. Er macht Piccini, als er ihm im »Concert Spirituel« vorgestellt wird, eine unbedeutende Reverenz *(»de la politesse et pas d'autre chose«)*. Gluck, wie gesagt, ist nicht anwesend.

Schon bald nach der Ankunft in Paris beginnt Wolfgang sich seelisch unwohl zu fühlen. Nicht der italienisch-französische Streit ist es, der ihm mißbehagt – im Gegenteil, der könnte ihm, wenn er selbst etwa nicht durchdringen sollte, eher zur Entschuldigung dienen und ihn von der Verantwortung entlasten! Es ist etwas ganz anderes: daß der größte Teil der Gesellschaft hier tatsächlich nichts mehr von ihm weiß. Und nun beginnt etwas Peinliches: er vergißt, daß es sich um Menschen handelt, und denkt, daß es just die Franzosen sind. Eine nationalistische Neurose bereitet sich langsam in ihm vor, die allerdings erst ein halbes Jahr später, nämlich kurz vor der Rückreise, in vollen Flammen aus ihm herausschlägt.
Die Franzosen seien unhöflich geworden, berichtet er zunächst an den Vater. Dabei glauben wir doch zu wissen: wenn sie sonst nichts wären, höflich sind sie gewiß. Was ist ihm denn begegnet? Grimm hat ihn sehr freundlich aufgenommen und ihm seine Beziehungen ohne Arg zur Verfügung gestellt. Aber Wolfgang mißtraut ihm leicht – seit er durch Leopold erfuhr, Grimm habe ihn in Augsburg gehört, ohne im überfüllten Konzertsaal auf ihn zugetreten zu sein. Es war eine Diplomatenreise, keineswegs eine Kunstreise, die Grimm nach Deutschland geführt hatte. Er war von andren Dingen erfüllt ... immerhin, es bleibt rätselhaft. Ist er wohl noch derselbe Freund und Gönner wie vor fünfzehn Jahren? Nun, vielleicht hat nicht sein Subjekt, aber doch das Objekt gewechselt: Wolfgang ist kein Kindwunder mehr, sondern ein reifer Komponist, der sich in einer Welt befindet, in der es von anderen Meistern wimmelt ... Grimm ist kein Zabuesnig, dies ist nicht Augsburg; er ist ein lebhafter Enthusiast, jedoch kein großer Musikkenner. »Grimm«, schreibt der Biograf Arthur Schurig, »besaß nicht Köchels Thematisches Verzeichnis, an dessen Hand er sich hätte überzeugen können, daß Wolfgang bereits 303 Kompositionen geschaffen hatte ...« Doch empfiehlt er ihn überall bestens herum – auch an die Herzogin von Chabot.
Mit dieser Duchesse scheint sich Wolfgang sogleich ein wenig brouilliert zu haben. Nach achttägigem Warten empfängt sie ihn. Es ist die letzte Aprilwoche und kalt (kalt, wie es nur in Paris sein kann).

»Da mußte ich eine halbe Stunde in einem eiskalten, ungeheizten und ohne mit Kamin versehenen großen Zimmer warten. Endlich kam die Duchesse de Chabot mit größter Höflichkeit und

bat mich, mit dem Klavier vorlieb zu nehmen, das in diesem Zimmer stand; denn kein anderes sei vorbereitet ... Ich sagte: ich wollte von Herzen gern spielen, aber jetzt sei es unmöglich, meine Finger seien vor Kälte erstorben. Ich bat sie, sie möchte mich doch zumindest in ein anderes Zimmer führen lassen, wo ein Kamin mit Feuer sei. Oh, oui, monsieur, vous avez raison. Das war ihre ganze Antwort. Dann setzte sie sich nieder und fing an, eine ganze Stunde zu zeichnen, en compagnie anderer Herren, die alle in einem Zirkel um einen großen Tisch herumsaßen ...«

Er wartet eine weitere Stunde, aber das Zeichnen hört nicht auf. Endlich setzt er sich hin und spielt – auf dem miserablen Pianoforte! – mit Kopfweh und mit kalten Füßen und hat das verzweifelte Gefühl, daß er gar nicht für Menschen spiele, sondern für Sessel, Tisch und Mauern ... Jawohl, das ist ein peinlicher Unfall! Doch nach 175 Jahren macht es uns einigermaßen stutzig, daß die Herzogin von Chabot es im ungeheizten Zimmer aushielt, genau wie die jungen Edelleute, die mit ihr am Tisch zeichneten. Und, was das Zeichnen selbst betraf, so war es alles andere denn als Demütigung gedacht. Es zeigt nur klar, daß in Paris (was Leopold sehr genau wußte und Wolfgang nur vergessen hatte!) Musik sehr oft nur »Begleitmusik« war, ein gesellschaftliches Akzidenz. Sobald es um die Oper ging, war Musik freilich Lebenszweck. Aber Kammer- und Klaviermusik? Beim Anhören einer Sonate konnte man schließlich auch ein wenig zeichnen. Wolfgang, der gekränkt bemerkt, *»wäre es nicht Grimm gewesen, wäre ich gleich fortgegangen«*, sieht die Sache zu feierlich, zu kunst-religiös. Kurz: zu wagnerisch.
Wagner! Da ist dieser Name genannt. Wäre die doch harmlose Szene nicht 1778 dem Meister Wolfgang Mozart passiert, konnte sie 1840 dem Meister Wagner zustoßen, der ja niemals darüber hinwegkam, daß und welche besondere Rolle die Musik bei den »seelenlosen« Franzosen spielte. Es war ein Elsässer, Berthod-Amstutz, der zum ersten Mal erschreckt notiert hat, wie merkwürdig im Urteil Wagners und Mozarts die Franzosen und ihre Musik wegkommen. Da nun größere Gegensätze als die beiden doch nicht zu denken seien, müsse wohl etwas Objektiv-Wahres an dieser Verwerfung gewesen sein.
Doch Übereinstimmungen solcher Art können auch täuschend-zufällige sein. Außer dem Gluckschen Musikdrama, das er für kein französisches hielt, sondern für eine »Rückkunft der Griechen«, den kühnen Bläserfarben Halévys (den er als Meisterkom-

ponisten der *Jüdin* schätzte) und der Kenntnis Meyerbeerscher großer Orchesterwirkungen verdankte Wagner den Franzosen nicht viel. Gleich den zeitgenössischen Italienern hielt er auch sie für »Virtuosen« – wie seine klassische Verwerfung der Pariser *Don-Giovanni*-Aufführung mit dem trällernden Rubini als Don Ottavio beweist ... Wie anders Mozart (der Europäer), der der französischen Kunst nun wirklich ein Drittel seines Genies verdankte – die hohe Körperwahrheit des Schreitens im *Figaro* und im *Don Giovanni,* des Schreitens, das zugleich Singen ist ... die Romanze, das Menuett, die floretthaft zustoßende Replik ... sein Wissen um Gebärde und Tanz, das auch in Werken fruchtbar wird, die nichts mit der Bühne zu tun haben. Wo soll man da anfangen, wo aufhören?

Gewiß, der Zorn der beiden Meister liest sich wie ein Palimpsest, wie eine jener Pergament- oder Papyrushandschriften, die im Altertum und Mittelalter nach Abkratzen oder Abwaschen *ein zweites Mal* beschrieben wurden: besonders Wagners Künstlernovellen »*Ein deutscher Musiker in Paris*« nehmen Mozartsche Anklagen scheinbar auf. Aber: – wenn Wagner etwas sagt, der gnadenlose Polemiker, der niemals ein Unrecht vergessen kann (ein wirkliches oder vermeintliches), Wagner, der »Mann mit dem langen Willen«, ist es etwas völlig anderes, als wenn Mozart eine Verwünschung herausstürzt, der Kurzwillige, leicht Vergeßliche.

Geboren 1813, nicht bloß im Jahre der Schlacht bei Leipzig – nein, geboren in Leipzig selbst! – so stehen denn über Wagners Haupt die Schicksalssterne des Frankreichhasses. Wagner hat nie aufgehört, peinlich darüber erstaunt zu sein, daß die Niederlage Napoleons Frankreich »nicht hat aus der Welt fallen lassen«. Wie kann Frankreich weiter existieren? Wie kann es, als ob überhaupt nichts geschehn sei, »weiterhin der Weltmode und dem Kunstgeschmack gebieten?« Es hat ihn ein halbes Jahrhundert gewurmt; und als 1871 das Reich des dritten Napoleon in Scherben ging, da setzt er sich an den Tisch und speit der geschlagenen Nation ein Pamphlet ohne Beispiel über den Rhein: ein Pamphlet, das er für ein Lustspiel hält und das Figuren wie Gambetta und den edlen Victor Hugo beschimpft ... Wo wäre derlei bei Mozart denkbar, wo nervöse Ungerechtigkeit immer wieder von Selbstbescheidung, Milde und Melancholie abgelöst wird.

Freilich, als es in Paris nichts wird, als der Vater mahnt und klagt: daß es zu etwas kommen *müsse* – denn wer solle die Schulden bezahlen, die er aufgenommen hat, um dem Sohn diese Reise zu

C. De Carmontelle del. 1764.

A. Schieferdecker lith.

Der achtjährige Mozart mit seinem Vater und seiner Schwester konzertierend.

Nannerl Mozart 1751—1829).

leisten! siebenhundert Gulden sind es nun schon! – da entfährt Meister Wolfgang das Wutwort:

»Wenn ich hier eine Oper zu machen bekomme, so werde ich genug Verdruß haben. Das würde ich aber nicht viel achten, denn ich bin es schon gewohnt, wenn nur die verfluchte französische Sprache nicht so hundsföttisch zur Musik wäre! Das ist was elendes. Die deutsche Sprache ist göttlich dagegen. Und dann erst die Sänger und Sängerinnen! Man sollte sie gar nicht so nennen; denn sie singen nicht; sie schreien und heulen, und zwar aus vollem Halse, aus der Nase und Gurgel ...«

Was diese Expektoration in Wahrheit wert ist, zeigt, daß er wenige Monate vorher sich aufs heftigste dagegen verwahrt, eine deutsche Oper schreiben zu wollen. Es muß eine italienische sein. Recht nüchtern und realpolitisch hat der Vater ihm geschrieben: *»Nun wirst Du ein ganzer Franzose werden und hoffentlich bedacht sein, Dir den wahren Akzent der Sprache anzugewöhnen.«* Unter diesem wahren Akzent – Wolfgang sprach ja recht gut französisch – war die Gesangsbetonung gemeint. Doch der schlechtgelaunte junge Mann – schlecht gelaunt, weil niemand ihm eine Oper zu komponieren aufträgt – hört ringsherum nur Brüllen und Heulen oder gibt wenigstens vor, es zu hören, wenn er zauberhafte Aufführungen von Meister Philidors *Ernelinde*, Grétrys *Les Trois Ages* und Gossecs *La Fête du Village* besucht. Und den Brief mit der Verwerfung der französischen Gesangssprache schreibt er ausgerechnet in einem Jahr, in dem sein österreichischer Landsmann, der große Gluck, nichts anderes tut, als französische Texte vertonen. Fünf Jahre nach *Iphigenie in Aulis* wird *Iphigenie auf Tauris* begonnen – ein Werk, das so gewaltig ist, daß es hundert Jahre lang dem Schauspiel Goethes im Wege stand (Hans Schnoor). Die taurische und die aulidische: ohne den unsterblichen Vorgang dieser beiden Musikdramen wären weder Mozarts Meisteropern noch die Anfänge Wagners möglich gewesen.

WOLLSTRÜMPFE UND EIN ZERRISSENER SCHLAFROCK

Was geht eigentlich in Salzburg vor? Frau und Sohn empfangen Briefe, in denen befremdliche Dinge stehn: *»Ich sehe aus wie der arme Lazarus. Mein Schlafrock ist so voller Fetzen, daß ich davon-*

laufen muß, wenn in der Früh jemand läutet. Mein altes flanellenes Leibel, das ich schon so viele Jahre Tag und Nacht trage, ist so zerrissen, daß es kaum mehr auf dem Leibe bleibt, und ich kann mir weder einen anderen Schlafrock noch ein Leibel machen lassen. Ich habe mir, solange Ihr aus seid, kein Paar Schuhe machen lassen. Ich habe keine schwarzen seidenen Strümpfe an, und die ganze Woche trage ich schwarze wollene Berliner Strümpfe, die ich für 1 Gulden 12 Kreuzer gekauft habe. Wenn man mir vor etlichen Jahren gesagt hätte, daß ich wollene Strümpfe werde tragen müssen, hätte ich das wohl geglaubt?«

Einen Augenblick könnte man denken, es sei Familienpolitik, die den Alten so sprechen macht: daß »Wolfgang sich beeilen möge mit dem Erfolg«, und daß er durchaus kein Geld habe, diese Reise weiter zu finanzieren. Aber dann fühlt man: sie sind wahr, diese traurigen Einzelheiten. Ein adretter Mann wie Leopold Mozart kann nicht ohne seine Hausfrau leben. Vor allem aber sind diese Seufzer über das Peinlich-Kleinliche – ohne daß es ihm bewußt wird – eine einzige Klage gegen Nannerl, die ihm das Haus nicht führen kann. Ihre Kopfschmerzen, die ewigen Tränen, ihr unerfülltes Jung-Mädchen-Gehabe, das langsam Alt-Mädchen-Gehabe wird ...

Dabei hat Wolfgang sehr wohl Erfolg, sobald es nicht um das einzige geht, was ihn interessiert: die Oper. Der sehr geachtete Jean le Gros (1739–1793) bestellt ein paar geistliche Chöre bei ihm, die sehr gefallen. Noch wichtiger wird die Aufführung seiner *Pariser Sinfonie* in D-Dur (K. 297) am 18. Juni und 15. August, ein tatsächlich sehr französisches Stück, dessen dritter und bester Satz »zwischen glänzendem Tumult und ernster Grazie dahinschwebt« (Einstein). Wolfgang weiß sich nicht zu lassen vor Erstaunen über das Publikum: Gleich im ersten Allegro gibt's eine Passage, die noch während des Spiels applaudiert wird. *»Ich hatte gehört, daß die Schluß-Allegri mit allen Instrumenten zugleich und meist unisono anfangen: drum fing ich's mit zwei Violinen allein piano und nur acht Takte an. Mithin machten die Zuhörer (wie ich es erwartet hatte), beim piano: ‚Sch! Sch!' – und dann kam gleich das forte. Das forte hören und in die Hände klatschen war Eins ...«* Wieder kommt unser Palimpsest: Denn dasselbe Staunen bewegte Wagner, als in einem großen Konzert, wo man ein Orchesterstück von ihm spielte, die Zuhörer jedes Motiv beklatschten, während es gezogen kam. Das sollte heißen: »Ich kenne dich!« Beide Meister verstanden nicht, daß diese kindlichnaive Art des Pariser Publikums eine »Anerkennung« bedeutete, die, der kunst-religiösen Art des Deutschen freilich sehr entfernt, kameradschaftlich, heiter, ermutigend war.

NOVERRE

Wie kommt man zu Theater und Oper? Vielleicht auf dem Umweg übers Ballett. Wolfgang Mozart weiß einen Weg, der dem Vater imponieren wird!

Von dem Tänzer Noverre wird berichtet: Wenn er auf der Straße ging, und sei es in einem Strom von Menschen, federten Ferse und Knie ihm so, daß man gleich wußte: »Hier kommt ein Tänzer!« Denn wie gehen doch die meisten Menschen? Müde, ohne müde zu sein, mit ochsenhaft gesenktem Kopf. Warum sie nicht vier Füße haben, ist eigentlich nicht zu begreifen. Doch: »Im Schreiten des Menschen«, sagt Werfels Gedicht, »ist die Bahn der Freiheit aufgetan.«

Solch ein frei Hinschreitender war der Tänzer und Choreograph Noverre (1727–1810). Wolfgang kannte ihn aus Wien, wo er ihn in seiner Frühzeit bewundert, doch schwerlich verstanden hatte. »Der Genius unserer Nation liegt im Tanz«, hatte Noverre einmal gesagt. Mozart hätte bereits in Salzburg neunundfünfzig (!) Menuette geschrieben (K. 103–105, K. 164, 176) und er würde noch in Wien sehr viele Kontertänze schreiben (K. 607 bis 610). Jetzt zog es ihn, der eben nicht bloß ein »arioser Italiener« oder ein »inniger Deutscher« war, zur Zusammenarbeit mit Jean Georges Noverre.

In den *Reflexions justificatives*, die seinem Ballett *Agamemnons Tod* vorangesetzt sind, hat Noverre seine Kunst erläutert:

»Die Tanzkunst ist frei. Sie ist kein Drama, das, nach aristotelischen Regeln, sich der Einheit von Zeit, Ort, Handlung fügt ... Tanze ich, so ist es kein Dialog; meine Füße und mein Körper bleiben nicht in der Verstandeswelt. Doch die Gefühle und Leidenschaften werden mein Eigen, indem ich sie tanze ...

Die Wahl der Worte, die schöne Sprache, die Sentenzen, Charakterzeichnungen, der sich selbst erklärende Monolog: der Ballettmeister hat sie zu entbehren. Die Situation, das packende Bild, die kühn im Reigen wirbelnde und wieder erstarrte Körpergeste, der Aufbau und Zerfall einer Gruppe, das Kostüm, das mit den Absichten des Körpers mitfließt und nie sie verdeckt: das sind die

Bestandteile meiner Kunst. Die Regeln des Dramas sind nur Fesseln, die den Körper des Tanzes einschnüren würden. Weit entfernt, mich ihnen zu unterwerfen, muß ich auch neue Regeln vermeiden, die, scheinbar für den Tanz ersonnen, ihm neue Fallen stellen würden. Körper und Tanz sind frei und unendlich – mit der einzigen Beschränkung, daß die Schwerkraft auch ihnen gebietet. Der Tanzmeister hat für die Pantomime ein ›Entfesseler der Phantasie‹ zu sein – dasselbe also, was der berühmte Shakespeare dem englischen Drama gewesen ist.«

Shakespeare! Nun versteht man auch, warum Lessing entzückt genug war, 1769 J. G. Noverres »Lettres sur la Danse« ins Deutsche zu übertragen. Jedoch man versteht auch, daß Mozart nicht zufrieden war mit dem, was von Noverres kühner Kunst für ihn selber übrigblieb. *Les petits Riens,* »Die kleinen Nichtse«: das klingt nun fast nach Selbstironie. Dreizehn anmutige Tänze, eine gutgefügte Ouvertüre sind's, die Mozart der Ballettkunst Noverres als »Freundstück« zusteuerte. Noverre hat die Freundschaft schlecht vergolten, indem er nicht einmal dafür gesorgt hat, daß der Name Mozart auf dem Theaterzettel erscheint. Komponistenlos? Nun, der große Gluck hätte sich das nicht bieten lassen. Doch noch wenige Wochen vor Mozarts Tod wird der schamlose Schikaneder diese Sache wiederholen: man muß eine gute Brille haben, um auf dem Erstaufführungszettel der *Zauberflöte* den Satz zu entdecken, wonach die »Musik von Herrn Kapellmeister W. A. Mozart ist«.
Außerdem läßt Noverre ihn sitzen, was das Opernschreiben betrifft. Ein Zweiakter *Alexandre et Roxane* (der wohl eine heroische Oper im Sinne Glucks geworden wäre) zerrinnt nach langen Verhandlungen. Die Franzosen »halten keine Versprechungen«. Meint man nicht wieder Wagners Klage aus der Pariser Leidenszeit von 1840 zu hören, aus der Zeit des *Fliegenden Holländers?* Wolfgang ist unendlich müde, achzelzuckend und enttäuscht. Innige Briefe an Aloysia, in die Ferne, sind sein Trost. Oh, daß sie nur bei ihm wäre, in Paris, oder er bei ihr! Sicherlich begehrt er sie mehr, als daß er etwa von ihr träumt. Dennoch beginnt er mit der Entfernten zu duettieren. Nichts anderes sind ja die Sonaten für Klavier und Violine, die er schon in Mannheim begann, aber in Paris vollendet (K. 301–306).
Violine und Klavier, ihr Miteinander und Voneinander, ihr Wegweichen und Zusammengehn sind jetzt manche Woche lang die Ausdruckshelfer seiner Seele. Da ist zunächst die D-Dur-Sonate (K. 306) mit ihrem ritterlich-kräftigen Allegro-con-spirito-Beginn:

und ihrem singenden Andante:

Nachdenklich-resignierender klingt die edle Sonate in e-Moll (K. 304). Sie ist »eins der Wunder in seinem Schaffen; aus tiefsten Tiefen der Empfindung geholt, ans *Dramatische* streifend, an jene unheimliche Pforte rührend, die Beethoven dann aufgetan hat« (Einstein). Im Allegro fühlen wir's noch nicht:

Aber hat man je gedacht, daß ein Tempo di Minuetto so viel selige Traurigkeit in unser Herz strahlen könnte wie diese:

Es liegt eine mitreißende Gewalt in dieser angeblich »kleinen Sonate«. Wo man's am wenigsten erwartet, ist sie kontrapunktisch geschrieben.

Wäre Mozart dreißig Jahre später, als Romantiker, auf die Welt gekommen, zur Zeit des Novalis, dann wäre ihm Aloysia ein ferner Stern, der am östlichen Himmel leuchtet. Solche Gefühlsbilder sind ihm fremd. Aber – wann wird er sie wiedersehn, sein Mannheim und seine Aloysia? In Paris lebt er *»unter Viehern und Bestien«*. Freilich: auch das beste Herz ist bei ihm, an das er sich lehnen könnte. Die Mutter. Doch die ist jetzt viel krank.

Mit Erkältungen hat es begonnen. (Warum sind die Wohnungen so kalt?) Mit Zahnweh-, Kopf-, Hals- und Ohrenschmerzen. Dann kam der Frühling, die bösen Besucher haben den Körper wieder verlassen. Schon macht man sich auf Derbheiten und Vierbeinereien gefaßt, wie daß man *»vor lauter Müdigkeit sich die Füße ins Maul schieben möchte«*. Die alte Drastik regt sich wieder, wenn sie Briefe nach Hause schreibt, an den »ohnvergleichlichen Gatten«, nach dem sie solche Sehnsucht hat. Der Wolfgang ist zwar ein liebes Kind – doch wie könnte er jemals den Vater ersetzen. Eine quecksilbrige Geschäftigkeit überkommt Frau Anna Maria Mozart. Sie hat sich doch ihr Leben lang niemals mit Politik befaßt. Jetzt aber schreibt sie, was sie so hört (es ist Mai 1778):

»Daß der König von Preußen Alliancen sucht, das glaube ich. Allein es wird ihn hart ankommen, welche zu finden. Denn Rußland kann wegen des Türken nicht leicht, die Schweden können ohnmöglich nicht und bei Dänemark ist es wiederum nichts, denn ihre ganze Macht ist etwa 30 000 Mann, und da wäre das ganze Land leer (!) . . . Und meinest Du, die Preußen scheuen Frankreich nicht,

welches beständig beschäftigt ist, bei allen Potenzen dem König von Preußen eine Nase zu drehen? Darum packt er nicht an ...«

Das sind ja erstaunliche Kenntnisse. Da sieht man wirklich, daß Friedrich der Große nicht nur mit Maria Theresia, sondern auch mit Frau Mozart rechnen muß ... Ach, wenn man nur endlich nach Hause könnte! (*»Holle der Plunder all das Reisen!«* hat sie früher einmal geäußert.) Da aber fällt der Typhus sie an. Nach allem Winter-Ungemach eine unangenehme Sommer-Krankheit. Aber sie wird sie schon überstehn. Sie ist ja noch nicht einmal sechzig Jahre.

ABBÉ BULLINGER LIEST EINEN BRIEF

Bullinger – was für ein lieber Name! Als Alpendeutsch und Englisch noch wie die Zwillingskirschen beisammen wuchsen, mag solch ein Name entstanden sein. Bullingen ist ein Städtchen in Schwaben. Der breitstirnige Frieden des Landlebens und das läutende Vieh sind in solch einem Namen. Sein jetziger Träger ist ein Priester. Ein rechter »spiritus familiaris«, von Leopold Mozart zum Freund gewählt. Zeitlebens bewies er ja das Talent, solche Menschen an sich zu fesseln.
Jetzt sitzt der Abbé zurückgelehnt, mit einem Briefe aus Paris. Er kennt nicht viele Leute dort. So kann der Brief nur von Wolfgang sein. Aber nach wenigen Sätzen schon läßt der Abbé das Geschriebene sinken:

Paris, ce 3 Juillet 1778

»Allerbester Freund! Für Sie ganz allein!
Trauern Sie mit mir, mein Freund! Dies war der trauerigste Tag in meinem Leben – dies schreibe ich um zwei Uhr nachts – ich muß es Ihnen doch sagen, meine Mutter, meine liebe Mutter ist nicht mehr! Gott hat sie zu sich berufen, er wollte sie haben – das sehe ich klar – mithin habe ich mich in den Willen Gottes gegeben. Er hat sie mir gegeben, er konnte sie mir auch nehmen. Stellen Sie sich nur alle meine Unruhe, Ängsten und Sorgen vor, die ich diese vierzehn Täge ausgestanden habe. Sie starb, ohne daß sie etwas von sich wußte, löschte aus wie ein Licht.«

Er nimmt den Brief seufzend wieder auf:

»Sie hat drei Täge vorher gebeichtet, ist kommuniziert worden und hat die heilige Ölung bekommen. Die letzten drei Täge aber phantasierte sie beständig, und heute um fünf Uhr einundzwan-

zig Minuten ... ich drückte ihr die Hand, redete sie an, sie sahe mich aber nicht, hörte mich nicht und empfand nichts. So lag sie, bis sie verschied ... Es war niemand dabei als ich, ein guter Freund von uns (den mein Vater kennt), Herr Haina, und die Wächterin. Die ganze Krankheit kann ich Ihnen heute ohnmöglich schreiben, ich bin der Meinung, daß sie hat sterben müssen, Gott hat es so haben wollen. Ich bitte Sie unterdessen um nichts als um das Freundstück, daß Sie meinen armen Vater ganz sachte zu dieser trauerigen Nachricht bereiten. Ich habe ihm mit der nämlichen Post geschrieben, aber nur, daß sie schwer krank ist, warte dann nur auf eine Antwort, damit ich mich darnach richten kann. Gott gebe ihm Stärke und Mut! – Mein Freund! Ich bin nicht itzt, sondern schon lange her getröstet! Wie es so gefährlich wurde, so bat ich Gott nur um zween Dinge, nämlich um eine glückliche Sterbstunde für meine Mutter und dann für mich um Stärke und Mut, und der gütige Gott hat mich erhört und mir die zwo Gnaden in größten Maße verliehen. Ich bitte Sie also, bester Freund, erhalten Sie mir meinen Vater, sprechen Sie ihm Mut zu, daß er es sich nicht gar zu schwer und hart nimmt, wenn er das Ärgste erst hören wird. Meine Schwester empfehle ich Ihnen auch von ganzem Herzen, gehen Sie doch gleich hinaus zu ihnen, ich bitte Sie. Sagen Sie ihnen noch nichts, daß sie tot ist, sondern präparieren Sie sie nur so dazu, tun Sie, was Sie wollen, wenden Sie alles an, machen Sie nur, daß ich ruhig sein kann und daß ich nicht etwa ein anderes Unglück noch zu erwarten habe. Erhalten Sie mir meinen lieben Vater und meine liebe Schwester. Geben Sie mir gleich Antwort, ich bitte Sie. Adieu.

Ich bin Dero gehorsamster, dankbarster Diener
Wolfgang Amadé Mozart.«

Das ist ein ungemein männlicher und gefaßter Brief eines Menschen, der solche Briefe nicht oft schreibt. Das macht die Nachricht nicht weniger furchtbar. Der Abbé seufzt aus Herzensgrund. So wird man Frau Mozart nicht wiedersehn. Sie hat nie viel Wesens aus sich gemacht. Neben dem genialischen, aber der Schwerkraft ermangelnden Sohn, der wie ein Schmetterling hintaumeln kann – der leiseste Luftzug schon ändert die Richtung –, neben dem gelehrten Vater, der glaubt, er könne aus der Ferne alle Dinge zum Besten lenken, hat Anna Maria Mozart den weiblichen Naturverstand besessen, alles zusammenzuhalten. Nannerl hat das von ihr nicht geerbt. Diese Schwester und diese Tochter ist ein Stimmungsbarometer, von dem Telemanns Lied zu sagen scheint:

Das Frauenzimmer
verstimmt sich immer
nach Luft und Wind.

Sie ist bestimmt keine gute Hausfrau. Leopold ist nicht gut angezogen. So arm kann er doch gar nicht sein, wie seine Röcke schäbig werden.

Er ist 10 Uhr vormittags, der 13. Juli, und ein Montag. Schweren Herzens entschließt sich der Freund, Vater Mozart aufzusuchen. Dann verschiebt er es. Er bedenkt mit Recht, daß mit derselben Post wie er selbst ja auch Leopold ein Schreiben empfing. Das soll sich besser erst auswirken ... So geht er um 4 Uhr nachmittags hin. Aber die Mozarts sind nicht daheim. Wo können sie hingegangen sein? Der Abbé denkt nach. Da fällt ihm ein, daß gestern eine Kirchweih war, und daß das gewohnte »Bölzelschießen«, der beliebte Familiensport, dem die Mozarts anhangen wie die Barisanis, Robinigs, Hagenauers, deshalb auf heute verschoben sein könnte. So ist's denn auch. In ihrer Verzweiflung sind die Mozarts dort hingerannt, mit Wolfgangs offenem Brief in der Hand. Dieser Brief ist ein ganz anderer, als der, den Bullinger erhielt. Auch er beginnt mit einem »Grave«, das die schwere Erkrankung der Mutter schildert. Spricht von der Behandlung mit Hausmitteln und mit antispasmotischen Pulvern. Herr Baron Grimm — wie liebenswürdig! — sandte seinen eigenen Hausarzt. Ist nun die Mutter in Lebensgefahr? Ja, das ist sie — nur Gott kann noch helfen:

»... denn ich glaube (und dieses lasse ich mir nicht ausreden) daß kein Doktor, kein Mensch, kein Unglück, kein Zufall einem Menschen das Leben geben noch nehmen kann, sondern Gott allein — das sind nur die Instrumente, deren er sich bedient, und auch nicht immer — wir sehen ja, daß Leute umsinken, umfallen und tot sind; wenn einmal die Zeit da ist, so nützen alle Mittel nichts ... Ich sage dessentwegen nicht, daß meine Mutter sterben wird und sterben muß, daß alle Hoffnung verloren sei — sie kann frisch und gesund werden, aber nur, wenn Gott will.«

Und nun, um den Vater abzulenken, stürzt er sich in ein Allegro. Er hat Erfreuliches mitzuteilen. Herr Le Gros, der Direktor des Konservatoriums, der ihn nicht wenig geärgert hatte, als er seine *Sinfonie Concertante* verschob, hat nun doch eine Sinfonie bestellt — und diese ist am Fronleichnamstag mit allem applauso aufgeführt worden. Nun kommen hundert Einzelheiten. Daß und warum das Andante gefiel, und warum im letzten Allegro zunächst einmal nur zwei Violinen ... und dann das riesenhafte Forte (wir kennen diese Geschichte schon) – der Trick, der gewaltig beklatscht wurde. Das habe ihn so froh gemacht, daß er ins Palais Royal ging und *„ein gutes Gefrorenes«* aß. Einen Rosenkranz betete er auch, denn den hatte er gelobt, falls das Konzert Erfolg haben würde. Dem Salzburger Dienstmädchen Therese sei man einundeinviertel Monatslohn schuldig? Das möge den Vater nicht anfechten – er, Wolfgang werde schon Geld verdienen ...

Und nun noch ein paar Takte Grave: *»Meine liebe Mutter ist in Händen des Allmächtigen – will er sie uns noch schenken, wie ich es wünsche, so werden wir ihm für diese Gnade danken, will er sie aber zu sich nehmen, so nutzt all unser Ängsten, Sorgen und Verzweifeln nichts ... Leben Sie also recht wohl, liebster Papa, erhalten Sie mir Ihre Gesundheit.«*

Was soll man mit solch einem Brief beginnen? Die Familien der Freunde wissen es nicht; die Gesichter werden immer betrübter. Vereinzelt fällt noch ein Bölzelschuß, schließlich gehen alle nach Haus. Der Herr Bullinger ist gekommen, und seine Miene verheißt nichts Gutes. Leopold Mozart zeigt ihm den Brief und fragt ihn, was er davon halte. Er fragt zurück, ob bei diesen Umständen eigentlich noch Hoffnung sei? Die Männer sehn einander an – und »ein Schleier fällt von Leopolds Augen«. Er weiß plötzlich, daß der Geistliche einen anderen Brief bei sich trägt, und er weiß auch, was darin steht. So sagt er mit schwerer Stimme: *»Ich glaube nicht nur, daß meine Frau jetzt tot ist – sondern daß sie bereits tot war, als dieser Brief geschrieben wurde ...«*
Das alles wissen wir aus einem Brief, einem dritten Brief, den Vater Mozart noch am gleichen Tag an den Sohn schrieb. Einen vor Schmerz wahnsinnigen Brief. Wie er vorliegt, ist er nämlich auch an die Entschlafene gerichtet. Am Vortag begonnen, gratuliert der Brief ihr in die Ferne zum Namenstag. Plötzlich wird der Brief unterbrochen. Was folgt, ist an Wolfgang allein gerichtet. Denn soeben ist ja sein Brief gekommen. Die Mutter schwerkrank? Allmächtiger Gott! Anstatt, was die Schwester beabsichtigt hatte, ihr zum Namenstag zu gratulieren, wurde Nannerl von Weinkrämpfen befallen, hat sich erbrochen, bekam Migräne ... Lebt die Mutter noch? Gewiß! Man hat ihr ja, wie Wolfgang berichtet, zur Ader gelassen. Doch warum am Samstag? Nach einem freitäglichen Fasttag? Das ist nicht gut! An solchen Tagen ist der Leib schwach ...

»Oder sollten wir sie verloren haben? Großer Gott! So hast Du Freunde nötig: redliche Freunde! Sonst kommst Du um Deine Sachen . . .« So schreibt ein Mann, der vor Angst und Schmerz den Verstand verloren hat, der aber auch vor Angst und Schmerz die irdischen Dinge sehr deutlich sieht. Zwar hofft er, daß seine Frau noch lebt – und doch denkt er an die Begräbniskosten!

Es gibt Lagen, *»wo man einen Fremden betrügt, übernimmt, hintergeht und aussaugt, wenn man nicht redliche Freunde hat. Du kannst es nicht verstehn. Sollte nun dieses Unglück vorgefallen sein, so bitte Herrn Baron von Grimm, daß Du Deiner Mutter Sachen alle zu ihm in Verwahr bringen darfst, oder versperre alles recht gut; denn wenn Du ganze Tage nicht zu Hause bist, kann man ins Zimmer brechen und Dich ausrauben. Gott gebe, daß alle diese meine Vorsorge unnötig ist; an dieser erkennest Du aber Deinen Vater. Mein liebes Weib! Mein lieber Sohn! . . .«*

Plötzlich springt er in eine andere Oktave: Nannerl würde so gern gratulieren, aber sie sei jetzt zu verweint. *»Vertrete, als Bruder, ihre Stelle, wenn Du es noch vertreten kannst. Doch nein! Du kannst es nicht mehr – sie ist dahin!«* So schaukelt der herzzerreißende Brief – der mit einem Glückwunsch begann! – zwischen Furcht und Verzweiflung hin und her; klammert sich an Worte an wie ein scheiternder Schiffer an Felsenriffen, teilt zwischendurch Bürgerliches mit: *»Nun gehe ich zum Mittagessen, ich werde aber keinen Appetit haben«* – und strudelt zum Schluß in das »dénouement«: Er hat Freund Bullinger getroffen, und der Geistliche hat ihm die Wahrheit erzählt . . .

Hundertfünfundsiebzig Jahre sind alle diese Briefe jetzt alt. Sie versehren uns das Herz. Wir sehen die beiden Absender, als ob sie uns über die Schulter blickten, und wir sehen den guten Abbé. Damals, als sie geschrieben wurden, gab's in Europa den »Briefroman«, den wir heut für unmöglich erachten. Denn wo es Kabel, Telefone oder gar Flugzeuge gibt, schreiben wir keine Briefe mehr – auch nicht bei Familienkatastrophen. Doch die Zeitgenossen Rousseaus und Goethes hielten noch am Briefroman fest. In solchen Romanen traten dann auch die ungeheuren Entfernungen, dargestellt als zeitliche Trennung – Paris und Salzburg: das sind 13 Tage – wie mithandelnde Barrieren auf. An diesen Barrieren stauten sich die Angst und die Liebe, das Hoffen und Fürchten, um gewaltig darüber hinzufluten. Auch die Briefe der Mozarts, von Vater und Sohn, waren solch ein Schicksalsroman.

Aber Wolfgang. Was tut er, wie lebt er? Formt sich der Schmerz über den Tod der Mutter in ein großes geistliches Kunstwerk um? Merkwürdigerweise nicht. Die Worte seines Requiems:

Requiem aeternam dona eis et lux perpetua luceat illis –

Herr, gib den Toten die ewige Ruhe,
und es leuchte ihnen das ewige Licht,

– schreibt er erst dreizehn Jahre später, die Schatten des eigenen Todes vor Augen.
Aber es ist nicht merkwürdig. Sicher: dem Genius und dem Kämpfer geht nichts, was er erlitten, verloren.

O glaube, mein Herz, es geht dir nichts verloren!
Dein ist, ja Dein, was Du gesehnt,
was du geliebt, was du gestritten ...

singt Gustav Mahler in seiner Zweiten Sinfonie. Die Frage ist nur: Wann bricht es durch? Wie lange reist der Schmerz, bis er Kunst wird?
Denn da ist noch der Gegenwille. Das gesunde, das animalische Ich. »Ich leide, doch will ich's nicht zugeben. Ich will fort vom Leid, will froh sein ...« Ein Mann, den ich gekannt habe, schrieb im Gefängnis ein Buch über den Tanz. Romain Rolland hat sich gewundert, wie fröhlich Wagners *Siegfried* ist. »Das gesündeste, heiterste seiner Werke. Und doch: die Zeit, da Wagner ihn schrieb, gehört zu den traurigsten seines Lebens. Aber«, fährt Romain Rolland fort, »vielleicht ersetzt der Gegenstand des Kunstwerks dem Künstler, was ihm das Leben versagt.« Und Wagner selber hat erklärt: »Die Kunst beginnt dort, wo das Leben aufhört.«
In den dunklen Pariser Lebensstunden entstand manches Werk der Seelenruhe und der scheinbaren Ausgeglichenheit. Scheinbar! Da ist die Sonate C-Dur (K. 330): Ein »Chanson« ist hineingewebt – entstand sie doch in denselben Wochen, da die Variationen über *Ah, vous-dirai-je, Maman* (K. 265) entstanden. Die F-Dur-Sonate wiederum (K. 332) scheint uns heute weit weniger harmlos. Mag sie als echte »Spielmusik« auch mit einem aufschwingenden Dreiklang beginnen (wer dächte da nicht an Christian Bach, den Jugendfreund, der soeben in Paris eintrifft und auf den sehr konservativen Wolfgang die alte persönliche Strahlung wirft):

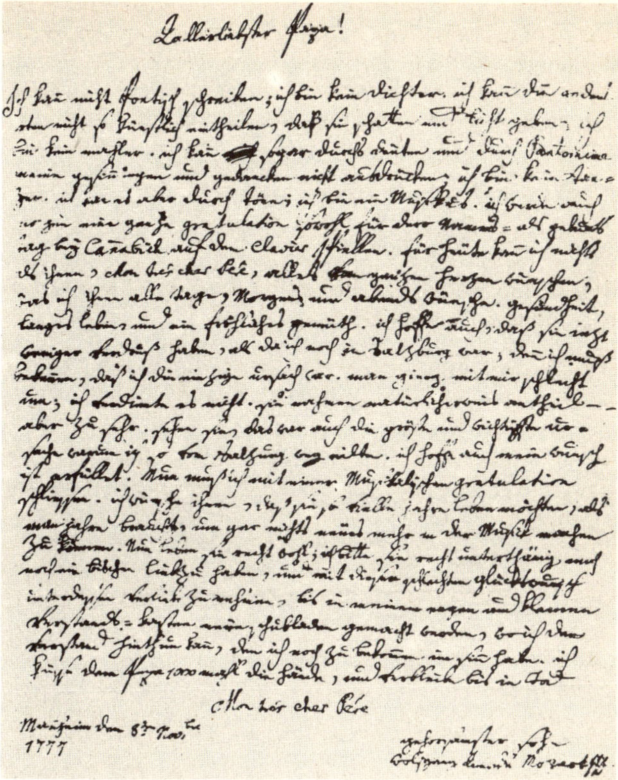

Brief Mozarts an seinen Vater aus Mannheim, am 8. November 1777.

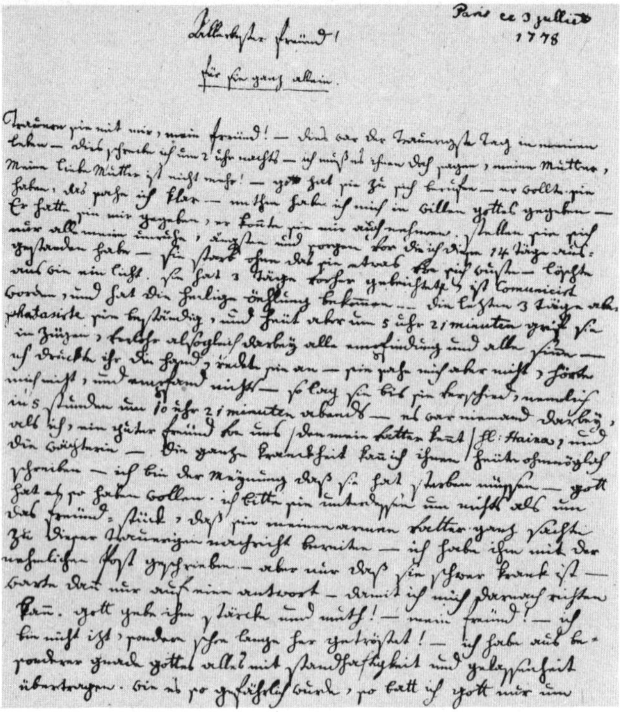

Paris ce 3 juillet 1778

Allerliebster freünd!

für sie ganz allein.

Trauern sie mit mir, mein freünd! – dies war der Traurigste Tag in meinem leben – dies schreibe ich um 2 uhr nachts – ich muß es ihnen doch sagen, meine Mutter, meine liebe Mutter ist nicht mehr! – gott hat sie zu sich berufen – er wollte sie haben, das sahe ich klar – mithin habe ich mich in willen gottes gegeben – Er hatte sie mir gegeben, er konnte sie mir auch nehmen. stellen sie sich nur alle meine unruhe, ängsten und sorgen vor die ich diese 14 täge ausgestanden habe – sie starb ohne daß sie etwas von sich wuste – löschte aus wie ein licht. sie hat 3 täge vorher gebeichtet, ist Comunicirt worden, und hat die heilige öehlung bekommen – die letzten 3 täge aber phantasirte sie beständig, und heüt aber um 5 uhr 21 minuten griff sie in Zügen, verlohr alsogleich dabey alle empfindung und alle sinne – ich drückte ihr die hand, redete sie an – sie sah mich aber nicht, hörte mich nicht, und empfand nichts – so lag sie bis sie verschied, nemlich in 5 stunden um 10 uhr 21 minuten abends – es war niemand dabey als ich, ein guter freünd von uns (den mein vatter kennt) H: Haina, und die wächterin – die ganze krankheit kan ich ihnen heüte ohnmöglich schreiben – ich bin der Meinung daß sie hat sterben müssen – gott hat es so haben wollen. ich bitte sie unterdessen um nichts als um das freünd=stück, daß sie meinen armen vatter ganz sachte zu dieser traurigen nachricht bereiten – ich habe ihm mit der nemlichen Post geschrieben – aber nur daß sie schwer krank ist – warte dann nur auf eine antwort – damit ich mich darnach richten kan. gott gebe ihm stärke und muth! – mein freünd! – ich bin nicht izt, sondern schon lange her getröstet! – ich habe aus besonderer gnade gottes alles mit standhaftigkeit und gelassenheit übertragen. wie es so gefährlich wurde, so batt ich gott nur um

Brief Mozarts an Bullinger über den Tod der Mutter.

— aber nach wenigen Augenblicken ist die Symmetrie schon zerstört:

»Der Mittelteil des Themas hämmert seinen synkopischen Zweischlag in die ruhige Ebene hinein. Die Begleitung bricht ab; die Unterstimme spannt sich und wird Polyphonie« (Hans Mersmann). Und so geht es durch die ganze Sonate. Auffahren von Kraft und Gegenkraft: Ein Elegantes, Weltläufiges, der fröhlichen *Figaro*-Welt Verwandtes, wird immer wieder angehackt von tragisch-dämonischen Gegenthemen, die der Welt des *Don Giovanni* entstammen. Irgend etwas ist geschehn, was Mozart an dem sinnvollen Lauf des Lebens und des Dur-Komponierens zweifeln läßt. Was aber ist es?

Die a-Moll-Sonate (K. 310) ist von Jahn und Hermann Abert Mozarts »erste tragische Sonate« genannt worden. »A-Moll« fügt Alfred Einstein hinzu, »und manchmal auch A-Dur in besonderer Beleuchtung, ist für Mozart die Tonart der Trostlosigkeit.« Mozarts französischer Biograf Saint-Foix nennt die Pariser a-Moll-Sonate eine wahre Stil-Revolution, hervorgerufen durch eine moralisch »unbekannte Ursache«. Skeptisch gegenüber allem, was einen *eindeutigen* seelischen Einfluß auf ein Kunstwerk annehmen läßt, fragte er: *Que c'est il donc passé?*

Die Antwort, die ein jüngerer Forscher, Hans Dennerlein, dem alten Saint-Foix gibt, grenzt fast an Existentialismus. Eine »Weltangst« ist da; zum ersten Male eigentlich in Wolfgangs Leben. Alle vordergründigen Ziele sterben ab vor der Frage nach dem »Wozu?«. Der Tod der Mutter hat einen Vorhang vom »Ausblick auf das Nichts« gerissen. Nichts ist mehr »sicher«. Oder vielleicht scheint überhaupt nur noch das Nichts sicher. Die frommen Floskeln der Ergebung, die in den Briefen nach Salzburg stehn, wirken wie ein Opium. Hat er dieses Opium nicht zur Hand, so hört

er in seiner erschreckten Seele mit selbstquälerischer Hartnäckigkeit das Motiv a-gis-a widerhallen, das sich nicht beruhigen will. Auch in Haydns Sinfonien gibt es unheimliche Allegro-Sätze. Aber was ist ihre Schnelligkeit und ihr »schattenhaftes Presto« gegen diese a-Moll-Sonate einer drängenden Gewißheit, daß alles »zugrunde gehen wird«?
Der Tod der Mutter nämlich trifft Wolfgang nicht bloß als »vereinzelte Erscheinung«. Er verknäult sich mit den Tagesereignissen zu einem Klumpen von würgender Angst. Was Saint-Foix nicht deuten kann, mag man aus der deutschen Geschichte deuten. Seit der Kurfürst Max Joseph III. in München gestorben ist – er ist an den Blattern gestorben; kein Jahr ist's her, daß er mit Mozart sprach! – steht ein europäischer Krieg vor der Tür. Der »Bayerische Erbfolgekrieg«. Wieder einmal sitzen Österreich und Preußen kampfbereit im Sattel. Daß der Krieg kurz und ergebnislos endet, wie ein Turnier, das man bloß der »Ehre« halber begann, beweist die große Diplomatie der beiden uralt gewordenen Gegner Friedrich und Maria Theresia ... Aber zur Zeit, da Wolfgang und sein Vater angstvolle Briefe darüber wechseln, müssen sie fürchten, daß einer der Gegner Salzburg überrennen wird. Auch ohne Politiker zu sein, fühlt Wolfgang, daß sein ganzer Aufstieg in den letzten fünfzehn Jahren dem Hubertusburger Frieden zwischen Österreich und Preußen verdankt war ... Hört der neue Krieg nicht schleunigst auf, kommt es gar wieder zum Anschluß Frankreichs und Englands an den Lokalkonflikt um München und Bayern: dann sind Kultur und Musik des Kontinents wieder auf Jahrzehnte verloren.
Es ist also die »Sonate der Angst« vor der allgemeinen Dekomposition, nicht bloß eine »Sonate der Trauer« über einen speziellen Verlust – obwohl sie das wahrscheinlich *auch* ist. Denn die Schaurigkeit der Oktavbässe:

(sie lassen uns an *Dies irae, dies illa* denken!) ist so erfüllt von randvoller Verzweiflung, daß nur ein Elementarereignis persönlicher Art wie der Tod der Mutter und der Leichengottesdienst diese Tonschrift ausgelöst haben kann (Dennerlein).
Wenn ein Meister von über 600 Werken nur etwa 33 in Moll schreibt – nicht einmal den achtzehnten Teil! – so ist er bestimmt ein Dur-Komponist. Es will also jedesmal etwas heißen, wenn

Mozart ein ganzes Moll-Werk schreibt (Werner Lüthy). Doch warum führt die a-Moll-Sonate als Mittelsatz ein Andante F-Dur, ein »gesungenes« Andante und gar eines »con espressione«? Hier wird einer der Hauptunterschiede zwischen »modern« und »klassisch« klar. Ein heutiger Tonsetzer würde sich in seiner Verzweiflung nicht stören lassen. Der Klassiker muß es scheinbar. Warum? Aus dem ungeschriebenen Gesetz des »Gleichgewichts« und der »Symmetrie«. Jeder Satz will seinen Gegen-Satz.

Die geheime »Selbstwehr« gegen das Leid, die wir aus der a-Moll-Sonate hören, ist in der A-Dur-Sonate (K. 331) alles andere als geheim. Die Spannweite zwischen Leid und Nichtleid nimmt hier fast bacchantische Formen an. Als erster fand wohl Sir George Gröve (1820—1900), daß zwischen diesen beiden Sonaten nicht nur ein Kontrastverhältnis, sondern auch eine thematische Bindung besteht.

Aber ist denn das A-Dur-Werk, das kurz hinter dem andern geschrieben wurde, *überhaupt* noch eine Sonate? Emil Sauer pflegte lächelnd zu sagen, er würde sich hüten, aus ihr seinen Schülern den »Begriff der Sonate« zu erklären: »Denn sonst würden sie mich nächstens fragen, was eigentlich ein Potpourri ist«. Zwischen der stillen Bekümmernis der Variationen im Ersten Satz und dem grellen Tanzmarsch des Schlusses gibt es doch wohl keine Verbindung.

Man hielt die Anfangs-Variationen lange für französisches Gut. Inzwischen haben Rietsch und Haas unwiderleglich aufgezeigt, daß diese Sechsachtel-Melodie altdeutsch ist. Sie entstammt der Ostracher Liederhandschrift (also einem älteren Jahrhundert), wo ihre stillen Textworte lauten:

Seltsamer Text! Die Musik straft ihn Lügen. Von einer Freude ist gar keine Rede: der Schmerz hat sich noch nicht ausmusiziert. Mit einer Innigkeit ohnegleichen schreibt Mozart zunächst das Thema hin:

Doch das Thema ist gar nicht zu Ende. Es ist einer der seltenen Fälle, daß ein Fortschreiten fast schon selbst Variation ist:

Aber bevor diese »Takte der Trauer« gegen den Schluß zu fallen . . . ja, fallen . . . werden sie noch aufgebogen in ein unerwartetes Forte. Das einmalige dieser Traurigkeit ist nun ihre *Trockenheit.* Es kommt zu keiner Träne darin. Und das unterscheidet sie von Schubert, bei dem alle Traurigkeit »feucht« ist. Mozarts Traurigkeit ist klassisch: still, resigniert und schicksalsbewußt.
Nun kommen die Variationen selbst. Die erste hat (Dennerlein) Geigencharakter, die zweite einen Flötenton, die dritte läßt an Orgelklang denken, die vierte mit ihren hohen Terzen ahmt die Klarinette nach, das Adagio der fünften ist wie das ruhige Schweifen und Singen einer Solovioline, das Allegro der sechsten ist reiner Klavierstil. Der Zweite Satz ist . . . ein Menuett. Das Herz Mozarts hat sich gefaßt. Es beginnt ein probend-tastendes Schreiten. Die dreimalige Anstiegsbewegung in den sechs ersten Trio-Takten:

beweist, daß die Mutter den Liedtext kannte. So billigt sie jetzt wohl nachträglich, daß der Sohn sich vcr ihrem Gedächtnis neigt, zur Schrittweise eines Menuetts? Nach diesem Trio, dessen Zartheit und Muskelreichtum man bewundert, bricht – in eine ahnungslose Welt! – plötzlich der »Janitscharenmarsch« ein:

Es ist dieses *Rondo alla Turca*, das der Sonate in Mozarts Nachruhm eine ganz besondere Stellung verschafft hat. Ist sie für Hunderttausende doch *die* Klaviersonate geworden. Wenn es verwirft, hat das Volk oft unrecht – fast niemals aber, sobald es liebt. Dieses *Rondo alla Turca* ist ein gewaltiges Stück Kunst. Man mag denken, Mozart habe sich damit auf die *Entführung aus dem Serail* vorbereitet – gleichviel, dieser Ausbruch von Lebensfreude, klirrender, schäumender, spritzender Freude – türkisch kostümiert oder nicht – kommt aus den dämonischen Schlünden des Ich. Rein stilgeschichtlich ist es klar, daß der »Wahlfranzose« Gluck mit seinem *Cadi dupé* (1761) und den *Mekkapilgern* (1776) dem »sich sträubenden Franzosen« Mozart die türkische Schreibart zugespielt hat. Die Franzosen, als Bundesgenossen der Türken, haben, allerdings ironisch, zum ersten Male diese Kombination aus Schlagzeug, Becken und Triangeln und die leicht heulende Melodie der Türken – wie sie sie hörten! – für das Abendland gewonnen. Aber voll entfaltet sie sich zuerst im Türkensatz der A-Dur-Sonate. Mag Beethovens *Türkischer Marsch* aus den *Ruinen von Athen* furchtbarer und fratzenhafter klingen, weil man die gequälten Schreie der Griechen mitzuhören meint; mag Schuberts *Türkische Scharwache* (Moment musical) in sonderbarer Wehmut zugleich mit der sich entfernenden Truppe in uns die Empfindung wachrufen: »Dies hörten wir zum letzten Mal!« Von allen diesen drei Marschmusiken bleibt Mozarts Janitscharen-Sturm der drohendste, dunkel-glänzendste. Ein Geschwindmarsch, der zugleich fast schamlose Tanzfiguren enthüllt:

Für stillere Menschen (Eugen d'Albert hat das einmal sehr schön gesagt) bleibt aber der Anfang der Sonate, der nachdenklich-schmerzfeine, ihr Größtes. 1912 hat Max Reger eins seiner repräsentativsten Werke *Variationen und Fuge über ein Thema von Mozart* (op. 132) als kolossalen Marmorbau über Mozarts Melodie errichtet. Er mag manchem zu palastartig scheinen: das kleine

Rinnsal der Melodie, ihr rührend-trauriger Flüsterton, wird von Regers »großer Instrumentalform« aus seiner Intimität gehoben. Regers Thema hat 36 Takte. Holzbläser und Streicher tragen es vor; dann bringen die Streicher es alleine, aber in der Umkehrung; Holz und Harfe kontrapunktieren. Das Thema kehrt zurück, kaum erkenntlich; chromatisch und im Zweivierteltakt. In der sechsten Variation kommt die Stimmung des Anfangs wieder. Die Schlußfuge haben Höweler und Zentner einen »Ausdruck aufrichtiger Freude« genannt. Mozarts Thema selbst war nicht freudig. Nur für den Schluß wählte er das Forte — und so schloß Reger wohl auch nicht stillos sein Werk mit festlichen Trompeten, Hörnern, Streichern und Holzbläsern ab.

Es gibt aber eine Variation des Hauptthemas der A-Dur-Sonate, die Reger nicht geschrieben hat. Er konnte sie auch gar nicht schreiben. Denn sie stammt aus dem Jahr 1803, und ihr Autor ist kein geringerer als der große Carl Maria von Weber.

Diese Variation, von der man in keiner Mozartbiografie und keiner Weberbiografie lesen wird, steht in der Ouvertüre zu *Peter Schmoll und seine Nachbarn,* die Weber mit sechzehn Jahren schrieb. Diese Melodie ist der Beginn jener hohen Reihe von romantischen Sehnsuchtsmotiven, die in *Euryanthe* und *Oberon* kulminieren. Völlig überraschend erscheint sie. Nachdem Carl Maria ein Kopfmotiv sich irgendwo aus Haydn geholt — keinen der größeren Haydn-Einfälle — und es freilich genial instrumentiert hat·

verläßt er den Vierzeiler sofort und spielt eine Weile mit ländlichem Kleintier und stoßenden Ziegenböcken herum. Plötzlich erhebt sich unerwartet der lang hinschwingende Sehnsuchtsruf der Klarinetten:

Romantik ist Sehnsucht. Sehnende Sucht. Der klassische Mensch ist in der Ruhe. Der romantische Mensch »will fort«. »Sehnen« ist nach Jacob Grimm ein »Sich-Strecken«, das mit »Sehne« zusammenhängt. In diesem Sinn sprach das höfische Epos des Mittelalters von *Seneder arebeit,* von der Körper- und Seelenmühe des Sehnens. Und die englische Sprache spricht von *longing.* Man fühlt das Sich-Strecken und Längerwerden der Menschenseele im Stadium des Sehnens.

Betrachtet man nun nach Plutarchischer Art Mozarts Musik, Webers Variation in Noten nebeneinander geschrieben, so erkennt man stärker als irgendwo sonst, daß der deutsche Klassiker Mozart eben kein Romantiker war. Die Traurigkeit des Mozartmotivs bleibt am Orte, sie ist »beschlossen«. Webers großartige Variation greift jünglingshaft nach dem Unbekannten, in die blaue Ferne hinaus ... Wäre diese romantische Variation von Mozart selbst geschrieben, wir würden aus ihr so etwas wie das »Sehnen nach der fernen Aloysia« hören. Sie ist aber *nicht* von Mozart geschrieben ...

Wie lange reist der Schmerz, bis er Kunst wird? Das ist bei den Meistern sehr verschieden. Auf Mozarts a-Moll- und A-Dur-Sonate liegt – in den Sätzen der Schicksalsergebung – der wehmütige Schatten der toten Mutter. Aber im allgemeinen läßt sich daraus noch kein Beweis ableiten, wie schnell oder wie langsam er seelisch etwas »verarbeitete«. Mag auf ein Genie von Mozarts Art der leiseste Lufthauch einwirken – wie lange das Erleben reist, ehe es ihm zur Tiefenkunst wird, das werden wir wahrscheinlich nie wissen. In einem — sonst peinlichen — »Dialog von der Kunst und vom Leben« hat Oscar Wilde Sätze geschrieben, die manches erklären. Zwischen Kunst und Leben, sagt er, waltet ein Mysterium. Das »Erlebnis« muß nicht immer der richtige Bote zwischen den beiden Welten sein. »Die Kunst findet ihre eigene Vollendung in sich selbst. Ihr kommt nichts von Draußen. Sie kann nicht mit einem äußeren Maßstab der Ähnlichkeit beurteilt werden. Sie ist eher ein Schleier als ein Spiegel . . .«

DIE ANGST UM DEN SOHN

Aber Leopold. Was tut er, wie lebt er? Kaum ist die Todesangst um die Frau vorbei, da ergreift ihn Todesangst um den Sohn. Er darf nicht allein in Paris bleiben! Er ist den Intrigen dort nicht gewachsen. Grimm, den die Nachwelt als »Egoisten« sieht — der er sicher nicht gewesen ist — Grimm hat sich zunächst wunderbar betragen. Hat er den Mutterlosen, Verwirrten, an Körper und Seele Zitternden zu sich genommen? Weit Besseres geschah: Wolfgang erhält sofort ein Zimmer im Haus von Grimms mitfühlender Freundin, der berühmten Madame d'Epinay. Das ist eine große Dame aus der Welt der Literatur und Gesellschaft. Dem Philosophenschwatz des Tages von der »Heiligkeit des Eigennutzes« mag auch sie gelegentlich opfern in ihren Briefen an Galiani — in der Praxis ist sie unsäglich gütig. Sie nimmt Wolfgang wie einen Bruder auf und kümmert sich nach fraulicher Art um die Kleinigkeiten, die ihm nottun.
Währenddessen hat sich Grimm selbst mit Leopold zusammengetan. Auf die Wünsche des Vaters eingehend oder sie doch im Tiefsten erratend, gibt auch er das Votum ab, daß Wolfgang für Paris nicht tauge — und der Vater schreibt es dem Sohn zurück, wie der Baron Grimm ihn beurteilt:

»Il est zu treuherzig, peu actif, trop aisé d'attrapper, trop occupé des moyens qui peuvent conduire à la fortune. Ici pour percer il faut être retors, entreprenant, audacieux. Je lui voudrais pour sa fortune la moitié moins de talent . . . (Er ist zu wenig aktiv, zu leicht einzufangen und zugleich zu sehr auf die Mittel bedacht, die ihm einen Erfolg bringen könnten. Um hier in Paris durchzudringen, muß man listig-zurückhaltend und dabei unternehmend und tollkühn sein. Ich würde ihm, um sein Glück zu machen, die Hälfte seines Talents wünschen . . .« Stimmt hier etwa nicht jedes

Wort? Doch Wolfgang nimmt solche Meinungen übel. Sie wecken seinen Widerspruch! Als wolle er sich jetzt erst recht in Paris beweisen und durchsetzen! Jetzt, da der Verleger Sieber endlich seine Sonaten sticht – jetzt soll er den Kampfplatz räumen? Im Gegenteil, er wird die Franzosen »ihn, den Deutschen, fürchten lehren«; und vor allem wird er Grimm beweisen, *»daß ein Mozart ebenso viel Talent wie ein Piccini hat«*. Wahrhaftig! Er spielt sogar mit dem Gedanken, zu einem neuen Gönner, dem Grafen Sickingen, überzusiedeln – es ist kein Gönner, sondern nur einer der Zahlreichen, die ihn ein paar Wochen liebhaben – aber Grimm erklärt ihm sehr ernst: »Das geht nicht. Das käme einer Beleidigung meiner selbst und der Madame d'Epinay gleich ...«

In diesen Wochen vollbringt Leopold ein für unmöglich Gehaltenes. Es ist ein Triumph seiner Diplomatie und der langen, zähen Menschenbehandlung, in der er schließlich ein Meister ist. Sein Familienunglück ins Treffen führend, versöhnt er den Erzbischof Colloredo mit dem in der Ferne weilenden Sohn. Ein wenig Glück spielt auch hinein, denn ein alter Kapellmeister, Lolli, ist gestorben, und eine Stelle ward frei. Anscheinend sucht Leopold zunächst eine Schwester des Erzbischofs auf, dann übernimmt Graf Starhemberg, ein Salzburger Domherr, die Vermittlung. Am 31. August, knapp acht Wochen nach dem Tod der Mutter, meldet er Wolfgang das Resultat, das über alle Erwartung ist: *»Ich verzweifelte fast durchzudringen, weil nach dem Schritt, den wir getan, von dem Hochmut des Fürsten wenig zu hoffen und ihm Dein schnelles Abschiedsgesuch zu sehr aufs Herz gefallen war. Allein durch mein tapferes Aushalten bin ich nicht nur durchgedrungen, der Erzbischof hat nicht nur Alles akkordiert, für mich und Dich – Du hast 500 Gulden –, sondern er hat sich noch entschuldigt, daß er Dich jetzt unmöglich zum Kapellmeister machen könne. Du solltest aber, wenn ich außerstande wäre, in meine Stelle einrücken ...«* Und nun kommt das Wichtigste: *»Der Erzbischof hat sich erkläret, daß er, wenn Du eine Opera schreiben willst, Dich, wo immer es ist, hinreisen lasse ...«* Ist das nicht eine Jubelkunde? Salzburg hat ja kein Opernhaus. Außer bei Gelegenheitsaufführungen wird die Kunstgattung nicht gepflegt, von der Wolfgang Mozart einzig träumt und für die er zur Welt geboren wurde: die Oper. So ist es nur natürlich, daß er zusammenpackt und nach Hause fährt.

So sollte man meinen. Doch ist es nicht so. Ein rätselhaftes Mißtrauen gegen die Einigung daheim hält ihn weiter in Paris. Dann tauchen Mannheimer Pläne auf. Mannheim? Selbstverständlich,

Mannheim. Dort lebt ja die Luise, die er nie aufgehört hat »sein Mädel« zu nennen. Sie hat viel geweint, als sie lange von ihm nichts hörte, und ist täglich in die Kirche gegangen, um für den Lebenden oder Toten zu beten. Man hat es ihm geschrieben. Wieder erfüllt ihn verzehrende Glut.

Ach, die lieben Weberischen! Warum geht es ihnen so schlecht? Sie können sich nicht rühren vor Schulden. Und dabei könnte Aloysia, wenn man ihr Talent nur erkennte, ihre ganze Familie ernähren. Eben erst hat der Tenorist Raaff in Paris von ihren Gaben geschwärmt ... Wolfgang schreibt einen langen Brief aus Paris an Vater Fridolin Weber und entwirft einen kühnen Rettungsplan. Italien? Nein, damit ist es nichts mehr. Doch kennt er ja den Monsieur Le Gros, den Direktor des *Concert spirituel.* Wie wär' es, wenn daraufhin Vater und Tochter im Winter nach Paris kommen wollten? Nicht diesen, aber den nächsten Winter. *»Die Reise, Tafel, Logement, Holz und Licht würde Sie nichts kosten ... Es gibt auch Partikularkonzerte – und im Concert des Amateurs würde ich Ihnen auch vielleicht etwa zuwege bringen ...«* Ist er rasend, derlei zu schreiben? Wo er sich selbst noch nicht helfen kann – und Grimm dem Vater eben erst schrieb, er sähe keinen anderen Weg für Wolfgang – wenn er überhaupt in Paris bleiben wolle! – als sich hier durch Klavierstunden fortzubringen?

Aber Mozart ist ein »Helfen-Woller«. Selbst wenn »die Luise sein Mädel nicht wäre«, würde er möglicherweise den Webers lange Briefe und Ratschläge erteilen. Längst ehe Mozart Freimaurer wird, kündigt sich diese Art Menschenliebe in seinem Charakter an. Mörike erfand in seiner Meisternovelle »Mozart auf der Reise nach Prag« eine freie Episode: Es ist jene kleine Geschichte, da der von Zorn und Mitleid Bewegte einem armen Liebespaar – einer Kellnerin und ihrem Schlosser – durch ein Wohltätigkeitskonzert die Möglichkeit zur Heirat verschafft ... Ach, nur sich selbst konnte er nicht helfen!

Auch an Vater Leopold hat sich, in seltsamer Verblendung, der Sohn gewandt, um die Webers zu retten. Schlechteres konnte er nicht tun. Denn Leopold gibt ja den Weberischen die Schuld am Tode seiner Gattin. Ursprünglich hätte seine Frau ganz wohl in Mannheim umkehren können und nach Salzburg zurückreisen, wo man sie so gepflegt hätte, daß sie heute noch leben könnte: Aber, da Wolfgang nur mit Gewalt nach Paris zu bringen war, hatte die Mutter bei ihrem Sohn die väterliche Autorität zu vertreten – und darüber war sie gestorben ... So argumentiert der verwundete Mann. Und jetzt, kaum acht Wochen ruht die Mutter erst in der lieblosen Fremde, wieder diese Hilfspläne für Webers? Mit dem Schwerte der Vernunft zerstört er Wolfgangs Hirngespinste: »*Du weißt nun nach und nach (wie ich hoffe), wieviel Geld ein einziger Mensch braucht, um sich mit Reputation zu unterhalten ... Man kann sich Mühe geben, der Mdselle. Weber, so viel es möglich ist, zu helfen; allein gehen denn unsre Kräfte so weit, einer aus sechs Kindern bestehenden Familie aufzuhelfen? Wer kann dieses? – Ich? – Du? – Die wir uns selbst noch nicht haben helfen können! Wie kannst Du andern helfen, bevor Du Dir nicht selbst geholfen hast?*« Der Akkord mit dem Erzbischof wird gefährdet sein, wenn er nicht heimreist. Könnte man ihn nur aus Paris fortbringen!

Da kommt – was nach dem erregten Frühjahr am wenigsten zu erwarten war – die politische Konsolidierung zu Hilfe. Der Konflikt zwischen Österreich und Preußen hat sich nicht zum Weltkrieg erweitert, und der Streit um die bayerische Erbfolge geht, als schläfrige Kanonade, irgendwo in Böhmen zu Ende. München selbst fühlt sich wieder so sicher, daß es große Opernpläne hat. Karl Theodor, der das Land geerbt hat, der neue Kurfürst Karl Theodor, hat seinen ganzen Kunsthofstaat, die Sänger und Instrumentalisten, von Mannheim nach München übergesiedelt. Auch die Webers hat der Sog erfaßt. Sie werden in München ihr Glück machen. Auf die Nachbarschaft von München und Salzburg gründet Leopold seinen klugen Plan, den Sohn wieder in die Hand zu bekommen ...

Jetzt, endlich, löst Wolfgang sich von Paris. Der Weg nach München führt über Mannheim, wo er bei den Cannabichs absteigt und Gespräche mit Dalberg führt, dem großen Theater-Intendanten, dessen Name mit Schillers »Räubern« verknüpft ist. Aloysia so nahe, eilt er doch nicht. Er erwägt für den Intendanten, ein Drama *Semiramis* zu schreiben. Seit Italien sind ja klassische Stoffe geschichtlich-mythologischer Art eine Domäne, an die er fest glaubt – und nur ungebildete Menschen denken, Mozart habe derlei aus »Zwang« oder gar aus Geldgründen unternommen. Auch ein prachtvolles Konzert für Klavier und Violine beginnt er und läßt es liegen ... Das ganze Mannheim ist ja nur das Vorzimmer für die Weiterreise nach München und das Wiedersehn mit Luise! Was hat er ihr nicht alles zu sagen! Selbst sein Vater, der alte Diplomat, hat ihm sauersüß mitgeteilt, daß er sich beim Erzbischof in Salzburg für Aloysias Verwendung als Sängerin eingesetzt habe. Kann das wahr sein? Kann Leopold seinen Haß so sehr beiseite gesetzt haben? (»*Junge Leute müssen am*

Narrenseil laufen!« hat er resigniert erklärt.) Schon erblickt Wolfgang die Frauentürme, schon fährt er jubelnd in München ein.

DAS HAUPT DER GORGO

Daß große Mächte uns regieren, hat Wolfgang ein Leben lang geglaubt. Im tiefsten Innern ein Humanist, und nicht weniger als Goethe – trotz der rasch strömenden Flüchtigkeit, mit der sein äußeres Leben dahinstob – wußte er, daß die Götter der Alten nicht bloße Fiktionen der Phantasie sind. So könnte er mit Recht erwarten, daß die mit Gebeten, Schwüren und Briefen angekündigte Aphrodite seiner liebend entgegenharrte. Statt dessen sah er das Haupt der Gorgo.

Vor Glück kaum einer Äußerung fähig, tritt er bei Aloysia ein. Ein Künstler- und Brautgeschenk in Händen, wie es herrlicher keine Sängerin von ihrem Maestro erhalten hat. Die Arie an das thessalische Volk *Popoli di Tessaglia* (K. 316). Die Arie und das Rezitativ sind in Paris entworfen worden, aber noch nicht fertig. Was macht es? Er zeigt beides der geliebten Freundin. Ein verständnisleeres Lächeln umspielt ihren Mund. Sie kennt ihn nicht mehr. Wie sonderbar ist doch sein roter Rock! Und schwarze Knöpfe hat er darin. Ist das die »Pariser Trauerkleidung«? Ja, ja, seine Mutter ist gestorben... Ihr ist nicht wohl in seiner Nähe, und ihr Gesicht gefriert immer mehr.

Es ist wohl wahr: Wolfgang ist nicht schöner geworden, seit sie ihn das letzte Mal sah. Im Grunde ist er ein kleiner Mann von unvorteilhafter Statur, mit einem überarbeiteten, dabei unbedeutenden Gesicht und einer viel zu langen Nase, die nervös ist wie ein Schweinsrüsselchen . . . Sie selbst wird »schöner von Tag zu Tag«. Aber das alles ist es ja nicht. Etwas anderes ist geschehn. Sie hat begonnen, ihr Glück zu machen. Der neue Kurfürst, die Oper und München sind auf sie aufmerksam geworden. Der Ruhm und das Geld sind schon an der Pforte. Was soll sie noch mit diesem Menschen, der in Paris nichts weiter erreicht hat, als daß seine Sonaten gestochen wurden. Der große Vokalkomponist jedenfalls, mit dem sie sich hätte liieren können, ist der kleine Mann keineswegs. Ob er sich jemals durchsetzen wird? Wer weiß. Sie selber jedenfalls darf sich von ihm nicht aufhalten lassen . . . und so gibt sie ihm brüsk zu verstehn, daß es zwischen ihnen aus ist.

Das Haupt der Gorgo! Wer es sieht, wird zu Stein. Es ist, als ob etwas in Mozart versteinert, als er sich auf den Hacken umdreht

und in sein Logis zurückkehrt. Straßen, Wagen, Fußgänger: durch alles geht er hin wie durch Nebel. Lockert sich sein Schmerz nun in Tränen?
Aber Mozart ist kein Schubert. Hätte er sich jetzt hinsetzen sollen und den herzzerreißendsten aller Liedmärsche komponieren, Schuberts:

Gewiß, der Mai war ihm gewogen mit manchem Blumenstrauß. Nicht anders wird es ja Schubert ergehn. Aber sich nun hinsetzen und ein Papier mit Noten bedecken:

Wahrlich, das hätte er nicht gekonnt. Jeder Genius beackert sein eigenes Feld. Und das der unglücklichen Liebe war wirklich nichts für einen Mozart. So setzte er sich denn zwar ans Klavier – aber die Tränen der Verzweiflung verwandelten sich dem Spielenden bald in Tränen einer soliden Wut. »*Leck mich das Mensch im A . . ., das mich nicht mag . . .!*« brüllte und sang er abwechselnd. Diese klassische Aufforderung, und gar noch in fünffüßigen Jamben, ist bezeugt, die Forscher Lewicki und Paumgartner haben sie in den Notizen gesehn, die der dänische Etatsrat Nissen, der spätere Gatte Konstanze Mozarts, für seine Biografie benutzte. (Nur mit Rücksicht auf Aloysia, die ja Nissens Schwägerin war, wurden Mozarts urkräftige Worte in der Nissen-Biografie dann zu der lahmen Form abgeschwächt: »Ich lass' das Mädel gern, das mich nicht will.«)
Bei Schubert – in den »Müllerliedern«, der »Winterreise« – gibt's keinen Stolz, sondern nur Schmerz. Bei Mozart ertränkt der verwundete Stolz beinahe augenblicklich den Schmerz. Das Mensch! Die undankbare Närrin! Hat er nicht die herrlichsten Arien für diese heillose Pute geschrieben?
Eine heillose Pute, gewiß! Eine negative Unsterblichkeit sich zu erwerben, wo sie doch zur positivsten geladen war. Die Dichterin

Annette Kolb beschreibt die »erfolgreiche Sängerin« mit den Augen gnadenlosen Hasses: »Oh, hätte er sie doch gesehn, wie ein Altersbild sie uns zeigt! Ohne einen Scheidegruß haben die Musen und die Grazien sie entlassen und mit einem Haushälterinnengesicht versehn ... Die mächtige Brosche, die langen Ohrringe, der Stoff ihres Kleides deuten auf Ersparnisse. Jeder Zug des Portraits ist unedel: die rüstige Nase, die gekniffenen Lippen, die Linien des Halses, der Schultern, des Brustkastens ...«

Mozart hieb den Klavierdeckel zu. Doch hatte das Kraftwort ihn nun entladen? Die Seelenqual begann aufs neue, als ihm einfiel, wie diese unsinnige Liebe seine armen Eltern gequält hatte. Die Mutter war darüber gestorben, der Vater über alles Maß von ihm gekränkt und verwundet worden. Der Jammer der Schwester. Und die Schulden. Er brach aufs neue in Tränen aus und stürzte zu dem Flötisten Becke, der über diese ganze Szene – halb unwissend, was sie bedeuten mochte – am 29. Dezember verwirrt nach Salzburg berichtet hat: Wolfgang zweifele daran, ob der Vater ihn noch liebe! »Das Herz Ihres Herrn Sohnes ist vor lauter Empfindung vor seinem Vater nicht ganz in Ordnung. Machen Sie ihm den Aufenthalt in Salzburg nur recht angenehm und freundschaftlich!« Setzt er doch alles, was er erhofft, »in seinen Vater und seine Schwester. Außer diesen kennt er nichts mehr auf der Welt«.

Leopold schreibt an Wolfgang zurück, daß er Beckes Brief nicht verstehe. Und noch weniger Wolfgangs Billet, das er kopfschüttelnd daneben hält: *»Heute kann ich nichts als weinen – ich habe ein gar zu empfindsames Herz ... Ich habe von Natur aus eine schlechte Schrift, das wissen Sie«* (was übrigens durchaus nicht stimmt), *»denn ich habe niemals schreiben gelernt, doch habe ich mein Lebtag niemals schlechter geschrieben als diesmal. Ich kann nicht – mein Herz ist zum Weinen gestimmt!«* Was ist geschehn, um Gotteswillen, was ist diesem erwachsenen Kind und kindischem Erwachsenen widerfahren? Leopold zittert.

Geschehen – schließlich erfährt es der Vater – ist ihm ein allerdings schrecklicher Unfall. Ein nie ganz ausgeheilter Beinbruch, von dem ein seelisches Hinken zurückbleibt. Es ist Mozarts Verhältnis zu den Frauen, das, unter der Rokoko-Fassade, ein irregulär-gefährliches bleibt. Er kommt vom Typus Aloysias, dem Typus der Sängerin, niemals los. Daß die von ihm Verachtete *(»sie ist eine falsche Person«)* später in seinen Opern auftritt und er dadurch künstlerisch aufs neue mit ihr in Berührung kommt, ist dabei nicht das Wesentliche. Schlimmer ist, daß er sich in Zukunft keine Geliebte vorstellen kann, die nicht Sängerin ist. Da

sind seine Schülerinnen, mit denen er erotische Bindungen hat oder anstrebt; wie Frau von Trattnern, die Buchhändlersgattin, oder, schlimmer, die Gattin des Freimaurers Hofdemel, auf die ihr Mann vor Eifersucht einen Mordanfall ausüben wird. Da ist Nancy Storace, Anna Selina Storace, genannt die »schöne Engländerin«, für die recht eigentlich die Partie der Susanne im *Figaro* komponiert ist. Da ist Henriette Baranius, die Berliner Sängerin, um die – kaum ein Jahr vor seinem Tod – Mozart den Kopf derartig verliert, daß (sie singt Blondchen in der *Entführung)* es den Freunden kaum gelingt, ihn von Berlin wieder loszubekommen und ihn zurück zu seiner Frau und dem Wiener Kreis seiner Pflichten zu schicken.
Denn, 1791, ist er ja glücklich verheiratet. Glücklich? Ja: gewiß ist er das. Er hat Konstanze so geliebt, sein »liebes Weibchen«, sein »Herzenstäubchen«, wie Papageno die Papagena. Und doch zittert er vor Verlangen nach anderen Frauen. Er betet sie an. Und im gleichen Atem kann der Gestalter des *Don Giovanni* sie auch verachten und mit dem gräßlichen Gelächter von Leporellos Register-Arie sie gar verhöhnen. Und das Achselzucken über die Frauen in *Cosi fan Tutte?*
Mozarts Verhältnis zu den Frauen hat etwas Irrlichthaftes. Heute ein Cherubin, morgen von der Treue des Belmonte und des Tamino; übermorgen vielleicht ein Dämon, der jeder Frau Rache geschworen hat. An allen diesen Metamorphosen, die die Plastik ovidischer Wortbilder haben, ist das Verhältnis zu Aloysia schuld. Die Narbe, die zurückblieb ...
Und nun setzt wohl der Flötist Becke den immer noch Weinenden in den Wagen, damit er endlich nach Salzburg kommt? Doch als Wolfgang die Vaterstadt erreicht, ist er keineswegs allein. Das Augsburger »Bäsle« ist nämlich gekommen, um den Zusammengebrochenen zu trösten; unter den grob-anzüglichsten und bäuerlichsten Späßen zieht er denn also in Salzburg ein.

IDOMENEO

Zu den Menschen, die Wort halten, gehört Hieronymus Colloredo, Reichsfürst und Erzbischof.
Am 16. Januar 1779 ist Wolfgang Amadeus Mozart in den »Schoß der Familie« zurückgekehrt. Einen Tag später hat man ihm in der erzbischöflichen Kanzlei das Ernennungsdekret überreicht, das ihn zum Hoforganisten bestellt. Unausgesprochene Bedingung:

daß er sich ordentlich führe wie jeder andere Hofbeamte und das »Irrlichterieren« aufgebe.
Fühlt er sich wohl? Wie sollte er. »In den Augen der Salzburger Spießer lag das Odium eines reumütigen Desperados über dem Heimgekehrten. Allzu brüsk für jene Leute und mit aufreizend zuversichtlichen Mienen war Wolfgang in die Ferne gezogen« (Paumgartner). Nun sah man ihn müde und scheinbar geschlagen im Alltags- und Organistentrott.
Doch sobald er komponiert, versinkt Salzburg. Hauptsächlich schafft er jetzt Kirchenwerke, eine Gattung, die er auf der Reise notgedrungen vernachlässigt hat. Mit reichlich mehr Langmut und Verständnis, als er sie früher aufbrachte, geht er jetzt den Grundlinien nach, die der »Erzbischof der Aufklärung« für seine Musikreform aufgestellt hat. Colloredos sonderbare Mischung von »Geist und Geiz« gibt doch manches her. Soll wirklich nur Michael Haydn begreifen, als Favorit des Erzbischofs, daß und warum bei den Protestanten das deutsch gesungene Kirchenlied ein Pfeiler des Gottesdienstes ist? Der lutherische Gemeindegesang hat etwas Vereinendes, Stärkendes. Gewiß wird einem Katholiken nie »Eine feste Burg« gelingen – immerhin ist Mozarts Ehrgeiz gepackt, und er schreibt zwei deutsche Kirchenlieder (K. 343). Auffallend bei den meisten dieser Kirchenarbeiten ist sein Hang zum C-Dur – und wieder auch nicht. Ist doch C-Dur die gläubige Tonart, die gottgeschaffene, in der nichts schwankt. Eine Kirchensonate in C (K. 336), eine Reihe von Vespern und Litaneien (wie K. 321 und K. 339), eine C-Dur-Messe (K. 337) sind der Beweis. Vor allem aber eines seiner bekanntesten geistlichen Werke: jene andere *Krönungsmesse in C-Dur* (K. 317). Das bis heute vielgespielte Werk trägt seinen Namen keineswegs nach einem weltlich-politischen Anlaß, sondern nach der Krönung eines Marienbildes in der salzburgischen Wallfahrtskirche Maria Plain. Groß instrumentiert mit Streichern, Oboen, Hörnern, Pauken und Trompeten strahlt es Glanz aus – mehr vielleicht, als es Erzbischof Colloredo lieb ist.
Aber auch für sein weltliches Teil hat Wolfgang damals genug getan. Ist es nicht fast, als seien jene »vier ruhigen Jahre« zurückgekehrt? Da ist das Konzert für zwei Klaviere in Es (K. 365), mit dem er wahrscheinlich die Schwester versöhnt hat. Es ist nicht so einfach mit Nannerl jetzt. Er hat ihr zu oft von Frauen geschrieben – und vergessen, daß sie selbst eine Frau ist, 29 Jahre alt, und daß sie noch immer keinen Mann hat. Alles hat sich auf ihn konzentriert, alle Sorge und Angst der Eltern. Da ist nicht viel

für Nannerl geblieben, die jetzt gar noch die Hausfrau ersetzen muß ... Die Mutter! Ihr Name bedeutet zwar Friede — doch zwischen ihrem Andenken und Wolfgangs Familie steht das Wort, das schreckliche Briefwort seines Vaters vom 3. August 1778: »*Sie mußte in Paris sterben, weil sie in Salzburg nicht gestorben wäre.*« Fühlt er sich schuldig? Wenn er es tut, so gibt's nur zwei Wege des Entsühnens. Daß er ein guter Haus-Sohn ist, und daß er bessere Musik schreibt als je. Drei Sinfonien entstehen damals, eine in G-Dur (K. 318), die andern beiden in B-Dur und C-Dur (K. 319 und K. 338). Gebilde eines Salzburgers, der sich an Italien erinnert. Diese dreisätzigen Sinfonien werden später ihren Charakter verändern, wenn Mozart ihnen nach Haydnschem Vorbild in Wien Menuette einfügen wird.
Denn was sollen ihm Messen und Offertorien, was Sonaten und Sinfonien, was selbst die Klavierkonzerte, für die er ein völlig neues Verhältnis zwischen dem Soloinstrument und dem Klangkörper des Orchesters findet, wenn er nicht Opern schreiben darf, für die er sich zur Welt gekommen fühlt. Er wittert mit ungestilltem Durst in alle Himmelsrichtungen, ob von irgendwo ein Auftrag kommt ... Haben denn alle ihn vergessen?
Inzwischen geht man ins Theater ... In der Tat, was tut die Familie Mozart, wenn in glücklicheren Städten, in Wien und München, Paris und Dresden die Menschen in die Oper gehn? Da besucht man zum Trost das Schauspiel. Denn der große Schikaneder ist da; mit seiner glänzend geschulten Truppe reißt er die Salzburger aus dem Schlaf.
Schikaneder aus Straubing in Bayern — seltsamer Name, in dem »Schikane« und »Öde« wiederzukehren scheinen — war das genaue Gegenteil dieses Namens: ein Draufgänger, ein Stier an Kraft, ein Clown und ein Tragöde zugleich. Wo er auftrat, im Leben und auf der Bühne, war das »Pathos einer großen Affäre« und im gleichen Augenblick schon kasperlhafte Selbstverspottung. Gleichviel, ob er den »Hamlet« spielte oder Lessings »Minna von Barnhelm«, mit dem treuherzig-edlen Tellheim, oder einen alpinen Hanswurst in einem seiner eigenen Stücke: er imponierte den Salzburgern. Wenn er großartig durch die Straßen fuhr, in roten Schuhen, Seidenstrümpfen, kanariengelben Beinkleidern, mit Silber reich bordierter Weste und einem scharlachroten Frack, mit dem stählernen Degen an der Seite, den dreieckigen Herrenhut mit weißen Straußenfedern auf dem Kopf, dann schrien sie: »Vivat Schikaneder!« Vielleicht gefiel er ihnen besser als ihr eigener Erzbischof.

Theater! Für diesen »Prinzipal schafft Wolfgang die Theatermusik zu Geblers Schauspiel *König Thamos* (K. 345). Oder vielmehr er überholte eine früher schon begonnene Arbeit. Das Stück führt in ein sagenfernes und schon freimaurerisches »Ägypten«. Wie sein Titelheld Thamos bereits eine Vorform des Namens »Tamino« ist, so spielt in der Handlung der Gegensatz zwischen einer guten und einer bösen Partei, zwischen Sonnenprinzip und Nacht eine Rolle. Im Schlußchor meint man bereits die Sprache und den Ton der *Zauberflöte* zu hören:

Mozart und Schikaneder – noch ist ihre Stunde nicht gekommen. Das Schicksal löst sie voneinander. Der eine verläßt Salzburg, der andere bleibt und sieht weiter nach einer Oper aus, nach der »großen Gelegenheit«. Kennt man den Namen Mozart nicht mehr? Da begibt sich, wie einst in jenen »vier Jahren«, ein kleines Wunder: München ruft. Das veränderte München, in dem der Pfälzer Karl Theodor herrscht. Mannheim hat München aufgefüllt. Es ist genau das eingetreten, was Wolfgang kaum zu denken wagte: die Mannheimer Orchestermitglieder, unter denen er so viele Freunde hat, sitzen jetzt an den Münchener Pulten; Raaff, der ältliche Tenor und vor allem die Wendling-Damen singen von der Szene herab – und sie haben ihn nicht vergessen. Vor ihnen »*schmilzt Graf Seeau wie Wachs*«. Jetzt zucken die elektrischen Briefe zwischen München und Salzburg hin und her. Wird er den Opernauftrag erhalten? Es trifft sich gut, daß zwei andere Salzburger auch ihre Hand im Spiel haben. Der Hofkaplan Giambattista Varesco, der sich gern als Textbuchverfasser erweist; und dazu der alte Freund der Familie, der Hoftrompeter Schachtner, der den italienischen Versen eine deutsche Fassung gibt. So erhält Wolfgang den Auftrag von der Münchener Intendanz eine *Opera seria* zu schreiben. Es ist der barocke *Idomeneo.*

Gut. Er wird die Opera schreiben. Aber wer wird sie einstudieren? Und wird er die Oper überhaupt sehen? Da geschieht ein zweites Wunder. Hieronymus Colloredo gewährt ihm gnädig den »großen Urlaub«. Genau das ist's, was er Leopold versprach: »Falls er eine Opera hat, darf Sein Sohn überall hinreisen«. Er hat das nicht vergessen, und ein Reichsfürst muß Wort halten.

So fährt Wolfgang jubelnd nach München ab. Anscheinend im ungefederten Wagen, wo es eng und unbequem ist: *»Die Hände auf den Polster gestützt und den Hintern in Lüften haltend«*. Als er aussteigt, prüft er nach, ob kein Körperteil beschädigt ist. Aber auch das würde ihm nichts machen. Wie grenzenlos weit ist jetzt seine Seele!

Denn in der Musik zum *Idomeneo* – sie ist mit jener rasanten Schnelle geschrieben, die die Welt als ein Lustrum später am *Figaro* bestaunen wird – erwartet ihn zum ersten Mal der »gesamteuropäische Auftrag«, den das Schicksal ihm erteilt hat. Da sie ein hochbarockes Werk ist, ist sie auch zutiefst italienisch. Aber es kündigt sich in ihr schon die ungeborene deutsche Klassik der Goetheschen »Iphigenie« an, die Musik der Humanität. Und vor allem ist das Werk französisch. Glucks Erfahrungen und Glucks Forderungen – es ist, als hätten sie immer wieder in den Seiten der Partitur geblättert. Italien, Deutschland und Frankreich. Und doch führt, unverwechselbar, das Ganze den *einen* Namen: Mozart.

Wovon handelt *Idomeneo?* – Es war die oft behandelte Geschichte jenes Königs von Kreta, der auf der Rückfahrt von Troja von einem Sturm überrascht wird. Er gelobt dem Meergott Poseidon den ersten Menschen als Sühneopfer, der ihm bei der glücklichen Landung auf der Heimatinsel entgegenträte. Dieser Mensch ist unseligerweise sein eigener Sohn Idamantes ... Natürlich bricht Idomeneo, der König, den fürchterlichen Schwur. Nun sendet der Meergott ein Ungeheuer, das die Insel terrorisiert ... Aus dem Gelübde und seinem Bruch entstehen alle Verwicklungen. Wie, und durch wessen Opfermut, sie zu gutem Ende gelöst werden, davon handelt diese *Opera seria.*

Es ist ein mythischer Urkonflikt, in den wir da also hineingeraten: aus Gluck bekannt (und von Wagner gepriesen) – die Opferung der aulidischen Iphigenie durch ihren Vater. Auch die Tragödie von Jephtas Tochter, der Musikwelt aus Händel vertraut. Vor allem aber ist es doch der Konflikt des biblischen Abraham, der den Opferaltar für Isaak rüstet, ehe Gott jenes Böcklein einschiebt ... Die tiefe Bedeutung dieser Handlung im »Unbewußten der Kultur« – die Bedeutung des »Sohnesopfers« und das Problem der »Stellvertretung« hat neuerdings C. G. Jung in schürfender Betrachtung geklärt. Nur eben mozartisch war dieser Konflikt nicht. Nie hat sein wunderbarer Vater an seine »Opferung« gedacht; noch hat er jemals selbst ähnlich empfunden. Nur sein Talent ist also beschäftigt; sein Genie als Musikdramatiker stürzt sich mit einem Kopfsprung in diese *Opera seria* hinein.

Hätte Mozart in Italien, etwa als Sechzehnjähriger, den Stoff zur Vertonung angenommen, so würde uns das weiter nicht wundern. Aber er ist fast neun Jahre älter, und er hat – was er nicht weiß – nur noch neun Jahre zu leben. Es ist also für eine Arbeit wie diese reichlich spät geworden ... Aber er hat etwas »nachzuholen«. Das ist es. Es ist das »Gluckische«.

Ein Meister wie er läßt nichts ungestraft aus. Da hat ihm der Vater gut schreiben können, in das kabalenerfüllte Paris: »Du bist weder Gluck noch Piccini – halte dich aus ihrem Streit heraus!« In dem Augenblick, da Wolfgang die Geschichte des Königs Idomeneo zu *vermenschlichen* beginnt, muß er selbst zu einem Gluck werden.

Zwar wird er auch immer für »Stimmen« schreiben. Doch ein Genügen daran zu finden, wie die Italiener es tun, das kann er nach dieser Oper nicht mehr. Der Schwerpunkt liegt ab jetzt im Orchester, in dessen Tiefen und Weiten das »Musikdrama« zu brodeln beginnt. Nun, dazu hätte es Glucks nicht bedurft, weil Mozart ja als Sinfoniker schon längst ein Mann des Orchesters war. Doch daß man eine Oper *so* aus dem Orchester entwickeln könne, das war doch nicht selbstverständlich für ihn – und so kommt es, daß die Ouvertüre zu *Idomeneo, Re di Creta* eigentlich seine *erste* Ouvertüre geworden ist. Wie da die Streicher heranschleichen, sich um das Herz des Hörers winden, und ihnen ein halb unterdrückter Schrei aus den Holzbläsern antwortet:

das nimmt nicht nur ein »Lindwurm-Motiv« aus den »Nibelungen« vorweg. Es ist, in wenigen Takten bereits, die Grundstimmung eines griechischen Dramas, das immer seinen würdigen Platz zwischen Gluck und Wagner behaupten wird.
Da Mozart nicht aufhört, Mozart zu sein, siedelt er die Oper zunächst zwischen zwei Frauenstimmen an, der rauhen, eifersüchtigen Elektra – der griechischen Atridentochter, die den Idamantes liebt – und der sanften Ilia, der gefangenen Trojanerin. Aber wie stark ist Elektras Toben mit dem Toben der Elemente verknüpft; aus Triumphen und Leiden der Seele werden fast »Wetter-Erscheinungen«. Vollkommen gluckisch und wagnerisch ist hier jedenfalls die Überzeugung, daß das Schicksal mehr als der Einzelne ist. Wenn auch Liebe und Individualexistenz – Idamantes und Ilia – zart genug ihre Stimme erheben:

sie *fragen* mehr, als daß sie »sind«. Unvergleichlich stärker ist das Priesterhaft-Ernste, Elementare, das in dieser Oper der Flüche und der Gottesentscheidungen liegt. Nie war Mozart »archaischer«. Seltsam, was dieser Musiker *ahnte*. (Denn daß die kre-

tische Kultur tatsächlich älter gewesen ist als die griechische des Festlands, wissen wir mit Sicherheit erst seit wenigen Jahrzehnten durch die Forschungen von Evans und die Bücher von Nilsson und Bossert). Aber »Kreta« oder nicht: daß man der Tod- und Erlösungswelt des düsteren *Idomeneo*-Stoffes nicht mit neapolitanischen Mitteln beikommen könne, fühlte der Meister. In seinen rein italienischen Opern hätte er die Majestät und Monotonie der Orakelszene wahrscheinlich niemals ausformen können. Wie da unter Posaunentönen die schwarzgrüne Bildsäule des Poseidon zu sprechen anfängt, ist es, »als ob ihre schwere Bronzebrust sich zu heben beginne, um dann nach dem Höhepunkt dieser Rede wieder in Starrheit zurückzusinken« (Edward Dent). Vor allem aber entscheiden die Chöre den Stil des Werkes – mit einer Gewalt, für die es außerhalb Glucks kein Gleichnis gibt.
Barock! – Als Mozart sein seltsamstes Werk schafft, ist die »Zeit der Barock-Oper« schon vorbei. Aber vielleicht ist das Barock überhaupt weniger ein Zeitstil (Walter Benjamin) als vielmehr ein »Zustand der Seele«. Dieser Seelenzustand kann sogar ein gewaltsamer Aufstand *gegen* die Zeit sein: wenn Wagner um 1850, in der Zeit Balzacs und des Realismus, ein »eddisches Barock« erschafft, ein altgermanisches Barock, das es nie gegeben hat – mit Gewitterzauber, Bühnenklüften, Höhenfeuern, Rheinrauschen (das aus dem Grund-Es der Kontrabässe und dem B der Fagotte emporsteigt), so nötigt ihn ein »Zustand der Seele«. Und wenn nach langem Dornröschenschlaf Richard Strauß 1931 Mozarts *Idomeneo* für die Wiener Staatsoper entdeckte und *bearbeitete* – eine Tat, die die Mozart-Orthodoxie ihm niemals verziehen hat – so folgte auch er dem inneren Anruf des *eigenen* »seelischen Barock«. Ein Barock des zwanzigsten Jahrhunderts, das auf den Stufen des Strauß-Orchesters das Mozartwerk zu einem Gipfel von Rausch und Glanz und Pracht führte.
– – Aber was schiert einen Meister wie Mozart das *postume* Schicksal eines Werks? Nach Wochen emsigster Vorbereitung ist er bereit, es der Mitwelt zu zeigen. Ein Gipfel des Lebens ist erklommen. Am fünfundzwanzigsten Geburtstag, dem 27. Januar 1781, dem Tag der Generalprobe, steht Wolfgang vor den stimmenden, näselnden, sich polierenden Instrumenten, die sogleich anfangen werden, ein Meer von Musik auf ihn loszulassen. Eh' er das Zeichen zum Beginn gibt, blickt Wolfgang auf sein Leben zurück. Das viele Falsche, das er gemacht hat – all die begangenen Einzelfehler – haben sich in der Gesamtsumme seltsamerweise als richtig erwiesen. Sein Werben um die Mannheimer

Freunde, die Zähigkeit, mit der er Paris nicht lassen wollte, das Paris Glucks und der »schreitenden Chöre« — ehe er nicht gelernt hatte, was in Paris zu lernen war: — jetzt wird er, 25jährig, Rechenschaft geben über ein Leben, das so voll von Erfahrungen ist, daß er sich fünfzigjährig dünkt.
In der Loge sitzen Vater und Schwester und haben ihre Hände gefaltet. Zu wem beten sie? Zur Fortuna? Daß keine feindliche Göttin sich einmischt. Das Schönste für beide: die »Weberischen« sind fort, die hochgefährliche Familie hat München verlassen. Seit ein Vertrag mit der Kaiserlichen Oper Aloysia nach Wien entführt hat, ist die ganze Familie mit ihrer Primadonnen-Tochter dorthin übergesiedelt ...
Es wird ein großer Erfolg werden! Mit Wolfgang kämpfen die trefflichsten Künstler. Bessere Geiger gibt es nicht. Und die herrlichen Flötisten, die unerreichten Oboenspieler! Raaff, der den Titelhelden darstellt, ist zwar eigentlich ein wenig zu alt. Er kämpft bereits mit seiner Stimme und kümmert sich nicht um »Körperwahrheit«, nicht um das einzig richtige »der Situation angepaßte« Singen, das dramatische Musik verlangt. Bedenklich steht es auch um den Kastraten Dal Prato, der den Text nicht versteht, und mit dem Mozart die Rolle gesondert einstudieren muß. Aber Elisabeth Wendling, die die Rolle der Elektra singt! Sie ist ein Urweib: der stoßende Zorn, mit dem sie die Arie in c-Moll singt — das sind schon die rollenden Koloraturen, auf denen die »Königin der Nacht« dahinjagt. Und als Ilia hat der Komponist eine andere Mannheimerin, Dorothea Wendling — wie gut, daß er ihr schon vor zwei Jahren jenes Rezitativ und die Arie der »Verlassenen Dido« gewidmet hat ... Und damit auch die Augen gespeist werden, hat der Bühnenmaler Lorenz Quaglio die herrlichsten Kulissen geschaffen, einen Meeresstrand, einen Tempel Poseidons, wie sie das verwöhnteste Publikum des Hochbarock nie schöner sah. Nun kann eigentlich nichts mehr mißlingen.
Sein »Unglück mit den Menschen« — wo ist es? Es ist im Vergangenen versunken. Und, während jetzt die ersten Takte der Ouvertüre anrollen, mag er mit den Schlußworten eines Shakespeareschen Königsdramas sagen:

Tönt, Pauken und Trompeten! Leid, fahr hin!
Wir hoffen dauerhaften Glücks Beginn.

FÜNFTES BUCH

DER WEG ZUR »ENTFÜHRUNG«

Bei einer Opera muß schlechterdings die Poesie der Musik gehorsame Tochter sein. Warum gefallen denn die welschen komischen Opern überall? Mit all dem Elend, das das Buch anbelangt?... Weil da ganz die Musik herrscht, und man darüber Alles vergißt. Umso mehr muß ja eine Opera gefallen, wo der Plan des Stückes gut ausgearbeitet, die Wörter aber nur bloß für die Musik geschrieben sind... Verse sind wohl für die Musik das Ohnentbehrlichste, aber Reime des Reimens wegen das Schädlichste. Die Herren, die so pedantisch zu Werke gehen, werden immer mitsammt der Musik zugrunde gehen. Da ist es am besten, wenn ein guter Komponist, der das Theater versteht und selbst etwas anzugeben imstande ist, und ein gescheiter Poet als ein wahrer Phönix zusammenkommen.

MOZART 13. Oktober 1781

Aber es gibt Trugschlüsse. Es gibt sie in der Musik und im Leben. Wenn das Ohr erwartet, daß eine Kadenz ordnungsgemäß zur Tonika absinkt, dann aber eine andere Stufe sich ganz gegen unseren Willen einschiebt, um die Melodie abzufangen, so erleben wir: Dies ist noch nicht das Ende. Es ist nur ein »Trugschluß« eingetreten.

Das Leben des Komponisten Mozart war voll von solchen »Trugschlüssen«. *Idomeneo* war nicht der Erfolg, der sein Ringen um die Oper krönte. Mit Verwunderung las Leopold Mozart im Salzburger offiziellen Blatt zwar den Namen des Bühnenbildners, des Herrn Lorenz Quaglio erwähnt, doch fand er den des Komponisten verschwiegen. Ein Zufall? Aber hätte das Werk eingeschlagen, könnte es solche Zufälle nicht geben ... Mochte die Oper, großartig genug, Italienisches, Deutsches, Französisches zu etwas Europäischem mischen – eine der wichtigsten Dimensionen Mozarts enthielt sie gar nicht: den Humor. Das spürten sogar die Münchener, die sich achtungsvoll erstaunt, aber nicht gerade begeistert zeigten.

Vorläufig spürt nicht einmal er selbst es – es sei denn, daß er im Karneval jetzt ein paar Wochen Humors nachholt. Er soll ja so bald nach Salzburg zurück. Da stürzt er sich in den Münchener Fasching. Die Mädchen, der Wein, das Bier und der Sekt: es geht dabei zu wie heute noch. Eine Mischung von Witz und Stupidität und Juchhe und Sichtreibenlassen. In irgendeinem Saal steht ein Monstre aus Pappe: man sagt ihm, das sei der »Meer-Drache«, den Poseidon hergeschickt hat, damit er Idamantes tötet ... Denn München ist natürlich Kreta, die ganze Welt ein großes »Gschnasfest«; jeder Karnevalsbesucher will einmal auf den Zacken des Drachens geritten sein. Vielleicht Mozart selbst.

Doch ewig kann die Betrunkenheit und die Narrenfreiheit nicht dauern. Plötzlich kommt ein Billett, und wahrscheinlich kein sehr freundliches, das Mozart in den Hofdienst zurückruft. Er hat bereits den gewährten Urlaub um manche Woche überschritten. Der Hofbefehl kommt aber nicht aus Salzburg, sondern merkwürdigerweise aus Wien, wohin Hieronymus gereist ist.

Staatssitzungen halten ihn in Wien; Beratungen weit mehr weltlicher als geistlicher Natur: er ist Reichsfürst. Nach vierzigjähriger Regierung ist dort vor wenigen Monaten die alte Kaiserin gestorben. Maria Theresia, die »Erzmutter«, die gütig, aber auch launenhaft, jahrzehntelang aus Österreich »ein Kinderzimmer gemacht hatte«. Fünfzehn Jahre lang hat sich Josef, der »Deutsche

König« und Mitregent, auf diesen Augenblick vorbereitet, den Moment der alleinigen Machtübernahme. Nun hört er auf, ein »Sohn« zu sein unter Millionen anderen Söhnen. Jetzt ist er der Mann, zu dem alles aufblickt. Er ist der »Kaiser der Aufklärung«; der seine Regierung mit den größten innenpolitischen Umwälzungen und außenpolitischen Plänen beginnt.
In der Innenpolitik stehen ihm Männer zur Seite, die man eigentlich schon seit Jahren als seine »Verschworenen« bezeichnen kann. In Maria Theresias Diensten, sind sie bereits längst »Josefiner«. Da ist Sonnenfels, der Reformer des Strafrechts, der Abschaffer der Folter, Verwaltungsjurist, Universitätsprofessor, berühmter Redner. Als Volkswirtschaftler, Anhänger der Merkantilisten, die in der Vermehrung der Industrie die Hauptwurzel des Nationalreichtums sehen. Der Mann, der »unter den Österreichern wohl die größte Karriere gemacht hat« (August Fournier). Was er als Ästhetiker, Theater- und Musikenthusiast für Mozarts Zeitgenossen ist, wird noch zu beleuchten sein. Er ist Josefs Beamtenideal. Der Kaiser, der – nicht unähnlich Mozart – von Natur ein »Tagträumer« ist und an einer »Überfülle von Phantasie« leidet, braucht Männer um sich, die rücksichtslos auch gegen sich selbst sind. In der Zusammenarbeit mit ihnen entwickelt sich die Vielgestalt, Kraft und Schnelligkeit seiner Reformen. Zehn Monate nach dem Tod seiner Mutter (am 13. Oktober 1781) ergeht das Toleranzpatent, das den österreichischen Nicht-Katholiken Freiheit der Religionsübung sichert und sie zu Häuser- und Güterkäufen, zu Bürger- und Meisterrechten zuläßt und ihnen die akademische und soldatische Laufbahn eröffnet. Eine exemplarische Tat – der schon ein halbes Jahr vorher die Aufforderung an die Juden vorausging, Ackerbau und Handwerk zu treiben und ihre Gettotracht abzulegen. Sekten hinwieder, die keiner der anerkannten Konfessionen angehören – zum Beispiel die »Deisten« in Böhmen – erfahren eine harte Behandlung. Was? Noch neue Religionen? Als hätte nicht schon der Streit der alten den inneren Frieden des Staates gefährdet. Das Predigen neuer »Aberglauben« wird mit schwerer Strafe belegt. Der »despotisme lié« der Aufklärung ist keine ganz sanfte Regierungsmethode.
In der Außenpolitik fühlt und handelt der neue Kaiser in allen Fragen deutsch-national. Er läßt die Italiener in Ruhe und hütet sich seit dem Frieden von Teschen (1779), einen neuen Waffengang etwa mit den Preußen zu wagen. Doch er legt seine Hand schwer auf die Ungarn: er mag sie nicht als Großgrundbesitzer, und vor allem will er die deutsche Sprache als alleinige Verwal-

tungssprache in der Regierung Ungarns einführen. Darüber hinaus träumt der Monarch von einem siegreichen Türkenkrieg, der wieder einmal das ganze Deutschland, Katholiken und Protestanten, unter Habsburgs Fahnen vereinigen soll. Ein neuer Prinz Eugen soll erscheinen und die unwürdigen Zwistigkeiten zwischen Preußen, Österreich und Bayern für immer in die Vergangenheit stoßen.

Hätte Josef fünfzig Jahre Zeit für sein Programm gehabt, würde er der deutschen Nation einen Kaiser geschenkt haben, wie sie ihn fünfhundert Jahre nicht hatte. Er regierte aber nur zehn Jahre, und sein Tod, 1790, leitete die deutsche Tragödie des neunzehnten Jahrhunderts ein: mit zwei deutschen Reichen, dem bismarckischen im Norden und dem franzisko-josefinischen in Wien.

NOCH EINMAL HIERONYMUS

In dieses »josefinische Wien« wäre Mozart wohl gerne gereist. Doch er fuhr ja zu Colloredo, seinem mißtrauisch betrachteten Brotherrn – der (wie wir aus seinem Portrait wissen) nun wirklich zwei Gesichter hatte: eine hohe, brauenstolze Stirn und ein grämlich-kleinliches Untergesicht. Doch warum hielt sich Mozart nicht an die Stirn und was hinter ihr vorging?

Seltsam, daß Mozart nicht gewußt hat, was der Erzbischof beim Kaiser galt. Eben jetzt hat er Salzburg schuldenfrei und die Bergwerke ertragreich gemacht. Das gesparte Geld kommt Gründungen gemeinnütziger Art zugute. Ganz ohne Unterschied des Glaubens hat er Fachleute angestellt – und die »Gelehrtenrepublik an der Salzach«, wo Männer wie Kleinmayern, Koch-Sternfeld, Bönike, d'Outrepont wirken, bekommt im Reich einen guten Namen. Die praktischen Wissenschaften freilich gehen den spekulativen voran. So vor allem die Medizin. Was der Erzbischof unternimmt, geht fast immer parallel den Unternehmungen des Kaisers. Verbietet Josef zum Beispiel in Wien die Beisetzung von Leichen in Kirchen, oder das Wassertrinken aus Brunnen, die in der Nähe von Friedhöfen liegen, so kann man sicher sein, daß in Salzburg ein Gleiches angeordnet wird. Die großartigen Fürsorgeanstalten, die der Kaiser zum Wohl der Ärmsten errichtet – das Allgemeine Krankenhaus, das Irren- und das Waisenhaus, die Institute für Blinde und Taubstumme und das Armenversorgungsheim: das freilich kann der Erzbischof in seinem Salzburg nicht nachahmen, dazu ist er nicht reich genug. Aber aus seiner eigenen Tasche unterstützt er Salzburger Landeskinder, die »die Welt draußen kennenlernen wollen.« Ein reger Menschenaustausch findet zwischen Salzburg, Leipzig und Hamburg statt.

Er ist ein großgearteter Herr – wenn man ihn zu nehmen weiß. Gerade jetzt, zu Beginn des Jahres 1781, als Mozart nach Wien befohlen wird, steht Hieronymus Colloredo auf dem Gipfel seiner Erfolge. Er bereitet den Hirtenbrief vor, der zum zwölfhundertsten Jubiläum des Erzbistums Salzburg erscheinen soll. Dieser Brief wird in vierzehn Sprachen erscheinen und das ungeheuerste Aufsehen in ganz Europa hervorrufen. In ihm wird der Erzbischof darlegen, daß es zwischen Aufklärung und Christentum tatsächlich eine Versöhnung gibt. Die Seelsorge muß vermenschlicht werden. Die lateinische Sprache muß aus der Liturgie und dem Kirchendienst zurückgedrängt werden; hat nicht der Städter und Bauer ein Recht, mit seinem Schöpfer deutsch zu verkehren? Und der Religionsunterricht soll mit der neuen Naturerkenntnis in Übereinstimmung gebracht werden!

Und mit diesem Manne, der wie kein zweiter das Ohr und die Achtung des Kaisers besaß, brach Mozart im kostbarsten Augenblick. Gewiß, der Erzbischof war ihm böse, denn er hatte den Urlaub überschritten. Aber mit einiger Diplomatie hätte er es einrichten können, daß ihm der Erzbischof verzieh, wie er ihm doch so oft schon verziehen. Statt dessen stachelte Wolfgang sich in ein »Übelnehmen« hinein, das zunächst ganz äußeren Dingen galt. Aus Sparsamkeitsgründen hatte der Fürst alle seine Hofleute in das Haus des Deutschen Ritterordens in der Singerstraße quartiert, das nicht allzu geräumig war. Trotzdem bekam Wolfgang, wie er zugab, *»ein charmantes Zimmer«* angewiesen. Sicherlich nicht, um ihn zu verletzen, sondern eher aus Raumgründen, hatte der Erzbischof angeordnet, daß auch seine Musiker am Tisch der Dienerschaft speisen sollten. Da saß der Sänger Ceccarelli, ganz gewiß kein schlechter Mann; dann der Geiger Gaetano Brunetti, ein wahrer Bruder Mozartscher Kunst, für den der Meister ein Adagio zu seinem Violinkonzert in A-Dur (K. 219) komponiert hatte. Allerdings saßen am gleichen Tisch die Leibkammerdiener und Mundköche. Was Haydn betrifft, so hat er nicht selten in der Gesindeküche gegessen, und er ist sogar inmitten der kleinsten Hofchargen begraben worden. Seiner Unsterblichkeit hat es nichts geschadet.

Wolfgang Mozart aber ertrug diese unbedeutenden Dinge nicht. Er lud sich mit einem gefährlichen Zorn voll. Hinzu kam, daß er sich durch den Erzbischof auch materiell zurückgesetzt fühlte. Er hätte bei einem Hauskonzert der kunstsinnigen Gräfin Thun

fünfzig Dukaten verdienen können. Statt dessen mußte er bei dem Vater seines Brotherrn auftreten, wo er nur fünf Dukaten erhielt. Und dabei war Wien das »Klavierland«, wo es ihm an nichts fehlen würde, wenn man ihn nur hier ließ —! Aber gerade das wollte der Erzbischof nicht, der unzweifelhaft die Renitenz seines Angestellten zu spüren begann.
Mehrfach erhielt Wolfgang den Befehl, aufzupacken und wegzureisen, ohne daß er die Order ernst nahm. Einmal, als er ihn rufen ließ, befand sich sein schlechtgelaunter Herr im Palais des Fürsten Gallitzin, des russischen Botschafters in Wien. Dieser Fürst hatte Mozart früher in Paris und in Wien spielen hören, wußte, wer der Besucher war, und konversierte sehr freundlich mit ihm. Das reizte nun wieder Colloredo, der von Mozart mehr das Betragen eines »Dieners« erwartet hatte. Brüsk verbot er Mozarts Mitwirkung an einem Wohltätigkeitskonzert für die Witwen und Waisen der Tonkünstler Wiens. Zwar mußte er — anscheinend Gallitzins wegen — das Verbot wieder zurücknehmen. Aber ein eigenes Konzert zu geben, wurde Mozart nicht mehr gestattet.
Am Mittwoch, dem 9. Mai, kam es zum offenen Bruch mit dem erzürnten Kirchenfürsten. An diesem Tage sollte Wolfgang endgültig den Postwagen nehmen; doch wurde er mit dem Packen nicht fertig, auch hatte er noch Geld zu bekommen, das er nicht im Stich lassen wollte. So schob er die Reise bis Samstag auf. Er ging zum Erzbischof, um das zu erklären. Ein Kammerdiener, der Tscheche Sloucha, warnte: es sei unwiderruflich, auch müsse er ein Paket mitnehmen, an dem der Fürst sehr interessiert sei. Der Erzbischof drehte sich heftig um, als Mozart in sein Zimmer trat. *»Man konnte nicht zur Rede kommen«*, berichtete Wolfgang an den Vater, *»der Zorn des Herrn ging fort wie ein Feuer.«*
Erzbischof: *»Nun, wann geht Er denn, Bursch?«*
Mozart: *»Ich habe wollen heute nacht gehen, allein der Wagenplatz war schon besetzt.«*
Erzbischof: *»Er ist der liederlichste Bursch, den ich kenne; kein Mensch bedient mich so schlecht wie Er. Ich rate Ihm heute noch abzureisen, sonst werde ich nach Salzburg schreiben, daß sein Sold eingezogen wird. Die 500 Gulden, die Er hat, kann man wohl auch besser verwenden.«*
Mozart: *»Sind also Eure Hochfürstlichen Gnaden nicht zufrieden mit mir?«*
Erzbischof: *»Was, Er will mir drohen? Oh, Er Fex! Dort ist die Tür, schau Er, daß Er hinauskommt! Ich will mit einem solchen elenden Buben nicht mehr zu tun haben.«*

Mozart: »*Und ich mit Ihnen auch nichts mehr.*«
Erzbischof: »*Also geh Er!*«
Mozart (im Weggehen): »*Es soll auch dabei bleiben; morgen werden Sie es schriftlich bekommen.*«
Hundertundfünfzig Jahre lang hat kein Biograf gewagt, an der Wahrheit dieser Darstellung zu zweifeln. »*Ich bin noch ganz voll der Galle*«, leitet er den Brief an den Vater ein. Und wirklich – wer könnte derlei erfinden? Dialoge von solcher Art, mit so dramatischer Zuspitzung, schreibt eigentlich nur das Leben selbst. Was uns besonders am Halse würgt, ist das friderizianische »Er«, mit dem der schwer gereizte Herr die Kaskaden seiner Schimpfworte begleitet, und das feine, moderne »Sie«, mit dem sein Diener Wolfgang erwidert.
Und doch tauchen sanfte Zweifel auf. Der englische Biograf Eric Blom fand 1928 Wolfgangs Bericht wohl »leicht übertrieben«. Sollte Vater Leopold vor ein »fait accompli« gestellt werden, das sich in dieser brüsken Form vielleicht gar nicht abgespielt hatte? Wolfgang *wollte* in Wien bleiben, weil er den Hofdienst verabscheute. Der Adel, die Gräfin Cobenzl, die Familie Thun, der Fürst Gallitzin hatten ihn davon überzeugt, daß man in Wien durch Akademien, wohl auch durch Opernaufträge, genug Geld verdienen könne, um sein Auskommen zu finden, sobald man nur sein eigener Herr war. Leopold Mozart in Salzburg aber, gewitzt durch das »Unglück mit den Menschen«, das sein Sohn reichlich bewiesen hatte, hätte derlei niemals erlaubt! So mußte der Sohn ihm vortäuschen, daß »alles ohnehin vorbei sei«. Daß er *hinausgeworfen* sei.
War er aber hinausgeworfen, warum hielt es dann eigentlich so schwer, das Entlassungsgesuch zu überreichen? Nach all dem Geschehenen, war es doch eine reine Formalität, daß Wolfgang es am nächsten Tag einem der Höflinge des Fürsten, dem Grafen Arco, übergab. Doch seltsamerweise klappte es nicht. Graf Arco nahm es nämlich nicht an: etwas so Weitreichendes könne ein Sohn nicht unternehmen, bevor er dazu die Einwilligung des Vaters hätte, der doch auch in fürstlichen Diensten stünde ... Worauf Mozart erwiderte, er sei immerhin erwachsen genug, um die »*Schuldigkeit gegen seinen Vater*« nicht von anderen lernen zu müssen!
Hier hakte Leopold brieflich ein und verlangte, daß sich Wolfgang sofort beim Erzbischof zu entschuldigen habe. Der entrüstete Sohn kann das nicht: »*Ganz Wien weiß, daß ich vom Erzbischof weg bin – weiß, daß es wegen gekränkter Ehre geschah ... Liebster,*

bester Vater, begehren Sie von mir, was Sie wollen, nur das nicht, sonst alles – nur der Gedanke macht mich schon vor Wut zittern!«

Jetzt schreibt Leopold an Graf Arco, und Arco bestellt Mozart zu sich, um ihm auf die gelassenste und sogar »*freundschaftlichste Art*« (wie Wolfgang zugibt) zu überreden. Er sagt, daß es »ihm traurig wäre, sich in diese Sache zu mischen«. Eine Woche später läßt er ihn abermals kommen und warnt ihn: »Glauben Sie mir, lieber Mozart, Sie lassen sich hier zu sehr verblenden! Hier dauert der Ruhm eines Menschen nicht lange. Von Anfang an hat man Lobsprüche und gewinnt auch sehr viel, das ist wahr – aber wie lange? Nach etwelchen Monaten wollen die Wiener wieder was Neues.« Er legt ihm die Hand freundlich auf den Arm. Was den Erzbischof beträfe: ob denn der junge Mann nicht glaube, daß auch er, der Graf, gelegentlich üble Worte zu schlucken bekäme? »*Ich schupfte*«, berichtet Wolfgang nach Salzburg, »*die Achseln und sagte: ›Sie werden Ihre Ursachen haben, warum Sie es leiden, und ich – ich habe meine Ursachen, warum ich es – nicht leide!‹*«
Unzweifelhaft wollte Wolfgang den Bruch! Und bei der vierten Unterredung (abermals war ein Abschiedsgesuch, wohl das dritte, zurückgewiesen worden) verlor der Aristokrat die Beherrschung. Ein lauter Wortwechsel hatte stattgefunden, in der Antichambre des Fürsten. Wahrscheinlich lief Mozart im Zimmer herum oder stand abgewandt vom Grafen: Plötzlich spürte er einen Stiefel und sah sich zur Tür hinausgedrängt. »Flegel!« tönte es hinter ihm her ... Tagelang ist Mozart in Weißglut. Wie kann er sich Satisfaktion verschaffen? Er schwört, daß er den Grafen Arco auf der Straße verprügeln werde. Denn (man kennt das ja von Voltaire her) an ein Duell mit einem Adligen konnte ein Bürgerlicher nicht denken.
Mozart hat dann ein anderes getan. Der »Tritt in den Hintern« war zu etwas gut. Den Zorn darüber legte Mozart ganze fünf Jahre »in die Schachtel«. Wie Egon von Komorzynski meint, war es diese Erinnerung, die die Arie des Figaro gebar:

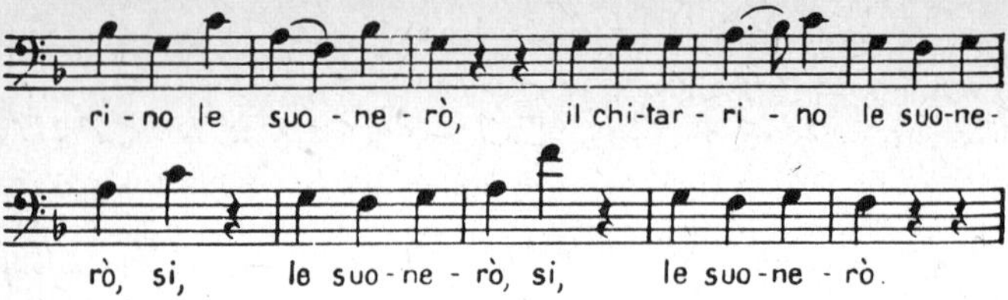

»Son Excellence aimait la danse —!« Man muß, der Revolution eingedenk, diese Zeilen französisch lesen, obwohl Mozart sie italienisch schrieb. Auf deutsch aber heißen sie bekanntlich: »Will der Herr Graf ein Tänzlein wagen? Mag er's nur sagen — ich spiel' ihm auf, ja, ich spiel' ihm auf!«

Einstweilen jedenfalls schien es ihm, als habe *er* Salzburg von sich getreten. Mit seinen ewigen Regengüssen, seinen Nebeln, dem Dialekt, den er haßte, obwohl er ihn vollendet sprach, und zuweilen sogar in ihm komponierte. Nicht nur Arco und Colloredo, sogar der Vater blieb dahinten und die Schwester. War er nicht undankbar? Aber er konnte einfach nicht anders. Er mußte sich in Wien vollenden! Nur hier konnte er zupacken, mit allem, was er war und besaß — in dieser deutschen Hauptstadt, in der »immerhin der Kaiser lebte ...«

Aber war es wirklich nur das? Was wir keinem Romanschriftsteller erlauben würden zu erfinden (denn es ist ja so unwahrscheinlich), war nichtsdestoweniger wahr: An jenem 8. Mai, an dem Wolfgang mit Colloredo brach, wohnte er bereits nicht mehr wie die übrigen Beamten im Deutschordenshaus in der Singerstraße. Er hatte ein anderes Zimmer bezogen. Und wo? *»Bei dienstfertigen Leuten, die ihm in allem, was man oft geschwind braucht (und wenn man allein ist, nicht haben kann) an die Hand gehen.«* Und wie hießen diese entzückenden Leute? Man glaubt es nicht — doch es waren *die Webers.*

URMUTTER WEBER

Mutter Mozart hatte ebenfalls das Annähen von Knöpfen verstanden, das Hemdenausbessern, Kochen und Backen. Aber das imponierte nicht sehr. Denn es geschah ja im Schatten des Vaters. *Nach dem lieben Gott kommt gleich der Papa:* wie Wolfgang es selber ausgesprochen, entstammte er einem patriarchalischen Haushalt, wo die Mutter nachgeordnet war, ein Geschwister, aber kein Vorgesetzter. Das war völlig anders bei den Webers, wo ein *reines Matriarchat* herrschte — das erste, das Wolfgang kennenlernte.

Aber er lernte es gar nicht kennen, er lernte es »fühlen«. Ein Phänomen, von dem er zunächst nicht wußte, daß es überhaupt bestand.

Nach außen hin hatte Fridolin Weber seine Familie ersichtlich vertreten, eine Gattin und vier Töchter. Als sie nach Wien gezogen waren, lebten sie teils von dem kleinen Gehalt, das er als Theaterbeamter, eine Art von Billetteur, erhielt, teils von den Einkünften der gefeierten Sängerin Aloysia Weber. Nein, sie hieß Aloysia Lange, denn sie hatte den Hofschauspieler Joseph Lange geheiratet, der bei Josef II. in Gunst stand. Der begabte Schauspieler Lange bezeichnet in seinen »Memoiren« sich selbst als einen »traurigen, düsteren, heftigen Menschen« und schrieb sich das Talent zu einem »Timon von Athen« zu, den er gerne gespielt hätte. Wie aber ward er zum Menschenfeind? Er war zunächst in erster Ehe mit der Schauspielerin Luise Schindler außerordentlich glücklich gewesen. Als er das zweite Mal heiratete, und »meine zweite Schwiegermutter erschien, entstand sogleich ein Weiberkrieg zwischen ihr und meiner Mutter, in welchen ich als Friedensstifter unwillkürlich selbst mitverwickelt wurde«. Die Ehe war also nicht sehr glücklich. Aber lassen wir Lange endgültig das Wort:

»Während dieser Zeit kam Demoiselle Weber mit ihren Eltern und Geschwistern nach Wien, und ward als Erste Sängerin bei dem Hoftheater aufgenommen, die Familie war brav. Mich entzückte die angenehme Gestalt, das ausgezeichnete Talent, und der seelenvolle Vortrag der Sängerin. Kein Wunder, daß ich bezaubert ward, da ich mich der göttlichen Harmonie immer so gern hingab. Mit Vergnügen bemerkte ich, daß ich ihr gefiel. Bald erweckte die Auszeichnung, die sie mir erwies, Neider, und mächtige Neider, welche aber meine Leidenschaft nur noch mehr anspornten.

Unglücklicherweise wurde der Vater ihr und der Familie durch einen Schlaganfall entrissen. Ihre Trostlosigkeit und tiefe Trauer ließen mir Fräulein Weber noch teurer erscheinen; so wie meine Sorgfalt, der Familie nun mit Rat und Tat beizustehen, mich ihr noch interessanter machte. Wir sahen einander nun oft in dem Hause des Barons von Kienmayer, ihr Herz fand bei mir Teilnahme und Erleichterung, und sie entschloß sich, mich zu ehelichen, weil sie an dem Gatten den Freund zu finden hoffte, den sie an dem Vater verlor. Da sie durch ihr schönes Talent zum Lebensunterhalt der Ihrigen beitrug, so setzte ich ihrer Mutter, solange sie lebte, ein Jahresgehalt von 700 Gulden fest und zahlte darauf sogar einen Vorschuß von 900 Gulden aus . . . Und nun heiratete ich zum zweiten Male . . . Daß diese meine zweite Ehe nicht so glücklich in der Folge war, als sie begann, lege ich keineswegs meiner Frau zur Last, sondern gewissen bösen Menschen, die unsere Gemüter gegeneinander zu erbittern wußten, welches ihnen bei unserer Reizbarkeit, zu welchem mich mein Temperament, sie ihre Kränklichkeit stimmte, eine leichte Sache war. Meine Frau litt beständig an einem heftigen Magenkrampfe, den sie sich beim Tode ihres Vaters zugezogen hatte. Aus kindlichem Schmerze war sie damals in eine tiefe Ohnmacht verfallen, aus welcher sie lange Zeit nicht zurückgebracht werden konnte. Unter den Mitteln, die man gebrauchte, gab man ihr aus Versehn auch Schminkwasser, welches ihr eine Ausdehnung des Magens verursachte. Die geringste Erkältung auf der Bühne zog ihr eine Krankheit zu, und in ihren Schwangerschaften war sie öfters nahe am Sterben. Nach ihrer zweiten Entbindung verfiel sie durch zu frühes Ausfahren in eine Lungenentzündung und sodann in eine andere Krankheit, die über drei Monate anhielt, ungeachtet alle Sorgfalt verwendet wurde. Nicht genug, daß meine und ihre Feinde verbreiteten, sie hätte die Stimme verloren, sie ließen auch verlauten, ich hätte während ihrer Krankheit es ihr an Liebe fehlen lassen, obschon ich doch nicht von ihrem Bett wich und jede Arznei ihr selbst reichte. Diese Verläumdung, welche mir die Gunst des Publikums hätte entziehen sollen, erreichte ihren Zweck keineswegs; tat mir aber doch so wehe, daß ich – teilweise um mich selbst, doch noch mehr um meine Frau zu zerstreuen – mich entschloß, eine Reise zu unternehmen, wozu mir der Kaiser auch auf sechs Monate Urlaub gab. Die Unkosten, welche alle diese Krankheiten verursachten, machten, daß unsere guten Gagen nicht zureichen wollten, und von dieser Zeit an begann eine Zerrüttung in meiner Ökonomie, die mir durch Jahre das Leben verbitterte . . .«

Aus diesem Bericht erfahren wir viel (besonders wenn wir unter der Schicht des Gesagten auch Nichtgesagtes erforschen). Erstens, daß Aloysia Weber den Vater mehr liebte als die Mutter; und daß sie in Joseph Lange einen »Vater-Ersatz« heiraten wollte. Was ihr aber nicht gelang, da sich die Mutter mit Gewalt der Tochter versichert halten wollte. Die »gewissen bösen Menschen«, die die Temperamente der Gatten gegeneinander ausspielen, lassen kaum eine andere Deutung zu. Außerdem war die Langesche Ehe – nicht für Aloysia, aber für Mutter Caecilie! – eine reine Geldangelegenheit. Sie hatte drei unversorgte Töchter und wollte aus der Verwandtschaft mit Lange die Kosten des Matriarchats bestreiten. War's dann nicht völlig unlogisch, daß sie die Ehe gleichzeitig zerstörte? Doch die Handlungen einer »Urmutter« müssen nicht schlechterdings logisch sein, um von Erfolg begleitet zu sein. Lange war ein geschätzter Verdiener. Der Mannheimer und Münchner Mozart war für Mutter Caecilie zu unbedeutend gewesen, zu arm. Darum war sicherlich *sie* es gewesen, die damals der Tochter geraten hatte, das Verlöbnis mit Mozart zu lösen. Der Wiener Mozart aber, der in den Häusern des reichen Adels an Wert zu gewinnen begann, erschien ihren Augen anders. Wäre Aloysia noch frei gewesen und nicht verbunden mit dem zur Zeit wohl schon ausgeplünderten Lange, wer weiß, ob Mutter Caecilie Weber nicht jetzt ... Doch sie hatte drei andere Töchter: Josepha, Konstanze und Sophie.

Nach dem Tod ihres unbedeutenden Gatten, um den sie wohl kaum geweint hatte, hatte Mutter Caecilie die Führung in die Hand genommen (die sie hinter den Kulissen natürlich längst innegehabt hatte). Sie erklärte: »Wir vermieten jetzt Zimmer.« Für den oberflächlichen Blick ist das Vermieten von Zimmern zunächst ein ganz gewöhnlicher Beruf. Man gibt Kost und Logis an Junggesellen, die das Blendwerk eines »Heims« haben wollen. Helfen aber drei unversorgte Töchter bei diesem Blendwerk mit, so hat das Geschäft einen doppelten Boden. Überblickte Caecilie ihre Töchter, so blieb ihr Blick an Konstanze haften. Nach ihrer Überzeugung – die falsch war – war sie die unbedeutendste. Sie war kein Spekulationsobjekt wie die schon vergebene Aloysia. Sie hatte auch keine Singstimme, die sich mit jener der ältesten, der von Josepha, messen konnte. Und sie war nicht so jung wie Sophie. Würde sie sie anbringen können?

Wie groß muß der Einfluß dieser Frau – die nach sämtlichen Berichten als ungebildet und trunksüchtig galt! – auf Wolfgang Mozart gewesen sein, daß er bei ihr Wohnung nahm! Machte er sich vielleicht Hoffnungen auf Wiedergewinnung Aloysias? Nicht rasch genug kann man das verneinen. Erstens wohnte Madame Lange gar nicht mehr bei ihrer Mutter. Zweitens gibt es Beweise, daß sie ihn wohl noch als Sängerin interessierte – sie wirkte später im *Schauspieldirektor* und *Don Giovanni* mit – aber keineswegs mehr als Frau. Nein, es war Mutter Caecilie selbst, in deren Hofstaat er geriet; es war die Sphäre der Mutterherrschaft, in die er sich ahnungslos einordnete, nachdem er nun so viele Jahre ein »Vatersohn« gewesen war. Er fühlte sich tatsächlich umsorgt (dies hatte schon in Mannheim begonnen). Kochen, Braten, Backen hat eine beschwörende Gewalt – wer von Frauenhänden

Bereitetes ißt, mag sich damit einem Zauber ausliefern (C.G.Jung). Wo das Herdfeuer saust, wird die Wachsamkeit, der Verstand des Mannes eingeschläfert... Daß er Konstanze heiraten sollte, merkte Wolfgang zunächst überhaupt nicht.
Unter allen Bürgerwitzen sind die Schwiegermutterwitze vielleicht die allerniedrigsten. Nun ist aber das Urverhältnis der Mutter zu ihrer Tochter und ihrem Eidam etwas im Grunde Unheimliches. Es gibt einen »Archetypus« der Mutter (C. G. Jung), der aus tiefsten eigenen Lebensgesetzen – ohne daß er darum schon »böse« wäre – den Interessen des jungen Paares entgegensteht. In der Regel möchte zwar jede Mutter ihre Tochter verheiratet sehen; denn sonst bliebe sie unversorgt und würde eine alte Jungfer. Andererseits aber gibt es Mütter, die, was sie getragen, »nicht hergeben« wollen. Verzichten sie auf den Besitz der Tochter, so hätten sie sie »niemals geboren«. Das ist ein unlösbarer Urkonflikt. Nicht zu zählen sind Berichte und Fabeln, die, von den Insektenvölkern an bis zur antiken Tragödie, von der »tyrannischen Mutter« handeln. Der Mann ist gerade nur »Erzeuger« – allein der »Gebär-Akt« gilt. Nur er gibt Rechte, und das Kind, ob Mann, ob Weib, muß der Mutter gehören. Solch ein Fall war Caecilie Weber.
Mozart hat bekanntlich den Kampf zwischen Matriarchat und Patriarchat, zwischen dem Mutter- und Vaterrecht, in der *Zauberflöte* gestaltet. Die Königin der Nacht bekämpft hier den Entführer ihrer Tochter, Sarastro, und fordert die Tochter auf, Sarastro durch Mord aus dem Wege zu räumen. Nachdem es sich um einen mythischen Urkonflikt handelt, ist die blitzeschleudernde Arie, die die »sternenflammende Königin« singt, von unermeßlicher Gewalt. Man hat ihr Händelsche Koloraturen und eine Rückkehr in die Form der *»Opera seria«* vorgeworfen. Sehr mit Unrecht. Abgesehn davon, daß Mozart als Dramatiker bewußt benutzte, was *vor* ihm war, konnte ihm in der musikalisch doch leichtbewaffneten *Zauberflöte* nichts Geharnischteres einfallen und zugleich nichts so Charakteristisches wie diese schreckliche »Rache-Arie«:

Obwohl Sarastro schließlich siegt, fürchtete sich Mozart entsetzlich vor der »Königin der Nacht« und den Abgründen, aus denen sie stieg. Und er fürchtete sich wohl auch vor Frau Weber, die ihn – durch welchen Zauber? – zwang, mit Konstanze herumzuliebeln und, durch ein ausgeklügeltes Netz, das sie Mozart über die Schultern warf, die Tochter vom Fleck weg zu heiraten.
Der Erlebnishintergrund, vor dem die Königin der Nacht erscheint, ist nicht bloß, wie wir alle wissen, die zu Ende gehende Mutterwelt der Maria-Theresia-Zeit, die vor dem Männerstaat Kaiser Josefs dahinschmilzt (Max Pirker). Neun Jahre bevor Wolfgang Amadeus das geheimnisreiche Werk beginnt, empfängt er wahrscheinlich den ersten Anstoß durch das Erlebnis der Urmutter Weber. Nachdem er ihr übrigens, folgsam und fügsam, die Tochter abgenommen hat, wird sie ihn völlig anders behandeln, als den mit ihr verfeindeten Lange. Den Schwiegersohn Mozart fürchtet sie nicht, da er ihr die Tochter »nicht wegnimmt«. So wird sie als »gutmütiges Brummweib und selten feuerspeiender Drache« über der jungen Ehe wachen, tüchtig in ihrer Art, bis zum Tod des unverstandenen, unsterblichen Mannes.

HANDLANGER THORWART

Aber so weit sind wir noch nicht. Noch ist ja Mozart nicht eingefangen.
Konstanze stand schlecht mit ihren Schwestern. Hinter der angenehmen Fassade des gemütlich-geselligen Hauses »Zum Auge Gottes«, den Neckereien und Pfänderspielen, brodelte Zank. Die Ursache war, daß Konstanze anscheinend zu viel Hausarbeit auf-

gebürdet bekam. Ein triviale Tatsache, die aber für Mozart nicht trivial blieb. Er war ritterlich, der geborene »Retter« – man denke nur an die Szene der Dienstmagd in Mörikes genialer Novelle »Mozart auf der Reise nach Prag«. Sein leicht entflammbares Rettergemüt läßt ihn sofort Konstanze wählen. In kontrastreich-übertreibender Art des geborenen Musikdramatikers schildert Wolfgangs Brief dem Vater die Schwestern. Die älteste, Josepha, ist *»eine faule, grobe, falsche Person, die es faustdick hinter den Ohren hat«* (was nicht stimmte: diese Schwester, die spätere Josepha Hofer, sang zu Mozarts großer Befriedigung in der Uraufführung der *Zauberflöte* nachmals die Königin der Nacht). Die zweite, Aloysia Lange, ist *»eine falsche, schlechtdenkende Person und eine Kokette«* (was allenfalls stimmte). Und Sophie, die jüngste, *ist »ein leichtsinniges Geschöpf – Gott möge sie vor Verführung bewahren«!* Dabei hat die gutmütige Sophie, Mozarts Schwägerin Sophie Haibl, sich den Dank der Nachwelt erworben, durch ihr umsichtiges Verhalten in den Todestagen des Meisters. – Aber mochte das alles nicht stimmen: es war ja überhaupt nur gesagt, um das Aschenbrödelbild Konstanzens glänzender zu machen.
Die Leute, die ihn bei Ausflügen in den Prater und an andere Orte an Konstanzens Seite sahn, hielten ihn für ihren Liebhaber; eine Freundin der Familie, die Baronin von Waldstetten, die sich keines guten Rufes erfreute, sprengte diese Version noch aus. Plötzlich erschien der Vormund der Töchter, Joseph Thorwart, bei den Webers und verlangte Mozart zu sprechen. Dieser Thorwart war im Grunde ein gewöhnlicher, unhöflicher Mensch, der als Inspektor bei der Theatergarderobe mit dem verstorbenen Fridolin Weber bekannt geworden war. Was ihm an Takt und Bildung fehlte, ersetzte er durch scheinbaren Aufwand an moralischer Energie.
Dezember 1781. Seit dem Sommer schon arbeitete Mozart an der *Entführung*, seinem ersten musikdramatischen Werk. Befangen in seinen Werkträumen, zitterte er vor Unangenehmem. Thorwart schrie ihm sofort entgegen, indem er die grobe Er-Form gebrauchte: »Was hat Er mit meiner Mündel? Ist er gesonnen, als ein Ehrenmann zu handeln und Konstanze zu heiraten? Expliziere Er sich deutlich!«
»Als ein Ehrenmann habe ich bisher gehandelt und werde auch künftig als solcher handeln!« entgegnete Mozart mit leiser Stimme.
»Das ist mir nicht genug!« brüllte Thorwart. »Er ist mit dem Mädel im Mund aller Leute, sie kann den größten Schaden davon haben. Wer aufrichtig und solid liebt, kann seine Geliebte nicht ver-

lassen, sonst werden die Mutter und die Geliebte die abscheulichste Auslegung darüber machen. So steht der Fall. Er gibt mir stante pede eine schriftliche Legitimation oder Er läßt das Mädel augenblicklich!« Mozart erblich. Gewiß liebte er. Aber war solch eine Pression erhört? Als er schwieg, holte Thorwart die Mutter Caecilie herein: »Der Herr Mozart will sich, scheint's die Sache noch überlegen. Da gibt's nur eins: Sie verwehrt ihm allen Umgang mit Ihrer Tochter, bis er eine schriftliche Ausmachung mit mir gemacht hat. Hat Er Ehr' im Leibe, so weiß Er, was Er zu tun hat. Hier hat Er Tinte, Feder und Papier. Schreib Er: *Ich verpflichte mich, die Mademoiselle Konstanze Weber in Zeit von drei Jahren zu ehelichen. Wofern sich die Ohnmöglichkeit bei mir ereignen sollte, daß ich meine Gedanken ändern sollte, so soll sie alle Jahre 300 Gulden von mir zu ziehen haben.* Datum und Unterschrift!«
Mozart schafft an einer Oper, deren Heldin Konstanze heißt *(Die Entführung aus dem Serail)*, und außerdem liebt er ja Konstanze. Was soll er tun? So schreibt und unterschreibt er den Wisch. Thorwart nimmt ihn, reicht ihn der Mutter, und verläßt ohne Gruß das Zimmer. In das Schweigen tritt Konstanze ein. »Was hat's denn gegeben?« fragt sie verwundert. »Der Vormund war da«, antwortet die Mutter. »Er war sehr zornig auf Herrn von Mozart und hat ihn das da schreiben lassen.« »Gib's her!« ruft Konstanze, liest das Geschriebene und sagt: »Lieber Mozart! Ich brauche keine schriftliche Versicherung von Ihnen, ich glaube Ihrer Liebe auch so.« Damit zerreißt sie das Papier in kleine Stücke und läßt es fallen . . . (Komorzynski).
Die Rudimente dieser Szene schreibt der Unglückliche nach Salzburg und fügt gar hinzu, jetzt sei ihm Konstanze noch teurer als ehedem geworden! Leopold rast wie noch nie im Leben. Übles ahnend hatte er schon im Sommer seinem Sohn geraten, das gefährliche Logis zu wechseln. Wolfgang hatte ihn beruhigt: Wenn er sein Lebtag nicht ans Heiraten gedacht habe, so jetzt erst recht nicht!

»Gott hat mir mein Talent nicht gegeben, damit ich es an eine Frau henke und damit mein junges Leben in Untätigkeit dahinlebe. Ich fange erst an zu leben und soll es mir selbst verbittern? Ich habe gewiß nichts gegen den Ehestand, aber für mich wäre er dermalen ein Übel . . .«

Aber am 15. Dezember, nach dem Skandal mit Joseph Thorwart, ist er bereits ganz anderer Ansicht. Jetzt muß Konstanze geheiratet werden, denn sie ist ja kompromittiert! *»Ihre ganze Schön-*

heit besteht in zwei kleinen schwarzen Augen und in einem schönen Wachstum ... Sie ist nicht zum Aufwand geneigt; sie ist eher gewohnt, schlecht gekleidet zu sein, denn das wenige, was die Mutter ihren Kindern hat tun können, hat sie den zwei andern getan, ihr aber niemalen ... Das meiste, was ein Frauenzimmer braucht, kann sie sich selbst machen. Und sie frisiert sich auch alle Tage selbst. Versteht die Hauswirtschaft, hat das beste Herz von der Welt – ich liebe sie und sie liebt mich von Herzen! Sagen Sie mir, ob ich mir eine bessere Frau wünschen könnte?« Leopolds Antwort ist: »Nie! Nie! Nie!« Er schlägt mit dem Schwert auf seinen Harnisch: Wenn es nach ihm ginge, müßten jetzt die Madame Caecilie Weber und der Garderobeninspektor Thorwart als gemeine Verbrecher in Eisen geschlagen werden, die Gassen kehren und am Hals eine Tafel tragen mit den Worten: *Verführer der Jugend* ... Mozart schreibt jammernd im April 1782, daß *»Konstanze dem Vater die Hände küsse, daß sie nichts im Kopf habe als die Fugen von Händel und Bach (!), daß sie Mozart überreden wolle, selber solche Fugen zu schreiben. Daß sie nichts als Wasser tränke, obwohl die Mutter sie zwingen wolle, Wein zu trinken – der größte Streit entspinne sich deshalb oft in der Familie.«* Leopold bleibt weiter ungerührt. Um alles zu beschleunigen, entschließt man sich jetzt im Hause Weber, Mozart eifersüchtig zu machen. Es ist Gesellschaft. Pfänderspiele. Ein junger Herr gewinnt die Erlaubnis, während Konstanze leicht ihren Rock hebt, den Umfang ihrer Waden mit einem Metermaß zu messen. Vielleicht war das damals nicht ungewöhnlich. Wir wissen aus einem Gedicht von Schiller – oder *sollten* es wenigstens wissen – daß das Ideal des Zeitalters die vollkommene *Kugelwade* war:

> ... und wenn das blonde Seidenhaar
> und wenn die Kugelwaden,
> wenn lüstern Mund und Augenpaar
> zum Lustgenusse laden,
> und zehenmal das Halstuch fällt,
> und aus den losen Schlingen,
> Halbkugeln einer bessern Welt,
> die vollen Brüste springen ...

Jede Frau hatte demnach die Verpflichtung, eine »Kugelwade« zu haben; und diese »unter Beweis zu stellen«, mußte die Scham noch nicht verletzen. Doch Pfänderspielrechte hin oder her: auf Mozart, der derlei nicht gewohnt war, wirkte diese Szene wie Gift. Er schreibt einen scheinbar gemäßigten, doch in Wahrheit verzweifelten Brief an Konstanze. Sie könne doch kein Leben führen wie die Baronin von Waldstetten! Wenn schon gemessen werden mußte (oh, diese Eitelkeit der Frauen! Man meint bereits Figaros bittere Arie mit seinem »*Das weitere verschweig' ich!*« zu hören) — warum, in Gottes Namen, »*haben Sie nicht selbst das Band genommen und sich selbst die Waden gemessen (so wie es noch alle Frauenzimmer von Ehre in meiner Gegenwart in dergleichen Fällen getan haben)? . . . Ich brause nicht auf . . . ich denke . . . ich überlege . . . und ich fühle!*« Möge doch, schließt dieser Brief, Konstanze wieder die tugendhafte, vernünftige und getreue Geliebte ihres rechtschaffenen Mozarts sein. — Gewiß war sie das — doch der Unselige wurde nach allen Seiten gerissen und sein Gefühl hin und her gezerrt. Während in Salzburg sich Leopold immer unzugänglicher verhärtet, tauchen in Wien neue Wolken auf. Als Caecilie Weber sieht, daß die Heirat mit Wolfgang Mozart vielleicht nicht zustande kommen wird, ändert sie scheinbar ihre Taktik und bereitet Konstanze zu Hause die Hölle. Will sie sie wirklich von Mozart trennen? Das unglückliche Mädchen flieht zur Baronin Waldstetten, wo sie gastliche Aufnahme findet. Es ist Wolfgang nicht völlig recht, denn der Ruf der Baronin ist schlecht; andererseits muß er dankbar sein. Er versucht zu arbeiten, aber plötzlich kann er's nicht mehr. In diese Verwirrung stürzt Konstanzens Schwester, die kleine Sophie herein, und meldet, die Mutter habe gedroht, Konstanze von der Polizei aus dem Hause der Baronin abholen zu lassen! . . . Jeder Umgang mit Mozart sei ab jetzt der Unseligen verboten. Aber das ist vollends unmöglich! Der verzweifelte Bräutigam erwägt bereits, an den Kaiser zu schreiben, der sich mehrfach huldvoll nach dem Stand des Verlöbnisses erkundigt hat. Von einem Tag auf den andern muß jetzt die Heirat ausgerichtet werden — oder zwei Menschen gehen zugrunde. In neuen Briefen wirft er sich vor dem Vater auf die Knie und bittet um den Ehe-Konsens:

»*Liebster, bester Vater! Ich muß Sie bitten, um alles in der Welt bitten, geben Sie mir Ihre Einwilligung, daß ich meine liebe Konstanze heiraten kann . . . Es ist wegen meiner Ehre, der Ehre meines Mädchens und meiner Gesundheit und meines Gemütszustandes unumgänglich notwendig. Mein Herz ist unruhig, mein Kopf verwirrt — wie kann man da was Gescheites denken und arbeiten?*« Und am 31. Juli: »*Ich bin imstande, ihr Brot zu verschaffen — wir lieben uns und wollen uns; da ist also nichts auf-*

zuschieben. – Lieber sich seine Sachen recht in Ordnung gebracht – und einen ehrlichen Kerl gemacht! Das wird Gott allezeit belohnen; ich will mir nichts vorzuwerfen haben.«

Da übernimmt es die Baronin, dem Vater den Kopf zurechtzusetzen. Die Trauung geht am 4. August in der Stephanskirche vor sich; das Hochzeitsmahl wird von der Baronin bezahlt. Erst einen Tag später trifft Leopolds Einwilligung ein. Nicht ohne Galle bemerkt der Brief: er sehe ein, daß er künftig von seinem Sohn keine Unterstützung zu erwarten haben werde; ebenso könne aber auch Wolfgang auf seine Unterstützung nicht rechnen. Leicht kopfschüttelnd liest Wolfgang das Schreiben. Er ist viel zu glücklich, als daß ihn jetzt noch irgend etwas stören könnte.

EIN DEUTSCHES SINGSPIEL

Die »Entführung aus dem Auge Gottes« – wie er seine Ehegeschichte bald lachend nennt – hat er geordnet. Zwischendurch interessiert ihn nichts anderes als die *Entführung aus dem Serail.* Ein gutes Geschick hat vor einem Jahr den Regisseur und Schauspieler Stephanie (zum Unterschied von seinem Bruder der »jüngere Stephanie« genannt) mit einem Textbuch zu ihm gesandt. Stephanie ist ein Günstling des Kaisers. Dem Kaiser hat das Buch gefallen, und Mozart soll es komponieren.
Ein deutsch geschriebenes Buch also. Die kulturpolitischen Pläne des Kaisers – Deutsch: Einheitssprache in Österreich! – haben schon seit geraumer Zeit auf die Kunstpolitik übergegriffen. Sonnenfels ist Zensor. Auf der Hofbühne wird das norddeutsche Schauspiel gepflegt – zum Mißvergnügen zahlreicher Wiener, die lieber Dialektkomödien und saftige Hanswurstiaden sähen, in denen man kräftig extemporiert. Sonnenfels hat das Extemporieren verboten. Sonnenfels gilt nicht als rechter Wiener. Er ist zwar in Nikolsburg geboren; aber als Enkel eines in Preußen angestellten jüdischen Theologen hat er immer nach Berlin tendiert, in das Berlin der Aufklärung. Auf welcher Seite steht nun der Kaiser im berühmten »Wiener Hanswurstkrieg«, den Heufeld und einige andere gegen Joseph von Sonnenfels führen? Er steht auf der Seite von Sonnenfels. In seinem *Wiener Theaterjournal* und in Worten, die Schiller vorwegnehmen, hat er deutlich dekretieren lassen: das Theater sei kein »Narrenturm von Dialektstücken und Vorstadtspäßen«. Das Theater hat die Aufgabe, die Hohen und

die Niedrigen von ihren Pflichten zu unterrichten, sie Menschlichkeit und Tugend zu lehren. Das Theater sei eine »moralische Anstalt«.

Auch die Oper? Die Wiener Oper repräsentiert ein anderes Problem. Warum singt man hier eigentlich italienisch? Die riesige Mehrzahl der Opernbesucher spricht doch deutsch. So fällt – sehr natürlich! – die Zentralisierungstendenz des Kaisers mit dem Aufblühen und der Pflege eines deutschen Singspiels zusammen.

Mozart ist begeistert. Wie sollte er nicht! Das Buch von »Belmonte und Konstanze«, das der jüngere Stephanie ihm gebracht hat, gefällt ihm. Belmonte ist er selbst – und diese Konstanze ist *seine* Konstanze. Daß das Buch beinahe ein Plagiat ist, weiß er nicht: auch nicht, daß ein gewisser Bretzner in Leipzig dagegen Protest erheben wird. Übrigens lag der Stoff in der Luft. Mozart selbst hatte ihn bereits einmal unter den Fingern gehabt.

Bekanntlich komponierte Mozart mit beispielloser Schnelligkeit: begann er eine Sache zweimal, nahm er etwas Verdrängtes auf, so erwies sich das als künstlerisch günstig. Es verdoppelte seine Kraft. – Damals, es war vor knapp zwei Jahren, hatte der Familienfreund Schachtner ihm ein merkwürdiges Buch gegeben: der Spanier Gomez ist in Gefangenschaft des Sultans geraten, Zaïde, die Favoritin des Harems, verliebt sich in ihn. Ein Renegat im Dienst des Sultans möchte ihnen zur Flucht verhelfen. Der Plan wird entdeckt, alle drei sollen sterben. Da beweist der Renegat dem Sultan, daß er ihm vor langen Jahren einmal das Leben gerettet hat. Zum Dank entläßt der Herrscher die drei.

Das Merkwürdigste an Mozarts Fragment war eine Arie des Sultans gegen die Treulosigkeit der Weiber. Sie nahm Weltanschauungsmotive aus *Figaro* und *Cosi fan Tutte* vorweg. Kaum weniger charakteristisch war die Arie des Sklavenhändlers Osmin. Sie wird prestissimo gesungen und ist bereits ein Vorgeschmack der grotesken Explosion des anderen Osmin in der *Entführung* ... So mochte Mozart jetzt Stephanies Buch als eine werte Erinnerung an einen früheren Plan begrüßen. Auch daß er türkische Musik für solch eine Arbeit verwenden würde, war ihm bereits bei der Schachtnerschen *Zaïde* (K. 344) klar gewesen.

Stephanie verstand etwas vom Theater. Ob er auch »Musikverstand« hatte, war nicht so sicher. Aber, schien Mozart, dem konnte man ja abhelfen, indem man ihn beeinflußte: zu bessern, zu streichen, zusammenzuraffen. Er hatte bereits beim *Idomeneo* gewisse siegreiche Auftritte mit dem Textdichter Varesco bestanden. Überhaupt: nur in seiner Lehrlingszeit hatte er sich

schrankenlos seinen »Dichtern« unterworfen. In der Meisterzeit gab es das nicht mehr. Richard Wagners Äußerung, Mozart habe komponiert, »was man ihm auf den Tisch legte« – mit unbesorgter Wahllosigkeit habe er sich an die Arbeit gemacht und sich niemals irgendwelchen »ästhetischen Skrupeln« hingegeben – diese Äußerung ist leichtfertig und eigentlich ganz unbegreiflich. Wie wir aus vielen und langen Briefen Mozarts an seinen Vater wissen, war er sein eigner Dramaturg. Daß er »nicht lange nachdenken mußte« – daß ihm die selbstquälerische Analyse seiner eigenen Absichten, wie sie Wagner übte, erspart blieb – ist freilich eine andere Sache. Ihm fiel das Richtige blitzartig ein.
So änderte er viele Kleinigkeiten am Text der *Entführung*. Den Hauptfehler freilich bemerkte er nicht. Es war ein kaum glaublicher Fehler der Oper, daß die Hauptperson nicht sang. Der Pascha Selim – den alle fürchten; der sich am Schluß als Träger der Humanitätsidee seinen Feinden weit überlegen erweist –, er singt nicht einen einzigen Ton! Er hat eine reine Sprechrolle. Wenige Jahre später hätte sich Mozart an den Kopf gegriffen: zur Zeit des *Figaro* hätte er solch einen Fehler nicht mehr gemacht. Und warum machte er ihn bei der *Entführung?* Der Grund war, daß das deutsche Singspiel damals noch auf Kinderfüßen stand. Obwohl sich in jener vielschreibenden Zeit die Literatur mit ihm befaßte, war seine Ästhetik noch ungeschrieben.
Was war und was wollte das deutsche Singspiel?
Das Singspiel war etwas völlig anderes als die einander verfeindeten Geschwister der *Seria* und der *Buffa*. Nicht nur dem mythologischen Anspruch der heroischen Oper stand es entgegen. Nicht weniger unterschied sich das Singspiel von der boshaften »Komischen Oper« des neapolitanischen Stils, die dauernd Menschen, Institutionen und Gefühle dem Spotte preisgab. Das Singspiel scherzte vielleicht mit den Menschen, doch es verspottete niemanden. Sein literarischer Erfinder war der Lustspieldichter Christian Felix Weiße (1726–1804). Der Hamburger Standfuß, der früh verstarb, und vor allem der Leipziger J. A. Hiller (1728–1804) illustrierten es musikalisch. Lange vor den Romantikern wurden hier die gemütvollen und die landschaftsgefärbten Stoffe des Volkslebens auf die Bühne gebracht: die *Liebe auf dem Lande*, die *Jagd*, der *Erntekranz*, *Lottchen am Hofe*, waren Titel der Hillerschen Singspiele. »Die trauliche Luft im Bürgerhause« schreibt Hermann Abert »mit all seinen täglichen Geschäften, Soldatenaufzügen, Schnitter- und Winzerfesten, Szenen vor Gericht, im Wirtshaus, im Vorzimmer großer Herrn, Karten- und Blinde-

kuhspiel und dergleichen wurden dichterisch und musikalisch mit besonderem Behagen ausgeführt«. Ja – wird man fragend ausrufen – war dann nicht eigentlich der *Freischütz* das ideale deutsche Singspiel? Volksbräuche, Mädchenneckerei, Jägersitten, der Jungfernkranzchor:

> Lavendel, Myrth' und Thymian,
> die blühn in meinem Garten –

das war doch der immergrüne Boden, aus dem das Webersche Opus herauswuchs ... Und doch war es *nicht* so! Gerade der *Freischütz* war ein schweres, faustisches Werk, das von ungeheuren Beängstigungen der Menschenseele Kunde gab ... Nicht einmal zur Hälfte war dieser *Freischütz* ein deutsches Singspiel. Vielleicht wurde ihm gerade darum ein Erfolg zuteil, wie ihn (aus merkwürdig ähnlichen Gründen!) nur noch Mozarts *Entführung* hatte.

Denn die Deutschen wollen »Weltanschauung«. Sie mögen vom Kaiser bis zum Fuhrknecht nach einem »deutschen Singspiel« verlangen: ist es da, so zuckt man die Achseln. So viel freundliche Harmlosigkeit hat man eigentlich gar nicht gewollt. Dittersdorfs *Doktor und Apotheker* (1786) und gar der *Dorfbarbier* von Schenk (1796) waren ausgezeichnete Singspiele, niederländische Genrebilder, Musterstücke eines für damals erstaunlichen Realismus. Sie gefielen auch jedermann. Nur eben »geschätzt« konnten sie nicht werden – da Kunst »Bezüge« haben mußte, die entweder ins Ethische oder ins Metaphysische griffen ... Über Kunst mußte man auch grübeln können!

Nur in der äußeren Fassade glich der *Freischütz* einem Singspiel. Dahinter begaben sich ethische Konflikte: ob man zum Beispiel »zaubern dürfe«, die Naturgesetze durchbrechen und sein Glück auf krummen Wegen erlangen. Ganz ähnlich stand es mit der *Entführung*, die rein äußerlich eine »Aventüre« aus Boccaccios »Dekamerone« war, in der ein Venezianer seine nach Tunis verschlagene Geliebte – Konstanze! – glücklich wiederfindet. In Wirklichkeit tastete Mozarts *Entführung* unter dem Mantel ihrer Klangwelt an die Rousseau-Probleme der Zeit, an Freiheit, Liebeswahl, Menschenwürde. Man höre doch (und man erstaune!), was der Philosoph Hermann Cohen (1842–1918), der Führer der Marburger Neu-Kantianer, gegen Ende seines Lebens über Mozarts *Entführung* schrieb, und zwar über die Gestalt des Belmonte: »Die Liebe ist keine Krankheit ... keine Schwachheit, kein holder Wahn, kein Kunstgriff des metaphysischen Genius

des Menschengeschlechts . . . sondern schlicht und rein das *Naturrecht des Menschen.* Mozart begründet dieses Menschenrecht, indem er statt der Kastraten der italienischen Oper in Belmonte den Tenor zum natürlichen Botschafter der Liebe macht und mit diesem ersten Tenor die erste deutsche Oper erschafft . . .« Daß natürlich auch schon die Singspiele keine Kastraten auftreten ließen, läßt Cohen als unwesentlich aus. Singspiele waren keine Opern. Nach einem Worte Goethes von 1788 haftete ihnen »Beschränktheit« an. Goethe hatte selber Singspiele geschrieben, weil ihm die lockere Form gefiel *(Claudine von Villabella, Erwin und Elmire, Jery und Bätely, Scherz, List und Rache)* – aber er wandte sich davon ab: »*All unser Bemühen, uns im Einfachen und Beschränkten abzuschließen, ging verloren, als Mozart auftrat. Die ›Entführung aus dem Serail‹ schlug alles nieder*«.
Also war es die Musik, die einem mittelmäßigen Stoff diese riesenhafte Bedeutung lieh, die sich bis heute nicht erschöpft hat? Denn es gibt kein Operntheater der Welt, stünde es in London, Kapstadt, Leningrad oder Buenos Aires, das die *Entführung* nicht gespielt hat oder sie fürder entbehren könnte! Nein, es ist die Musik nicht allein. Die *Entführung aus dem Serail* ist nämlich ein Gesamtkunstwerk. Trotz ihrer dramaturgischen Fehler sind ihr Realismus und Idealismus, das Drohende und das Heitere, die Shakespearische Charakterzeichnung auch von Mozarts späteren Opern niemals überboten worden.
Obendrein besaß sie, als sie erschien, eine seltsame Aktualität! Von ihr aber ist gesondert zu sprechen.

RES, AETAS, USUS

Der römische Lustspieldichter Terenz (190–159 v. Chr.) – ein in Nordafrika geborener Mohr – hat das Geheimnis seines eigenen und jedes anderen Bühnenerfolges in *res, aetas und usus* gesehn, im Vorhandensein und im Einklang dieser drei Bühnendimensionen.
Um gleich mit *usus* zu beginnen, was den heutigen Menschen das Fremdeste dünkt: Usus heißt »Gebrauch«, das »Gebräuchliche«. Auf die Bühne bezogen ist es also das »Rollenfach«, das sehr zu Unrecht! – beim heutigen Theater beinahe abgekommen ist. Das antike Rollenfach, das fast ohne Unterbrechung bis zur Zeit unserer Eltern reichte, bis zum Jahr 1900 also, geht auf den Griechen Theophrast (372–287 v. Chr.) zurück. Auf sein Werk *Die*

ethischen Charaktere, das Terenz sehr fleißig gelesen hat. In den »Ethischen Charakteren« gab Theophrast eine Schilderung der menschlichen Charaktertypen (des Raufboldes, des Geizigen, des Prahlers, des Selbstquälers, des Intriganten, der Schwiegermutter, des Parasiten, des Frömmlers mit all ihren Eigenschaften.) Die Skala der Grundcharaktere also, die sich in allen Zeitläuften gleichblieb. Sie sollte auch auf dem Theater Sicht- und Hörbarkeit gewinnen.

Nun aber: *res.* Res ist die »Handlung«. Die Handlung ist das Sichbegegnen der Charaktere, und was daraus wird. Es mag dabei abenteuerlich zugehn, doch nie so abenteuerlich wie im Epos, wo dem Erzähler ein Übermaß von Zeit zur Verfügung steht für die Schürzung und Entwirrung des Knotens. Jedes Drama, noch das längste, muß knapp sein. Eine echte Bühnenhandlung hat zum Beispiel Mozarts *Entführung:* Einem edlen Spanier, Belmonte Lostados, haben Seeräuber die Braut gestohlen und sie – zugleich mit der Zofe Blondchen und mit dem Diener des Edelmanns – an einen türkischen Bassa verkauft. Belmonte sucht sie und findet zunächst seinen Diener Pedrillo wieder, der jetzt als Gärtner dem Bassa dient. Belmonte läßt sich als Baumeister in den Palast des Bassa einführen. Doch der Aufseher Osmin, der die Zofe Blondchen begehrt, bekommt Wind von der geplanten Entführung. Er vereitelt das Entweichen der Paare. Der Bassa Selim, der früher einmal ein Spanier war, erkennt in Belmonte den Sohn seines einstigen Todfeindes wieder, der ihn aus dem Vaterlande vertrieb. Die »Rache«, die nun der Muselmann nimmt – natürlich ist es keine Rache! –, beschließt die gute Bühnenhandlung, die den Charakteren Spielraum gewährt.

Aber nun: *aetas.* Was ist Aetas? Dieses Wort bedeutet »Zeitalter«. Mag sich ein Stück auch auf »Urcharaktere« und »Ursituationen« stützen: es nützt nichts, wenn es am Zeitalter, an seinem eigenen, vorbeisieht. Es muß seinem Zeitalter Rechnung tragen. Rechnung? Es kann sich sogar sehr scharf *gegen* dieses Zeitalter stemmen! Es kann das Zeitalter »negieren« – gibt es doch keine Negation ohne vorherige Position – nur muß sein Thema (und sei es von weitem) auch ein Tagesinteresse haben. Ein, wie wir heute sagen würden, »journalistisches« Interesse.

Die *Entführung* war solch ein Stück. Wie kam es eigentlich, daß die drei größten Komponisten der Zeit, Gluck, Haydn und Mozart, dreimal denselben Stoff komponierten? *So* interessant war der Stoff doch nicht. Dennoch hatte der große Gluck 1764 bereits in seinen *Mekkapilgern* das Serail auf die Bühne gestellt (der

Sultan von Ägypten heißt Ali, und sein Sklave, man staune, Osmin!), und der große Haydn war ihm sehr bald mit seinem *L'Incontro Improviso*, dem *Unverhofften Begegnen* (1775) gefolgt. Hier zeigt sich wieder einmal der Einfluß des Politischen auf die Welt der Musik und besonders der Oper. 1683 hatten die Türken fast Wien überrannt; und seit damals zitterte Deutschland, sie möchten ihren Versuch wiederholen. Diese weitverbreitete Angst vor den Türken war genau das, was später in Haydns Alterszeit die Furcht vor den Jakobinern war. Jeder österreichische Künstler hatte irgend etwas beizusteuern, diese Angst vor dem »östlichen Feind« zu zerstreuen. Gab es ein wirksameres Mittel als die Lächerlichmachung des Feindes? In seinem Operchen machte sich Haydn über den türkischen Charakter und die ottomanischen Sitten lustig, ganz wie es Mozart sechs Jahre später in seiner *Entführung aus dem Serail* tat.

Als nun der jüngere Stephanie 1781 Mozart den wohlbekannten Stoff in die Hand gab, war die Sache noch »brennender« geworden. Sie grenzte fast an ein »Tagesgeschehen«. Ein scharfer politischer Wind blies im März aus der Hofkanzlei Kaiser Josefs II. Jeden Augenblick konnte dieser Wind einen neuen Türkenkrieg entfachen. Der Kaiser hatte soeben ein Bündnis mit der Zarin Katharina geschlossen. Rußland befand sich im Krieg mit der Pforte. Ein Besuch des Großfürsten Paul stand bevor – eigens für diesen Besuch war Mozarts »Singspiel« tatsächlich bestellt worden! – und es hätte dem Kaiser nicht übel gefallen, sich in Stambul mit Katharina zu treffen. Der 100. Erinnerungstag der Schlacht bei Wien, der ja dicht bevorstand, konnte nicht besser gefeiert werden, als indem man die Ottomanen über den Bosporus nach Kleinasien zurücktrieb. Vorläufig kam der Krieg nicht zustande. Erst sechs Jahre später schlug Josef los (dann aber ohne die Hilfe der Russen). Damals, im März 1788 sang Mozart, der völlig unkriegerische, der menschenliebende Freimaurer, immerhin seinen Kaiser an (K. 539):

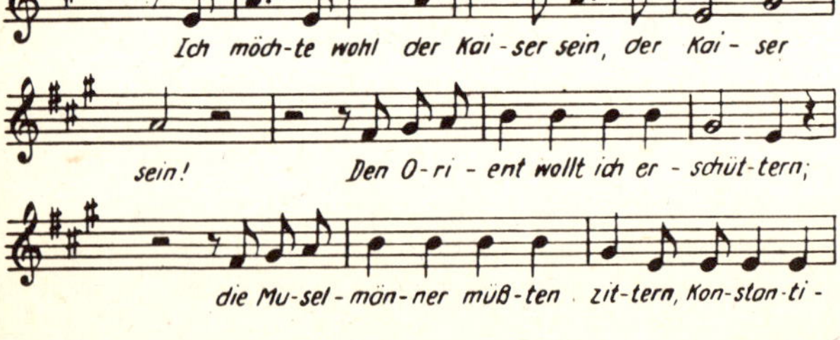

und schloß mit der Bekräftigung:

Doch da nun Josef meinen Willen
bei seinem Leben will erfüllen,
so mag er immer Kaiser sein!

Es war der Mozart der *Entführung*, den es nicht litt, daß »Christenmädchen hinter Gittern gefangen saßen . . .«
Doch jedes große Bühnenwerk steht im Bann einer Dialektik. Zwei Parteien sind es, die »recht haben« müssen. Auch der »spiritus aetatis«, der Geist des Zeitalters, ist nie ganz mit sich eins. War soviel Türkenspott erlaubt? Tat man den Mohammedanern nicht unrecht? Tatsächlich hatte Mozarts Schauspiel noch ganz andere Ahnherren als die österreichische Türkenangst der Barockzeit oder den venezianischen Haß gegen die türkischen Seeräuber. Man lebte im achtzehnten Jahrhundert – und es war das Jahrhundert Frankreichs.
König Ludwig XIV. aber war 1683 mit den Türken verbündet gewesen. Vielleicht hatte er davon geträumt (Ranke hat das im Ernst geglaubt), wenn sie Wien überrannt hätten und nach Westdeutschland vorgedrungen wären, ihnen am Rhein entgegenzutreten. Dann hätte er, mit dem Kreuz in der Hand, den Halbmond wieder in seine Steppen nach Kleinasien zurückgejagt. Bei dieser Gelegenheit wäre er dann aus einem bloß französischen König ein Kaiser des Abendlandes geworden . . . Vorläufig aber galt es einmal den Parisern das Bündnis mit den Türken politisch mundgerecht zu machen. Eine Menge edler Theaterstücke, die die Großmut des Sultans feierten, wurde auf Frankreich losgelassen. Überhaupt war damals die Mitte Europas für die Franzosen »angefault«; Deutschland, Österreich und Italien, ein Apfel, »der zum Sturze reif war« (Jakob Minor). Die Türken mit ihrer Mannestugend brauchten nur ein wenig zu schütteln! Auch von dieser Linie also stammte Mozarts deutsches Singspiel ab, von der französischen Linie nämlich – und der großmütige Bassa Selim, der die Gefangenen entläßt, war obendrein der Bruder von zwei anderen »östlichen Barbaren«: von Lessings Sultan Saladin (1779) und vom

Thoas der Goetheschen »Iphigenie« (1787), der in Südrußland beheimatet war.

»DIE ENTFÜHRUNG AUS DEM SERAIL«

Eine Oper, die im Morgenland spielte, gleichviel ob in Tunis oder in Smyrna, konnte selbstverständlich nicht auf »türkische Musik« verzichten. Im allgemeinen suchte das achtzehnte Jahrhundert bereits stark nach »Nationalmusiken«. Nichts falscher, als zu glauben, daß es vor der Romantik in der Musik kein »Nationalkolorit« gegeben habe. Wahrscheinlich war das Rokoko sich seiner geheimen Schwäche bewußt: der Akzentlosigkeit, welche die Kehrseite einer Tugend, der Diskretion, war. In der Kleidermode, in der Baukunst, in der Innendekoration hatte man nicht laut aufzutreten, wie das Barock es getan hatte, dessen Ausläufer immer noch lebten. Die geschmackvoll ausgewogene Stille war ein Ziel des Rokoko. Und manchmal wurde sie in der Musik um den Preis der *Langeweile* erkauft. Unzweifelhaft wußte Mozart genau um die geheime Mannesschwäche *jeder* Rokokomusik. Gerade darum war er stets darauf aus, als Opernschöpfer das »Fremdnationale«, das »Exotische« heranzubringen. Hundert Jahre vor Bizet hat er seinem *Figaro* spanische Musik gegeben. Und seine *Entführung* spielt in der »Türkei«.

In einer Türkei mit Anführungszeichen. Denn das ist nun wieder die Komik der Sache, daß Mozart, Gluck oder andere Meister, die »türkische Musik« schrieben (und später Beethoven oder Schubert), gar nicht wußten, was türkische Musik war. Auch sie folgten einem »convenu«, das schon wieder international war. Sowohl Friedrich II. von Preußen wie Kaiser Josef II. und seine Mutter, hatten Militärkapellen, die Janitscharenmärsche spielten. Die Janitscharen sind aber nicht Türken, sondern unterworfene Völker, Balkan-Christen, die mit Gewalt zum Islam bekehrt wurden. Wahrhaft türkisch ist der Ruf des Muezzins von der Moschee, der die Gläubigen zum Gebet mahnt.

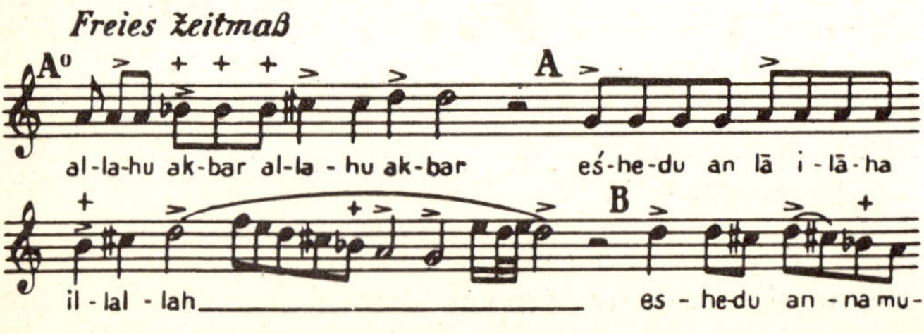

Weder in Glucks *Mekkapilgern,* noch in Haydns *L'Incontro Improviso,* noch in Mozarts *Entführung aus dem Serail* konnten diese Takte stehn. Denn von rein türkischer Musik ist bisher nichts nach dem Westen gedrungen (Tschierpe). Als ich mit einem gebildeten Türken einmal die *Entführung* besuchte, gestand er, »das Ganze habe ihm vollständig europäisch geklungen«.
Mozart sucht also das Kolorit, jedoch — bedeutsamer Instinkt: es gibt breiteste Teile der Oper, die im »Lande der Seele« spielen und nicht etwa am Bosporus oder am Gestade Nordafrikas.
In der Ouvertüre läßt er »*Forte und Piano miteinander abwechseln, wobei beim Forte allezeit die türkische Musik einfällt. Ich glaube*«, setzt er noch hinzu, »*man wird dabei nicht schlafen können, und sollte man eine ganze Nacht durch nicht geschlafen haben.*«
Wie wahr! In fröhlichstem Presto beginnt alles; umrahmt von Triangel, Beckenschlag und dem lauten Murren der »gran cassa« rauscht es dahin, ein »Beweger des Bluts«. Da, ritardando, jenes Andante:

das in Streichern und Holzbläsern erbangend Belmontes Auftrittslied in Moll vorwegnimmt. Jeder weiß hier: dieses »lustige Spiel« wird schwerlich ein lustiges Spiel bleiben. Aber rasch, denn noch käme das Ernste zu früh, wird wieder der gellend-glitzernde Vorhang der Janitscharenmusik darübergerissen. Unvermutet, ohne Pause, geht nun der Vorhang in die Höhe:

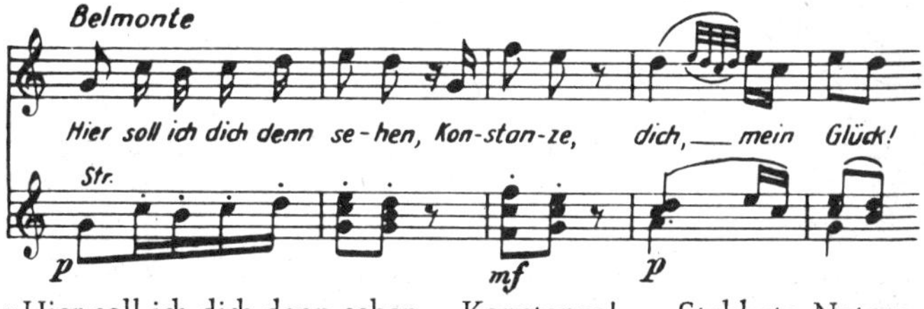

»Hier soll ich dich denn sehen — Konstanze!« — Stakkato-Noten: Merkwürdig, was wäre da so viel daran? Und doch machen diese federnden Noten aus der Melodie einen Menschen, einen Charakter aus biegsamstem Stahl. Den unverwechselbaren Belmonte. Ob er wirklich der *erste* jugendliche Liebhaber der Zeit-Opernbühne gewesen ist, wissen wir nicht. Doch könnte Ernst Lert, der Bühnenhistoriker, recht haben, wenn er sagt: »Nach den Kastraten der Seria und den Komikern der Buffa muß die Männlichkeit der lyrischen Tenorstimme wie eine Offenbarung gewirkt haben. Der Charakter Belmontes ist auch der Liebhabercharakter der Sturm- und Drangzeit: leicht erregbar, stolz, im Gefühl extrem, ein Jüngling der Empfindsamkeit vom Wertherschlag, deutsch in allen Äußerungen der Seele und des Gesanges.« Nur daß eben in Belmontes Charakter der federnde Stahl ist, der nicht zerbricht. Doch die Seele ist eine Mischlandschaft. Hoffen und Verzweifeln mögen nahe nebeneinander liegen. Eine Arie wie diese:

hätte vor Mozart, dem Seelenkenner, niemand schreiben können. »Ängstlich« und »feurig« auf einem Holz! Und die Pausen der Expression, das zweimalige Ansetzen, die Stille zwischen der »Angst« und dem »Feuer«!

Und dieser hochnatürliche Jüngling singt Koloraturen? Auch er – Belmonte! Ganz wie sie die Frauen singen oder der Baßbuffo Osmin. Ja – warum sollte er das nicht tun? – Hier heißt es: die Generalfrage stellen!

Nicht etwa weil Mozart ein Sohn des achtzehnten Jahrhunderts war: auch heute würde er nicht verstehn, läse er bei Richard Wagner, in einer deutschen Oper hätten Koloraturen nichts zu suchen, weil sie unnatürlich seien. Unnatürlich? Sind sie das? Sind sie nicht eher »vor-menschlich«? (Paul Schopf.) Die Vögel singen in Koloraturen. Das hat seine gute Ursache: da ihnen die praktische Mitteilungskürze des Wortes mangelt, müssen die Vögel, was sie auszusagen haben, lang hinspinnen, wiederholen, brechen, anhalten und stützen. Die Nachtigall wäre sehr erstaunt, erführe sie aus einem Handbuch der heutigen Gesangstechnik, daß sie das aus »Schmuckbedürfnis« täte. Sie hat recht andere Gründe dafür.

Und auch beim menschlichen Gesang muß Koloratur nicht »Verzierung« sein. Zacconi (1555–1627), Theoretiker der Renaissancezeit, hat nicht wohl daran getan, die Triller, Pralltriller oder Schleifer als »Ornamente« zu behandeln. Koloratur kann ein *Elementares* sein: nicht Natur, sondern *Über-Natur*. Etwas, womit der Sänger erst »der Natur zu Hilfe kommt«. Und erst recht dem Textworte. Das Wort »Freunde« zum Beispiel ist für den Beethoven der Neunten Sinfonie zu kurz, um zu sagen, was es ihm *meint* (Hermann Unger). Darum koloriert er es und schreibt:

Ganz so ist es in Mozarts *Entführung*, wo sogar der Zorn im Bauch des Osmin zu trillern beginnt. – Dieser Osmin! Die prallste Gestalt des Welttheaters seit Shakespeares Falstaff! Ganz Fleisch, die Seele zugedeckt von der merkwürdigen Trägheit des Fleisches, und darum geängstigt und grausam. Dieser Haremswächter Osmin, den Bassa Selim angestellt hat, um über seine Sklaven zu wachen, hat die Schwermut grausamer Menschen. Er mag seine Lüste befriedigen, doch kann er ihrer nicht froh werden:

Es gibt nichts Verblüffenderes als dieses g-Moll. Wenn er schließlich sein »Tralala« in derselben Tonart singt, spürt man erst den Humor der Sache. Im Duett tritt Osmin dem Belmonte entgegen, Streit entspinnt sich, die Eifersucht des Haremswächters erkennt den Gegner. Der Streit wächst an. Osmin will fort, der Ausfrager will ihn nicht gehn lassen. Scharf-spitzige, kurze Streicherfiguren sind die Folge, tierisch gereizte Bläserstimmen. Psychologisch und musikalisch ist all das nicht zu übertreffen. Über Osmins große Wut-Arie:

und warum sie so ist, wie sie ist, mit ihren rasenden Akzenten, ihrer Chromatik, den wilden Wiederholungen der Worte, besitzen wir einen Brief von Mozart, der zeigt, welch ein Dramatiker er war:

»... Osmins ›Beim Barte des Propheten‹ ist zwar im nämlichen Tempo geschrieben, aber mit geschwinden Noten, und da sein Zorn immer wächst, so muß das Allegro assai – ganz in einem andern Zeitmaß und in einem andern Ton – eben den besten Effekt machen. Denn ein Mensch, der sich in einem so heftigen Zorn befindet, überschreitet alle Ordnung, Maß und Ziel; er kennt sich nicht – so muß sich auch die Musik nicht mehr kennen. Weil aber die Leidenschaften, heftig oder auch nicht, nie bis zum Ekel ausgedrückt sein müssen und die Musik auch in der schaudervollsten Lage das Ohr niemalen beleidigen darf, sondern ... allzeit Musik bleiben muß, so habe ich keinen fremden Ton zum F (zum Ton der Aria), sondern einen befreundeten, aber nicht den nächsten, d-Moll, sondern das verwandte a-Moll gewählt.«

Dem Osmin geht es zwar um Blondchen, uns aber, wie Belmonte und Selim, geht es einzig um Konstanze. Konstanze ist nun eigentlich eine spanische Edeldame; aber zugleich ist sie bereits ein Mädchen der bürgerlichen Zeit, eine liebende Schwester von Schillers Luise. Ihre Auftritts-Arie:

zeigt dies deutlich. Die Sängerin Cavalieri scheint sie bei der Erstaufführung nicht allzu gut gesungen zu haben. Sie zog eine andere Arie vor, das wilde Effekt- und Koloraturstück:

die Mozart, wie er brieflich bekennt, für die *geläufige Gurgel* dieser Primadonna schrieb, die stimmlich die größte Virtuosität und einen riesigen Umfang besaß. Mozart aber tat dem Stück unrecht. Diese von einem Quartett der Flöte, Oboe, Violine und Cello gestützte Arie verrät eine Psychologie ersten Ranges. Da Selim eine Sprechrolle hat, kann er – wie es bei Händel, Scarlatti und den anderen Meistern der Opera seria unzweifelhaft noch geschehn wäre! – die Heldin nicht »in Tönen bedrohen«. Konstanze hat allen Grund, sich körperlich bedroht zu fühlen ... Osmanische Sitten? Es gab sie wirklich: Als 1683 der Sultan zum Feldzug rüstete, schrieb er einen Brief an den Kaiser (es war Leopold I., und der ungeheuerliche Text ist in den Wiener Archiven enthalten), er werde die Gegner in Öl sieden, wenn er ihrer habhaft würde! Die scheinbare Umwandlung Bassa Selims von einem blutdürstigen Tyrannen zu einem gnadenspendenden Fürsten – einem Kaiser Josef, einem Sarastro! – hätte jede Oper gesprengt. Nun muß also Selims »Grausamkeit« in der Seele der gequälten Konstanze zu einem Hysterie-Ausbruch werden. Und so wurde diese Arie hysterisch! Wenn Bulthaupt in seiner »Dramaturgie der Oper« behauptet, Konstanze sänge das, was in der Seele des Bassa vorgeht, so ist das nur bedingt richtig. Es ist ein »Teilschauplatz der Seele«. In ihrer großen Exaltation bemerkt Konstanze nämlich nicht, wie sehr der Bassa mit sich selbst kämpft. »Mit der Bastonade, dem Hängen und Spießen ist man bei uns schnell bei der Hand«: das mag die Wahrheit für einen Osmin sein. Ein Selim weiß, daß man mit Foltern nur den Körpern gebieten kann. Er, der nicht grausam ist, würde lieber in der Welt der Seelen gebieten. Daß er das im Falle Konstanzens nicht kann, gerade das macht seine Lage prekär ...

Von dem komischen Paar Pedrillo und Blondchen stammen alle späteren »Zweithelden und Zweitheldinnen« der deutschen Opernbühne ab. Auch in Webers *Oberon,* dieser dramatisch-thematisch weit schwächeren Auflage der *Entführung* gibt es den Knappen Scherasmin und seine Fatme, die dasselbe zu empfinden haben wie der gewandt-ängstliche Pedrillo und sein etwas schnippisches Blondchen. Noch in Lortzings *Zar und Zimmermann* herrscht zwischen Peter dem Großen und seinem Begleiter Peter Iwanow dasselbe Verhältnis wie zwischen dem stählern-harten

Belmonte und seinem gröberen Kumpan, der übrigens keineswegs nur grob ist. Er ist nicht der harlekinartige Diener, der in der Opera buffa auftritt; er hat treue und feste Gesichtszüge; Lert hat in ihm einen Verwandten des Just aus der »Minna von Barnhelm« gesehen. Blondie nun ist Engländerin, was seltsam, aber kein Zufall ist. Mozarts Textdichter hatte diese Gestalt – wenn auch auf gewissen Umwegen – aus Isaac Bickerstaffes Stück *The Sultan, or a peep into the Seraglio* bekommen, und Edward Dent führt die etwas naßkalte Art, mit der Blondie den Pedrillo behandelt, auf diese Abstammung zurück. Nun, Mozart hat England als Kind verlassen; aber es ist nicht ausgeschlossen, daß ein gelegentlich abschätziges Wort Leopolds über die Engländerinnen bei ihm auf fruchtbaren Boden fiel. Wie hätte er sonst das Seufzen Osmins über die Geduld und das Los der angelsächsischen Ehegatten so trefflich komponieren können? Komischerweise – was er nicht wußte! – hat ein Vierteljahrhundert später eine amerikanische Flotte den Berber- und Seeräuberstaaten und ihrem Raub von Christensklaven ein unrühmliches Ende bereitet: englisch sprechende Matrosen unter Commodore Stephen Decatur – beinahe Blondies Landsleute.

Doch die Entführung kann nicht glücken, wenn Osmin nicht betrunken gemacht wird. Das besorgt Pedrillo. Ein Saufduett, wie es vorher nicht geschrieben wurde und schwerlich wieder geschrieben wird, bricht jauchzend aus:

Wie, der Koran und das Weinverbot? Aber das hat es ja nie gegeben! Trinke, Osmin! Trink und sei glücklich! »Es leben die Mädchen, die Blonden, die Braunen.«

Nach einer solchen Leistung kann man nur unter den Tisch fallen und schnarchen. Doch Meister Mozart ist diskret: man hört alles, nur das Schnarchen nicht.

Der Wächter ist fort, ist bewußtlos gemacht. Nun können Belmonte und Konstanze einander in die Arme stürzen. Aber löst euch wieder – verweilt nicht! Um Gotteswillen, jetzt auf und davon! Jedoch so einfach ist das nicht. Die Paare müssen Quartett singen. Da ist so viel zu erledigen, gutzumachen und zu klären! Belmonte und Konstanze haben einander lange nicht gesehen. Nun gilt sie als »Favoritin des Bassa«. Meer und Garten, Nacht und Sterne – wissen sie vielleicht anderes von ihr als der liebende Mann? Was ist geschehn, was nicht geschehn? Belmontes Zweifel stecken sogar den gröberen Pedrillo an: Wie weit ist Osmin bei Blondchen gekommen? ... Die große Rolle der Eifersucht, die dem Schöpfer des *Figaro* bereits bei der *Entführung* klar war, hat gründlich ausmusiziert zu werden ... Kränkung, Schwüre und Versöhnung. Aber beeilt euch! Wißt ihr nicht, daß ihr in höchster Lebensgefahr seid? Jedoch sie hören nicht auf zu schwören. Und das ist ein höchst realistischer Zug: junge Menschen nehmen die Liebe ernst; ernster als die Lebensgefahr. Darum stimmen sie einen Kanon an, der beinahe wie ein Choral klingt. Ganznoten, feierlich gestützt von Flöten, Oboen und Violinen:

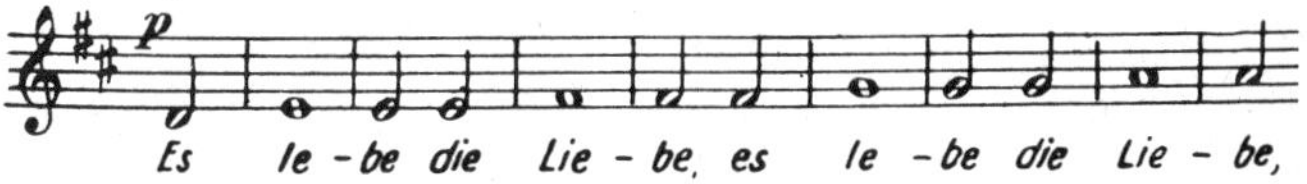

Wenn sie inmitten ihrer Versöhnung jetzt von der Wache erwischt würden, wäre es dramaturgisch zwar richtig. Doch dann hätten wir keinen dritten Akt. Und noch wäre das Schiff nicht da, das die Paare entführen soll. Und wir hätten auch nicht Pedrillos »Romanze«, die er als nächtliches Signal vor dem Fenster Blondchens zu singen hat. Das muntere Mandolinenstück, in dem Mozart Grétrys Art vorwegnimmt – etwa den *Richard Löwenherz* von 1784 – ein Stück Kreuzzugserinnerung im ritterlich französischen Volkston:

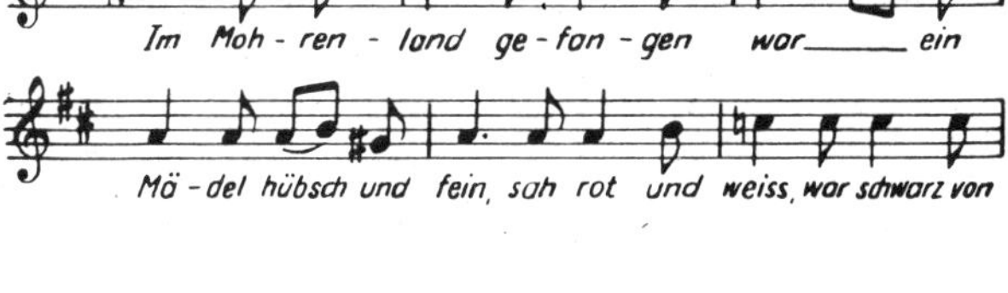

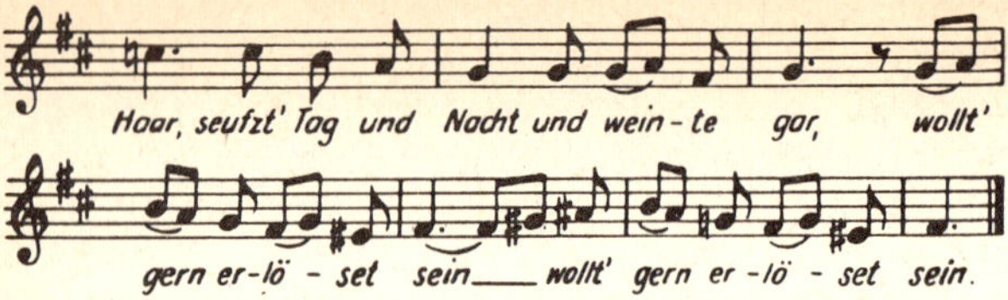

Jetzt erst wird die schläfrige Nacht von Fackeln und von Häschern laut. Die beiden Paare werden ergriffen, um vor den Bassa gebracht zu werden. Triumph Osmins, so grausig als komisch:

So ist es vorbei mit unsern vier Freunden? Da läßt der Bassa Großmut walten. Dieser Selim – der Gegenspieler – ist, wie der Opernregisseur Ernst Lert ihn 1913 auf der Leipziger Bühne darstellen ließ, »ein vornehmer, stiller, fatalistischer Orientale; nur in der Leidenschaft vibriert ein drohendes Lodern in Auge und Stimme. Er hat als wahrer Koranjünger die volle Beherrschung seiner selbst und nichts mehr vom Westeuropäertum, das er glücklich ist, abgestreift zu haben. So spielt er auch die letzte Szene mit edler Größe, Resignation und leisem, fast mitleidigem Lächeln«. Als er hört, daß er in Belmonte Lostados den Sohn seines Todfeindes vor sich hat, spricht er jene josefinischen Worte, die, wenn sie die Bühne mit Wahrheit erfüllen sollen, eines Sprechers von Rang bedürfen: »Nimm deine Freiheit, nimm Konstanze, segle in dein Vaterland, sage deinem Vater, daß du in meiner Gewalt warst, daß ich dich freigelassen, um ihm sagen zu können, es wäre ein weit größeres Vergnügen, eine erlittene Ungerechtigkeit durch Wohltaten zu vergelten, als Laster mit Lastern zu tilgen. Ziehe hin und werde menschlicher als er! So wird meine Handlung belohnt sein.«
Wie nun die vier – und der fünfte: Osmin – diese Begnadigung

aufnehmen, davon handelt das Schlußcouplet. In keiner Oper der Weltliteratur geschieht es, daß die Schlußszene alles hinter und unter sich läßt, was vorher musiziert wurde. Bei der *Entführung* ist es der Fall. Mozart hatte hier die Idee, im Pariser Vaudeville-Stil der Opéra Comique zu schreiben. Die Anbetung, die ihm Offenbach und die späteren Franzosen erwiesen, geht gerade auf diesen Einfall zurück. Klar und freimütig beginnt Belmonte:

Ein Strophenlied. Nun, was war das schon? Hatte doch Goethe immer gefordert, daß ein Lied ein Strophenlied sein müsse – und würde Schubert ablehnen, weil er die Strophen des »Erlkönigs« als dramatische Szene vertont, also »durchkomponiert« hatte. Aber der Fehler in Goethes Ästhetik bestand darin, daß Strophenmusik (also »neutrale Melodie«) meist ganz ungeeignet war, die verschiedenen Gefühle von Personen verschieden wiederzugeben. Gerade das gelang nun hier Mozart: die verschiedenen Empfindungen von fünf völlig verschiedenen Menschen auf dieselbe Melodie zu ziehn! Er ließ die fünf in Vaudeville-Form die Texte *nacheinander* singen. Welche Aussagekraft mußte also der »neutralen Melodie« innewohnen, um so etwas zuwege zu bringen! Konnte es denn eine Tonverbindung zwischen Pedrillos Galgenhumor:

> Wenn ich es je vergessen könnte,
> wie nah ich am Erdrosseln war,
> und all der anderen Gefahr,
> ich lief' als ob der Kopf mir brennte!

und (bevor er schreiend davonläuft) zu Osmins letzter Wutstrophe geben:

Verbrennen sollte man die Hunde,
die uns so schändlich hintergehn!
Es ist nicht länger anzusehn,
mir starrt die Zunge fast im Munde!

Aber Mozart fand die Verbindung eben. Noch einmal ließ er den Janitscharenchor den Bassa *alla turca* umjubeln — dann durfte er den Schlußstrich setzen. Unter ein Werk, das, als »Singspiel« firmiert, dennoch so gewichtig war wie eine Shakespearesche Komödie. Ein Werk voll deutscher Herzenstiefe, italienischer Bravour und französisch-heiterer Anmut.

HIE KAISER, HIE PAPST!

Wie stand nun der Kaiser zu dieser Oper, die er nicht nur bestellt hatte, sondern die nach dem Gesetz von »res, aetas, usus« wirklich *seine* Oper war?
Kaiser Josef war Sohn und Enkel — ja, Urenkel und Ururenkel! — von ausgezeichneten Musikern. Die Herrscher Ferdinand III. (1608 bis 1657), Leopold I. (1640—1705) und Joseph I. 1678—1711) waren selber Komponisten gewesen. Ihre Werke (Guido Adler hat sie vor ein paar Dezennien gesammelt) standen den großen Wiener Meistern Froberger und Wolfgang Ebner nicht nach. Auch des Kaisers Großvater, Karl VI. (1685—1740), war Dirigent und Akkompagnist, der inmitten seiner Kapelle Platz nahm. »Gelegentlich komponierte er auch, in jedem Falle war er kein minderer Musikfanatiker als seine großen Vorgänger, und die Musiker hatten bei ihm einen harten und langen Dienst« (Andreas Ließ). Des Kaisers Mutter, Maria Theresia, hatte in ihrer Jugend vortrefflich italienisch gesungen. Der Kaiser selbst komponierte zwar nicht — doch er konnte ohne Musik nicht leben. Daß er, wie seine Vorfahren, die italienische Musik über jede andere stellte, war zwar ein öffentliches Geheimnis. Doch aus kulturpolitischen Gründen, weil er dem deutschen Operngesang in Wien eine Chance geben wollte, unterstützte er das deutsche Singspiel.
So hätte ihm das Mozartsche eigentlich sehr gefallen müssen — und vielleicht gefiel es ihm sogar. Eine Reihe von Ereignissen aber — von Begebenheiten, die sich in seiner Gegenwart so leicht überschlugen —, verdunkelte den Eindruck, den die *Entführung aus dem Serail* auf Kaiser Josef II. machte.
Es begann damit, daß Mozart — ein Halbjahr vor der Erstaufführ-

rung – zum Souper geladen wurde. Es war bestimmt in der Weihnachtswoche. Er hatte sich, wir dürfen nicht zweifeln, sehr auf die Gelegenheit gefreut, dem Kaiser vom Fortschritt seiner Arbeit an der *Entführung* zu erzählen. Das stets geöffnete Klavier würde ihn dann einladen, die Erzählung auch zu illustrieren ... Statt dessen traf Wolfgang Amadeus einen andern geladenen Gast an, der ihm sogleich unsympathisch erschien. Es war ein »Welscher«, Muzio Clementi, der Sohn eines römischen Silberschmieds. Der Fremde war ein hübscher Mann von dreißig Jahren, weltgewandt, mit einer nach hinten fliehenden Stirn und blaugrauen, etwas berechnenden Augen. Ein guter Name als Komponist und Virtuose ging ihm voraus. Er kam aus England und befand sich auf einer Reise durch Mitteleuropa.

Der Kaiser, mit seiner hohen Stimme und in seiner jovialen Art, die nicht gespielt, aber nie ganz echt war, forderte beide Herren auf, ihm auf dem Klavier vorzuspielen. Das wäre nicht befremdlich gewesen. Aber im vorhinein war diese Darbietung als eine Art »Wettstreit« aufgezogen, bei welcher der Kaiser die Themen angab, die nun variiert werden sollten. Das verletzte Mozart. Sein ganzes Leben war schließlich ein großer Wettstreit geworden. Er war nicht zu »seinem Kaiser« gekommen, um diesen Wettstreit weiterzufechten.

Er spielte natürlich wunderbar. Aber Clementi tat desgleichen. Mozart kam sein Spiel seelenlos vor. Mißgünstig berichtete er dem Vater: *»Der Clementi spielt gut, wenn es auf Exekution der rechten Hand ankömmt. Seine Force sind die Terzen-Passagen – übrigens hat er um keinen Kreuzer Gefühl oder Geschmack. Mit einem Worte ein bloßer Mechanicus.«* In Wahrheit lag diese Sache wohl anders. Mozart hatte eine andere Technik; und es mochte ihm unheimlich vorkommen, daß Clementis Hand völlig reglos blieb. Ja, er hielt sie unbeweglich, leicht gekrümmt wie eine Schildkrötenschale, und nur die überaus hurtigen, sehr beweglichen Finger spielten. Mozarts Anschlag war viel nervöser, aber auch viel seelenvoller als der korrekt präzise Clementis, von dem die Zeitgenossen rühmten, »jede seiner Noten sei aufs deutlichste von der andern abgelöst, komme somit als eine klare, schimmernde Einzelperle heraus«. Von Mozart, der mit »großem Affekt« und dabei mit »merkwürdigem Witz« spielte, konnte man so etwas kaum sagen. Wohl aber, daß sein Klavierspiel »sang«.

Was empfand nun der Kaiser, als diese beiden sich vor ihm produzierten? Als sie gleichsam ein »Hürdenrennen« begannen, wer eher in seiner Gunst ankam? Er war äußerst angeregt und heiter.

Und was waren die »Themen«, die er vorschlug und selber auf dem Klavier angab? Es ist eine heitere Vorstellung, daß *»Je suis Lindor«* darunter war, das französische Thema, über das nicht nur Mozart (K. 354), sondern auch Clementi gearbeitet hatte. Bei diesem Thema allerdings hätte Clementi den kürzeren gezogen ... Dazu kam es nun nicht. Statt dessen ließ sich der Kaiser herbei, von Mozart »Fugen« zu verlangen. Das klingt ganz unglaublich, weil doch Josef den italienischen Stil liebte. Nichtsdestoweniger ist es wahr: Mozart brachte ihn dazu, teils, um Clementi auszustechen, teils, weil er gehört hatte, daß der Kaiser (dem es unerträglich war, von einer Sache nichts zu verstehn) sich nicht selten Fugen vorspielen ließ. Schon neun Monate zuvor hatte Mozart sich's zugeschworen, wenn er zum Kaiser geladen würde, ihm einerseits Opern vorzuspielen (zum Beispiel den *Idomeneo*, den er gerne in Wien aufgeführt haben wollte) –, andererseits aber *»brav Fugen zu spielen, denn das ist seine Sache«*. Nun mochte Clementi der Mund offenstehen; denn Mozart spielte jetzt tatsächlich Fugen: und die zweihändige Klavierfuge in C-Dur (K. 394), die er im April darauf schrieb, scheint auf jenes Weihnachtskonzert bei Josef II. zurückzugehn.
Sehr zwiespältigen Gefühls ging er heim. Für die *Entführung* (sie war ihm jetzt doch das einzige Wichtige) hatte er nichts tun können. Im »strengen Stil« hatte er gesiegt. Wenn er schlecht schlief, so war das doch nichts gegen die unruhigen Nächte, die jetzt für den Kaiser anbrachen. Denn wenige Morgen später schon erreichte den Kaiser jener Brief, der seine ganze Politik zu erschüttern drohte. Ein Donnerschlag! In den Musikbiografien werden wir von diesem Brief nichts lesen, obwohl er der eigentliche Grund war, das Interesse des Kaisers an der *Entführung* zu verschütten. Es ist leider so, daß große Herren noch ganz andere Sorgen haben als die Musik, als die Kunst überhaupt. Der Brief war aus Italien und enthielt die ganz unglaubwürdige Nachricht, daß der Papst nach Wien käme!
Gleich darauf mußte man sie wohl glauben.
In den Tagen des Mozartbesuches hatte der Kaiser genau ein Jahr und einen Monat allein regiert. Nach den Spielregeln, die er einst selbst als »despotisme lié« bezeichnet hatte. Mit einer unglaublichen Aktivität war er an seine Probleme gegangen, hatte sich dabei »neue geschaffen, die eigentlich nicht zu lösen waren« (A. Fournier), hatte aber auch bisher noch keinen Mißerfolg erlitten. Noch war er deshalb von dem Mißtrauen frei, das ihn später beseelen sollte, als der Beamte Karl Zinzendorf schrieb: »Der Kaiser

glaubt wahrhaftig, daß er allein das Land liebe, daß er allein die Wahrheit kennt, und daß alle seine Beamten Spitzbuben oder Dummköpfe sind.«
Der Kaiser kam mit vier Stunden Schlaf aus. Alles, was er unternahm, begann er mit der größten Raschheit. (Die geheime Angst, »nicht fertig zu werden«, stand da wohl Pate – wie ähnlich bei Mozart.) Im Frühjahr war er nach Brüssel geeilt (die Belgier mochten ihn nicht leiden), um über die staatsrechtliche Verfassung des österreichischen Brabant zu beraten. Im Sommer begann die »Bauernbefreiung«, die Abschaffung der Leibeigenschaft, und wurde am 1. November Gesetz. Am 13. Oktober erließ Josef das Toleranzpatent. Als glühender Bewunderer von Lessings *Nathan dem Weisen,* der 1779 in der Fabel von den drei Ringen der Welt den ethisch gleichen Wert von Christentum, Judentum und Islam verkündet hatte, stellt der Kaiser jetzt die Religionen rechtsgleich. Die Kurie zeigte sich bestürzt. Als dann vollends sechs Wochen später, am 29. November 1781, der Kaiser einen vernichtenden Schlag gegen die Klöster führte (800 wurden eingezogen, weil ihre Mönche »nicht arbeiteten, nicht die Jugend erzogen, nicht Schule hielten, keine Kranken warteten, sondern bloß *vitam contemplativam* führten«, ein Leben der Beschaulichkeit also), mußte man sich in Rom fragen, ob der Kaiser lutherisch geworden sei! Im Augenblick rührte sich der Papst. Gegen den Willen der Kardinäle beschloß er, persönlich mit Josef zu reden. Auch er war schnell. Der kühne Entschluß seiner Wienreise bewies es.

»Ich habe, seit ich existiere, viel Überraschendes erlebt, aber ich hätte niemals geglaubt ... einen Papst sich nach Wien begeben zu sehn«, meinte damals Friedrich der Große. Auch Garampi, der Wiener Nuntius, hatte das Gerücht nicht geglaubt. Denn ein Papst durfte Rom nicht verlassen, weil, wenn er im Auslande starb, nach dem Grundsatz *»Ubi Papa, ibi Roma«* das Konklave für seine Nachfolgerwahl am Todesort abgehalten werden müßte. Also im Ausland – und das war unmöglich.

Der Kaiser war ein mutiger Mann. Doch nur im Geist, nicht in seinen Nerven. Als sein Bruder und Vertrauter, der Herzog Leopold von Toskana (der ihm als Kaiser nachfolgen sollte) von dem Fortschritt der Papstreise meldet, wird der Kaiser plötzlich krank. Ein rätselhafter Augenkatarrh läßt ihn im März 1782 zunächst einmal an den Bruder schreiben: *»Ma fluxion aux yeux m'oblige à ne vous pas écrire de main propre; excusez moi* (Ich bitte um Entschuldigung, daß ich diesen Brief diktiere; meine Augenkrankheit zwingt mich dazu)«, und am 4. April, als der Papst bereits in

Wien ist, fügt er hinzu: »Ich kann starkes Sonnenlicht nicht mehr ertragen und erkenne überhaupt die kleinsten Gegenstände nicht mehr.« Ist es so, daß er den Papst *nicht sehen will?*

Inzwischen *hat* er ihn gesehn. Die Augen unter grünem Schirm, ist er Pius VI. bis Wiener Neustadt entgegengefahren: dem Gast, der, mit riesiger Macht ausgerüstet, ihn im eigenen Hause als Gegner aufsucht. Der Papst ist ein sehr schöner Mann, dem alle Herzen zufliegen. Seit bald 700 Jahren – seit Papst Gregor VII. mit Kaiser Heinrich IV. den Streit um die Weltherrschaft gefochten hatte – waren der Kaiser und der Papst nicht mehr im Kampfe zusammengestoßen. Vergebens wartet jetzt Pius VI. auf die entscheidende Aussprache, ob Josef die antirömischen Edikte zurücknehmen oder mildern werde. Es kommt zu Unterhaltungen, die nichts entscheiden. Äußerlich scheinen beide versöhnt; ja, aus ehrlichem Mitgefühl für die prekäre Lage des andern, fassen sie Sympathie füreinander. Die Beobachter notieren die verklärten Gesichter beider nach solchen Unterhaltungen. »Mein teurer Sohn!« nennt der Pontifex den Kaiser – besonders wenn Fremde es hören. Inzwischen belagern die Wiener den Papst. Nie dagewesene Straßenszenen ereignen sich, wo er erscheint. Am 2. April zum Beispiel berichtet die geheime Polizei dem Kaiser, daß der Papst im Dominikanerkloster von Segenheischenden halb erdrückt worden sei. Dreihundert Frauen hätten ihn gegen einen Tisch gepreßt; er sei »laut um Hilfe rufend entwichen« (Schlitter). Bei dem allem zittert der Kaiser, daß der Papst am Ostersonntag beim Hochamt in der Stephanskirche das Volk etwa apostrophieren werde. »Was soll ich in diesem Falle tun?« schreibt er verzweifelt an seinen Bruder. »Müßte ich nicht sofort antworten?« Das würde dann den Skandal bedeuten, den seit dem Mittelalter vermiedenen öffentlichen Konflikt. Doch dieser Alptraum wird nicht wirklich. Als der Papst nach genau vierwöchigem Aufenthalt Wien wieder verläßt, hat er zwar sachlich nichts erreicht; doch er hat den kaiserlichen Gegner psychologisch entscheidend geschwächt. Vier Wochen lang haben Glocken und Fahnen in Wien dem Vertreter des Himmels gegolten und nicht der irdischen Macht des Kaisers.

Dabei war der Kaiser eine Natur, der die »Ehrfurcht vor dem Erhabenen« eine innerste Notwendigkeit war. Als er in den Tagen des Papstbesuches zweifelnd, müde und unglücklich an seinem Schreibtisch grübelte und, den grünen Schirm vor dem Gesicht, in seinen Papieren blätterte, ließ sich Blumauer bei ihm melden, den er hatte rufen lassen. (Blumauer, jener schlechte Dichter, der 1784 die »Aeneis« travestierte – die Aeneis des Vergil! – wofür ihn

Schiller mit Recht auf die Hand schlug.) »Ist es wahr«, begann der Kaiser, »daß Sie bei der Segenausspendung den Hut auf dem Kopf behalten haben?« »Majestät!« versetzte der freche Kerl, »ich dächte doch, daß ein päpstlicher Segen eine so gewichtige Sache ist, daß er meinen weichen Hut durchdringt!« »Hinaus!« rief der Kaiser aufspringend, »Beleidigung der Majestät!« Befand er sich auch im Kampfe mit der Kirche, von diesen Dingen konnte man in solchem Ton mit ihm nicht reden.

Was tat nun Wolfgang Amadeus zwischen dem 20. März und dem 20. April? Gehörte auch er zu den Segen-Verlangern, und drängte er sich auf den Straßen umher? Er bedurfte keines grünen Schirms, um zu erkennen, daß er in diesem latenten Streite nicht Partei nehmen dürfe. Einerseits war er ein frommer Christ; auch verdankte er dem Vorgänger des Papstes den persönlichen Adel; auch wenn er davon nicht Gebrauch machte, war er doch »Cavaliere di Mozart«. Andererseits war er ein »Mann des Kaisers«, der, wie alle jungen Menschen, den Reformer bewunderte. »Ein Reich, das ich regiere, muß nach meinen Grundsätzen beherrscht, Vorurteil, Fanatismus, Parteilichkeit und Sklaverei des Geistes unterdrückt und jeder meiner Untertanen in den Genuß seiner angeborenen Freiheiten eingesetzt werden.« Das hatte der Kaiser im Februar 1781 an seinen getreuen Helfer geschrieben, an den Erzbischof Colloredo. Mozart konnte das nicht wissen – aber dem Kaiser, der so dachte, hing er mit ganzem Herzen an.

Gewohnt, auszuweichen – so hatte er einst in Paris Gluck und Piccini gemieden! – tat er in diesen Krisenwochen etwas Drittes: er ergab sich völlig dem Studium »alter Musik«. Bei dem Baron Gottfried van Swieten – der einst am Hofe Friedrichs des Großen Österreich vertreten hatte und bei dieser Gelegenheit von dem flötespielenden König in die Kunst Bachs eingeführt worden war – fand Mozart eine Bibliothek von Werken Johann Sebastians vor, nach denen er jetzt vertikal-kontrapunktisch zu komponieren begann. Nichts als Fugen erfüllten ihn in jenem Monat – ein unbewußter »Kontrapunkt« zu der heranwachsenden *Entführung*.

Würde dem Kaiser die Oper gefallen? Er hatte sie als Hausherr bestellt, hatte die Dekorationen gebilligt und die Ausführenden bestimmt. Eben verließ ihn sein Augenübel, da kam ein neuer politischer Ärger, der ihn sehr nervös machte: es war eine Denunziation gegen einen seiner Privatsekretäre. Dieser Johann Valentin Günther hatte (Mozart mußte es wissen, denn er war selbst mit ihm befreundet) so sehr das Vertrauen des Kaisers besessen, daß der mit seinem Geheimschreiber »stundenweise Arm in Arm

im Zimmer auf und ab gegangen war«. Mozart erwartete viel von Günther. Eines Abends besuchte er ihn zum Souper, Stephanie und der Belmonte-Tenor Adamberger waren dabei. Am nächsten Tage war Günther verhaftet. Cherchez la femme! Der Leichtsinnige wurde beschuldigt, um schnödes Geld des Kaisers Akten für den preußischen Hof kopiert zu haben. Ein jüdischer Bankier in Breslau, Heimann Kiewe, war der Angeber. Tatsächlich hatte der Kaiser bemerkt, daß Berlin oft im voraus wußte, was er beschließen würde ... Einer von beiden mußte lügen, entweder Günther oder Kiewe. Unter den kopierten Texten befanden sich streng geheime Billetts an die Zarin Katharina, die die türkische Frage betrafen. König Friedrich war als boshaft bekannt: machte er dem Sultan Mitteilung von der Geheimkorrespondenz zwischen Josef und der Zarin, so schlug vielleicht Konstantinopel los! – Und das in einem Augenblick, in dem die österreichische Armee noch keineswegs voll gerüstet war! –
Während der Kaiser, sehr nervös, noch den Fall Günther untersuchte – ob und wieviel verraten war! – nahte die Mozartsche Premiere. Türken, Gelächter, Turbane, Bühnensäbel im Theater! *Kunst* – während draußen sich vielleicht »die Dinge hart im Raum stoßen würden«. – Josef II. war so zerstreut, daß er kaum zuzuhören vermochte. Er hatte kein Wort für seine Sänger, für die großartige Leistung Ludwig Fischers als Osmin, für die Konstanze der Cavalieri und Therese Teybers Blondchen. Zum Komponisten sagte er: »Zu schön für unsre Ohren und gewaltig viel Noten, lieber Mozart!« Gleich aber faßte sich Meister Wolfgang: »Gerade soviel, Euer Majestät, als nötig ist!«

KONSTANZE ODER DIE GLÜCKLICHEN

Dem Wolfgang Mozart aus der Hofkasse ... vierhundertsechsundzwanzig Gulden« – so ungefähr lautet der kurze Beleg der Einnahme für ein unsterbliches Werk. Das scheint uns etwas wenig zu sein. Doch 1782 kostet eine Gasthausportion besten Rindfleischs mit Suppe, Kartoffel, Gemüse und zwei Mehlspeisen nicht mehr als 18 Kreuzer in Wien. So ließ sich denn wohl mit der obigen Summe auch ein »Wiener Hausstand« gründen.
Der Hausstand eines Glücklichen – eine »ménage de bonheur« (Buenzod) – wo man sich um Geld nicht viel sorgte. Am Klavierauszug der *Entführung* zu verdienen, verabsäumte Mozart. Er war kein Geschäftskopf. Was machte es aus? Vierzehnmal, bis

zum Jahresende wurde die Oper in Wien wiederholt. Und das gegen mancherlei Kabalen. Sein Vorgänger Gluck – dieser Grandseigneur! – verlangte, daß man die Oper spiele: er wollte aus der Loge erleben, wie Mozarts *Serail* seine eigenen *Mekkapilger* aus dem Felde schlug – und dieser Wunsch wurde dem Großmütigen erfüllt.

Aufführungen in Leipzig, Bonn, München, Salzburg, Mannheim und Frankfurt standen vor der Tür. Der Erfolg der *Entführung* war nicht mehr einzudämmen. Währenddessen saß Mozart in Wien und hielt sein Herz mit den Händen fest. Er war glücklich. Carl Maria von Weber hat später einsichtig gesagt, warum. Nicht nur in der Musikgeschichte, vor allem in Mozarts eigenem Leben war diese Oper ein Einmaliges:

»Durch eine Art von wunderbarem Kunstvolksglauben wird die ›Entführung‹ fast allgemein für Mozarts erste Oper gehalten und ist doch seine vierzehnte. Aber hier, wie immer, liegt einer so festgeglaubten Meinung ein inneres tiefgefühltes Wahrheitsprinzip zugrunde. Denn: so wie im früheren ›Idomeneo‹ fast aller Farbenstoff der späteren Mozartschen Werke wie auf der Palette dargelegt erscheint ... so trägt in der ›Entführung‹ die heitere Jugendfrische den Sieg davon ... Ich glaube in dieser heiteren, in vollster Jugendkraft lodernden, jungfräulich zart empfindenden Schöpfung das zu erblicken, was jedem Menschen seine frohen Jünglingsjahre sind, deren Blütenzeit er nie wieder so erringen kann und wo beim Vertilgen der Mängel auch unwiederbringliche Reize fliehn. Ja, ich getraue mir, den Glauben auszusprechen, daß in der ›Entführung‹ Mozarts Kunsterfahrung ihre Reife erlangt hat, und daß dann nur die Welterfahrung weiterschuf. Opern wie ›Figaro‹ oder ›Don Juan‹ war die Welt berechtigt, mehrere von ihm zu erwarten. Eine ›Entführung‹ konnte er mit dem besten Willen nur einmal schreiben ...«

Mozarts selige Flitterwochen hat ein Freund reizend geschildert. Er besucht das Paar zu gröbster Unzeit – am Morgen nach der Hochzeitsnacht! – und erhält sogleich einen Vorgeschmack, wie Konstanze und Wolfgang haushalten werden. Das Weibchen, den Brautschleier noch im Haar, fährt errötend aus dem Bett. Auf nackten Füßen eilt sie zur Küche, die Kaffeemühle beginnt zu knirschen, bald verbreitet sich angenehmer Duft. Man beginnt mit dem Freund zu frühstücken, zu plaudern, zu singen, zu arbeiten. Alle Tagesstunden werden jetzt sorglos durcheinanderge-

schüttelt. Keiner räumt das Notenpapier vom Tisch; ob, wann, oder wieviel man schläft und ißt, wird gleichgültig.
So etwas nennt man »Boheme«. Und der Bohemien Wolfgang Mozart heiratete also eine Frau, die das Gegenteil von der war, die er eigentlich hatte heiraten wollen? Das Gegenteil seiner guten Mutter? So sieht es zunächst aus. Aber bald beginnen wir die Wahrheit zu merken, die hinter dieser Fassade steckt: Konstanze war so hingerissen von Mozarts spielender Sorglosigkeit, daß sie sie annahm, daß sie sofort *die vollkommene Kopie des Gatten wurde.* Er verstand mit Geld nicht umzugehn? Dann sie erst recht nicht! Er war Optimist, er glaubte, alle Lebensschwierigkeiten würden sich von selbst regeln? Dann glaubte sie es noch weit mehr. Boheme ist nicht etwa bloß ein »Mangel an bürgerlichem Ordnungssinn«. Boheme ist eine Weltanschauung. In pariserischer Umwelt und für das neunzehnte Jahrhundert hat Murgers vollkommener Roman *La Bohême* diese Weltanschauung geschildert. Und, hundert Jahre nach Mozarts Tod, hat noch viel vollkommener Puccini im Mansarden-Akt seiner wunderbaren Oper den Rodolphe das Ethos der Boheme-Existenz in Tönen und Worten ausdrücken lassen:

»Erlauben Sie, mein Fräulein, daß ich kurz Bericht Euch gebe, wer ich wohl *bin,* was ich treibe und wie ich hier lebe? – So hört: ich bin ein Dichter. Und was ich tue? Schreiben! – Und wie ich lebe? *Nun, ich lebe!«*

Mozarts Ehe war eine Boheme-Ehe, und wer dies nicht im vorhinein sieht, beurteilt Konstanzens Charakter falsch. Über der Tatsache, daß Mozart ihr in der *Entführung* ein Denkmal gesetzt hat – als er noch um sie zitterte und daran zweifelte, sie zu erringen! – vergißt man die andere Tatsache meist, daß in seiner *Zauberflöte* noch ein zweites, getreueres Portrait Konstanzens existiert: Papagena! Papagena ist die Vogelfrau, die entzückend und lieblich plappernde, die dem ängstlich-drolligen Papageno vom

Schicksal zugeführt wird. Papageno ist bekanntlich eins der erkennbaren Selbstportraits, und Papagena ist Mozarts Gattin. Mochten die Untergründe des Meisters düstere und traurige sein: Was er im Vordergrund wollte, war *Freude*. Diese Freude hat seine Frau reichlich in sein Leben getragen – und dafür war er zärtlich und dankbar. Die Nachwelt hat Konstanze Mozart mit einem Haß belegt, der ihr nicht zukam. Daß und warum sie dem toten Mozart gegenüber versagte, diese beklagenswerte Schwäche wird noch zu begründen sein. Aber sie war neun Jahre lang die Gattin eines Lebendigen, und sie hat ihm das fröhlichste Glück bereitet. Wenn er frühmorgens ausgehen mußte, legte er ihr einen Zettel aufs Bett:

»Guten Morgen, liebes Weibchen, ich wünsche, daß Du gut geschlafen habest, daß Dich nichts gestört habe, daß Du nicht zu jäh aufstehest, daß Du Dich nicht erkältest, nicht bückst, nicht streckst, Dich mit Deinen Dienstboten nicht zürnst, im nächsten Zimmer nicht über die Schwelle fällst. Spar häuslichen Verdruß, bis ich zurückkomme. – Daß nur Dir nichts geschieht! Ich komme um X Uhr.«

Das schreibt nur ein wirklich glücklicher Mann. Hätte sich Mozart in seiner Ehe überwiegend »unverstanden« gefühlt, hätte er so nicht schreiben können. Daß sein überstarker Trieb auch noch andere Frauen begehrte – und warum er sie begehren *mußte* – das steht auf einem anderen Blatt. Jedenfalls: »Ritterlichkeit« allein erklärt nicht das tiefe Zartgefühl, das er für Konstanze hegte. Ihre Schwester Sophie Haibl, berichtet eine Anekdote, von der man sofort fühlt, daß sie wahr ist:

»Wie war Mozart besorgt, wenn seinem lieben Weibchen etwas fehlte! So war es einmal, als sie schwer krank lag und ich volle acht Monate bei ihr wartete. Ich saß an ihrem Bette, Mozart auch. Er komponierte an ihrer Seite, ich beobachtete ihren nach so langer Zeit eingetretenen Schlummer; stille hielten wir alles wie in einem Grabe, um sie nicht zu stören. Plötzlich trat ein roher Dienstbote ein. Mozart erschrak aus Furcht, seine Frau möchte gestört werden, wollte winken, still zu sein, und rückte den Sessel rückwärts hinter sich weg, indem er gerade das Federmesser offen in der Hand hielt. Dieses spießte sich zwischen den Sessel und seinen Schenkel, so daß es ihm bis an das Heft in das dicke Fleisch ging. Er, der sonst wehleidig war, machte keine Bewegung und verbiß seinen Schmerz, winkte mir ihm hinauszufolgen. . . . Im

Nebenzimmer verband ihn die Mutter, und stellte ihn durch Johannisöl wieder her. Obgleich er vor Schmerzen etwas krumm ging, machte er es doch so, daß seine Frau nichts erfuhr.«
Daß Konstanze nicht gewußt haben sollte, »welch ein Genius ihr Gatte sei«, dafür existiert nicht der geringste Beweis. Kurz vor ihrer Eheschließung hatte sie sich in rührender Hilflosigkeit an Nannerl gewandt, damit sich die Schwester beim Vater verwende: »Sollten Sie böse werden, wenn ich mich Ihnen zu sagen unterstehe, daß ich Sie, ohne die Ehre zu haben, Sie von Person zu kennen, nur ganz allein als Schwester eines Ihrer so würdigen Bruders über alles hochschätze und liebe und es wage, Sie um Ihre Freundschaft zu bitten?« O ja, sie wußte, was Mozarts Name in der Kunstwelt bedeutete, und in welche Familie sie durch ihn Aufnahme finden würde – daß die Aufnahme dann nicht erfolgte, ist eine traurige Tatsache. Schließlich war Mozart sehr glücklich mit ihr. Der ganz unbürgerliche Alltag, den sie um ihn spann, leuchtet noch heute aus mancher reizenden Komposition. Da ist vor allem das *Bandl-Terzett* (K. 441). Nach der Darstellung Paumgartners wollte Mozarts Freund Gottfried von Jacquin Konstanze zu einer Wagenfahrt laden. Konstanze aber suchte vergeblich nach einem neuen Bande, das ihr Mozart geschenkt hatte. »Liebes Manndl, wo ist's Bandl?« rief sie ihrem Manne zu. Das war ein ganz ungewollter Reim, der die ergötzten Kavaliere zu fröhlicher Nachschau anspornte. Jacquin hatte Glück, fand das bunte Ding, doch nun wollte er es nicht hergeben. Hochgewachsen, wie er war, schwang er es triumphierend empor, das kleine Mozartsche Ehepaar sprang in die Höhe, es zu erhaschen. Zuletzt fuhr noch Mozarts Hund Puzzipaukerl kläffend dazwischen. Des Spaßes müde, lieferte Gottfried das Band endlich aus und meinte, diese Szene wäre für ein komisches Terzett passend. Das ließ sich Mozart nicht zweimal sagen. Er schrieb auf wienerisch einen Text und schickte das fertige Opus dem Freunde. Neben der Singstimmenbezeichnung Sopran, Tenor und Baß finden sich von des Meisters Hand die Namen: *Konstanze, Mozart* und *Jacquin.*
Der Hund Puzzipaukerl war übrigens noch der Held eines anderen fröhlichen Unsinns. Als sie drei Wochen verheiratet waren, gingen sie im Augarten spazieren – einem jener Schloßparks, die Kaiser Josef, mit großer Geste (»Der Menschheit von einem ihrer Schätzer«) dem Publikum freigegeben hatte. Das Ehepaar unterhielt sich damit, den Hund zu reizen: »Wenn du mich schlägst, wird er dir an die Gurgel fahren!« Gesagt, getan. Der Kaiser aber, der von einem der Fenster des Schlößchens das Gebaren der bei-

den beobachtet hatte, kam rasch heraus: *»Was, seit drei Wochen verheiratet – und schon Schläge?«*

»Es ist wie in der Musik Mozarts so auch in der Philosophie Kants etwas von der Majestät und vom Frieden des Todes«, hat Karl Barth einmal gesagt. Ja, gewiß: weil es aber so war, brauchte er »Fröhlichkeit« im Leben. Komik von Tieren, Menschen, Kanons, spaßhafte Verspottung seiner Freunde. Wenn er Peierl, den Tenor, in Gesangsnoten anredete »O du eselhafter Peierl! O du peierlicher Esel!« (K. 560) oder seinen Freunden andre Kanons schreibt wie »G'rechtelt's enk (K. 556) und »Gehn ma in'n Prada« (K. 558), dann ist der Tod einstweilen sehr fern. Und auch Konstanze empfand er als lustig: Boheme ist überall dieselbe, sei es in Wien oder in Paris. Und es ist von mozartischer Heiterkeit, wenn der totkranke Heinrich Heine später von seiner eigenen Boheme-Frau, von Mathilde Mirat, berichtet, sie sei klagend an sein Bett getreten: »Nein, Henri, nein, du wirst mir das nicht antun; du wirst nicht sterben! Du wirst Mitleid mit mir haben. Diesen Morgen habe ich schon meinen Papagei verloren – wenn auch du stürbest, ich wäre zu unglücklich.«

Und natürlich ist diese Geschichte nicht wahr. Am allerwenigsten soll sie hier das Bild Konstanzens abrunden. Wenn Konstanze leichtsinnig war, ging ihr Mozart mit schlechtem Beispiel voran. Sie gehörte zu jenen Frauen, die die Eigenschaften des Mannes annehmen. Ihr zweiter Gatte, der Staatsrat Nissen, ein Kopenhagener Diplomat, erzog sie zu großer Sparsamkeit. Nun wurde sie Bürgerin und sehr häuslich. Mozart, dem geliebteren Manne, hat sie aber sechs Kinder geboren.

In neun Jahren sechsmal im Wochenbett? Auch das muß ihr angerechnet werden.

SECHSTES BUCH

DER MUSIKDRAMATIKER

Die Musik ist ein Komet, der das Menschenleben in kolossal weiter und hoher Bahn umkreist, dann aber auf einmal sich wieder so nahe zu demselben herbeiläßt als kaum eine andere Kunst und dem Menschen sein Innerstes deutet. Jetzt ist sie phantastische Mathematik – und jetzt wieder lauter Seele, unendlich fern und doch nahe vertraut.

JACOB BURCKHARDT

Wie die Luft spottet die Musik der Landesgrenzen. Mag sie auch eine Weile lang in einem nationalen Wald oder einem Talkessel toben, schließlich erhebt sie sich doch wieder in den Äther, woher sie kam... Die Musik hat kein Vaterland.

BENEDETTO CROCE

Warum komponierte Mozart nach dem Erfolg seiner *Entführung* nicht sofort ein neues Singspiel? Weil ihm der Hof keinen Auftrag erteilte. Und warum blieb dieser Auftrag aus?
Auf diese komplizierte Frage lesen wir die Antwort in den »Lebenserinnerungen« von Dittersdorf (1739–1799). Dieser wackere Amtshauptmann und begabte Sinfoniker – der erfolgreiche Komponist des Singspiels *Doktor und Apotheker* – hatte Mitte der achtziger Jahre eine Audienz bei Josef II. Wie er berichtet, erzählte der Kaiser, die »Sänger hätten sich bei ihm beklagt, daß Mozart mit seinem Akkompagnement ihre Stimmen zu sehr übertäube«. Manches in Dittersdorfs Bericht kann nicht wahr, oder muß gefärbt sein. Doch die Mitteilung über Mozarts allzu vordringliches Orchester war nicht erfunden – entsprach sie doch des Kaisers eigener Äußerung »Gewaltig viel Noten, lieber Mozart!«
Nun stelle man sich die Vollblutgiganten des musikdramatischen Stils vor, Wagner, Gluck, Verdi, wie sie etwa mit Sängern umgesprungen wären, die sich eine Kritik solcher Art an ihrem Orchester erlaubt hätten. Aber der kleine, blasse Mozart, der »Kurzwillige«, war durchaus kein Kämpfer. Er war nur verletzt. Vielleicht verdanken wir es gerade dieser Verletztheit, daß er sich jetzt geraume Zeit in die Kammermusik zurückzog. Genauer gesagt: in den Kammerkonzertstil. Seine wunderbaren Klavierkonzerte begannen damals zu entstehen, zunächst das in A-Dur, F-Dur, C-Dur (K. 413–415). Jedes Konzert – besonders ein Mozartsches – führt das Wort »certamen« in seinem Namen, den lateinischen Ausdruck für »Wettstreit«. Aber auch das »con«, das »Zusammen«. Hätten jene Opernsänger etwas besser zu hören verstanden, hätten sie aus den Klavierkonzerten lernen können, was Mozart unter »Verschmelzung« verstand.
Doch vielleicht gab es noch einen anderen Grund, warum Mozart nicht bei Josef II. einen neuen Auftrag »erdrang und erzwang«. Sein Vater hätte es sicher getan. Doch in der »Anticamera« sitzen und dem Kaiser auflauern, dazu war Mozart zu produktiv. Das hätte ihn zuviel Zeit gekostet. Man kann vielleicht sagen: wenn die »Entführung« ein Mißerfolg gewesen wäre, hätte er sich in den nächsten zwei Jahren hart um einen Opernauftrag bemüht. Doch gerade weil sie ein Erfolg war, gab ihn das elastisch an seine übrigen Aufgaben zurück.
Während die Gesangsstimmen eine Weile in ihm schweigen, beginnt er ein großes Quartettwerk. Es ist »Giuseppe Haydn« gewid-

met, seinem großen Vorbild und Freund, von dem er, wie er offen bekennt, »das Quartettschreiben gelernt habe«. In dem Beibrief, der diese Quartette begleitet, redet er den berühmten Meister mit *»Padre, guida ed amico«* an, mit »Vater, Führer und Freund« also: *»Un padre, avendo risolto di mandare i sui figli nel gran mondo, stimo doverli affidare alla protezione e condotta d'un uomo celebre . . .«* (Ein Vater, der entschlossen ist, seine Söhne in die große Welt zu schicken, wird sie wohl zuerst dem Schutz und der Führung eines hochberühmten Mannes anvertrauen wollen.) Jawohl, denn es handelt sich um sechs Söhne, von denen der Vater alles erhofft. Aber es sind nicht nur Söhne, es sind auch Werke: *»Essi sono, è vero, il frutto d'una lunga e laboriosa fatica.«* (Sie sind fürwahr die Frucht einer langen und mühevollen Arbeit.) Wie wird Haydn sie aufnehmen? *Benignamente* (wohlwollend)? *»Laß uns hoffen«*, redet Mozart ihn an, *»che non ti sembreranno del tutto indegni del tuo favore* (daß sie nicht völlig unwürdig deiner Gunst sind).«
An diesen Quartetten (K. 387, 421, 428, 458, 464, 465) schrieb Mozart mit Unterbrechungen natürlich! – zwei Jahre. An der Kürze seines Lebens gemessen, eine ungeheure Summe von Zeit. Als sie dann 1785 im Druck erschienen – (schon vorher hatte der begeisterte Haydn zu Leopold geäußert: »Ich sage Ihnen vor Gott als ein ehrlicher Mann, Ihr Sohn ist der größte Komponist, den ich von Person und dem Namen nach kenne . . .«) waren sie eigentlich völlig anders, als das Werk des Gefeierten. Mozart war kein »Neuerer« und hat nie im Leben daran gedacht, es »besser zu treiben als andere Meister«. Nur wurde, wenn er etwas begann, es unwillkürlich anders und besser. Wenn Haydn sich hinsetzte, war er »gelöst«. Nicht immer, aber doch meistens hatte er etwas in sich »abgemacht«, sei es einen Tagesärger, sei es eine Begeisterung, bevor er ein Quartett komponierte. Mozart aber war »gespannt« und entledigte sich der Spannung erst mit dem Ansetzen der Notenfeder. Manchmal ist's ein und derselbe Gedanke, den wir bei Haydn und Mozart treffen: bei Haydn diatonisch klar, bei Mozart aber chromatisch getrübt. Zwischen die Arbeit an den Quartetten drängt sich nun wieder die Fruchtbarkeit der klavieristischen Schöpfungen. »Mit dem Klavier«, sagt Pemburton, »war Mozart so zusammengewachsen wie ein anderer Mensch mit seinen zwei Armen.« Merkwürdig nur, wenn er etwas fürs Horn schrieb (K. 412) oder für ein Bläser-Quintett (K. 452), fühlte er nicht mehr rein klavieristisch. In den Jahren nach der *Entführung* berichtet Nissen aber: »Halbe Nächte verbrachte er da-

Konstanze Mozart (1763—1842), Ehefrau von W. A. Mozart.

Der junge Beethoven bei Mozart.

mals am Klavier. Bei der sanften Ruhe der allen Denkenden günstigen Nacht, wo kein Gegenstand die Sinne fesselt, entglühte seine Einbildungskraft zu der regsten Tätigkeit ... Hier war er ganz Empfindung und Wohllaut ... Wer Mozart in solchen Stunden hörte, nur der kannte die Tiefe und den ganzen Umfang seines Genies: frei und unabhängig von jeder Rücksicht durfte da sein Geist sich mit kühnem Fluge zu den höchsten Regionen der Kunst aufschwingen. In solchen Stunden der dichterischen Laune schuf sich Mozart unerschöpflichen Vorrat; daraus ordnete und bildete er dann ... seine unsterblichen Werke.«

Wie ist es nun möglich, daß Mozart gleichzeitig in die Welt der Bachschen Fuge eindringt – seine vierstimmige g-Moll-Fuge (K. 401) und die c-Moll-Fuge für zwei Klaviere (K. 426) entstehn damals – und daß er gleichzeitig neue Werke mit dem Titel »Klavier-Fantasien« ausrüstet? Einem Titel, den man weit eher bei Schumann oder Chopin erwartet.

Die Antwort ist nicht leicht zu geben. Man muß wieder auf die Tatsache der »Universalität« verweisen. Es war nicht allzulange her, daß Mozart seine ersten Sonaten auf die Kunst Philipp Emanuel Bachs und Johann Christian Bachs abstimmte. Nun zerbricht er gelegentlich die Form des strengen Sonatensatzes und schreibt »frei«, seinen seelischen Spannungen folgend. Seltsamerweise hatte Beethoven keine überstarke Beziehung zu Mozart als Klaviermeister. Merkwürdig: denn Geniewerke wie Mozarts c-Moll- und d-Moll-Fantasien (K. 475 und 397) wirken heute wie Einleitungen in gewisse Sonaten Beethovens, die ja auch keine »Sonaten« waren. Die c-Moll-Sonate (K. 457) hat Dennerlein »Mozarts Pathétique« genannt. Sie beginnt in straffem Unisono, Allegro fast in Mannheimer Art:

Ein liebliches Es-Dur-Thema erscheint (oft ist Es-Dur bei Mozart die Tonart der Liebe, der übrigens auch die *Non so d'onde viene*«-Arie der Mannheimer Tage angehörte).

Doch eine elementare Erregung zerreißt das Thema. Hysterischer Wechsel zwischen Forte und Piano; zuweilen dreimal in einem Takt; nie erlebtes Auf und Ab zwischen laut und leise, leise und laut ... Das gänzlich unerwartete Pianissimo des Ausgangs läßt den Meister »nach Atem ringend« zurück. – Dieses Leid und diese Verwundung sind der Pariser a-Moll-Sonate von 1778 verwandt. Damals war ihm die Mutter gestorben. Von ähnlichen Erregungen Mozarts im Oktober 1784 (dieses Datum trägt die c-Moll-Sonate) wissen wir nichts. Frau Therese von Trattnern (1758 bis 1793) war die Sonate dediziert. Sie gehörte neben den Gräfinnen Rumbeck und Zichy zu Mozarts ersten drei Schülerinnen in Wien und war um mehr als 40 Jahre jünger als ihr Gemahl, der Buchhändler Thomas von Trattnern. So hat sich eine Legende gebildet, als ob zwischen ihr und Mozart andere als gesellschaftliche Beziehungen bestanden hätten – und Konstanzens Eifersucht hat diesem unbewiesenen Gerücht später neue Nahrung gegeben.

Konstanze! An nichts mußte Mozart mehr liegen als die ja von seiner Familie immer noch boykottierte Gattin im Hause Leopolds einzuführen. Anlaß gab die frohe Nachricht, die er nach Salzburg melden konnte, daß er Vater geworden sei. Raimund Leopold Mozart hieß sein Kind; es trug damit als zweiten Namen den Namen seines Großvaters. Der eigentliche Pate war Mozarts gefälli-

ger Hausherr, ein jüdischer Bankier, Baron Raimund Wetzlar von Plankenstern.
Schon wenige Wochen nach der Geburt sehen wir das Ehepaar sich in Eile auf die Reise begeben. Den Knaben gab man der Amme in Pflege, was man nicht hätte tun dürfen; denn als sie wieder zurückkamen, war das Kind tragischerweise tot. Ein bedeutendes Kirchenwerk, das Fragment der c-Moll-Messe (K. 427) hat der Meister in der Tasche. Er hatte ein Gelöbnis geleistet, dieses Werk zu schreiben, als er um den Besitz Konstanzens kämpfte. Es ist nicht vollendet; aber am 25. August 1783 kommen Kyrie, Gloria, Sanctus und Benedictus in der Salzburger Peterskirche zur Aufführung, und Konstanze selbst singt die Sopranpartie. Mit welchen Empfindungen mögen Leopold und Nannerl diese Darbietungen gehört haben? Daß Konstanze »unmusikalisch« gewesen sei, diese haltlose Legende hatte ja Wolfgang ohnehin durch manche Nachricht aus Wien zerstört. Wenn wir ihm glauben wollen, so interessierte sich seine Frau sogar für Fugen.
Im übrigen gaben die Salzburger Wochen – so sehr sich beide Teile bemühten – keine restlose Aussöhnung. Etwas Frostiges blieb zwischen den Paaren. Der mit tiefer Zärtlichkeit gemischte Gehorsam gegen den Vater wollte sich nicht wieder einstellen, und vor allem hatte Nannerl – die recht eigentlich entthronte Schwester – ein schlechtes Gewissen gegen Konstanze.
Dabei umwarb gerade damals Wolfgang, der in seiner Umgebung keine Disharmonie leiden mochte, seine Schwester mit Innigkeit. Eine unglückliche Liebe hatte ihr Gemüt beschattet. Hauptmann Franz Diepold war ihr Erwählter. Er hatte sich jahrelang um sie beworben, aber materielle Gründe ließen die Ehe nicht möglich scheinen. Wolfgang rät brieflich hin und her: ob das Paar nicht nach Wien kommen könne? Diepold werde eine Stellung finden (er selbst werde alles dazu tun!), und Nannerl würde genug Geld verdienen, als Klavierlehrerin ... So dachte er sich's. Aber Vater Leopold machte der Sache mit Nachdruck ein Ende.
Auch der Kammerdiener und Truchseß Johann Adam war Leopold nicht genehm. Er verbot kurzerhand seine Besuche, damit Nannerl nicht »der Stoff einer Stadtgeschichte« werde (Walter Hummel). Da kam endlich das »Glück« in Leopolds Haus. Im Sommer 1784 warb der um fünfzehn Jahre ältere Freiherr Berchtold von Sonnenburg um seine Tochter. Ein Aristokrat also! Natürlich erhielt er Nannerls Hand.
Wolfgang, damals wieder in Wien, war etwas verdutzt. Er bedachte sofort, daß der Vater jetzt einsam werden würde. Er schlug

vor, daß Leopold beim Erzbischof um Ruhestand und Pension einkommen und dann entweder nach St. Gilgen zu seiner Tochter ziehn solle oder zu seinem Sohn nach Wien. Im übrigen wünschte er Schwester und Schwager, *»daß Ihr beide so gut zusammenleben möchtet als wir zwei«* (er und Konstanze), außerdem schickte er noch einen Rat aus seinem *»poetischen Hirnkasten«*, ein Gedicht, dessen wahre Autorschaft wir ihm aber nicht ganz zutrauen können:

Du wirst im Ehstand viel erfahren,
was dir ein halbes Rätsel war,
bald wirst du aus Erfahrung wissen,
wie Eva einst hat handeln müssen,
daß sie hernach den Kain gebar.
Doch, Schwester, diese Ehstandspflichten
wirst du von Herzen gern verrichten,
denn glaube mir, sie sind nicht schwer. –
Doch jede Sache hat zwo Seiten:
der Ehstand bringt zwar viele Freuden,
allein auch Kummer bringet er.
Drum, wenn dein Mann dir finstre Mienen,
die du nicht glaubest zu verdienen,
in seiner übeln Laune macht:
so denke, das ist Männergrille,
und sag: Herr, es gescheh dein Wille
bei Tag – und meiner in der Nacht.

Dies Gedicht hat die flüssige Eleganz der deutschen Anakreontiker, die Mozart reichlich wesensfremd war. Sein Verhältnis zum Wort war anders. Vor allem sein Verhältnis zum Reim. Die »Wieland-Linie« dieser Verse, die wie ein Rückgrat in ihnen steckt, vor allem die »Kadenz auf den Witz zu«, ist etwas völlig Unmozartisches. Auch wenn ihm derlei in Büchern gefiel, blieb es ihm sprachlich unerreichbar. Wenn er gute Verse fand, deren Tonwert ihn ansprach, komponierte er sie trefflich und wußte sie sogar zu verbessern. Aber selber welche machen? Vom Knittelvers kommt er dann nicht los. Er ist direkt, ein gröberer Rückert – freilich ohne Rückerts Genie. Wenn Mozart »dichtete«, sah es so aus, wie damals – 1787 – als sein herzlich betrauerter Vogel starb:

»Hier ruht ein lieber Narr,
mein Vogel Star.
Noch in den besten Jahren
mußt' er erfahren

des Todes bittern Schmerz.
Mir blutet's Herz,
wenn ich daran denke.
O Leser, schenke
auch du ein Tränchen ihm!
Er war nicht schlimm,
nur war er etwas munter,
doch auch mitunter
ein lieber, loser Schalk.
Ich wett', er ist schon oben,
um mich zu loben.
Denn, wie er unvermutet
sich hat verblutet,
dacht' er nicht an den Mann,
der so schön reimen kann.«

Leopold zog nicht nach St. Gilgen, wo die Freifrau von Sonnenburg wohnte. Nannerl hatte nämlich das Unglück, von ihrem etwas trockenen Mann fünf Stiefkinder eingebracht zu bekommen, »ungezogene, boshafte und unwissende Rangen«. Auch nach Wien zog Vater Leopold nicht. Was sollte er in Konstanzens Wohnung? Es wurde einsam um den Alten. Wohl beglückte ihn der Erfolg seines Sohnes; doch der Abbau des Lebens hatte begonnen, als 1778 seine Frau in Paris gestorben war.

PARODIEN UND TORSI

Es kriselte bereits gewaltig im Gebäude des nationalen Singspiels. Man mochte sich an den Fingern abzählen, wann der Kaiser seine Lieblingsschöpfung wieder zu schließen haben würde, die er vor fünf Jahren hoffnungsfroh mit Umlaufs *Bergknappen* eröffnet hatte.

Wie kam das? Hatte denn nicht damals alles ihm freudig zugestimmt? Gewiß. Sobald es sich aber zeigte, daß dem Kaiser kein heimisches Reservoir für Stücke zur Verfügung stand, schlug die Stimmung der Wiener um. Die meisten dieser Singspiele waren in Norddeutschland zu Hause. Sie kamen mehr oder weniger aus dem kulturellen Dreieck Leipzig, Hamburg und Berlin. Gegen ihre hochdeutsche Sprache, die ihm teils zu sentimental, teils auch zu geziert erschien, erhob sich der Wiener Volksgeschmack. Der Geschmack der »Vorstädte«, den eine uralte Tradition mit dem

Münchnerisch-Salzburgischen, mit dem Süddeutschen überhaupt, verband. Ging der Vorstädter ins Theater, wollte er den Hanswurst, den Lipperl und vor allem den Kasperl sehn – das Wesen mit dem »grünen Hut«, das genau die Eigenschaften, die das Volk sich selbst zuschrieb, besaß. Agil, spottsüchtig und gefräßig, blitzgescheit – und durchaus kein Held: solch bayrisch-österreichisches Wesen eignete sich zum »Überleben«. War ein Protest gegen »Ideale«, nicht nur gegen die kriegerischen, sondern sogar gegen die »friedlichen«, sobald sie mit Schulbildung, Aufklärung, hochdeutschen Sprach- und Kulturallüren verknüpft waren, die man innerlich ablehnte.

Der Direktor Marinelli, der das Leopoldstädter Theater von 1783 bis 1821 führte, hatte mit seinen Kasparstücken einen rauschenden Erfolg. Sie waren eine Kriegserklärung gegen die modischen Neuerungen und eine »Heroisierung der Faulheit« (Enzinger). Die Leute lachten über Kasperls Philosophie und sein hölzern vorspringendes Kinn, das willenskräftig darauf bestand, »sei' Ruah und sei' Leberknödel zu haben«. Außerdem verkörperte Kasperl das Recht des frommen Östereichers auf möglichst viele Feiertage – ein Recht, das bekanntlich Kaiser Josef und sein Salzburger Helfershelfer, der Erzbischof Colloredo, bestritten.

Nun hätte selbstverständlich der Kaiser das nord- und mitteldeutsche Singspiel noch auf Jahre in Wien halten können, wenn er Geld dafür ausgegeben hätte. Aber Josef, der nicht die offene Hand der Barock-Mäzene hatte, war der Ansicht, ein Theater müsse sich aus sich selbst erhalten. Für die »körperliche Wohlfahrt« hätte der Staat zwar aufzukommen. Das »Vergnügen ihrer Muße« jedoch mußten die Bürger sich selber bezahlen – und so liefen sie denn zu Marinelli, in das Wiener Vorstadttheater.

Daß der Kaiser heimlich sogar selbst hinging, erzählt eine fast glaubliche Anekdote. Danach habe er (gleich Harun al Raschid unkenntlich in einen Mantel gehüllt) das Leopoldstädter Theater betreten und das Lied mit angehört, welches Kasperl als Nachtwächter sang. Am nächsten Tage habe er einen Läufer zu Marinelli geschickt und die Noten des Nachtwächterliedes erbeten. Mit seinem angenehmen Baß habe er dann in engerem Kreise das Lied gesungen. Der Geiger Kreybig, den er mit der Frage beehrte, wie es ihm gefallen habe, rief ihm begeistert ins Gesicht: »Majestät sind der geborene Kasperl!«, was der verblüffte Kaiser mit: »Und Er der geborene Grobian!« quittierte.

Mozart, der ein Leben hindurch den Kasperl nie verleugnet hat – im Papageno der *Zauberflöte* wird er ihn glorifizieren – nimmt vorläufig nicht Partei zwischen norddeutschem Singspielgeschmack und den Wiener Hanswurst-Anhängern. Diplomatisch ißt er mit allen zu Mittag – mit »Sonnenfelsianern« und »Heufeldianern« – und legte sich nach keiner Seite fest. Da er selber alles konnte, sah er vielleicht, als Universalist, »die Berechtigung von allem ein« . . .

Und wie ging der innerdeutsche Streit zwischen dem kaiserlichen Singspiel und der Wiener Vorstadtkomödie aus? . . . Mit *der Rückkehr der Italiener!* Die italienische Oper hatte nicht nur das beste Ensemble der Welt, sondern die liebenswert gescheite, innerlich geschmeidige Führung des Maestro Antonio Salieri (1750–1825) – desselben trefflichen Musikers, der später der verehrte Lehrer von Beethoven und Schubert wurde. Eines der frühesten Stücke, das jetzt die Kaiserliche Oper spielte, hatte den komisch-bezeichnenden Titel *»Fra due litiganti il terzo gode«* – im Deutschen ein sehr bekanntes Sprichwort: *»Wenn zwei sich streiten, freut sich der dritte!«*

Mozart lauschte und sah umher. Die Italiener zurückgekehrt? Der Kaiser Arm in Arm mit Salieri? – Oh, er hätte gern deutsch komponiert! Und er schreibt über diese Sehnsucht einen Brief aus Herzensgrund an den Mannheimer Professor Anton Klein. Aber dennoch gibt er sich nicht dazu her, Kleins »Rudolf von Habsburg« zu komponieren. So sagt er Klein vorsichtig ab oder hält ihn zumindest hin. Denn das treuherzig-nationale Buch scheint ihm ohne jeden »Witz«. Das Historisch-Ernste liegt ihm nicht mehr. Nicht darum hatte er sich schließlich von den italienischen Meistern der *Opera seria* abgewandt und von der eigenen Vergangenheit, um jetzt etwa eine deutsche »heroisch-ernste Oper« zu komponieren. Dazu war er in der »Shakespearischen Mischform« bereits viel zu weit vorgeschritten. Seit der *Entführung* hatte er ein bestimmtes dramatisches Ideal, das er zwar zum Humanistisch-Komischen hin variieren, aber nie wieder ganz aufgeben konnte.

So beginnt auch er wieder fieberhaft nach italienischen Texten zu suchen. So gerät er an Varescos *L'oca del Cairo.* Ein noch unvollendetes Buch! Das hätte er früher nie getan. In seiner italienischen Zeit komponierte er nur fertige Texte. Doch seit er ein vorwagnerscher »Musikdramatiker« ist, arbeitet er ja an den Texten mit. Nimmt er auf den Textdichter nicht weniger Einfluß als dieser auf ihn. Varesco war der Mann, der einstmals den *Idomeneo* geschrieben hatte – was ihn empfahl; was andererseits auch ein wenig bedenklich stimmen konnte . . .

L'oca del Cairo (K. 422), *Die Gans von Kairo* ist trotz ihrem orientalischen Titel nicht in Ägypten angesiedelt. Der Orient ist hier die Fremde schlechthin. Und ein besserer Titel wäre »Die Gans aus der Fremde«. – Wer ist diese Gans?
Sie ist tatsächlich die Heldin des Stückes. Und die von allen Biografen als hoffnungslos albern verschrieene Handlung birgt so viel »mozartische Elemente«, daß es bedauerlich bleibt, daß er nur den ersten Akt komponiert hat. Don Pippo, der eifersüchtige Narr der italienischen Buffa-Oper, hält seine Tochter Celidora und deren Gesellschafterin Lavina in einem befestigten Turm verborgen. Die Tochter versprach er einem Grafen, die Gesellschafterin nimmt er selbst aufs Korn. Ein hübscher junger Mann, Biondello, ist aber in Celidora verliebt. Höhnisch verspricht ihm Pippo, wenn er binnen Jahresfrist in den Turm eindränge, könne er das Mädchen haben. Biondello wieder hat einen Freund, der Ingenieur ist: Calandrino. Auf seine Bitte verfertigt dieser eine Maschine, eine große künstliche Gans, die »im Mohrenland gebaut wurde«. Biondello will darin sitzen. Sie soll in den Turm geschmuggelt werden, um den Mädchen gezeigt zu werden, Biondello wird heraussteigen und die Wette gegen Pippo gewinnen.
Übermütiger Komödienstoff aus der geliebten Boccacciosphäre. Spielerischer Ausläufer eines Humanismus, wie Mozart ihn gern hatte.
Die Vorliebe seines Zeitalters für Maschinen war auch die seine. »Automaten zu bauen und zu bestaunen gehörte zum achtzehnten Jahrhundert. Damals erfand Johann Nepomuk Mälzel (1772 bis 1838) einen ›Künstlichen Schachspieler‹. Dieser Apparat war ein Türke aus Blech, der in einem Kasten aus Ahornholz saß und mit jedem Schach spielte, der ihn dazu herausforderte. Bei jeder Bewegung der Figur hörte man Maschinenteile, die surrten. Es schien ersichtlich, daß kein Mensch (nicht einmal ein Kind) darin Platz haben konnte. Auf die Frage: ›Handelt der Automat als reine Maschine oder nicht?‹ pflegte Mälzel nur zu lächeln: ›Darüber sage ich nichts aus.‹ Auf dieser zweideutigen Antwort beruhte ein halbes Jahrhundert sein Ruhm. Denn die einen gingen hin, um zu erleben, wie weit die Mechanik es tatsächlich gebracht hatte, die anderen aus detektivischen Gründen: weil sie darauf schworen, ein Mensch sei im Kasten.« (H. E. Jacob.)
Jene »künstliche Gans« nun also rief manches Verwandte in Mozart auf. Zunächst den »Plapper-Mut seiner Späße« (Beckmann): von einem Mohrenweib geführt, sollte die Gans, bevor sie noch den Mädchen im Turm gezeigt wurde, auf einem Jahrmarkt para-

dieren und teils plappern und teils singen. Zweitens brachte das Sujet ein parodistisches Erinnern an die *Opera seria,* mit der Mozart ja gebrochen hatte: bekanntlich wird Troja dadurch erobert, daß ein hölzernes Pferd hereingeschafft wird, dem die geharnischten Griechen entsteigen ... Drittens war das alles auch eine erneute *Entführung aus dem Serail:* Mädchen hatten »befreit« zu werden. Und wirklich geht's zu wie in der *Entführung:* wenn mit ganz unvermitteltem C-Dur Don Pippo, der Gefürchtete, auftritt und die Befreier und die Befreiten vor sich hertreibt wie aufgescheuchte Vögel *(»Ah! Siamo traditi! ...«),* so ist das von unwiderstehlicher Komik.

Wenn Mozart die Oper liegenließ, so nicht wegen ihres »albernen« Stoffes, sondern aus einem ganz anderen Grunde. Varesco, der sich in Salzburg befand (und dort verdienstvoll von Leopold im Sinne Wolfgangs bearbeitet wurde), ging nicht, oder jedenfalls zu spät, auf Mozarts berechtigte Wünsche ein. Mozart wußte bis ins letzte, wie man dramatische Vorgänge zu staffeln und zu heben hatte. Da kam der Abbate Varesco nicht mit — wie er ja schon teilweise beim *Idomeneo* versagt hatte.

Weit weniger schade als um die *Gans* ist es um den *Sposo deluso* (K. 430), den *Enttäuschten Bräutigam,* von dem nur die spritzige Ouvertüre, ein paar Einleitungstakte und ein ausgeführtes Terzett überleben. So lagen diese beiden Torsi unbenutzt in der Schublade, bis 1951 drei Schweizer, Erismann, Waelterlin und Gallusser auf die Idee kamen, aus der *Gans* und aus dem *Bräutigam* eine neue Oper zu machen: Das Pasticcio *Don Pedros Heimkehr. »Drum wäre mir leid«,* hatte Mozart geschrieben, *»müßte ich eine solche musique umsonst gemacht haben ...«*

Was aber soll er komponieren? Die allerunsinnigsten Stoffe schwimmen auf ihn zu: Da ist das *Regno delle Amazzoni,* das »Königreich der Amazonen«, nach hundert Takten wirft er es weg. Eine Buffa-Oper zwar — eine Archäologe tritt darin auf, eine menschliche Spezies, die Mozart aus Neapel kannte und die einen Anreiz zur Parodie bot — doch das Ganze blieb angeschlossen an ein mythologisches Motiv, das frostig und unträtabel blieb: Die Enttäuschungen Kleists mit der »Penthesilea« wären für Mozart nicht ausgeblieben ... Nein, er ist ein Kind *seiner* Zeit! Er kennt die Dimensionen der Bühne, von denen die eine »aetas« heißt. Nur wer Mozart überhaupt nicht versteht, wird dem Meister des *Figaro* die nervöse Berührbarkeit durch das »Tagesereignis« absprechen wollen.

Am 23. August 1784 wird am Wiener Hoftheater eine Oper von Casti aufgeführt. Die Musik schrieb Giovanni Paisiello. Mozart ist anwesend. Wie ein Blitz springt im Dunkel des Theaters ihm die Tatsache entgegen: dieses Libretto ist darum so gut, weil es »aetas« hat. Es ist zeitgenössisch. Die Geschichte des »Königs von Korsika«, des westfälischen Abenteurers Neuhof, der sich im Süden ein Königreich gründet, dem es unter Schulden zerrinnt und der im Londoner Schuldturm stirbt. Voltaire hatte sie im »Candide« behandelt. Und wer Voltaire nicht gelesen hatte, der hatte sie in der Zeitung gelesen ... Es gab also zeitgenössische Stoffe, wo sich ewige Menschentypen (denn der Mensch ist unwandelbar) mit modernen Situationen verbanden ... Und nur ihm sollte solch ein Fund nicht glücken?
Da kommt ein Auftrag auf ihn zu, ein kaiserlicher Auftrag natürlich, keineswegs schon die ersehnte Arbeit, die ein Vorklang zum *Figaro* wäre. Eher ist's eine Kleinigkeit: der entzückende *Schauspieldirektor.* Der Kaiser brauchte eine Begrüßung für seine Lieblingsschwester Christine und den Herzog Albert von Sachsen-Teschen, die aus den Niederlanden kamen. Er schickte zu Mozart. In wenigen Tagen stand das Werk auf dem Papier, wurde einstudiert und ging am 3. Februar 1786 im Schönbrunner Schloßtheater mit einmütigem Beifall in Szene.
Es war eine Parodie aufs Theater und schon darum etwas, was Mozart anging. Und natürlich ging es den Kaiser an, dem das Theater als Volkserziehungsmittel dauernd am Herzen lag — der aber andererseits verlangte, daß es als Wirtschaftsunternehmen sich selber finanzieren müsse. Wie sich nun ein Theaterdirektor zwischen den beiden Klippen hindurchwand — dem schlechten Geschmack des Publikums und der »sittlichen Aufgabe«: davon handelte die kleine Komödie, die der Kaiser bestellt hatte. Wenn Stephanie der Jüngere ein besserer Dichter gewesen wäre, hätte er's witziger angefangen. So geriet ihm die Sache zu ernst, und der Witz erklang nur am Rande. So wenn nach der rauschenden Ouvertüre der geschäftige Schauspieler Buff erscheint und den Theaterdirektor beglückwünscht, daß er die Konzession für eine große Gastspielreise erhalten habe.
»Wir haben Permission, Herr Direktor!«
»Wo, lieber Buff?«
»In Salzburg!«
»In Salzburg? — Dem Vaterland des Hanswursts!«
Hier dürfte es um die Nasenflügel Kaiser Josefs gezuckt haben. Und erst recht, wenn er weiter hörte:

Buff: »Keine Grillen! Seien Sie froh, daß wir irgendwo unterkommen. Wenn die Kunst nach Brot geht, muß es ihr gleich sein, welche Türe ihr offensteht.«
Theaterdirektor: »Und Bedingungen sind dabei?«
Buff: »Ja, Sie müssen lustige Stücke und Ballette und Opern geben.«
Theaterdirektor: »Ballette, Opern! Die sind doch teuer. Wie soll ich die Ausstattung hereinverdienen?«
Buff: »Indem Sie die billigsten Schauspieler engagieren. Die sind die besten. Hauptsache: Schicken Sie vorher Plakate, daß Sie die stärkste und beste Gesellschaft mitbrächten, die je gastiert habe.«
Theaterdirektor: »Was kann ich mit solchen Leuten aufführen?«
Buff: »Die besten Stücke, dreißig, vierzig Personen stark, worin ein Schauspieler den andern von der Szene herunterjagt und der Zuschauer gar nicht Zeit hat, über irgend etwas nachzudenken!«
Theaterdirektor: (seufzt).
Buff: Ich sage Ihnen, mit »Nathan dem Weisen« werden wir das zweite Mal nicht so viel einnehmen, wie uns die Kerzenbeleuchtung kostet. Aber mit einem schlechten Volksstück werden wir das Haus zwanzigmal füllen. Ergo? Was folgt daraus? Die schlechtesten Stücke sind die besten.«
Theaterdirektor: (händeringend) »Mein lieber Buff – und der gute Geschmack?«
Buff: »Mit dem bleiben Sie mir gefälligst vom Leibe! Dieser gute Geschmack hat uns alle fast an den Bettelstab gebracht!«

Jetzt erschien der Bankier Eilers, der die Schauspielerin Madame Pfeil aushielt und beschwor den Theaterdirektor, diesen Drachen zu engagieren.
»Ist sie teuer?«
»Ich zahle alles – wenn ich nur nicht gezwungen bin, mit ihr ihre Rollen zu probieren!«

Das war sehr komisch – und alles lachte, als der unglückliche Bankier mit Madame einen Dialog sprach. Sie wurde engagiert. Doch nun kam leider die Sentimentale, die ebenfalls engagiert werden wollte. Zur Probe deklamierte sie eine todernste, todlangweilige Szene, in welcher ein italienischer Herzog der Tugend der Sentimentalen nachstellte – eine Szene, die alle Register zog und alle Schnupftücher in Tätigkeit setzte. Auch dieses Weib wurde engagiert.
Und was hatte Mozart bei all dem zu tun? Nach vorübergerauschter Ouvertüre:

(sie war zu lang; dies auf jeden Fall; wenn auch die Nähe des *Figaro* uns Nachgeborene ungerecht macht), saß seine Kunst unbeschäftigt da. Erst als der Theaterdirektor ans Engagement der Sänger geht, oder vielmehr der Sängerinnen, wird Mozart entfesselt. Madame Herz und Mademoiselle Silberklang bringen fertige Arien mit, die sehr gefallen. Aber der Geldpunkt – was die eine und was die andere verdient! – entfesselt die Rivalität. Ein wütendes Eifersuchtsduett – damit es ein Terzett werde, mischt der Tenor sich begütigend ein – zeigt Mozart auf dem Höhepunkt seiner besten Charakteristik. Ein *Allegro assai* der Wut im Orchester:

und dazu die keifenden Stimmen: »Ich bin die Erste Sängerin!« »Das glaub' ich, ja, nach Ihrem Sinn!« Sie reißen sich fast die Kleider vom Leibe. Und, was für Mozart das Kitzelndste war: die Demoiselle Silberklang sang die einst vergötterte Schwägerin – Konstanzens Schwester Aloysia! Eine reichlich unsympathische Rolle (über die auch der Kaiser schmunzeln mochte; denn er hatte von seiner Mutter eine Abneigung gegen Bühnenweiber und deren Prätention geerbt). Verdächtig ausgezeichnet war sie, immer wieder vom Tenor unterbrochen: »*Piano, pianissimo, calando, mancando, diminuendo!*« Im Schlußgesang – einem Vaudeville (man vergleiche es nicht mit dem der *Entführung!*) – versöhnten sich alle mit den Worten:

> Jeder Künstler strebt nach Ehre,
> wünscht der Einzige zu sein;
> und wenn dieser Trieb nicht wäre,
> bliebe jede Kunst nur klein. –
> Einigkeit rühm' ich vor allen
> andern Tugenden uns an,
> denn das Ganze muß gefallen
> und nicht bloß ein einzler Mann.

Und überhaupt war dieses Ganze ein »Mozartscher Familienspaß«, was der Hof natürlich nicht merkte. Die Hauptrolle des Abends nämlich spielte Aloysias Gatte. Dieser Hofschauspieler Lange konnte alles – nur eines nicht: singen. Gerade darum ließ Mozart ihn, der den Räsoneur Buff spielte, sich am Schluß als Bassisten versuchen:

Das begleitende Fagott verlieh wahrscheinlich Langes Gesang die nötige Überzeugungskraft.
Der Kaiser gratulierte allen. Er gratulierte auch Salieri, der mit seinen Italienern am gleichen Abend ein anderes Stück zu Gehör gebracht hatte: »*Dopo la Musica, poi le Parole* (Zuerst die Musik und dann die Worte!)« Als Mozart nach Hause kam, mochte er

seufzen. Gewiß, er hatte Erfolg gehabt. Doch was war es schon, auf den Wiener Brettern irgendeine kleine Komödie mit Musik illustriert zu haben? Da richtete sich sein Blick nach Paris, wo ein unerhörtes Ereignis vor zwei Jahren stattgefunden hatte. Wo die Bretter die Welt nicht nur spiegelten – nein, wo das Theater die Welt *bewegte.*

»LE MARIAGE DE FIGARO«

Von welchem Ereignis reden wir? Wir wollen Notizen darüber machen, als ob wir dabeigewesen wären. – Aber in einem historischen Sinn war wirklich die ganze Welt dabei:
Am Dienstag, dem 27. April 1784, preßt sich Paris um das Theater, auf dem die Schauspieler der »Comédie Française« eine Komödie agieren werden. Schon zehn Stunden vor der Eröffnung beginnt der Trubel und steigert sich. Die Straßen, die zum Theater führen, sind verstopft. Die Polizei hat Mühe, den Wagen die Durchfahrt zu erzwingen. Der gesamte Hof beginnt vorzufahren – all die Prinzen von Geblüt und die Mitglieder der Königsfamilie haben sich ein Rendezvous im Faubourg Saint-Germain gegeben. Der Autor (wer ist der Glückliche?) hat binnen einer Stunde fünfzig Bettelbriefe empfangen. Von Leuten, die herein wollen. Das Theater ist aber ausverkauft, und eine Claque hat man heute nicht nötig. Schon um elf Uhr vormittags hat die Herzogin von Bourbon ihre Diener zu den Schaltern geschickt, damit sie nur ja anwesend sind, wenn die Schalter geöffnet werden. Man bietet das Zehnfache für eine Loge – aber wo gäbe es noch Logen? Lange vor Beginn kommt ein Strom von Prinzessinnen herein: es sind die Damen Lamballe und Chimay; die Schönen de Balby, de Simiane, de la Châtre. Mehr noch als der Geist der Marquise d'Andlou schimmern all diese nackten Schultern, die aus Lyoner Seide tauchen, von Diamanten überrieselt.
Währenddessen hört man in den Kulissen Geräusch von Gabeln und Tellergeklapper und den Klang von entkorkten Flaschen. In den Couloir der Schauspieler sind mindestens dreihundert Leute gedrungen, um hier unerwartet zu dinieren: sie wollen in der Nähe sein, wenn der Vorhang aufgeht (Loménie) . . . Was für ein Stück kann das wohl sein, das ganz Paris so gierig erwartet? Jawohl, der Autor ist bekannt – und nicht allzu vorteilhaft. Er hat allerdings ein gutes Stück, *Der Barbier von Sevilla,* geschrieben, aber das ist noch immer kein Grund, daß man seinem nächsten Stück wie einem Weltwunder entgegenharrt.

Sein Name ist Caron de Beaumarchais. Aus unbegütertem Handwerkerstand aufgestiegen, ein Uhrmachersohn, versteht er selbst etwas von Mechanik und hat eine Erfindung gemacht, die den Uhrengang verbessert. Bald darf er sich »Uhrmacher des Königs« nennen. Gegen 1760 unterrichtet er plötzlich als Harfenlehrer die Töchter Ludwigs XV. und läßt sich über Nacht von einem sehr reichen Landsmann adoptieren, der ihm manchen Geschäftskniff beibringt. Zwischendurch fährt er nach Madrid und schlägt sich mit dem Grafen Clavigo, der eine von Beaumarchais' Schwestern verführt hat. In Deutschland schreibt ein gewisser Goethe ein Stück über die Affäre Clavigo, die ja eigentlich im Grunde eine Affäre Beaumarchais ist. Der Held reist später selber nach Deutschland, sieht sich auf der Bühne abkonterfeit und findet das ganze abominabel.

Sind die Spanier nicht komisch angezogen? Beaumarchais beschließt, wenn er jemals eine Zeitsatire schreiben wird, seine Leute in spanische Hosen zu stecken. Einstweilen zankt er sich mit dem Adel, nimmt dem Herzog von Chaulnes die Maîtresse fort; der Herzog ist aber stärker als er und läßt ihn im Fort l'Evêque einsperren. Nun ist es aus mit ihm. Seine Feinde gewinnen an Macht. Man läßt Briefe kursieren, daß er zwei Witwen geheiratet und nacheinander vergiftet hat. Das kann man ihm nicht nachweisen. Er beginnt seine Memoiren zu schreiben, die mit unerschöpflicher Verve seinen Feinden an die Kehle gehn. Das Publikum hat ihm bereits verziehen. Nicht so aber der Gerichtshof, der bestimmt, daß diese Memoiren eingestampft und verbrannt werden sollen. Von Henkers Hand, weil solche Schriften *»injurieux et scandaleux«* sind. Am Abend nach diesem Gerichtsurteil liest man in einer großen Gesellschaft den *Barbier von Sevilla* vor – diese *Opera buffa* ohne Musik (Birch-Hirschfeld). Der Prinz Conti, der anwesend ist, der ganze Hof ist auf der Seite des »gekränkten, harmlosen Dichters«. Trotzdem geht Beaumarchais nach England: nicht weniger schlau als Reineke Fuchs, hat er beschlossen, sich selten zu machen.

Der *Barbier von Sevilla* war durchaus keine gesellschaftliche Satire: Der Graf Almaviva verliebt sich in das Mündel des ältlichen Arztes Bartolo. Aber er kann nicht zu ihr vordringen, bevor er sich auf den Rat des Allerweltsfriseurs Figaro als Soldat verkleidet hat: ein gefälschtes Quartierbillett verschafft ihm Einlaß in Bartolos Haus. Dort aber führt er sich derartig auf, daß er verhaftet werden soll und aus dem Hause verschwinden muß. Noch einmal probiert er's, er erscheint an Stelle des Musiklehrers zur Klavierstunde bei Rosina. Jetzt verliebt sie sich in ihn; während Bartolo den Notar zu seiner eigenen Trauung herbeiholt. Situationskomik; Mimus-Späße; die Zerstreutheit des einen Darstellers, der eine brennende Kerze nimmt, mit ihr verschwindet, dann wiederkommt, das Licht nachdenklich auf den Tisch stellt, und wenn jemand fragt: »Wo waren Sie?«, treuherzig erwidert: »Ich habe mir nur die Treppe hinuntergeleuchtet.« Darauf geht er das zweite Mal ab und fällt draußen im Dunkeln die Treppe herunter. (Zweiunddreißig Jahre später hat Rossini das himmlisch komponiert.)

Aber die Fortsetzung des *Barbier*, genannt *Le Mariage de Figaro*, war alles andere eher als harmlos. Das war nun wirklich die »Zeitsatire in spanischen Hosen«. Der Graf Almaviva hat zwar Rosina geheiratet, bleibt aber seiner Gattin nicht treu. Es existiert da in Spanien (in Spanien?!) ein altes Herrenrecht, wonach dem ritterlichen Gutsbesitzer das »jus primae noctis« zusteht: das Recht, jede seiner Dienerinnen vor deren Hochzeit zu besitzen. Existiert dieses Recht wohl auch in Frankreich? Es ist abgeschafft. Hm, abgeschafft! Aber hat es nicht bis gestern bestanden? Wird es nicht wacker ausgeübt an Orten, wo man möglicherweise von der Abschaffung noch nichts gehört hat? Wie dem auch sei — das ist eine Sache, über die man in Frankreich kein Stück schreiben darf. Und doch hat Beaumarchais es geschrieben, dieses Stück, das unwiderstehlich gegen die Adelskaste aufreizt. Nun, es wird nie gespielt werden! Fünf Jahre kämpfen Beaumarchais und seine Freunde vergeblich darum, die Erlaubnis zur Aufführung zu erlangen. Die Neugier siedet. Bald kennt es jeder: denn selbstverständlich ist's nicht verwehrt, es in literarischen Zirkeln vorzulesen. Nur eben gespielt darf es nicht werden. Das kann der König nicht gestatten, und auch Marie-Antoinette nicht, die, als sie noch Kronprinzessin war, dem Autor herzlich wohlgewollt hatte. Dieser Autor läuft scheinheilig herum: »Was will man von meinem harmlosen Stück?« Die königliche Vorleserin, Madame Campan, hat währenddessen der Majestät das Stück vorgelesen. »Wie schrecklich!« hat Ludwig XVI. unterbrochen, »welche fürchterlichen Geschmacklosigkeiten! Was für abscheuliche Angriffe gegen die Grundlagen meiner Regierung! Erst müßte man die Bastille zerstören, ehe das aufgeführt werden könnte.« Reineke Fuchs aber, kopfschüttelnd, läuft weiter von Salon zu Salon: »Was will man von meinem harmlosen Stück? Jedermann kennt doch den Inhalt: Ein großer spanischer Herr liebt ein Mädchen und will sie verführen. Die Anstrengungen, die dieses verlobte Mäd-

chen und die Gemahlin des Grafen machen, um das zu verhindern — zu verhindern, daß ein ›maître absolu‹ erlangt, was sein Rang, sein Vermögen und seine Macht ihm durchaus zu versprechen scheinen: das allein habe ich dargestellt. Ein eigentlich tugendhafter Stoff! Voilà tout, et rien de plus . . .«
Alles? Der Hof mußte nachgeben. Plötzlich fielen die Barrieren. An jenem Dienstagnachmittag des 27. April 1784 lief das Volk von Paris zusammen, um jene Großen zu bestaunen, die sich zu ihrer eigenen Schmach in die »Comédie Française« begaben. Die Bastille fiel erst fünf Jahre später. »Doch an jenem Tag«, schrieb Napoleon später, »begann eigentlich, und wenn man's genau nimmt, die ›Französische Revolution‹«.

SCHIKANEDER VERSUCHT SEIN GLÜCK

Wie kam Mozart zum *Figaro?* Von seiner Lektüre wissen wir wenig. Man beurteilte sie im allgemeinen nach dem Dutzend Bücher, die man später in seinem Nachlaß fand. Das ist aber falsch. Als geselliger Mensch las er auch Bücher, die er von seinen Freunden entlieh.
Nun war aber das Stück des Beaumarchais erst in zweiter Linie ein »Buch«. Vor allem war's ein Theaterstück, und schon in Salzburg war Mozart ein enragierter Theatergänger gewesen. Das steigerte sich noch in Wien, wo im letzten Jahrhundertviertel das Theater eine Stellung einnahm, wie niemals vorher oder nachher. Der besser situierte Bürger, von der Adelsgesellschaft gar nicht zu reden, besuchte jede Woche zwei- oder dreimal das Theater. Nicht selten ging man damals in ein und dieselbe Aufführung ein halbes dutzendmal und öfter. War das Theater doch vor allem eine gesellschaftliche Institution wie die Bälle oder die Schlittenfahrten und, im neunzehnten Jahrhundert, das Derby. Man traf sich dort mit seinen Freunden.
Die Wiener Zeitungen hatten natürlich Berichte aus Paris gebracht. Man kannte die Antezedenzien des Beaumarchais und seines Stückes und erwartete mit großer Begier eine Aufführung in Wien. Ein tüchtiger Theatermann — es war Emanuel Schikaneder — würde das Stück herausbringen.
Als Theaterdirektor in Preßburg hatte Schikaneder linksradikale Stücke aufgeführt, zum Beispiel »Die Räuber«. Als großes Ausstattungs-Spektakel mit Kämpfen und Brand und dem Einsturz des Moorschen Schlosses. Dann »dichtete« er eine Nachahmung

von »Kabale und Liebe«; den journalistischen Vorwand gab ihm ein ungarisches Liebespaar, das wegen Standesunterschiedes sich in die Donau gestürzt hatte. Das Stück hatte den wohlgemeinten, doch unpoetischen Titel geführt: »Kinder, reizet Eure Eltern, und Eltern, reizet Eure Kinder nicht!« Auf einer seiner Blitzreisen erschien Kaiser Josef im Theater, am 10. Oktober 1784, und zeigte sich von der Moral erbaut. Außerdem gefiel ihm ein deutsches Singspiel, das Schikaneder aufführte, und, immer auf der Suche nach Menschen, lud er ihn ein nach Wien zu kommen, wo Schikaneder zwei Monate lang mit seinem eigenen Ensemble im Kärntnertor-Theater spielte. Er hatte ungeheuren Erfolg. Es machte einen lebhaften Eindruck, daß der Kaiser zur selben Zeit, da die deutsche Oper vom Hoftheater verschwand, sich die Singspiel-Aufführungen Schikaneders wieder und wieder ansah. Auch Mozart schöpfte daraus neue Hoffnung. Ihn verband ja von Salzburg her eine alte »Kumpanei« mit Schikaneder. Doch war auf ihn Verlaß? Dieser Theaterprinzipal interessierte sich für die Punschbowlen und die Wiener Stubenmädel nicht weniger als für das Theater, was ihm seine Frau übelnahm. Es gab eheliche Zwistigkeiten, die Frau fing zur Rache eine Liebschaft mit seinem Kompagnon Friedel an. Das Ensemble fiel auseinander, Frau Schikaneder und ihr Freund gründeten eine neue Gesellschaft, die sich nach Klagenfurt davonmachte – und am 7. Januar 1785 war Emanuel Schikaneder allein (Komorzynski).
Aber war er denn nicht der Günstling des Kaisers? Er reichte beim Nationaltheater die von ihm verfaßte Übersetzung von Beaumarchais' *Hochzeit des Figaro* ein. Das Stück passierte die Zensur, die Schauspieler des Hoftheaters studierten es ein, die Premiere wurde für den 4. Februar anberaumt. Da wurde im allerletzten Moment die Aufführung vom Kaiser verboten. Die Besucher kehrten vor der Tür um. Am nächsten Tag brachte die »Wiener Zeitung« die etwas verlegene Nachricht: »Das von Herrn Schikaneder verheißene Lustspiel *Die Hochzeit des Figaro* ist gestern nicht aufgeführt worden und hat selbiges die Censur zwar zum Drucke, aber nicht zur Vorstellung erhalten.« Übersetzt aus dem Wiener Amtsdeutsch hieß das, daß der Österreicher das Stück »zwar lesen, aber nicht sehen dürfe«. Schikaneder hielt sich den Kopf, der erstaunte Mozart ebenfalls. Was war da geschehen? Vielleicht eine »josefinische Treulosigkeit«?
Selbst noch im innersten Kreis seiner Freunde wurde geklagt, daß ein wirklicher »Umgang« mit dem Kaiser nicht möglich sei. Wenn man Herder und Wieland glaubte, war der Kaiser die »Wonne

Graf Hieronymus von Colloredo, Erzbischof von Salzburg.

Die Familie Mozart, gemeinsam musizierend. Im Hintergrund das Bildnis der Mutter.

der Philosophen«. Doch beide lebten nicht in Wien – im Privatverkehr war der Kaiser zerstreut und kalt. Mit menschenerfreuenden Plänen beschäftigt, und in größter Raschheit Reformen vollziehend, forderten doch anwesende Menschen häufig seinen Spott heraus. Er war wie das »Licht«, das heilen mag, von dem aber eine zu große Dosis auf der Haut Wunden hinterläßt. Dreißig Jahre nach seinem Tod hat ihn einmal ein Kritiker den »österreichischen Robespierre« genannt. Es war Unsinn, aber kein geistloses Wort.

Jedenfalls ging es dem Kaiser stets um die »Sache«, nicht um die »Person«. Auch Mozart konnte ein Lied davon singen: kannte er doch den Kaiser recht gut, von seinen Knabentagen her und von der *Finta semplice*. Aber, merkwürdig, für diesen Herrscher gab es keine »Vergangenheit«, kein »Wohlwollen für Geleistetes«. Vor nur vier Monaten hatte Josef »den Schikaneder für sich entdeckt«. Unbedingt hätte er ihn stützen müssen. Statt dessen schädigte er ihn beträchtlich durch das Verbot des *Figaro*. Und nur weil eine »Sache« es wollte.

Was aber war das für eine Sache. Von seiner Mutter hatte der Kaiser die Verpflichtung übernommen, seine Geschwister zu beraten. Er war der Älteste: sein Wort galt. Mit immer steigender Sorge verfolgte er die Entwicklungen in Paris, wo seine Schwester, Marie-Antoinette, sich immer heilloser kompromittierte. Im Jahre 1777 war er selber zu Schwester und Schwager geeilt, um sie zu warnen. Es nützte nichts. Die Bestechlichkeit der Gerichte und der Übermut des Adels schrien zum Himmel – das Stück, das sie geißelte, hatte Ludwig XVI. freigeben müssen. Tyrannei und Korruption solcher Art gab es in Österreich keineswegs – und jenes kühne und witzige Stück war dem Kaiser eher sympathisch. Aber sobald er das Schauspiel aufführte, blamierte er eigentlich Schwester und Schwager. Das hatte er zunächst nicht bedacht – etwas spät fiel es ihm jetzt ein. Und hinzu kam noch etwas anderes: Eine wesentliche Macht in Wien war die politische Polizei, die Josef zwar nicht geschaffen hatte, die aber sein wichtigstes Instrument war. Bei dieser Polizei lagen nun seit zehn Jahren die »Akten Beaumarchais«. Diese Akten (1867 von Arneth gefunden und publiziert) zeigen Reineke Beaumarchais als »politischen Erpresser«, der 1774 einen Coup bei Maria Theresia hatte landen wollen, doch durch den Polizeiminister Seilern und dessen Adlatus Sonnenfels entlarvt und verhaftet worden war. Beaumarchais galt also seither bei der Wiener Polizei als »persona non grata« – ein Grund mehr, das Stück nicht aufzuführen.

Von all diesen Gegengründen wußten Schikaneder und Mozart nichts. In Mozart jedenfalls hatte das Stück bereits tiefe Wurzeln geschlagen. Das eigentlich Unvereinbare war hier vereinigt: Politik und Eros. Vor fünf Jahren hatte ein Aristokrat, Graf Arco, ihn gröblich auf die Straße gesetzt. Gewiß: es hatte sich nicht um ein Weib noch um das »jus primae noctis« gehandelt – doch der gegen Standesvorrechte sich bäumende Figaro war jetzt sein Mann. Und josefinisch war das Stück auch. Denn der Kaiser trieb allenthalben die Sache des Bürgertums voran. Die musikdramatischen Charaktere begannen in seinem Kopf zu brausen, noch ehe überhaupt jemand da war, der ihm das Libretto schrieb. Sein Freund Emanuel Schikaneder hatte Wien bereits verlassen, und nach dem, was er erlebt hatte, wäre er für diese Aufgabe auch sicher nicht zu haben gewesen. Da mußte ein anderer Emanuel her! Schon nach wenigen Wochen fand ihn Mozart in der Person des Hofoperndichters Da Ponte. Daß er ihn fand, war eine der großen Instinkt-Taten seines Lebens. Dieser »Emanuel« wurde nämlich sein erster wirklicher Librettist.

LORENZO DA PONTE

Emanuele Conegliano, 1749 im Venezianischen geboren, war der Sohn des jüdischen Lederhändlers Geremia Conegliano und seiner Frau Rahel Pincherle. Als er vierzehn Jahre alt war, ließ der Vater sich selbst und die Söhne taufen. Wie es üblich war, nahm Emanuele den Namen seines Taufpaten an, des Bischofs von Ceneda, Lorenzo Da Ponte. Der Bischof ließ ihn unterrichten. Als dichterisch hochbegabter Knabe schrieb er, wie sein Biograf Angelo Marchesan erzählt, seine ersten Verse in Ariosts und Tassos Manier. Vor allem aber glänzte er durch den außerordentlich originellen *Ditirambo sopra gli odori,* den »Preisgesang über die Gerüche«, der später für den Gartenakt des *Figaro* von einer gewissen Bedeutung wurde. Damals, 1772, war der junge Mann bereits in Portogruaro zum Priester geweiht und von seinem bischöflichen Protektor zum Lehrer der Rhetorik ernannt. Im März 1773 zelebrierte er seine erste Messe, im Herbst aber gab es in seinem Leben eine zweite Schicksalswendung. Er reiste nach Venedig, wo er sofort in weltliche Strudel geriet. Einen Kontinent, den er bisher gemieden, erlebte er in der träge liegenden, aber geheimnisvoll bewegten Stadt: den Kontinent »Frau«. Damals lernte er Casanova kennen. Ohne daß ihrer beider Leben etwa gleichlinig verlief (dasjenige von Casanova verlief bei weitem gefährlicher), entspann sich doch eine Interessengemeinschaft zwischen beiden, die beinahe Freundschaft wurde. Eine »innere Nötigung« zum Abenteuer beherrschte beide: Mochte bei Casanova das Ziel der schrankenlose Geschlechtsgenuß sein, bei Da Ponte das rasche Hinaufkommenwollen, das hochstaplerische Mittel nicht scheute. Beide trafen sich obendrein in ihrer Liebe zum Theater, zur Musik. Paul Nettl hat dieser seltsamen Gemeinschaft ein Buch gewidmet. Die Bekanntschaft mit Casanova erklärt die spätere Eignung des Da Ponte zum Librettisten des *Don Giovanni* und mehr noch Da Pontes eigene Dichtung zu Mozarts *Cosi-fan-Tutte*-Musik.

Mozart – spricht man von Da Ponte, ist ja auch immer von Mozart die Rede – kannte Venedig. Als Knabe war er in schwarzer, fackeldurchlohter Nacht die Kanäle entlanggeglitten. Fast schwärmerisch hatte Leopold das große Maskentreiben geschildert, den venezianischen Karneval, und wie sie, von Gondel zu Gondel geleitet, den Dogenpalast erstrahlen sahen. Mozart also kannte Venedig. Doch kannte er keinen Venezianer. Zum ersten Male trat ihm dieser Typus entgegen, wendig und intelligent; humanistisch gelehrt, doch leicht; produktiv an Ideen und heiter.

Es gab Gefahren in Venedig. In seinem Gedicht *La Cortegiana* (nein, es heißt »Die Kurtisane«) hat Rilke sie zusammengefaßt:

> Venedigs Sonne wird in meinem Haar
> ein Gold bereiten, aller Alchemie
> erlauchten Ausgang. Meine Brauen, die
> den Brücken gleichen, siehst du sie
>
> hinführen ob der lautlosen Gefahr
> der Augen, die ein heimlicher Verkehr
> an die Kanäle schließt, so daß das Meer
> in ihnen steigt und fällt und wechselt.

Der Taumelboden Venedigs also war gefährlich. Man kam von hier einerseits leicht auf die Galeeren wie der Steuerpächter Affligio, andererseits unter die Bleidächer wie Casanova. Mit Da Ponte ging es nicht ganz so schlimm: doch als er, der Professor der Rhetorik, ein Gedicht gemacht hatte, worin er in Rousseauscher Weise für den Menschen eingetreten war – und nach Art des *Contrat social* den Obrigkeitsstaat verleugnet hatte, zitierte ihn der Hohe Rat und nahm ihm die Professorenstelle. Weit unangenehmer für ihn war aber, daß er – ein Geistlicher! – nun auch öffentlich

des Ehebruchs überwiesen wurde. So wurde er 1779 für fünfzehn Jahre aus der Stadt verbannt und verließ fluchtartig Venedig. Anderthalb Jahre später kam er, mit dem Empfehlungsschreiben eines italienischen Dichters versehen, zum Komponisten Salieri nach Wien. Der stellte ihn dem Kaiser vor. Josef II., der Kaiser der »Tugend«, faßte sofort eine Zuneigung zu dem schicksalsgegerbten Mann – weniger zu dem Geistlichen, der als Ehebrecher entlarvt worden war, wohl aber zu dem Rousseaujünger und »Bekenner« (der Da Ponte natürlich nicht war). Vor allem aber stellte Salieri Da Ponte als den Textdichter hin, der der neugegründeten italienischen Hofoper (die deutsche mit ihren Singspielen war ja soeben zugrunde gegangen) durch seine vortrefflichen Textdichtungen einen materiellen Erfolg sichern könne. Das überzeugte den sparsamen Kaiser.
Da Ponte schrieb nun also für die italienischen Meister Libretti, für seine Landsleute Salieri, Gazzaniga, Righini, Storace. Aber war nicht auch Mozart ein »Maestro«, der in Italien und Umgebung einst sechzehn italienische Stoffe mit Musik bekleidet hatte? In einer genialen Eingebung trat Mozart mit dem französischen Stück des Beaumarchais vor Da Ponte hin, und verlangte den italienischen Text für eine italienische Oper.

FIGARO: DIE UMDICHTUNG

Aber der Kaiser! Da war doch der Kaiser? Er hatte eben noch Schikaneder die Aufführung des *Figaro* für die Sprechbühne verweigert. Warum sollte er sich umstimmen lassen? Da mußte ihm doch erst bewiesen werden – und zwar ein *Unwahres* bewiesen werden! – daß im Gegensatz zum Wort, Musik die Politik neutralisiere. Daß im Glanz der Mozartschen Töne die Menschen aufhören würden zu »denken«. Als »politische Wesen« zu empfinden. Natürlich war eher das Gegenteil richtig. Warum gab es Nationalhymnen? Überhaupt: Wenn der Klang der Musik den politischen Sinn erlöschen machte, warum stürzten dann 1830 nach einer Aufführung von Aubers Oper *Die Stumme von Portici* die Menschen in Brüssel auf die Straße und vertrieben die Regierung? Warum verbot Plato in seinen Schriften den Gebrauch gewisser Instrumente und Tonarten als politisch gefährlich? Da dramatische Musik keine Dimension *neben* der Welt ist, sondern die Welt *verstärkt* ausdrückt, mußte genau wie Liebe und Scherz, Begehren, Leidenschaft und List auch der politische Inhalt des

Stückes in Mozarts Musik nicht abgeschwächt, sondern weit eher *verstärkt* erscheinen. Figaros grollender Monolog »Wir nach London?«:

und der gegengrollende Monolog des Grafen im dritten Akt:

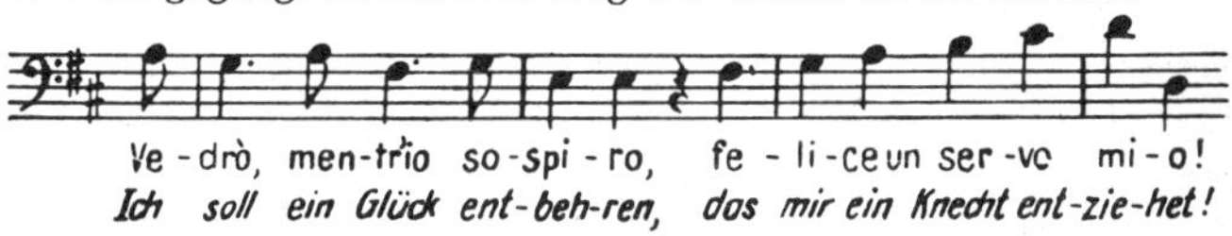

sind uns genugsam Beweis dafür.

Es ist also unwahr, daß Mozart-Da Ponte ihr Meisterwerk erst dadurch möglich machten, daß sie »die Politik ausschalteten«. Eine andere Sache ist die, daß es dem Abbate gelang, gerade dies dem Kaiser einzureden! Er vollbrachte sein diplomatisches Hauptstück: Entflammt von Da Pontes Beredsamkeit ließ der Kaiser Mozart eilends kommen – so eilig, daß der entsandte Läufer den abwärts schreitenden Abbate noch auf der Treppe überholte! Bleich und aufgeregt erschien Mozart, ließ sich nach einem kurzen Gruß des Kaisers auf dem Klaviersessel nieder, spielte den ersten Akt herunter und hörte: »Jawohl – das spielen wir!«

In Da Pontes Memoiren, die 1823 erschienen, hat er jene Audienz genau geschildert. Wir stellen nicht ohne Bewunderung fest, wie klug er sich verhalten hat: Hätte er mit dem Kaiser direkt und sofort von »Politik« gesprochen, hätte er damit zugegeben, daß es überhaupt möglich sei, das Stück politisch anstößig zu finden. Es war nun aber bekannt, daß der Kaiser (ohne eigentlich prüde zu sein) ein merkwürdig kompliziertes Verhältnis zu den Frauen und zur »Sittlichkeit« hatte. So sagte Da Ponte ganz beiläufig: »Ich habe alles das weggelassen, was gegen Anstand und Sitte ist; was bedenklich sein könnte in einem Theater, das von der Höchsten Majestät mit Ihrer Anwesenheit beehrt wird.« Hierauf

erst – melden die Memoiren – habe der Kaiser sein Jawort gegeben.
Doch ob da nun im Hintergrund Politik oder Moral lauerten, auf die man Rücksicht nehmen mußte: aus einem ganz anderen Grunde hatte das Stück neu gedichtet zu werden. Es war die einzige Ursache, die für Künstler wie Mozart und Da Ponte wirklich zählte. Sie war überraschend. Die Vorlage war zu ... *opernhaft!* Als Musiklehrer von Ludwig XV. Töchtern war Beaumarchais das Komponieren gewohnt. Vielleicht hatte er sich unbewußt bei der Konzeption seiner Gesellschaftskomödie von der *Opera buffa* leiten lassen. Vielleicht sogar aber auch bewußt, weil er hoffte, daß die Heiterkeit der »buffa« dem bedenklichen Stück eine Gleitschiene abgeben könne ... Mozart war aber im wesentlichen über die *Opera buffa* hinaus. Was er und Da Ponte wollten, war eine *Commedia per musica.* So lautet der doppelbodige Titel, denn »per« heißt im Italienischen sowohl »für« wie »durch das Mittel von«. – Die Musik macht die Handlung erst möglich. Sie liefert die Höhe, Breite und Tiefe des Geschehens. Nie war Mozart den Forderungen der Ästhetiker Wagner und Gluck näher als im *Figaro,* obwohl doch natürlich kein Takt, keine Floskel der beiden Meister in seiner Musik auftauchen konnte. Aber nahtlos wie nur im Musikdrama sind hier Handlung und Ausdruck verwoben.
Beaumarchais' Stück hatte also nicht »veropert«, nein, es hatte *entopert* zu werden. – Zum Wesen des Musikdramas gehört, daß es keine »Einlagen« kennt. Gerade das Beaumarchais-Original hatte sehr schöne Einlagen. Kleine lyrische Vollkommenheiten wie die Romanze, die der Page der verehrten Gräfin darbringt:

Au gré du destrier;
Sans varlet, n'écuyer;
(Que mon cœur, mon cœur a de peine!)
Songeant à ma Maraine,
Sentais mes pleurs couler.

Sentais mes pleurs couler.
Prêt à me désoler;
Je gravais sur un frêne,
(Que mon cœur, mon cœur a de peine!)
Sa lettre sans la mienne;
Le Roi vint à passer.

Das sind mittelalterliche Verse. Und zwar besonders schöne Verse. Ihre Voraussetzung ist die »Cour d'amour«, der Liebeshof ritterlicher Minne. Dingelstedt hat diese beiden Strophen frei, aber passend übersetzt:

Wohl über Stock und Stein
hinritt ich ganz allein;
wo dunkle Tannen ragen
(ach, mein Herz, mein Herz tut mir schlagen),
da hub ich an zu klagen,
und Tränlein flossen drein.

Ja, Tränlein flossen drein;
ich grub in einen Stein
den Namen, nicht zu sagen,
(ach, mein Herz, mein Herz tut mir schlagen).
»Was hast du schwer zu klagen?
Willst du nicht fröhlich sein?«

Jeden älteren Tondichter hätte gereizt, das zu komponieren. Mozart aber kann es nicht brauchen. Es ist eine »Einlage«, die ihn stört. Obwohl die Romanze ganz vortrefflich zum Charakter des Cherubin paßt, der sie vorsingt, will er nichts »vorgesungen« haben. So stößt Mozart die Romanze heraus und schreibt, dem musikdramatischen Wollen entsprechend:

Das wäre nichts anderes als Beaumarchais' »Que mon cœur, mon cœur a de peine«? Doch. Es ist, wie Da Ponte gesagt hat, *un quasi nuovo genere di spettacolo:* ein dramatisches Musiklustspiel.

BEWEGUNG! KONVERSATION! IRONIE!

Blickt man in den Klavierauszug des *Figaro,* bemerkt man sofort einen Unterschied zu den Werken seiner Zeitgenossen. In allen italienischen Opern ist die Hauptform die Arie. Duette, Quartette, dann am Aktschluß die üblichen Finales: stets überwiegen die Solo-Arien. Nur ein Fünftel oder Sechstel besteht bei der italienischen Oper aus dem rezitativischen »Beiwerk«. Beiwerk, da es nur dazu dient, die Handlung der Oper zusammenzubinden.
Bei Mozart verhält es sich völlig anders. Im *Figaro* wagt er die Neuerung, mehr als die Hälfte seiner Oper *aus Konversation* bestehen zu lassen. Denn er erkannte, »daß ein Charakter sich wirksamer und natürlicher im Gespräch als in Monologen darstellt« (Edward Dent) – und Arien sind ja Monologe. Susanna hat im ersten Akt überhaupt keine Arie; trotzdem bekommen wir sehr bald ein deutliches Bild ihrer ganzen Person: nimmt sie doch an drei Duetten und einem Terzett teil. Sie unterhält sich musikalisch mit vier verschiedenen Personen – und sie ist »da«, ist bereits Susanna.
Die Personen dieser Oper sprechen unablässig miteinander. Sie enthüllen (und verhüllen) sich unaufhörlich im Gespräch, wie es im wirklichen Leben zugeht. Dabei bleiben sie sich nicht gleich. Wenn jemand eine Bemerkung macht, weicht der andere leicht zurück; dann stößt er vor und der andere wird in die Verteidigung gedrängt. Doch »Angriff« und »Verteidigung« sind überhaupt viel zu grobe Worte für das, was sich in Wahrheit begibt. Es sind ja Gespräche und kein Zank. Für diese kleinen Gesprächswendungen stehn Mozart bereits in der Anfangsszene »Kurzformen« zu Gebote wie keinem anderen Komponisten. »Wenn Figaro einen Gedanken ausspricht, dreht Susanna ihn gleich nach allen Seiten. Sie überzeugt rasch uns und ihn und zieht von ihrem Standpunkt aus die einzig vernünftige Folgerung.« Oder, wie Edward Dent das ausdrückt: der einfachere Figaro bringt seine Sache in der Tonika vor; Susanna, beweglicheren Geistes, bedenkt die Entwicklungsmöglichkeiten und führt das Thema ungesäumt in verschiedenen Tonarten aus.
Ein Gespräch als »musikalisches Thema«! Und natürlich ist's nicht

nur ein »Gespräch«, denn es bringt ja die Handlung vorwärts. Ein »Duodram« gewissermaßen! Der treffliche Ästhetiker Schubart (1739—1791) pflegte es bereits zu fordern: das »Unwägbare« der Zwie-Rede, in der nicht etwa bloß »Charaktere« logisch aufeinanderstoßen, sondern »Momente der schwankenden Seele«. Über das Wesen des Duodrams sagte Schubart: »Jedes Zeichen der Bewunderung, Ausrufung, Frage, jedes Komma, jeder Ruhepunkt, jeder Strich des Denkens und der Erwartung; jedes aufbrausende oder sinkende Gefühl ... jede kaum merkliche Verflössung der Rede wird durch diese Art Tonkunst ausgedrückt.« Wer aber *vermochte* es auszudrücken? Nicht nur die Sammlung, sogar die »Zerstreutheit« von Mozarts handelnden Personen spielt in den Operndialogen von *Figaros Hochzeit* eine Rolle. Mozarts intime Seelenkenntnis seiner Figuren war so groß, daß er zur Charakteristik Susannas eine Freudsche Fehlleistung anbrachte! Wenn Susanna im dritten Akt dem drängenden Grafen Almaviva ein Stelldichein gewähren muß, und er fleht:

antwortet sie auf dem Gis zuerst »ja«, dann »nein«.
Das ist ein Scherz. Doch hinter ihm steht die ernste Tatsache eines ganz neuen Ausdrucksstils. Mikroskopisch kleine Verrükkungen, die sowohl aus dem »Charakter« wie aus dem »Moment« kommen, tragen die Handlung vorwärts. Dabei hat man niemals das Gefühl, als ob der *Komponist* es besorgt. »Ein Drama muß sich selbst bewegen, nicht erst vom Dichter bewegt werden«, hat Gerhart Hauptmann einmal gesagt. Und nichts bewegt ein Drama so sehr wie ein Dialog (wenn's der richtige ist!).
Und Mozarts »Gespräche« sind die rechten. Unerhört für die Zeitgenossen, konnten sie niemals nachgeahmt werden. Und bis heute sind sie unerhört, weil Wagner zwar etwas Ähnliches wollte, aber es *so* nicht durchführen konnte. Gewiß schrieb auch er vor allem »Gespräche«. Aber da sein Riesenorchester Mozarts knappe Wendungen nicht mitmachen konnte, mußte, was Dialog sein sollte, bei Wagner in »Erzählung« ausarten. Episch-Monologisches schlich sich ins Musikdrama ein, und damit gleichsam hinterrücks eine neue Art von »Arie«. Die Arie als Sprechgesang. Auf seine »unendliche Melodie« häufte Wagner als zweiten Irrtum (der Not gehorchend, die er sich selbst durch seine Stoffe geschaf-

fen hatte) den »unendlichen Rezitativ-Monolog«. In hundert Jahren wird man vielleicht die mythologische Oper Wagners, obwohl ihre Götter Germanen sind, der mythologischen *Opera seria* der Italiener zur Seite stellen – wenn auch beider Mittel verschiedene sind. Sie haben aber den gleichen Fehler: daß die hier dargestellten Wesen sich nicht menschlich unterhalten können.

Mozarts Wesen im *Figaro* sind unter allen Umständen Menschen, die musikalisch und moralisch vom »Taktgefühl« geleitet werden. Wie es im Alltagsleben zugeht, können sie nicht immer sagen, was sie eigentlich meinen: das besorgt das Orchester. Durch das Orchester wissen wir mehr von ihnen, als sie selbst von sich und ihrem Nachbarn wissen. Das macht die große *Ironie* aus, die im *Figaro* regiert. Grobe Buffo-Späße gibt es nicht mehr. Die »Prinzipien der Diskretion und der fallenden Pointe« (Ernst Lert), die spielenden Augen, die deutenden Hände, das leise Erschrecken und Mutfassen: all das geht, wie sonst nirgends bei Mozart, mit dem Tempo und der Melodik des Orchesters mit. Und manchmal stehn sie ihm auch entgegen: dann kommt's zur entscheidenden Ironie.

In keinem dramatischen Werk Mozarts folgt aber auch der jähe Wechsel zwischen Forte und Piano so häufig; nirgends sonst wird das alte Rezept der musikalischen Hausapotheke »Crescendo für steigende Erregung, Diminuendo für fallende« rücksichtsloser beiseite gesetzt. Nach einer Beobachtung Gustav Mahlers, die der Mozartregisseur Lert in Worte gekleidet hat: »Wenn die Leidenschaft im Forte ausbricht, zuckt der Verstand im Piano zurück. Niemand ist *nur* leidenschaftlich, aber auch niemand entschieden verständig. Mag eine scharf auffahrende Körpergebärde des Singenden sein gärendes Innenleben enthüllen: gleich darauf bebt der Ton zurück, eine vertuschende, kleine Geste malt die ängstliche Reaktion des Verstandes.«

Doch nicht nur eine Gesprächsoper ist *Figaros Hochzeit.* Aus einem höchst realistischen Grund ist sie auch eine *Bewegungsoper.* Die vier Hauptpersonen – Susanna, Figaro, Graf und Gräfin – nein, sogar die Nebenpersonen befinden sich dauernd in großer Erregung, die sie aber nicht zeigen dürfen. Da es Ausbruchs-Arien hier nicht mehr gibt, gehn sie statt dessen dauernd umher. Das ist eine sehr feine Beobachtung. Intrigierende Charaktere – »scheming and plotting characters« – werden schon bei Shakespeare nicht sitzend gezeigt (Georg Brandes). Wenn im *Figaro* einmal jemand sitzt, so geschieht es gegen seine Absicht; er fällt herunter oder wird vom Stuhl gedrängt, wie es der Page und der Graf miteinander im ersten Akt tun. Auch das sitzende »Gericht«, das den

Figaro zur Heirat mit Marcelline zwingen will, die sich später als seine Mutter entpuppt, ist doppelt lächerlich, weil es sitzt. Sitzen nicht auch der Graf und die Gräfin, um die Huldigungen der Bauernmädchen zur Hochzeitserlaubnis entgegenzunehmen? Doch durch die Entdeckung Cherubins, der sich in Mädchenkleidern einschlich, springt man auch hier sogleich wieder auf! Wenn sich die immer stehende, immer bewegende Susanna einmal hinsetzt, so tut sie's hauptsächlich, um einen gesungenen Brief zu schreiben. Der Musiklehrer Basilio, der das Ganze erst richtig anzettelt, erklärt dem alten Bartolo seine Lebensprinzipien im Gehen. Die »Ballade von der Eselshaut«, in ihrer Weltweisheit wohl eins der genialsten Stücke der Oper:

ist vielleicht die einzige »Erzählung« in der Partitur. Aber die Füße erzählen mit. In der Kölner Meisterinszenierung des Intendanten Herbert Maisch kommt Basilio sogar dann auf die Szene, wenn Mozart es nicht ausdrücklich vorschreibt: er inspiziert im Herumgehen den Unfug, den er angerichtet hat.

Doch nun ist im *Figaro* das Gehen zugleich oft ein verkapptes »Tanzen«! Ein Regisseur, der nicht merkt, daß hier die Füße und die Arme der Sänger nicht weniger zu sagen haben als die Kehlen, verfehlt sein Ziel. Schon in der ersten Szene ist Figaros Messen und Sich-Bücken »Fünfe ... Zehne ... Zwanzig ... Dreißig ...«:

und Susannas Gehaben vor dem Spiegel ein kaum unterdrücktes Tanzspiel. Wenn Figaro gar durch Körpergesten das zu Erwartende illustriert:

Sollt' einst die Gräfin
zur Nachtzeit dir schellen – kling, kling! –
nur zwei Sprünge, und du bist bei ihr!
Und will der Herr Graf mir
Geschäfte bestellen – husch, husch! –
in drei Sprüngen erreich ich die Tür . . .

so sind diese Sprünge auch Tanzbewegungen. Der machtvolle spanische Fandango, der den dritten Akt beschließt:

– schon Gluck kannte seine nationale Grandezza, als er ihn (1761) für sein Ballett *Don Juan* verwandte:

Eigenhändige Partitur der
»Aria di Cherubino« aus der »Hochzeit des Figaro«.

Heute Dienstags den 23 September 1788

Wird von der Guardasonischen Gesellschaft Italienischer Opervirtuosen im kön. altstädter Nationaltheater aufgeführt:

IL DISSOLUTO PUNITO

O SIA:

IL D. GIOVANNI.

Der gestrafte Ausschweifende, oder: Don Jean.

Ein großes Singspiel in zween Aufzügen.

NB. Diese Woche wird Dienstag, Donnerstag, und Samstag. Folgende Woche hingegen Montag, Mittwoch, und Freytag, Oper gegeben, und auf diese Art werden in Zukunft Woche für Woche besagte Spieltage abgewechselt.

Preiße der Plätze:

Der Anfang ist um 7 Uhr. Das Ende um halb 10 Uhr.

Plakat zur Aufführung des »Don Giovanni« in Prag, am 23. September 1788.

Bei Mozart wäre das »Hochzeitsballett« eine »Einlage«, wenn nicht unablässig, mit reizvollen Unterbrechungen, eine schreitende Pantomime diesen Höhepunkt vorbereitete.
Bewegung! Konversation! Ironie! Wie viele Schichten muß man abtragen, um auf den tiefen Ernst zu stoßen, der gewiß darunter liegt? Da ist der Beginn der Ouvertüre, mit seinem »falschen«, verdächtigen Presto. Sich aneinander schabende, dunkle Gebilde rasen dahin. Pianissimo zunächst:

Könnten es die Füße zornig erregter Menschenmengen sein? Aber es treten in *Figaros Hochzeit* keine Menschenmengen auf. Dennoch ist's, als ob, meilenweit entfernt, eben doch Menschen scharren und laufen. Plötzlich haben sie Waffen gefunden: Klarinetten, Flöten, Pauken! Fortissimo des vollen Orchesters! Dann wieder wird alles geheimnisvoll-dunkel. Holzbläserläufe gleiten vorüber; eine Figur führt chromatisch nach unten und treibt in verdeckter Tiefe Dinge, die wir nicht erkennen können. Nun aber bricht zum zweiten Male »der revolutionäre Charakter durch, denn nun ist die Drohung der tiefen Streicher und Fagotte zu den zischenden Achteln der Violinen und den Akkorden der Bläser ganz unüberhörbar« (Anton Mayer).
Sicherlich ist die *Figaro*-Welt, in welche die Ouvertüre uns einführt, eine ernste und ironische zugleich. Wie in gewissen Szenen bei Shakespeare. Nur hat der Wortdramatiker gar nicht die Mittel an der Hand, die dem Musikdramatiker zustehen. Was kein Schauspieldichter der Welt konnte, hat Mozart im »Figaro« vollbracht: das Orchester und den Sänger sich gegenseitig *verhöhnen* zu lassen. Die Musik selbst ist zwar ganz unparodistisch; da sie aber zu einer falschen Situation erklingt, wird sie komisch. Doch, da sie so schön ist, *streift sie die Komik wieder ab.*

Ein Beispiel für dieses Irrlichterieren einer göttlichen Einfallskraft: Figaros Arie »*Non più andrai* (Nun vergiß leises Flehn)« schildert das Soldatenleben von einer sehr satirischen Seite. Figaro ist wütend auf Cherubin, weil der Graf anzüglich und boshaft den Pagen aufgefordert hat, »Susanna zum letzten Male zu umarmen«, bevor er zum Regiment einrücken muß. Denn seine Freundin umarmt man doch? Nun marschiert der singende Figaro, scheinbare Kommandos gebend, mit dem kleinlaut gewordenen Pagen auf und ab.

Er schildert dem adeligen Knaben beißend die Qual des Soldatenlebens. In syllabischen Achteln geschieht das:

> Unter fluchenden Kam'raden,
> große Bärte, braun gebraten,
> G'wehr auf Schulter, Schwert zur Seite,
> festen Schrittes, kühnen Blickes ...
> Sehr viel Ehr', doch schmale Bissen ...

Dazu hat nun aber Mozart (der, wie wir aus seinen Briefen wissen, das Soldatenleben durchaus nicht schätzte!) die göttliche Niedertracht besessen, eine Phalanx von Bläsern aufzustellen, die den *wirklichen Schlachtenruhm* malt, bis — Ironie oder Enthusiasmus? — nicht nur Cherubin der Kopf schwankt, sondern auch uns, den beglückten Hörern:

»*Ironie ist der Schein des Ernstes*« sagt Jean Paul. Das ist ein Wort, das die Klassiker unterschreiben konnten. Aber die Romantiker pflegten es zu variieren. Bei Tieck und Brentano mag man lesen, daß die Ironie weit eher der *»Ernst des Scheins«* ist — ja, daß die Ironie erst den Menschen zum höchsten Subjektivismus erlöst, zu jenem Satz des Protagoras: »Wie jedem jegliches scheint, so *ist* es.« Wir sahen mit Wilhelm Hausenstein das Zeitalter des Rokoko als eine unendliche Reihe von Spiegeln, die sich ein Bild stets weiterwerfen — ein Bild ohne festen Hintergrund — ein flüssig-schwingendes Bild, das nie aufhört. Was hätte Mozart, der Klassiker, zur romantischen Definition seines *Figaro* gesagt: daß in ihm die Intrige *nicht aufhört?* Es gibt genug Ästhetiker, die glauben, daß der geschlagene Graf nie aufhören wird, um Susanna zu werben. Daß der Kniefall vor seiner Gattin mit dem aus Herzensgrund kommenden, unvergeßlichen Treuegelöbnis:

überhaupt nur ein »Trugschluß« ist — und Anton Mayer weist darauf hin, daß das ergreifende Motiv doch eine fatale Ähnlichkeit mit Susannas Thema im ersten Akt hat. So könnte eines Tages wieder alles, unendlich, von vorne beginnen?

Aber nein, das wollen wir nicht glauben. Meister wie Shakespeare, Goethe, Mozart sagen immer das *Endliche* aus.

EIN GLÜCKSFALL DER VOLLKOMMENHEIT

Ein Mensch, der zum ersten Male *Figaro* hört, mag wie ein Reisender empfinden, der auf ein Gebirge zufährt. Zunächst sind es die blendenden Gipfel, die er bestaunt: Die Arien, sich wandelnd mit den Tagesstunden, weiß, rauchgrau, rosa, hellblau, violett: Susannas »O weile länger nicht, geliebte Seele«, Figaros »Will der Herr Graf« und »Dort vergiß«, Cherubins zwei Arien — Glücksfälle der Vollkommenheit! Das Mittelgebirge, aus dem sie aufsteigen, denkt man, muß wohl langweilig sein, Gehölz und Moos: wozu eigentlich?

Ist man aber »drinnen«, daß heißt, hat man die Oper mehr als fünfmal gehört, so bestaunt man die Dichtigkeit der Vegetation, die schier unglaubliche Fülle und Allgegenwart des Musikalisch-Allerkleinsten. Da geht es zu wie in der Natur selbst, wo es selten eine »Leere«, eine unbewachsene Stelle gibt.

Figaro ist ein Intrigenstück. Eine Intrige wird durch Worte, Pläne, Gesten abgehandelt. In diesem Sinne mußte also die Musik zum *Figaro* eine reine Konversationsmusik werden — und daß sie es *wirklich* geworden ist, ist noch verwunderlicher, als daß aus gerade dieser Konversation, diesen halben Blicken, diesem Lächeln, dem halb agazierenden und halb ängstlichen Getuschel die unsterblichen Arien ragen. Aber nochmals: dieses Unterholz der Konversation ist es, dieses »Rankenwerk des gesprochenen Augenblicks«, das einem, sobald man erst »drinnen« ist, den Atem verschlägt. Ganz kleine Dinge, die einen nie wieder loslassen. Basilio, der begütigende Intrigant:

Oder die mit harmloser *Zauberflöten*frische geäußerte, so gefährliche Frage des Grafen:

Oder Figaro, in die Enge getrieben und sich wieder blitzschnell ermannend:

Unter allen Bühnenwerken Mozarts ist *Figaro* das am schwersten zu inszenierende Stück. Nicht *Don Giovanni*, nicht die *Zauberflöte*, bei denen es doch nur die Unterschiede zwischen »erhaben« und »lächerlich« sind, die beachtet werden müssen, und ihr Ineinanderüberlaufen, das aber der Mozart-Regisseur vom Shakespeare-Regisseur lernen kann.
Doch nicht das »Einblenden des Tänzerischen« ins Gespräch ist das schwierige; auch nicht das gewollte Mißverstehen von Person zu Person, noch die Ironie, die zwischen Gesang und Orchester waltet. Die weit größeren Schwierigkeiten jeder Aufführung liegen anderswo. Der Kontrast, der hier zu überwinden, die Spannung, die zu beseitigen ist, ist der große Gegensatz zwischen »Elementar« und »Bürgerlich«. Einerseits tritt der Sexus in seiner elementarsten Leidenschaft auf (Almaviva ist eine Vorform des Allbegehrers Don Juan und hat gar neben sich noch den kleinen Allbegehrer Cherubin), andererseits werden diese Leidenschaften durch ein Milieu unwirksam gemacht, das vom ersten bis zum letzten Ton ein gesellschaftlich-bürgerliches bleibt. Unaufhörlich empfangen wir aus der Konversationsmusik die Versicherung: »Es wird gut ausgehen – diese Menschen werden einander nichts tun.« Aber wehe dem Regisseur, der nun diese »Gesellschaftskomödie« als *echte* Komödie inszeniert. Er wird nicht nur an den Drohungen von Mozarts Musik vorbeihören, er wird obendrein diesen »tollen Tag« als die langweilige Verkleidungskomödie, als das Hasche- und Versteckspiel inszenieren, das sie *nicht* ist.

SUSANNA ODER DER SIEG DER ZOFE

Ein Biograf hat den Inhalt der Oper auf elf Seiten erzählt, ein anderer auf neunzehn. Doch diesen Inhalt erzählen wollen heißt einem »Trio von Schelmen« erliegen, die Mozart, Beaumarchais und Da Ponte vielleicht wirklich gewesen sind. Denn die »Handlung« von *Figaros Hochzeit* ist ein Kreisel, der sich dreht. Eine Kreisbewegung kann man nicht schildern und noch weniger nacherzählen. Und darum lautet der Untertitel auch mit Recht »Der tolle Tag«.
Im übrigen wäre »Susannas Hochzeit« von allen der richtigste Titel gewesen. *Sie* ist die eigentliche Heldin. Figaro, der so großartig beginnt, seinem Grafen Fallen zu stellen – der ein solcher Revolutionär ist – sinkt eigentlich von Akt zu Akt. Er wird schwach vor dem Unterrock seiner Braut, und vor allem wird er

eifersüchtig – was ein »Held« nie gedurft hätte. Als Abkömmling tölpischer Bedienter aus der italienischen Oper steckt er sogar, wenn auch aus Versehn, Ohrfeigen von seiner Erwählten ein. Sie selbst aber steigt von Akt zu Akt.
Daß Susanna die *wirkliche* Heldin ist, daß sie, mit Anmut, List und Tatkraft die Führung des Geschehens an sich reißt; sich den Mann erobert, den sie wünscht, und dem Grafen widersteht (»Alle Herrenrechte Spaniens kommen gegen diesen Nacken nicht auf!«, hat einmal César Franck gesagt): dafür gibt es zwei triftige Gründe. Der erste war unzweifelhaft eine gewisse Feigheit Beaumarchais', der sein Stück aufgeführt wissen wollte. Gewiß, es wandte sich gegen den Besitz und die Rechte derer, die Frankreich regierten – doch wenn er die Hörer überzeugte, daß das kapriziöse Köpfchen einer Frau dahinterstand, so ging das den Parisern besser ein als das finstere Gesicht eines revolutionären Kammerdieners.
Der zweite Grund war noch wichtiger: Beaumarchais und Da Ponte – auch Mozart! – waren von einem Kunstwerk begeistert, das damals schon mehr als fünfzig Jahre die romanische Welt bezauberte *La Serva Padrona* (Die Magd als Herrin): Von diesem hinreißenden Meisterwerk des tragisch jung verstorbenen Giovanni Battista Pergolesi (1710–1736) stammen all die späteren »siegreichen Dienerinnen« ab, fast bis zu Richard Strauß' *Schweigsamer Frau* (1935). Auch die Susanna des Beaumarchais – an deren »sozialem Umriß« Da Ponte und Mozart nichts zu verändern brauchten.
Ein alter Mann (so beginnt die *»Serva«)*, der seit drei Stunden darauf wartet, daß man ihm seine Schokolade bringt, klagt über seine Lebensmisere:

Aspettare e non venire,
Stare a letto e non dormire,
Ben servire e non gradire,
Son tre cose da morire!

(Warten auf jemanden, der nicht kommt;
im Bett liegen und nicht einschlafen können;
dienen und nicht befördert werden:
das sind drei Sachen, an denen man stirbt!)

Ein alter Mann, der so empfindet, ist wahrlich reif zum Geheiratetwerden. Dieser alte Uberto hat zu Haus eine muntere und hübsche Dienerin, die er schon von Kindheit an kennt und deshalb mit Freundlichkeit behandelt. Sie wird immer übermütiger, schlägt den Diener Vespone und befiehlt dem Herrn. Der Alte murrt, erzürnt sich und droht. Eine Intrige (sie redet ihm ein, daß ein anderer sie heiraten will) erregt die Eifersucht Ubertos. Damit er sie nur ja nicht verliert, gibt er nach und muß heiraten (Antoine E. Cherbuliez).

Das war der Inhalt der *Serva Padrona*, die, lang nach des Meisters Tode gedruckt (1752), das Pariser Musikleben von Grund auf revolutionierte. Ihre Herolde waren Rousseau und Grimm — und auch Mozart kannte sie durch die Franzosen. Daß es sich in *Figaros Hochzeit* nicht um einen vertrackten Alten handelt, den die Zofe übertölpelt, sondern daß ein gefährlicher, seines Verstandes mächtiger und willensstolzer Grandseigneur von seinen Plänen ablassen muß: das machte den »Sieg der Dienerin« noch bedeutender und noch auffälliger. Mozarts *Commedia per musica* wurde nicht für Paris geschrieben, sondern für Wien! Für eine Stadt, deren Kammerjungfern und Zofen eine besondere Berühmtheit genossen — nicht etwa nur für ihre Schönheit, sondern für ihre Verschlagenheit. Johann Pezzl in seiner »Skizze von Wien aus der josefinischen Zeit« erzählt von gewissen Kammerjungfern, die ihre eigene Equipage hatten und ihre Loge im Theater. »Die Stubenmädchen«, berichtete damals der Berliner Nicolai, »sind sämtlich schön, von zarter Haut, schminken sich wohl noch dazu, haben niedliche Füßchen und gestickte Schuhe . . .« Dem Franzosen Liotard, der Maria Theresia malte, fiel das Wiener Stubenmädchen so auf, daß er eine von ihnen, die Nandl Baldauf, als *La belle Chocolatière* portraitierte. Sie war nur ein »Stubenmensch«, gewiß; doch die Tasse Altwiener Porzellans, die sie in der Hand hält, erscheint wie ein Symbol ihres zierlichen Selbst (Ann Tizia Leitich).

Ein Anonymus gab in einem Büchlein den Kammerfrauen und Stubenmädchen Anleitung zur Schönheitskultur; und der Wiener Schriftsteller Rautenstrauch veröffentlichte sogar ein Pamphlet gegen die Stubenmädchen-Gefahr. Daß »die Wiener Bürgermädchen und sogar die gnädigen Frauen aller Gattungen sich seit einigen Jahren heftig über sie beklagen, weil sie ihnen teils ihre Liebhaber abfischen, teils ihre Männer untreu machen . . . davon liegt die Ursache klar in ihrer Tracht«. Denn die Kleider der wirklichen Damen seien »erschreckliche Festungswerke von Fischbein, Eisendraht und Roßhaar, mit denen sie sich die Hüften verschanzen«. Die Männer »weideten ihre Augen besser an der lieben Natur«: also an den Stubenmädchen, welche Kleider bevorzugten, die ihre

Formen sehen ließen. Da gab es »tüchene Gekröse um den bloßen weißen Hals, die eng anliegenden Sammetmieder, die beim raschen Gang aufblitzenden Strümpfe in Weiß, die Ohrgehänge und Ringe. Diese Mädchen«, schrieb Rautenstrauch, »stellten Vizefrauen vom Hause vor. Wie manche Frau muß sich Grobheiten von ihrem Stubenmädchen gefallen lassen, denn der Herr des Hauses ist ihr Protektor« ...

Amor ancillae: »Die Liebe zur Magd – sie gereiche Dir nicht zur Schande!« schrieb Horaz einem Freund ins Stammbuch. Wenn der Baßbuffo Benucci, der bei der Premiere den Figaro sang, und der gewitterig glänzende Darsteller des Grafen, Mandini, sich ihre Susanna streitig machten, so begriff es das Wiener Publikum, das vielleicht bei sich zu Haus oder in einer Freundfamilie auch solch eine »Stuben-Nymphe« hatte ... Ach, und wie sehr begriff es erst Mozart! In Anna Selina Storace, die »Inglesina«, die Engländerin – von ihren Freunden »Nancy« genannt – verliebte er sich Hals über Kopf. Wie es heißt, war sie nicht einmal schön, aber ungemein ausdrucksvoll, ansprechend, wendig und intelligent. Nach anderen wieder hatte sie »*une bouche fraîche*«, einen frischen Mund, einen »blendend weißen Hals und den süßesten Zauber der Jugend«. Man glaubte ihr die Susanna sofort. Daß sie herrlich sang, war selbstverständlich. Eine schlechte Sängerin hätte Mozart nicht lieben können.

Damals dürfte Konstanze mit Recht ein paar Eifersuchtswochen erlebt haben. »Stubenmädeleien« pflegte sie ihrem Wolfgang zu verzeihn; doch eine Nancy Storace war nicht die »Zofe, mit der man sich neckt«. Wie tief bezaubert Mozart war, zeigt das fast unglaubliche Faktum, daß er der Sängerin Laschi – der Gräfin – die schönste ihrer Arien fortnahm, um sie der Susanna zu schenken. Die Gräfin, die innig-lyrische, die als deutsche Seelengestalt die Konstanze der *Entführung* und die Pamina der *Zauberflöte* eigentlich noch überragt: sie war es, die im Gartenakt das Rezitativ zu singen hatte:

Das jetzt folgende Andante arioso:

auf den Text »*O säume länger nicht, geliebte Seele, sehnsuchtsvoll harrt deiner hier die Freundin. Noch leuchtet nicht des Mondes Silberfackel, Ruh und Friede noch herrschen auf den Fluren*« – dieser Text ist sinnlos im Mund der Susanna. Wen soll sie in dieser Stimmung erwarten? Figaro, den sie täglich sieht? So viel Lyrik hat sie doch ihrem Figaro gegenüber nicht nötig. Und den Grafen – verabscheut sie doch? Diese »Arie einer tief liebenden Frau«, die die Versöhnung mit dem Gatten und das Ende der Wirren erhofft, dieser Gesang gehört der Gräfin:

Keine Auslegerkünste können diesen Tatbestand verwirren.

DER GARTENAKT: GEFAHR UND VOLLENDUNG

Waren die Wiener nun hingerissen? Der Hof, der Kaiser, die Liebhaber? Spürten sie das höchst Zeitgemäße und zugleich Überzeitliche, Menschlich-Ewige in Mozarts Musik?

Vielleicht. – Es ist sogar sehr wahrscheinlich. Wie Michael O'Kelly

(1764–1826) berichtet, der den Intriganten Basilio sang, erfuhr Mozart, der in Tressenhut und rotem Pelz alle Proben geleitet hatte, bei der Generalprobe eine Ovation des Orchesters. Auch der Kaiser war anwesend. Aber einige Monate später schrieb Karl Zinzendorf in sein Tagebuch: »Mozarts Musik ist sonderbar: Hände ohne Kopf!« Was er meinte, wäre belanglos, hätten sich nicht damals wirklich viele Leute vom vierten Akt abgestoßen gefühlt. In der Übergeschicklichkeit, die ihm der Dichter verliehen hatte, lag eine Ungeschicklichkeit. Die Verkleidungen! Die Verwechslungen! Immer noch erhält der Kreisel einen Ruck und eine Drehung, bevor er endlich sein Kreisen einstellt. Um es dramaturgisch zu sagen: Weniger wäre mehr gewesen.

Verkleidung, sogar Geschlechterverwechslung, war dem italienischen und französischen Lustspiel nichts Neues: Vor allem auch nicht der *Opera buffa*. Der moderne Einwand, daß solche Dinge in der Wirklichkeit nicht existieren, traf für die damalige Zeit nicht zu. Die berühmte Pariser »Halsbandintrige« war ja durchaus kein Roman: es ist eine geschichtliche Tatsache, daß man damals einer kleinen Modistin die Kleider der Marie Antoinette anzog, um in einer stockdunklen Nacht einem französischen Kardinal ein »Stelldichein mit der Königin« vorzutäuschen. Auch die Verwandlung des Cherubin in ein Mädchen – von dieser Verkleidung stammen bekanntlich alle Transvestiten-Rollen bis zum »Rosenkavalier« (1911) ab! – diese Verwandlung hat ebenfalls eine historische Grundlage. Der »Mann in Röcken« hat gelebt – es war der Chevalier D'Eon. Wie André Franck 1954 in einem D'Eon gewidmeten Buch nachwies, kannte Beaumarchais diesen Abenteurer persönlich, der als Geheimagent Ludwigs XV. bei Elisabeth von Rußland als »Mademoiselle Lia de Beaumont« auftrat und Vorleserin der Zarin wurde ... Diese Gestalt gab Beaumarchais die erste Idee zum Cherubin ein!

Wenn sich also im Schlußakt von *Figaros Hochzeit* die Gräfin als Susanna verkleidet, die vorher zum Schein dem Grafen ein Brief-Stelldichein gegeben hat, so ist das durchaus nichts Unmögliches. Der Graf gewahrt beschämt seinen Irrtum, als er Susanna umschlingen will. Dieses Ad-absurdum-Führen ist psychologisch ausgezeichnet. Es gibt der musikalischen Charakteristik sogar besondere Möglichkeiten ... Das Schlimme ist nur, daß diese Verkleidung und Verwechslung »Gräfin–Susanna« noch einen Chor anderer Verwechslungen in dunkler Nacht über die Bühne schleift. Der Zuhörer weiß nicht mehr, wer singt und wer wen foppt: es wird langweilig!

Wer heißt uns nun aber eigentlich den Akt bei stockdunkler Nacht spielen? In dem Briefchen, das Herrin und Zofe miteinander »schreib-singen«:

— in diesem Briefchen, das dem Grafen jenes »falsche Stelldichein« gibt, ist vom *zeffiretto* die Rede. Der »Zephyr« ist jene Windströmung, die mit der ersten Dämmerung kommt. Um diese Zeit ist also die Sonne nur um wenige Bogengrade gesunken. Ihr Widerschein gibt noch Licht genug, um den Zuschauer erkennen zu lassen, wer auf der Bühne wen verwechselt ... Man muß also den Gartenakt bei halbem Licht spielen und nicht anders!

Schon den Zeitgenossen gefiel dieser Akt nicht. 1787 gab der Erzherzog Ferdinand in Mailand dem Komponisten Angelo Tarchi den Auftrag, den Gartenakt neu zu komponieren. Wahrscheinlich, weil er überzeugt war, daß bei den auf Klarheit drängenden Italienern die Oper sonst durchgefallen wäre! — Daß Mozart selbst nicht gemerkt haben sollte, daß mit dem Gartenakt »etwas nicht stimme«, können wir unmöglich annehmen. Sein dramaturgischer Instinkt war zu scharf. Oder hatte auch er Angst bekommen vor der »revolutionären Kühnheit« seines ursprünglichen Stoffes, so daß er sich jetzt mit Behagen den buffonesken Verwechslungen hingab? — Wie dem auch sei: er fand ein Mittel, dem unmöglichen Text zu begegnen: indem er die Schleusen öffnete und eine Fülle von Musik in den Gartenakt hineinließ, die einerseits alle Reste der Zeit- und Standessatire, andererseits die Verwechslungen der Personen vergessen machte ...

Es ist Musik. Aber eine Musik, als ob Phiolen geöffnet würden. Das sind nicht nur Töne, sondern auch Düfte. Aus Salben und Narden. Wir sind ja im Garten!

Daß wir in einem Garten sind, sollte niemals vergessen werden. Es ist ein echt mozartischer Park — französisches Kulturerzeugnis auf deutscher Erde: den Schloßgärten von Nymphenburg und Schwetzingen ähnlich. (Die Inszenierung Gustav Mahlers gab diesem Garten Schönbrunner Boskette). Bäume, Sträucher, Blumen sind geometrisch angelegt; dem Gesange gleichend, der sie umströmt. Solch ein Garten gehört noch zum »Haus«, wie ein Zimmer. Man möchte ihm beinahe »Innendekoration« zusprechen. Nichts liegt hier ferner als Unordnung, Wildheit; die Schere eines Rokokogärtners würde Unklassisches bald beschneiden. Denn Mozart ist ein Klassiker; von der »romantischen Befreiung durch den englischen Landschaftsgarten« (wie Marie Luise Gothein es genannt hat) ahnte er nichts. Und ein Eichendorff-Wort (aus »Ezzelin da Romano«),

> Ein wüster Gärtner ist die Nacht und stellt
> des Tages Spielzeug schaurig durcheinander,

in seiner fessellosen Schönheit hätte er wahrscheinlich gar nicht verstanden ... Und doch: diese Gartenatmosphäre, in der keine Laubwand sich zuchtlos regt, kein Grashalm unvorherbedacht raschelt – in der alles lyrische Symmetrie bleibt! – ist trotzdem das Reinste und Äußerste, was Mozarts dramatische Musik seiner Zeit und unserer Zeit geben konnte. – – Zu Jacob Burckhardt, der diesen Akt liebte, sagte einmal ein Großneffe, eigentlich hätte Meister Mozart »hier aufhören können zu komponieren. Denn nie wieder habe er der Liebe ein solches Räucherwerk dargebracht.« Der Alte verwies ihm das im Hinblick auf *Don Giovanni* und *Cosi fan Tutte*. Aber wer nicht im Überschwang einmal Ähnliches empfunden hat, hat vielleicht *Figaro* nicht verstanden.

Die Töne und die Düfte jedoch! – Ihr Verhältnis ... *haben* sie denn ein Verhältnis? Unsere Musikbiologen sind mit dem feinsten Schmetterlingsnetz hinter diesen Vermutungen her, seit der Holländer Zwaardemaker, ein Physiologe, die Frage aufwarf (1895), ob Geruchsgruppen Ähnlichkeit mit denen der Tonreihe aufweisen könnten. Seiner Ansicht nach bildet jede Gruppe von Gerüchen ebenso eine Skala wie eine gewisse Auswahl von Tönen. Zwaardemaker kannte einen Parfümeur, der eine chromatische Geruchsleiter von sechseinhalb Oktaven aufstellte, in der die bekanntesten Düfte konzentriert eingeordnet waren. Vanille, Heliotrop und Mandeln lagen jedesmal zwei »Oktaven« auseinander. Den neun Geruchsklassen entsprechend, gab es neun Geruchstonleitern ... Von hier war es für Praktiker nicht weit zu einem »Nasenklavier«, das durch rasches Öffnen und Schließen kleiner Phiolen wandelnde Geruchsbilder erzeugen konnte. Nur die Unfähigkeit der menschlichen Nase (der Geruchssinn vieler

Tiere ist feiner!), einen Duftwandel so rasch und so different wahrzunehmen wie das Ohr einen Tonwandel oder das Auge den Bildwandel, machte diesen Versuchen mit einer »Geruchssonate« ein Ende.
Aber es will uns bedünken, daß Mozart, als er in seinem Gartenakt die Töne mit den Düften mischte, etwas von diesen Dingen geahnt hat.

CHERUBIN – EIN SELBSTPORTRAIT?

Daß Cherubin ein Selbstportrait ist, »mit dem sich Mozart den Frauen anpries«, ist schon früh bemerkt worden. Wenn das wahr ist, so hätte er sich in seiner Frühform portraitiert, etwa als Fünfzehnjährigen. Als er seinen *Figaro* schrieb, war er immerhin dreißigjährig. Doch selbst im Stadium dieser Reife scheinen die Frauen noch immer für Mozart, um ein Wort Alfred Adlers zu brauchen, »in gesellschaftlicher Übermacht«. Sie »gewähren« oder »verweigern«. Von Fichu und Haubenband bis zum erträumten Stelldichein halten sie alles in Besitz, wonach die Hand des »Giovanotto«, des ganz jungen Menschen, vergeblich zuckt. Es ist eine edle Hand – Cherubin als »lüstern« zu empfinden, ist das Vorrecht der Dummköpfe! – daß ihm mißlingt, was mißlingen *muß*, hängt mit seiner Jugend zusammen, den »sexuellen Notjahren«. Sie werden vorübergehen? Gewiß. Dann aber werden ihm die Frauen wahrscheinlich nicht mehr so wichtig sein.
Gustav Landauer hat einmal vom »Liebesproletariat« gesprochen. Schlimm, wenn einer nichts zu essen hat; schlimmer, wenn ein »Liebes-Armer« keine Gegenliebe findet, weil er »nichts zu bieten hat als sich selbst«. Gerade das ist Cherubins Fall. Bei dem Fünfzehnjährigen liegen Frauenverehrung, Erotik und Sexus ungeschieden – wer scheidet sie denn? – zauberisch nebeneinander da. Jeder Bogenstrich des Orchesters kann sie entbinden. Ein ferner Seufzer, ein Vogelruf – und sie brechen los. Zu seiner Patin, der Frau Gräfin, ist er in ritterlicher Verehrung entbrannt. Fast in den Formen des Mittelalters. »*Au gré du destrier . . .*« Ihr aber kann er sich nicht nähern. So benutzt er Susanna. Sie hält das Band, das er begehrt, entreißt und stiehlt – und vor allem ist sie es ja, die das Privileg hat, die Herrin (die auch seine Herrin ist!) morgens und abends umzukleiden. So wird ihm, was eben noch »Minnedienst« war, bei Susanna zum lohenden »Eros«. Susanna ist obendrein Objekt eines Liebeskrieges zwischen Figaro und dem Grafen. Ihr Wert flammt für den Pagen auf. Ist es möglich, dieses

umkämpfte Wesen zu besitzen? Für ihn nicht! Die verehrte Gräfin betrachtet und liebt ihn nur mütterlich, Susanna bespöttelt und bestaunt ihn. Sie hat gut singen:

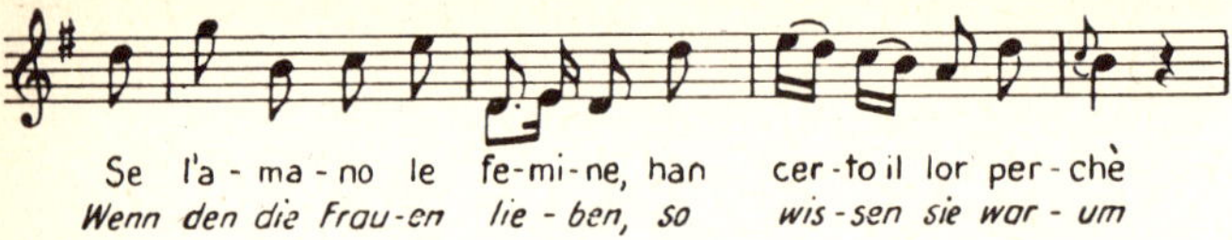

Sie lieben ihn gar nicht besonders. Glück hat er nur bei der Gärtnerstochter, dem wertlosen Bärbchen, für die er ja ein »junger Herr« ist, dem man nichts versagen kann.

Der singende und handelnde Mensch muß eine *heutige* Figur sein. Wenn man ihm das historische Kleid seines Bühnenkonflikts auszieht, muß der Konflikt selbst übrigbleiben. Wie sehr trifft das bei Cherubin zu! Auch heute noch ist es das Los des jungen Menschen von Rang, Geist und Gefühl, von den Frauen vielleicht bemerkt, aber nicht erhört zu werden, »weil er ihnen nichts bieten kann«. Schon die Tanzstundenmädchen der großen Stadt hören an dem Gymnasiasten, der sie noch zu jung dünkt, vorbei und lieben den gesetzteren Mann, weil er sie »versorgen« kann. »Es ist möglich«, heißt es bei Wilhelm Speyer, »daß einem interessanten Graukopf, der es im Leben zu etwas gebracht hat, eine weit jüngere Frau zufällt — aber wie könnte er vergessen, daß er vierzig Jahre vorher vergeblich die Mutter dieses Mädchens auf der Straße erwartete? Er stand vier Stunden. Der Blumenstrauß welkte in seiner heißen Hand . . .« Im sozialen Gefüge unserer und jeder Zeit ist der Jüngling, der nur »sich selber« bietet — der nur das Gefühl bietet! — für die Frauen zu wenig.

Cherubin *ist* das Gefühl. Er besitzt als eine Notwehr dagegen auch die »Frechheit des Schüchternen«, wie schon die Zeit Stendhals bemerkte. Aber inwiefern besäße er Geist? Nun, bei Beaumarchais hat er ihn ganz entschieden. Er kann seinen Zustand sehr gut beschreiben. Er ist wahrlich kein Dumm- oder Stummkopf: »Auf Ehre, es ist wahr: ich weiß nicht mehr, was ich bin. Seit einiger Zeit fühl' ich mich so aufgeregt: mein Herz zittert bei dem bloßen Anblick einer Frau; die Worte ›Liebe, Zärtlichkeit‹ verwirren mich. Einem Wesen sagen zu können: ›Ich liebe dich‹, das ist für mich so notwendig geworden, daß ich es allein ausrufe, wenn ich im Park umherirre, deiner Gebieterin zurufe, dir, den Bäumen, den Wolken, dem Winde, der den verlorenen Seufzer entführt.« Woraus denn Mozart die Herrlichkeit seiner Arie geformt hat:

Ich weiß nicht, wo ich bin, was ich tue
bald in Frost, bald in Glut, ohne Ruhe,

die am Schluß, noch rührender, in jenes »erschöpfte« Adagio leitet:

Wie Cherubin überhaupt kein Tolpatsch aus einem unserer langweiligen skandinavischen Romane ist. Übrigens ist es auch nicht wahr, daß er kein guter Offizier sein wird: Nur im Augenblick will er nicht fort aus dem Liebesland, in dem es Gräfinnen und Susannen gibt ... Er ist ein junger Mensch von Erziehung, von Geist und Rang: unserer Zuneigung wert ... Eine Kugel mag ihn später verstümmeln. Fast dämmert uns in seinem Bild eine Ahnung des Portraits entgegen, das Hazard von Vauvenargues (1715–1747) entwirft: »Das Kind, das keine Liebe findet, der Jüngling, der nicht verstanden wird, der junge Leutnant im *Regiment du Roi,* der sich durch die Langeweile der kleinen Garnison schleppt; der Kämpfer, dem keine Gelegenheit wird, seine Tapferkeit glanzvoll zu erweisen; der Kriegsverstümmelte und Kranke, der aus seinen Träumen gerissen, hustend, halb blind und das Gesicht von Pockennarben verunstaltet, im zweitklassigen Haus einer ärmlichen Straße schon mit 32 Jahren erlischt ...«
Da wir doch niemals glauben werden, daß eine Figur nun etwa »aufhört«, nicht älter wird und nicht weiterlebt, wenn der Theatervorhang fiel: – wer sagt uns, daß dem »lüsternen Cherubin« nicht ein Schicksal bestimmt war wie Vauvenargues? Aber nun: – Mozarts Selbstportrait! Wie könnte der nichts-als-verliebte Page ein Portrait des großen Mozart sein? Mozart, vergessen wir das nicht, hatte durchaus kein Glück bei Frauen (außer bei seiner eigenen). Bei den Sängerinnen zum Beispiel »kaufte er sich durch Arien ein«. Cherubin ist aus gutem Hause und anmutig; aber er

ist zu jung. Mozart ist ein »Proletarier der Liebe«, weil er ganz unbedeutend aussieht, »oftmals wie ein Schneidergeselle« (wie der Schauspieler Backhaus bezeugt hat). Vom vielen Arbeiten und Nachtwachen, die Jugendkrankheiten eingerechnet, ist er »klein, häßlich und bleich«. Er begehrt die Frauen glühend, aber — was keine Frau verzeiht! — er hat im Grunde keine Zeit für die Liebe. Er ist schüchtern und dabei fast so frech wie der große Napoleon, der eine Frau, eine Schauspielerin — eine Französin! — ins Zelt befahl und am Schreibtisch arbeitend ihr einen Blick zuwarf: »Ziehen Sie sich aus!«

Er war das genaue Gegenteil seines Don Giovanni, der ja nun wieder mit einer Figur der Mozartzeit, mit Giacomo Casanova, verknüpft ist. Sicher war es Mozarts glühendste Sehnsucht, selber Don Giovanni zu sein, und ohne sich hineinzusteigern in den »Zeus, der bald als Stier, bald als Schwan, bald als Goldener Regen die Frauen der Sterblichen raubt« (Georg Schäffner), wäre jenes Musikdrama vom »Verführer« ihm nicht gelungen. Aber der *Don Giovanni* enthält kein Selbstportrait des Meisters. Sein Selbstportrait ist Cherubin, von dem in seinem kühnen Buch gegen Wagner Emil Ludwig gesagt hat: Wenn man aus dem Nibelungenring nur noch in historischen Konzerten Stücke hören wollen wird, dann wird immer noch Cherubin zum Lachen und zum Weinen rühren, wenn er singt:

DER IMPROVISATOR VON PRAG

Prag. *Zlata Praha:* Das Goldene Prag! — Es floß die Moldau damals wie heute, als Mozart, der Gast, in die Stadt einfuhr. Da standen die hochberühmten Burgen, die von Legenden umsummten Stätten des Hradschin und des Wyschehrad. Der Veitsdom mit den Heiligengräbern von Wenzeslaus und des Johannes von Nepomuk, mit den Gräbern der deutschen Kaiser und der böhmischen Könige. Nur Salzburg war noch grüftereicher auf einem noch kleineren Areal. Aber welch ein Unterschied: wie der Bienenstock Prag, der zweisprachige, die Stadt der Deutschen und der Tschechen, sich gegenseitig befruchtete. Und wie aus ihrer fruchtbaren Fehde die allergrößte Lebendigkeit quoll. Nichts schien hier unbekannter zu sein als Gedankenlosigkeit und Faulheit. Eine rege Kaufmannschaft; ein Adel, der nach vier Weltgegenden blickte und der obendrein eine offene Hand für Baumeister und Musiker hatte. Böhmen lag im Herzen Europas, und Prag war das schlagende Herz von Böhmen ...

Acht Monate nach der Wiener Premiere des *Figaro* kommt Mozart nach Prag, um hier seine Oper mitzuerleben, die allen Böhmen den Kopf verdreht. Die Familie Duschek hat ihn eingeladen. Träger der Freundschaft war weniger der Musikpädagoge Franz Duschek als seine fast um ein Vierteljahrhundert jüngere Gattin Josefa. Sie war eine Tochter des Prager Apothekers Hampacher und eine vortreffliche Sängerin. Mozart kannte sie schon aus Salzburg, das sie, vielleicht aus Erbschaftsgründen, 1777 besucht hatte. Ihr Großvater Ignaz Anton Weiser war nämlich 1772–1775 Bürgermeister von Salzburg gewesen. Damals hatte Mozart eine große *Andromeda-Szene* (K. 272) für Josefa komponiert.

Ihr Portrait, das uns erhalten ist, zeigt eine fremdartige Mischung von Resignation und Glut. Wenn nach dem Codex der Renaissance das Wesen der Schönheit darin besteht, daß sich »zwei Bewegungen treffen, um dann einander aufzuheben«, so war Josefas Gesicht wirklich schön: die Augen lagen tief im Kopf, »wichen also zurück« ... andererseits waren sie sehr groß, und ihr dunkler Blick »sprang vor« ... Über Liebesbeziehungen zu Mozart wissen wir nichts. Sie als »Mozarts Geliebte« zu bezeichnen, wie Schurig das tut, liegt kein Grund vor. Konstanze hat ihn auf der ersten wie auf der zweiten Reise in die böhmische Hauptstadt begleitet.

Allerdings hatte Josefa Duschek einen »schlechten Ruf«. Man wußte in Prag, daß sie ihre Glücksgüter (die übrigens nicht lange vorhielten) früheren Beziehungen zu einem böhmischen Magnaten verdankte, einem Grafen Clam. Als sie, ein Jahr nach dem Prager *Don Giovanni*, auf einer Gastreise Weimar besuchte, schuf ihr dieser schlechte Ruf dort ein ungünstiges Quartier. Der häufig moralisierende Schiller nannte sie »mokant und dreist, ja geradezu frech«. Die Herzogin-Mutter Anna Amalia meinte sogar, »sie sähe recht aus wie eine abgedankte Maîtresse«.

Wahrscheinlich waren es die Duscheks gewesen, deren inständiger Bemühung schon vor vier Jahren ein großer Erfolg der *Entführung* in Prag zu verdanken war. Als Mozart am 17. Januar den Zuschauerraum des Theaters betrat, empfing ihn ein »niemals erlebter Jubel«. Am zwanzigsten dirigierte er selbst, unter nicht endenwollendem Beifall, den *Figaro*. Zwischen diesen beiden *Figaro*-Abenden gab er das vielberühmte Konzert, das uns sein erster Biograf Franz Niemetschek geschildert hat. Das Wesentliche an diesem Konzert war nicht Mozarts gebundenes Spiel, sondern sein *freies Improvisieren*, »dessengleichen noch nie erlebt worden war«. Ein anderer Teilnehmer des Konzerts, Stjepanek – der 1825 den *Don Giovanni* ins Tschechische übertragen hat – berichtete, der Komponist habe drei Zugaben machen müssen. Als Mozart zum dritten Mal erschien, »leuchtete innige Zufriedenheit über so viel Enthusiasmus aus seinem Antlitz. Er begann mit erhöhter Begeisterung und leistete Unerhörtes, als auf einmal aus der totenstillen Menge eine laute Stimme rief: ›Aus Figaro!‹ Mozart begann darauf mit dem Motiv der Lieblings-Arie: *Non più andrai*, spielte ein Dutzend wunderbarer Variationen aus dem Stegreif und endete unter dem rauschendsten Jubel.«

Das Improvisieren ist ein Talent, das den meisten Tonschöpfern mangelt. Mozart, Beethoven und Liszt waren unter den Komponisten vielleicht die größten Improvisatoren – und vielleicht war Mozart der größte von ihnen. 1877, als er Liszt gehört hatte, schrieb Alexander Borodin an Cäsar Cui: »Spielt Liszt etwas durch, so fängt er manchmal an, Eigenes hinzuzusetzen, und so entsteht unter seinen Händen nicht das betreffende Stück, sondern eine Improvisation darüber – eine jener glänzenden Transkriptionen, die seinen Ruhm als improvisierenden Klavierspieler in die ganze Welt getragen haben.«

Liszt lebte im Virtuosen-Zeitalter, das Schumann und Weber gefürchtet hatten. Schumann richtete an seine Braut, Clara Wieck, eine dringende Warnung vor dem Fantasieren: »Es strömt da zuviel ungenützt ab, was man besser anwenden könnte.« Und noch schärfer urteilte Weber in seinem Romanfragment »Tonkünstlers Leben«, wenn er sagt: »Diese verdammten Klavierfinger, die über dem ewigen Üben und Meistern ... endlich eine Art von Selbständigkeit erhalten, sind ganz bewußtlose Tyrannen und Zwingherren der Schöpfungskraft.« – Mozart hatte diese Vorsicht nicht nötig. Denn die strenge Regelkunst der Familie Bach, bei

der er den Klaviersatz gelernt hatte, bewahrte ihn vor den Exzessen der »Bewußtlosigkeit«, die Weber hier meint; genauso wie vor Liszts »Überbewußtheit«, die Borodin später bewunderte.
Während einer Improvisation befindet sich das Publikum in einem anderen Erwartungsstadium, als ob es an der Wiedergabe eines »bereits geformten Kunstwerks« teilnähme (Férand). Es ist »elektrisierbarer« – denn es wohnt einer Premiere bei! – und andererseits »elektrisiert« es auch den Komponisten. Beethoven, dem Klavierspieler, lag an dieser Art Publikum. Die Themen seiner Allegrosätze haben oft den Charakter von »Einfällen« (August Halm). Daß sie es natürlich nie waren, sondern hart erarbeitetes Gut, ist etwas anderes. Doch Beethoven wußte um die Wirkung des »Launenhaft-Diktatorischen«, und so spielte er den »Improvisator«, selbst wo er gar nicht improvisierte. Diese übermenschliche Strategie lag Mozart natürlich völlig fern. Er war viel naiver als Beethoven; und daß den Händen des blassen Mannes Gebilde von solcher Entschiedenheit und Festigkeit entquollen, mochte die Hörer zu Glückstränen rühren.
Daß ein böhmisches Publikum erregbarer war als manches andere, hatte seine Gründe. Burney, dem englischen Reisenden, der damals Mitteleuropa studierte, fiel auf, daß die Prager Adelshäuser ihre Bedienten engagierten »nach der Fähigkeit, im Orchester zu spielen« – so sickerte das Musikverständnis von oben in die Volksschichten. Nach Richard Batka war es weit eher das böhmische Volk gewesen, das durch Ammen- und Handwerkslieder den Adel musikalisierte ...
Das Prager Konzert brachte Mozart die phantastische Summe von 1000 Gulden. Wahrscheinlich war es an diesem Abend, daß der Direktor der Prager Oper, der Italiener Pasquale Bondini, mit sich einig wurde, bei Meister Mozart eine neue Oper zu bestellen. Vielleicht hatten Duscheks vorgearbeitet; noch wahrscheinlicher Graf Thun, der einflußreiche Musikmagnat. Jedenfalls konnte Direktor Bondini einen kommenden Erfolg mit Händen greifen: wer diese Unsumme von Musik in sich aufgespeichert trug, daß sie sich durch einen Zuruf als Improvisation entlud – der mochte jeden Stoff komponieren. Und alles, was Mozart komponierte, würde in Prag gefeiert werden! Denn mit dem *Figaro* war es so, daß er über das Theater hinaus bereits »ins Leben getreten war«. Noch am Tage seiner Ankunft war Mozart beim Baron Bretfeld zum Ball eingeladen. »*Ich tanzte nicht, weil ich zu müde war. Ich sah aber mit Vergnügen zu, wie all diese Leute auf die Musik meines ›Figaro‹, in lauter Kontertänze und Deutsche verwandelt, so innig*

vergnügt herumsprangen. Denn hier wird von nichts gesprochen, als von ›Figaro‹; nichts gespielt, geblasen, gesungen, gepfiffen als ›Figaro‹; keine Oper besucht als ›Figaro‹ und ewig ›Figaro‹ . . .«
Giuseppe Verdi lief meilenweit, um die Leierkästen nicht zu hören, die ihm den *Troubadour* nachjammerten. Mozart hatte noch nie erlebt, daß die »Straße« ihn kannte. Die Kenner schätzten ihn im Theater, und ein paar hundert Menschen in Wien klatschten seinen Konzerten Beifall. Doch das »Wunder der Popularität«? »*Figaros* Gesänge widerhallten auf den Prager Gassen, in Gärten, ja selbst der Harfenist bei der Bierbank mußte sein *›non più andrai‹* ertönen lassen . . .«
Er soll sich noch fünfmal umgedreht haben, als er wieder im Reisewagen saß und die Stadt seiner schönsten Triumphe im Märznebel hinter ihm versank.

DER HUMANIST

Im April ging Kaiser Josef durch seine Anticamera. Da Ponte fuhr vom Stuhl auf. »*Come sta, Maestro?*«
»*Benissimo.* – Wenn man drei Opern zu gleicher Zeit schreibt . . «
Hier fing der Kaiser an zu lächeln. Wie sie ihn doch alle nachahmten! Man müsse drei Dinge zu gleicher Zeit tun, hatte er neulich dem immerhin schon recht alten Fürsten Kaunitz erklärt. Solch ein Wort machte sofort die Runde – und jetzt traf er es im Munde dieses Humanisten wieder.
»Julius Cäsar und Euer Majestät . . .« begann Da Ponte.
Der Kaiser schnitt ihm das Kompliment ab. Ob Cäsar Opern geschrieben habe? – Und was denn das für Texte seien?
»Texte für Mozart, Salieri und für Martin y Soler. Für Mozart schreib' ich den *Don Giovanni*, für Salieri schreib' ich den *Oxur* und für Martin den *Baum der Diana.*«
»Lieber Gott – was hängen an dem für Früchte?«
»Es handelt sich um die Früchte der Keuschheit und um die von Eurer Majestät verfügte Aufhebung der Klöster!«
»Das wird doch viele Menschen ärgern?«
»Majestät kennen Ihren Diderot. Wer könnte Nonnenklöster lieben? So lasse ich denn mit Humor und Grazie Cupido und Endymion die Göttin der Keuschheit überlisten und die eingeschlossenen Nymphen bekehren . . .«
Über das ganze Gesicht lachend, war der Kaiser schon weitergegangen. Jetzt drehte er sich noch einmal um: »Wie schützen Sie

sich vor Verwechslungen?« fragte er, zum besonderen Vergnügen von ein paar zuhörenden Audienzlern.
»Nichts leichter!« erwiderte schlagfertig Da Ponte. »Bevor ich für Mozart arbeite, lese ich in Dantes ›Hölle‹, und zwar besorge ich das des Nachts. Am Morgen lese ich Petrarca und schreibe darauf am ›Baum der Diana‹, und abends kümmere ich mich um ›Tasso‹ als Gedankenstütze für Salieri.«
Als Da Ponte ein Dritteljahrhundert später in New York seine Memoiren schrieb, da fügte er mit der Erfindungsgabe eines achtzigjährigen Weisen noch eine kleine Geschichte hinzu, die er dem Kaiser gewiß nicht erzählt hat: daß zu seinen Hausmitteln damals noch sehr viel Tokayer gehörte und ein kleines Wirtstöchterlein, das manchmal auf seinem Schoß saß und ihm den Tokayer kredenzte. Denn man konnte bei diesem Kaiser nie wissen ...
Nun, Mozart hatte bestimmt nichts dawider. Was für ein Kerl war doch dieser Da Ponte! Ihm einen solchen Stoff wie den *Don Giovanni* zu kredenzen, einen Stoff, der ebenso humanistisch wie modern war ... Nur schnell mußte jetzt alles gehn, nur schnell! Hatte sein Mann doch am ersten Tag schon die erste Szene des Leporello und den Auftritt des Komturs geschrieben. Da durfte sich auch der Tondichter eilen. Und sie freuten sich schon in Prag!

GRUSS VON MOLIERE

Trotz seines italienischen Namens war *Don Giovanni* ein spanischer Stoff. Es war die Geschichte des Juan Tenorio, der vielleicht sogar gelebt hat ... Als das erste Mal in Spanien jener Don Juan die Szene betrat, da geschah es in einem Stück des sehr fruchtbaren Tirso de Molina. Und das Schauspiel hieß *»El Burlador de Sevilla y combidado de piedra«*. Zu deutsch: »Der Gaukler von Sevilla und die zu Gast geladene Bildsäule.« Der Gaukler also, der »Hochstapler«, gaukelt nicht etwa bloß mit Geld oder in die Luft geworfenen Bällen, sondern eher mit Frauenherzen. Er ist ein »Beutelschneider der Tugend« – und das in einem katholischen Land, in dem Frauen ganz unerfahren sind und die Straße ohne niedergeschlagene Augen nicht zu betreten pflegen. So hat er es schwerer, aber auch leichter. Im übrigen entstammt der Gaukler selbstverständlich der antiken Komödie, und man mag seine Ansätze bei Terenz und Menander suchen. Er ist ein Urtypus; wäre er's nicht, so wäre er wahrscheinlich längst von der Bühne verschwunden.

Neben dem *Burlador* steht nun der *Combidado de piedra*, italienisch der *Convitato di pietra*, oder zu deutsch *Der steinerne Gast*. Das seltsamste in diesem Titel ist die Verheiratung durch das »und«. Denn was haben jener Gaukler und die Bildsäule miteinander zu schaffen? Zunächst einmal gar nichts (Geusenbeck). Die Bildsäule, die sprechen oder handeln kann, hat ihren eigenen, reich beschickten Sagenkreis, der mehr als 2000 Jahre alt ist. Ein erfolgloser Wettkämpfer peitschte nachts die Bildsäule eines erfolgreichen Athleten: sie fiel um und erschlug den Beleidiger. In einer späteren, schon christlichen Zeit verspottete ein nächtlicher Dieb die Statue des heiligen Nikolaus und forderte sie auf, ihn zu hindern oder beim Wettlauf einzuholen. Das tat der heilige Nikolaus und fing den Dieb: eine kleine Ballade, die gern auf Märkten gesungen wurde ... (I. Scheible). In gewissen Menschen liegt etwas (womit sie sich allerdings bereits dem Typus des »Burladors«, des »neckenden Lästerers« annähern), was sie zwingt, die gebundene Hilflosigkeit von steinernen Standbildern auszunützen. Dann zeigt es sich, daß – o Gerechtigkeit! – die Standbilder nicht so ganz hilflos sind. Sie mögen sich zur Wehr setzen und, im Guten oder Bösen, ihre »Beschwörer« beim Wort nehmen ... Nicht angenehm erging es Bildhauern, die ihre Statuen anflehten, liebende Menschenfrauen zu werden. Sie wurden dann in der Hochzeitsnacht von den wieder zu Stein Gewordenen erdrückt.

So verheiratete denn das Stück des Spaniers Tirso de Molina zwei Stoffe, die zunächst einmal durchaus gesondert bestanden hatten: den Verführer und den Statuen-Frevler. Und bis heute hat die Don-Juan-Sage eine »Heiratsfähigkeit« bewiesen wie kaum ein Stoff der Weltliteratur. Der persönlich so undonjuaneske Lenau (1802–1850) vermählte ihm seine Melancholie. Und als Bernard Shaw 1889 »Man and Superman« schrieb, verheiratete er mit diesem Stoff seine glänzendsten Paradoxe. Sein Jack Tanner – er hat Schopenhauer gelesen und ist schon darum ein »Misogyn«! – spricht es aus, daß heute überhaupt kein Mann mehr Verführer ist: die Frau tut, was sie will und muß, um dem Zeugungswillen der Natur zu entsprechen. Mag sich der Mann auch noch so sträuben – er wird durch Illusionen wie Schönheit, Kunst, Romantik geködert (Paul Stefan). Nicht Don Juan nimmt also Donna Anna, sondern im Gegenteil sie ihn – und am Schluß flieht Don Juan in den Himmel, wo man den raffinierten Trug der Sinne, den Don-Juan-Schwindel, nicht mehr kennt.

Die Sage hört nicht auf, zu »laufen«. 1906 schrieb Carl Sternheim ein Jugendschauspiel »Don Juan«, worin er den Tenorio mit Don

Juan d'Austria vereinigt, dem Halbbruder König Philipps II., dem Helden der Seeschlacht von Lepanto. Einen »privateren« Don Juan schrieb in den Siebzigerjahren Paul Heyse, in welchem Don Juan Vater ist und sich, was wir nie glauben werden, mit seinem Sohn auseinandersetzt ... In der jüngsten Gestaltung des Schweizers Max Frisch, »Don Juan oder Die Liebe zur Geometrie« (1953), ist der Held von Natur keusch, rein und abstrakt. Erst die Zumutung, den Eros mit Kirche, Treue und Ehegelübde zu verbinden (»Wer könnte irgend etwas geloben?«), macht ihn zum Wüstling und zum Mörder.

Und der berühmteste »Don Juan« seit Mozart? Eigentlich *heißt* er nur so. Denn der Byronsche versucht mehr die »Welt« als die Frauen – und er versucht sie im Sinne des »Schmeckens«, ohne wirkliche Metaphysik. Lamartine hat ihn darob getadelt: Wieviel tiefer und größer doch Mozart sei. Für Byrons »skeptische Geographie« sind auch die Frauen ein Teil des Globus und darum ist er ihrer längst überdrüssig ... Doch dieser Vetter des Mozartischen hat Söhne und Enkel hinterlassen: Richard Strauß' Tondichtung *Don Juan* (1889) kommt von Byron. Und der Russe Dargomyschki (1813–1869), der einen *Steinernen Gast* schrieb, imprägnierte sein Werk mit Puschkinschem Weltschmerz.

Ein Katarakt von Don-Juan-Stücken, die bereits alle »Deutungen« sind, strudelt so seit Jahrhunderten hinter Tirso de Molina her. Dessen *Burlador de Sevilla* war seltsamerweise kein gutes Stück. Es war nicht seltsam: die spanische Bühne, als Theater der Gegenreformation, war extrem religiös bestimmt. Es widerspricht den Gesetzen des Dramas, daß der Sieg im vorhinein fest in den Händen der einen Partei ruht. Daß Wallenstein untergehen wird, wissen wir nur aus der Geschichte – das Genie Schillers jedenfalls läßt uns darüber lange im Zweifel. Wenn aber Tirso de Molinas Gaukler, Wicht und Frauenbetrüger ein Grabmonument zum Nachtmahl lädt, und damit den Toten selbst, so wissen wir, daß er verloren ist (Erwin Rieger). In einer spanisch-christlichen Welt hat er sich an der Heiligkeit des jenseitigen Lebens vergangen!

Nun sind aber die großen Tragiker immer mit ihrer »aetas« verknüpft. »Sie haben«, sagt Karl Jaspers, »im Stil, im Stoff ihrer Inhalte, im Material der Tendenzen die Züge ihres Zeitalters.« Gewiß gibt es Ur-Stoffe; aber sie sind keineswegs »zeitlos universell. Der Mensch muß das Wissen um diese Stoffe jederzeit für sich neu erwerben«. Zwischen Mozart–Da Ponte und dem spanischen Barockdrama hatten die englische Renaissance und die französische Klassik gelebt, die über einen »heldischen Frevler«

wohl nicht ganz so absprechend dachten wie der fromme spanische Christ ... Nicht also von Tirso de Molina kam der weltliterarische Gruß, den Mozart–Da Ponte beantworteten, sondern von dem großen *Molière.*

Im Jahre 1665 hatten die frommen Gegner Molières es bei Ludwig XIV. durchgesetzt, daß seine Komödie gegen die Heuchler, der »Tartuffe«, verboten wurde. Als rächende Antwort schrieb er darauf »Don Juan ou le Festin de Pierre«. Ein soziales Stück, in dem (ein Jahrhundert vor Voltaire und Rousseau!) Juan als rationalistischer Zweifler auftritt. Freilich zugleich auch als Bösewicht; und wenn Molière seinen Helden auch nicht aus religiösen Gründen verwirft, so haßt er ihn doch aus sozialen. Der spanische Hidalgo ist Marquis am französischen Hofe geworden. Selbstsucht noch mehr als Sinnlichkeit bildet den Grundzug seines Charakters. »Die Welt ist nur da, damit der vornehme Kavalier genießen kann, die bürgerliche Krapüle nur, um ihm Geld zu leihen und ihre Töchter für sein Vergnügen herzugeben« (Max J. Wolff). Daß nun weniger die Befriedigung der Sinne, sondern der Fall des jeweiligen Opfers die Lust dieses Don Juans ausmacht: da der große Molière ein besserer Charakterisierer war als der schwächer profilierende Tirso, haben Mozart und Da Ponte diesen sehr wesentlichen Zug bei Molière gelernt. Daß Mozart seinen Molière kannte, ist selbstverständlich. Es ist bezeugt aus der Tatsache, daß am 14. März 1778, als Wolfgang den Reisewagen bestieg, um von Mannheim nach Paris zu fahren, sein Schwiegervater Fridolin Weber (damals noch Aloysias Vater, später der Vater seiner Konstanze) ihm als Geschenk eine Molière-Ausgabe mit der Widmung in die Hand drückte: *Ricevi, Amico, le opere del Molière in segno di gratitudine a qualche volta ricordati di me.*

Im übrigen war Molières Don Juan keineswegs nur ein »Frauenversucher«. Er versuchte alle Welt. Im Namen und zur Glorie der Selbstsucht. Genau wie Shakespeare verwirft Molière am Ende das Böse – doch nicht ohne eine Weile als »advocatus diaboli« von seiner Denktechnik gelernt zu haben. Eine Szene wie »Don Juan und der Bettler« war überhaupt nur in Frankreich möglich. Nicht einmal in Italien, dem Lande des heiteren Skeptizismus:

Don Juan: Was treibst du denn hier mitten im Wald?
Bettler: Ich? Bete den ganzen Tag zum Himmel für die Wohlfahrt der Reisenden, die die Großmut besitzen, mir etwas zu schenken.
Don Juan: Dann müßt' es dir eigentlich doch ganz gut gehn!

Bettler: Ich lebe in der größten Armut.

Don Juan: Du spaßest wohl? Ich dächte, ein Mensch, der den ganzen Tag den Himmel anfleht, sollte ein gutes Geschäft dabei machen.

Bettler: Lieber Herr, die allermeiste Zeit hab' ich kein Stück Brot für meinen Hunger.

Don Juan: Das scheint mir seltsam und unerhört. Deine Bemühung so schlecht zu vergelten! Ich werde dir einen Louisdor geben, wenn du einmal kräftig fluchen willst!

Bettler: Um Gotteswillen, wie könnte ich eine solche Sünde begehn?

Don Juan: Ja, willst du nun fluchen oder nicht? Hier – mach deine Hand auf – ist das Geld! – Aber vorher mußt du fluchen.

Bettler: Lieber, allergnädigster Herr ...

Don Juan: Nun! Willst du oder willst du nicht?

Bettler: Da zieh ich es vor, lieber Hungers zu sterben.

Don Juan: Zum Teufel, behalte den Louisdor! Ich gebe ihn dir aus Liebe zur Menschheit ...

Eine einzigartige Szene, welche die beiden Dioskuren Da Ponte und Mozart selbstverständlich nicht übernehmen konnten, da ihr Werk ja nirgends von sozialer Philosophie handelte.
Was aber Mozart zu Molière bringt – was Tirsos spanische Vorlage nicht hatte – ist die Gestalt des Leporello. Leporello heißt »Hasenfuß«. Dieser furchtsam-pfiffig-freche Diener kommt aus dem italienischen und französischen Theater. Er ist also »Usus«. Nie wird Mozart in seinen Meisteropern auf jene drei Dimensionen Res, Aetas, Usus verzichten. Aber der usuelle Diener – den Molière bereits so liebte, daß er selbst ihn als Räsoneur auf der Bühne verkörperte – wird im *Don Giovanni* sehr bald zur »Res«, zur Handlung selbst, zur shakespearisch prallen Figur. Er schwatzt nicht nur: er hat ein Schicksal. Eine Art Haßliebe verbindet ihn – besser, ein abscheuvoller Neid – mit seinem Herrn. Wie Sancho Pansa Arm in Arm mit Don Quijote geht er durch alle Abenteuer seines Herrn:

Das bekommt ihm später ziemlich schlecht, wenn Don Giovanni ihn als »Double« zum Stelldichein mit Elvira mißbraucht.
Doch zunächst einmal darf Leporello jene »Register-Arie« singen, die der verlassenen großen Dame Elvira (bei Molière ist sie sogar Don Juans wirkliche Ehefrau) die Zahl der von Don Juan Verführten und Verlassenen demonstriert. Die mitgenießende Bosheit dieser Arie ist ein Monolog – den die entsetzte Zuhörerin nicht erwidert (woraus man sieht, daß, wie immer bei Mozart, auch Elvira eine wirkliche Schauspielerin von Rang sein muß). Dies lippenleckende Register: 230 in Deutschland, 90 im türkischen Reich und 100 in Frankreich, aber in Spanien schon 1000 und 3:

Ma in Ispagna, ma in Ispagna son già mille e tre: diese Verlangsamung des Flusses durch Fermaten ist unwiderstehlich komisch; obendrein ist sie aber auch ernst – denn wenn schon geliebt und wenn schon verführt wird, muß es im schattenlosen Land der rot- und-gelben Sonnenfarben stärker zugehen als anderswo. Fast gelangweilt und doch lüstern fährt Leporellos Aufzählung fort:

Nun folgt die schamlos körperliche Zerlegung in Blonde, Braune, Runde, die man bei der Kälte sucht, und Schlanke bei warmem Frühlingswetter. *Purchè porti la gonnella?* Weshalb tragt Ihr den Unterrock? *Voi sapete quel che fà:* Nun, Ihr wißt ja, wie er's macht.

Es gibt kaum etwas Ähnliches an Dramatik und toller Schilderungskraft. Wenn David in den *Meistersingern* den stumm zuhörenden Walter Stolzing über die verschiedenartigen »Weisen der Meistersinger« belehrt, so ist es die gleiche Situation — aber es wirkt langatmiger; nicht etwa bloß, weil die »Rosmarin- und Gelbveigleinweis'« nicht so sinnlich ist wie die von Leporello skizzierte Frau, sondern weil der auf Vollständigkeit erpichte Wagner von Natur eben ein Epiker war. Im Gegensatz zum Dramatiker Mozart.

Nur Da Pontes Ruhm müssen wir beschneiden. Denn er stahl — jawohl, er stahl! — die ganze Szene mit Haut und Haar von einem Dichter namens Bertati. Er arbeitete die Worte um, nun wohl — doch es sind Bertatis Worte: diese Aufzählung der *Madame, Cittadine, Artigiane, Contadine, Cameriere,* die in Italien, Deutschland, Frankreich und Spanien dem Wüstling anheimfielen. »Wäre Da Pontes Libretto heute herausgekommen, würde er einen eben nicht aussichtsvollen Plagiatprozeß riskieren« (Paul Stefan).

Die Musik des Bertatischen *Don Juan* war das Werk von Gazzaniga. Ob Mozart sie wohl gekannt hat? — Bertati jedenfalls, der Dichter, war durchaus kein schlechter Mann. Denn er war Verfasser von Cimarosas *Matrimonio Segreto,* der *Heimlichen Ehe,* einem der berühmtesten Buffa-Werke des achtzehnten Jahrhunderts, das Mozart gern komponiert hätte.

VERGISS AN DEINEN FIGARO!

Wie komponiert man einen *Don Giovanni?* Indem man an *Figaro* vergißt.

Es gehört zu Wagners Ruhmestiteln, daß kein Takt des *Tannhäusers* etwa im *Tristan* stehen könnte und umgekehrt. Aber Wagners Dramen liegen um Jahre, sogar um Jahrzehnte, auseinander. Doch wie konnte der Autor des *Don Giovanni* innerhalb eines einzigen Jahres an seinen *Figaro* vergessen? Dieser Fall liegt viel erstaunlicher.

Wir erkannten im *Figaro* die nie wieder erreichte Verschmelzung von Ironie, Konversation und Bewegung. Wo ist im *Don Giovanni* Ironie? Sie ist überall den faustharten Schlägen eines Rabelais'schen Humors gewichen. Damit entfällt die zarte Portraitkunst, die Mozart noch auf die Nebenfiguren im *Figaro* verwendete. Jenen Gärtner Antonio, der immer leicht betrunken ist, der sich wundert, wie man in seinen Garten vom Fenster Dinge herabwerfen kann; Kabinettstücke wie Marcelline, die heiratslüsterne Matrone und den Arzt Dr. Bartolo, ihr Räuspern und ihre scheinheiligen Blicke, all das wird man in der Musik zum *Don Giovanni* vergebens suchen.

Ebensowenig gibt es hier noch eine echte »Konversation«. Darin zeigt sich vielleicht das Verlassen eines erreichten Niveaus am deutlichsten. Was konnte Mozart nur bewegen, die Personen dieser Oper nie miteinander plaudern zu lassen? Antwort: die Furchtbarkeit des Stoffes. Das Antik-Tragödienhafte, das fast unter jeder Szene schläft und jeden Augenblick ausbrechen kann. Das »Harmlose« hat hier keinen Raum.

So gab Mozart denn einen Vorteil auf, den er eben erst errungen: die Verschmelzung von Rezitativ und Arie. Sie sind wiederum säuberlich getrennt. Im Sinne von Wagners Musikdrama wäre also *Don Giovanni* als rückständige Form anzusprechen?

Wagner, der 1883 starb, schied noch scharf zwischen der Rolle des »unnatürlichen« Gesangs in der älteren Arien-Oper und der »natürlichen« in seinem eigenen realistischen Musikdrama, dessen Waffe der Sprechgesang war. Er würde schwerlich auf diese Scheidung einen so hohen Wert gelegt haben, hätte er die Forschungen von Helmholtz, Stumpf und Wundt gekannt, die inzwischen erwiesen haben, daß zwischen dem Sprechen und dem Singen niemals ein *wirklicher* Unterschied war. Der Ton war früher da als das Wort: gerade darum gibt es »Sprechmelodien«, und jedes Sprechen ist bereits Singen. Jede Frage, die wir stellen, geschieht in einer aufsteigenden Quinte; die Antwort geschieht in der Abwärtsquinte. Was die Vokale betrifft, maß Helmholtz ihre Schwingungszahlen und fand, daß ein scharfes a, ae, e und i in einer Reihenfolge Töne ergeben, die einem aufsteigenden Quartsextakkord nicht etwa entsprechen – sondern ihn *bilden.*

Mit diesen Tatsachen bekannt, steht der heutige Mensch der klassischen Oper sehr viel aufgeschlossener gegenüber, als das neunzehnte Jahrhundert es tat. Ihre tonpsychologischen Grundlagen empfindet er nicht mehr als unnatürlich. Die Selbstquälerei, mit der sich noch Wagner, der Riese, in seinen Gründerjahren den ästhetischen Verstand zerriß über »Arie und Rezitativ« – eines schlösse das andre aus und müsse notwendig Unnatur sein – ist uns heute unbegreiflich. Mit wenigen traurigen Ausnahmen (leider gehört *Fidelio* hierher und noch schlimmer *Oberon)* haben die klassischen Opernmeister ja auch mit schlechthin meisterhaften Rezitativen zu tun gehabt. Warum sollten Arie und Rezitativ *grundsätzlich* einander stören?

Ein modernes technisches Erlebnis enthüllt am besten, was hier gemeint ist: in den großen Meisteropern des achtzehnten Jahrhunderts lösen Ariengesang und Rezitativ einander so unmerklich ab, wie heute das Personenflugzeug, das eben noch am Boden rollte, sich in die Lüfte erhebt – ohne Abstoß! Die Passagiere haben noch nichts begriffen, und schon fliegen sie ... Umgekehrt ist das Landen des Flugzeugs, sein Wiederaufsetzen, nicht zu spüren, wenn ein Meisterpilot es handhabt. In einem guten Rezitativ hört das Höhenpathos des Singens nicht auf. Wenn nach der Bauern- und Raufszene im ersten Akt des *Freischütz* der Forstmeister Kuno die Bühne betritt (»Wer wagt es, meinen Burschen anzutasten?«), so vergessen wir stets aufs neue, daß der Förster nicht singt, sondern *spricht*. Denn es herrscht in diesem genialen Textbuch eben kein wirklicher Unterschied in der Höhenlage zwischen Singen und Sprechen.

Genauso steht's um den *Don Giovanni*, wo das meiste »Gesprochene« genau so wichtig ist wie das »Gesungene«. Beides hat entweder die hohe Spannung des Heldisch-Tragischen oder die niedere des Tölpisch-Teuflischen. »Ironie« und »Konversation« bleiben dabei allerdings auf der Strecke. So hat *Don Giovanni* mit *Figaro* überhaupt nur noch *eines* gemeinsam: daß er »Bewegungsoper« ist. Das ist er freilich im stärksten Maße. Don Giovanni auf seinen hohen Beinen, mit seiner fontänengleichen Gestalt, ist geradezu der Typus des Tänzers; wo er hintritt, entsteht *Pantomime*.

Die Musik des *Don Giovanni* hat zwei pantomimische Höhepunkte, die zugleich auch dramatische Gipfel sind. Der erste ist die Duellszene in der Exposition des Dramas. Sie ist so wenig »Programmusik« wie etwa bei Wagner Siegfrieds Durchbruch durch den Feuerring im dritten Akt. Was geschieht dort? Der Held hat sich mit dem Hornmotiv der lodernden Feuerfestung genähert. Sofort erleidet das Motiv eine Umbildung, die man im älteren Sinn noch eine »Variation« nennen mag. Doch in den nächsten Takten wird dieses Schweifen und Suchen schon musikdramatische Pantomime. Einatmen, Zuschlagen, Trümmersturz, Klirren, Ausatmen, Sieg: das ist höchste körperliche Wahrheit. Gluck hat bereits damit begonnen: seine Kunst geht nicht auf den Gesang, sondern auf den Tanz zurück, auf die musikgetragene Geste (Paul Bekker). Doch die berühmte Fechtszene steht trotzdem nicht in Glucks Ballett *Don Juan*, sondern in Mozarts *Don Giovanni*. Und hier ist sie viel erstaunlicher.

Nach der Musik kann man kaum zweifeln, daß es sich um acht Gänge handelt, acht Paraden und Ausfälle, ehe der tödlich getroffene Komtur zusammenbricht. Selbst wer es mit dem unwirschen Brahms hält und sich die Oper nicht ansieht, weil »die Partitur doch viel schöner ist«, kann gerade aus der Orchestration mit grafischer Treue das Duell sehn. Gingen alle »Fechtlehren« verloren und jeder Bericht über Florettkämpfe, hier hätte man eine Darstellung, wie bis zur Französischen Revolution ein Ehrenhandel sich abwickelte. Wie konnte Mozart das aber schreiben? Darüber urteilte Charles Gounod in seinem schönen *Don-Juan*-Buch (1890): »Das Genie schaut, während wir Andern suchen.« Wer aber will, mag sich erinnern, daß Mozart als Knabe – es geschah nach dem Blatternanfall in Olmütz – vom Domherrn Podstatzky Fechtstunden erhielt. Daß er in der Zwischenzeit einen Degen gezückt hätte, ist unwahrscheinlich. (Er trug ihn zuweilen aus Kavaliersgründen wie den Adelstitel.) Doch sein Ohr, das niemals etwas vergaß, hielt den sich nach oben verjüngenden Ton der pfeifenden Rapiere fest, die schwirrenden Zweiunddreißigstelnoten:

Denn es gibt ein Wahrhaftigkeitsstreben des Ohrs, wie es eines des Auges gibt.

Der zweite pantomimische Höhepunkt der Oper ist natürlich Don Giovannis Ballfest. Es naht sich das verlarvte Terzett: Ottavio, Anna und Elvira. Schon ihr Anmarsch ist große Musik:

Jetzt treffen sie auf das Menuett, das unvergleichlich-herrliche:

Neben den Menuettmusikanten gibt es ein zweites Bühnenorchester, das für Giovanni und Zerline einen Kontertanz ausführt; und gar ein drittes, das kontrapunktierend einen Ländler, einen »Deutschen«, für Masetto und Leporello aufspielt:

Diese großartige Mischung hatte Mozart um 1776 in seiner Salzburger Zeit erprobt, wo er einmal eine Serenade für vier Orchester geschrieben hatte, die, an vier verschiedenen Stellen eines Parkes aufgestellt, einander zuspielten: ein kühnes Architekturerlebnis des Ohres!

Übrigens sind diese drei Ballorchester eine der wenigen Stellen, die in einem deutlichen »Aetas«-Sinn *Don Giovanni* und *Figaros Hochzeit* verknüpfen. Es ist vor-revolutionäre Musik, wenn sich die Aristokraten mit den Fingerspitzen begegnen, um das edelste Menuett zu tanzen – doch wenn dann die Tölpel hereinplatzen und ihre Art von Dorfwalzer stampfen, so wissen wir, daß »auf dem Welttheater das Ende des Menuetts bevorsteht«.

Die andere große Zeitepisode im *Don Giovanni* ist der Ausruf:

Im Quartett und gar noch als Kanon! Zwar ist nur die »Maskenfreiheit« gemeint, wenn Don Giovanni ausruft: »Hier gilt kein Stand, kein Name!« Aber wer 1787 auf der Bühne die Freiheit hochleben ließ, der meinte bereits die »politische Freiheit« und entfesselte eine Glücksraserei.

Es sind aber nur sehr wenige Stellen, wo sich der Aetas-Begriff des *Giovanni* mit der Liberté und Egalité des *Figaro* kreuzt. Und auch da nur thematisch – nicht musikalisch. Im *Giovanni* hat tatsächlich Mozart an seinen *Figaro* vergessen.

Wo aber nahm der Meister nun doch gewisse Melismen und Figurationen für seine zweite Oper her? Es ist doch unmöglich, daß jemand sich um eines »neuen Themas« willen ein völlig neues Melos anzieht? Die Antwort darauf ist merkwürdig. Philologie hat nachgewiesen, daß in seltsamer Wiederkehr Arienreste und Reminiszenzen aus dem alten *Idomeneo* durch den ganzen *Don Giovanni* jagen. Bald verstärken sie eine Charakteristik des Komturs, bald eine der Donna Anna (Robert Haas). Wenn Donna Anna in ihrer Verzweiflung den Verführer umkrallt, der sie abschütteln will: »Eher nicht, als du mich tötest, laß ich dich von dannen ziehn!«, so ist das die Wiedergeburt eines *Idomeneo*-Motivs »Die Schuld ist Euer, tyrannische Götter!«

Die Oper der Flüche, des mythischen Grauens – jene Oper, deren Bühnenlos Mozart nie befriedigt hat! – schickt also aus versunkener Zeit ihre Erinnerungen herauf. Bedürfen wir eines stärkeren Beweises, daß *Don Giovanni* trotz aller Leporellos und Masettos kein *Dramma giocoso* ist und keine *Opera semi-seria,* weder ein »Komödiendrama«, noch eine »halbernste Oper«, sondern eine Tragödie wie »Faust« oder »Hamlet?«

LEGENDEN UM EINE OUVERTÜRE

Die Uraufführung hatte man auf den 14. Oktober gelegt – doch die Einstudierung wurde nicht fertig. So mußte man um zwei Wochen verschieben.

... Doch vorher kam jener Augenblick – wohl in der letzten Septemberwoche – da Mozart die Noten seiner Oper, nebst sehr viel leerem rastriertem Papier, in einen Reisewagen lud, und noch seine Konstanze dazu, und in das erwartungsvolle Prag fuhr. Auch Da Ponte reiste nach Böhmen, aber er würde nur kurz dort bleiben und die Premiere gar nicht erleben; denn der Vielbeschäftigte hatte mit einer anderen Oper in Wien zu tun und mußte sehr bald zurück.

Und wer befand sich noch im Wagen, der durch Niederösterreich karrte, durch angenehme Gegenden, durch Wälder und Wiesen, die Mozart nicht sah? Denn den Wechsel der Außenwelt nahm der stets Komponierende nur durch eine Art von Bewegungssinn wahr, der mit dem Auge nicht korrespondierte ... Der Kutscher? – Wir wissen nichts von ihm. Doch könnten wir im Scherz glauben, er habe *Mörike* geheißen und sei, gehüllt in einen Mantel von leerer Luft, damals mitgefahren. Jener noch ungeborene Dichter, der »Mozart auf der Reise nach Prag« später so genau beschrieb, *als ob* er dabei gewesen wäre!

Gehört es doch zu den schönsten und wahrhaftigsten Deutungen Mozartscher Kunst, wie – nach Mörike – der Komponist auf der

Reise ausstieg und das »Orangen-Abenteuer« bestand. Wie er da uneingeladen in das wohlgepflegte Gewächshaus eines Aristokraten geriet und eine Frucht zu streicheln begann (»als wie um ihre herrliche Ründe, ihre saftige Kühle in hohler Hand zu fühlen«), und wie die Orange vom Zweige losging und ihm in der Hand verblieb:

»Er sieht und sieht es nicht; ja, so weit geht die künstlerische Geistesabwesenheit, daß er . . . bald den Anfang, bald die Mitte einer Weise unhörbar zwischen den Lippen bewegend, zuletzt instinktmäßig ein emailliertes Etui aus der Seitentasche des Rocks hervorbringt, ein kleines Messer mit silbernem Heft herausnimmt und die gelbe kuglige Masse von oben bis unten langsam durchschneidet . . . Er starrt minutenlang die beiden inneren Flächen an, fügt sie sachte wieder zusammen, ganz sachte, trennt und vereinigt sie wieder.«

Das Geschenk der Symmetrie! Die Kugel ist ein vollkommenes Gebilde – für Mozart bedeutete Komponieren das Wieder-Aneinander-Fügen zweier getrennter Kugelhälften. Ein wahrhaft kosmisch hoher Gedanke, den der Dichter Novalis umschrieb: »Das Leben der Götter ist Mathematik.« Nicht so aber das Leben der Menschen. Es schwingt nicht in so reiner Kurve wie Sonnenbälle und Weltkugeln . . . Es stößt sich unsymmetrisch im Raum mit den Interessen anderer Menschen.
– Die Tage vor der Premiere hat Mozart in scharfer praktischer Arbeit mit seinen Sängern zugebracht. Mit dem männlich-schönen Darsteller der Hauptrolle Luigi Bassi, der damals zweiundzwanzig war (noch fünfunddreißig Jahre später bezeichnete ihn Beethoven als einen »feurigen Italiener«). Mit Lolli, der zugleich den Komtur und den Bauern Masetto sang (weil eben beides Baßrollen waren). Mit der Donna Anna der Saporiti und der Elvira der Signora Micelli. Die Frau des Theaterdirektors Bondini sang die Zerlina. Sie erklärte, sie könne den »Schrei« nicht wiedergeben, den der Text von ihr verlangt, wenn Don Giovanni sie hinter der Szene anfällt. Diese Italienerin wurde plötzlich von Mozart so derb angepackt, daß sie aufschrie. »Machen Sie's so!« sagte er befriedigt und lachte.
So geht er mit seinen Mitstreitern um. Doch ist er allein oder mit Konstanze, starrt er unempfindlich die Außenwelt an, während in ihm Sprengungen und unterirdische Bergstürze geschehn. – Wagner hat später einmal vortrefflich von Mozart, dem »Salzburger Bergmann« geschrieben, der in der Tiefe nach Erzen schürfte. Das

geht nicht nur auf die *Zauberflöte,* deren Grotten-Mystik sehr natürlich den Wagner des Nibelungenhorts anzog. Auch der Mozart des *Don Giovanni* brachte aus der Urtiefe Charaktere wie Erz herauf.

... Die Entrücktheit Mozarts beim Komponieren ist oftmals beobachtet worden. Aber niemand hat ihn besser gesehn als das Auge der Schwägerin. Er konnte nie stillstehn, berichtet Sophie; noch wenn er sich die Hände wusch, ging er im Zimmer auf und ab. Gelangte er an die Stubenwand, schlug er taktierend eine Ferse an die andere. Kam der Friseur, saß er, ohne ihn zu erkennen, auf einem Stuhl nieder. Plötzlich sprang er auf, zum Klavier hin: der Friseur mußte ihm in Hast mit dem Zopfband nachlaufen. Bei Tisch (oft wußte er nicht, was er aß) »nahm er eine Ecke der Serviette, drehte sie fest zusammen, fuhr sich damit unter der Nase herum und schien in seinem Nachdenken nichts davon zu wissen: öfters machte er dabei noch eine Grimasse mit dem Munde ...« Das klingt scherzhaft – aber wer weiß, in was sich das Tau-Ende der Serviette verwandelt hatte? In einen Taktstock? Eine Waffe? In einen Zauberstab und – da »Geruchsbilder« nun einmal eine große Rolle bei ihm spielten – wonach roch ihm die Serviette? ... In den Tagen vor der Aufführung, die ja immer auch Aufschreibetage waren, war er völlig außer sich, aber auch »ganz in sich«, wie Kucharcz berichtet. Johann Baptist Kucharcz, der getreue (1751 bis 1829), der später die Klavierauszüge von *Don Giovanni, Figaro* und *Cosi fan Tutte* zusammenstellte. Jene alte Lamentation, die Leopold oft geängstigt hatte: »*Komponiert ist schon alles – geschrieben noch nichts* – so gefährlich war es damit diesmal nicht. Da Mozart ja doch mit dem Orchester und den Sängern arbeiten mußte, stand das meiste, ja, eigentlich alles als Kopistenarbeit schon fest da. Nur eines fehlte: die Ouvertüre – und Bondini war schon recht besorgt. Denn wie konnte man solch eine Oper ohne Ouvertüre geben? Mozart selbst schien vollkommen angstlos und lächelte über den Kleinmut der andern.

Wie entstand nun die Ouvertüre? Nach der unglaubwürdigen Darstellung des Novellisten Alfred Meißner – der lesbare Erinnerungen an Heinrich Heine hinterließ – hätte Mozart die Nacht vor der Premiere in einer lustigen Gesellschaft bei den Duscheks zugebracht. In der »Bertramka«, jener Villa, die das Ehepaar drei Jahre früher vor den Toren Prags gekauft hatte: ein kleines Weingut mit Ställen und Garten. (Noch lange sollte hier das Erinnern an Wolfgang Mozart weiterklingen: sein Sohn Karl schrieb noch nach 60 Jahren, daß er sich »mit geschlossenen Augen des Weges nach der Bertramka entsinne ...«) Der Meister also, berichtet Meißner, habe die üblichen Späße gemacht; in seiner Umgebung aber sei man wegen der fehlenden Ouvertüre immer unruhiger geworden. Da sei jemand auf die Idee verfallen, Mozart, der noch in ein Wirtshaus wollte, zunächst einmal ans Klavier zu schmeicheln und dann hinterrücks einzuschließen, während sich die Gesellschaft davonstahl. Es gelang. Er erschien verstört am Fenster: was das bedeute?

»Du mußt komponieren!« rief man ihm von unten herauf. Und an langen Rebstöcken reichten ihm die drei Sängerinnen der Anna, Elvira und Zerlina, was er zum Komponieren brauchte – Kerzen, Leuchter, Weinflaschen und Kuchen – als Präsente zum Fenster hinauf ... Diese Erzählung des Novellisten hat anscheinend die drei Damen der *Zauberflöte* und ihr Geschenk an den Helden Tamino vorweggenommen. Ein Beweis, wie geschäftig die Phantasie des neunzehnten Jahrhunderts die Opern des Meisters untereinander verband. Nur wahr kann diese Geschichte nicht sein.

Aber die Darstellung Konstanzens, die sie ihrem zweiten Gatten für seine Biografie Mozarts gab, diese Darstellung scheint desto wahrer. Die Premiere sollte am Montag, dem 29. Oktober, sein:

»Am Sonntag, dem 28., sagte er abends zu mir, er wolle in der Nacht die Ouvertüre schreiben. Ich möchte ihm Punsch machen und bei ihm bleiben, um ihn munter zu halten. Ich tat's und erzählte ihm das Märchen von Aschenputtel und ähnliches, das ihn Tränen lachen machte. Der Punsch aber machte ihn so schläfrig, daß er einnickte, wenn ich pausierte, und nur arbeitete, wenn ich erzählte. Da aber diese Anstrengung, seine Schläfrigkeit und das öftere Einnicken und Zusammenfahren ihm die Arbeit gar zu schwer machten, ermahnte ich ihn, auf dem Kanapee zu schlafen, und gab ihm das Versprechen, ihn nach einer Stunde zu wecken. Er schlief aber so tief, daß ich's nicht übers Herz brachte, das zu tun, und daß ich ihn erst nach zwei Stunden weckte. Das geschah um 5 Uhr. Um 7 Uhr war der Kopist bestellt; um 7 Uhr war die Ouvertüre fertig.«

Das klingt wohl schon etwas mozartischer! – Die Geschichte vom Aschenbrödel ist an sich keine komische. Doch Konstanze hatte bei den Webers früher als Aschenbrödel gegolten; und wahrscheinlich erzählte sie das Märchen mit Seitenblicken auf sich selbst, was Mozart erheiterte. Doch sein Lachen blieb außen; es drang nicht ins Werk. Was er schrieb, war ja schaurig und beklemmend. Diese ganze Geschichte ist ein Beweis gegen den Primat von »Stimmungen« beim Komponieren (und als das hat sie auch Hans Pfitzner betrachtet). Die Ouvertüre schreibend, lebt Mozart tatsächlich auf zwei Ebenen: in der tragischen Arbeit und im Scherz, und obendrein kämpfen noch zwei Reiche, das Wachen und der Schlaf, um ihn. Das ist einer der ganz seltenen Fälle, wo die Nachwelt miterleben darf, wie der psychophysische Akt einer großen Komposition vor sich ging.

Die Ouvertüre, die das Prager Publikum tags darauf hören durfte, stand fest wie Erz. Als hätte er vorher ein halbes Jahr über dem Aufriß gegrübelt. Takt für Takt mußte sie so sein: Kombination eines langsamen Satzes mit einem raschen. Innerlich ist sie »ein selbständiges Tonstück mit dem Zweck, den Hörer nicht etwa in die Handlung, sondern in die Gefühlssphäre des folgenden Dramas einzuführen« (Hermann Abert). Zwei lapidare Gegensätze beherrschen diese Gefühlssphäre. Das Andante bedeutet nicht den »Komtur«, sondern das Jenseits überhaupt, die kalte, unmenschliche Sternenwelt, von der es herabschauert. Leere Oktaven und Nachtwindklagen, die aber weder »Nacht« noch »Wind« sind:

»Ich fühle Luft von anderem Planeten!« hat einmal ein Dichter gesagt. Wie es im Weltraum kein Hoch und kein Tief gibt, so ist auch hier weder Oben noch Unten. Nur scheinbar steigt die Harmonie in schwer punktierten Rhythmen abwärts, und nur scheinbar spannt sich darüber das gigantische Oktavenmotiv in immer neuen Kombinationen der Flöten, Hörner und Trompeten. Wo knattern diese Triolen her? Aus welcher unterirdischen Chemie ist jenes Sforzato zubereitet? Wovor zagt die geängstigte Kreatur? Das Crescendo der Skalengänge und das noch schaurigere Piano der Sechzehntel ... Wo kommt es her? Wo will es hin? Was kündigt es an?

Ein *Allegro molto.* Übergangslos aus dem d-Moll ins D-Dur springend. In die Welt des Lebens? Gewiß; aber Mozarts Don Giovanni ist nicht »bloß Mensch«. Er ist auch Dämon. Der Lebenstrieb tritt hier gewaffnet dem Nichts entgegen – dem er sein trotziges Ja zuruft. Denn das »Nein!«, mit dem Giovanni im Schlußakt die Stimme des Jenseits parieren wird – dieses ritterlich dreimalige »No!« – hat im Ja seinen tiefsten Sinn. Dieser Heide kann sich nicht vorstellen, daß hinter dem physischen Zerfall eine andere Welt beginnen könnte ... So stellt Mozarts Vorspiel denn gleichberechtigt – und darum dramatisch – die Existenz eines Lebenstriebs der Existenz eines Jenseits gegenüber. Das Zeitliche der Ewigkeit. Beide Reiche sind geisterhaft groß. Darum haben hier auch die hämmernden Anapäste der Lust ihr Dämonisches. Sie sind nicht bloße »Ballmusik aus dem Jahrhundert des Casanova«, mit der ein Meister von Kirchentonarten dann natürlich leicht fertig würde ... O nein, wenn sich der Vorhang teilt, wissen wir noch durchaus nicht, wer siegen wird.

DONNA ANNA, DIE VATERS-TOCHTER

Es ist Nacht. Wolken überjagen den Vollmond. Eine Musik bräunlich schwankender Schatten. Wer ist der Schwarzbemantelte, der am Fuß einer Freitreppe ärgerlich auf und ab schreitet?

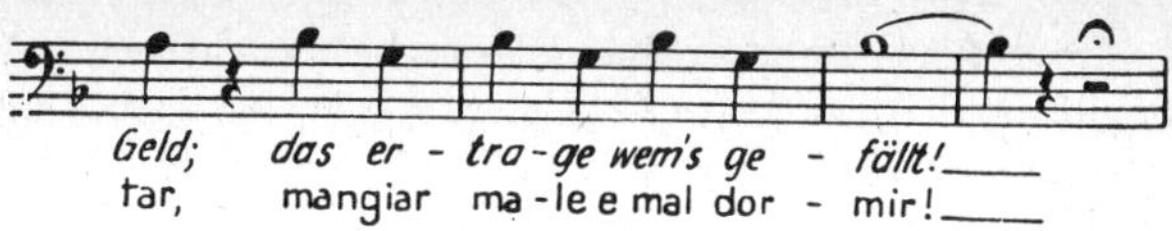

Es ist Leporello. Er hört ein Geräusch und verbirgt sich. Alles, was geschehn wird, klingt in sein Versteck hinein.
Zunächst kommen zwei geniale Phasen eines Zeichenblattes von Adolf von Menzel. Wir sehen einen fliehenden Mann (er muß mit der Hand sein Gesicht verdecken) und eine Frau, die ihn wütend verfolgt: treppenabwärts, im weißen Nachtkleid. – Die nächste Phase: sie halten keuchend. Don Giovanni muß sich Annas erwehren, steht und ringt, sein Gesicht enthüllt sich. Vielleicht nur uns, wahrscheinlich nicht ihr. Katarakt der Deutungen! Was ist geschehn? Vielleicht hat Menzel, der selbst nicht deutet, die falsche Deutung beim Dichter E. T. A. Hoffmann gelesen: daß Donna Anna *entehrt* worden ist. Von einem Fremden, in dunkler Nacht, dem sie die Maske abreißen will:

worauf Don Giovanni erwidert:

was bereits – und gewiß unter Hoffmanns Einfluß! – eine falsche Übersetzung ist. Denn in Da Pontes Orginal heißt es ganz anders:

Donna folle! Indarno gridi
chi son io, tu non saprai.

»Verrücktes Weib! Magst du auch schrei'n – du wirst nie wissen, wer ich bin!« Kein Wort also, daß sie erröten müßte, ihrem Schänder nachzueilen ... Sie schreit im Ringen, er keucht im Sichwehren. »*Come furia disparata . . .*« »Ja, du *bist* eine Furie . . .« Er will nur fort. Sie kann ihn nicht halten. Aber es sind doch Männer im Haus? So eilt sie hilfesuchend ab.

Aber nicht »*gente e servi*« kommen, sondern der Vater. Der Herr des Hauses. Der Gründer und Schützer der Familie. Die große romanische Vatergestalt. Sein Haar ist grau, der Zweikampf mit ihm geht gegen Don Giovannis Ritterehre. »Du schmähst mein Alter und weichst mir aus?« Ein Wort wie »*fuggir*« kann sich trotzdem der Eindringling nicht sagen lassen. So fliegen die Degen aus der Scheide.

Der Komtur ist tödlich getroffen, Don Giovanni und sein Knecht sind entflohen. Der eine mit höhnischem Siegergefühl (in seinem Gang zuckt noch das Gefecht nach), der andere halbtot vor Entsetzen. Da stürzt Donna Anna erneut auf die Szene. Mit Gefolge und Bräutigam. Als sie aber die Leiche erblickt, erleidet sie einen Wahnsinnsanfall. Die versuchte Vergewaltigung und die Ermordung ihres Vaters sind zuviel für ihr frauliches Gehirn. Es ist ein genialer Einfall Da Pontes, daß unter dieser Doppelwucht Anna einen Augenblick glaubt, Don Ottavio sei der Mörder. Aber ist es überhaupt der Vater? Sie ist gewohnt, ihn ragend und hoch zu sehn. Im Fackellicht jedoch:

Sie wird ohnmächtig, weiß nichts von sich. — Aber: »*maestoso*, mit Würde« — dieser Begriff ist hier weit mehr als nur eine Tempobezeichnung! — befiehlt Ottavio der Dienerschaft, Anna zu stärken und den »Gegenstand des Schreckens« aus ihren Augen wegzutragen. Sie öffnet die Lider. »Wo ist mein Vater?« Noch immer ist sie unfähig, das Geschehene zu begreifen (alle späteren Wahnsinnsszenen der italienischen Opernwelt nimmt Mozarts Psychologie hier vorweg):

Aber die sittliche Kraft der Liebe, die aus Don Ottavio spricht, bringt sie zu sich. Sie erkennt ihn: »*Du* bist's ... o Glück, o Freuden!« Und so schwört er ihr, den Vater zu rächen:

»*A gli occhi tuoi, al nostro amore* ... bei deinen Augen und bei unsrer Liebe!« Die Szene schließt.

Wo ist hier auch nur der flüchtigste Hinweis, daß Anna von Giovanni entehrt wurde? Wilhelmine Schröder-Devrient (1804–1860), wahrscheinlich die größte Donna Anna des neunzehnten Jahrhunderts, scheint es im Ernst geglaubt zu haben. Aber E. T. A. Hoffmann war ein berühmter Schriftsteller, dessen psychologische Deutung man anzuerkennen verpflichtet war. Was er 1814 als Bamberger Theaterkapellmeister und als »reisender Enthusiast« seiner Novelle anvertraute, das wirkt weiter bis in unsere Tage – obwohl doch in Da Pontes Text das Gegenteil zu lesen steht!

Ab nun entwickelt sich das Werk mit der Logik des großen Kriminalfalls: Ein Mord ist geschehen, wer ist der Mörder? Auf ihren Kreuz- und Querzügen begegnen die Tochter und ihr Erwählter auch einem befreundeten Edelmann. Kann er nicht helfen? Er sagt es zu. Während sie noch sprechen, tritt eine Dame, die sie nicht kennen, den Edelmann an und beschimpft ihn aufs schwerste. Der Verlegene – es ist Giovanni – versucht dem Brautpaar zu erklären, daß »die Arme von Sinnen ist«. Aber sie können es nicht glauben. Giovanni will die beiden entfernen, doch die verzweifelte Elvira klammert sich an ihre Anwesenheit. Das großartig geführt Quartett nimmt schließlich mit drei Stimmen gegen die eine des Don Giovanni Partei, der sich schlechten Gewissens davonmacht ... Und nun: ungeheure Merkwürdigkeit! Obwohl er hier nicht als Gewalttäter auftrat, sondern nur als »Heuchler«, durchzuckt Donna Anna ein Blitz:

Das ist nicht mehr Psychologie, sondern »seelische Tiefenkunde«. Die Gesten des »in den Mantel Vermummten« werden in Annas Erinnerung wach ... Und nun, in einem schweren Andante – vor dem liebevoll Nötigenden, dem seelenärztlichen Bräutigam! – bricht aus ihr die Geschichte heraus, wie es neulich zugegangen:

Schon sank die Nacht herab mit ihrem Dunkel,
als zur gewohnten Stunde ich
in süßen Träumen einsam deiner harrte.
Da trat ein Mann herein, verhüllt in einen Mantel,
den ich im ersten Augenblick für dich, o mein Geliebter, hielt!
Doch bald erkannte ich den ungeheuren Irrtum ...

Über die stillen Interjektionen Don Ottavios spricht sie hinweg:

Mein Vater eilt herbei, will ihn bestrafen; doch der Frevler,
dem alten schwachen Greis an Stärke überlegen,
häuft grausam sein Verbrechen – stößt ihn nieder.

Und das ist alles? So wahr es »Seelenbeichten« gibt, *ist* dies alles ... Es ist vielleicht das früheste Beispiel einer Analyse, die schon dicht an die Schwelle der Heilung heranführt. Auf diesem Höhepunkt – ohne Ruck, ohne Stilbruch, vollkommen selbstverständlich! – wird das fünfundvierzig Takte lange Rezitativ zur Arie. Donna Anna *hat* den Frevler erkannt, *hat* in der Beichte den Vorgang entblößt – und, siehe, es hat nicht stattgefunden, woran seit den Zeiten der Romantik so viele Irregeleitete glauben:

L'onore rapire a me volse. Unüberhörbar. Er *wollte* mich schänden! Es kam nicht dazu. Und nun, mit um so reinerer, um so gewaltigerer Inbrunst ruft Anna den Bräutigam zur Tat auf:

Wie konnte das alles mißkannt werden? Die Antwort ist, daß die Romantik, wofür man ihr dankbar sein muß, die Verwandtschaft getrennter Gefühle entdeckte: Haß und Liebe schließen einander nicht aus. Welche Rolle spielt Liebeshaß bei Kleist! – Nur gerade bei Mozarts Donna Anna hat jene Haßliebe nichts zu suchen: Giovanni hat Anna nicht berührt, und so stört kein Frauengefühl die ungeheure seelische Weißglut gegen den Mörder ihres Vaters. Woher aber brennen diese Flammen? Die Romantiker konnten diese Glut nur am Sexus entzündet denken. Der Klassiker Mozart wußte es anders, weil er auch ein Vor-Klassiker war und an kulturellen Schichten teilhatte, die erst die heutige »Archäologie der Seele« wieder ergraben hat. Donna Anna – von der wir niemals hören, daß sie eine Mutter gehabt – Donna Anna ist eine »Vaters-Tochter«. Ganz so, wie Mozart ein »Vaters-Sohn« war. Nun handelt diese Oper davon, daß »ein Vater ermordet wurde«. Folglich muß auf einem Wege – der ganz von fern dem Prozeßweg ähnelt – wenn auch nicht jenem, den Sophokles im »Ödipus« eingeschlagen hat – der Mörder detektivisch ermittelt, dingfest gemacht und vernichtet werden. Das ist Donna Annas Aufgabe. Und darum gab ihr denn auch Mozart diesen machtvollen Gesang. Denn »Vatermord ist Königsmord, und damit schon fast Gottesmord« (Frieberger).

In Mozarts Musikdrama tut sich nun der ermordete Komtur, die zyklopische Riesengestalt des Vaters (es ist wichtig, daß Don Giovanni, das Sexualwesen, so viel kleiner ist als das »Vaterbild« in Annas Brust!) mit der Rächerin-Tochter zusammen. Zwischen beiden wird Don Giovanni zermalmt. Es ist eine Wiederkehr der Atriden-Tochter *Elektra*, eines antiken Urtypus, die Mozart hier gestaltet hat – eine Frau, der er, wenn auch blässer im *Lucio Silla* begegnete, wo sie Giunia, die Tochter des Marius, war. – Ist das Geschäft der Rache vollzogen, darf Donna Anna zusammenbrechen. Und sie darf ihrem Bräutigem sagen, daß »er noch ein Jahr warten muß«, ehe sie ihm die Hand zum Bund reicht. Doch nicht etwa, »weil sie ihn nicht liebt« (wie Hoffmann, Cohen, Kierkegaard glauben), noch gar weil ihr »nach dem Tod Giovannis, den sie geliebt hat, kein Mann mehr wert ist« –, sondern aus einem ganz anderen Grunde. Das uralte Gebot der »Entsühnung« verbietet ihr das Beilager, bevor die Erde sich einmal um die Sonne geschwungen hat, und bevor das »Blut des Frevlers von den Händen der Rächerin getilgt ist«.

OTTAVIO UND ELVIRA

Die »Entehrung« der Donna Anna – dieser Grundirrtum E. T. A. Hoffmanns – muß nun »fortzeugend Böses gebären«. Gegen die klaren Intentionen Mozarts und gegen Da Pontes Text ist jetzt Annas Bräutigam zu einer Art von Hahnrei geworden. Sie liebt ihn nicht? Sie entzieht sich ihm? Da Hoffmann völlig ahnungslos ist, daß man in Anna dem Archetypus der »frommen Rächerin« gegenübersteht, bedauert er nicht nur Annas Verlöbnis »mit dem kalten, unmännlichen (!), ordinären (!) Don Ottavio« – er weiß sogar, daß diese Verbindung ihr furchtbares Seelenleid erst voll macht.

Ein warmherzig-bescheidener und zugleich beschützender Mann war für die Romantiker selbstverständlich ein »Philister«. In Grabbes »Don Juan und Faust« (1829), von dem nicht viel mehr überlebt hat als der allerdings geniale und tiefwahre Titel, spricht Leporello von Ottavio:

»Er trägt sich schwarz, führt weiße, seidne Handschuh« – und Don Giovanni fällt charakterisierend ein:

> »Lebt mäßig, gibt nicht Anstoß, tanzt gut, reitet
> erträglich, spricht Französisch, kann mit Anstand
> im Kreise der Gesellschaft sich bewegen
> und schreibt vielleicht sogar auch orthographisch!
> Dergleichen Schuften in den Weg zu treten
> ist mir die höchste Seligkeit!«

Wer aber ist Don Ottavio bei Mozart und seinem Textdichter? – Er ist ein wirklicher Edelmann. Vielleicht nicht so sehr der »nobleman« Shakespeares, an den Hofmannsthal in seinem Essay denkt, er ist auch nicht der »galantuomo« der italienischen Renaissance. Renaissance-Züge hat er nicht, die überläßt er seinem Widersacher Don Giovanni – aber er ist etwas anderes und ganz Außerordentliches: ein *Honnête Homme.* Jener Typus des siebzehnten Jahrhunderts den Carl J. Burckhardt definiert hat als aus dem provenzalischen Ideal des Mittelalters herübergenommen. Ein Frauenbeschützer. Alles an ihm ist »Gehaltenheit, Proportion und Gleichgewicht – verhaltene Leidenschaft ohne Emphase«. Er ist einer von jenen Romanen, die vom heiligen Franz von Sales die *Cortesia* gelernt haben, die Höflichkeit des Benehmens und Herzens. Kein Takt und kein Wort des Musikdramas zeigen ihn als einen andern. Sein Zögern, sein forschendes Überlegen entspringen weder einer Kälte noch einer Temperamentlosigkeit noch der »Feigheit«. Sie sind der Ausfluß seines »Gerechtigkeitssinns«. Er ist Standesgenosse Don Giovannis, der ihn bei früherer Gelegenheit sogar seiner »Freundschaft« versichert hat. Dieser Umstand quält Ottavio besonders:

Gemessen an diesem Edelmann ist Don Giovanni seltsamerweise ein »Plebejer«. Die Art und Weise, wie er seinem Diener die verlassene Elvira hinwirft (Leporello hat mit ihm die Kleider getauscht und kost mit ihr!), ist eines Edelmanns nicht würdig. Und daß er selbst Leporellos Gewand trägt, um Elviras Zofe ein Ständchen zu bringen: das geht gänzlich über die Effekte einer venezianischen Verkleidungskomödie hinaus. Hier legt sich der Herr gewissermaßen mit dem Diener in *ein* Bett. Nicht daß Giovanni heldenhaft seine Hand ins Jenseits strecken und nach prometheischer Art den toten Komtur herausfordern wird, beraubt ihn etwa unserer Achtung. Das ist ein »Frevel« nach dem Herzen Shakespeares und der antiken Tragödie. Aber jenes Sich-Gemeinmachen mit Domestiken auf dem Feld der Erotik: das ist eine schäbige Sünde.

Und obwohl wir das alles wissen, ist (Mozart würde darüber staunen!) die Rolle des Don Ottavio keine von den Sängern geliebte. Er gilt als »feiger Zögerer«, obwohl diesem strahlenden

Tenor – unter den Bässen und Baritonen des Musikdramas doppelt erstrahlend – Mozart die herrlichste Lyrik mitgab. »Tränen, vom Freund' getrocknet, an seiner Brust vergossen!« Das ist natürlich ein sinnloser Text. Man muß schon italienisch verstehn, um seine Sentimentalität zu vergessen:

»Folget der Heißgeliebten und nehmt Euch ihrer an! Trocknet die Tränen sänftlich! Sagt, was sie trösten kann!« – Lothar Wallerstein, unvergessen als Regisseur der Wiener Staatsoper, ließ Don Ottavio mit diesen Worten seine Dienerschaft ansingen: es ist dieselbe Dienerschaft, die in der ersten Szene seine Befehle entgegennahm, die Leiche des Gouverneurs fortzuschaffen und Anna stärkende Mittel zu bringen. Jetzt belehrt er die Domestiken, wie ein Edelmann »hilft und tröstet«, und fordert sie auf, in ihren Kreisen die gleiche Männlichkeit zu üben ... Zwischen all dem Tragischen und Burlesken ist gerade diese Arie die herrlichste Besinnungspause. Daß sie nicht »schläfrig«, nicht »träumerisch« ist, dafür sorgt schon der Schreit- und Bewegungsrhythmus des zweimaligen *Andate!* Und gar des dreimaligen *Cercate!*

Gerechtigkeit, Maß und Tapferkeit: in ihnen wandelt der Mann Don Ottavio, wenn er, an seinen beiden Händen Anna und Elvira führend, maskiert zu Don Giovannis Ball geht, um dort die letzte Gewißheit zu finden, daß er der Mörder des Komturs ist.
Die andere, immer unverstandene Frauenfigur des Musikdramas ist Donna Elvira. »Sie hat nichts andres zu tun als einem Manne nachzulaufen, der sie verabscheut«, sagte einmal eine Sängerin und gab die Rolle ab, weil sie lieber die umworbene Donna Anna sein wollte. Es sieht zunächst wirklich so aus, als ob die Erschaffung der Elvira eine große Unzartheit von Da Ponte und Mozart gewesen wäre. Selbstverständlich darf eine Dame auch unglück-

lich lieben; sie aber immer wieder zu zeigen, wie sie dem nachläuft, der sie verschmäht... Da Ponte kannte Casanova, dessen unvornehme »Memoiren« mit Figuren wie Elvira nicht glimpflich umgingen. Schlimmer war, daß Mozart eine Schülerin hatte, Josephine von Aurnhammer, die ihn liebte, und die er nicht wiederliebte, und deren wilde Häßlichkeit er mit einer grausamen Genugtuung für die Nachwelt aufgezeichnet hat:

»Wenn ein Maler den Teufel recht natürlich malen wollte, so müßte er bei ihrem Gesicht Zuflucht nehmen. Sie ist dick wie eine Bauerndirne; schwitzt also, daß man speien könnte; und geht so bloß, daß man ordentlich lesen kann: ›Ich bitte Euch – schauet hierher!‹ Das ist wahr, zu sehn ist genug – aber daß man blind werden möchte...«

Vielleicht war die Aurnhammer nicht häßlich. Vielleicht war es nur ihr Verbrechen, von Mozart nicht geliebt zu werden... Der Sadismus der Nicht-Liebenden: »Du liebst mich? Folglich darf ich dich quälen!«

So wäre Elvira denn eine Rolle, der man nur Mitleid entgegenbrächte? Nein – denn wir wissen, daß Don Giovanni, ihr Liebesgegner, nicht bloß »ein Mensch« ist. Er ist das Prinzip des »All-Umarmers«. Er ist der »Sisyphus des Geschlechts« – ihn von seiner Qual zu erlösen, von der sie wahrscheinlich viel mehr weiß als Anna und Ottavio, hält sich Donna Elvira für fähig. Ja, sie liebt – und liebt hoffnungslos. Aber auch er, der von ihr geliebt wird, lebt ohne Hoffnung, »satt zu werden«.

Mag er an ihr zum Plebejer werden: diesen übermenschlichen Granden zu lieben, kann niemals Schande sein. Man höre doch auf die Musik! Wo Elvira auftritt, ist »Würde«:

Diese Arie hat ein Händelsches Melos, wie Stuckenschmidt mit Recht erinnert – doch die Gestalt selbst ist mozartisch. Es ist die große spanische Dame, die ihr Herz einen Unglücksweg geführt hat. In dunklem Kleid und mit stolzen Augen. Wer versucht, sie zu erniedrigen, erniedrigt sich eigentlich nur selbst. Der Bronzeton der Lilli Lehmann (1848–1921) – wie erinnern wir uns an ihn. Diese Frau stand wie ein Turm über der Niedertracht der Welt. Elviras Seele hat drei Felder, auf denen die Saat durcheinanderwogt. Einmal ist sie Rachegöttin, entfernte Schwester der Donna Anna, Erynnis. Das zweite Mal liebt sie Giovanni aufs neue. Zum dritten ist sie Bekehrerin, die nach dem Untergang des Geliebten wieder den Schleier nehmen wird ... Wenn die Elvira der Gutheil-Schoder (1874–1935) mit Don Giovanni stritt, dachten wir keinen Augenblick an die Zankduette der *Opera buffa. Nichts* konnte ihren Adel zerstören. Der ungeheure Optimismus, daß sie den Mann, den sie liebt, »retten« will, hält fast bis zum letzten Augenblick vor. Denn der letzte wirkliche Diesseitslaut, den, abseits von Leporellos Geplapper, der vergehende Giovanni hört, ist Elviras langausgehaltenes As, jenes entsetzensstarre »Ach!«

ZERLINA

Würden Sie gern Donna Anna lieben?« fragte Max Kalbeck, der Übersetzer, einmal einen Theaterbesucher. »Oder Donna Elvira?« »Ich? Zwei Hochdramatische? – Eher würde ich Zerlina lieben ...« Zerlina, die kleine Bürgerin. Wie recht hatten unsere Urgroßmütter, daß sie so gerne Zerlinen sein wollten. Mit lächelnden Wangen und Streichelhändchen; mit blühenden Armen und schelmischen Herzen. Und wie recht hatten erst die Großmütter, die es dann auch wirklich waren und wenn ihr Masetto schmollte, ihn sofort durch ein Schein-Leiden heilten.

Schmäle, tobe, lieber Junge!
Ach, Zerline will mit Freuden,
als ein Lämmchen will sie leiden,
nur verzeihen sollst du ihr!

Und, siehe, er hat Euch schon verziehn! Und Ihr habt ihn das zweite Mal gekränkt?

Fühlst du, wie's klopfet hier? – Ach, schon in Pergolesis Tagen klopfte das Herz unter Frauenbrüsten, wenn ein Mann seine Hand darauf legte. Es gibt keine körperlichere Musik und zugleich keine reinere. Mit dem Liebesblick der großen Fermate, den Trillern, den pochenden Sechzehnteln:

Aber diese Schelmin Zerlina, war sie nicht auch eine Arie lang – für die ewige Zeit eines Duetts! – die Kumpanin des bösen Don Giovanni? Und hätten unsere Großväter ihr das wohl verzeihen mögen?

Aber nein, sie war es ja nicht. Sie bebte, Masetto zu verlassen! *Mi tremo un poco il cor:*

Und zu rechter Zeit sind sie gestört worden. Die Versuchung erklang, doch es kam nicht zum Fall . . . Unsere Großväter atmeten auf.

Doch wir sollten nicht wagen, zu scherzen. Wie mysteriös ist doch alles bei Mozart! Wo er am sinnlich-gewaltigsten ist, ist er schon nachbarlich dem Reinsten! Die glühendste Werbemusik, die er schrieb – wie klingt sie doch leidenschaftslos und entschwert, wenn man ihren luftreinen Hauch vom Turm des Salzburger Glockenspiels hört:

»Du, die ich mir erkoren?« Aber nein, da ist ja kein Text. Es ist die Keuschheit der leeren Luft, die singt. Ein elysäischer Friede bewegt die leise taumelnden Glöckchen.

DON GIOVANNI – SISYPHUS DES GESCHLECHTS

Don Juan ist ein Narziß. Im Grunde liebt er nur sich selbst. Die legendäre Zahl seiner Lieben wirkt nur darum nicht abstoßend, weil sie komisch ist – 1003! – und komisch ist sie, weil sie zählt, wo es nichts zu zählen gibt; in Worte übersetzt, heißt diese Zahl: Don Juan bleibt ohne Du. Er ist kein Liebender ...« (Max Frisch). Wenn Liebe die Ergänzung des Ich ist, durch ein Du und umgekehrt, so bleibt Giovanni im aktiven wie im passiven Sinne ein Einsamer.

So tauml' ich von Begierde zu Genuß,
und im Genuß verschmacht' ich nach Begierde.

Das ist von »Faust« gesagt, nicht von ihm – aber Sören Kierkegaard (1813–1855) hat darauf hingewiesen, daß Faust, der so spricht, auch Giovanni ist. Beider Krankheit ist das Sich-nicht-sättigen-Können. Vielleicht ist Don Juan der Faust des Südens, der als »Sünder des Fleisches« das Lebensgeheimnis der lateinisch-katholischen Rassen entschleiert: Faust dagegen der Don Juan der germanisch-reformierten Völker und ihrer titanischen »Geistessünde« ... »Er ist ein spanischer Anarchist«, sagt Frisch von Don Juan und stellt ihn damit dem spanischen Ordnungsmann, dem Don Ottavio, gegenüber. »Er hätte auch Tänzer werden können.« Gewiß – und warum nicht Stierkämpfer? Man soll bedenken, daß *Don Giovanni* und übrigens auch *Figaros Hochzeit* in der Stierkämpferstadt Sevilla spielen. Vielleicht begegnen sie sich auf der Plaza eines Abends in der rauchenden Menge; Carmen und Escamillo; Graf Almaviva und sein Basilio; der abenteuernde Don Juan mit Leporello, in Mäntel vermummt. Jenseits der Stadtmauer mit ihren Türmen noch aus der mohammedanischen Zeit wird die Landschaft öde, von Kriegen zerfetzt und von Leidenschaften verheert. Es ist eine Landschaft von Zigeunern, Mönchen, Schmugglern, Dieben und Bettlern – eine Opernlandschaft also, die zugleich höchste Realität hat (Erwin Rieger).
Es gibt da eine Ich-Arie des Escamillo in Bizets *Carmen.* Sie ist mit schwerem Atem gesungen:

Sie enthüllt das mühevolle Leben eines Stierkämpfers. Durch diese Arena-Arie hindurch aber fühlt man, wie schwer eigentlich auch Don Giovannis Leben ist. Steht nicht auch er in der Arena seiner dämonischen Eitelkeit, den nackten Degen in der Faust, und soll Stiere erledigen, Frauen verführen, Väter töten, Liebhaber narren, aus einem Kreis von Haß und Gefahr herausbrechen – bis der letzte Gegner ihn selbst fällt, den er sich aus dem Jenseits geladen?
Escamillo und Don Giovanni. Seltsam: das Mühevoll-Langsame, wie Escamillo sich selber aussagt, hat ein schäumendes Gegenbild in Giovannis Champagner-Arie:

Ein Gegenbild! – Und dennoch Geschwister? Was der Sänger nicht weiß und nicht wissen darf, hat ein großer Maler gesehn. Max Slevogt (1868–1932) malte den portugiesischen Bariton Francesco d'Andrade, wie er den Don Giovanni spielte: Der ganze Mensch ist emporgerissen von einem Orkan der Lebensfreude – doch es ist die mythische Sekunde, wo aus der Freude schon Leiden wird. Eine zerbrochene Champagnerflasche ... der Schaum entfährt ihr wie einer Wunde. Der kleine und merkwürdig törichte Mund des Sängers ist gewaltsam geöffnet. An seinem aufgereckten Körper ist alles Lust und alles Qual, sogar der Seidenputz der Kleidung und der emporgeworfene Handschuh. Diese Gestalt lebt im »Hades der Lust«, sie vegetiert im Vergeblichen wie Sisyphus, der den Stein wälzen muß ...

Und wie Sisyphus den Stein haßt, der ihm immer wieder entrollt, so haßt Don Juan die Frauen. Da sie ihn zerstören werden, muß er sie schon vorher zerstören. Für ihn ist »das Weibliche das Böse« (Erich Neumann). Und nur der Umstand, daß der Mann, um in die Welt zu gelangen, des Mutterleibes als Schwelle bedarf, »verhindert die ersehnte Rache am gesamten weiblichen Geschlecht, das der Mann gern ausrotten möchte« (Lord Byron).

Nach Kierkegaard ist Don Giovanni 33 Jahre alt. Das ist richtig beobachtet. Nicht nur, weil er die Erfahrungen seines »Registers« sammeln mußte – noch aus einem anderen Grund. Wäre er fünfzehn Jahre jünger, er stieße mit Cherubin zusammen, für den – seine Arien singen es! – die Frauen eine »Seelenlast« sind, wenn auch eine sehr geliebte. Vielleicht *war* Giovanni einmal Cherubin. Wie ein Gedicht von Rilke sagt, war Giovanni in seiner Jugend ein »Weiner«, der vor den Frauen Furcht hatte. Als Dreiunddreißigjähriger hat er diese Furcht nicht mehr.

Sein Verlangen nach Frauen ist haßgemischt. Denn – auch wenn er es selbst nicht wissen sollte! – sie stören sein Konzept von »Freiheit«. Ist doch dieser *Cavaliere estremamente licenzioso,* dieser äußerst freie Kavalier, alles andre eher als »frei«. Wenn Bulthaupts »Dramaturgie der Oper« von ihm sagt: »Er zeigt seine große Natur darin, daß er sich nicht beherrschen läßt, auch von seinen Leidenschaften nicht ...«, so ist das hundertprozentig falsch. Auch Sisyphus ist ja nicht frei, von dem, was ihm auferlegt ist, zu lassen. Im Sinne des Marc Aurel und der Stoa (Karl Barth) kann ein Mann wie Don Giovanni nicht frei sein. Er ist ein Sklave seiner Begierden. Ein wahnwitziger Wiederholungszwang treibt ihn. Ein fürchterliches »Es«, dem er nicht entfliehen kann. Er ist ein *Süchtiger* – unbefriedigt von seinem Tun wie ein Opium-Esser, ein Morphinist, ein Kleptomane, der ohne wahres Wertgefühl stiehlt.

So empfinden wir Giovanni nie groß, wenn er mit Frauen zusammen ist. Eher ist er es unter Männern. Darum hat Kierkegaard auch unrecht, wenn er von seinem Verhalten sagt, es sei »kein strategisches Kunstwerk«; und daß er vor seinen Beutezügen

»nicht Zeit hätte, Pläne zu ergrübeln«, noch nachher, »die Tat zu reflektieren«. Giovanni führt einen Dauerkrieg gegen männliche Frauenbeschützer: und diesen Krieg gewinnt er fast immer. Den Zweikampf gegen Annas Vater verliert er erst dann, als dieser ihm mit den Machtmitteln einer anderen Welt entgegentritt. Bis zu diesem Moment bricht der große Fechter aus jeder Umzingelung heraus, wie in jenem ersten Finale: »Mag um mich die Welt vergehen, dennoch bleib' ich ruhig stehen!«

Erst als sich die gegnerische Welt mit der übersinnlichen verbindet, gelingt es, ihn zur Strecke zu bringen. Warum aber fordert der Lebensgenießer die Statue des Komturs zum Nachtmahl? Weil er sich – seltsame Verstrickung! – selbst herausgefordert fühlt. Läse nicht Leporello die Inschrift: »Den Frevler, der mich tötete, erwartet hier die Rache!« – würde Giovanni ruhig fortgehen. Er drängt sich nicht zu Zweikämpfen. Jetzt aber ist »seine Ehre« im Spiel. Der lächerlichen Metaphysik, ihn werde hier »die Rache ereilen«, muß er eine gesteigerte Herausforderung entgegensetzen. Vielleicht gar wird er diesen Komtur »durch Lächerlichkeit noch einmal töten«: – darum die Einladung zum Nachtmahl! Er nimmt an? Dieser Kopfwackler, über den man nur lachen kann ... Ungewarnt durch die Stimme des Jenseits, daß noch vor dem Morgengrauen das Lachen des Frevlers vergehen wird:

Dann aber – es kommt! Es stapft und kommt mit Steinschritten in das größte Opernfinale des Diesseits. Giovanni – obwohl die Einladung doch erst wenige Stunden alt ist – hat sie vollkommen vergessen. Er sitzt beim Mahle, Kapaunen und Wein munden ihm. Er hat ein paar Dämchen und er hat auch Musik als Begleitung. Man spielt aus der Oper *Cosa Rara.* Eine »seltene Sache«, die Weibertreue: Untreue Männer glauben ja immer, bis zum Herzog in Verdis *Rigoletto,* daß vor allem die Weiber nicht treu sind ... Don Giovanni schmaust und lacht. Und man spielt ihm auch einiges »aus dem *Figaro* von Mozart«. Dann aber draußen: der steinerne Schritt. Und der Zyklop tritt ins Gemach.

Jetzt heißt's Mut zeigen, ein freundlicher Wirt sein! »Leporello, ein neues Gedeck aufgelegt!« – Doch:

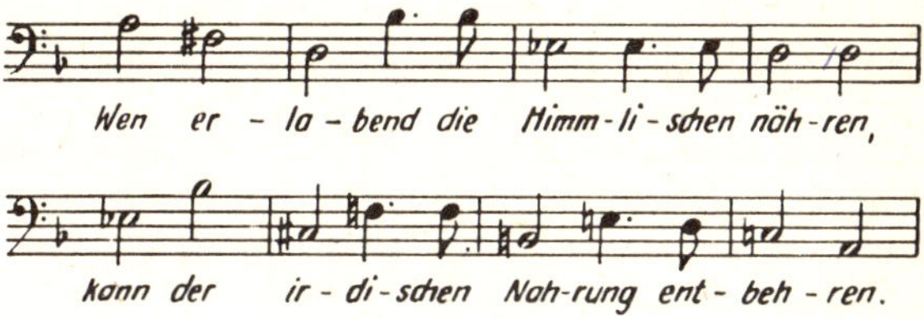

Für einen aufgeklärten Menschen wie Giovanni ist das »seltsam«. Nichts sonst? Wir bewundern die Furchtlosigkeit, mit der er weiter höflich bleibt: »Was willst du? So rede!« Antwort wird ihm:

»Dort von den Sternenhöhen
stieg ich, vor dir zu stehen!«

Das wird zu arg. Ist das Ganze nicht doch ein unanständiger Spuk? »Hinweg mit Frömmeleien! Wovor sollt' ich mich scheuen? Die Weiber lehr Gebete! . . .« Und wenn es »ernst« wird, wird Giovanni ausbrechen wie Goethes Held zum Erdgeist: »Bin Faust! Bin deinesgleichen!!«

Doch nein! Es wiederholt sich auf kosmischer Ebene jener Zweikampf der pfeifenden Rapiere:

»*Pentiti!* Bereue!« – »*No!* Nein!«

»*Si! – No! – Si – No – Si – No! No!*« Da stürzt die Erde ein.

Feuer und Rauch brechen aus der Tiefe. Der Frevler versinkt. Der ungleiche Kampf ist beendet.
Auch die Oper? Es kommen sechs Leute – aber sie interessieren uns nicht. Sie weisen auf das gestürzte Scheusal und sagen ihre Moralsprüche – wie das Zeitalter sie verlangte. Es ist das Sextett, sehr schöne Musik: besonders dort, wo Ottavio und Anna sich ihrer Liebe versichern. Im Drama hat es nichts mehr zu suchen. Der Meister selbst empfand es in Prag und strich es für die Wiener Aufführung.

DER KAISER UND DIE FRAUEN

Für den 14. Oktober 1787 war die Premiere angesetzt gewesen. *Don Giovanni* hatte als Festoper für den Prinzen Anton von Sachsen und seine Gattin in Szene gehn sollen, die auf ihrer Hochzeitsreise durch Prag kamen. Da das Werk noch nicht fertig studiert war, wurde unter Mozarts Leitung statt dessen *Figaro* gegeben. – Das ist die offizielle Lesart. Wirklich nur deshalb? War *Don Giovanni* nicht vielleicht zu unpassend? Vielleicht paßte nicht einmal *Figaro*. Daß damals irgendeine Intrige brodelte, bemerkte auch Mozart. Er schrieb an Gottfried von Jacquin, daß *»eine sehr hochgestellte Dame«*, die er weiter nicht namhaft macht, gegen *Figaro* gehetzt habe, der sich zu einer Festvorstellung für durchreisende Fürstlichkeiten nicht eigne ... Nach der Wiener Hofetikette – genauer gesagt: nach der sittlichen Auffassung der verflossenen theresianischen Zeit – war nun wirklich der *Don Giovanni* ein durchaus unpassendes Stück.
Gewiß besagt sein Titel *Il Dissoluto punito Der bestrafte Wollüstling:* aber wie *kurz* war die sichtbare Strafe, gemessen am langen und tollen Treiben des sündigen Herrn. Nicht nur in Wien: wo immer in den neunziger Jahren die Oper gespielt wurde, hörte man, daß sie eine »Beleidigung des gesamten weiblichen Geschlechts« sei. Als am 20. Dezember 1790 in Gegenwart Friedrich Wilhelm II. das Werk in Berlin gegeben wurde, fand ein Rezensent, daß in dieser Oper das Laster die Tugend mit Füßen trete. Gewiß sei *Don Giovanni* ein großes Werk, doch es seien hier von Mozart »unsaubere Stufen zur Größe beschritten worden«. Auch Beethovens Lehrer Christian Neefe (1748–1798), der das Werk für die Oper des Bonner Kurfürsten eingerichtet hatte, schrieb: »Die Musik gefiel den Kennern sehr. Die Handlung mißfiel.«

Wie konnten, unter solchen Umständen, Mozart und Da Ponte wagen, für die Wiener Aufführung, die ein halbes Jahr nach der Prager stattfand, gar noch das Sextett zu streichen? Das Sextett der Übriggebliebenen, das in erbaulichen Worten den Untergang des Frevlers feiert – dieses Sextett war doch die einzige Barriere zwischen der Prüderie und dem Werk. Sobald man dieses Sextett entfernte, machte man den *Don Giovanni* zu einer Renaissance-Tragödie (die er gewiß stets gewesen war). Daß Mozart-Da Ponte dies aber wagten, konnte nur geschehen, weil beide (in diesem Punkte wenigstens!) des kaiserlichen Geschmacks sicher waren. Der Kaiser war kein Frauenfreund. In den Briefen, die er an seinen Bruder Leopold nach Toskana schrieb, beklagte er die unablässigen Störungen des sittlichen und geistigen Lebens durch das Weib. »Die Koketterie der Frauen, ihr Verlangen, reizend gefunden zu werden, ist unglaublich; man würde Bände von den Torheiten zu erzählen haben, die begangen und die geredet werden ...« (Arneth). Das ist derselbe Kaiser, der die Benutzung von Rouge bei Hof verbot, und den Mozarts Schicksal ausersah, eine »Oper gegen die Weibertreue« für ihn zu schreiben: *Cosi fan Tutte,* das später so umstrittene Werk.
Das Verhältnis des Kaisers zu den Frauen war schon früh ein sonderbares. Seine Mutter war »eine großartige Frau«, wie Hofmannsthal geurteilt hat; doch daß der Haushalt, in dem er lebte, »*un ménage culbuté*« war, eine auf den Kopf gestellte Wirtschaft, das hatte damals nicht etwa nur ein belgischer Pamphletist geschrieben, schon der zehnjährige Knabe empfand es. Denn kniefällig nahte man seiner Mutter; während der angeheiratete Kaiser, der Herzog Franz Stephan von Lothringen, »eigentlich mehr wie ein Prinzgemahl« (Schlitter) mit verlegenem Gesicht daneben stand. Der Kaiser hatte ein weiches Gesicht, sogar ein Bäuchlein. Sein durchaus freundliches Gebaren mußte das Mitleid mit ihm verstärken. Wenn der Kronprinz mit anderen Kindern spielte, war immer bei ihnen vom »Vater« die Rede. »Vater geht auf die Jagd« hieß es oder »Vater läßt jetzt Hanf anbauen« oder »Vater läßt den Turm niederreißen«. Im Hause des Erzherzogs gab es das nicht. Das Amt und die große Persönlichkeit der Mutter überschatteten alles. »In Wien« spottete der Berliner Hof, »kommen auf sieben Unterröcke nur ein Paar Hosen.« Damit war die Inflation von weiblichen Hofchargen gemeint, die bei der Obersthofmeisterin Gräfin Fuchs begann. Noch die letzte der Kammerfrauen behandelte ihren Ehemann, als sei er nur ein »Prinzgemahl«, der zwar Kinder zeugen, aber zu Haus nicht regieren durfte.

Es liegt im Wesen des Matriarchats seine Spielregeln vor der Welt zu verbergen (C. G. Jung). Nach außen machte die Kaiserin dieses seltsame Regiment wett durch die Anerkennung und Treue, die sie Staatsmännern und Generälen bewies (sogar wenn die letzteren sich schlagen ließen). Doch das Auge des Knaben übersah nicht, daß es anderswo anders zuging. – Als der Kronprinz einmal hörte, Friedrich der Große habe geäußert, daß »Frauen keine Menschen seien«, war er sofort derselben Ansicht. Es war ihm in seinen Knabenjahren überhaupt ein schrecklicher Gedanke, daß Alexander und Julius Cäsar, daß die großen Heerführer, Weltbeglücker, Philosophen und Staatsmänner von Frauen in die Welt gesetzt seien. Er erschreckte seinen Lehrer, den Jesuiten Bittermann, durch den Wunsch, ein »Autogenitor« zu sein. Man müsse »sich selbst in die Welt bringen können«. Das wäre entschieden würdiger, als daß es durch Vater und Mutter geschähe.

»Juno und Venus erscheinen mir eigentlich gleich überheblich«, urteilt der Sechzehnjährige. Einmal freilich in jenen Jahren stand er ganz auf seiten der Juno. Das geschah, als Maria Theresia merkte, daß ihr Gatte Franz Stephan sie betrog. Die schöne Fürstin Auersperg, ein Venus-Typ, war das Liebesobjekt des sich unmenschlich langweilenden Kaisers. Maria Theresia, die sich an die Gegnerin nicht heranwagen konnte, rächte sich jetzt an allen Frauen, die jünger und schöner waren als sie. Es kamen die Keuschheitskommissionen, die einsam gehenden Mädchen auf den Straßen nachspionierten, die in die Haushalte eindrangen und dafür sorgten, daß »zuchtlosen Töchtern« die Haare abgeschnitten wurden ... Der Kronprinz fand das nicht unrichtig: Wozu hatte schließlich Eva die Sünde in die Welt gebracht? Männer wurden durch Frauen gestört. Besonders gestört wird er durch den Gedanken, er selbst werde demnächst heiraten müssen. Damals lebte der Vater noch. Beide Eltern wünschten die Heirat.

Als die schöne Isabella von Parma, die ein Jahr älter ist als er, sich den Toren Wiens nähert, fühlt sich der Neunzehnjährige ängstlich. Er vertraut sich dem Grafen Anton Salm an: »Ich habe noch nie die Reize der Liebe erfahren, Gott weiß, wie ich von ihr behandelt werde!« Vollends nach einem diskreten Gespräch mit dem erotisch erfahrenen Vater artet seine Angst in Panik aus: »*Ces instructions me font horreur* – all das flößt mir Entsetzen ein! Schließe ich denn diese Ehe aus Neugierde oder tierischer Gier? Schon die Vorstellung degoûtiert mich. – Ich war noch niemals so niedergeschlagen. Ach, wäre ich doch eine Privatperson! Ich würde alles rückgängig machen ...«

Aber die Brautnacht geht vorüber, und Josef wird ein sehr glücklicher Gatte. Drei volle Jahre besitzt er das, was ein Bürger ein Privatleben nennt – was er später nie wieder haben wird. Kommt er vom Verordnen, Regieren und den Sitzungen des Staatsrats nach Hause, liegt sogar ein Schlafrock für ihn bereit. Was aber tut Isabella, die Gattin, wenn der Erzherzog nicht daheim ist? Sie wechselt glühende Liebesbriefe mit ihrer Schwägerin Christine, die schlank ist, die Josefs Augen hat und daneben den seltsamen Vorzug, »daß sie eben kein Mann ist« (Krück von Poturzyn). Diese Briefe, in denen nicht nur steht: » . . . ich habe Dich rasend lieb, mein Schatz!«, sondern leider auch: »Das unglückliche Los, dem besten Gemahl nichts von seiner Liebe zurückgeben zu können, drückt mir das Herz ab!« – diese Briefe liefert Christine an Josef aus, als die beweinte Isabella an den Blattern gestorben ist. In einer kopfloseren Weise ist noch nie ein Witwer getröstet worden. Der Blitz, der jetzt in Josefs Herz fährt, entfremdet ihn für immer den Frauen.

Er will nie wieder heiraten. Aber seine Mutter drängt. Der Staatskanzler Kaunitz, die Umstände drängen. Bayern ist wichtiger als Parma. So heiratet er Josefa von Bayern, ein Geschöpf, das so häßlich ist, daß Maria Theresia fast ohnmächtig wird, als sie sie das erste Mal sieht und liebevoll zu umarmen hat. Das plumpe Mädchen verliebt sich denn auch in den straffen, blauäugigen Soldaten-Philosophen Josef. Nun kommt es zu den entsetzlichsten Szenen: nur um sie nicht anrühren zu müssen, schützt der Kaiser Amtsreisen in entfernteste Landesteile vor, lebt als »Graf Falkenstein« in Gasthöfen zwischen Tirol und Siebenbürgen . . . Bemißtraut er auch schöne Frauen, so schätzt er doch häßliche durchaus nicht. Man erzählt sich am Wiener Hof, daß er die Tür zwischen dem Schlafzimmer seiner Frau und dem eigenen hat zumauern lassen: so wenig erträgt er Josefas Ausdünstung . . . Sein körperlicher Widerwille macht sich in einer Weise Luft, wie sie Mozarts bekannten Äußerungen gegen seine Schülerin Josefine von Aurnhammer entspricht. Vielleicht empfindet der Kaiser überhaupt gegenüber Frauen, die ihn begehren, so unritterlich wie Don Giovanni. Es war eine Erlösung für die Bayernprinzessin, daß auch sie bald starb. – Wird er das dritte Mal heiraten? Nein, er wird keinen Sohn zeugen. Die Dynastie verlangt nach Kindern? Achselzuckend sieht er zu, wie die Erbfolge ihm entgleitet und zu seinem Bruder nach Toskana hinübergeht. Die einzigen Frauen, mit denen er umgeht, sind das sogenannte »Fünf-Damen-Kollegium«, mit dem er einmal in der Woche einen Plauderabend verbringt. Hochadlige Da-

men aus den Geschlechtern der Liechtenstein, Kinsky, Clary und Kaunitz. Alles Hausfrauen, alles Gattinnen. Der Zweck: Malice und Kritik an den Zeitgenossen zu üben, hauptsächlich auch an der Frauenwelt, woran die häubchengeschmückten Damen besonders gerne teilnehmen. Doch ist es nicht merkwürdig, daß man ihn niemals mit einer dieser Frauen allein sieht? Als sich das Getuschel verstärkt und Zweifel an der Männlichkeit des Monarchen wach werden, schreibt er der Fürstin Liechtenstein einen unverhüllten Werbebrief. So geschmacklos kann nur ein Schüchterner handeln. Nicht weniger grotesk und grob antwortet die Empörte zurück: vor allem einmal müsse ihr Gatte zum Feldmarschall ernannt werden ... So ist der Kaiser abgeblitzt; seine Beziehung zu den Frauen ist noch brüchiger geworden. Er ist nicht viel über vierzig Jahre, eine Geliebte will er nicht nehmen. So erfährt die Polizei voller Sorge, daß er, in seinen Mantel gehüllt, das Abenteuer der Prostitution sucht. Aber keine der »Graben-Nymphen«, die der schöne und jugendliche Mann mit den unheimlich starren Augen aufsucht, kann sich rühmen, den herrischen Besucher mehr als einmal gesehen zu haben. Denn er erlaubt sich keine »Gewöhnung«. Keine »Abhängigkeit« von etwas, was nicht Staat oder Philosophie heißt. Hat die Natur Anspruch an den Mann, so darf sie ihn doch nicht als Kaiser stören ...
Aber die Kunst! Die Kunst ist wichtig. Was im Theater gespielt werden soll, darüber wird debattiert und beschlossen. Mögen die Frauen und die Frommen sich gegen einen so männlichen Mann wie Don Giovanni auflehnen (und nicht weniger gegen Mozarts Musik, die diesmal nicht »schön« genug erscheint, sondern kantig, brutal und keuchend): der Kaiser hat nichts einzuwenden! Wie sehr er auch »Libertinage« haßt, so überwiegt doch (Schultze-Guhrau) der geheime Beifall, den er »Don Juans Frauenverachtung zollt«. Er äußert zu Lorenzo Da Ponte: »Diese neue Oper, ich weiß, ist nichts für die Zähne meiner Wiener.« Im übrigen aber sei sie *herrlich*. Sie sei womöglich noch großartiger als *Figaro* ... So war es nach Glucks Tod selbstverständlich, daß die jetzt erledigte Stellung als »Kammerkompositeur« Mozart zufiel.

LEOPOLD SAGT DER WELT LEBEWOHL

Drei Wochen nach dem Tode Glucks hat Wolfgang Mozart die Bestallung als »Kammerkomponist« in Händen. Dabei ist er noch nicht dreiunddreißig; den Jahren nach scheinbar sehr jung, der

Arbeitslast nach, die sein Rücken schleppt, aber uralt. Mozart – nur dann wird man ihn begreifen! – trägt seine Vorfahren und Vorbilder aus der Vergangenheit in die Zukunft. Also Gluck. Also sämtliche Bachs. Also Händel und Joseph Haydn.

Kammerkompositeur des Kaisers. Weit gebracht! Unter allen Glückwünschen fehlt, der ihn am meisten beglückt hätte: der des Vaters. Ein halbes Jahr vor Gluck ist Leopold Mozart in Salzburg gestorben.

Ein seltsam verwandelter Leopold, ein sanftmütig gewordener, dem wir verwundert nachblicken. Er hat monatelang in Wien geweilt, im Hause Konstanzens. Er hat sich also »zufrieden gegeben« und vielleicht sogar gedacht, daß die fröhliche kleine Hausfrau – und mochte sie seinerzeit kein Geld in die Ehe gebracht haben – nicht völlig schlecht für seinen Sohn war . . . Und im übrigen waren in Wien seine Blicke seltsam vernebelt. Etwas Herbstliches ist in dem Glückslächeln, mit dem er an seine Tochter berichtet:

»*Daß Dein Bruder ein schönes Quartier mit aller zum Haus gehörigen Auszierung hat, mögt Ihr daraus schließen, daß er 460 Gulden Hauszins zahlt.*« Oder: »*Dein Bruder ist hier so beliebt, daß seitdem ich hier bin, sein Fortepiano-Flügel wenigstens zwölfmal ins Theater oder zum Fürsten Kaunitz und Grafen Zichy hin und her getragen wurde.*« Oder: »*Ich glaube, daß mein Sohn, wenn er keine Schulden zu bezahlen hat, jetzt 2000 Gulden in die Bank legen kann. Das Geld ist sicher da, und seine Hauswirtschaft ist, was Essen und Trinken betrifft, in höchstem Grade ökonomisch . . .*«

Konstanze ein Muster von Ökonomie?! Das geht etwas weit. Er scheint verzaubert. Der alte Herr sieht nicht nur Märchen, er *hört* auch welche: Da ist die Lange, Konstanzens Schwester Aloysia, die ihm den Sohn fast umgebracht hat. Aber das ist jetzt völlig vergessen. Sie singt für ihn fünf bis sechs Arien, er hört sie in Grétrys *Azor und Zemire* – und was hätte er erst gesagt, wenn er sie als Donna Anna im Wiener *Giovanni* gehört hätte . . . Und was ist ihr Mann, der Schauspieler Lange, doch für ein vortrefflicher Maler! (Was wir Nachgeborenen bestätigen können.) Und wie gut wird bei Langes gekocht! Jetzt aber das Allererstaunlichste: Urmutter Weber, Caecilie Weber, kocht sich dem Einsamen ins Herz.

»*Am Donnerstag speisten wir bei Deines Bruders Schwiegermutter. Ich, Wolfgang, die Weberin und ihre Tochter Sophie. Ich muß Dir sagen, daß das Essen nicht zu viel und nicht zu wenig, anbei unvergleichlich gekocht war. Das Gebratene war ein schöner großer Fasan ...«* Ach, überhaupt das Essen in Wien! Sie haben bei Stephanie soupiert, dem Textdichter der *Entführung. »Austern, das herrlichste Konfekt; und viele Bouteillen Champagner, nicht zu vergessen ... Kaffee, das versteht sich!«*

Halb träumend kehrt er nach Salzburg zurück. Er hat also nicht umsonst gelebt. Und, wenn es auch nicht immer so aussah, die Götter gaben ihren Segen. Der alte Humanist legt lächelnd den Text von *Apollo und Hyacinthus* auf den Tisch (K. 38), den sein Knabe im Mai 1767 komponiert hat und genießt die weisen Verse des schönen Jesuiten-Lateins:

Saepe terrent numina
surgunt et minantur,
fingunt bella
quae non angunt;
mittunt tela
quae non tangunt;
et post ficta nubila
rident et iocantur.

Oft nur spaßen die Geschicke,
stürmen, steigen, tosen –
führen Kriege, die nur äffen,
senden Pfeile, die nicht treffen –
und nach abgegrollten Wettern
prangt die Welt in Rosen.

Was hat er doch in Wien erlebt! Wie hoch muß der Kaiser den Wolfgang schätzen, wenn er bei einem Konzert an die Logenbrüstung trat und seinen Hut auf die Brüstung schlagend »Bravo Mozart!« herunterrief ... Kein Unglück mit den Menschen mehr! Nun, er kann sich wohl selbst ein Stück dieses Erfolges gutschreiben. Hat er den Sohn doch stets weidlich gewarnt. – Und wohl auch ein wenig zuviel? So manchen unseligen »Gruppenverdacht« hat er dem Wolfgang eingeimpft. Die »Welschen«, die »Weiber«, die »Protestanten« ... Er hätte sich auch ein wenig zu schämen, wenn ihm die Briefe bewußt wären, die er als glühender »Anhänger der Gegenreformation« einst an Hagenauer geschrieben. Da hieß ein württembergisches Städtchen ein *»lutherisch miserabler Ort«*. In Westdeutschland haben die Gasthauszimmer *»weder Weihwasserkrüglein noch Kruzifixe«*, was er ziemlich abscheulich findet. War er irgendwo eingeladen: – *»Unser Gastgeber hier ist* *ein Calvinist. Gut, daß es nicht lange dauert!«* Grauste ihn damals nicht fast vor sich selbst, daß er Christoph Wieland und Fürchtegott Gellert für echte wirkliche Dichter hielt, *obwohl* sie Protestanten waren?

Doch wie fern sind diese Kämpfe! Wie gerecht und sanftmütig ist er geworden. Man lebt im josefinischen, im Zeitalter der Freimaurerei. Sein Sohn trat in Wien einer Loge bei, und er hat den Vater mitgenommen. Darf denn ein frommer Christ derlei tun? Aber die Freimaurer, weit entfernt, Greuel- und Götzendienst zu treiben, verfolgen Menschheitsideale, sind wohltätig und ernste Männer.

Als er wieder in Salzburg zurück ist, erwarten ihn andere Altersfreuden. Leopoldus Aloisius Pantaleon Freiherr Berchtold von Sonnenburg ist erschienen, Nannerls Sohn und sein stolz begrüßter Enkel. Da die Mutter kränkelt und in St. Gilgen für fünf Stiefkinder zu sorgen hat, wird der Säugling in Salzburg gepflegt. Die jahrzehntelange, treue Gehilfin »Thresl, das Küchenmensch« besorgt das. Dreieinhalb Monate ist das Kind alt, da bringt Großvater Leopold diese Briefworte zu Papier:

»Ich kann die rechte Hand des Kindes ohne Rührung niemals ansehn. Der geschickteste Klavierspieler kann die Hand nicht so schön auf die Klaviatur setzen, als er beständig die Hand hält; sooft er die Finger nicht bewegt, sooft stehen sie alle mit dem ausgebogenen Händchen in der Spiel-Situation—und erschlaffend hat er das Händchen so liegen, als wären die Finger ... wirklich auf den Klaviertasten. — Ich bin wirklich oft traurig, wenn ich's sehe, und wünschte, daß er wenigstens nur drei Jahre schon alt wäre: so natürlich, meine ich, er sollte gleich spielen können ...«

Was hat er, der Alte — und wohin träumt er? Verwechselt er da nicht zwei Personen, und will er sein Leben von vorn anfangen? Am 27. Januar 1786—das Kind ist jetzt ein halbes Jahr alt!—fährt er in seinen Betrachtungen fort:

»... Den Leopoldl habe ich noch keine Geige hören lassen. Ich machte eine Probe ohngefähr mit einem messingenen Leuchter, wo ich mit einem kleinen Schlüssel unten an der Schale pianissimo und dann forte klopfte und abwechselnd dazu sang. In dem Augenblick wurde er so ohnbeweglich aufmerksam, daß er nicht nur kein Aug von mir wandte, sondern keinen Fuß und keine Hand mehr bewegte — obwohl er sonst ohne Aufhören alles bewegt, daß er sogar die Strümpf, da man's ihm kaum angelegt, in einer Minute wieder herunterwetzt. Die Menscher konnten ihn

anreden, wie sie wollten; es half alles nichts; er hatte nicht die mindeste Achtung darauf – kurz, ohnbeweglich sah er auf mich und den Leuchter . . .«

Klavierhändchen, Klopflaute, tiefste Gebanntheit bei sonst größter Bewegungsunruhe? Das haben wir schon einmal gehört. Jetzt fehlt nur noch, daß der Leopoldl selbsttätig zu komponieren anfinge . . . wie der Herr Wolferl mit vier Jahren.
Aber zu Pfingsten 1787 war Großvater Mozart ein toter Mann. Im März hatte er begonnen zu kränkeln und im April noch einen schönen Brief seines Sohnes aus Wien erhalten:

». . . Da der Tod (genau genommen) der wahre Endzweck unseres Lebens ist, so habe ich mich seit ein paar Jahren mit diesem wahren, besten Freunde des Menschen so bekannt gemacht, daß sein Bild nicht allein nichts Schreckendes mehr für mich hat, sondern recht viel Beruhigendes und Tröstendes! Und ich danke meinem Gott, daß er mir das Glück gegönnt hat, mir die Gelegenheit (Sie verstehen mich) zu verschaffen, ihn als den Schlüssel zu unserer wahren Glückseligkeit kennen zu lernen.«

Das sind Worte, die zu der kürzlich vollendeten *Maurerischen Trauermusik* (K. 477) herüberführen und zugleich schon die Tiefenherrlichkeit von Sarastros *Zauberflöten*-Welt ahnen lassen.

»Ich lege mich«, fährt er fort, *»nie zu Bette, ohne zu bedenken, daß ich vielleicht (so jung ich bin) den andern Tag nicht mehr sein werde – und es wird doch kein Mensch von Allen, die mich kennen, sagen können, daß ich im Umgange mürrisch oder traurig wäre – und für diese Glückseligkeit danke ich alle Tage meinem Schöpfer und wünsche sie von Herzen jedem meiner Mitmenschen. – Ich hoffe und wünsche, daß Sie sich, während ich dieses schreibe, besser befinden; sollten Sie aber wider alles Vermuten nicht besser sein, so bitte ich Sie, mir es nicht zu verhehlen . . . damit ich so geschwind, wie es menschenmöglich ist, in Ihren Armen sein kann . . .«*

Aber es war nicht menschenmöglich. Und in die Tränen um diesen Vater mischten sich Wolfgangs Totenklagen um zwei andere werte Freunde: seinen Altersgenossen Grafen Hatzfeld und den vortrefflichen Salzburger Arzt Dr. Siegmund Barisani. Es war eben doch ein anderes, philosophische Briefe zu schreiben und Lessingsche Gefaßtheit zu zeigen oder plötzlich drei Menschen entbehren zu müssen, auf die man noch sehr gezählt hatte.
Und wie bald er selbst ihnen nachfolgen würde, davon wußte der vierte nichts.

Wenn er doch nur mehr Geld verdiente! Gluck hatte 2000 Gulden Gehalt, er nur 800. Wie konnte das sein? Warum wollte der Kaiser an ihm sparen? Doch vielleicht forderte Mozarts Erscheinung, sein Lächeln, dieses etwas hilflose Lächeln, die Aura des Bescheidenen, dazu heraus, ihn schlecht zu bezahlen? Selbstbewußt ist dieser Genius meist nur vor den falschen Leuten. Wo es wirklich drauf ankommt, weicht er zurück: Man hat das Gefühl, er würde auch umsonst komponieren.

Ein hochadliger Schüler, Fürst Karl Lichnowsky – später einmal Beethovens Lichnowsky! – lädt ihn ein, mit ihm nach Berlin zu reisen. Er habe einen Wagenplatz frei. Gespannt von Erwartungen nimmt Mozart an. Konstanze muß zu Hause bleiben. Im März 1789 fahren sie ab.

Norddeutschland! Es ist doch seltsam, daß der erwachsene Mozart eigentlich nur die romanische Welt kennt: Italien und Frankreich. Das ging an, solange er selbst ein rein lateinischer Komponist war. Doch inzwischen hat er ja durch van Swieten Bach und Händel kennengelernt. Jetzt winkt Leipzig, die Stadt des Thomaskantors. Hier hört ihn denn auch die Bachgemeinde die Orgel spielen. Die Träger der Leipziger Tradition, Männer wie Johann Friedrich Doles (1715–1797), sind von seinem Spiel entzückt: Mit welcher Innigkeit weiß dieser Fremde evangelische Choräle zu spielen!

Neue Verhältnisse, neue Menschen. Wo sind Mozarts gewohnte Reisebriefe, die mit dramatisch-nervösem Stift Gesellschaft und Menschen festhalten? Ach, seit der einzige Adressat, dem er sie zu schreiben pflegte, sein Vater, tot ist, läßt er sich mit der Feder nur noch sparsam vernehmen. So wissen wir nicht, was er empfand, als er, gnädig in Berlin empfangen, dem König gegenübersaß. Nicht etwa Friedrich dem Großen – der war zwei Jahre zuvor gestorben! – sondern dem dicken Friedrich Wilhelm II., dem enragierten Cellospieler, der nicht nur Haydn Musik abkaufte, sondern auch Quartette bei Mozart bestellte (K. 575, 589, 590).

Eine seltsame Atmosphäre herrschte am Berliner Hof. Ein wenig geisterte noch der Voltaire-Spott des alten Königs. Der neue König aber vertrat das Rokoko weniger als Philosoph und Freigeist, denn als Libertin und Maîtressenherr. Als Gegenbewegung in Kunst und Gesellschaft begann folgerichtig der Pietismus in Berlin sein Haupt zu erheben – ein Pietismus, der Mozarts Opern noch manches zu schaffen machen sollte. Daß der König ihn eingeladen hätte, den Dienst Kaiser Josefs zu verlassen und gegen besonders

gute Bezahlung preußischer Hofkomponist zu werden, ist unwahrscheinlich. Wäre es geschehn, hätte er es Konstanze berichtet. Und vielleicht hätte er's sogar angenommen – und sei es, um später als ein »Verteuerter« ins Wien des Kaisers zurückzukehren. So hatte es ja auch Gluck gemacht, bei dem der Ruhm und das Geld der Franzosen die Wiener Achtung gesteigert hatten.
Aber kein Berufsbrief über eine so wichtige Angelegenheit ist erhalten. Nur Zärtlichkeitsbulletins an Konstanze, wobei auch ein sehr kleinlautes ist, das kurz vor der Rückkehr geschrieben wurde: *»Mein liebstes Weibchen, Du mußt Dich schon mehr auf mich freuen als auf mein Geld!«*
Und doch wissen wir sehr viel von Mozart, wie er auf dieser norddeutschen Reise, der »Reise ins Protestantische«, andern Menschen erschienen ist. In Leipzig begegnete er damals einem sehr literarischen Manne, dem Musikschriftsteller Friedrich Rochlitz (1769–1842). Rochlitz' »Aufzeichnungen über Mozart« sind vielleicht das Ausführlichste, was, abgesehen von den Frühbiografen, die Zeitgenossen über ihn lasen. Wenn Mozart nicht an Dummköpfe geriet, hatte er gelegentlich das Pech, an zu geistreiche Menschen zu geraten. So geschah es bei Rochlitz, der ganz gewiß das Dialektische in Mozart spürte – und dazu auch gewisse Gegensätze zwischen ihm und der Umwelt empfand. So erfand Rochlitz zuweilen Gespräche, die in so überspitzter Art schwerlich stattgefunden haben. Oder wäre anzunehmen, daß Mozart in so wenig taktvoller Weise, als einzig anwesender Katholik, vor einem Dutzend Protestanten darauf hingewiesen habe, daß nur ein frommer Katholik echte Kirchenmusik schreiben könne? Was wüßten sie, die Andersgesinnten, von der Innigkeit eines *Agnus Dei*, der Freude an einem *Benedictus* ... Im Verlaufe dieses Gesprächs sei er ganz trübsinnig geworden, berichtet Rochlitz, und habe, starken Wein trinkend, geschwiegen.
Da halten wir uns schon lieber an eine Dresdnerin, Dorothea Stock, die Schwägerin des Schiller-Freunds Körner, die Mozart bei einem Besuch in Dresden fraulich umsorgte. Sie war Malerin – und mit feinem Silberstift hat sie ein Portrait des Meisters gezeichnet. Dorothea Stock sah, was keiner noch gesehn: daß auf jener norddeutschen Reise Mozart bereits ein sehr kranker Mann war ...
Wieder zu Rochlitz zurückkehrend, lesen wir in seinen Berichten, daß Mozart damals in Berlin an einer wohlgesungenen Aufführung der *Entführung* teilgenommen hat. Unerkannt im Parkett stehend – und später natürlich dann doch erkannt! – schalt er den zweiten Violinisten, der in der Arie des Pedrillo dis griff statt d.

Die schöne Henriette Baranius gab das Blondchen. Sie ließ ihre Reize spielen – und Mozart, der selig-unseligerweise stets Sängerinnen zum Opfer fiel, wenn sie seine Arien sangen, verfiel Henrietten mit Haut und Haar. Kaum konnte ihn der Fürst Lichnowsky wieder in den Wagen setzen.
Und dabei liebte er doch Konstanze? Und keine andere Frau so wie sie! Doch es schien, er bereitete sich vor, Komponist von *Cosi fan Tutte* zu werden. Von »So machen's alle Frauen«, wobei er sich insgeheim verschrieb und »So machen's alle Männer« dachte.

COSI FAN TUTTE

Mozarts »unsittlichstes Bühnenwerk« hatte eine Vorgeschichte, über die – in anderm Zusammenhang – sein Schwager, der Schauspieler Lange, berichtet:
Bei einer Vorlesung des »Misogyn«, eines Lustspiels des jugendlichen Lessing, erhob sich der Kaiser einmal entrüstet. Doch nur weil der »Frauenhasser« darin von Lessing lächerlich gemacht wird. Dieser grämliche Wumshäter – in dem man »woman hater« erkennt – schwatzt einen gestelzten Unsinn daher: »Meine Tochter wird keinen Mann finden. Und daß etwa ich ihr einen suche, einen ehrlichen, rechtschaffenen Mann mit ihr etwa unglücklich machen werde, das geschieht nun und nimmermehr!« Hierüber ärgerte sich der Kaiser. Ohne daß er sich's merken lassen wollte, lag hier eins seiner eigenen Lebensprobleme – er konnte keinem Autor erlauben, einen Frauenverächter zu karikieren.
Ein Jahr später ließ er Da Ponte rufen und erzählte ihm »eine wahre Geschichte, die sich mit zwei Damen der Wiener Gesellschaft zugetragen«. Es habe sich um eine Wette gehandelt und zwei kaiserliche Offiziere. Er forderte den Dichter auf, eine Oper für Mozart daraus zu machen. Längs der kaiserlichen Erzählung schrieb Da Ponte ein echt Mozartisches Textbuch, voller Menschlichkeit, voller Ironie – das beste seiner Textbücher; dabei völlig ohne Groteske und damit ohne Dämonie. »Das Groteske«, sagt Rudolf Kaßner, »ist der Rand, sind die Fransen der Dämonie.« In spürbarer Abkehr vom *Giovanni* und in deutlicher Rückkehr zum *Figaro* ist also *Cosi fan Tutte* entstanden.
Die Handlung ist nach Neapel verlegt. Zwei junge Offiziere, Ferrando und Guglielmo, sind mit zwei Schwestern verlobt, Fiordiligi und Dorabella. Sie lieben und werden wiedergeliebt. Das läßt einen alten Zyniker von voltairisch-französischer Prägung, Don

Alfonso, anscheinend nicht schlafen. Die Treue der Weiber, doziert er den Freunden, gleiche dem Phönix aus Arabien, dem Stein der Weisen, den nie einer sah:

Wenn sie ihn gewähren ließen, werde er ihnen beweisen, daß ihre Bräute nicht treu sind. Erst sind sie empört, dann willigen sie in die Wette ein. Ein rascher Abschied wird fingiert, da der Krieg die beiden rufe. Doch noch am selben Nachmittag kehren sie verkleidet, mit Bärten, als albanische Edelleute zurück und werden von der Zofe Despina, die im Bunde mit Don Alfonso handelt, den untröstlichen Damen zugeführt. Jetzt machen Ferrando und Guglielmo jeder der Braut des Freundes den Hof. Binnen weniger Stunden wird die Bastion der »Treue« eingenommen. Noch am Abend wird der Notar geholt, um die Ehekontrakte zu unterzeichnen. Da bringt Don Alfonso die Nachricht von der Rückkehr der beiden Offiziere (die Abberufung in den Krieg war ein falscher Alarm gewesen); die Albanier verschwinden, und die zerknirschten Schwestern müssen ihren eigentlichen Verlobten beichten. *Cosi fan Tutte!* So machen's alle! Der Zyniker hat die Wette gewonnen.
Wie konnte etwas derartig »Unwahres« sich jemals zugetragen haben? Nachdem doch Da Ponte mit Nachdruck betont, daß er diese Begebenheit aus des Kaisers Munde als wahr erfuhr, gibt es nur *eine* Möglichkeit, wie sie sich zugetragen hat. Diese Möglichkeit liegt so nahe, daß man sich wundert, daß noch niemand ihre Voraussetzung gesehn hat. Die Voraussetzung war – ein Maskenball.
Diese »Brautwerbung über Kreuz« konnte nur bei Gelegenheit einer »Wiener Redoute« geschehn sein. Der Türkenkrieg, von dem man seit sechs Jahren sprach, war am 9. Februar 1788 endlich wirklich ausgebrochen. Es war der Höhepunkt des Faschings. Die Offiziere und ihre Bräute hatten Karten zum Maskenball. Am Vormittag oder am Tag vorher fingierten sie (wie in der Oper)

die Einberufung zur Armee; es gab einen tränenreichen Abschied; um die Bräute zu trösten, beschlossen die Herren, sie unter dem Schutze Don Alfonsos dennoch auf den Ball zu schicken. Dort begegneten nun zwei völlig unkenntliche Kavaliere (die Albanier!) den Verlassenen. Tanz, Champagner und Musik taten in der Nacht das ihre, um das Bild der Abgereisten aus dem Herzen der beiden Mädchen zu drängen. Neue Liebe! *Cosi fan Tutte!*

Hatte sich das so zugetragen, so war es obendrein eigentlich »unter den Augen des Kaisers geschehen«. Schließlich war er bei allem der Hausherr: die Redouten und Maskenbälle fanden ja in der Hofburg statt. Mozarts Basilio, der Ire O'Kelly, schildert in seinen »Erinnerungen«, wie Josef II. »unerkannt, auf einem dieser Bacchanalien, selbst verkleidet, herumwandelte und inmitten des Menschenjahrmarkts seine Wiener beobachtete, ob hinter den Larven auch Herzen wären ....« Denn ein Beobachter war der Kaiser, der sich nicht bloß von der Polizei die Torheiten berichten ließ; in dem auch vor allem ein leidvolles Stück eines enttäuschten Alfonso stak.

Und was tat nun Mozart auf diesen Redouten? Ähnlich wie später Johann Strauß der Ältere war er Ballkomponist und dirigierte für den Kaiser Kontertänze (K. 565) und Menuette (K. 568, K. 585). So ging ihm die Taumelatmosphäre der Verkleidungen und Verwechslungen durch Rock und Hemd ins innerste Blut und machte ihn fähig, Da Pontes Text mit meisterlicher Musik auszukleiden.

Cosi fan Tutte (K. 588) ist tatsächlich eines seiner Hauptwerke geworden. Es handelt sich um ein Sextett von Personen, symmetrisch in drei Paare geteilt: zunächst die beiden Liebespaare und dann das Paar Alfonso-Despina, der Zyniker und seine Helferin. Diese Helferin ist eine »Zofe«, sie hat aber nichts mit Susanna zu tun. Susanna ist menschlicher; Despina ist wie ihr Name »spina« ein Dorn, und dornenscharf führt sie die Intrige.

Eifersüchtige Liebhaber, Untreue, Tränen, Auftrumpfen: das gab es schon in der *Opera buffa*. Nicht umsonst wählte man Neapel als Szene. Doch Mozarts sechs Menschen sind wirkliche Menschen, die keineswegs nur an den Strängen einer Marionetten-Komödie tanzen. In all den tollen Geschehnissen spielt eine fühlbare Traurigkeit mit. Die geheuchelten Tränen sind echte Tränen. Wenn am Schluß der Zynismus gesiegt hat, ist dem Zynismus selbst nicht wohl. Das Wort »Und führe uns nicht in Versuchung!« steht in der Luft. Und die melancholische Frage: »Wenn die Götter die Liebe schufen – warum schufen sie auch die Eifersucht?« bleibt übrig nach diesem ernst-heiteren Spiel.

Nach echter Humanistenart (er hat uns zwar nichts davon erzählt, doch wir glauben seine Wege zu kennen), hat sich Da Ponte bei seinem Textbuch Hilfe von einem der Alten geholt. Diesmal nicht in Dantes »Inferno«, sondern beim großen Ariost (auch Boccaccio hat die Geschichte gekannt). Im 43. Gesang seines »Rasenden Roland« schildert der Dichter, wie eine in Hexerei erfahrene Dame einen mantuanischen Edelmann versucht, seine Gattin auf die Probe zu stellen:

»Denn treu sie nennen« — sprach sie — »kannst du nicht,
solang Beweise nicht es deutlich lehren.
Wer Treue brechen *könnt'* und doch nicht bricht,
den magst du gern als treu und sittsam ehren.
Läßt du sie aber nie aus dem Gesicht
und keinen andern Mann mit ihr verkehren:
Wie kannst du da so zuversichtlich sein
und mir beteuern, sie sei keusch und rein?

Geh einmal fort, geh fort von deinem Weibe
und sprenge ringsum aus in Stadt und Land,
daß du verreisest, sie zu Hause bleibe;
laß Boten und Verliebten freie Hand.
Und zeigt sich dann, daß sie nicht Arges treibe,
hält sie den Bitten und Geschenken stand,
obschon sie glaubt, sie könne *heimlich* sünd'gen:
Dann magst du, daß sie treu ist, kühn verkünd'gen!«

Der Mantuaner gehorcht denn auch den Einflüsterungen der Zauberin. Er läßt sich von ihr in einen schönen jungen Ritter verwandeln, der der Frau Huldigungen und Edelsteine darbringt. Wird die Züchtige sich seinem Werben ergeben?

»Sie woll' es tun, spricht sie, *wenn sie versichert werde,*
daß niemand es erfährt auf dieser Erde!«

Furchtbare Antwort! Im Augenblick hebt sich der Schleier der Verwandlung. In seiner eigenen Gestalt steht der Gatte vor der Frau. Wie er später einem Freunde erzählt:

»Bleich als wie Tote standen sie und ich,
den Blick gesenkt in fürchterlichem Schweigen.
Mühsam begann ein Schrei heraufzusteigen:
›So also, meine Frau, verrätst du mich,
wenn Käufer sich für meine Ehre zeigen?‹

Sie aber gab mir andre Antwort nicht
als Tränenfluten übers Angesicht.«

Sie geht bei Nacht und Nebel davon, denn sie kann dem Mann nicht vergeben, daß er sie in Versuchung geführt hat... Es ist eine »Ursituation« – verwandt der des Kleistschen »Amphitryon«. Nicht das galante Abenteuer des Jupiter steht dort in der Mitte, der, um Alkmene zu verführen, sich in deren Gatten Amphitryon verwandelt: sondern das Gefühl der Alkmene, die, ein Urbild weiblicher Treue, auch im Gott immer nur den Gatten geliebt hat... Das ist eine heroische Wendung, die Da Pontes *Buffa* nicht mitmachen konnte. Doch da ist etwas anderes, was hinter seiner Handlung auftaucht und uns als sehr modern bewegt:
In diesem tollen Verwechslungsspiel faßt manchmal den Zuschauer ein Bangen: Die falschen Paare fanden sich also – wie, wenn es die endgültig *richtigen* wären? Schließlich liegt in der Liebeswahl, in jeder Liebeswahl, ein Stück Zufall. Wie, wenn diese höchst unsittliche Wette jenen Zufall korrigiert und hinter dem *»Changez les dames!«* der *wirkliche* Schicksalswink auftauchte? – Zu dieser Lösung kommt es nicht. Doch daß man vor ihr bangen darf, macht Mozarts ironische Musik nun wieder zu etwas Ernsthaftem. Jedenfalls war dies ein doppelbodiger Stoff: Einschichtige waren nichts für Mozart. Erst die seelische Kontrapunktik zwischen Übermut und Wehmut machte dieses Meisterwerk möglich.
Die Ouvertüre – Andante, dann Presto – bringt die früheste Anwendung eines Wagnerschen Leitmotivs. In vollen 14 Takten erklingt (und 14 Takte sind sehr viel!) Alfonsos Wahlspruch: *Cosi fan Tutte*

Beginn der Szene: Ganz wie im *Giovanni*, bei Leporellos »*Keine Ruh . . .*«, ein unvergleichlicher Sprung ins Geschehen. »*O nein, Dorabella vermöchte das nie!*«:

Dem lyrischen Tenor Ferrando assistiert der Bariton Guglielmo: »Ihr sprecht von Falschheit, von Heucheln, von Lügen? Das müßt Ihr beweisen, als ehrlicher Mann! Könnt Ihr's aber nicht beweisen, *dann zieht Euren Degen, die Freundschaft ist aus!*«

So eilends wie Schiller in seine »Bürgschaft« – wo schon in der Anfangsstrophe fünf getrennte Bewegungen, Tätigkeiten und Aussagen in sieben Reimzeilen eingefaßt sind! – springt Mozart in diese »Bewegungsoper«. Er hat einmal Shakespeare zu tadeln gewagt – in einem Brief an seinen Vater – weil »*die Rede des Geistes im ›Hamlet‹ zu lang sei*«. Obwohl komplizierteste Mischgefühle von vier Menschen darzustellen sind, gibt es hier keinen Takt Langeweile. Die beiden Bräutigame, schon untereinander sehr verschieden, sind in keiner Szene sich selbst gleich. Sie haben eine Wette geschlossen und möchten die Wette gern gewinnen. Andererseits müssen sie ehrlich spielen: der Strategie folgend, die Alfonso vorschreibt. So beten sie heimlich, daß die Braut ihnen treu bleibt – andererseits berennen sie den Schatz ihres Nachbarn, wo die Küsse und Zärtlichkeiten ihrem Mannestum ja ebenfalls schmecken . . . Delikateste Situation! Je mehr sie sich ihrem Manneszeil nähern, dem Don-Juan- und Eroberer-Ziel, desto trauriger wird der Mensch in ihnen.
So etwas konnte nur behandeln, wer zur Ironie zurückkehrte. In Mozarts »Spanischer Wüstlingsoper« schlug ein Goya-Humor mit Keulen drauflos. In *Cosi* gibt's keine Fratzen mehr. Zugleich mit der Ironie hat sich auch die »Konversation« wieder eingestellt. Diese Menschen reden miteinander und verbergen im Reden vie-

lerlei. Besonders tun das die Liebhaberinnen, weil sie sich ... vor einander schämen.
Ist schon die Spannweite der Gefühle bei den Männern groß, bei den Frauen ist sie noch um ein Qualvolles größer. Als der Kriegsmarsch erschallt:

ist ihr Abschiedsschmerz echt.

Als dann die »Albanier« erscheinen, wenden sie sich unwillig ab. Wer dürfte wagen, sie zu trösten? Doch Despina hält ihre Intrige bereit: In hoffnungsloser Liebespein müssen die Fremden »Gift« nehmen. Das ist zuviel für die weichen Herzen von Dorabella und Fiordiligi. Das Mütterliche in ihnen wird wach. Sind die Sterbenden noch zu retten? Ja! Despina, als Arzt verkleidet, zaubert die Krankheit wieder heraus. Und nun (der »Ruck in Frauenherzen«, den Männer nie verstehn werden!), obschon man noch eben Treue schwur wie in der *Opera seria:*

fühlt sich die Eitelkeit gekitzelt, mit den neuen Liebhabern ein ganz reizendes Spiel zu treiben:

»Bloß aus Mitleid, bloß zum Scherzen;
denn mein Herz bleibt ewig treu.
Seufzet er, seufz' ich von Herzen;
doch ist alles Schäkerei.«

Aber es bleibt nicht Schäkerei! Schon sind sie auf der gleitenden Ebene, schon naht der »Notar« mit den Ehekontrakten. Im Hintergrund »stirbt Alfonso vor Lachen«, im Vordergrund die Bräutigame vor Eifersucht, die Bräute vor Scham — und zu all dem *imbroglio*, auf das sich die Schlußszenen zubewegen, schreibt Mozart himmlische Musik.

»Wie konnte er«, fragt hier Hermann Cohen, »sich selbst so unbarmherzig verspotten, seine höchsten Ideale von Liebe, Treue, Menschenrecht dem Gelächter der Menge preisgeben und die Meinung unterstützen, als sei alles nur Sinnenlust und Trug?« Doch schon empfangen wir die Antwort: Es ist nicht so! Der Spiegel trügt! Seht besser hin! Es ist nur Schein, daß alle Liebe nur Schein wäre — *Cosi fan Tutte* ist so etwas wie Mozart-Shakespeares *Sommernachtstraum.* Wieder ist Puck durch den Wald gefahren und hat mit einem Zauberkraut die Augen der Schlafenden beträufelt, daß sie, erwachend, den Falschen lieben . . . Auch Titania liebt ja Zettel nur scheinbar. In Wahrheit gehört sie dem Oberon.

Wer aber straft in *Cosi fan Tutte?* Eifersucht und Scham sind Strafe genug. Die Kadenz von allem jedoch heißt: Vergebung. Vier Liebende müssen einander verzeihn — und sie tun es in einer großen und überwältigenden Musik.

SIEBENTES BUCH

DIE STUNDE SCHLÄGT

Ein Tännlein grünet wo,
wer weiß? im Walde,
ein Rosenstrauch, wer sagt,
in welchem Garten?
Sie sind erlesen schon –
denk' es, o Seele! –
auf deinem Grab zu wurzeln
und zu wachsen.

Zwei schwarze Rösslein weiden
auf der Wiese,
sie kehren heim zur Stadt
in muntern Sprüngen.
Sie werden schrittweis gehn
mit deiner Leiche,
vielleicht, vielleicht noch eh'
an ihren Hufen
das Eisen los wird,
das ich blitzen sehe.

MÖRIKE »*Mozart auf der Reise nach Prag*«

Am 26. Januar 1790 wurde »*Cosi fan Tutte*« uraufgeführt–einen Tag vor des Meisters Geburtstag. Die Leute klatschten. Gefiel denn das Werk? Gleich meldeten sich die »Moralischen«.
»Es stand nicht in seiner Gewalt, den Auftrag abzulehnen, und der Text ward Mozart ausdrücklich aufgetragen«, sagt–sonderbare Entschuldigung! – der früheste seiner Biografen, Niemetschek. Und Richard Wagner, in »Oper und Drama« (1851), wird folgendes zu Papier bringen: »Oh, wie ist mir Mozart innig lieb und hochverehrungswürdig, daß es ihm nicht möglich war . . zu *Cosi fan Tutte* eine Musik wie die des *Figaro* zu erfinden; wie schmählich hätte dies die Musik entehren müssen!« Und weiter: »Ein frivol aufgeweckter Operntextmacher reichte ihm seine Arien, Duette und Ensemblestücke . . . die er dann, je nach der Wärme, die sie ihm erwecken konnten, in Musik setzte . . .« Der »frivol aufgeweckte Operntextmacher« war immerhin Mozarts Freund und Führer bei *Figaro* und *Giovanni* gewesen.
Aber Wagner ist beinahe entschuldigt, wenn wir hören, wie sich Beethoven über die Unsittlichkeit der Mozartschen Texte entrüstete. Da mochte Haydn verwundert murmeln: »Ich verstehe all diese Vorwürfe nicht!« – Haydn war kein »geistiger Mensch«, sondern nur ein wunderbarer Hörer, der, zu einer Probe geladen, von Mozarts Musik hingerissen war . . . Noch heute begreifen wenige die musikdramatische »Richtigkeit« von Da Pontes Komödie. 1909 kam Karl Scheidemantel auf die unselige Idee, das ganze Textbuch zu kassieren und, um Mozarts Musik zu »retten«, ihr einen völlig werkfremden Text, Calderons »Dame Kobold« zu unterlegen! Von hier aus war es nicht sehr weit zu Schurigs Urteil: *Cosi fan Tutte* verherrlichte die »Prostitution«!
Aber der Kaiser! Wo blieb Kaiser Josef, der diese Oper bestellt hatte? Am Premierentag stand seine Loge leer. Wien flüsterte, er sei sehr krank, und am 20. Februar lag er auf dem Totenbett. Nach zehnjähriger Regierung erschöpft wie ein Neunzigjähriger. »Mit ihm starb der erste Monarch, der sein Reich wirklich kennenlernte: die Schrecken der Gefängnisse, den Schmutz der Spitäler, das Elend der Kleinen . . .« schreibt der Historiker Friedrich Heer.
Was diese Katastrophe für Mozart als Künstler bedeutete, ist noch nie beschrieben worden – ja, eigentlich auch nie wirklich gesehen. Biografen mögen uns vorrechnen, wie wenig jener Monarch in »Geld« für seinen Mozart getan habe, ja, daß er die Existenz dieses Genius manchmal jahrelang übersah. Als ob es darauf allein

ankäme! Die Ideen- und Atemluft, in der Mozart lebte, war josefinisch. Die *Entführung, Der Schauspieldirektor, Figaros Hochzeit, Don Giovanni, Cosi fan Tutte,* später noch (gleichsam als Requiem) *Titus* und *Die Zauberflöte* waren das Planetensystem, das um die Sonne des Kaisers kreiste. Jedes dieser sieben Bühnenwerke ist von ganz verschiedenem Stoff. Aber alle haben bestimmte Metalle, Erden, chemische Mischungen, wie sie allein der Kultursphäre Josef II. eignete – die eine einzigartige Verschmelzung von Aufklärung und Rokoko war, von Deutschem und Europäischem, von sozialer Gerechtigkeit und nationalem Behauptungswillen, Tugend und Begehrlichkeit, tyrannischer Ratio und Toleranz.
Und der Nachfolger, der aus Toskana nahte? Leopold, Josefs Lieblingsbruder, würde es sehr schwer haben. Eine bankrotte Politik (die er für falsch hielt) sollte er stützen? Denn tragischerweise hatte sich alles gegen Josef II. verschworen. Die Ungarn wollten nicht deutsch regiert werden; erst recht nicht die Menschen der Lombardei. Auch nicht die Polen in Galizien. In den österreichischen Niederlanden tobte offener, blutiger Aufruhr. Die Tiroler waren zu gottesfürchtig, um sich die kirchenfeindliche Politik des Kaisers gefallen zu lassen. Der Türkenkrieg war nicht gewonnen worden – er schleppte sich seit drei Jahren hin, ohne der kaiserlichen Regierung den gewünschten Prestigegewinn zu bringen. Persönliches Heldentum nützte nichts. Wie Friedrich der Große hatte Josef gehofft, auf dem Schlachtfelde zu sterben, aber sein Wunsch wurde nicht erfüllt. Einmal fiel er in die Donau, wurde aufgefischt; das eiskalte Wasser verschaffte ihm den ersten Gefäßkrampf. Dann kamen Lungenblutungen, Typhus, Herzerweiterung und Erstickungszustände. In seinen letzten Monaten mußte er alles widerrufen, was er einst dekretiert hatte – nur eins nicht: die Gewissensfreiheit. An seinem letzten Lebenstag hatte er drei Blutstürze. Bis vier Uhr morgens unterschrieb er (ja, kam denn der Bruder noch immer nicht?), was man ihm aufs Bett legte. Seine Hand war aber bereits so schwach und sein Geist so abwesend, daß er statt des Namens »Josef« die verlöschenden Buchstaben »Isoph« schrieb . . . Der Hofkaplan brach in Tränen aus; denn er erinnerte sich, daß man Jesus, da ihn am Kreuze dürstete, einen Ysopstengel gereicht hatte . . .
Als Bruder Leopold aus Florenz die Zimmer seines Vorgängers betrat, soll er kaum hörbar geflüstert haben: »Ich bin gekommen, das Kaiserhaus mit seinen Nationen zu versöhnen. Jede Nation soll die Sprache sprechen, die sie daheim im Vaterhaus sprach. Es muß nicht die deutsche Sprache sein . . .«

Mozart während der Aufführung der »Entführung aus dem Serail« am 19. Mai 1789 im Parkett des Königlichen Theaters zu Berlin.

Neues Singspiel.

Im kaiserl. königl. Nazional-Hoftheater
wird heute Dienstag den 26ten Jäner 1790 aufgeführt:
(zum erstenmal)

COSI FAN TUTTE,
O SIA:
LA SCOLA DEGLI AMANTI.

So machen sie's, oder: die Schule der Liebhaber.

Ein komisches Singspiel in zwey Aufzügen.

Die Poesie ist vom Hrn. Abbate da Ponte, Dichter des italiänischen Singspiels beym k. k. Hoftheater.

Die Musik ist vom Herrn Wolfgang Mozart, Kapellmeister in wirklichen Diensten Sr. Majestät des Kaisers.

Die Bücher sind bloß italiänisch beym Logenmeister für 24 kr. zu haben.

Es ist am verflossenen Sonntage in den k. k. Redoutensälen eine goldene Frauenzimmerdose verlohren worden, wer selbe gefunden, wird höflichst gebeten, sie gegen gute Rekompens an die theatralische Kasse zu überbringen.

Der Anfang ist um 7 Uhr.

Theaterzettel der Wiener Uraufführung von »Cosi fan Tutte« am 26. Januar 1790.

Und zum Erzbischof von Wien, Migazzi, der ihn erwartend ansah, soll er noch leiser geäußert haben: »Ich bin gekommen, Österreich mit Rom und der Kirche zu versöhnen!«

DAS SINFONISCHE VERMÄCHTNIS

Die Lähmung, die Mozart augenblicklich nach dem Tode des Kaisers befällt, dauert vom Februar bis in den September. Während dieser langen Zeit schreibt er kaum mehr als ein paar Quartette für Friedrich Wilhelm II. von Preußen und Händel-Bearbeitungen für van Swieten (K. 591 und 592). Das ist nichts für einen so Universalen, nach allen Seiten sonst Regsamen.

Er muß also furchtbar getroffen sein. Rätselhaft allein für die, die immer noch glauben, er habe sich für nichts als »für Musik interessiert«. Als ob es ihm etwas genützt hätte, sich für Politik *nicht* zu interessieren: die Politik interessierte sich ja für ihn.

Ein halbes Jahr vor Josefs Tod war in Paris die Bastille gestürmt worden. Wir wären Toren, glaubten wir, daß der Autor von *Figaros Hochzeit* sich über den Beginn des Chaos im Westen Europas gefreut hätte! Der Reiz dieser Oper beruhte ja darin, daß sie *vor*-revolutionäre Musik war, die den Sturz des Absolutismus als ein Stück Zukunft zwar weissagte, aber nicht mitgestaltete. Für einen Künstler von Mozarts Art mußte die Revolution Zukunft *bleiben.* Wie für Voltaire, Rousseau, Diderot. Mit der »Pariser Schreckensoper« konnte er nichts zu tun haben. Er war kein Grétry, der, als man Ludwig XVI. unter Trommelwirbel zur Hinrichtung karrte, notieren konnte: »Der militärische Zug, der den König zum Schafott führte, zog an meinem Fenster vorüber, und der Marsch im Sechsachteltakt, bei dem in Gegensatz zum Grausigen des Ereignisses die Trommeln einen hüpfenden Rhythmus markierten, ergriff mich durch seinen starken Kontrast ...« Das war korrekt beobachtet. Aus einer Welt, in der man auch Greuel musikalisch beobachtete, konnte sich Mozart nur davonstehlen. Es war nicht mehr die seine.

Einstweilen empfand er mit Besorgnis den Einzug der »Reaktion« in Wien. Aber konnte man sie so nennen? Gab es in dieser Gefahrenzeit einen besseren Sammelpunkt als die Kirche? Unter dem Prätext, sie würden den sozialen Umsturz verhindern, hatten Josefs überstürzte Reformen ihn vielleicht gar noch gefördert ... So viel war sicher: in solcher Zeit würde Mozart keine Opern schreiben. Für wen? Für welche Gesellschaftsschicht? Und vor allem:

für welchen Geschmack? Alles gleitet. Man weiß nicht, was morgen geschehen wird.
Vielleicht lockt ihn wieder die Sinfonie? Die Instrumentalmusik ist ja doch vom »Zeitgeist« weit weniger abhängig als das Drama ... Doch er schreibt auch keine Sinfonie mehr. Wie haben ihn die Wiener enttäuscht, als er ihnen im Vorjahre seine drei besten anbieten wollte! Die Abonnementskonzerte sind damals nicht zustande gekommen. Nur ein Einziger hat subskribiert: van Swieten. Wie beschämend das war! Einst hatte ihn Graf Arco vor den undankbaren Wienern gewarnt. Und er hätte so dringend Geld gebraucht — seit zwei Jahren schon brauchte er Geld.
Freilich, von materieller Not war den Werken des Sinfonie-Sommers gar nichts anzumerken gewesen. In der unvorstellbar kurzen Zeit von sechs Wochen waren sie niedergeschrieben. Die erste (K. 543) trägt als Abschlußdatum den 28. Juni, die mittlere (K. 550) den 25. Juli, die dritte, die *Jupiter-Sinfonie* (K. 551), den 10. August. Verstanden werden kann das nur so, daß Mozart das meiste »fertig« hatte, als er mit dem Schreiben begann (und das Schreiben als ein Verhaßtes bis zum letzten Augenblick aufschob). Doch auch so bleibt das Ganze schwer begreiflich — und die Literatur über diese drei Sinfonien, über Mozarts »sinfonisches Vermächtnis«, ist groß.
In einem könnte man einig sein. Daß Werke derselben Gattung, die in so kurzer Zeit entstehn, untereinander Querverbindungen haben. Doch wo ist sie, diese Gemeinschaft, zwischen der Es-Dur-Sinfonie, dem g-Moll und dem C-Dur-Werk — außer daß Mozart überall Erinnerungen an die Grazie seiner Bühnenwerke pflegt, seine Themen konversierend behandelt und — selbstverständlich! — dem Glauben huldigt, daß eine Sinfonie eine »symmetrisch verbreiterte und instrumentierte Sonate ist«. Aber damit hört die Gemeinsamkeit auf. Stimmungsmäßig nämlich schließen sich diese drei Gipfelwerke aus. Die erste, die Es-Dur-Sinfonie, ist von der brausenden Lebensfreude eines Joseph Haydn berührt — die zuweilen allerdings abbricht, um einem *Giovanni*-Trotz Platz zu machen. Ihr »singendes Allegro« wieder läßt an einen sehr Glücklichen denken, der Mozart damals keineswegs war. Andere Teile fahren wieder »willensmäßige Lösungen« auf. Hermann Kretzschmar (1848—1924) ist so weit gegangen, die Es-Dur-Sinfonie deshalb Mozarts »Eroica« zu nennen. Was man nicht kann: das Heroische, den *Willen* hat erst Beethoven in die Sinfonie eingeführt. Mozart ist ein Mensch des *Temperaments*, und das ist keineswegs dasselbe. Wo er nicht die Freude siegen lassen kann, ist er als Sin-

Mozart spielt vor Kaiser Joseph II. in Schönbrunn.

Das Begräbnis Mozarts. Stich eines unbekannten Meisters aus dem Nachlaß Beethovens.

foniker allenfalls noch der »Mann des Schicksals«. Die Götter siegen bei ihm, nicht der Mensch.

Wie wenig der Mensch sein Los ändern kann, zeigt die genial zerrissene, tief unheimliche g-Moll-Sinfonie. Die schwarze, pessimistische Stimmung des g-Moll-Klavierquartetts (K. 478) von 1785 wird hier wieder aufgenommen. Mozarts »weiche« Übergänge: wo sind sie diesmal? Hart an hart stehn die Themen gegeneinander; wenn er jemals irgendwo seinem Nachfolger Beethoven nahe war (was doch nicht allzu oft geschah), dann hier. Von einem düsteren Trotz ist sogar der Menuettsatz erfüllt ... Wie sehr dann vier Jahrzehnte später Beethovens Titanengestalt selbst dieses g-Moll-Werk verdunkelte, beweist Schumanns verständnislose Bemerkung, es besäße »griechisch schwebende Grazie«!

Und was hat die *Jupiter-Sinfonie* mit den beiden andern zu schaffen? Keineswegs vereint sie die beiden, wie mit Unrecht behauptet wurde (Boudin). Sie ist gleich fern von Übermut wie von Verzweiflung. Sie zeigt die Allüre eines Gottes, der lässig die Hand geöffnet hält, um aus ihr eine Welt zu entlassen. In ihr ist »Kraft, gepaart mit Weisheit« (Haas). Sie ist wirklich: Jupiter.

Niemand weiß, wie sie nach Mozarts Tod zu diesem Namen gekommen ist. Ein ausgezeichneter Literat, vielleicht sogar ein Journalist, mag ihr den Namen gegeben haben, in dem selbstverständlich kein »Programm« lag, wohl aber eine Charakteristik. Die Taufe einer bestimmten Sonate Beethovens – durch Ludwig Rellstab – mit »Mondscheinsonate« war ausgezeichnet. Schwerlich hatte Beethoven selbst beim Schreiben an den Mond gedacht. Doch das Melos ihres ersten Satzes zeigt eine ungewöhnliche Wellenstruktur. An die Huygenssche Theorie, daß das Licht sich in Wellen fortpflanzt – an die »Undulationstheorie« – fühlt man sich im Spielen erinnert: an das Phänomen einer Wellenbewegung ... Wie ungemein treffend war es also, das Zittern dieser Tonwellen dem still herabrieselnden Licht des Monds zu vergleichen! – Genauso ist's mit Gott Jupiter, an den Mozart beim Schreiben nicht gedacht hat. Aber warum soll es nicht *uns* erlaubt sein, beim Betreten dieser Tonlandschaft an ein Antiken-Haupt zu denken, das im Neapeler Museum auch der Knabe Mozart einmal gesehn hat? Mozarts Gott hat diese Jupiter-Welt aus der Freude an der Form erschaffen. So ist sie weder gut noch böse. Gleich das erste Thema des ersten Satzes, Allegro vivace, ist Form:

Eine Blume mit fünfzipfeligem Kelch entwickelt sich und entschwindet wieder. Der Gott bringt ein anderes Thema her:

Ein Stück symmetrischer, reiner Schönheit, wie nach den Gesetzen des Goldenen Schnitts ein Käfer in seinem Chitinpanzer schön ist! Aber mit »Naturgefühl«, mit der Freude am »Lebendigen« hat das alles nichts zu tun. Es sind »tönend bewegte Formen« – um einmal Hanslicks vielumkämpften Tropus von der Autonomie der Musik anzuwenden. Hier begreift man Schopenhauers Liebe zu Mozart: Kaum hat er sich von der »Darstellung des Gefühls« jemals so freigehalten wie in dieser Sinfonie, die reine Formenlandschaft ist. Ein Andante cantabile – eine dreigliedrige Themengruppe, mild – doch wo ist der Mensch, der sie sänge? Ein Menuett – wer tanzt es aber? Das chromatisch absteigende Motiv – wäre nicht sein Rhythmus durch Horn, Trompete und Pauke bestimmt, so wäre der Charakter des Tanzes überhaupt völlig aufgegeben. Im leicht hingetupften Trio grenzt es bereits an Gnomenspuk (Laux) – doch darf man nicht an Mendelssohn denken, der irdischer und humorvoller ist. Und nun: der überraschende Schlußsatz, der über tiefstem bachischem Ernst den Dom einer Tripelfuge aufbaut! Wer soll diesen Dom besuchen? In ihn eintreten, in ihm beten? Weit und breit ist kein Mensch zu sehen. Ein Gott hat die Welt sich vorgespielt – wie der Pan im Gedicht von Oskar Loerke, den abendroten Fluß abwärts reist und sich die Welt auf der Syrinx vorspielt – aber er ist keinem Menschen begegnet, der ihn durch Verwunderung, Fragen und Klagen gestört hätte.

– Nach der *Jupiter-Sinfonie* konnte Mozart keine mehr schreiben. Sie war sein Vermächtnis »unmenschlicher Schönheit« an die Menschen. Hinter ihr konnte nichts mehr kommen als die Sinfonik Beethovens, die über Symmetrik und reine Form die Achseln zuckte. Beethoven! Ein Gigant des Wollens und des Leidens, mehr Mann der Schleuder als der Harfe. Als Mensch und Titan: Jupiters Feind.

DER MANN, DER ÜBER SEINE VERHÄLTNISSE LEBTE

Im September 1790 aber reißt sich Mozart empor. Eine Fata Morgana gaukelt vor ihm, eine Luftspiegelung in der Wüste. Der neue Herr soll im Oktober zum Deutschen Kaiser gekrönt werden. In Frankfurt am Main, mit solennem Prunk. Das wird etwas für Mozart sein! In Wien kam er dem Fürsten nicht nahe. Aber im deutschen Westen, wo Mozart einen sehr guten Namen hat, wird es gelingen. So mietet er einen Wagen, nimmt seinen Schwager Hofer mit – den er brauchen zu können glaubt – und fährt eilends ab.

Warum nicht lieber mit Da Ponte? Doch Hofdichter Da Ponte steht vor dem Sturz. Der Abbate hat es zu toll getrieben. Mit der Sängerin Ferraresi del Bene, der Mozartschen Fiordiligi, hat er sich seit Monaten in der Öffentlichkeit gezeigt, Arm in Arm, als sei er ihr Gatte. Um ihr Rollen zu verschaffen, terrorisierte er das ganze Theater … Das hat den neuen Kaiser empört. Er verweigert Da Ponte eine Audienz. Noch empörter ist die Kaiserin, eine fromme Katholikin. Man spricht davon, daß Da Pontes Verbannung aus Wien unmittelbar bevorsteht. (Im Jahr darauf wird sie Wirklichkeit.)

Man sollte meinen, daß Meister Mozart etwas von höfischem Zeremoniell versteht. Wie hat er glauben können, an den Kaiser in Frankfurt heranzukommen, wo jeder Schritt des Monarchen doch im voraus festgelegt war? Mozart besitzt nach wie vor den Titel eines Kammerkompositeurs – aber er gehört nicht zur Suite der Musiker, die im Hofstaat des Kaisers nach Frankfurt mitgenommen wurden. Salieri gehört dazu (er, den man, aber nicht mit Recht, auch schon in Ungnade geglaubt hatte!) – und wie

Mozart, am Rande der Straße stehend, den im Festzug Mitschreitenden erblickt, mag ihn Haß und Verzweiflung befallen haben. Erst als die Krönungsfeier vorbei ist und der Kaiser die Stadt schon verlassen hat, gibt es im Frankfurter Stadttheater ein Mozartkonzert. Er fährt nach Mannheim, wo man abends den *Figaro* spielt. Aber er sieht so blaß und versorgt aus, daß man ihn an der Tür nicht erkennt. Auf der Rückreise in München spielt er vor dem König von Neapel. Aber im allgemeinen ist diese letzte Fahrt nach Westdeutschland eine grenzenlose Enttäuschung. Als er im November heimkehrt, empfängt ihn sofort die »alte Not«.

Aus der »fröhlichen Bohemewirtschaft«, mit der seine Ehe begann — aus der Scheinprosperität, die später den Vater blendete! — ist ja längst das bitterste Elend geworden. Immer wieder müssen Freunde, allen voran der Freimaurer Puchberg, Darlehen geben, um ihn zu retten. Erschütternd liest sich die Skala seiner Briefe: Wien, Anfang Juni 1788: »*Liebster Bruder! Ihre wahre Freundschaft und Bruderliebe macht mich so kühn, Sie um eine große Gefälligkeit zu bitten; — Ich bin Ihnen noch 8 Dukaten schuldig ... aber ich wage Sie zu bitten, mir bis künftige Woche (wo meine Akademien im Casino anfangen) mit 100 Gulden auszuhelfen ...*« Und drei Wochen später: » ... *Wenn Sie die Liebe und Freundschaft für mich haben wollten, mich auf ein oder zwei Jahre mit 1000 oder 2000 Gulden gegen gebührende Interessen zu unterstützen, so würden Sie mir auf Acker und Pflug helfen ...* Oder ein Jahr später: » ... *Gott, Ich bin in einer Lage, die ich meinem ärgsten Feinde nicht wünsche; und wenn Sie, bester Freund und Bruder, mich verlassen, so bin ich unglücklicher und unschuldiger Weise sammt meiner armen kranken Frau und Kind verloren ... Schon letztens, als ich bei Ihnen war, wollte ich mein Herz ausleeren — nur zitternd wage ich es schriftlich ... Nun kömmt es bloß auf Sie an, einziger Freund, ob Sie mir noch 500 Gulden leihen wollen oder können ...*« Und am 8. April 1790: »*Wollen und können Sie mich aus einer augenblicklichen Verlegenheit reißen, so tun Sie es Gott zuliebe! Was Sie immer leicht entbehren können, wird mir angenehm sein — vergessen Sie ganz meine Zudringlichkeit, wenn es Ihnen möglich ist, und verzeihen Sie mir ...*« Anfang Mai 1790: »... *Wenn ich dermalen wenigstens 600 Gulden in die Hände bekäme, könnte ich ziemlich ruhig schaffen — denn, ach, Ruhe gehört dazu! ...*«

Aber warum lebt ein Mozart in Schulden? Er macht nicht mehr jene leichte Musik seiner Jünglingsjahre, die sich »von selbst

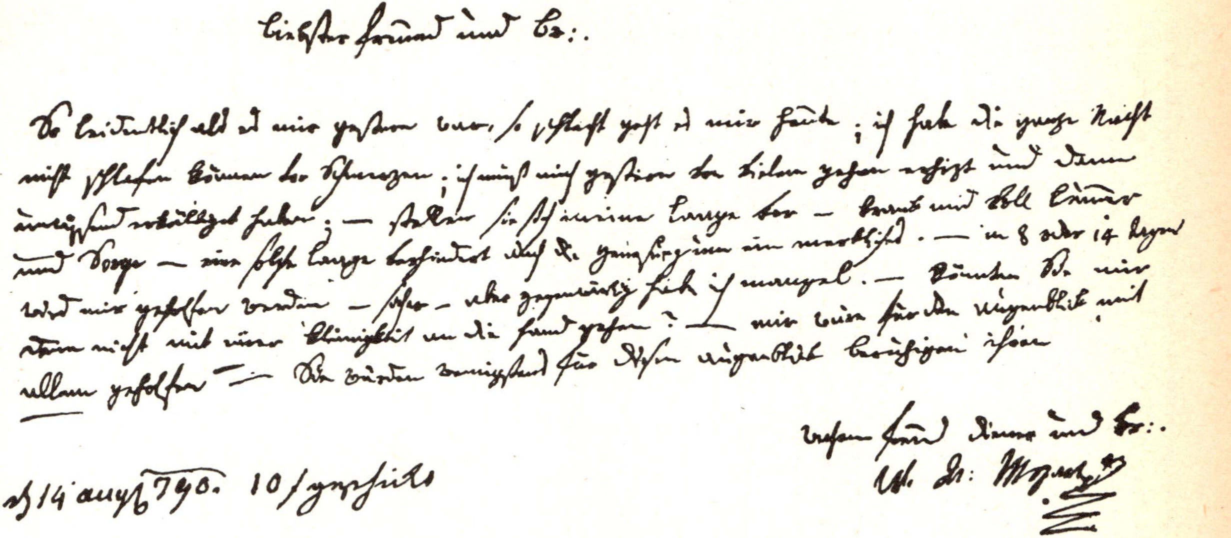

Brief Mozarts vom 14. August 1790 an seinen Freund Puchberg mit der Bitte um ein Darlehen. Foto: Bildarchiv Handke

spielt« – und so hat er, nicht bei den Kennern, doch bei den vielen, an Anwert verloren. Aber vor allem hat er Schulden, weil er in größter Unordnung lebt. Und das tut er hauptsächlich, weil niemand da ist, der sich um die Eintreibung seiner Gelder kümmert. Ein Mr. Miller, ein Mr. Smith, kurz, irgendein Privatsekretär, hätte es leicht schaffen können. Konstanze besaß zu so etwas weder Haus- noch Geschäftsverstand. Außerdem kam die Unselige jedes Jahr ins Wochenbett. 1791 hatte sie bereits fünfmal geboren! – Und Mozart selbst? Komponierte nur. – Wenn er einmal Geld hatte, verlieh er's gar noch. Einem Salzburger Windhund, Franz Gilowsky, gab er 200 Gulden, die nicht mehr einzutreiben waren. Und Anton Stadler – notabene der Empfänger des herrlichen Klarinetten-Quintetts (K. 581) – schuldete ihm über den Tod hinaus die enorme Summe von 500 Gulden.

Was sahen die Wiener? Die Unordnung. Der Kapellmeister Mozart, sahen sie, ist jemand, der in neun Jahren vielleicht ein dutzendmal umgezogen ist. Bei jedem Umzug kann man aufs neue in seinen Hausrat hineinstieren. Dieser Hausrat wird immer weniger. Manches kommt vom Leihamt zurück; manches verfällt aber auch dort. Ja, gibt denn der Unglücksmensch nicht Stunden? Doch er hat viele Schüler verloren, weil man fühlt: er unterrichtet nicht gern. Und auch weil es sich in Wien herumspricht, daß er Schulden hat. Die Wiener hassen »Pariser Verhältnisse«. Sie sind durchaus »ehrbare« Bürger.

Aber lebt nicht andererseits Mozart *über* seine Verhältnisse? Er ist ein Verschwender! Ist es erhört, daß ein Musiker Reitpferde besitzt? Was macht dieser ängstliche Sonntagsreiter überhaupt mit Pferden? Er könnte erwidern, daß sein Arzt, der verstorbene Dr. Barisani, ihm diesen modernen Körpersport als dringend notwendig anempfahl. Doch warum besitzt er ein eigenes Billard? Kann er denn nicht im Kaffeehaus ein paarmal in der Woche Billard spielen? Doch dieses Billard ist ebenfalls seine wichtigste Körpererholung nach und sogar *beim* Komponieren.

So? – Wieder einmal wundert uns, wie wenig wir von Mozart wissen. Wir wissen nämlich *zuviel* von ihm. Dinge, die einander aufheben: Einerseits war dieser Mozart ein so herrlicher Billardspieler, daß er die größten Kunststücke auf dem grünen Tuch ausführen konnte – andererseits war er so kurzsichtig und (wenn er nicht gerade Klavier spielte) mit den Händen so lächerlich ungeschickt, daß Konstanze ihm bei Tisch Fleisch und Kartoffeln vorschneiden mußte ... Wie reimt sich das? Es reimt sich nicht.

Und wie ist es nun mit dem Vorwurf, daß er über seine Verhältnisse lebte? Wir kennen doch seine Rechnungen, und wir kennen seine Garderobe. In dem Monat, da er starb, schuldete er seinem Schneidermeister Georg Dümmer 282 Gulden. In seiner Habe befanden sich: ein weißtuchener, ein rottuchener, ein bläulicher, ein atlassener, ein mausfarbener und ein Nankingrock. Dazu zwei Pelzröcke, vier Westen, neun Hosen, neun Paar Seidenstrümpfe, zwei Hüte, neun Hemden, vier weiße Halsbinden, achtzehn Taschentücher und sechs Paar Schuhe. Das ist mehr, als im Jahr 1956 ein Kapellmeister zu besitzen pflegt? Möglich. Doch in der Rokokozeit durfte ein Künstler eher hungern, als etwa schlecht gekleidet gehen. Sogar Schubert, der ein Menschenalter nach Mozart starb – im Biedermeier, und vollends nach der katastrophalen österreichischen Geldentwertung! – besaß eine ausgewählte Garderobe, von der uns Willi Reich berichtet: Drei Tuchfräcke, drei Gehröcke, zehn Beinkleider, neun Westen ... und sogar sieben Paar Schuhe. Und war doch ein ganz armer Mann, der nicht einmal beim Adel verkehrte, also keine Mozartschen »Rücksichten« zu nehmen hatte ...

ZWEI KINDERLIEDER

Weihnachten 1790 – es werden seine letzten sein! – hat ihn tiefe Müdigkeit überkommen. Er kann sie nicht wegmusizieren mit seinem Klavierkonzert in B-Dur (K. 595), noch mit dem schönen Streich-Quintett in D-Dur (K. 593) oder dem in Es (K. 614), aus dem es von Vogelstimmen klingt. Vogellaute erklingen sonst eher in Joseph Haydns Reich. War es ein Gruß an den großen Freund? Soeben hatte Haydn von Mozart tränenreichen Abschied genommen, um auf Jahre nach London zu fahren. Doch es war der jüngere Meister, der weinte. Er war im tiefsten überzeugt, daß er den andern nicht wiedersehen werde ... Daß Haydns Manager, Salomon, auch ihn gern in London gehabt hätte – und für ein sehr gutes Honorar! – und daß der Operndirektor O'Reilly ihm ein vorzügliches Angebot machte, ist ihm wohl kaum ins Bewußtsein gedrungen. Nach dem Frankfurter Abenteuer fühlt Mozart sich viel zu »alt« zum Reisen.

Aber der Januar, mit den Überbleibseln von Silberlamé und Tannenzweigen, ist ein rechter Kindermonat. Manchmal spielt der Kränkelnde mit seinem Söhnchen, mit dem Karli, der nun auch schon sechs Jahre alt ist. Wird auch er ein Musiker werden? Hoffentlich nicht! Es wäre wohl besser, er würde Beamter oder Kaufmann und hätte dabei sein Auskommen ... Doch er selbst? Mein

Gott, sich mit Wucherern einlassen zu müssen . . . Mozart seufzt. Dann aber durchfließt ihn ein rätselhaftes Glücks-Erinnern, wenn er den Karli vor sich sieht mit seinen kleinen Armen und Beinen. Er denkt an seine eigene Kindheit. Und er nimmt die Notenfeder und schreibt am 14. Januar 1791 zwei wunderschöne Kinderlieder. *Die Sehnsucht nach dem Frühling* (K. 596) — »Komm, lieber Mai und mache die Bäume wieder grün!« — ist ein wahres Volkslied geworden. »Wie möcht ich doch so gerne ein Veilchen wieder sehn . . .« heißt's darin. Es sollte noch berühmter werden als Mozarts anderes *Veilchen-Lied* (K. 476), das in Goethes Singspiel *Erwin und Elmire* steht:

Das Goethe-Gedicht birgt ein kleines Drama: wie das Veilchen, das unbeachtete, von der Schäferin zertreten wird. Mozart, der lyrisch-dramatische, hat es denn auch als eine »Szene« komponiert. *Die Sehnsucht nach dem Frühling* aber ist ein »Strophenlied«. Nur noch Schubert-Gesänge sind später so populär geworden. Allerdings, eine Strophe wie diese zweite hätte Schubert nicht komponiert:

Der Unterschied zwischen Mozart und Schubert ist ja keineswegs nur ein stilistischer. Er ist ein seelisch-gesellschaftlicher. Die Vor-

aussetzung eines Schubertliedes ist die *Einsamkeit:* das zutiefst Private des Schmerzes (seltener der Freude), eine Einsamkeit, die in der *Winterreise* fast die Ränder des Wahnsinns streift ... Bei Mozart, umgekehrt, heißt es in den Liedern sehr oft nicht »Ich«, sondern »Wir« oder »Man«. So stehen viele in Beziehung zum Gesellschaftsleben (Max Friedländer). Ihre Voraussetzung ist der bürgerliche Rokoko-Kreis. Sie begeben sich nicht in der Einsamkeit einer Schubertschen Szenerie, die allein von Berg, Wald und Mond geteilt wird.
Auch das zweite Kinderlied, das Mozart am 14. Januar 1791 schrieb (*Das Kinderspiel* K. 598), ist eigentlich ein Gesellschaftslied: »Wir Kinder, wir schmecken der Freuden recht viel, wir schäkern und necken, versteht sich im Spiel.« Die vierte Strophe widerlegt die oft gehörte Behauptung, Mozart habe sich hauptsächlich mit schlechten Texten abgegeben:

Ei seht doch, Ihr Brüder, den Schmetterling da!
Wer wirft ihn uns nieder? Doch schonet ihn ja!
Dort flattert noch einer, der ist wohl sein Freund –
O schlag ihn ja keiner, weil jener sonst weint!

Komisch-rührender kann man ein Kind sich eigentlich nicht ausdrücken lassen. Denn wenn er auch selbst nicht dichten konnte, verstand doch Mozart genug von Gedichten, um keine schlechten zu komponieren. Von welcher Lessingschen Sinnspruch-Kürze ist Gabriele von Baumbergs Gedicht: *Als Luise die Briefe ihres ungetreuen Liebhabers verbrannte* (K. 520).
– Schlimm, daß man wieder erwachsen sein muß und daß kein Vater mehr auf der Welt ist, der einen schützt, lenkt und unterweist ... Hat jemand an der Tür geläutet? Dann ist es vielleicht dieser Schikaneder, über dessen Lied *Ein Weib ist das herrlichste Ding* er jetzt Variationen schreibt (K. 613). Daß ein Weib ein herrliches Ding ist: Schikaneder darf es wohl sagen. Er hat sich mit seiner Frau versöhnt und hat wieder ein Theater in Wien. Der Gewaltskerl. Dieser Stierkopf mit den auseinanderweichenden Augen! Den kann das Schicksal nicht niederzwingen ... Er ist alles das, was Mozart nicht ist: ein Plebejer. Ein »Volkstribun des Theaters«. Ein Wesen unbeugsamster Energie. Was Marinelli seinen Wienern im Leopoldstädter Theater auftischt, kann Schikaneder wohl ebensogut im Wiedner Freihaustheater servieren: Hanswurststücke und Maschinenkomödien.
Einen allerdings braucht er dazu. Wen nämlich? Wer sollte das glauben: – *Mozart*.

Es gibt Geschichten, die unwahr klingen, aber irgendwo in ihrem Fortgang ein Quentchen Wahrscheinlichkeit enthalten. Und plötzlich, wie mit einem Ruck, entschließt man sich, sie für wahr zu halten. Die Vorgeschichte der *Zauberflöte* ist solch eine unglaubliche Affäre, die aber manche Wahrscheinlichkeit hat. Rochlitz hat sie uns überliefert:

Es war am 7. März 1791, als Emanuel Schikaneder, der Direktor des Theaters im Freihause, des Morgens um 8 Uhr zu Mozart kam, welcher noch im Bett lag, und ihn mit den Worten anredete: »Freund und Bruder, wenn du mir nicht hilfst, so bin ich verloren!«
Mozart, noch ganz schlaftrunken, richtete sich auf und sagte: »Womit soll ich dir helfen? Ich bin ja selbst ein armer Teufel.«
Schikaneder: »Ich brauche Geld – meine Unternehmung geht miserabel, der Direktor Marinelli und sein Theater in der Leopoldstadt bringt mich um.«
Mozart (laut auflachend): »Und da kommst du zu mir, Bruderherz? Da bist du zur unrechten Tür gegangen.«
Schikaneder: »Ganz und gar nicht! Nur du kannst mich retten. Der Kaufherr H. hat mir ein Darlehen von 2000 Gulden zugesagt, wenn du mir eine Oper schreibst ... Mozart, du rettest mich vom Verderben und bewährst dich vor der Welt als der edelmütigste Mann. Übrigens würde ich dich reichlich honorieren, und die Oper soll auch deine Tasche tüchtig füllen.«
Mozart: »Hast du schon ein Textbuch?«
Schikaneder: »Ich habe eins in Arbeit. Es ist ein Zauberstück, aus Wielands ›Lulu‹ im ›Dschinnistan‹ genommen und recht poetisch. Die Prosa mache ich allein. Bei den Versen hilft mir mein Freund Cantes ... Da wirst du doch Vertrauen haben? In einigen Tagen ist Alles fertig; also, teurer Freund – dein Wort – du sagst ja?«
Mozart: »Ich sage weder ja noch nein; ich muß mir das erst überlegen. In einigen Tagen erhältst du Bescheid.«

Er erhielt den Bescheid schon am nächsten Tage. Mozarts Schwägerin Josepha, die Gattin seines Freundes Hofer, war Sängerin bei Schikaneder. Sie tat sich mit einem andern Mitglied, dem Bassisten Gerl zusammen (der später den Sarastro sang). Kurz, Mozart kam ins Theater: *»Na, so schau, daß ich das Buch bald krieg', so will ich dir in Gottes Namen die Oper schreiben. Wenn wir ein*

Malheur haben, so kann ich nichts dafür, denn eine Zauberoper habe ich noch nicht komponiert . . .« Nach acht Tagen hatte Mozart das Buch; es gefiel ihm ausgezeichnet, er begann sofort mit der Vertonung.

Daran ist noch nichts unwahrscheinlich. Beim Theater wird viel improvisiert. Und vollends in einem Vorstadttheater, wo das Publikum ohne viel Logik, nur etwas »hören und schauen« will. So komponierte Mozart ohne Bedenken den exotischen ersten Akt der Geschichte vom bösen Zauberer Sarastro, der der armen Königin der Nacht ihre Tochter Pamina geraubt hat. Der Held Tamino und sein Gefährte, der lustige Vogelhändler Papageno, machen sich auf, um sie zu befreien. Als Zaubergeräte dienen ihnen eine wundertätige Flöte und ein Zauber-Glöckchenspiel . . . So weit also war Mozart gekommen, als etwas Unglaubliches geschah:

Bekanntlich hatte Schikaneder dieses Singspiel in Auftrag gegeben, um seinen erfolgreichen Konkurrenten, den Direktor Marinelli mattzusetzen; da stürzte an einem Maitage sein eigener Schauspieler Josef Schuster in die Direktionskanzlei mit der Hiobspost: »Marinelli bringt ebenfalls eine ›Zauberflöte‹!« Schikaneder erblaßte. Was sollte er tun? Für Verhandlungen war es zu spät. Schon für den 8. Juni war Marinellis Premiere angesetzt.

Schikaneder ging hin. Das Stück, nach Wielands Text geschrieben, war von einem geschickten Wiener, Joachim Perinet, verfaßt. Schlimmer, daß der Komponist der vortreffliche Wenzel Müller war (1767—1835). Das war ein Ersinner von Volksweisen, der sich später dadurch den Wienern ins Herz sang, daß er die Bühnenmusik zu Raimunds *Alpenkönig und Menschenfeind* schrieb. Mozart, der oft merkwürdig blind in der Bewertung anderer Talente war, ging in Marinellis Theater und zuckte die Achseln: Wenzel Müllers Musik könne ihm nichts anhaben.

Schikaneder sah schärfer: Der Text, der Text! Dies Stück, das man mit großem Erfolg in der Leopoldstadt spielte, hieß: *Käsperl, der Fagottist, oder die Zauberzither.* Der Tamino, der hier Armidoro hieß, zauberte mit einer Zither, die Hauptperson war aber der Diener, Kaspar Bita, ein Hanswurst, der, statt Mozarts Glockenspiel, ein Fagott bei sich führte. Ein Fagott, dessen unanständiger Ton bei allen möglichen Situationen — und bei allen unmöglichen! — den »Trompetenstoß von hinten« abgab . . . Die Leute wälzten sich vor Lachen!

Jetzt zeigte sich Emanuel Schikaneders Kaltblütigkeit. Sein Nihilismus, wenn man will — seine Verachtung des Publikums. Der

Theatermann stieß den zweiten Akt völlig um: Sarastro war jetzt kein böser Zauberer mehr, sondern der Geist des Guten, der der bösen Königin der Nacht die Tochter nur geraubt hatte, um sie für Tamino zu sparen. Die Begleiterinnen der Königin waren plötzlich Intrigantinnen und die Priester in Sarastros Gefolge weise Meister der Menschenliebe.
Gut! Dann hätte er selbstverständlich auch den ersten Akt umarbeiten müssen. Aber das wollte er keineswegs, da Mozart ihn komponiert hatte und (so viel allerdings verstand Schikaneder von Musik!) überaus herrlich. – Ganz gewiß: dieser Akt war so, daß niemand menschlich und musikalisch jemals an ihm rütteln durfte! Eine Reihe exotischer, dann wieder ganz intim-naher Szenen in einem oft »trocken-vernünftigen«, aber auch prägnanten Deutsch. Ein Prinz floh vor einer bösen Schlange und wurde von »Drei Damen« errettet, die trotz ihres heroischen Auftretens etwas Schelmisches an sich hatten. Dann erschien ein »Bedienten-Typus«, Abkömmling des antiken »Prahlers«, der von sich behauptete, daß er selbst die Schlange erlegt habe ... worauf die Damen ihm ein Schloß vor den aberwitzigen Mund hängten und dazu sangen:

»Bekämen doch die Lügner alle
ein solches Schloß vor ihren Mund:
statt Haß, Verleumdung, schwarzer Galle
beständen Lieb' und Bruderbund.«

Schikaneders Verse waren nicht »gut«. Aber eine »Zumutung« für Mozart waren sie erst recht nicht. Sie entstammten nicht jenen Höhen, auf denen Hölderlinsche Hymnen oder Hofmannsthalsche Wortwunder wachsen. Aber (Goethe hat das erkannt!) sie waren in ihrer Art vortrefflich. Niemandem ist noch eingefallen, Wilhelm Hey oder Wilhelm Busch als »schlechte Dichter« zu bezeichnen. So erfüllten auch Schikaneders gereimte Verse durchaus ihren Zweck. In der *Zauberflöte* hieß dieser Zweck: eine Reihe von Märchenvorgängen in jedem Einzel-Augenblick dem Publikum völlig sinnfällig zu machen. Auf eine belehrsame, rührende, manchmal humoristisch-pathetische Weise. Handlich-»richtigere« Verse hat Mozart kaum jemals komponiert.
So stand, Verskunst oder nicht, Mozarts erster Akt glorreich da. Woher nahm nun Schikaneder die List, seinen Kompagnon »vergessen« zu machen, daß der zweite Akt, den er vertonen sollte, völlig andere Voraussetzungen hatte – ja: der Akt einer *anderen* Oper war?

Mozart war in ästhetischen Dingen, wie wir wissen, durchaus kein Nihilist. Davor bewahrten ihn Ethos und Bildung. Wie hatte er mit seinen Textdichtern gerungen um dramatische und charakterliche Folgerichtigkeit seiner Opern und – auch dort noch, wo es nicht nötig war, wie bei dem bedeutenden Da Ponte – seine Texte psychologisch vertieft! Konnte er wirklich den »Leichtsinn« begehn, sich auf Schikaneders Zumutung einzulassen?
Auf diese sehr begreifliche Frage geben die Zeitgenossen eine noch unbegreiflichere Auskunft. – Nämlich diese: Die kränkelnde Konstanze weilte damals zur Kur in Baden. Kindbetten hatten sie geschwächt; am 26. Juli vollends erschien wieder einmal ein Söhnchen, es war der kleine Xaver Wolfgang (dem ein langes Leben beschieden sein sollte). In den Frühsommermonaten also hatte Mozart keine Pflege daheim. Um die Kosten des Haushalts zu sparen, war gar noch das Dienstmädchen entlassen worden! So agierte denn Schikaneder für den Freund als eine Art »Hausfrau«. Wie wir wissen, liebte der Meister Punsch und Champagner, ohne freilich viel davon vertragen zu können. So siedelte der Theaterdirektor ihn im Garten des Theaters in einem sommerlichen Holzhäuschen an und sorgte für lustige Gesellschaft. Da Mozart besonders gut komponierte, wenn Becherklang und Menschenschwatzen und Frauenlachen ihn umgaben, wurde ihm dieser Wunsch erfüllt. Er komponierte und »merkte nicht«, daß er ein anderes Stück komponierte als das, was er begonnen hatte.

HORS-DE-SOI

Was ist an dieser Geschichte wahr? – Wohl das meiste, was Schikaneder betrifft. Sein Drängen in Mozart; der Zynismus, mit dem er aus rein praktischen Gründen am 9. Juni den Plan umwarf, so daß die Handlung des Stückes kopfstand; seine Furcht, daß Mozart »es merken könnte«. Und was ist an Mozarts Reaktion wahr? – Nichts außer der seltsamen Tatsache, daß er natürlich »alles merkte«, aber nicht dagegen auftrat.
Das ist unerklärlich. Wie könnte man dieses Rätsel dennoch lösen? – Ein paar Jahrzehnte zuvor hatte Lessing, der Patriarch des Zeitalters, in seiner »Hamburgischen Dramaturgie« von der Handlung eines Dramas »die Herstellung eines strengen und kausalen Zusammenhanges« verlangt. (Daß das auch für die Oper gelte, hatte Mozart wohl nie bezweifelt.) Aber mit fühlbarer Unruhe, ja, mit geheimer Antipathie hatte Lessing in der Nachbar-

schaft seiner Beweisführung notiert, daß es jenseits des Theaters in der vom Menschen nicht mitgeschaffnen Natur noch den »natürlichen Kausalzusammenhang« gäbe (H. A. Korff). Dieser habe etwas *Verwirrendes:*

»In der Natur ist Alles mit Allem verbunden: Alles durchkreuzt sich, Alles wechselt mit Allem, Alles verändert sich Eines in das Andere. Und diese unendliche Mannigfaltigkeit ist nur ein Schauspiel für einen unendlichen Geist.«

Nur ein unendlicher Geist könne ihn, den Zusammenhang der Natur, durchschauen. Für unsern endlichen Geist jedoch sei dieser Naturzusammenhang eine »Summe von Zufällen«, sei irrational und bleibe deshalb völlig *unbefriedigend.*

Vielleicht liegt hier die Lösung des Rätsels. Als er die *Zauberflöte* schrieb, befand sich Mozart in einem Zustand, wo ihn das logisch-psychologische Fortschreiten einer Handlung nicht mehr so wichtig dünkte. Vielleicht war er selbst ein Stück von jener überrationalen Natur geworden, »wo Alles sich mit Allem kreuzt.« Statt des »endlichen Geistes« hatte ihn der »unendliche Geist« ergriffen.

Man schrieb damals – erinnern wir uns! – das Frühjahr 1791. Mindestens seit der Rückkehr aus Frankfurt – wahrscheinlich schon geraume Zeit länger – lebte Mozart »hors-de-soi«, um ein Wort Baudelaires zu gebrauchen. Religiöse Entrückungen (meint Baudelaire) gestatten wir unseren Mitbürgern in der freigebigsten Weise. Warum sollten wir nicht eigentlich bei bevorzugten Individuen auch an »künstlerische Entrückungen« glauben? Sie sind nicht mehr und nicht weniger »übernatürlich« als religiöse. Im Zustand solcher »Entrückung« tat Mozart, was er sonst nie getan hätte. Er komponierte einen Stoff, der sich in sich selbst widersprach.

Die Voraussetzung von Schillers »Räubern« ist, daß Franz Moor ein Bösewicht ist und Karl Moor ein schimmernd reiner Mensch. Man stelle sich vor, daß Schiller während des Schreibens umdisponiert hätte: aus Franz wäre Karl, aus Karl Franz geworden! Das Gute wird böse, das Böse wird gut. Genau so handelte Schikaneder – und Mozart komponierte es dennoch. – Aber vielleicht ist derlei möglich für den, der bereits sehr weit entrückt ist? »Gleichsam unbewußt von der Verklärung des zu Ende gehenden Lebens ergriffen«, schreibt Paul Stefan 1937 in seinem *Zauberflöten*-Buch, habe sich Mozarts Geist hoch über die Logik der Bühnen-Geschehnisse aufgeschwungen. Er war entrückt!

Als Person war er's freilich nicht. Denn bedingt wurde sein »hors-de-soi« durch zwei höchst irdische Faktoren: seinen physischen und sozialen Zustand. Erstens fühlte er sich sterbenskrank, ohne den Namen der Krankheit zu kennen. (Auch wir kennen ihn erst seit ein paar Jahrzehnten.) Zweitens war er von Schulden bedrängt und von Wucherern gehetzt; er mußte Bettelbriefe schreiben, die ihn vor sich selbst erniedrigten. In dieser Lage hätte Mozart wahrscheinlich nach *jedem* Stoff gegriffen. Nicht nur die *Zauberflöte* im März, auch die *Clemenza di Tito* im Sommer, und vor allem das *Requiem* kamen unter Umständen auf ihn zu, die ihn ein paar Jahre zuvor noch mit größtem Mißtrauen erfüllt hätten.

Doch ein halbes Jahr vor seinem Tode scheint ihm alles, was ihm begegnet, gleich unwirklich. Er hört, sieht, fühlt den Querschnitt der Welt vom göttlichsten Oben zum menschlichsten Unten. »Vernünftig« ist der Weltlauf nicht. Muß der Bühnenlauf eines Stükkes es sein?

Ein halbes Jahr vor seinem Tode regieren andere Gesetze.

TAMINO

Aber vielleicht war Mozart selbst durch den Klang seiner Flöte »verzaubert«. Daß Wieland in seinem Lulu-Märchen eine Zauber-*»flöte«* erwählt hatte, mochte Zufall sein; Zither oder Geige hätten denselben Dienst getan. Für Mozart aber änderte sich die Welt tatsächlich durch den »Ton der Flöte«. Die Flöte, *Aule,* ist wahrscheinlich das älteste Instrument der Menschheit. Ihr entströmt ein kalter Urlaut. In seinen eigenen Tiefenschichten liebte Mozart bekanntlich das »Kalte«; in den Schichten darüber aber, in denen er weicher Sinnenmensch war (nannte man ihn doch gar »feminin«!), zog er den Klang des Streichkörpers vor. Die Flöte war eher ein Instrument für Friedrich den Großen oder Kant. Erst in der *Zauberflöte* hat Mozart sich für den Klang dieses Instruments entschieden. Wenn Tamino, ein anderer Orpheus, die wilden, heißen, sinnlichen Tiere durch »kühle« Flötenläufe bezwingt:

dann erinnern wir uns an Goethes »Novelle«. Ein flötenspielendes Kind vermag dort einen aus seinem Käfig ausgebrochenen Löwen wieder einzufangen. *Löwen sollen Lämmer werden:* Der Ton der Flöte ist für Goethe nicht »sanft und süß«, sondern unsinnlich-geistig (Karl Naef).

Vor allem aber gibt es auf dem Höhepunkt der Mozartschen Oper – als das Liebespaar auf Sarastros Geheiß die Feuer- und Wasserprobe besteht – einen einsamen Flötenmarsch. Ohne jede Tonmalerei (man denke, was die romantische Oper aus der Darstellung des Feuers und des Wassers gemacht hätte!) stützt die Flöte die Vorwärtsschreitenden. »Die beiden Naturkräfte«, sagt Abert, »kommen musikalisch überhaupt nicht zu Wort.« Noch merkwürdiger ist, daß die Liebenden überhaupt keine Furcht zu empfinden scheinen. Die Flöte benimmt ihnen die Furcht. Nur sie allein trägt die Melodie vor. Hörner, Trompeten und Posaunen begleiten sie in leisen Akkorden, die Pauke schlägt geheimnisvoll nach:

Das ist eigentlich ein Bruch mit der früheren Orchesterkunst Mozarts (Falkenfeld). Mit dem »malerisch-psychologischen Stil« der vielen Noten und Instrumente. Kein Zweifel, er war nicht mehr er selbst oder doch ein »anderes Selbst«, als er dieses sein vorletztes Werk schrieb.

Diese herrlich-heilige Flöte wird Tamino von den Drei Damen gebracht. (Was nie hätte geschehn dürfen, da sie – sie wissen's nur selber nicht! – Dienerinnen einer finsteren Macht sind.) Aber mehr noch: diese Unholdinnen haben vorher das Holdeste getan, was einem Mozartmenschen von Taminos Art widerfahren konnte. Sie zeigten ihm Paminas Bild:

Tamino hat noch nie geliebt. Und er weiß auch jetzt nicht, was Liebe ist:

Sollt' die Empfindung Liebe sein — ? Ach, wenn er sie nur finden könnte! »Ich würde, würde ... warm und rein ... was würde ich?« Er würde, würde voll Entzücken dies Weib an seinen Busen drücken:

Dieser deutsche Liebesmonolog hat in der Weltmusik nicht seinesgleichen. Er verwandelt Tamino-Mozart in einen Belmonte der höchsten Ebene, macht aus ihm den »Retter« und »Ritter«, der Paminen retten wird — für ihre Mutter und für sich selbst.

Er war nicht umzukomponieren, nicht umzufassen; ein Diamant. – Ohne jeden Übergang zerschlägt nun – man muß sich das vorstellen! – Schikaneder seine Exposition und erklärt sich *für* Sarastro. Und gleichzeitig für einen Männerbund, der die frauenfeindlichsten Ansichten hat, die Mozart je zu vertonen hatte. Weder in Figaros Eifersuchts-Arie noch in Giovannis Weltanschauung noch in der vergleichsweise harmlosen Buffa *Cosi fan Tutte* war er je auf so finster-prägnante Sätze gestoßen:

> Bewahret Euch vor Weibertücken!
> Das ist des Bundes erste Pflicht;

oder:

> Ein Mann muß Eure Herzen leiten,
> denn ohne ihn pflegt jedes Weib
> aus seinem Wirkungskreis zu schreiten,

oder:

> Ein Weib tut wenig, plaudert viel –
> du, Jüngling, glaubst dem Zungenspiel?

Wie der frauenfreundliche Schikaneder dazu kam, solche »Ansichten« zu hegen, das wird uns noch beschäftigen. Jedenfalls war die *Zauberflöte* – wenn sie überhaupt etwas war – ein deutlicher Sieg des »Patriarchats« über die »Herrschaft des Mütterlichen«.
Nun lebte Mozart seit neun Jahren in matriarchalen Verhältnissen. Mochte man auch räumlich getrennt sein, die oberste »Königin« war noch immer seine Schwiegermutter Caecilie. Um sie ordneten sich die Töchter: Josepha, Aloysia, Konstanze, Sophie. Nicht nur numerisch, auch moralisch waren die Männer schwächer vertreten. Mit Ausnahme des Schwagers Lange, der ein wirklicher Misogyn josefinischer Prägung war, *dienten* die Männer ihren Frauen. Schwager Hofer war ganz Josephas Geschöpf – und, ungeachtet der Seitensprünge, war Mozart selbst seiner »Stanzi« hörig: vielleicht aus Sanftmut, Herzensgüte, ja, möglicherweise aus schlechtem Gewissen. Trotzdem komponierte er den zweiten Akt, als ob er damit übereinstimme, »keine Frau in den innersten Tempel zu lassen«.
Aber er war ja in einem Zustand, in dem alles »ihm wunderbar richtig erschien«. Wann erreicht der gewöhnliche Mensch diesen Zustand? Eigentlich nur in Träumen, in denen es keine Logik mehr gibt. Mozarts Oper war eine Märchen-Oper. Märchen aber

sind *Träume der Menschheit* – manchmal des Wünschens, manchmal des Fürchtens – und von dieser Erkenntnis her lösen sich vielleicht denn auch die Widersprüche der *Zauberflöte.*
In seinem bedeutenden Essay-Band »Zur Psychologie des Weiblichen« (1952) hat der Jung-Schüler Erich Neumann darauf hingewiesen, daß der ahnungslose Textdichter und der um vieles wissende Mozart hier an Quellentiefen Anschluß gewannen, die im kollektiven Unbewußten der Menschheit liegen. Deshalb das sonderbar »Richtige« der zusammenhanglosen Situationen. Jeder, der gerade auftritt, hat »recht«. Das Vater- und das Mutter-Reich, die einander ausschließen müßten, durchdringen sich schließlich in Mozarts Musik. Nicht allein die Sarastro-Sonne hat »recht«. Auch die Frauenwelt des mächtigen Mondes (die Natur ist ein Weib!) hat ihren Anspruch an Pamina. Wenn Tamino sie schließlich erringt, tut er es recht eigentlich in Übereinstimmung beider Welten.

ES LEBE SARASTRO!

Auf seiner Wanderschaft, die nur einem Ziel gilt:

wird Tamino, der Suchende, von drei Knaben in einen Hain geführt. Drei Tempel wachsen hier aus der Erde: der Weisheit, der Vernunft, der Natur. Zwei dieser Tempel öffnen sich nicht. Wer könnte wagen, ins Heiligste, ins Innerste der Natur zu dringen? (»Kein erschaffner Geist«, lehrt Goethe.) Und wer ins Innerste der Vernunft? Zu sonnenhell wär's dort unseren Augen!
Aber Weisheit ist suchenden Menschen erreichbar. Aus dem dritten Tempel also tritt ein Priester hervor und belehrt Tamino: Wo er ist . . . und wo wir sind.
Ein mächtiger Fürst herrscht in diesem Hain. Wohl muß er großen Kräften gebieten, sonst würde sein Wagen nicht – wie der eines antiken Imperators! – von sechs Löwen gezogen werden. Sein Name »Sarastro« kommt uns bekannt vor. Klingt er nicht an Zoroaster, Serduscht, ja, Zarathustra an? Aber wir sind hier nicht im Persien der kriegerischen Streitwagenheere und noch weniger in Nietzscheanien, wo Übermenschen gezüchtet werden, für die »der *Mensch* eine schmerzliche Scham ist« . . . O nein! Sarastro,

der göttliche Weise, weiß, daß Böses mit Bösem vergolten das Böse niemals aus der Welt schafft ... Man hat einen Mordanfall auf ihn geplant? Er könnte Rache nehmen und tut's nicht:

Es ist nicht das erste Mal, daß der Rache abgeschworen wird. Auch die Bergpredigt hat es getan –, aber im Liede des Sarastro geschieht es nicht im Namen Gottes, sondern der Menschheit. Durch den Menschen *für* den Menschen:

> Wen solche Lehren nicht erfreun,
> verdienet nicht ein Mensch zu sein.

Es ist eine Baßstimme, die singt – und 1791 muß den Menschen solch eine Stimme wie ein Nie-Gehörtes geklungen haben. Nicht einem strahlenden Tenor, einem ätherhellen Apollo, waren Sarastros Weisheitslehren anvertraut. Nein, sie gruben sich in die Seele, wie der Bergmann ins Erd-Innere steigt. (Denn Sarastro war das Portrait eines Mannes, von dem wir noch zu erzählen haben: des Mineralogen Ignaz von Born.) Wenn nun Tamino ein Mitglied dieses »Reiches der Weisen« werden will, muß auch er in »sein Innerstes reisen« und standhaft, duldsam, verschwiegen handeln. Vorbei an den Abgründen des Mißlingens, wo reißende Gefahren warten, muß er furchtlos den Elementen trotzen. Geprüft, die Gefährtin an der Hand – es ist ein tiefsinniger Zug, daß die leidgeprüfte Pamina das einzige Weibwesen ist, das als »Schwester« die Weihen erhält ... Aber noch immer kann alles mißlingen. Ebensowenig wie Marc Aurel und die Stoa gibt etwa Sarastro eine Gewähr für den »guten Ausgang« der Reise:

O Isis und Osiris, schenket
der Weisheit Geist dem neuen Paar!
Die Ihr der Wandrer Schritte lenket,
stärkt mit Geduld sie in Gefahr!

Osiris, Isis! Die Pyramiden! Wären wir also in Ägypten? Doch 1791 gab es dieses Land eigentlich noch nicht. Erst Napoleons Expedition von 1799 und die Forschung, die sich daran schloß, eröffnete die Religion Alt-Ägyptens. Bis dahin gab es nur die Roman-Welt der Franzosen. Der Roman »Sethos« des Abbés Terrasson (1731) enthielt (wie Viktor Junk entdeckte) bereits wörtlich die Anrede Sarastros an die Prüflinge. Auch die beiden geharnischten Männer, die am Eingang der Feuer- und Wasserhöhle mit Lanzen ausgerüstet stehn, auf deren Helmen Feuer züngelt, kommen bereits bei Terrasson vor. Für die Anrede dieser Geharnischten hat Mozart dann eine protestantische Kirchenweise zitierend benutzt:

was er schwerlich getan hätte, wenn er diese Prüfungsszene als »Exotik« empfunden hätte. Weil die Sonne im »Osten« aufgeht – in der Sprache der Freimaurer heißen Tod und Jenseits der »ewige Osten« – ist hier freilich auch Orient. Doch dieser Orient ist nicht Ägypten. Wenn der Tamino des ersten Akts in einem »japonischen Jagdkleid« hereinstürzt, so wissen wir, daß *jedes* Kostüm hier falsche Assoziationen weckt.

Weder in Ägypten noch sonst in einem geografisch begrenzten Landstrich kann die *Zauberflöte* spielen. »Sonnengeist« und »Nachtmutter« wären darin nicht einzufangen. Mozarts Musik ist »außerräumlich« und »überörtlich«. Und außerdem steht sie sicherlich noch in Beziehung zu einem »Erdgeist«. Wenn Werner Danckert von Goethe spricht und vom »mythischen Urgrund seiner Weltschau«, so gilt das erst recht für die *Zauberflöte.* Auch *hier* sind »Elementarsymbole, wie Fels, Höhle, keimträchtiges Dunkel und Licht«. Nicht mehr Deutschland, Italien, Frankreich – so schön diese Karolinger-Welt sich sonst in Mozarts Melos eint – kommen hier zum Tönen. Es ist das *Tellurische,* das »unterhalb aller Kulturen liegt und aller ästhetischen Bildungen« (Kerényi).

So ist es seit 150 Jahren den Bühnenbildnern ein Problem, wo dieses Märchen eigentlich spielt. 1912 ließ man es in Indien spielen. Nach dem Ersten Weltkrieg dachte man es gar in der Nähe einer Gralsburg, einer Monsalvat-Landschaft anzusiedeln. Doch was hätten Sarastro und Tamino mit Parsifal und Amfortas zu schaffen? Slévogts kühne Radierungen schlagen eine »ägäische Landschaft« vor und machen die schlangentötenden »Damen« zu nacktarmig-kräftigen »Amazonen«. Aber könnten solche Amazonen ein Schloß vor den Mund Papagenos hängen, wie es kein Schmied des Altertums jemals hätte schmieden können? – Die beste Lösung – für seine Zeit! – fand wohl der große Karl Friedrich Schinkel (1781–1841). Er gab der Königin der Nacht, die auf einer Mondsichel stand, eine sich nach oben verjüngende, scheinbar riesenhohe Rotunde, die von geometrischen Sternen flammte. Auch die »Tageswelt« war groß konzipiert: nicht zu »historisch« und nicht zu »archaisch«. So weit wie bei Schinkel durfte der Orient in Mozarts Oper hineinragen. Schinkel schuf diese Dekoration genau ein Jahr vor seinem Tode, sie war sein »Abschied von der Welt« – Goethe hätte sie geliebt, wenn er sie noch gekannt hätte.

Heut verlegen wir Sarastros Reich, das der Sonne zugeordnet ist, teilweise auch in die Erdtiefe. Es gehörte zu Mozarts Dialektik, daß er um dieselbe Zeit, da er den luzidesten Chor schrieb, das Sonnenaufgangs-Terzett der drei Knaben:

eine neue Geheimloge gründen wollte, die er die *Grotte* zu nennen gedachte. Wer da nur »Gesellschaftliches« wittert, würde irren – auch war ja Gesellschaft für Mozart das Zu-Einander der Menschen. Auch von Menschen, die sich *verbergen* wollen? Wieviel Unterirdisch-Geheimes war und ist in der *Zauberflöte!* Wieviel Salzburg ist in Sarastros Gesang! Wer einmal Richard Mayr gehört hat – dieser liebenswerte Sänger ruht jetzt auf dem Salzburger Petersfriedhof – und auf seinem Grabstein die Worte las: »Du Guter, Großer, bist jetzt zuhaus!«, der weiß, daß ein wirklicher Sarastro den leisen Dialektton der Heimat eigentlich gar nicht verlieren soll.

Als Leiblicher und Lebender hat Mozart Salzburg nicht wiedergesehn. Und da er der Heimat »böse« war, hat er es auch nicht weiter beklagt. Und doch ist er zurückgekehrt, in einem ganz sonderbaren Symbol. Das *Zauberflöten*-Häuschen, das in Schikaneders Theatergarten stand – das kleine Holzhaus, in dem das Werk geschrieben, belacht und mit Wein getauft wurde –, ist später nach Salzburg gebracht worden. Es stand auf dem Kapuzinerberg, nicht unähnlich einer Reliquie oder einer Passions-Kapelle. In Schnee und Sonne, Nebel und Regen sah es den Salzburger Haus-Bergen zu, die sich ernst und geschwisterlich in der Runde versammelten ...

Schon früh hat sich die Legende gebildet, Schikaneder habe die Sarastro-Szenen nicht selbst geschrieben. Seine Bildung habe dazu nicht ausgereicht. Eine sinnlose Beschuldigung: Schikaneder war keineswegs »ungebildet«. Nur pflegte er – wie sein Vorgänger Kurz-Bernardon, der Verfasser so vieler Hanswurstiaden – sich über die »Bildung« auch lustig zu machen. Ein Mann, der den »Hamlet« gespielt hatte, der den Geblerschen *König Thamos* (mit Mozarts Bühnenmusik dazu) in Salzburg zu Gehör gebracht hatte, war durchaus fähig, Terrassons Roman für die *Zauberflöte* nutzbar zu machen.

Aber er war ein Praktikus und nahm sein Gut gern, wo er's fand. Sicherlich kam es ihm zustatten, daß unter seinen Schauspielern auch ein Karl Ludwig Gieseke war, ein deutscher Student der Bergkunde (der aus irgendwelchen Gründen zwischendurch Schauspieler geworden war). Einer von den »Symbolfreudigen«, dabei ein wirklicher Gelehrter von der Art des Werner in Freiberg oder Borns, und obendrein Freimaurer. Sehr bald verließ dieser Gieseke Wien und wurde Hochschulprofessor in Irland. Wenn er dreißig Jahre später bei einem Besuch in Wien erzählte, er sei der Verfasser der *Zauberflöte,* so tat er sicherlich damit Schikaneder ein schweres Unrecht.

Schikaneder war ein Volksmann. Sein Instinkt sagte ihm, daß die mystische Hoch-Welt des Osiris und der Isis, des Wanderers Tamino und der vielgeprüften Pamina, einen *irdischen* Gegenpol haben müsse. Eine Nieder-Welt, die sich »lustig macht« über den »Krieg der Höheren« und sich im Lustigmachen auch ängstigt. So schuf er die geniale Gestalt des Vogel-Kaspars Papageno.

In der österreichischen Volks-Komödie waren Vögel nichts Unbekanntes. In einem Stück von Kurz-Bernardon flogen Vögel aus einer Pastete plötzlich in den Zuschauerraum. Im »Königssohn aus Ithaka«, den er in Preßburg aufgeführt hatte, ließ Schikaneder eine Szene von zwei Papageien spielen, die aus Vogelhäusern heraus einander mit Menschenstimmen beschimpften. Der Papageno der *Zauberflöte* ist aber nicht nur ein Vogelfänger. Er ist selber ein Vogelmensch. In manchen Szenen mehr Mensch als Vogel, dann wieder auch mehr Vogel als Mensch. Wie so etwas möglich ist, hat eine Ästhetik uns verdeckt, die den Ursprung des Theaters allein in der Literatur sehen wollte. Erst seit den Forschungen Hermann Reichs (»Der Mimus«, 1903) wissen wir, daß Halbtiere und Tiere in der antiken Komödie gleichberechtigt

neben den Menschen auftraten. Maskierte Bären, Ziegenböcke – sogar Ameisen und Fische! Julius Cäsar soll solche Stücke allen andern vorgezogen haben.
Zum Reiche jener Halbmenschen, die, mit sehr viel Mutterwitz ausgerüstet, nichts wollen als »Essen, Trinken und Lieben«, gehört der prachtvoll gutmütige Vogel-Kaspar Papageno. Max Friedländer hat sich einmal gewundert, warum Mozarts »Lieder« sich im Volk nicht stärker durchgesetzt hätten. Aber er gab gleich selbst die Antwort: kein Mozartlied konnte jemals die Schlagkraft von Papagenos Auftrittslied erreichen:

Doch Papageno meint nicht nur die Vögel. Nein, wie der herzhafte Text fortfährt: »Ein Netz für Mädchen möchte ich, ich fing sie dutzendweis für mich. Dann sperrte ich sie bei mir ein, und alle Mädchen wären mein.« Da haben wir den ganzen Mann. So lockt und liebt und trippelt er durch die ganze Oper, schlägt sein prahlerisches Rad, bekommt ein Schloß vor den Schnabel gehängt, wird begnadigt, läuft weg, kommt wieder. Findet »Prüfungen« überflüssig, erhält zu essen und zu trinken und schließlich sogar eine Papagena.
Und was für eine Musik ist dies! In all seinen Papageno-Liedern ist Mozart nach Salzburg zurückgekehrt. Ihr Melos hat die fühlbare Kühle, ja, gesunde Kälte des Alpenwassers. Da ist keine Sentimentalität. *»Ein Mädchen oder Weibchen wünscht Papageno sich . . .«* Hinter diesem begreiflichen Wunsch stehen Generationen von Bergbauern. Auf die vollkommene Naivität und unübertroffene Natürlichkeit aller Papageno-Lieder hat zuerst Kierkegaard hingewiesen. Wie süddeutsch ist jene Melodie – auch der Schwabe Schubart hat sie verwendet – ein Stück Volkslied! Und wie sie sodann ins Galoppieren hinüberwechselt:

wird diese frohgemute Erregung auch eine dramatisch richtige. Mozarts »Strophenlieder« haben es in sich (Erwin Kästner). Sie sind Handlung; man singt sie nicht bloß an der Rampe.
Das Duett *»Bei Männern, welche Liebe fühlen . . .«* müßte nun eigentlich unbedingt dem heldischen Liebespaar zufallen. *»Mann und Weib und Weib und Mann reichen an die Gottheit an.«* Das ist Stoff für Tamino und Pamina. Und doch schiebt sich Papageno ein, obwohl er doch gar kein »Menschenmann« ist. Er darf es: weil alles, was er singt, das Unedle und nun gar das Edle, so quellend wahr und so »richtig« ist . . Neben diesem Papageno haben alle andern Figuren es schwer – und über den Esel, der erklärt hat, daß dieser abgeschmackte Geselle und sein Weibchen nicht in das Stück gehören, können wir eigentlich nur lachen. Wenn der athletische Schikaneder mit seinem Vogelkäfig hereinsprang, hatte er das Theater für sich. Und wenn dieser Vogelkaspar sich – wegen unerwiderter Liebe! – an einem Baum aufhängen wollte, so wußte man gleich: es war nicht ernst. Es war eine köstliche Pantomime.
Mozart hat, soviel bekannt ist, niemals eine seiner Rollen auf dem Theater darstellen wollen. Mit Ausnahme dieses Vogelkaspars, der ein Stückchen Selbstportrait ist – des Wesens, das mit seinem Weibchen so gern viele kleine, zwitschernde Papagenos haben möchte. Noch am 8. Oktober schlich er sich aus der Loge heimlich hinter die Bühne. Während vorn der beneidete Schikaneder sang und tollte, ergriff Mozart in der Kulisse unversehens ein Glockenspiel und machte ein Arpeggio. Schikaneder erschrak und sah in die Kulisse. Als Mozart das zweitemal einen nichthingehörenden Akkord produzierte, schrie Schikaneder mit lauter Stimme nach hinten: »Halt's Maul!« Jetzt erkannte das Publikum den durch eine Kulissenverschiebung plötzlich sichtbar gewordenen blassen Gast und brach in lautes Gelächter aus.
Doch im Oktober sind wir noch lange nicht. Noch ist weder die Papageno-Musik noch die Ouvertüre geschrieben. Das wird erst im September geschehn. Wir sind im Juli. Ein Ereignis – unerwartet und unbegreiflich! – läßt Mozart sein Werk jäh unterbrechen.

Kaiser Leopold II. ließ sich zum König von Böhmen krönen. Um diesen staatsrechtlich wichtigen Akt zu feiern, bestellten die böhmischen Stände eine Festoper bei Mozart. Der war ja nun wirklich so etwas wie ein »Prager Hauskomponist« geworden. So mochte der Auftrag nicht wundernehmen. Eher die Eile: wenn die Krönung anfangs September stattfinden sollte – warum erreichte ihn die Bestellung erst Mitte Juli? Vielleicht war der Auftrag durch einen arglistigen Konkurrenten verzögert, der eine Absage Mozarts erhoffte? Oder gar einen Mißerfolg?

Aber 200 Dukaten durfte man nicht in den Wind schlagen. So begann Mozart augenblicklich mit der Komposition der Festoper *La Clemenza di Tito* (K. 621). Der Stoff? Die Tochter des früheren Kaisers Vitellius will Titus stürzen, ja, ihn ermorden lassen. Aber Verschwörung und Mord mißlingen. Statt sie hinrichten zu lassen, verzeiht Titus, der Gütige, seinen Feinden.

Seit der edle und großmütige Stoff Metastasios Werkstatt verlassen hatte, waren fast sechzig Jahre verflossen. Denn 1734 war er für Kaiser Karl VI. geschrieben und zunächst von dem barocken Venezianer Antonio Caldara (1670–1736) vertont worden. Dann folgten Hasse, Gluck und Jommelli. Doch der Stoff war nicht menschlich wahrer geworden. Zwischen 1736 und 1791 war einiges in der Welt geschehn. Und vor allem in der Musik. Ein Mozart war dahintergekommen, daß die *Opera seria* dem Lebensgefühl nicht mehr entsprach. So schattenlose Charaktere, gute oder böse, gab es nicht. So mußte, schon durch die Schuld des Textbuchs, sein *Titus* ein Rückschritt für ihn werden.

Doch selbst wenn das nicht so gewesen wäre – wenn der vom sächsischen Hofdichter Mazzolà »modernisierte« Text etwa tragikomödisch gewesen wäre, die »shakespearische Mischung« enthalten hätte, in der gerade Mozart ein Meister war – selbst dann wäre ihm gar nicht die Zeit für ein Meisterwerk geblieben. Er warf in Wien an Musik auf den Text, was die schwindenden Kräfte hergaben – dann fuhr er mit Konstanze und seinem Schüler Süssmayer nach Prag, um, in seiner gewohnten Art mit den Sängern arbeitend, die Oper im Hause fertigzustellen. Bis zur Vollendung verblieben ihm noch achtzehn Tage!

Nun hat in achtzehn Tagen noch nie ein Meister eine Oper geschrieben. Wenn es Mozart trotzdem gelang, unterstützt von Süssmayer Hunderte von Partiturseiten noch naß an die Kopisten zu liefern, so erinnert das an Johann Strauß den Jüngeren, dem man nachsagte, er habe seine Bühnenwerke mit schon »fertiger Musik« bekleidet. Auch Mozart hatte selbstverständlich einen ungeheuren Schatz nicht benutzter Einfälle. Doch vom musikdramatischen Standpunkt war es gerade für ihn eine »Sünde«, in dieser Weise zu arbeiten. Es schloß eine Charakterisierungskunst aus. Wenn Vitellia, die Intrigantin, nur »schön« sang, so konnte man das Tonmaterial ihrer Arie auch an Servilia geben. Das durfte nicht sein – und doch geschah es! So wurde denn *Titus* das, was man heute eine »Konzertoper« nennt: Jegliche Aufführung wird daran scheitern, daß ihre Musik unseren Ohren zwar schön, doch dramatisch nicht »wahrhaftig« klingt. Die Zeitgenossen empfanden anders. Für Stendhal und Schopenhauer – in ihrer klassizistischen Abneigung gegen das »Subjektive« – gehörte *Titus* mit seiner Formenklarheit, der *limpidezza*, der Durchsichtigkeit, zu Mozarts Hauptwerken. Goethes Mutter brach in Tränen aus, als sie bei der Frankfurter Aufführung (1800) das vom Bühnenmaler Fuentes erstellte römische Kapitol sah! Ein allzu klassizistisches und linienreines Kapitol ...

Der *Titus* hat zwei Hauptrollen. Um mit der zweiten zu beginnen: Sextus, des Kaisers Busenfreund, verrät ihn. Er ist kein Intrigant, sondern einer, den die Liebe quält: nur der ehrgeizigen Vitellia zuliebe begeht er das Verbrechen an Titus. Selbstverständlich hätte ein Kastrat diese schwere Sopranrolle singen können. Doch eine Frau in Manneskleidern? Man hielt das in Prag für einen Fortschritt – weil das Kastratentum überlebt war. Doch warum wurde dann nicht überhaupt die Rolle für einen Tenor konzipiert? Auch daß ein paar Jahre nach Mozarts Tod Aloysia Lange in Wien die Partie des Sextus mit großem Erfolg sang, ist uns heut nicht mehr ganz verständlich.

Doch der Kaiser selbst, der den Feinden vergibt! In Titus lebt ein hohes Ethos. Unseligerweise hat aber Mozart – der den Text nicht mitredigiert hatte – nichts getan, um die Rolle dramatisch zu machen. »Warum habe ich überhaupt Feinde? Ich will doch eigentlich nur das Gute!« Das Grübeln und die Seelenqual, das Aufzucken eines Rachewunsches und gleich darauf seine Niederkämpfung: das hätte auch »Gänge« verlangt, nicht bloß stehende oder sitzende Arien. Ein »Gang« entsteht aber nicht dadurch, daß ein Schauspieler sich willkürlich auf und ab bewegt. Bewegung muß von innen her vorgezeichnet sein. Aber Titus blieb eine »Sitzrolle« – und so langweilt uns sein »Seelenkampf«, weil wir ihm musikalisch nicht glauben!

Nun hat nie jemand daran gedacht, dem Hans Sachs der *Meister-*

singer oder dem Pfitznerschen *Palestrina* zu verargen, daß sie sitzen, während sie ihren Problemen nachsinnen. Aber Sitzen und Sitzen ist nicht dasselbe. Dem Schöpfer der »Bewegungsoper«, einem Mozart, mußte klar sein, daß politische Erregungen – eine Verschwörung, ein Attentat, Staatsmaßnahmen und Gegendruck – einen realistischen Stil und musikdramatischen Ausdruck verlangten. Weniger aufregend als an Wagners *Rienzi* durfte es eigentlich hier nicht zugehn – doch nicht einmal der Brand des Kapitols (den Mozart zwanzig Jahre früher immerhin mit den Mitteln der Affekttechnik in zuckende Farben getaucht hätte!) bewog ihn, vom »Schönen« abzulassen.

Trotz aller Wiederbelebungsversuche lebt vom *Titus* hauptsächlich die Ouvertüre. Ein herrliches, sauerstoffreiches Stück, das der Dichter Mörike als eine *Naturerscheinung* beschrieb. In seinem Brief vom 5. Juni 1832 an Johannes Mährlen heißt es:

»Da sah ich am Fenster ein Gewitter von der Talseite herziehn, eine Minute drauf rollte der erste Donner, und alle meine Lebensgeister fingen an, heimlich aufzulauschen. In unglaublicher Schnelle stand uns das Wetter überm Kopf. Breite, gewaltige Blitze, wie ich sie nie bei Tag gesehen, fielen wie Rosenschauer in unsere weiße Stube, und Schlag auf Schlag. Der alte Mozart muß in diesem Augenblicke mit dem Kapellmeisterstäbchen unsichtbar in meinem Rücken gestanden und mir die Schulter berührt haben, denn wie der Teufel fuhr die Ouvertüre zum ›Titus‹ in meiner Seele los, so unaufhaltsam, so prächtig, so durchdringend mit jenem oft wiederholten ehernen Schrei der römischen Tuba, daß sich mir beide Fäuste vor Entzücken ballten ...«

IGNAZ VON BORN

Was sich Mozart vom *Titus* erhoffte, trat nicht ein. Der Kaiserin war die Oper »nicht italienisch genug«. Sie fällte ein höchst ungnädiges Urteil, ein beleidigendes Verdikt ... Mozart mochte die Achseln zucken. Was war ihm Leopold II.? Sollte irgendeine *»clemenza«*, eine Güte gefeiert werden, dann doch nur diejenige Kaiser Josefs. Und so wandte er sich in Eile wieder der *Zauberflöte* zu, dem Märchen, dessen Sarastro-Szenen ihm in diesen letzten Wochen immer drängender zu einer Apotheose für den verstorbenen Kaiser wurden.

Nur zweiundzwanzig Tage noch waren's bis zur Uraufführung!

Während Mozarts Abwesenheit von Wien erhielt Kapellmeister Henneberg die Sänger bei Tradition und Laune. In Mozarts schwermütigem Sinn verschwammen währenddessen die Gestalten des Titus und des Sarastro. Der verblassende römische Kaiser gab sein Letztes an den Sonnen- und Menschenfürsten des Singspiels her.

Ein Requiem für Kaiser Josef! Als Mozart ein Jahr zuvor, auf Bestellung, eine »Gedächtnismusik für Feldmarschall Laudon«, den Türkenbekämpfer, geschrieben hatte, war es ihm natürlich erschienen, dabei auch den Kaiser einzubeziehen. Es war eigentlich eine Komposition für einen mechanischen Automaten im Müllerschen Wachsfigurenkabinett. Wie es dort aussah, wissen wir aus einem zeitgenössischen Blatt, das Walter Krieg gefunden hat: *»Im Hintergrunde erblickt man, wie in einem magischen Spiegel, den unsterblichen Josef mit Laudon. Sie unterreden sich vertraulich im Elysium. Vor ihnen steht auf einem Piedestal eine Feuerurne, die sie sanft, aber doch kennbar beleuchtet. Am Fuße des Piedestal sitzt die kleine Türkin, trauernd, die der Feldmarschall aus Belgrad mit sich brachte und in der Folge als Pflegetochter annahm. Rechts an dem Sockel des Tempels sitzt der Genius Österreichs und weint ...«* Diese volksmäßig rührende Beschreibung zeigt, wie sich das ganze Wien schon wieder nach Kaiser Josef sehnte. Mozarts Trauermusik, es war die *Fantasie in f-Moll* (K. 594), erklang jede Stunde silbern und leise auf der Orgelwalze. Die Flötenklage nahm bereits Melismen der *Zauberflöte* vorweg.

Eine Beziehung zu Feldmarschall Laudon hatte Mozart schwerlich gehabt. Doch jedes Sterben in seiner Umgebung erschütterte ihn. Nun war am 24. Juli – vor wenigen Wochen also erst – in Wien Ignaz von Born gestorben, einst Großmeister der Freimaurerloge. Eines Leidens wegen hatte er sich seit Jahren zurückgezogen – aber sein Einfluß war noch sehr stark. Daß er jetzt, noch nicht fünfzigjährig, seinem vergötterten Kaiser nachstarb, zeigt so recht das Aufhören des »josefinischen Zeitalters«. Ignaz von Born war der Mann gewesen, der in Josef das Interesse für die Freimaurerei geweckt hatte. Allerdings, schon der Gegensatz zu seiner Mutter hätte den Kaiser freimaurerfreundlich stimmen müssen. Maria Theresia war überzeugte Gegnerin des Logenwesens. Erstens kam ihr, der frommen Frau, die Freimaurerei wie eine Art Ersatzreligion und damit überflüssig vor. Zweitens genügte es, daß ihr Gatte, der Kaiser Franz Stephan, noch aus seiner Lothringer Herzogszeit her, ein ungemein eifriger

Freimaurer war. Er hatte einen Eid geleistet, daß er nicht weitererzählen werde, was sich in den Logen begab: – mußte das nicht das Mißtrauen und die Eifersucht der Kaiserin wecken?
Aber auch Josefs Duldsamkeit gegenüber dem Freimaurerorden hatte mehrfache Ursachen. Daß es ein Männerorden war, war die eine. Die andere war, daß Born ihm unentbehrlich war. Bekanntlich war Josef »Merkantilist« und hatte durch seinen Sonnenfels den Österreichern erklären lassen, daß das höchste Ziel eines Staates eine gesunde Geldwirtschaft war. Also eine gesteigerte Ausfuhr und eine sehr verminderte Einfuhr. Wie alle anderen Industrien mußte der Bergbau gefördert werden. Nun war Born ein Berg- und Hüttenmann, der ganz neue Erfindungen für die Entschlackung des Erzes und die Gold- und Silbergewinnung machte. Gerade damals erschien sein Hauptwerk, die mit dem preußischen Gelehrten Friedrich Wilhelm von Trebra verfaßte, zweibändige »Bergbaukunde«. Hielt der Kaiser Born nicht in Wien, so wäre der berühmte Mann in preußische Dienste abgewandert. Das durfte keineswegs geschehn – so fesselte Kaiser Josef ihn durch die sympathische Duldung, die er dem Logenwesen gewährte. Er ließ den Freimaurern ihr »Geheimnis« und sicherte sie vor allem gegen polizeiliche Zugriffe – ein im polizeilich regierten Österreich eigentlich unerhörtes Faktum. (H. E. Jacob).
Die Ordre Kaiser Josefs, »in das Innere der Logen nicht eindringen und sich alles vorwitzigen Erkundens und Ausforschens enthalten zu wollen«, war zu Anfang der achtziger Jahre erlassen. 1791 aber bedrohte die Französische Revolution nicht etwa bloß die Katholische Kirche, sondern jegliches Staatswesen überhaupt. Kaiser Leopold war nicht gewillt, den Freibrief Josefs anzuerkennen. Verbargen sich nicht vielleicht Umstürzler in den Logen? Die Staatspolizei drang auf eine Namensliste. Diese Maßnahme war noch kein Verbot – dieses erfolgte wohl erst etwas später unter Leopolds Sohn, Franz II. – aber sie trug Kaiser Leopold die Abneigung der Freimaurer ein.
Born war nicht nur Bergbaukundiger, sondern auch Mineraloge gewesen. Ein Kenner des Geheimnisvollsten, das sich im Schoß der Erde begab: Wie wuchsen Kristalle? Welche Macht regierte die Willkür ihrer Formen? Wie erwarben sie Farbe, Glanz, Durchsichtigkeit, Lichtbrechung und Fluoreszenz? Das Aufschreiben von Tönen, die einer festen Gesetzlichkeit folgten, war nicht weniger rätselhaft – so mußte Mozart einen Mann wie Ignaz von Born im tiefsten verehren. Schon 1785 hatte er diesen »Grottenmenschen« in der Kantate *Maurerfreude* (K. 471) gefeiert:

Heute Freytag den 30ten September 1791.

Werden die Schauspieler in dem kaiserl. königl. privil. Theater auf der Wieden die Ehre haben aufzuführen

Zum Erstenmale:

Die

Zauberflöte.

Eine grosse Oper in 2 Akten, von Emanuel Schikaneder.

Personen

Sarastro.	Hr. Gerl.
Tamino.	Hr. Schack.
Sprecher.	Hr. Winter.
Erster)	Hr. Schikaneder der ältere.
Zweiter) Priester.	Hr. Kistler.
Dritter)	Hr. Moll.
Königinn der Nacht.	Mad. Hofer.
Pamina ihre Tochter.	Mlle. Gottlieb.
Erste)	Mlle. Klöpfer.
Zweite) Dame.	Mlle. Hofmann.
Dritte)	Mad. Schack.
Papageno.	Hr. Schikaneder der jüngere.
Ein altes Weib.	Mad. Gerl.
Monostatos ein Mohr.	Hr. Nouseul.
Erster)	Hr. Giesecke.
Zweiter) Sklav.	Hr. Frasel.
Dritter)	Hr. Starke.
Priester, Sklaven, Gefolge.	

Die Musik ist von Herrn Wolfgang Amade Mozart, Kapellmeister, und wirklicher k. k. Kammerkompositeur. Herr Mozard wird aus Hochachtung für ein gnädiges und verehrungswürdiges Publikum, und aus Freundschaft gegen den Verfasser des Stücks, das Orchester heute selbst dirigiren.

Die Bücher von der Oper, die mit zwei Kupferstichen versehen sind, wo Herr Schikaneder in der Rolle als Papageno nach wahrem Kostum gestochen ist, werden bei der Theater-Kassa vor 30 kr. verkauft.

Herr Gayl Theatermahler und Herr Neßthaler als Dekorateur schmeicheln sich nach dem vorgeschriebenen Plan des Stücks, mit möglichsten Künstlersfleiß gearbeitet zu haben.

Die Eintrittspreise sind wie gewöhnlich.

Der Anfang ist um 7 Uhr.

Verkleinertes Faksimile des ersten Theaterzettels zur Zauberflöte.
Foto: Bildarchiv Handke.

Sehen, wie dem starren Forscherauge
die Natur ihr Antlitz nach und nach enthüllet,
wie sie ihm mit hoher Weisheit
voll den Sinn und voll das Herz
mit Tugend füllet,
das ist Maureraugenweide,
wahre, heiße Maurerfreude.

Jetzt aber, 1791, drängte die Polizei in die Logen und bedrohte »Weisheit und Tugend«!
Res, Aetas, Usus! – Mit *res,* mit der Handlung der *Zauberflöte,* stimmte es nicht. Mit dem *usus* schon besser: denn alle, Sänger und Statisten, staken in den Rollentypen, die das Publikum gewohnt war. Da kam über Nacht noch *aetas* hinzu, das Zeitalter, und überschauerte das Werk mit Tages-Anspielungen, die ihm die größte Durchschlagskraft gaben. Die gefährdete Freimaurerei, die 1791 zwischen ihrer Gipfelmacht und ihrem Verbot stand: ein großer Teil des Publikums empfand hier »Aktualität«. Wenige Jahre später galt ja Tamino bereits ganz offiziell als der »verstorbene Kaiser Josef«, Pamina als »österreichisches Volk« und die Königin der Nacht als die »Fortschrittsfeindin Maria Theresia« (Max Pirker). Und vielleicht empfand Mozart es selbst so, als er maurerische Klangsymbole überall seinem Werk einfügte. Das dreieckige Winkelmaß, das dreimalige Anklopfen, die drei Rucke des Ouvertürenbeginns, die drei feierlichen Posaunenstöße. Und vor allem begann die Oper im freimaurerischen Es-Dur, um zyklisch wieder in Es zu schließen. Die Menge mochte das nicht verstehen. Doch daß in diesem Vorstadtsingspiel sich Menschheitlich-Wichtiges begab: man mußte nicht »eingeweiht« sein, um es zu fühlen.

URAUFFÜHRUNG UND LETZTES GLÜCK

Der 30. September ist da. Ein Datum in der Weltgeschichte des Theaters! Noch weiß es niemand – aber ganz Wien strömt zur *Zauberflöte.* Daß Direktor Marinelli für den gleichen Abend die Erstaufführung eines anderen Zauberstücks angesetzt hat, kümmert die Besucher nicht sehr. Nach verklungener Ouvertüre kriecht im Orchester der Komponist Schenk, Beethovens Lehrer, auf Mozart zu; er will ihm die Dirigentenhand küssen, aber er erwischt nur die linke ... Doch Schikaneders Erfolg ist viel größer! Der Praktikus hat für diesen Tag »nicht Prospekte und nicht Maschinen geschont« und das Haus feenhaft beleuchtet. Alle Rollen sind ausgezeichnet besetzt. Den Tamino singt Benedikt Schack, den Sarastro Gerl, die »sternenflammende Königin« Konstanzens Schwester, Josepha Hofer. Den größten Erfolg neben Schikaneder hat der Komiker Nouseul, der sich das Gesicht wie ein Schornsteinfeger geschwärzt hat, um den Mohren Monostatos darzustellen.

Dieser »schwarze Bösewicht« — was tut er in der *Zauberflöte?* Manchmal (und wieder einmal bemerkt man Mozarts Liebe zur Symmetrie) ist er ein Gegen-Papageno, der sich in einem Balztanz übt:

Aber er ist kein sanftmütiger, sondern ein raubsüchtiger Vogel. Will er doch nichts Geringeres als Pamina vergewaltigen. Eine Neu-Auflage des Osmin? Nein, er ist viel unheimlicher. Sein Angriff auf die arme Pamina geschieht pianissimo, eine scharfe Pikkoloflöte eilt ihm chaotisch-verbissen voraus. Wo bekam nur Mozart solch primitives und wildes Afrikanertum her? Bestimmt nicht von dem harmlosen Urbild dieses Mohren: dem geachteten Hausbesitzer Angelo Soliman in Wien, einem Neger, der vor Jahrzehnten Offizier des Kaisers gewesen war und den Krieg gegen Preußen mitgemacht hatte. Kaiser Josef hatte ihn so geschätzt, daß er manchmal Arm in Arm mit ihm spazierengegangen war. Angelo Soliman war Freimaurer und aufs herzlichste mit Mozart befreundet. So war es nur einer von Mozarts Späßen — ebenso wie er Franz Anton Mesmer in *Cosi fan Tutte* angespaßt hatte — freilich kein ganz harmloser Scherz.

Und was hatte der böse Mohr in der *Zauberflöte* zu suchen? Doch bestimmt nichts beim Sonnenfürsten Sarastro? Nun, der Textdichter Schikaneder hatte aus seinem ersten Plan, wo ja bekanntermaßen Sarastro ein räuberischer Bösewicht war, den Mohren dort stehngelassen und vergessen. (»Das Publikum wird schon nichts merken!«) Dabei hätte der Menschenkenner Sarastro, wenn er wirklich ein Lichtfürst war, diese lüsterne Bestie – die doch nicht zum ersten Male solche Untaten versuchte wie die Vergewaltigung Paminas! – auch nicht zehn Minuten lang in seinem Hofstaat dulden dürfen. Denn nur ein schwarzer Herr konnte sich einen so schwarzen Diener leisten . . .

Nun, das Publikum merkte nichts. Doch jedenfalls atmete es auf, als der Mohr von Pamina ablassen mußte. Diese Pamina sang eine Nova: Annerl Gottlieb. Mit ihr, der Siebzehnjährigen, hatte Mozart die schwere Rolle einstudiert. Er war stolz, aus diesem Theaterkind – sie war Bärbchen in *Figaro* gewesen – hier zum ersten Male einen reifen Menschendarsteller machen zu können.

Mauern zwischen Bühne und Leben gab es für einen Mozart nicht. Eine g-Moll-Arie hören wie diese:

und nicht tiefe Zuneigung fassen zu der Sängerin, die sie sang: das wäre ihm unmöglich gewesen. Hans Joachim Moser hat daran erinnert, daß g-Moll eigentlich die Trauer-Tonart der italienischen *Opera seria* war. Doch was hat Mozart aus ihr gemacht! Wenn er jetzt – der kaum zweifelte, daß er nicht lange zu leben habe – aus dem Munde der Annerl Gottlieb hörte:

mußte es ihn zutiefst erschüttern . . . Mehr: er mochte Schicksalsgemeinschaft mit diesem jungen Wesen wünschen. Doch daraus eine »Liebesgeschichte« zu machen und Legenden drucken zu lassen, von denen doch nicht ein Wort bezeugt ist: wie ist es

möglich, daß derlei geschieht? Der psychologisch begreifliche Biografenhaß gegen Konstanze mag dieses oder jenes erklären, aber nicht alles entschuldigen. Man erweist dem Gedächtnis Mozarts nichts Gutes, wenn man uns überreden will, er habe in seinen letzten Wochen, todkrank, verfallen und geschwächt, noch Sinn für andere Frauen gehabt. In den Wochen, da er Zärtlichkeiten an die in Baden weilende Konstanze zu Papier brachte, die von ergreifender Schwermut waren. Neben den sehnsüchtigen »*Busserln, die herumfliegen*«, heißt es da: »*Es ist eine gewisse Lehre, die mir halt wehe tut – ein gewisses Sehnen, welches nie befriedigt wird ... Es freuet mich auch meine Arbeit nicht, weil ich gewohnt bin, bisweilen auszusetzen und ein paar Worte mit Dir zu sprechen. Gehe ich ans Klavier und singe etwas aus der Oper, so muß ich gleich aufhören – es macht mir zuviel Empfindung ...*«
Wenn dieser tiefe und leidende Mensch, dem die Gefährtin vor ein paar Wochen wieder ein Kindchen geboren hat, sich für fremde Sängerinnen interessierte, dann hätte ja Karl Friedrich Zelter (1758–1832) mit dem schrecklichen Brief recht, den er mehr als drei Jahrzehnte später an den Mozartverehrer Goethe schrieb:

»*Nun ist man doch auch von Jugend an in der Welt gewesen; Mozart ist zwei Jahre vor mir geboren, und wir erinnern uns der Umstände seines Ablebens nur zu wohl. Mozart, sag' ich, dem bei sicherer Schule das Produzieren so vonhanden ging, daß ihm zu hundert Dingen Zeit blieb, die er mit Weibern und dergleichen hinter sich brachte, hatte eben dadurch seiner guten Natur zu nahe getan ...*«

Von da ist es wirklich nur ein Schritt zu dem Gerücht, das der Franzose Suard in Wien erzählen hörte: »Mozart schrieb seine *Zauberflöte* einer Theaterdame zu Gefallen. Es war der Kaufpreis für ihre Person. Er zog sich durch den Verkehr mit ihr eine furchtbare Krankheit zu und starb kurz nachher auf elende Weise ...« Das eine war so »wahr« wie das andere. Für Annerl Gottlieb aber wurde die liebende Verehrung, die sie ihrem Lehrer und Meister entgegenbrachte, ein Stück Schicksal. Wenige Wochen nach Mozarts Tod entsagte sie der Sängerinnenkarriere und wurde Schauspielerin. Fünfzig Jahre später fuhr ein altes Mütterchen nach Salzburg und staunte mit gefalteten Händen das Monument an, das die Stadt ihrem größten Sohne enthüllt hatte.

Eine Woche nach der Uraufführung fuhr Konstanze zur Nachkur nach Baden. Sie war im August zu früh aufgestanden – gleich nach der Geburt von Xaver Wolfgang hatte sie Mozart nach Prag begleitet.

Jetzt ihren Gatten allein zu lassen war ein unentschuldbarer Fehler. Abgesehen von den Geldsorgen, litt er an schwersten Depressionen. Seit geraumer Zeit schrieb er wieder an einem umfassenden geistlichen Werk. Ein kürzeres hatte er jüngst vollendet, das wehmütig-innige *Ave Verum* (K. 618), eine kirchliche Kantate für vier Singstimmen, Streicher und Orgel. Das *Requiem* (K. 626) war völlig anderer Natur.

Der Auftrag, es zu schreiben, war unter seltsamsten Umständen zu ihm gekommen. Kurze Zeit vor der Prager Reise war ein Mann bei ihm eingetreten, der seinen Namen nicht nennen wollte. Er bestellte im Auftrag eines andern eine Seelenmesse bei Mozart. Dieser unbekannte Bote, der leise sprach und ein graues Gewand trug, legte bei einem zweiten Besuch eine Rolle Geld auf den Tisch – wohl die Hälfte des Honorars – und verschwand. Wir wissen heute: Ein Dilettant, Graf Franz von Walsegg, hatte diesen Boten geschickt. Er brauchte eine Totenmesse für seine kürzlich verstorbene Frau. Da er sich selbst vor seinen Freunden als Verfasser auszugeben wünschte, hatte der seltsame Dilettant mit dem Auftrage an Meister Mozart die sonderbare Bedingung verknüpft, dem Besteller dürfe nicht nachgeforscht werden. Im Augenblick der Abfahrt nach Prag trat der »Bote« Mozart zum drittenmal an. Er erschrak. Aber er versprach, die Messe gleich nach der Rückkehr zu schreiben.

In der Einsamkeit seiner Wohnung – Karl und der kleine Xaver Wolfgang befanden sich bei Urmutter Weber – gab er sich ganz dem Werke hin. Es überwältigte ihn so, daß ihn Äußeres nicht mehr stören konnte – und zugleich überreizte ihn der Gedanke an den unbekannten Besteller in einer höchst gefährlichen Weise. Gerade damals scheint ein Brief von Da Ponte gekommen zu sein. Nach seinem Bruch mit dem Hof befand sich der Dichter in Triest und gedachte für immer nach London zu gehn. Gern hätte er Mozart mit sich gezogen. Mozart erwiderte, daß es *»zu spät sei«*. Wenn der Brief echt ist, den Da Ponte in seiner Biografie mitteilt, dann hat Mozart in seiner Antwort auch vom Boten des *Requiems* gesprochen. *»Ich sehe ihn ohne Unterlaß. Er bittet mich, er drängt mich, er verlangt die Arbeit von mir . . .«* Die letzte

Arbeit seines Lebens! Und nun kommt das Wort: »*Die Stunde schlägt.*« Es ist ein *Zauberflöten*-Wort. Mit ihm nimmt er von Da Ponte Abschied.

Als er das *Requiem* begann, mündete sein ganzes Leben, das gelebte und ungelebte, in diese Totenmesse hinein. Im Mittelpunkt jeder Totenmesse stehen die Sequenzen des *Dies Irae.* Auch gesunde Menschen – und Mozart war krank! – kann der Anblick dieses visionären Hymnenbaus zu Boden reißen. Wie die meisten Großwerke der Kunst ist das *Dies-Irae*-Gedicht nicht einmotivig. Der »Weltuntergang«, den es schildert, gehört nicht notwendig mit dem »Jüngsten Gericht« zusammen, das Gott über die Welt verhängt. In manchen Religionen wird der Zusammensturz der Welt beschrieben, ohne daß sich die Auferstehung der Toten und das Weltgericht daran knüpft. Wenn es in der Edda heißt:

> Die Sonne verlischt, das Land sinkt ins Meer,
> vom Himmel stürzen die heiteren Sterne,
> Rauch und Feuer rasen umher,

so sind das scheinbar dieselben Worte wie im Evangelium Matthaei: »Es wird die Sonne sich verfinstern und der Mond seinen Schein verlieren und die Sterne werden vom Himmel fallen und die Gewalten des Himmels werden erschüttert werden.« Und doch geschieht hier etwas ganz anderes. Denn die jüdisch-christliche Theologie führt in das Kataklysma der Welt die höchsten ethischen Begriffe von Schuld, Strafe und Vergebung ein.

Es ist merkwürdig, wie ungemein selten in der heutigen epischen Literatur ein »Richter« als Handlungsträger auftritt. (Sinclair Lewis macht eine Ausnahme: doch da er eine Epopöe sämtlicher Berufe schrieb, konnte er den des Richters nicht auslassen.) Der Grund ist wohl der, daß nach dem Verbot Christi »*Me krinesthe!* Ihr sollt nicht richten!« jeder Versuch einer Rechtsprechung etwas Sündig-Lächerliches hat. Der *wirkliche* Richter kann nur Gott sein, und ein menschliches Gericht ist eine Karikatur des seinen. Über diese Zusammenhänge muß man sich klar sein, um die fürchterliche Gewalt zu begreifen, die im Augenblick über Mozart hereinbrach, als er das Kernstück des *Requiem,* das *Dies Irae* zu vertonen begann:

Eine so einfache Melodie – unheimlich nur durch die Pause nach »*irae*« und durch das chromatische Cis auf »*saeclum*«.
Der Verfasser dieses Hymnus war der Franziskanermönch Thomas von Celano (der von 1190 bis 1260 gelebt hat). Die Franziskaner lehrten und übten die »sanfteste Form des Christentums«. Damit wird in Verbindung gebracht, daß am Ende des *Dies Irae* der sündigen Seele doch noch verziehen wird. Der Hymnus selbst ist kaum übersetzbar. Wenn nämlich:

Dies irae, dies illa
Solvent saeclum in favilla
Teste David cum Sybilla

wiedergegeben wird mit den Worten:

Tagt der Rache Tag den Sünden,
wird das Weltall sich entzünden,
wie Sybill' und David künden,

so ist das nicht nur künstlerisch schwach, sondern fast unrichtig übersetzt. Der lateinische Dichter hat keinen Konditionalsatz gebraucht. Er hat elementar aufgezeichnet: »Der Tag des Zornes – jener Tag! – wird die Zeitlichkeit in Asche legen. David und Sybille haben es geweissagt!« Also weniger der Weltbau als die »Jahrhunderte« stürzen ein. Dann werden sich die Gräber öffnen und:

Mors stupebit et natura,
cum resurget creatura,
judicanti responsura.

Wieder ist die Übersetzung nicht ganz richtig:

Schaudernd sehen Tod und Leben
sich die Kreatur erheben,
Rechenschaft dem Herrn zu geben.

Der lateinische Text spricht nicht von »Leben«. Der Tod und die Natur erstarren. Beide werden »ohnmächtig« vor Entsetzen über die Auferstehung, an der ihre scheinbare Allmacht zerbricht ... Die Klangnatur der lateinischen Sprache steht jeglicher Übersetzung im Wege. Der dreifache Reim (der Hammerschlag, der den zwei vorangegangenen nachschlägt) ist in keiner Sprache wiederzugeben. Und dennoch wurde dieser Hymnus bis zum Jahr 1915

(fast weigert man sich, diese Ziffer zu glauben) hundertfünfunddreißigmal in die englische Sprache übersetzt; und ins Deutsche, wie Clemens Blume gezählt hat, vierzigmal ...
Doch die Großartigkeit des Gedichtes beruht nicht nur in seiner Erhabenheit; sondern, wie sonst nur bei Homer, in der Zartheit, ja, dem Intimen, das dem Furchtbaren beigemischt ist. Die Seele hält sich für verloren, wenn nicht ein großer Helfer ihr hilft. Da es sich beim Weltgericht wirklich um ein Gericht handelt, wo aus einem großen Buch die Sünden vorgelesen werden, muß es ein »ad-vocatus« sein, ein »Herbei-Gerufener«. Und dieser Verteidiger ist Christus ... Wie kann er, der als Gottwesen doch auch dem Gottrichter beigeordnet ist, zugleich dem Angeklagten beistehen? – Aber es kommt noch viel rührender. Die Seele des Sünders, die eigentlich nichts mehr zu verlieren hat, ihre Fehler sind doch wohl zu groß, als daß sie vergeben werden könnten, beginnt – wie soll man es ausdrücken? – eine Art von Handel mit Christus. Sie wagt es, erkühnt sich, sie scheut sich nicht, ihn um eine äußerste advokatorische Bemühung beim Vater (und bei sich selbst!) zu bitten. »*Tua res agitur*«, flüstert die Seele. »Nicht nur um mich geht's. Es geht auch um Dich.« Denn:

Recordare, Jesu pie,
quod sum causa tuae viae:
ne me perdas illa die.

»Süßer Jesus, erinnere Dich doch, daß ich Mensch es bin, um dessentwillen Du Deinen schweren Weg gemacht hast – und so laß mich nicht untergehn!« *Quaerens me, sedisti lassus:* »Auf der Suche nach mir bist Du müde geworden, und Du hast Dich hinsetzen müssen.« *Redemisti Crucem passus:* »Um mir Sündenvergebung zu schaffen, bist Du einst am Kreuz gehangen!« *Tantus labor non sit cassus:* »Nun sollte doch eine solche Mühe nicht vergebens gewesen sein!«
Die Seele, die so flehte, war die Mozarts. Tränenströme und Ohnmachten überkamen ihn, während er schrieb. So mancher Meister hatte schon vor ihm das *Requiem* vertont, und manche würden es nach ihm tun. Und Verdi (1874) vielleicht vollkommener als er. Aber Verdi hatte das Glück, sein Requiem für Alessandro Manzoni auf Grund einer »Ausweichung« schreiben zu dürfen. Sein herrliches Werk war eigentlich eine mächtige Theaterschöpfung, deren Messe-Latein dem Italienisch seiner Opernlibretti verwandt war. Es war weniger Totenmesse als ein »Konzertstück von reli-

giöser Haltung« (Hans Schnoor). Auch an dem *Requiem*, das Berlioz 1837 schrieb, interessierten den Autor mehr die »dramatischen Kontraste, durch die er Chor und Orchester bis an die Grenzen des Möglichen vortrieb«, als die religiöse Bestimmung (Hans Kühner).
Nur einen einzigen Meister hat das *Requiem* das Leben gekostet. Und das war Mozart. Die »Tradition«, ja, die »Kirche« selbst bot keinen Raum mehr, in dem er sich hätte verstecken können, als der Klang der Tuba erscholl. Jener überweltlichen Tuba, die er als Kind gehört hatte, als der Trompeter Andreas Schachtner sie ihm ins Ohr geblasen hatte ... Jetzt hörte er den entsetzlichen Ton wirklich, den unentrinnbaren! (Und konnte ihn nicht einmal wiedergeben – denn die einzige Stelle im *Requiem*, die Mozarts nicht wirklich würdig ist, ist gerade die große Bläserstelle.)
Eines Nachmittags fand Joseph Deiner, ein Kellner aus der Nachbarschaft, der ihm zuweilen Essen brachte und sich auch sonst um ihn kümmerte, ihn in tiefer Bewußtlosigkeit auf seinen Schreibtisch hingesunken ... Er schlug Alarm: Am nächsten Tag kehrte Konstanze aus Baden zurück.

KRANKHEIT UND WAHN

Der Maler Ferdinand Waldmüller (1793–1865) hat einmal der Behörde geschrieben, er könne keine Steuern zahlen, weil er, obschon berühmt, zu arm sei. Um weiter Bilder malen zu können, habe er zwei seiner Zimmer vermietet und lebe mit seiner Gattin in einem. Außerdem habe er seiner Frau ein Handschuhgeschäft eingerichtet ... Dieser Brief hätte Konstanze lehren können, was sie längst zu tun gehabt hätte: Zimmer vermieten (was ihr ja doch aus Mutter Caeciliens Haushalt vertraut war) und sich nach einem Beruf umsehen.
Jetzt, als es ganz bestimmt zu spät war, wurden Ärzte konsultiert. Barisani, der Mozart am besten kannte, lebte nicht mehr. An seine Stelle trat Dr. Nikolaus Closset. Auf dem Totenschein, den er später ausstellte, sprach er von »hitzigem Frieselfieber«. Nach dem Lehrbuch von Hopfengärtner (1795) war das eine grippöse Erkrankung mit Hitze, Pulsbeschleunigung und einem weißen Hautausschlag. Da aber von einem solchen Ausschlag bei dem Sterbenden nichts gesehen worden war, mußte die Diagnose falsch sein. Auch eine Gehirnhautentzündung, die Closset annahm, ist nicht wahrscheinlich; denn, obwohl Mozart halluzinierte, blieb er

bis zum Schluß bei Besinnung. Ebensowenig starb er etwa (wie Nissen glaubte) an Tuberkulose. Erst seit 1905 wissen wir durch die Untersuchung des französischen Arztes J. Barraud Mozarts wahre Todesursache. Er starb an der Brightschen Nierenkrankheit. Von dem Scharlach, den er als Kind durchmachte, war eine unausgeheilte Nephritis zurückgeblieben. Die Schwindelanfälle, Ohnmachten, die Abnahme des Körpergewichts, die Erstickungsanfälle, das Erbrechen und zum Schluß die Schwellung der Extremitäten deuten alle auf *Harnsäurevergiftung.* In der letzten Woche vor seinem Tod waren Arme und Beine so geschwollen, daß er im Bett sich nicht umdrehen konnte. Sophie und Mutter Caecilie Weber nähten ihm eigens Nachthemden, die nicht über den Kopf zu streifen, sondern von vorn anzuziehen waren.
So starb er an Albuminurie, die aber von niemand erkannt wurde. Nun können nach Leysers Forschungen (1929) bei mancher Art von Kreislaufstörung psychotische Folgen auftreten, die sich bis zur ausgesprochenen Paranoia steigern können. Wie Rolf Szamez in jüngster Zeit nachwies, litt Mozart in seinem Todesmonat an Wahnbildern.
Einem sensitiven Menschen kann nie ganz verborgen bleiben, was mit ihm geschehen ist. Mozart »lauschte in seinen Körper hinein« – und wurde eine Vergiftung gewahr, ohne zu wissen, woher sie kam. Bei einer November-Fahrt in den Prater sprach er zu Konstanze davon. Er schreibe das *Requiem* für sich selbst: *»Mit mir dauert es nicht mehr lange, gewiß hat man mir Gift gegeben – ich kann mich von diesem Gedanken nicht losmachen.«*
Nun war im achtzehnten Jahrhundert ein Giftmord nicht ganz so selten wie heute. Das klassische Zeitalter solcher Verbrechen war damals noch nicht lange vorbei: an den italienischen Höfen des sechzehnten Jahrhunderts war Gift ein Requisit gewesen, fast wie Blumen und Edelsteine. Auch noch im siebzehnten Jahrhundert hatte jeder kleine Pfalzgraf seinen Vorkoster bei Tisch gehabt. Um 1790 war diese Angst nicht mehr so verbreitet – immerhin glaubten Bühnenleute und Opernsänger noch sehr an Gift. Als Lorenzo Da Ponte in einer Woche seine sämtlichen Zähne verlor, argwöhnte er gleich, daß ein Konkurrent (wohl gar der bedeutende Dichter Casti!) seinen Arzt bestochen habe . . .
Das Schreckliche bei Mozart war, daß er *tatsächlich* vergiftet war, aber durch ein langsames Gift, das sein eigener Körper produzierte! Und daß für ihn nun – wahnhafte Folge! – Salieri der Täter war. Das schlimme Erbe des »Gruppenverdachts«, das ihm sein Vater hinterlassen, schlug sich jetzt also auf einen »Wel-

schen«. Der Erfolg der *Zauberflöte*, der *deutschen* Oper – mochte er wähnen – hatte Salieri zur Tat bewogen. Aber bei welcher Gelegenheit konnte man ihm das Gift beigebracht haben? Tragischerweise waren Salieri und Catarina Cavalieri (seine »Konstanze« und Wiener »Elvira«) am 13. Oktober selbst mit Mozart im Theater gewesen – da war kein Stück, das dem Maestro nicht ein »Bravo!« oder »Bello!« entlockt hätte. »Ein Operone«, sagte er, »würdig bei dem größten Fest vor dem größten Monarchen gespielt zu werden...« Warum sagte er es? Um Mozart zu täuschen?

Als Antonio Salieri 1825 im Wahnsinn starb, da hatte sich der dünnlippige und ängstlich dreinblickende Greis der furchtbarsten Verbrechen bezichtigt. Doch »Mozarts Vergiftung« war nicht dabei, wie die Krankenwärter Rosenberg und Porsche vor der Behörde bezeugten...

Immerhin hatte Mozart tatsächlich wie ein Vergifteter ausgesehen, als ihm der Diener Joseph Deiner den letzten Liebesdienst erwies und ihm die Totenkleider anzog. Vielleicht war es diese einfältige Seele – die ungemein an Mozart hing – die jetzt die Wiener Freimaurer des Mordes zu bezichtigen wagte. Welchen Grund aber hätte die Loge gehabt, Mozart aus dem Weg zu räumen? Man faßt es nicht: – doch die Leute raunten, er hätte es nicht wagen dürfen, die Geheimbräuche der Freimaurerei in der *Zauberflöte* zu enthüllen! Und wer sollte von der Loge mit dem Mordauftrag betraut worden sein? Natürlich der Baron van Swieten, der Mozart, als er bei ihm speiste, Arsen ins Essen gemischt habe! Dieses Muster eines »Gruppenverdachts« hat tatsächlich noch vor zwanzig Jahren in einem deutschen Buch gestanden...

SOPHIE HAIBLS BERICHT

Fast bis zum vorletzten Lebenstag hatte der Todkranke komponiert. Das *Requiem* wuchs immer noch! Der *Introitus*, das *Kyrie* und die ersten sechs Sequenzen des *Dies irae* waren vollendet. Von der siebenten, die da beginnt »*Lacrimosa dies illa*« (O des tränenreichen Tages!), konnte er nur noch acht Takte skizzieren, dann übermannten die Tränen ihn so, daß er nicht weiterschreiben konnte. Die Schlußsätze des Meisterwerks vollendete, auf Konstanzens Wunsch, der vielgescholtene Süssmayer. Er kannte die Intentionen Mozarts gewiß so gut wie ein Rubens-Schüler die Komponierweise jenes Malers. Daß das *Requiem* vollendet wer-

den mußte, war klar: sonst hätte die Witwe, die immerhin für zwei Kinder zu kämpfen hatte, dem Besteller das Geld zurückgeben müssen.
Noch zwei Tage vor Mozarts Tod waren Freunde bei ihm gewesen, um die fertiggewordenen Stücke des *Requiems* mit ihm durchzunehmen. Schack, Schwager Hofer, Sarastro-Gerl. Mozart versuchte mitzusummen. Doch kam man nicht weit. Erschüttert verließen die drei andern das Gemach. Am nächsten Tage erschien Sophie, die weit draußen bei ihrer Mutter lebte. Sie fühlte sich müde und hatte diesmal den Weg aus der Vorstadt nicht machen wollen. Doch ein Zeichen hatte sie gewarnt – ein Zeichen, das sie nach dreißig Jahren noch Schwager Nissen geschildert hat. Ihre Mutter habe Kaffee trinken wollen. So sei sie in die Küche gegangen, habe Licht angezündet und Feuer gemacht:

»Mozart wollte mir aber nicht aus dem Sinn. Mein Kaffee war fertig. Das Licht brannte noch hoch auf. Jetzt sah ich starr in mein Licht und dachte, ich möchte doch gerne wissen, was Mozart macht. Und wie ich das dachte und ins Licht sehe, löscht das Licht aus, und so aus, als ob es nie gebrannt hätte! Kein Fünkchen blieb an dem großen Dochte. Keine Luft war nicht; dies kann ich beschwören! Ein Schauer überfiel mich. Ich lief zu unsrer Mutter und erzählte es ihr. Sie sagte: ›Genug. Zieh Dich geschwinde an und geh in die Stadt! Und bringe mir aber gleich Nachricht, wie es ihm geht! Halte Dich ja nicht lange auf.‹
Ich eilte, so geschwinde ich nur konnte. Ach Gott, wie erschrak ich, als mir meine halbverzweifelte Schwester entgegenkam: ›Gottlob, daß Du da bist! Heute nacht ist er so schlecht gewesen, daß ich schon dachte, er erlebe diesen Tag nicht mehr. Bleibe doch heute bei mir; denn wenn er heute wieder so wird, so stirbt er diese Nacht. Gehe ein wenig zu ihm und sieh, was er macht!‹
Ich suchte mich zu fassen und ging an sein Bett, wo er mir gleich zurief: ›Ach, gut, liebe Sophie, daß Sie da sind! Sie müssen heute nacht dableiben! Sie müssen mich sterben sehen!‹ Ich suchte es ihm auszureden; allein er erwiderte mir auf alles: ›Ich habe ja schon den Todesgeschmack auf der Zunge, und wer wird meiner liebsten Konstanze beistehen, wenn Sie nicht hierbleiben?‹«

Sophie schildert nun, wie sie nach Hause stürzte und ihre Mutter bewog, zusammen mit Karl und dem Säugling zu Josepha Hofer zu übersiedeln: für den Fall einer Katastrophe sollte die Familie zusammenbleiben. Zwischendurch eilte sie nach St. Peter, um *»einen dieser geistlichen Unmenschen«*, wie sie schreibt, zu Mozart zu holen, was zunächst abgelehnt wurde, da der Kranke selbst ihn nicht rufen ließ. Als sie zurückkam, fand sie Süssmayer bei Mozart. Auf dem Bette lag wieder das *Requiem.*

»Closset, der Doktor, wurde lange gesucht, auch im Theater gefunden; allein er mußte das Ende der Pièce abwarten. Dann kam er und verordnete ihm noch kalte Umschläge über seinen glühenden Kopf, die ihn so erschütterten, daß er nicht mehr zu sich kam, bis er verschied. Sein Letztes war noch, daß er mit dem Munde die Pauken in seinem ›Requiem‹ ausdrücken wollte. Das höre ich noch jetzt . . .
Nun kam gleich Müller aus dem Wachsfigurenkabinett und drückte sein bleiches erstorbenes Gesicht in Gips ab. Wie grenzenlos elend seine treue Gattin sich auf die Knie warf und den Allmächtigen um seinen Beistand anrief, ist mir unmöglich zu beschreiben . . . Wenn ihr Schmerz noch zu vermehren gewesen wäre, so müßte er dadurch vermehrt worden sein, daß den Tag auf die schauervolle Nacht die Menschen scharenweise vorbeigingen und laut um ihn weinten und schrien.«

DIE GRABLEGUNG

Gute Sophie. – So war es nicht. Wer hätte um einen »Halbvergessenen« damals weinen und schreien sollen? Mozarts schändliches Begräbnis gewährt einen anderen Aspekt.
Es war nicht genügend Geld im Haus, um Mozart würdig zu bestatten. Als der herbeigerufene van Swieten hörte, daß die Witwe nur über 60 Gulden verfüge, riet er zu einem Armenbegräbnis, das – abzüglich des Leichenwagens, der 3 Gulden kostete – für 8 Gulden zu haben war. Das war eine Schäbigkeit, die dem Baron teuer zu stehen kommen sollte. Wahrscheinlich hätte die Nachwelt nichts auf Deiners Einflüsterungen gegeben, wenn der reiche Gönner van Swieten Mozarts Bestattung bezahlt hätte.
Aber wo blieben die Freimaurer? Welche Kopflosigkeit von Sophie, nicht sofort zur Loge zu laufen (mit der Mozart nicht etwa entzweit war: noch am 15. November hatte er dort mit großem Beifall seine *Bruderketten-Kantate* (K. 623) dirigiert). Die Grippe wütete damals in Wien. Ängstigten die Freimaurer sich vielleicht vor dem Gerücht, daß Mozart an einer Infektionskrankheit gestorben sei? Konstanze selbst hatte sich in der Nacht schreiend

ins Bett des Toten geworfen, um »vom Fieber angesteckt zu werden«. Mit Mühe hatte man sie darauf in ein befreundetes Haus gebracht.
Richten wir einen Blick auf die Menschen, die jetzt Mozarts Sarg umstanden. Da waren die beiden Schwägerinnen Josepha und Aloysia. Die eine bei Schikaneder, die andere am Hoftheater angestellt. Dann Schwager Hofer, ein ganz armer Mensch, und Schwager Lange, der (wie wir wissen) damals Schauspielersorgen hatte. Die Journale fanden, daß er auf der Bühne »zu deutlich akzentuiere«. Solches »belehrende Aufklärertum« war den Wienern nicht mehr lieb. Aus Protest gegen die neue Zeit erwog er damals (und führte es durch), besonders edle Charaktere in der Maske des verstorbenen Kaiser Josef darzustellen.
Dann war noch Albrechtsberger da, der Organist am Stephansdom, der Schüler Süssmayer und Joseph Deiner. Wo aber blieb denn Schikaneder? Selbst wenn Mozarts Wort auf dem Totenbett: *»Was wollen Sie? Er ist ein Lump!«* apokryph gewesen sein sollte, so war er doch tief mitschuldig an der Not der letzten Monate. Wie wir aus seinen Rechnungen wissen, hatte die *Zauberflöte* allein im Oktober 8443 Gulden eingetragen. Wie durfte er dulden, daß sein Freund in ein Armengrab gelegt wurde, das eigentlich ein Massengrab war?
Der traurige Kondukt begab sich zur Stubenbastei. Es schneite und schneite. Auch Salieri stieß hinzu; der Cellist Orsler, Kapellmeister Rosner. Als die Gruppe die Innenstadt verläßt, wird das Schneien zum Sturm. In dem Wirbel kann einer kaum noch den andern sehen. Da verbeugt sich van Swieten und geht fort. Dann verschwinden die Damen, Salieri folgt. Auch die andern verdrükken sich. Nur das Pferd und der Kutscher kämpfen sich weiter nach St. Marx durch, eine endlose halbe Stunde ...
Nach zwei Weltkriegen, wo auf Schlachtfeldern und in Todesmühlen Millionen von Menschen ohne Grab verrottet sind, bewegt es uns wenig, daß wir nicht wissen, wo Mozart liegt. Aber hätte Konstanze geahnt, daß es ihr fünfzig Jahre lang von den Zeitgenossen verdacht werden würde, daß Mozarts Leiche verlorenging, so hätte sie sich wohl aufgerafft, um schon in den ersten Tagen dieses teure Vermächtnis sicherzustellen. (Anstatt mit der Suche zu warten, bis der Totengräber verstorben war.)
Eigentlich hatte sie doch ab jetzt sehr viel schwerere Dinge zu tun.

Sechs Tage später saß der Erbe Kaiser Josefs an seinem Arbeitstisch. Wenn man ein Vierteljahrhundert lang eine Musterwirtschaft geleitet hatte – daß der Staat Toskana das wirklich war, zeigen die Florentiner Archive! – war es ein besonderes Unglück, jetzt ein Reich regieren zu müssen, das so verwirrt war wie das Deutsche. Im Grunde war Leopold II. ein Familienmensch, der seiner Frau, der Spanierin Maria Louisa, zugetan war, und der besonders auch seinen Sohn Francesco liebte, der, wie böse Zungen erzählten, jetzt mit fünfundzwanzig Jahren endlich Deutsch zu lernen begann. (Kurze Zeit später wurde er dann der »gute Kaiser Franz« der Wiener.) Aber leider hatte der Kaiser nicht viel Freude an seiner Familie. Tag und Nacht quälte ihn die Angst, wie er die Schwester in Paris, die unselige Marie Antoinette, und deren Gatten retten könne ... Gott sei Dank, war der sinnlose Türkenkrieg durch einen unrühmlichen Frieden beendet. Jetzt hieß es, die Preußen und das Reich gegen die Revolution zu einen – aber, um Gottes willen, dabei den Franzosen nicht wirklich zu drohen: in ihrer Wut waren sie sonst noch zum Schlimmsten fähig ...

Der arme Kaiser! Drei Monate später folgte er seinem Bruder ins Jenseits. (Manche Monarchen starben früh – starben, auch ohne vergiftet zu sein.) Häufig war er trübe gestimmt und mußte dennoch Audienzen erteilen. Alle wollten sie Geld von ihm! Da war – Gott weiß, wie sie's fertiggebracht, in so kurzer Zeit zu ihm vorzudringen! – die Witwe dieses Kapellmeisters Mozart. Falls man ihm erzählt hatte, daß das eine kleine, liebe, zum Plappern neigende Person war, so mußte sie jetzt vertauscht worden sein: sie hatte herbe, blasse Züge, eckige Bewegungen, stechende Augen und sprach heiser. Das Gesuch, das sie überreichte – wahrscheinlich vom Herrn van Swieten verfaßt – vermochte er kaum durchzulesen. Sie drang mit Klagen auf ihn ein, die beinahe schon Vorwürfe waren. Man verleumde ihren Mann! Unwahr, daß er dreißigtausend Gulden Schulden hinterlassen habe. Es konnten nicht mehr als dreitausend sein. An rückständiger Besoldung seien auch noch 133 Gulden von der Hofkasse einzufordern ... »Die sofort bezahlt werden!« murmelte Kaiser Leopold. – Und vor allem sei es nicht wahr, daß der vorgestrige Mordfall auf Mozarts Konto zu buchen sei! – Was das für ein Mordfall wäre? – Der Freimaurer Hofdemel, zeterte sie, habe ein Eifersuchtsattentat auf seine Frau verübt und sich dann selbst ent-

leibt. Man spräche von Summen, die sich Mozart von Hofdemel geborgt haben solle ... von einem Ehebruch mit Frau Hofdemel, die seine Schülerin gewesen ... Von all diesen Dingen sei kein Wort wahr! Der Kaiser schüttelte den Kopf und riet ihr, ein Konzert zu geben, aus Mozarts hinterlassenen Werken, das er gnädigst unterstützen werde.
Der Monarch hielt Wort, das Konzert fand statt und die energische Konstanze konnte einen Teil der Schulden abdecken. Anderes wieder bezahlte sie nicht – vielleicht stand in ihr das harte Gefühl auf, die Mitwelt sei Mozart mehr schuldig geblieben als Mozart seinen Gläubigern. Am 13. März 1792 bewilligte der Nachfolger des armen Kaisers, Franz II., der Witwe eine Jahrespension von 266 Gulden, etwa ein Drittel von Mozarts Gehalt. Ein Beweis für Konstanzens Energie. Hätte sie sie nur früher besessen!
Vor allen Dingen machte sie jetzt Puchberg zum Vormund ihrer Kinder. Das rührende Gesicht dieser Waisen wurde viel in der Öffentlichkeit gesehen. Bei einem Benefiz in Prag stand der kleine Xaver Wolfgang auf dem Tisch und sang mit schwachem Stimmchen eine neugedichtete Strophe aus Papagenos Auftrittslied ... Nein, Konstanze war nicht mehr dieselbe. Mit Weberischer Zähigkeit ging sie jetzt ans Werk, Kunstfreunde und Verleger für den Verblichenen zu interessieren. Sie wußte einen gegen den andern auszuspielen, verkaufte Lieder, Kanons, Briefe, zweite Fassungen, Manuskripte, es war erstaunlich, was sie vermochte.
Jetzt vermietete sie auch Zimmer – o hätte sie es früher getan! – und sie hatte dabei das Glück, einen Kopenhagener Diplomaten als Dauermieter zu gewinnen. Dieser Legationsrat Nikolaus Nissen hatte eine Kartoffelnase und sah völlig unmusisch aus. War es wohl auch. Selbst den Diplomaten sah man ihm eigentlich nicht an. Eine trockene, aber feste Natur, regelmäßig wie eine Uhr. Was man von ihm lernen konnte, lernte Konstanze. Sie wurde Geschäftsfrau; und als er nach zehnjähriger Bekanntschaft das Zusammenleben legitimierte, war sie eine Nissen geworden.
Aber wie kam das Mozart zugute! Merkwürdiger als Konstanzens Wandlung durch Nissen war Nissens Wandlung durch sie. Der Gedanke an Mozart nämlich wurde zum »Hausfreund in dieser Ehe«. Im fernen Kopenhagen, wohin sie 1809 übersiedelten, entstand jetzt das langsame Mosaik einer Mozart-Biografie, der ersten authentischen Biografie. Daß dies auch pro domo geschah – daß Konstanze mit dieser Arbeit sich selbst ein Monument setzen wollte als die vom Genius vergötterte Gattin! –, ist nicht sehr

wichtig. Schlimmer schon, daß Briefe Leopold Mozarts und anderer Gegner der Webers verschwanden. Anderes wurde so gefärbt, daß es einer Fälschung nicht unähnlich sah. Die Hauptsache: die Biografie wuchs, und es schrieb an ihr die Frau mit, die neun Jahre lang, Tag und Nacht, mit Mozart vereint gewesen war.

Der Dichter Herbert Eulenberg hat auf die Seltsamkeit hingewiesen, daß Konstanze eigentlich immer mit Mozart verheiratet blieb. Denn sie zog ihren Nissen nach Salzburg, wo er nach seiner Pensionierung keine andere Aufgabe hatte, als Mozarts Schatten nachzuspüren. Davon berichtet ein Brief, den Konstanze 1826 an ihren Sohn, Karl Mozart, schrieb, den Kaufmann, der jetzt in Mailand lebte:

»Solltest Du noch etwas von Mozart finden – nicht allein von ihm selbst, sondern auch von andern über ihn geschrieben – so schicke es doch; denn auch solche Sachen sucht Vater Nissen und sitzt Tag und Nacht in einem Haufen Bücher und Zeitschriften begraben, daß ich ihn nur mit Mühe sehn kann ... Ja, so ein Verteidiger Mozarts, wie Nissen ist, wird sich schwerlich mehr finden, und ich wiederhole Dir daher meine Bitte, ihm ja zu helfen, wo Du kannst – indem Du denken mußt, daß Alles, was er mit so vieler Mühe tut, er nur für Dich und Deinen Bruder tut. Es ist grenzenlos. Schon die vielen Briefe, die er deswegen schreibt, so daß mir's oft bange wird, indem die Geschäfte gar zu groß sind, daß es seiner Gesundheit schaden könnte ... Ja, so einen gütigen Vater, wie Ihr Flegel habt, gibt es nicht viele. Wenn Ihr's nur auch verdient! ... Ich bin bis zu Tränen gerührt, indem ich dies schreibe, und lege Dir's nochmal ans Herz.«

Eine Cosima Wagner war das nicht. Denn Konstanze besaß keinen Geist. Immerhin, welch ein seltsames Bild, diesen zweiten Gatten so viele Jahre als Famulus des ersten zu sehen. Sehr bald nach diesem Brief starb Nissen. Er hat sein Buch nicht mehr erlebt.

»IN SOLCHER FEIERLICHEN PRACHT«

Aber was geht uns das kleine Geschick dieser kleinen Erben an? Bald wird Europa selbst Mozarts Erbe.

Es beginnt mit einem Scherz: daß in Frankfurt am Main Straßenaufläufe entstehn. Genau zwei Jahre nach Mozarts Tod, im Winter 1793, herrscht lebensgefährliches Gedränge, als die *»Zauber-*

flöte gegeben wird und die Kinder der Bürger so glücklich sind, als Affen und Löwen mitspielen zu dürfen ...« Aber als Goethes Mutter das schreibt, wird aus dem Scherz bald wirklicher Ernst: ihr Sohn glaubt, daß die *Zauberflöte* jenes Unerreichbare ist, das ihm selbst zur »Popularität« fehlt, und beginnt nun – zeitweilig daran vergessend, daß es ohne Mozarts Musik keine *Zauberflöte* gäbe – einen »Zweiten Teil« zu schreiben. Wunderlich rührendes Unterfangen – mit Monostatos, Königin der Nacht, Papageno, Tamino und Sarastro. Goethe fühlt in Mozarts Theatergenie die Vereinigung von Oben und Unten: dann merkt er wohl doch, daß Mozart nicht da ist, und bricht das Ganze zu rechter Zeit ab ... In »Hermann und Dorothea« scherzt er über die Allvertrautheit der Deutschen mit Tamino und Pamina – seit dem »Werther« ist er ja nie mehr so in der Leute Mund gewesen. Auch Schiller ist es nicht. Die Nation zieht auf dem Theater Kotzebue vor ... Aber wird Mozart nicht wiederkehren? Mit großen Augen spricht er später zu Eckermann davon, wie »Dämonen« die Welt mit Mozart geneckt, indem sie ihr das »Vollkommene« gezeigt und gleich wieder zurückgezogen hätten ... (Emil Staiger). So wittert er denn »Auferstehung«, wenn er dem Entschwundenen nachruft:

> In solcher feierlichen Pracht
> wirst Du nun bald der ganzen Welt erscheinen.
> Ins Reich der Sonne wirket Deine Macht!
> Pamina und Tamino weinen;
> Ihr höchstes Glück ruht in des Grabes Nacht.

Aber warum: *der ganzen Welt?* Weiß er bereits, daß Mozarts Wesen über die Nation hinausschwillt und völlig »übernational« wird?

Daß kein deutscher Musiker des neunzehnten Jahrhunderts ohne eine »Stellung zu Mozart« ist: überflüssig, es nachzuweisen. Jeder muß sich mit seiner Musik auseinandergesetzt haben – auch wenn er sie generationsmäßig überholt glaubt. Seltsam ist Chopins Stellung. Wie die wunderbaren »Tagebuchformen« der Romantiker das tun, wie Schubert und Schumann, räumt auch er mit der »Sonate« auf, die pedantisch klingt – andererseits vergöttert er Mozart. Ebenso lassen die orchestralen Großformen von Wagner, Berlioz und Liszt Mozarts Dramatik »harmlos« erscheinen. Fällt aber sein Name, so lobt man ihn mit einem mindestens schlechten Gewissen ... Schon ist die Neuromantik da.

Handschriftliche Partitur der Auftrittsarie des Papageno aus der »Zauberflöte«.

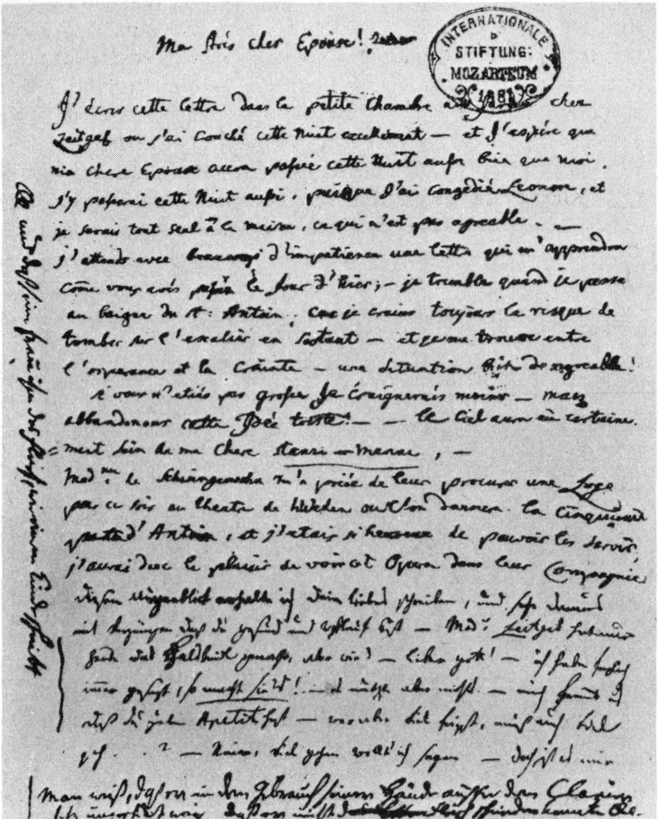

Ma très chere Epouse!

J'écris cette Lettre dans la petite chambre au jardin chez Leitgeb ou j'ai couché cette Nuit excellement — et j'espère que ma chere Epouse aura passé cette Nuit aussi bien que moi. J'y passerai cette Nuit aussi, puisque j'ai congedié Leonore, et je serais tout seul à la maison, ce qui n'est pas agreable. — j'attends avec beaucoup d'impatience une lettre qui m'apprendra comme vous avés passé le jour d'hier; — je tremble quand je pense au baigner de St: Antoin; car je crains toujours le risque de tomber sur l'escalier en sortant — et je me trouve entre l'esperance et la crainte — une situation bien desagreable! si vous n'étiés pas grosse je craignerais moins — mais abbandonons cette idée triste! — le Ciel aura certainement bien de ma chere Stanzi=Marini, — Mad:me la Schwingenschuh m'a prié de leur procurer une Loge pour ce soir au theatre de Wieden ou l'on donnera la Cinquantaine d'Antoine, et j'etais si heureux de pouvoir les servir. j'aurai donc le plaisir de voir cet Opera dans leur Compagnie.

Brief Mozarts an seine in Baden bei Wien weilende Ehefrau vom 6. August 1791.

Bald der Naturalismus. Der Expressionismus. Seit Jahrzehnten nun wieder der Neu-Klassizismus ... Wie auf einem Bachgrund liegen, vom Wasser sonderbar verzerrt, aber für den Kenner doch sichtbar, die alten zurückgekehrten Formen: In Alban Bergs *Wozzek* entdeckt Stuckenschmidt Gavotte, Gigue und Passacaglia. Und Mozarts »dämonische Heiterkeit«, — die der alte Goethe so gern für seinen »Faust« eingespannt hätte — muß jetzt bei einem anderen Faust-Werk, dem von Busoni, mithelfen.
Wer lange im Trüben taumelte, bekennt sich wieder zur klassischen Klarheit. Je bewölkter unser Leben wird, desto wolkenloser soll die Kunst sein. Sogar die Theater-Ironie der lange verachteten *Cosi fan Tutte* wird ein erstrebenswertes Gut — und Mozart ist der Zaubername, der so urverschiedene Naturen wie Hofmannsthal und den alternden Richard Strauß zusammenbindet (Willi Schuh).
Das ist kein deutsches Phänomen. Es geht gleichzeitig auf der ganzen Welt vor. Wenn ein führender Amerikaner wie der Singspielkomponist Douglas Moore in *Daniel Webster and the Devil* (1928) auf Mozarts kleines Orchester zurückgreift, so weiß er, warum. Der Tscheche Bohuslav Martinu durchlief expressionistische Perioden, bevor er zur »Objektivität« kam; und wie sinnfällig ist im Streichquartett von Jean Françaix der Rückzug auf Mozart.
Als sich vor mehr als hundert Jahren die Franzosen zu deutscher Musik entschlossen, da entzündete sich die Nation am »romantischen Subjektivismus der großen Beethovenschen Sinfonie. Aber, seltsam, nicht alle taten's ... Was der Maler Eugène Delacroix (1798–1863), der politische Romantiker, schuf, war nun wirklich »gemalter Beethoven«. Sein großartiges Pronunciamento von 1831: »Die Freiheit auf den Barrikaden« — wie der stürmende Bürger im Backenbart, dessen schwarzer Zylinder sich schräg verschob, der Fahne der halbnackten Republik folgt! — welch ein Bekenntnis zu Beethoven! Und doch: in seinen Tagebüchern lehnt Delacroix Beethoven als störend und »willkürlich« ab (André Joubin). Gerade weil seine eigene Kunst eine romantisch-politische war, verlangt ihn nach dem Gegenbild nach dem »harmonischen Tröster« Mozart. — Durch alle Wagner-Stürme steuert der Mozart des französischen Singspiels, Offenbach, das kleine Orchester seiner *Bouffes-Parisiens*. Und vorher schon bewies Balzac in seiner Musikernovelle »*Gambara*«, daß es keinen Meyerbeer, keinen *Robert der Teufel* gäbe, überhaupt keine »Große Oper«, ohne das *Don-Giovanni*-Finale.

Und der Osten! Was könnte Mozart den Russen sein? Zwischen 1800 und 1850 schäumt in einer breiten Woge ihnen der Schiller der »Räuber« ins Land, der »Kabale und Liebe«, des »Don Carlos«. Die Revolution in Permanenz ... Gleichzeitig aber trägt ein Puschkin (1799–1837) auch das harmonische Gegenbild des Aktivismus in seiner Seele, Mozart, den »melodischen Konservativen«. Ihn hat Mozarts früher Tod so bewegt, daß er der Vergiftungslegende glaubte: nach seiner Novelle »Mozart und Salieri« schuf noch Rimskij-Korssakow (1844–1908) den Russen eine gleichnamige Oper. So wenig konnte der gärende Osten den Tod des »Symmetrikers« verschmerzen.
Und der Süden. Den Italienern hatte Mozart eine Zeit lang durch sein »zu selbständiges Orchester« die Schönheit der Arie übertäubt. Dazu schüttelte Rossini (1792–1868) den Kopf. Ein Jahr nach Mozarts Tod geboren, kam er doch erst wirklich zur Welt, als er 1816 seinen *Barbier von Sevilla* schrieb. In ihm eroberte *Figaros Hochzeit* – Mozarts Konversation, Ironie, Bewegung! – und sei es in einer gröberen Form, zum ersten Male ganz Italien ... Und ein anderer Italiener hat für den »italienischen Mozart« den englisch sprechenden Kontinent Nord-Amerika erobert. Da Ponte! Mit 76 Jahren noch frisch, Emigrant in New York, Gesanglehrer, Buchdrucker, Enthusiast, Professor des Italienischen an der Columbia-Universität – auch längst kein katholischer Geistlicher mehr, sondern Vater von vier Kindern – hat er Manuel Garcia vermocht, in New York den *Don Giovanni* unter rauschendem Erfolg aufzuführen ...
... Und wie konnte das alles sein? Wäre Mozart, wie Wagner wollte, ein »verhinderter Deutscher« gewesen, er wäre schwerlich allen Völkern später als der Ihre erschienen. Mozart war aber Europäer und schon damit den »Sonderstilen« der Einzelnationen weit voran. In den Adern seiner Musik lebt Rousseau und die »Welt der Aufklärung«; italienischer Operngesang; deutsche Innigkeit des Liedes und deutsche Orchester-Polyphonie; Freude am Barocktheater und alpenländische Hanswurstiade. Mozarts geistige Erscheinung ist von einer kaum faßbaren Breite. Er löschte mit sich alle Torheiten aus, die die Italiener damals den Franzosen vorwarfen und umgekehrt. Sein sinnliches Sprachgenie – wie die Welt nie wieder eines besessen hat! – komponierte aus dem Geist dreier Sprachen. Mit vollkommener Naivität durfte er seinem Vater berichten, am 10. Januar 1778, er wolle eine *deutsche* Oper schreiben. Und schon am 4. Februar: »*Vergessen Sie meinen Wunsch nicht, Opern zu schreiben! Aber italienisch, nicht*

deutsch!« Wer hier »Charakterlosigkeit« oder auch nur äußere »Nötigung« wittert, irrt sich. Gewiß war es ihm nicht »gleich«, ob er Deutsches, Französisches oder Italienisches schuf — denn jeder Opernstoff hat seine Würde, und Musik ist kein Volapük. Es ist wahr, daß die deutsche *Zauberflöte* im Französischen nicht klingen will; aber ebenso wahr ist auch, daß es bis heute nicht gelang, dem ur-italienischen *Don Giovanni* ein deutsches Sprachkleid anzumessen . . . Kann man mißverstehen, was das heißt? Mögen die Sprachen geschieden bleiben — das Wunder von Mozarts Operndramatik ist: daß jede dieser Sprachen seine legitime Heimat war.

Und wie tief griff dieser Europäer in die Vergangenheit des Erdteils! Auf wie geheimnisvolle Weise ist Mozarts Kunst mit der Vorzeit verknüpft. Mit dem Dämmer der Mythen, mit den Griechen, mit den großen katholischen Hymnikern, mit Boccaccio, Ariost und Molière. Anstatt diesem Genius nachzurechnen, »daß er wenig Bücher las« (er wird schon gewußt haben, warum), sollten wir lieber das Wunder bestaunen, daß er es nicht nötig hatte. Geist kommet und wehet, »von wannen er will«.

Geist! — Wir sollten doch nicht glauben, daß Schopenhauer und Kierkegaard, daß so viele geistige Nicht-Musiker an Mozart »von außen« herantraten. Nein, da er selbst Geist war, *zog er den Geist an* — und am meisten durch seine Opernwerke! Der Vollblutmusiker Hans von Bülow (1830—94) mochte schreiben: »Von seinen Streichquintetten kann man so viel lernen, daß man sie immer bei sich tragen müßte« — aber ein anderes Wort von Bülow: »Mozart hat eher Aussicht das nächste Jahrhundert zu erleben, als manche Komponisten der Neuzeit« war *nicht* auf diese Quintette gemünzt. Mochten für Mozart selbst die Klavierkonzerte seine vollkommensten Schöpfungen sein. Mochte er sie mit Eifersucht hüten, gleich privaten Kleinodien, die man nicht jeden Fremden zeigt (er hat zu Nannerl darüber geschrieben). »Form aller Formen« waren sie ihm: intim genug, um einer Sonate, und großartig genug, um einer Sinfonie zu gleichen. Seit August Eberhard Müller 1796 sie »entdeckte«, indem er nämlich »Anweisungen zum genauen Vortrag der Mozartschen Klavierkonzerte« gab, bis zu Karl Reinecke (1891), Arnold Schering (1927), Girdlestone (1939) und Einstein (1945) sind die Konzerte immer wieder als die mozartischesten Erscheinungen der Mozartwelt gefeiert worden. Da sind K. 449, 450, 451 und vor allem das Konzert d-Moll (K. 466): die g-Moll-Romanze des Mittelsatzes ist von jener außermenschlichen Symmetrie, wie sie steigendem und fallendem Wasser eignet.

Aber *nicht* von diesem Klavierkonzert, auch von keiner Sinfonie und Sonate sind die Worte geschrieben worden: »*Eine geistige Schöpfung ist das – das Einzelne wie das Ganze aus einem Geiste und Guß und von dem Hauch eines Lebens durchdrungen, wobei der Produzierende keineswegs versuchte und stückelte und nach Willkür verfuhr, sondern wobei der dämonische Geist seines Genies ihn in der Gewalt hatte, so daß er ausführen mußte, was jener gebot.*« Das ist vom *Don Giovanni* gesagt. Der es sagte, war aber Goethe, Theaterdirektor und Enthusiast, der selten in Konzerte ging, doch jede erreichbare Mozartoper in seinem Weimarer Theater spielte.

Haben wir uns aber erst mit diesem Goethe eingelassen, so brechen die Schranken; unabsehbar schwillt der Strom der Theatermenschen, die alle *ihren* Mozart verlangen. Dirigenten, Sänger und Regisseure, die Bühnenbildner unseres Jahrhunderts von Alfred Roller (1905) bis zu Oskar Kokoschka (1955). Die Herren wären »nicht musikalisch«? Wir sollten uns hüten, derlei zu denken. Das Theater könnte uns nämlich erwidern, daß es nun seit tausend Jahren auf vier festen Pfosten stünde, Welt und Leben widerspiegele und der *angewandten* Musik eine treffliche Heimstatt gewesen sei. Während der holde Hauch *reiner* Musik die ihr rätselhaft zugemessenen zweihundert Jahre noch nicht überdauert habe ... Wissen wir denn überhaupt, wie Mozart, wäre er nicht mit 35 Jahren gestorben, sich später seinem »Universaltalent« gegenüber verhalten hätte? Hätte er mit 40 erlebt, daß die *Zauberflöte* das gespielteste deutsche Theaterwerk war – welche Folgerung hätte er gezogen? Vollends mit 60 und 70 Jahren – hätte er dann vielleicht *nicht doch*, trotz aller Wesensverschiedenheit, das Leben Wagners und Verdis geführt? Wir kennen die Qualschreie seiner Briefe, die nach Bühnenaufträgen und sonst nichts in der Welt verlangen –!

... Wie es in hundert Jahren um die Musik Mozarts bestellt sein wird, weiß kein Mensch. »Musik« – ein schwermütigeres Wort als dies von Paul Bekker gibt es nicht – »Musik ist die zeitgebundenste, gefühlshafte Quintessenz der Mode und darum auch die zeitgebundenste, auch am raschesten veraltende Kunst.« Doch vielleicht gilt das nur für eine Musik, die bestrebt ist, »absolut« zu sein; nicht für jene andere, die »das Handeln des Menschen ausdrückt«. Wer in eine Bachsche Passion tritt, empfindet nichts von ihrem Alter. Doch schon der schnellfüßige Satz einer Orgelfuge mag den befremden, der nicht weiß, daß zu Bachs Zeit »Schnelligkeit« und »leichter Sinn« keineswegs dasselbe war ...

Mozarts ungeheure Macht beruht in der Symmetrie seiner Formen. Aber wie, wenn dies morgen seine Gefahr wird? (Er ist ihr ja einmal schon fast erlegen.) In seinen »Kunstformen der Natur« (1903) hat Ernst Haeckel nachgewiesen, daß in der niederen Natur – zwecklos, schön und großartig! – das Gesetz der Symmetrie herrscht. Keine Blume kann wachsen, kein Wasser aufspritzen, keine Gas-Explosion die Sonne verlassen, ohne der Schönheit der Kegelschnitte Tribut zu zollen. – Aber das Leben und Handeln der Menschen ist von höherer Natur. Es kann nicht »Sklave der Symmetrie« sein. Ein Kunsthistoriker hat gesagt, Leonardo da Vincis »Abendmahl« sei eigentlich kein gutes Bild – denn in Wahrheit würde ein Schreckphänomen wie das Christuswort: »Einer ist unter Euch, der mich verrät!« die Jünger nie in so wohlverteilte Dreiergruppen gestürzt haben... Leonardo habe in diesem Bild das Wahrhaftigkeitsstreben des Auges verletzt.

Es gibt ein Wahrhaftigkeitsstreben des Ohrs, wie es eines des Auges gibt. Und niemand kann sagen, wie lange Mozarts Melos »wahrhaftig« erscheinen wird... Aber Mozart ist nicht nur »reine Musik«, nicht nur »Wohllaut«. Er ist weit mehr. Grillparzer schrieb von den Schöpfungstagen: »Am siebenten erschien der Mensch – *es war Mozart.*« Seine Botschaft an uns ist eine andre als die der reinen Symmetrie.

In der Tat, was wüßten wir noch von Shakespeare, wenn wir nach so vielen Jahrhunderten nichts als die reine Wortkunst seiner »absoluten Musik« besäßen, seiner Sonette oder Epen? Wir besitzen aber die »angewandte« seiner großen Menschendramen. Der »Rausch der Wahrheit«, der ihnen entströmt, ist derselbe, der aus den Menschendramen Mozarts braust und ihren gesungenen Gestalten.

FINIS LIBRI

STAMMTAFEL VON WOLFGANG AMADEUS MOZART

Johann Georg Mozart
Augsburg 1679–1736

⚭ Anna Maria Sulzer
1696–1766

insgesamt 8 Kinder
darunter

Johann Georg Leopold Mozart
Augsburg 1719 – Salzburg 1787

Wolfgang Nikolaus Pertl
St. Gilgen 1667–1724

⚭ Eva Rosina Barbara
geb. Altmann, verw.
Puxbaumer, um 1688–1755

Anna Maria Walburga Pertl
St. Gilgen 1720 – Paris 1778

⚭ 21. November 1747

Johann Leopold Joachim
1748–1749

Maria Anna Cordula
1749–1749

Maria Anna Nepomucena Walpurgis
1750–1750

Maria Anna Walburga Ignatia
(Nannerl) 1751–1829

⚭ Johann Baptist Freiherr
von Berchtold zu Sonnenberg
1736–1801

Johann Karl Amadeus
1752–1753

Maria Crescentia Franziska
de Paula 1754–1754

Wolfgang Amadeus
Salzburg 1756–
Wien 1791

⚭ Constanze Weber
1762–1842

Raimund Leopold
1783–1783

Karl Thomas
1784–1858

Johann Thomas
Leopold 1786–1786

Theresia Constanzia
Adelheit Friederike
Maria Anna 1787–1788

Anna Maria
1789–1789

Franz Xaver Wolfgang
1791–1844

1747 *Johann Georg Leopold Mozart, Violinist an der fürstlichen Hofkapelle des Erzbischofs von Salzburg, heiratet die aus St. Gilgen am Wolfgangsee stammende Anna Maria Pertl. Aus dieser Ehe gehen sieben Kinder hervor, die jedoch alle — außer Maria Anna und Wolfgang Amadeus — schon sehr früh sterben.*

1750 Der Vertrag von Madrid regelt endgültig die Grenzen zwischen Spanien und Portugal.

In München beginnt François de Cuvilliés mit dem Bau des Residenztheaters. In Leipzig stirbt am 28. Juli Johann Sebastian Bach.

1751 Die große französische Enzyklopädie beginnt zu erscheinen. Zu den wichtigsten Mitarbeitern gehören die Schriftsteller und Philosophen der Aufklärung Denis Diderot, Jean Jacques Rousseau, d'Alembert und Voltaire.

In Rom ist die Oper »Iphigenie in Aulis« von Niccolò Jommelli erfolgreich. In Berlin arbeitet Gotthold Ephraim Lessing an der neuen »Vossischen Zeitung«. Giovanni Battista Tiepolo gestaltet das große Deckengemälde der Würzburger Residenz.

Am 30. Juli wird in Salzburg Maria Anna Walburga Ignatia Mozart, das »Nannerl«, geboren.

1752 In London kommt Georg Friedrich Händels letztes großes Oratorium »Jephtha« zur Aufführung. Der italienische Dramatiker Carlo Goldoni ist in Venedig mit der Komödie »La locandiera« (»Mirandolina«) erfolgreich.

1753 Wenzel Anton von Kaunitz wird österreichischer Staatskanzler. Er leitet zahlreiche innenpolitische Reformen ein, fördert Wissenschaft und Kunst und konzentriert sich in der Außenpolitik auf die Schaffung einer großen Koalition gegen Preußen.

Jean Jacques Rousseau veröffentlicht »Briefe über französische Musik«.

Tod der bedeutenden Baumeister Georg von Knobelsdorff und Balthasar Neumann sowie des Orgelbauers Gottfried Silbermann.

1755 Englisch-französischer Kolonialkrieg bis 1763. Lissabon wird von einem Erdbeben stark zerstört und hat über 30 000 Tote zu beklagen.

Gründung der ersten russischen Universität in Moskau. Der russische Gelehrte und Schriftsteller Michail Lomonossow verfaßt die erste russische Grammatik. Der deutsche

Archäologe und Wegbereiter des Klassizismus Johann Winckelmann veröffentlicht »Gedanken über die Nachahmung griechischer Kunstwerke«. Lessing schreibt das erste deutsche bürgerliche Trauerspiel »Miss Sara Sampson«.

1756 *Am 27. Januar wird in Salzburg in der Getreidegasse 9 Wolfgang Amadeus Mozart geboren und einen Tag später im Dom getauft. Der Vater Leopold Mozart veröffentlicht eine »Violinschule«.*

Ausbruch des Siebenjährigen Krieges zwischen Preußen und Österreich mit dessen Verbündeten um den Besitz von Schlesien.

Der italienische Abenteurer Giacomo Casanova veröffentlicht die Geschichte seiner Flucht aus den berüchtigten Bleikammern von Venedig, Voltaire eine Abhandlung über »Sitten und Geist der Völker«.

1757 Der britische Sieg über die Bengalenfürsten begründet Englands Herrschaft in Indien. In der Schlacht bei Leuthen siegt Preußen über Österreich.

Der deutsche Dichter Christian Fürchtegott Gellert veröffentlicht »Geistliche Oden und Lieder«. In Mannheim stirbt am 27. März der Komponist und Violinist Johann Wenzel Stamitz und in Madrid am 23. Juli der italienische Komponist Giuseppe Domenico Scarlatti.

Leopold Mozart wird zum Hofkomponisten ernannt.

1758 Nach Papst Benedikt XIV. besteigt Klemens XIII. den Heiligen Stuhl.

In England werden die Kupferstiche von William Hogarth sehr populär. Der französische Rokokomaler François Boucher porträtiert Madame Pompadour. In St. Petersburg wird eine Akademie der schönen Künste gegründet.

1759 Karl III. wird König von Spanien. In der Schlacht bei Kunersdorf siegen Österreich und Rußland über Preußen.

Voltaire veröffentlicht den Roman »Candide«. Lessing beginnt mit der Herausgabe der »Briefe die neueste Literatur betreffend«. Joseph Haydn wird Kapellmeister bei Karl Graf Morzin in Lukavec bei Pilsen und komponiert seine erste Symphonie.

1760 Im Siebenjährigen Krieg um Schlesien kommt Preußen in eine kritische Lage. Russische Truppen besetzen Berlin.

Tod der Schauspielerin und Wandertheaterleiterin Karoline Neuber, der bekannten »Neuberin«.

Leopold Mozart bildet seinen Sohn Wolfgang Amadeus und die Tochter »Nannerl« systematisch aus.

1761 Rousseau veröffentlicht den Roman »Die neue Heloise«.

Haydn tritt in den Dienst des Fürsten Paul Anton Esterházy in Eisenstadt.

Wolfgang Amadeus Mozart beginnt zu komponieren.

1762 Tod der Zarin Elisabeth. Peter III. wird Zar von Rußland und schließt mit Preußen Frieden. Nach seiner Ermordung besteigt Katharina II. den Zarenthron.

Von Rousseau erscheinen der Roman »Emile« und der folgenreiche »Contrat social« und von Winckelmann »Anmerkungen über die Baukunst der Alten«. Christoph Willibald Gluck ist in Wien mit der Oper »Orpheus und Euridyke« erfolgreich und eröffnet damit seine große Opernreform.

Wolfgang Amadeus Mozart reist mit dem Vater und der Schwester Nannerl nach München und Wien.

1763 Ende des Siebenjährigen Krieges. Preußen wird Großmacht. Frankreich verliert Kanada und seine indischen Besitzungen an England, das sich zur wichtigsten Kolonial- und Seemacht entwickelt.

Leopold Mozart wird Vizekapellmeister der Hofkapelle des Erzbischofs von Salzburg und unternimmt mit seinen beiden Kindern eine ausgedehnte Konzertreise über München, Frankfurt a. M., Brüssel u. a. bis nach Paris. Wolfgang Amadeus schreibt erste Sonaten für Violine und Klavier.

1764/65 J. Harrison konstruiert das erste für die Seeschiffahrt geeignete Chronometer. James Watt entwickelt die erste verwendbare Dampfmaschine.

Winckelmann veröffentlicht eine »Geschichte der Kunst des Altertums«. Der italienische Dramatiker Carlo Gozzi ist mit dem Märchendrama »Turandot« erfolgreich. Der französische Maler Honoré Fragonard schafft das bedeutende Rokokogemälde »Die Schaukel«.

Leopold Mozart reist mit seinen Kindern von Paris weiter nach London. Dort Begegnung mit dem Komponisten Johann Christian Bach. Es entstehen das »Londoner Skizzenbuch« und die ersten Symphonien. Weiterreise nach Holland.

1766 Lothringen fällt durch Erbschaft an Frankreich.

Tod des Baumeisters Dominikus Zimmermann und des Sprachreformers Johann Christoph Gottsched.

Joseph Haydn wird erster Kapellmeister der Hofkapelle des Fürsten Esterházy und schreibt in den folgenden Jahren bedeutende Symphonien und Streichquartette.

Weiterreise der Familie Mozart nach Amsterdam, danach über Utrecht u. a. erneut nach Paris. Schließlich Heimreise über Lyon, Genf, Bern, Zürich, Ulm und München u. a.

1767 König Karl III. von Spanien weist die Jesuiten aus.

Der spanische Maler Francisco de Goya schafft für die Gobelinmanufaktur in Madrid zahlreiche Entwürfe. Von Lessing erscheinen Teile der »Hamburgischen Dramaturgie« und das Lustspiel »Minna von Barnhelm«. In Wien kommt Glucks Oper »Alceste« erfolgreich zur Uraufführung. In Hamburg stirbt am 25. Juni der Komponist Georg Philipp Telemann; sein Nachfolger als Kirchenmusikdirektor wird Carl Philipp Emanuel Bach.

Wolfgang Amadeus Mozart entwickelt eine umfangreiche kompositorische Tätigkeit und reist mit dem Vater und der Schwester nach Wien.

1768 Krieg zwischen Rußland und der Türkei.

Der englische Seefahrer James Cook unternimmt bis 1780 drei Weltumsegelungen und erklärt Australien als britischen Besitz.

Tod des italienischen Malers Antonio Canaletto, des englischen Romanciers Lawrence Sterne und des deutschen Archäologen Johann Joachim Winckelmann.

Familie Mozart hält sich erneut in Wien auf. Von Wolfgang Amadeus wird das Singspiel »Bastien und Bastienne« aufgeführt.

1769/70 Papst Klemens XIV. besteigt den Heiligen Stuhl. Der Thronfolger von Frankreich, der spätere König Ludwig XVI., heiratet Marie-Antoinette von Österreich.

In Berlin wird die »Große Landesloge der Freimaurer von Deutschland« gegründet. Der Philosoph Immanuel Kant wird ordentlicher Professor für Metaphysik und Logik an der Universität Königsberg.

Tod der Maler Giovanni Battista Tiepolo und François Boucher.

Familie Mozart kehrt nach Salzburg zurück, wo Wolfgang Amadeus zum unbesoldeten Hofkonzertmeister ernannt wird. Erste Serenaden und erstes Streichquartett. Italienreise. In Rom Ernennung zum Ritter vom Goldenen Sporn durch Papst Klemens XIV. Begegnungen mit vielen namhaften Komponisten.

1771/72 Erste Teilung Polens durch Österreich, Preußen und Rußland. In Schweden beseitigt König Gustav III. die Vorherrschaft der Stände.

Der englische Maler Thomas Gainsborough malt das berühmte Bildnis »Knabe in Blau«. Von Lessing erscheint das Drama »Emilia Galotti«. Der Dichter Friedrich Gottlieb Klopstock veröffentlicht Oden und Elegien, Christoph Martin Wieland den Roman »Der Goldene Spiegel.«

Zweite Italienreise. Nach der Rückkehr Ernennung Wolfgang Amadeus Mozarts zum besoldeten Hofkonzertmeister. Dritte Italienreise. Neben zahlreichen anderen Kompositionen »Ascanio in Alba« und »Lucio Silla«.

1773/74 In Frankreich besteigt Ludwig XVI. den Thron. Papst Klemens XIV. löst den Jesuitenorden auf.

Gottfried August Bürger schreibt die stilbildende Ballade »Leonore«. Von Johann Wolfgang Goethe erscheint das Drama »Götz von Berlichingen« und der Roman »Die Leiden des jungen Werthers«, von Christoph Martin Wieland der Roman »Die Abderiten«. Der Maler und Radierer Daniel Chodewiecki reist nach Danzig und zeichnet das bürgerliche Leben seiner Zeit mit anschaulicher Detailtreue. In Paris wird die Oper »Iphigenie in Aulis« von Christoph Willibald Gluck uraufgeführt.

Wolfgang Amadeus Mozart reist mit dem Vater nach Wien. Audienz bei der Kaiserin Maria Theresia. Er komponiert u. a. Streichquartette, Symphonien, Divertimenti, Serenaden und sein erstes Klavierkonzert. Im Dezember Reise nach München.

1775 Nordamerikanischer Unabhängigkeitskrieg gegen England. Bauernaufstände in Rußland. Papst Pius VI. besteigt den Heiligen Stuhl.

Tod des Bildhauers Ignaz Günther.

In München wird Mozarts Oper »Die Gärtnerin aus Liebe« uraufgeführt. Neben vielen anderen Kompositionen entstehen u. a. die Spatzenmesse, die Dürrnitz-Sonate, Violinkonzerte und ein Fagottkonzert.

1776 Der amerikanische Kongreß nimmt die Unabhängigkeitserklärung an und verkündet die Menschenrechte.

In Paris kommt es zum Streit zwischen den Anhängern der Opernreform Glucks und den Verteidigern der traditionellen Oper im Stil Niccolò Piccinnis. Wien erhält ein Nationaltheater. Im Stil der Mannheimer Schule schreibt der Komponist Ignaz Holzbauer die deutschsprachige Oper »Günther von Schwarzburg«.

Wolfgang Amadeus Mozart komponiert u. a. Klavierkonzerte und die Haffner-Serenade.

1777 Alexander I. wird Zar von Rußland.

Gründung des Hof- und Nationaltheaters in Mannheim.

Mozart bittet um Beurlaubung aus dem erzbischöflichen Dienst. Da das Gesuch abgelehnt wird, reicht er seine Entlassung ein und geht mit der Mutter zunächst nach München, dann nach Augsburg und Mannheim.

1778 Bayerischer Erbfolgekrieg mit Österreich.

In Mailand wird die Scala eröffnet.

Johann Gottfried Herder gibt Volkslieder heraus.

Tod des englischen Staatsmannes William Pitt d. Ä., des italienischen Kupferstechers und Baumeisters Giambattista Piranesi, des schwedischen Naturforschers Carl von Linné und von Jean Jacques Rousseau und Voltaire.

Von Mannheim reist Wolfgang Amadeus Mozart weiter nach Paris. Am 3. Juli stirbt die Mutter, darauf Rückkehr nach Salzburg.

1779 Ende des Bayerischen Erbfolgekrieges. Österreich erhält das bayerische Innviertel.

In Paris wird Glucks Oper »Iphigenie auf Tauris« uraufgeführt. Von Lessing erscheint das Schauspiel »Nathan der Weise«. Der italienische Bildhauer Antonio Canova vollendet die Plastik »Dädalus und Ikarus«.

Wolfgang Amadeus Mozart tritt wieder in den Dienst des Erzbischofs von Salzburg und wird zum Konzertmeister und Hoforganisten ernannt. Krönungsmesse.

1780 Tod der Kaiserin Maria Theresia. Joseph II. besteigt den Thron. Seekrieg der Niederlande gegen England bis 1784.

Von Klopstock erscheint eine bearbeitete Gesamtausgabe des »Messias«. Wieland veröffentlicht das Märchenepos »Oberon«.

Tod des italienischen Malers und Radierers Bernardo Canaletto (Bellotto).

Wolfgang Amadeus Mozart reist nach München.

1781 Joseph II. von Österreich leitet innere Reformen ein.

Der Schweizer Pädagoge Johann Heinrich Pestalozzi veröffentlicht den Erziehungsroman »Lienhard und Gertrud«.

Tod des Schriftstellers und Theoretikers der Aufklärung Gotthold Ephraim Lessing.

Joseph Haydn arbeitet an seinen Russischen Streichquartetten.

In München wird Mozarts Oper »Idomeneo« uraufgeführt. Bald darauf reist Mozart weiter nach Wien. Bruch mit dem Erzbischof von Salzburg und Übersiedlung nach Wien.

1782 In Mannheim wird Friedrich Schillers Schauspiel »Die Räuber« mit sensationellem Erfolg uraufgeführt. In London stirbt der Komponist Johann Christian Bach.

In Wien kommt Mozarts Oper »Die Entführung aus dem Serail« zur Uraufführung. Wenig später Vermählung mit Constanze Weber.

1783 England erkennt die Unabhängigkeit der USA an. William Pitt d. J. wird englischer Premierminister.

Montgolfier unternimmt den ersten Ballonaufstieg mit Heißluft.

Wolfgang Amadeus und Constanze Mozart reisen nach Salzburg. Messe in c-Moll und Linzer Symphonie. Rückkehr nach Wien. Geburt und Tod des Sohnes Raimund Leopold.

1784 William Pitt d. J. stellt die englische Ostindische Kompanie unter staatliche Aufsicht.

Der französische Maler Jacques Louis David malt »Der Schwur der Horatier«. Friedrich Schiller ist mit dem Trauerspiel »Kabale und Liebe« erfolgreich. Herder veröffentlicht »Ideen zur Philosophie der Geschichte der Menschheit«. Haydn schreibt u. a. 6 Pariser Symphonien.

Tod von Denis Diderot und Wilhelm Friedemann Bach.

Mozart wird Freimaurer. Geburt des Sohnes Karl Thomas.

1785 In England beginnt die Zeitung »The Times« zu erscheinen.

In Frankreich ist die Komödie »Die Hochzeit des Figaro« von Caron de Beaumarchais sehr erfolgreich.

Leopold Mozart besucht seinen Sohn in Wien.

1786 Tod des Königs Friedrich II. von Preußen. Friedrich Wilhelm II. besteigt den Thron.

Edmund Cartwright entwickelt den ersten verwendbaren mechanischen Webstuhl.

Mozart schreibt u. a. die Prager Symphonie, das Bühnenwerk »Der Schauspieldirektor« und Instrumentalmusik. Geburt und Tod des Sohnes Johann Leopold. In Wien wird die Oper »Doktor und Apotheker« von Karl Ditters von Dittersdorf und die Mozart-Oper »Figaros Hochzeit« uraufgeführt.

1787 Erneuter Krieg zwischen Rußland und der Türkei.

Der deutsche Universalgelehrte und Naturforscher Alexander von Humboldt bereist mit Bonpland bis 1804 Süd- und Mittelamerika.

Von Wilhelm Heinse erscheint der Roman »Ardinghello«, von Goethe die endgültige Fassung des Schauspiels »Iphigenie« und von Schiller das dramatische Gedicht »Don Carlos«. Luigi Boccherini wird Hofkomponist in Berlin.

Wolfgang Amadeus Mozart reist mit seiner Frau Constanze nach Prag. In Salzburg stirbt am 28. Mai Leopold Mozart, in Wien am 15. November Christoph Willibald Gluck. Zweite Reise nach Prag zur Uraufführung der Oper »Don Giovanni«.

1788 Krieg zwischen Schweden und Rußland bis 1790 um die Ostseeprovinzen und Finnland. England gründet in Australien eine Strafkolonie. Karl IV. wird König von Spanien.

Adolf Freiherr von Knigge veröffentlicht seine Anstandslehre »Über den Umgang mit Menschen«, Immanuel Kant die »Kritik der praktischen Vernunft« und Goethe das Drama »Egmont«. Haydn schreibt u. a. die Oxford-Symphonie.

Tod des englischen Malers Thomas Gainsborough und des Komponisten Philipp Emanuel Bach.

Mozart schreibt u. a. Kammermusik und seine letzten großen Symphonien, darunter die Jupiter-Symphonie. Tod der im Vorjahr geborenen Tochter Theresia.

1789 Französische Revolution. Sturm auf die Bastille und Verkündung der Menschenrechte. George Washington wird erster Präsident der USA.

Mozart reist nach Prag, Dresden, Leipzig, Potsdam und Berlin und komponiert u. a. die Preußischen Quartette und das Klarinettenquintett. Geburt und Tod der Tochter Anna.

1790 Nach dem Tod von Joseph II. wird Leopold II. Kaiser von Österreich.

Tod des englischen Volkswirtschaftlers Adam Smith und des nordamerikanischen Staatsmannes und Forschers Benjamin Franklin.

In Wien wird Mozarts Oper »Cosi fan tutte« uraufgeführt. Krönungskonzert und Streichquintette. Mozart reist nach Frankfurt a. M.

1791 Frankreich wird konstitutionelle Monarchie. Washington wird zur Hauptstadt der USA erklärt.

In Stuttgart stirbt am 10. Oktober der Dichter und Komponist Christian Schubart, der von 1777 bis 1787 auf der Festung Hohenasperg politischer Gefangener des Herzogs von Württemberg war.

Zu Mozarts letzten Kompositionen gehören die Opern »Titus« und »Die Zauberflöte«, ein Klavier- und Klarinettenkonzert und ein unvollendetes Requiem. Geburt des Sohnes Franz Xaver Wolfgang. Am 5. Dezember stirbt Mozart und wird am 6. Dezember in einem Armengrab beigesetzt.

VERZEICHNIS DER WICHTIGSTEN WERKE
von Wolfgang Amadeus Mozart

1. Symphonien

		Entstehungsjahr
KV 16	Symphonie Nr. 1 in Es-Dur	1764/65
KV 183	Symphonie Nr. 25 in g-Moll	1773
KV 199	Symphonie Nr. 27 in G-Dur	1773
KV 200	Symphonie Nr. 28 in C-Dur	1773
KV 201	Symphonie Nr. 29 in A-Dur	1773/74
KV 202	Symphonie Nr. 30 in D-Dur	1774
KV 297	Symphonie Nr. 31 in D-Dur (Pariser Symphonie)	1778
KV 319	Symphonie Nr. 33 in B-Dur	1779
KV 338	Symphonie Nr. 34 in C-Dur	1780
KV 385	Symphonie Nr. 35 in D-Dur (Haffner-Symphonie)	1782
KV 425	Symphonie Nr. 36 in C-Dur (Linzer Symphonie)	1783
KV 504	Symphonie Nr. 38 in D-Dur (Prager Symphonie)	1786
KV 543	Symphonie Nr. 39 in Es-Dur	1788
KV 550	Symphonie Nr. 40 in g-Moll	1788
KV 551	Symphonie Nr. 41 in C-Dur (Jupiter-Symphonie)	1788

2. Instrumentalkonzerte

KV 207	Violinkonzert Nr. 1 in B-Dur	1775
KV 211	Violinkonzert Nr. 2 in D-Dur	1775
KV 216	Violinkonzert Nr. 3 in G-Dur	1775
KV 218	Violinkonzert Nr. 4 in D-Dur	1775
KV 219	Violinkonzert Nr. 5 in A-Dur	1775
KV 271 a	Violinkonzert Nr. 7 in D-Dur	1777
KV 190	Doppelkonzert für zwei Violinen in C-Dur	1773
KV 364	Konzert für Violine und Bratsche in Es-Dur	1779
KV 175	Klavierkonzert in D-Dur Nr. 5	1773
KV 271	Klavierkonzert in Es-Dur Nr. 9 (Jeunehomme-Konzert)	1777
KV 413	Klavierkonzert in F-Dur Nr. 11	1782/83
KV 414	Klavierkonzert in A-Dur Nr. 12	1782
KV 415	Klavierkonzert in C-Dur Nr. 13	1782/83
KV 456	Klavierkonzert in B-Dur Nr. 18	1784
KV 459	Klavierkonzert in F-Dur Nr. 19	1784

KV 466	Klavierkonzert in d-Moll Nr. 20	1785
KV 467	Klavierkonzert in C-Dur Nr. 21	1785
KV 482	Klavierkonzert in Es-Dur Nr. 22	1785
KV 488	Klavierkonzert in A-Dur Nr. 23	1786
KV 491	Klavierkonzert in c-Moll Nr. 24	1786
KV 503	Klavierkonzert in C-Dur Nr. 25	1786
KV 537	Klavierkonzert in D-Dur Nr. 26 (Krönungskonzert)	1788
KV 595	Klavierkonzert in B-Dur Nr. 27	1791
KV 365	Konzert für 2 Klaviere in Es-Dur	1779
KV 297 b	Konzert für Oboe, Klarinette, Horn und Fagott in Es-Dur	1778
KV 299	Konzert für Flöte und Harfe in C-Dur	1778
KV 313	Flötenkonzert in G-Dur	1778
KV 314	Flötenkonzert in D-Dur (auch Oboenkonzert)	1778
KV 191	Konzert für Fagott in B-Dur	1774
KV 412	Konzert für Horn in D-Dur Nr. 1	1782
KV 417	Konzert für Horn in Es-Dur Nr. 2	1783
KV 447	Konzert für Horn in Es-Dur Nr. 3	1783
KV 495	Konzert für Horn in Es-Dur Nr. 4	1786
KV 622	Klarinettenkonzert in A-Dur	1791

3. Serenaden und Divertimenti

KV 185	Serenade Nr. 3 in D-Dur	1773
KV 203	Serenade Nr. 4 in D-Dur	1774
KV 204	Serenade Nr. 5 in D-Dur	1775
KV 239	Serenade Nr. 6 in D-Dur (Serenata notturna)	1776
KV 250	Serenade Nr. 7 in D-Dur (Haffner-Serenade)	1776
KV 286	Serenade Nr. 8 in D-Dur (Notturno)	1776/77
KV 320	Serenade Nr. 9 in D-Dur	1779
KV 361	Serenade Nr. 10 in B-Dur (Gran Partita)	1781
KV 375	Serenade Nr. 11 in Es-Dur	1781
KV 388	Serenade Nr. 12 in c-Moll (Nacht Musique)	1782
KV 525	Eine kleine Nachtmusik in G-Dur	1787
KV 113	Divertimento Nr. 1 in Es-Dur	1771

KV 131	Divertimento Nr. 2 in D-Dur	1772
KV 166	Divertimento Nr. 3 in Es-Dur	1773
KV 186	Divertimento Nr. 4 in B-Dur	1773
KV 251	Divertimento Nr. 11 in D-Dur	1776
KV 253	Divertimento Nr. 13 in F-Dur	1776
KV 289	Divertimento Nr. 16 in Es-Dur	1777
KV 334	Divertimento Nr. 17 in D-Dur	1779
KV 477	Maurerische Trauermusik in c-Moll	1785
KV 522	Ein musikalischer Spaß (Dorfmusikanten-Sextett)	1787

4. Tänze und Märsche

KV 122	Menuett	1770
KV 123	Contretanz	1770
KV 164	Sechs Menuette	1772
KV 267	Vier Contretänze	1777
KV 363	Drei Menuette	1780
KV 463	Zwei Menuette mit eingefügten Contretänzen	1784
KV 509	Sechs deutsche Tänze	1787
KV 534	Contretanz (Das Donnerwetter)	1788
KV 535	Contretanz (La Bataille)	1788
KV 536	Sechs deutsche Tänze	1788
KV 567	Sechs deutsche Tänze	1788
KV 568	Zwölf Menuette	1788
KV 571	Sechs deutsche Tänze	1789
KV 585	Zwölf Menuette	1789
KV 586	Zwölf deutsche Tänze	1789
KV 587	Contretanz (Der Sieg vom Helden Coburg)	1789
KV 599	Sechs Menuette	1791
KV 600	Sechs deutsche Tänze	1791
KV 601	Vier Menuette	1791
KV 602	Vier deutsche Tänze	1791
KV 603	Zwei Contretänze	1791
KV 604	Zwei Menuette	1791
KV 605	Drei deutsche Tänze	1791
KV 606	Sechs ländlerische Tänze	1791
KV 609	Fünf Contretänze	1791
KV 610	Contretanz (Les filles malicieuses)	1791
KV 189	Marsch (wahrscheinlich zu Serenade KV 185)	1773
KV 215	Marsch (wahrscheinlich zu Serenade KV 204)	1775
KV 237	Marsch (wahrscheinlich zu Serenade KV 203)	1774
KV 249	Marsch (wahrscheinlich zu Serenade KV 250)	1776
KV 335	Zwei Märsche (wahrscheinlich zu Serenade KV 320)	1779

KV 408	Drei Märsche	1782
KV 445	Marsch (wahrscheinlich zu Divertimento KV 334)	1779

5. Quintette und Quartette

Streichquintette

KV 174	Quintett in B-Dur	1773
KV 406	Quintett in c-Moll	1787
KV 515	Quintett in C-Dur	1787
KV 516	Quintett in g-Moll	1787
KV 593	Quintett in D-Dur	1790
KV 614	Quintett in Es-Dur	1791

Sonstige Quintette

KV 407	Hornquintett in Es-Dur	1782/83
KV 452	Klavierquintett in Es-Dur	1784
KV 581	Klarinettenquintett in A-Dur (Stadler-Quintett)	1789
KV 617	Adagio in c-Moll und Rondo in C-Dur für Harmonika, Flöte, Oboe, Bratsche und Cello	1791

Streichquartette

KV 80	Quartett in G-Dur	1770
KV 138	Quartett in F-Dur	1772
KV 155	Quartett in D-Dur	1772
KV 156	Quartett in G-Dur	1772
KV 157	Quartett in C-Dur	1772/73
KV 158	Quartett in F-Dur	1772/73
KV 159	Quartett in B-Dur	1773
KV 160	Quartett in Es-Dur	1773
KV 168	Quartett in F-Dur	1773
KV 169	Quartett in A-Dur	1773
KV 170	Quartett in C-Dur	1773
KV 171	Quartett in Es-Dur	1773
KV 172	Quartett in B-Dur	1773
KV 173	Quartett in d-Moll	1773
KV 387	Quartett in G-Dur (1. Haydn gewidmetes Quartett)	1782
KV 421	Quartett in d-Moll (2. Haydn gewidmetes Quartett)	1783
KV 428	Quartett in Es-Dur (3. Haydn gewidmetes Quartett)	1783

KV 458	Quartett in B-Dur (4. Haydn gewidmetes Quartett)	1784
KV 464	Quartett in A-Dur (5. Haydn gewidmetes Quartett)	1785
KV 465	Quartett in C-Dur (6. Haydn gewidmetes Quartett)	1785
KV 499	Quartett in D-Dur	1786
KV 575	Quartett in D-Dur (1. Preußisches Quartett)	1789
KV 589	Quartett in B-Dur (2. Preußisches Quartett)	1790
KV 590	Quartett in F-Dur (3. Preußisches Quartett)	1790

Sonstige Quartette

KV 285	Flötenquartett in D-Dur	1777
KV 298	Flötenquartett in A-Dur	1778
KV 370	Oboenquartett in F-Dur	1781
KV 478	Klavierquartett in g-Moll	1785
KV 493	Klavierquartett in Es-Dur	1786

6. Trios und Duos

Trio für Streicher

KV 65 a	Sieben Menuette mit Trio	1769
KV 266	Trio in B-Dur	1777
KV 563	Trio in Es-Dur	1788

Klavier-Trio

KV 254	Trio in B-Dur	1776
KV 442	Trio in d-Moll	1783
KV 496	Trio in G-Dur	1786
KV 502	Trio in B-Dur	1786
KV 542	Trio in E-Dur	1788
KV 548	Trio in C-Dur	1788
KV 564	Trio in G-Dur	1788
KV 498	Klarinetten-Trio in Es-Dur (Kegelstatt-Trio)	1786

Duo für Streicher

KV 423	Duo in G-Dur	1783
KV 424	Duo in B-Dur	1783

Duo für Klavier und Violine

KV 6—15	1762—1764
KV 26—31	1766
KV 296	1778
KV 301—306	1778
KV 376—380	1779—1781
KV 402/403	1782
KV 454	1784
KV 481	1785
KV 526	1787
KV 547	1788

KV 292	Duo für Fagott und Cello in B-Dur	1775
KV 487	Zwölf Duo für zwei Hörner	1786

7. Stücke für ein Klavier

KV 279	Sonate in C-Dur	1774
KV 280	Sonate in F-Dur	1774
KV 281	Sonate in B-Dur	1774
KV 282	Sonate in Es-Dur	1774
KV 283	Sonate in G-Dur	1774
KV 284	Sonate in D-Dur (Dürnitz-Sonate)	1775
KV 309	Sonate in C-Dur	1777
KV 310	Sonate in a-Moll	1778
KV 311	Sonate in D-Dur	1777
KV 330	Sonate in C-Dur	1778
KV 331	Sonate in A-Dur	1778
KV 332	Sonate in F-Dur	1778
KV 394	Phantasie mit Fuge in C-Dur	1782
KV 397	Phantasie in d-Moll	1782
KV 457	Sonate in c-Moll	1784
KV 475	Phantasie in c-Moll	1785
KV 494	Rondo in F-Dur	1786
KV 570	Sonate in B-Dur	1789
KV 576	Sonate in D-Dur	1789

8. Bühnenwerke

KV 50	»Bastien und Bastienne« Singspiel in einem Akt	1768
KV 111	»Ascanio in Alba« Festspiel in zwei Akten	1771

KV 135	»Lucio Silla« Oper in drei Akten	1772
KV 196	»Gärtnerin aus Liebe« Oper in drei Akten	1774/75
KV 366	»Idomeneo« Oper in drei Akten	1780/81
KV 384	»Die Entführung aus dem Serail« Singspiel in drei Akten	1781/82
KV 486	»Der Schauspieldirektor« Komödie mit Musik in einem Akt	1786
KV 492	»Die Hochzeit des Figaro« Oper in vier Akten	1785/86
KV 527	»Don Giovanni« Oper in zwei Akten	1787
KV 588	»Cosi fan tutte« Oper in zwei Akten	1790
KV 620	»Die Zauberflöte« Oper in zwei Akten	1791
KV 621	»Titus« Oper in zwei Akten	1791

9. Messen

KV 66	Missa in C-Dur (Dominicus-Messe)	1769
KV 220	Missa brevis in C-Dur (Spatzenmesse)	1775
KV 257	Missa in C-Dur (Credo-Messe)	1776
KV 258	Missa brevis in C-Dur (Spaur-Messe)	1776
KV 259	Missa brevis in C-Dur (Orgelsolo-Messe)	1776
KV 262	Missa (longa) in C-Dur	1776
KV 275	Missa brevis in B-Dur	1777
KV 317	Missa in C-Dur (Krönungs-Messe)	1779
KV 337	Missa solemnis in C-Dur	1780
KV 427	Missa in c-Moll (Große Messe)	1782/83

10. Arien und Lieder

KV 70	Rezitativ und Arie für Sopran »A Berenice«	1769
KV 78	Arie für Sopran »Per pietà bell' idol mio«	1770

KV 79	Arie für Sopran »O temerario Arbace«	1770
KV 119	Arie für Sopran »Der Liebe himmlisches Gefühl«	1782
KV 255	Rezitativ und Arie für Alt »Ombra felice«	1776
KV 256	Arie für Tenor »Clarice cara mia sposa«	1776
KV 294	Rezitativ und Arie für Sopran »Alcandro, lo confesso«	1778
KV 295	Arie für Tenor »Se al labbro mio non credi«	1778
KV 316	Rezitativ und Arie für Sopran »Popoli di Tessaglia«	1779
KV 368	Rezitativ und Arie für Sopran »Ma, che vi fece, o stelle«	1781
KV 369	Szene und Arie für Sopran »Misera, dove son!«	1781
KV 420	Arie für Tenor »Per pietà, non ricerate«	1783
KV 513	Arie für Baß »Mentreti lascio o figlia«	1787
KV 578	Arie für Sopran »Alma grande e nobil core«	1789
KV 579	Arie für Sopran »Un moto di gioia mi sento«	1789
KV 582	Arie für Sopran »Chi sà, chi sà, qual sia«	1789
KV 583	Arie für Sopran »Vado, ma dove? — oh Dei!«	1789
KV 612	Arie für Baß »Per questa bella mano«	1791
KV 349	»Die Zufriedenheit«	1780/81
KV 476	»Das Veilchen«	1785
KV 523	»Abendempfindung«	1787
KV 524	»An Chloe«	1787
KV 596	»Sehnsucht nach dem Frühling«	1791
KV 597	Im Frühlingsanfang	1791

BIBLIOGRAFIE

Hermann Abert: »Mozarts Persönlichkeit«, Wiesbaden 1953
Eduard Crass: »Wolfgang Amadeus Mozart«, Leipzig 1956
Otto Erich Deutsch: »Mozart — Dokumente seines Lebens«, München 1963
Ulrich Dibelius: »Mozart — Aspekte«, München 1972
Pavel Eckstein: »Internationale Konferenz über das Leben und Werk Wolfgang Amadeus Mozarts«, Prag 1956
Joseph Heinz Eibl: »Wolfgang Amadeus Mozart — Chronik eines Lebens«, Kassel 1965
Alfred Einstein: »Mozart — Charakter und Werk«, Frankfurt a. M 1968
Karl Gustav Fellerer: »Wolfgang Amadeus Mozart«, Krefeld 1956
Hans Conrad Fischer: »Das Leben Mozarts«, Salzburg 1968
Hannes Gall: »Wolfgang Amadeus Mozart«, Wien 1953
Franz Karl Ginzkey: »Genius Mozart«, Wien 1949
Adolf Goldschmitt: »Mozart — Genius und Mensch«, Hamburg 1955
Aloys Greither: »Wolfgang Amadé Mozart«, Reinbek bei Hamburg 1962
—: »Die sieben großen Opern Mozarts«, Heidelberg 1970
Fritz Grüninger: »Ewige Harmonien«, Heidelberg 1951
Robert Haas: »Wolfgang Amadeus Mozart«, Potsdam 1950
Fritz Hennenberg: »Wolfgang Amadeus Mozart«, Leipzig 1970
Wolfgang Hildesheimer: »Dionysos — nicht Apollon«, München 1956
Friedrich Holdinger: »Mozart«, Stuttgart 1950
Egon Komorzynski: »Mozart — Sendung und Schicksal«, Wien 1955
Ludwig Kusche: »Liebe zu Mozart — Erkenntnisse und Bekenntnisse«, München 1969
Joseph Müller-Blattau: »Mozart«, Königstein im Taunus 1957
Paul Nettl: »Wolfgang Amadeus Mozart«, Frankfurt a. M. 1958
Georg Nikolaus von Nissen: »Biographie Wolfgang Amadeus Mozarts«, Hildesheim 1964
Alfred Orel: »Mozart — Gloria mundi«, Salzburg 1956
Kurt Pahlen: »Das Mozart-Buch«, Stuttgart 1969
Bernhard Paumgartner: »Mozart«, Zürich 1967
Geza Rech: »Wolfgang Amadeus Mozart«, München 1955
Willi Reich: »Bekenntnis zu Mozart«, Luzern 1945
Hans Rutz: »Wolfgang Amadeus Mozart«, München 1956
Paul Schaller/Hans Kühner: »Mozart — Aspekte«, Olten 1956
Erich Schenk: »Wolfgang Amadeus Mozart«, Zürich 1955
Ludwig Schiedermair: »Mozart — Sein Leben und seine Werke«, Bonn 1948
Otto Schneider: »Mozart in Wirklichkeit«, Wien 1955
—: »Mozart-Handbuch«, Wien 1962
Leo Schrade: »Wolfgang Amadeus Mozart«, Bern 1964
Horst Seeger: »Wolfgang Amadeus Mozart«, Leipzig 1960

Wilhelm Spohr: »Mozart«, Berlin 1951
Erich Valentin: »Mozart — Wesen und Wandlung«, Salzburg 1953
—: »Mozart in seiner und unserer Zeit«, München 1956
—: »Mozart — Eine Bildbiographie«, München 1959
—: »Mozart — Sinnbild der Mitte«, Augsburg 1967
Wilhelm Zentner: »Der junge Mozart«, Altötting 1946

INHALTSVERZEICHNIS